西安科技大学2019年高原计划项目“马克思主义理论学科成果建设”资助出版

中国特色社会主义理论与实践研究

周 静 余 非◎编著

陕西师范大学出版总社

图书代号 JC20N1639

图书在版编目（CIP）数据

中国特色社会主义理论与实践研究 / 周静，余非编著. — 西安：陕西师范大学出版总社有限公司，2020.8
ISBN 978-7-5695-1811-5

Ⅰ.①中… Ⅱ.①周… ②余… Ⅲ.①中国特色社会主义—研究 Ⅳ.①D610

中国版本图书馆 CIP 数据核字（2020）第 149338 号

中国特色社会主义理论与实践研究

ZHONGGUO TESE SHEHUIZHUYI LILUN YU SHIJIAN YANJIU

周 静 余 非◎编著

责任编辑 符同权 石 希
责任校对 杨 凯 梁 莹
封面设计 鼎新设计
出版发行 陕西师范大学出版总社
（西安市长安南路199号 邮编 710062）
网 址 http://www.snupg.com
经 销 新华书店
印 刷 西安雁展印务有限公司
开 本 787mm×1092mm 1/16
印 张 31.75
字 数 600千
版 次 2020年8月第1版
印 次 2020年8月第1次印刷
书 号 ISBN 978-7-5695-1811-5
定 价 85.00元

读者购书、书店添货或发现印刷装订问题，请与本社联系。
电 话：（029）85307864 85303622（传真）

前言

本书以改革开放以来尤其是党的十八大以来中国特色社会主义发展史为主线，比较系统地阐述了中国特色社会主义发展的历史进程、理论成果，以及实践中亟待解决的突出问题。写作过程中，注重理论与实际相结合，把握新理论，关注前沿问题，论述观点明确，分析较为透彻，资料丰富翔实。较为全面深入地研究了十八大以来中国特色社会主义理论的新成果，进一步挖掘主要理论成果的深刻内涵、特点和重大意义。同时，客观分析当代中国特色社会主义国情、政治、经济、文化、社会、生态文明、执政党建设和对外关系等方面，在实践中面临的主要问题，分析其产生的根源，探寻有效的解决途径。精心编写的知识链接和案例导入属于延展内容，也是一大亮点。希望本书有助于读者提高马克思主义的理论素养，拓宽视野，深入思考，理性客观看待现实问题，坚定对中国特色社会主义的信念，增强实现中华民族伟大复兴的信心。

本书编著分工如下：

西安科技大学周静教授承担第一章、第二章、第三章、第六章、第九章，并进行统稿。

西安科技大学余非副教授承担第四章、第五章、第七章、第八章、第十章。

需要说明的是本书编著中所引用的文献采用脚注注明资料来源，其余参考的中外文文献列在书后，案例导入未注明出处的是作者根据相关资料编写出来的。

感谢西安科技大学马克思主义学院高振岗、李金勇教授对本书出版的大力支持和帮助。

感谢西安科技大学研究生晁晴玮、张芮旗、王悦、杨训访、樊佳琳帮助搜集第一章研究综述的部分资料。

最后，本书若有疏漏或者不妥之处，恳请专家学者及其他读者批评指正，帮助我们进一步提高研究水平。

周静

2020年8月于西安

目录

第一章

改革开放以来党的全部理论和实践的主题

坚持和发展中国特色社会主义，是改革开放以来我们党全部理论和实践的鲜明主题，没有中国特色社会主义就没有改革开放以来中国的发展进步。历史雄辩地证明，中国特色社会主义，是中国共产党和中国人民团结奋斗的旗帜，是当代中国发展进步的根本方向和形象。

第一节　中国特色社会主义的开创与发展

中国特色社会主义是中国共产党和中国人民长期奋斗、创造和积累的根本成就。在新的历史方位上实现党的历史使命，就是要继续高举中国特色社会主义伟大旗帜，进一步增强中国特色社会主义道路自信、理论自信、制度自信、文化自信，在全面建成小康社会基础上，为实现中华民族的伟大复兴努力奋斗。

一、中国特色社会主义开创与发展的历史过程

马克思主义认为社会主义是指主张以某种形式和程度的生产资料公有制和计划控制，逐步实现对资本主义私有制和生产的无政府状态的否定，进而逐步实现对资本主义的辩证否定，促进人类解放不断实现的理论、运动和制度的统一体。中国特色社会主义是以马克思主义为指导，在中国共产党领导下，以公有制为主体、多种所有制经济共同发展，大力发展生产力，建设富强民主文明和谐美丽的社会主义现代化国家，逐步实现全体人民共同富裕，实现人的自由全面发展的理论与实践。中国特色社会主义是包括道路、理论体系、制度、文化的统一体。

中国特色社会主义是中国共产党人把马克思主义基本原理与当代中国实际和时代

特征相结合的产物，是科学社会主义理论逻辑和中国社会发展逻辑的辩证统一，具有深厚的历史渊源和广泛的现实基础。它是党和人民历经千辛万苦、付出巨大代价不懈探索实践才取得的根本成就，是历史的选择、人民的选择、时代的选择。

中国特色社会主义是在改革开放新时期开创的，贯穿于改革开放以来党的全部理论和实践之中。1978年12月18日至22日，中国共产党十一届三中全会在北京召开，会议冲破长期“左”倾错误的严重束缚，彻底否定“两个凡是”的错误方针，高度评价关于真理标准问题的讨论，并停止使用“以阶级斗争为纲”的口号。在总结新中国成立以来我国社会主义革命与建设经验教训的基础上，果断作出把工作重心转移到经济建设上来和实行改革开放的战略决策。全会重新确立了马克思主义的思想路线、政治路线、组织路线，形成了邓小平为核心的党的中央领导集体，在思想、政治、组织等领域全面拨乱反正，开启了改革开放和社会主义现代化建设的新时期。1982年9月，邓小平在党的十二大开幕词中提出“把马克思主义普遍真理与我国的具体实际结合起来，走自己的路，建设有中国特色的社会主义”[①]，此后党的全部理论和实践活动都是围绕着中国特色社会主义这个主题展开和深化的。继党的十二大首次提出“有中国特色的社会主义”这一概念之后，党的历次代表大会报告的题目中都包含“中国特色社会主义”这个主题词。党的十三大、十四大、十五大报告的题目分别是《沿着有中国特色的社会主义道路前进》《加快改革开放和现代化建设步伐，夺取有中国特色社会主义事业的更大胜利》《高举邓小平理论伟大旗帜，把建设有中国特色的社会主义事业全面推向二十一世纪》。从党的十六大报告开始将“有中国特色的社会主义”表述为“中国特色社会主义”。党的十六大、十七大、十八大报告的题目分别是《全面建设小康社会，开创中国特色社会主义事业新局面》《高举中国特色社会主义伟大旗帜，为夺取全面建设小康社会新胜利而奋斗》《坚定不移沿着中国特色社会主义道路前进，为全面建成小康社会而奋斗》。2017年10月，在党的十九大上，习近平作了《全面建成小康社会，夺取新时代中国特色社会主义伟大胜利》的报告，对新时代坚持和发展中国特色社会主义作出了理论阐述和实践部署。因此，从党的十二大以来8次党代会报告的题目和内容可以看出，改革开放以来党的全部理论和实践都是在发展进程中对中国特色社会主义这一主题的深化和拓展。

围绕中国特色社会主义这一主题，中国共产党不断推动理论创新和实践创新，中国特色社会主义道路越走越宽，中国特色社会主义理论体系更加丰富，中国特色社会

①邓小平. 邓小平文选：第3卷[M]. 北京：人民出版社，1992：3.

主义制度不断健全，中国特色社会主义文化繁荣发展。实践充分证明，中国特色社会主义是团结和凝聚全党全国各族人民开拓前进、努力奋斗的伟大旗帜，是引领中国繁荣富强、实现中华民族伟大复兴的伟大旗帜。它把中国特色社会主义的发展前景与中华民族伟大复兴的历史任务紧密联系在一起，把实现社会主义现代化与人民共同富裕紧密联系在一起，把国家的兴衰存亡与个人的前途命运联系在一起，代表了中国最广大人民的意愿和利益，是激励全党全国人民的强大精神力量。

知识链接1-1

邓小平对开创中国特色社会主义的伟大贡献①

习近平同志指出，中国发展的实践证明，当年邓小平同志指导我们党作出改革开放的决策是英明的、正确的，邓小平同志不愧为中国改革开放的总设计师，不愧为中国特色社会主义的开创者。为什么说邓小平同志开创了中国特色社会主义？关键就在于，第一次比较系统地初步回答了在中国这样一个经济文化比较落后的国家如何建设社会主义、如何巩固和发展社会主义的一系列基本问题，用新的思想观点，继承和发展了马克思主义，开拓了马克思主义新境界，把对社会主义的认识提高到新的科学水平。邓小平同志为坚持和发展中国特色社会主义确定了基本思路和基本原则。这“两个不愧为”“三新”“两基本”，高度评价和精辟概括了邓小平同志的历史贡献和历史地位。

二、中国特色社会主义道路、理论、制度、文化

中国特色社会主义是由道路、理论体系、制度、文化“四位一体”构成的。改革开放以来，中国共产党领导全国各族人民开辟了中国特色社会主义道路，形成了中国特色社会主义理论体系，确立了中国特色社会主义制度，发展了中国特色社会主义文化，这是我们取得巨大发展成就的根本原因。

1. 中国特色社会主义道路

道路关乎党的命脉，关乎国家前途、民族命运、人民幸福。在中国这样一个经济文化十分落后的国家探索民族复兴道路，是极为艰巨的任务。中国特色社会主义道路是中国共产党坚持和发展马克思主义，立足中国的现实国情，总结社会主义建设的历

①冷溶. 邓小平开创中国特色社会主义道路的伟大贡献[N]. 人民日报， 2014-08-20(07).

史经验，历尽艰难而找到的唯一正确道路。

以毛泽东为代表的中国共产党人曾经进行了艰辛探索，但由于在中国这样落后的社会主义国家建设社会主义，人们对如何找到一条适合中国特殊情况的社会主义道路还缺乏系统性的认识，加上当时的国际环境比较复杂，使得这一探索未能成功。十一届三中全会后，我们党开始在科学轨道上探索中国特色社会主义建设道路。党的十二大上，邓小平第一次提出要“把马克思主义的普遍真理同中国发展的具体实际结合起来，走自己的道路，建设有中国特色的社会主义”这样一个重要命题，强调“走中国特色社会主义道路”是我们党从长期探索中得出的基本结论，从而指明了新时期我们党理论和实践探索的主题和方向。经过努力开拓，党的十三大以来，我们党对这条道路的性质、内涵、意义越来越明晰，胡锦涛在党的十七大报告和“七一”讲话中对这条道路都进行过阐释，党的十八大进一步明确阐述了中国特色社会主义道路的科学内涵。

中国特色社会主义道路，就是在中国共产党的领导下，立足基本国情，以经济建设为中心，坚持四项基本原则，坚持改革开放，解放和发展社会生产力，巩固和完善社会主义制度，建设社会主义市场经济、社会主义民主政治、社会主义先进文化、社会主义和谐社会、社会主义生态文明，促进人的全面发展，逐步实现全体人民共同富裕，建设富强民主文明和谐美丽的社会主义现代化国家。这条道路明确了中国特色社会主义的领导力量、现实依据、基本路线、主要任务、总体布局和奋斗目标，指明了实现中华民族伟大复兴的正确方向。它既坚持以经济建设为中心，又全面推进经济建设、政治建设、文化建设、社会建设、生态文明建设、国防和军队建设、党的建设；既坚持四项基本原则，又坚持改革开放；既不断解放和发展生产力，又逐步实现全体人民共同富裕、促进人的全面发展。

中国特色社会主义道路具体来讲由以下六个方面的主要内容组成：

第一，始终坚持中国共产党的领导、人民当家作主和依法治国有机统一的政治发展道路。坚持党的领导、人民当家作主和依法治国有机统一，是中国特色社会主义民主的最大优势和特点，也是中国道路成功的根本原因。

只有始终坚持中国共产党的坚强领导，才能实现国家长治久安，才能够统筹兼顾各方利益，集中一切资源、力量和智慧用于国家建设，做到全国上下一盘棋，集中力量办大事、提高效率办成事。人民是我们的力量源泉和胜利之本，只有坚持人民当家作主，我们的事业才能够得到全国人民的衷心拥护，才能充分发挥人民群众以国家主人翁身份建设和管理国家的积极性、主动性、创造性。依法治国是党领导人民治理国家的基本方略，只有坚持依法治国，才能保障广大人民群众在党的正确领导下，通过各种途径和形式管理国家和社会事务，确保国家各项工作都依法进行。坚持党的领导、人民当家作主和依法治国三者之中，核心是人民当家作主，人民当家作主是党的性质和宗旨所决定的，也是我们坚持党的领导与依法治国的根本目的和最终归宿。走中国特色社会主义政治发展道路，既是发展中国特色社会主义的必然要求，也是我们与其他国家相比较的巨大优势。

第二，始终坚持以公有制为主体、多种所有制经济共同发展的基本经济制度，走让一部分人先富裕起来、逐步实现共同富裕的经济发展道路。

坚持以公有制为主体、多种所有制经济共同发展的基本经济制度，追求人民群众的共同富裕，这正是中国发展道路同西方发展模式的本质区别。新中国成立特别是改革开放以来，我国逐步确立的以公有制为主体、多种所有制经济共同发展的基本经济制度，是符合国情、富有成效的。能够把社会主义的本质特征和初级阶段的现实要求有机统一起来，既有利于对整个社会生产和经济发展进行合理有效的调控，克服市场机制的自发性、盲目性和滞后性，又能充分调动社会各方面的积极性，形成一个多元市场主体公平竞争、充满活力的体制环境。我们只有坚持这一基本经济制度，才能形成按劳分配为主体、多种分配方式并存的分配关系，防止两极分化，促进社会公平正义，逐步实现共同富裕，使全体人民共享改革发展的成果。

第三，始终坚持以马克思主义为指导的社会主义核心价值体系，走与各国各民族相互学习借鉴，与不同社会制度在意识形态上求同存异的文化发展道路。

核心价值体系是一个社会的灵魂与精神脊梁。社会主义核心价值体系就是中国道路在意识形态方面的主体和灵魂。当前，中国同西方国家各种敌对势力在意识形态领域的斗争，本质上是社会主义核心价值体系和资本主义价值体系的较量。当今世界正处在大发展大变革大调整时期，世界范围内各种思想文化交流交融交锋；当今我国改革开放正在深化，国内社会思想意识日益多样多元多变。面对国内外复杂的局势，发展中国道路，必须大力建设社会主义核心价值体系，既大胆吸收借鉴世界一切优秀文化成果，又有效抵制腐朽思想文化的侵蚀，切实维护国家文化安全，不断巩固全党全国各族人民共同团结奋斗的思想基础。

第四，始终坚持解放思想，实事求是，与时俱进，科学发展，在各个领域走不断改革创新之路。

改革开放以来，坚持解放思想、实事求是，与时俱进、改革创新，是中国道路越走越宽广的一条重要经验。中国道路仍然处于不断探索、丰富、创新和完善的发展过程，必须充分估计种种可以预料和难以预料的困难和风险，继续解放思想，坚持改革创新，努力探索，在实践中不断丰富和发展中国道路。

第五，始终坚持对外开放，并在开放中坚持独立自主，与世界各国在经济上平等互利，走积极参与经济全球化的开放之路。

中国道路的一个重要内涵就是坚持对外开放，把握好国际国内两个大局，充分利用国际国内两个市场，主动参与经济全球化进程，同时始终坚持独立自主的原则。在参与经济全球化进程中，我们坚持独立自主、走适合国情的道路，不照抄照搬别国模式。既保持自己的特色和自主性，又能学习借鉴各国先进经验并吸收合理成分。中国道路的成功增强了发展中国家摆脱西方模式的束缚、寻找自己道路的信心。

第六，始终坚持维护国家主权和领土完整，政治上互不干涉内政并秉持公道、伸张正义，反对各种形式的霸权主义和强权政治，坚持和平发展，推动构建人类命运共同体，走建设持久和平、普遍安全、共同繁荣、开放包容、清洁美丽的世界之路。

中国和世界是紧密联系在一起的，中国的发展离不开世界，世界的繁荣稳定也离不开中国。中国道路之所以成功，就是因为对内坚持科学发展、和谐发展，对外坚持和平发展，推动构建人类命运共同体，这也正是中国道路的力量所在。中国坚持走和平发展道路，比较好地处理了与其他国家的关系，不走资本主义国家经济侵略的老路，也没有卷入任何大规模的国际冲突之中。中国既充分利用世界和平发展带来的机遇发展了自己，又以自身的发展更好地维护了世界和平，促进了共同发展，为推动建设持久和平、普遍安全、共同繁荣、开放包容、清洁美丽的世界作出了重大贡献。

中国特色社会主义道路的开辟具有重大意义，是中国共产党领导人民走出的一条创新之路，是人类文明史上的伟大创举，是中国对世界的历史性贡献。中国特色社会主义道路是实现社会主义现代化、创造人民美好生活的必由之路，是实现中华民族伟大复兴的必由之路。九十多年来，我们党紧紧依靠人民，把马克思主义基本原理同中国实际和时代特征结合起来，独立自主走自己的路，历经千辛万苦，付出各种代价，取得革命、建设、改革的伟大胜利，开创和发展了中国特色社会主义，从根本上改变了中国人民和中华民族的前途命运。实践证明，在当今时代，马克思主义依然具有强大的生命力，社会主义制度具有巨大的优越性，中国特色社会主义道路是中国实现国家富强、人民富裕的唯一正确道路。

2. 中国特色社会主义理论体系

中国特色社会主义理论体系是马克思主义基本原理与当代中国改革开放和现代化建设实践相结合的产物，是对毛泽东思想的继承和发展，是被实践证明了的关于中国建设、巩固和发展社会主义的正确理论原则和经验总结，是包括邓小平理论，“三个代表”重要思想、科学发展观、习近平新时代中国特色社会主义思想在内的科学理论体系，是马克思主义中国化的成果。

中国特色社会主义理论的时间起点是1978年。中国特色社会主义理论体系的形成标志是1992年党的十四大对邓小平理论内容的概括。邓小平理论是中国特色社会主义理论体系的奠基之作，围绕什么是和怎样建设中国特色社会主义，从理论上第一次比较系统地回答了中国这样的经济文化比较落后的国家在社会主义确立以后，如何建设、巩固和发展社会主义这一时代课题，进行了一系列开创性、原创性、原理性的理论创新。“三个代表”重要思想在邓小平理论基础上，把理论创新的重点聚焦到我们党怎样才能领导和建设好中国特色社会主义这一根本问题上。“三个代表”重要思想的提出，解决了建设一个什么样的党和怎样建设党的问题。丰富和发展了中国特色社会主义理论体系，创新了党建理论。科学发展观的提出，解决了实现什么样的发展和怎样发展的问题。进一步完善和创新了中国特色社会主义理论体系，实现了发展观和发展方式的变革。习近平新时代中国特色社会主义思想，是中国特色社会主义理论体系的最新成果。围绕坚持和发展什么样的中国特色社会主义，怎样坚持和发展中国特色社会主义，进行了一系列重大理论创新。强调中国特色社会主义是既坚持科学社会主义基本原则，又具有鲜明实践特色、理论特色、民族特色、时代特色的社会主义，是中国特色社会主义道路、理论、制度、文化四位一体的社会主义，是统揽伟大斗争、伟大工程、伟大事业、伟大梦想的社会主义，是根植于中国大地、反映中国人民意愿、适应中国和时代发展进步要求的社会主义。深刻回答了新时代坚持和发展中国特色社会主义的总目标、总任务、总体布局、战略布局和发展方向、发展方式、发展动力、战略步骤、外部条件、政治保证等基本问题。深刻揭示了新时代中国特色社会主义的本质特征、发展规律和建设路径。

中国特色社会主义理论体系明确了中国特色社会主义的思想路线、发展道路、发展阶段、根本任务、发展动力、发展战略、依靠力量、国际战略、领导力量等重大问题，是贯通马克思主义哲学、政治经济学、科学社会主义等领域，覆盖经济、政治、文化、生态文明、国防外交、统一战线、祖国统一、党的建设等方面的系统科学理论体系。中国特色社会主义的理论基石是社会主义初级阶段论，理论精髓是解放思想、实事求是、与时俱进、求真务实。主要内容包括以下二十个方面：

第一，在建设中国特色社会主义的思想路线上，强调思想路线是个世界观和方法论的问题，是个政治问题，是关系到党和国家的前途和命运的问题。要坚持解放思想，实事求是，一切从实际出发，理论联系实际，在实践中检验真理和发展真理。解放思想就是使思想和实际相符合，使主观和客观相符合，就是实事求是；解放思想就是要在马克思主义指导下，打破习惯势力和主观偏见的束缚，研究新情况，解决新问题。解放思想是党的思想路线的本质要求，是我们应对前进道路上各种新情况新问题、不断开创事业新局面的一大法宝，是发展中国特色社会主义的一大法宝。坚持党的思想路线，是我们党坚持先进性和增强创造力的决定性因素。坚持解放思想、实事求是、与时俱进，必须在思想上不断有新解放，理论上不断有新发展，实践上不断有新创造，在实践中不断丰富和发展马克思主义，用发展着的马克思主义指导新的实践。求真务实是辩证唯物主义和历史唯物主义一以贯之的科学精神，是我们党的思想路线的核心内容，也是党的优良传统和共产党人应该具备的政治品格。

第二，在中国特色社会主义的本质属性问题上，排除了一系列错误观点，科学地揭示出“社会主义的本质，是解放生产力，发展生产力，消灭剥削，消除两极分化，最终达到共同富裕。”[①]强调我们建设中国特色社会主义的各项事业，我们进行的一切工作，既要着眼于人民现实的物质文化生活需要，同时又要着眼于促进人民素质的提高，也就是要努力促进人的全面发展。这是马克思主义关于建设社会主义新社会的本质要求。强调“社会和谐是中国特色社会主义的本质属性”。

第三，在中国特色社会主义的发展道路问题上，强调我们的现代化建设必须从中国的实际出发，把马克思主义的普遍真理同我国的具体实际结合起来，走自己的道路，建设有中国特色的社会主义。明确提出了以“一个中心、两个基本点”为主要内容的基本路线，指明了中国特色社会主义的发展道路。中国特色社会主义道路，就是在中国共产党领导下，立足基本国情，以经济建设为中心，坚持四项基本原则，坚持改革开放，解放和发展社会生产力，巩固和完善社会主义制度，建设社会主义市场经济、社会主义民主政治、社会主义先进文化、社会主义和谐社会、社会主义生态文明，建设富强民主文明和谐美丽的社会主义现代化国家。

第四，在中国特色社会主义的发展阶段问题上，强调我国正处于并将长期处于社会主义初级阶段，这是我国最大的实际和最基本的国情。一切都要从这个实际出发，根据这个实际来制订规划。进入新世纪新阶段，我国发展所呈现出的一系列新的阶段性特征，是社会主义初级阶段基本国情在新世纪新阶段的具体表现。强调认清社会主

①邓小平.邓小平文选：第3卷[M].北京：人民出版社，1992：373.

义初级阶段基本国情，坚持把它作为推进改革、谋划发展的根本依据。21世纪前20年是全面建成小康社会的阶段。新时代我国社会主要矛盾的变化没有改变我国社会主义所处历史阶段的判断，我国仍处于并将长期处于社会主义初级阶段的基本国情没有变。

第五，在中国特色社会主义的根本任务问题上，强调生产力是社会发展的最根本的决定性因素。党的十一届三中全会后，根据我国社会的主要矛盾是人民日益增长的物质文化需要同落后的社会生产之间的矛盾，强调必须把发展生产力摆在首要位置。社会主义的根本任务是发展生产力。中国特色的社会主义是不断发展社会生产力的社会主义。发展是硬道理，发展是解决中国所有问题的关键。始终代表中国先进生产力的发展要求，大力促进先进生产力的发展，是我们党站在时代前列，保持先进性的根本体现和根本要求。必须始终紧紧抓住发展这个执政兴国的第一要务，把坚持党的先进性和发挥社会主义制度的优越性，落实到发展先进生产力、发展先进文化、实现最广大人民的根本利益上来，推动社会全面进步，促进人的全面发展。发展对于全面建成小康社会、加快推进社会主义现代化，具有决定性意义。以经济建设为中心是兴国之要。要牢牢扭住经济建设这个中心，坚持聚精会神搞建设、一心一意谋发展，不断解放和发展社会生产力，为发展中国特色社会主义打下坚实的基础。进入新时代，我国社会主要矛盾已经转变为：人民日益增长的美好生活需要和不平衡不充分的发展之间的矛盾，必须统筹推进经济建设、政治建设、文化建设、社会建设、生态文明建设“五位一体”的总体布局、协调推进“四个全面”战略布局，贯彻新发展理念，建设现代化经济体系，更好满足人民日益增长的美好生活需要，更好推动人的全面发展、社会全面进步。

第六，在中国特色社会主义的发展战略问题上，强调建设和发展中国特色社会主义必须从实际出发，确定正确的发展战略。明确提出了分“三步走”基本实现现代化的战略目标和战略步骤。强调要以重点带动全局，把农业、能源和交通、教育和科学作为战略重点；要抓住机遇，加快发展，争取隔几年使国民经济上一个新台阶；要允许和鼓励一部分地区、一部分人先富起来，以带动越来越多的地区和人们逐步达到共同富裕。在21世纪的前20年，要全面建成小康社会。要坚持实施以科学发展观为统领的一系列重大战略，包括全面协调可持续发展、构建社会主义和谐社会、建设社会主义新农村、建设创新型国家、推动区域协调发展、推动建设和谐世界等战略。在全面建成小康社会的基础上，从2020年到2035年，再奋斗十五年，基本实现社会主义现代化。从2035年到21世纪中叶，在基本实现现代化的基础上，再奋斗十五年，把我国建成富强民主文明和谐美丽的社会主义现代化强国。

第七，在中国特色社会主义的发展动力问题上，强调改革是决定中国命运的一招，实行改革表明我们已经开始找到了一条建设有中国特色的社会主义的路子；改革是中国的第二次革命，其性质同过去的革命一样，也是为了扫除发展社会生产力的障碍，使中国摆脱贫穷落后的状态；改革是全面的改革，包括经济体制改革、政治体制改革和相应的其他各个领域的改革；“三个有利于”是判断改革成败得失的根本标准。改革是社会主义实现自我完善和发展的根本途径与动力。在社会主义社会的各个历史阶段，都需要根据经济社会发展的要求，适时地通过改革不断推进社会主义制度的自我完善和发展。要通过坚持不懈的努力，不断完善社会主义的生产关系和上层建筑，不断为生产力的解放和发展打开更加广阔的通途。要毫不动摇地坚持改革方向，提高改革决策的科学性，增强改革措施的协调性。要完善社会主义市场经济体制，推进各方面体制改革创新，加快重要领域和关键环节改革步伐，全面提高开放水平，着力构建充满活力、富有效率、更加开放、有利于科学发展的体制机制，为发展中国特色社会主义提供强大动力和体制保障。

第八，在中国特色社会主义的对外开放问题上，强调现在的世界是开放的世界，任何一个国家要发展，孤立起来，闭关自守是不可能的。对外开放是改革和建设必不可少的，应当吸收和利用世界各国包括资本主义发达国家所创造的一切先进文明成果来发展社会主义。对外开放是建设和发展中国特色社会主义的一项基本国策。要适应经济全球化趋势的发展和加入世贸组织的新形势，以更加积极的姿态走向世界。坚持对外开放的基本国策，把“引进来”和“走出去”更好结合起来，扩大开放领域，优化开放结构，提高开放质量，完善内外联动、互利共赢、安全高效的开放型经济体系，形成经济全球化条件下参与国际经济合作和竞争新优势。深化沿海开放，加快内地开放，提升沿边开放，实现对内对外开放相互促进。加快转变外贸增长方式。创新利用外资方式、对外投资和合作方式。努力使对外开放更好地促进国内改革发展。

第九，在中国特色社会主义的经济建设问题上，强调现代化建设要把经济建设当作中心。农业是国民经济的基础和根本，必须坚定不移地把农业放在经济工作的首位。科学技术是第一生产力，经济建设必须依靠科技和教育。社会主义也可以搞市场经济，社会主义和市场经济之间不存在根本矛盾，计划和市场都是经济手段，二者都得要。公有制为主体、多种所有制经济共同发展，是我国社会主义初级阶段的一项基本经济制度。抓住机遇，加快发展，集中力量把经济建设搞上去，是我们坚定不移的方针。实现未来经济发展目标，关键要在加快转变经济发展方式、完善社会主义市场经济体制方面取得重大进展。要大力推进经济结构战略性调整，更加注重提高自主创新能力、提高节能环保水平、提高经济整体素质和国际竞争力。要深化对社会主义市场经济规律的认识，从制度上更好发挥市场在资源配置中的基础性作用，形成有利于科学发展的宏观调控体系。为此，要提高自主创新能力，建设创新型国家；加快转变经济发展方式，推动产业结构优化升级；统筹城乡发展，推进社会主义新农村建设；加强能源资源节约和生态环境保护，增强可持续发展能力；推动区域协调发展，优化国土开发格局；完善基本经济制度，健全现代市场体系；深化财税、金融等体制改革，完善宏观调控体系；拓展对外开放广度和深度，提高开放型经济水平。总之，要坚持走科学发展之路，努力实现经济又好又快发展。

第十，在中国特色社会主义的政治建设问题上，强调没有民主就没有社会主义，就没有社会主义的现代化。人民民主是社会主义的生命。发展社会主义民主政治，建设社会主义政治文明，是社会主义现代化建设的重要目标，也是我们党始终不渝的奋斗目标。要把对人民的民主和对敌人的专政结合起来，把民主和集中、民主和法制、民主和纪律、民主和党的领导结合起来。积极推进政治体制改革，按照民主化和法制化紧密结合的要求，努力建设社会主义的民主政治。加强社会主义法制建设，做到有法可依，有法必依，执法必严，违法必究。要坚持中国特色社会主义政治发展道路，坚持党的领导、人民当家作主、依法治国有机统一，不断推进社会主义政治制度的自我完善和发展。全面深化政治体制改革，必须坚持正确政治方向，以保证人民当家作主为根本，以增强党和国家活力、调动人民积极性为目标，扩大社会主义民主，建设社会主义法治国家，发展社会主义政治文明。为此，要扩大人民民主，保证人民当家作主；发展基层民主，保障人民享有更多更切实的民主权利；全面落实依法治国基本方略，加快建设社会主义法治国家；加快行政管理体制改革，建设服务型政府；完善制约和监督机制，保证人民赋予的权力始终用来为人民谋利益。

第十一，在中国特色社会主义的文化建设问题上，强调我们要建设的社会主义国家，不但要有高度的物质文明，而且要有高度的精神文明，两个文明都搞好，才是有中国特色的社会主义。社会主义精神文明建设的根本任务是适应社会主义现代化建设的需要，培育“四有”公民，提高整个中华民族的思想道德素质和科学文化素质。继承和发扬民族的优秀文化传统和党的优良传统，吸收和借鉴人类社会创造的一切文明成果，反对封建主义残余影响，抵制资本主义腐朽思想的侵蚀。尊重知识、尊重人才，培养一大批优秀的科学家、教育家、文学艺术家和其他各种专家，思想文化和教育战线上的同志都应当是人类灵魂工程师。牢牢把握先进文化的前进方向，坚持以科学的理论武装人，以正确的舆论引导人，以高尚的精神塑造人，以优秀的作品鼓舞人。要兴起社会主义文化建设新高潮，激发全民族文化创造活力，提高国家文化软实力，使人民基本文化权益得到更好保障，使社会文化生活更加丰富多彩，使人民精神风貌更加昂扬向上。要巩固和发展社会主义意识形态，增强社会主义意识形态的吸引力和凝聚力；培育和践行社会主义核心价值观，加强思想道德建设；繁荣发展社会主义文艺；弘扬中华文化，推动中华优秀传统文化创造性转化、创新性发展；深化文化体制改革，推动文化事业和文化产业繁荣发展；讲好中国故事，提高国家文化软实力。充分发挥人民在文化建设中的主体作用，调动广大文化工作者的积极性，让人民共享文化发展成果。

第十二，在中国特色社会主义的社会建设问题上，强调社会和谐是中国特色社会主义本质属性，构建社会主义和谐社会是建设中国特色社会主义的一项基本任务，同建设社会主义物质文明、政治文明、精神文明是有机统一的。要按照民主法治、公平正义、诚信友爱、充满活力、安定有序、人与自然和谐相处的总要求和共同建设、共同享有的原则，努力形成全体人民各尽其能、各得其所而又和谐相处的局面。构建社会主义和谐社会，必须坚持以邓小平理论和“三个代表”重要思想为指导、树立和落实科学发展观、坚持以人为本、尊重人民群众的创造精神、注重社会公平、正确处理改革发展稳定的关系。必须在经济发展的基础上，更加注重社会建设，着力保障和改善民生，推进社会体制改革，扩大公共服务，完善社会管理，促进社会公平正义，努力使全体人民学有所教、劳有所得、病有所医、老有所养、住有所居，推动建设和谐社会。要紧紧依靠人民，调动一切积极因素，努力形成社会和谐人人有责、和谐社会人人共享的生动局面。

第十三，在中国特色社会主义的国防和军队建设问题上，强调国防和军队建设在中国特色社会主义事业总体布局中占有重要地位，要求军队以现代化建设为中心，走有中国特色的精兵之路，不断增强国防实力，为国家改革开放和现代化建设提供坚强有力的安全保证；同时，服从和服务于国家经济建设的大局，积极支持和参与国家经济建设。必须站在国家安全和发展战略全局的高度，统筹经济建设和国防建设，坚持国防建设与经济建设协调发展的方针，在经济发展的基础上推进国防和军队现代化建设，在全面建设小康社会进程中实现富国和强军的统一。必须坚持党对军队的绝对领导，以毛泽东军事思想、中国特色社会主义军事思想为指导，贯彻新时期军事战略方针，加快中国特色军事变革，提高军队应对多种安全威胁、完成多样化军事任务的能力。必须坚持政治建军、改革强军、科技兴军、依法治军，更加注重聚焦实战、更加注重创新驱动、更加注重体系建设、更加注重集约高效、更加注重军民融合，全面提高革命化现代化正规化水平。建设一支听党指挥、能打胜仗、作风优良的人民军队，把人民军队建设成为世界一流军队。

第十四，在“一国两制”和祖国和平统一问题上，创造性地提出了“一国两制”构想，强调在一个中国的前提下，国家的主体坚持社会主义制度，香港、澳门、台湾保持原有的资本主义制度长期不变，按照这个原则来推进祖国和平统一大业。香港和澳门回归后，提出发展台海两岸关系、推进祖国和平统一进程的“八项主张”和重要意见。强调台湾问题事关祖国完全统一，事关国家核心利益，要遵循“和平统一、一国两制”的方针，坚持一个中国原则决不动摇，争取和平统一的努力决不放弃，贯彻寄希望于台湾人民的方针决不改变，反对“台独”分裂活动决不妥协，牢牢把握两岸关系和平发展的主题，真诚为两岸同胞谋福祉、为台海地区谋和平，维护国家主权和领土完整，维护中华民族根本利益。并郑重呼吁，在一个中国原则的基础上，协商正式结束两岸敌对状态，达成和平协议，构建两岸关系和平发展框架，开创两岸关系和平发展新局面。

第十五，在中国特色社会主义的政治保证问题上，强调要坚持社会主义道路，坚持人民民主专政，坚持中国共产党的领导，坚持马克思列宁主义、毛泽东思想、中国特色社会主义理论。这四项基本原则是立国之本，是我们党、我们国家生存发展的政治基石，是改革开放和现代化建设健康发展的根本保证。“如果动摇了这四项基本原则中的任何一项，那就动摇了整个社会主义事业，整个现代化建设事业。”[①]坚持四项基本原则，是我国根本区别于历史上的封建主义中国和资本主义国家的主要标志。离开了四项基本原则，中国就不成其为社会主义国家，就不能建设有中国特色社会主义。坚持四项基本原则，必须旗帜鲜明地反对资产阶级自由化。要坚持把以经济建设为中心同四项基本原则、改革开放这两个基本点统一于发展中国特色社会主义的伟大实践，任何时候都决不能动摇。

第十六，在中国特色社会主义的外交和国际战略问题上，明确提出了和平与发展是当代世界的两大主题的科学论断，并据此确立了独立自主的和平外交政策，坚持反对霸权主义、维护世界和平的外交和国际战略。强调中国特色的社会主义是主张和平的社会主义。维护我国的独立和主权，促进世界的和平与发展，是中国外交政策的基

①邓小平．邓小平文选：第2卷[M]．北京：人民出版社，1994：173.

本目标。我们坚持在互相尊重主权和领土完整、互不侵犯、互不干涉内政、平等互利、和平共处等五项原则的基础上，同所有国家发展友好合作关系。在处理同各国共产党和其他政党的关系上，我们坚持独立自主、完全平等、互相尊重、互不干涉内部事务的四项原则。中国永远站在第三世界一边、永远不称霸。我们主张各国人民携手努力，推动建设持久和平、共同繁荣的和谐世界。不管国际风云如何变幻，中国政府和人民都将高举和平、发展、合作旗帜，奉行独立自主的和平外交政策，维护国家主权、安全、发展利益，恪守维护世界和平、促进共同发展的外交政策宗旨。中国始终不渝走和平发展道路，推动构建新型国际关系，推动构建人类命运共同体。

第十七，在中国特色社会主义的依靠力量问题上，强调人民群众是我们党的力量源泉和胜利之本，建设中国特色社会主义，必须依靠工人、农民、知识分子。建设中国特色的社会主义，还必须依靠各民族人民的团结；必须依靠最广泛的爱国统一战线。党领导的人民军队是社会主义祖国的保卫者和建设社会主义的重要力量。改革开放以来出现的新的社会阶层中的广大人员，也是有中国特色社会主义事业的建设者。要坚持以人为本，尊重人民的主体地位，发挥人民首创精神和主人翁作用，使人民的积极性和创造力竞相迸发，依靠人民群众建设和发展中国特色社会主义。同时，要壮大爱国统一战线，团结一切可以团结的力量。

第十八，在中国特色社会主义的领导核心问题上，强调中国共产党是中国工人阶级的先锋队，同时是中国人民和中华民族的先锋队，是中国特色社会主义事业的领导核心。党的初心和使命，就是为中国人民谋幸福，为中华民族谋复兴。坚持党对一切工作的领导。建设有中国特色的社会主义，关键在于坚持、加强和改善党的领导。坚持中国共产党的领导，就是要坚持党在建设中国特色社会主义事业中的领导核心地位，发挥总揽全局、协调各方的作用。坚持、加强和改善党的领导，必须坚持用时代发展的要求审视自己，以改革的精神加强和完善自己，坚持党的先进性，坚定地站在时代潮流的前头。归根结底，是要使我们党始终成为中国先进生产力的发展要求、中国先进文化前进的方向、中国最广大人民的根本利益的代表，始终走在时代前列、领导全国人民建设中国特色社会主义的马克思主义政党。

第十九，在中国特色社会主义的执政党建设问题上，强调“要聚精会神地抓党的建设”，切实解决好提高党的领导水平和执政水平、提高拒腐防变和抵御风险能力这两大历史性课题，全面推进党的建设新的伟大工程。强调党的先进性建设是马克思主义政党生存、发展、壮大的根本性建设，必须把党的执政能力建设和先进性建设作为主线，坚持党要管党、全面从严治党，贯彻为民、务实、清廉的要求，以坚定理想信念为重点加强思想建设，以造就高素质党员、干部队伍为重点加强组织建设，以保持党同人民群众的血肉联系为重点加强作风建设，以健全民主集中制为重点加强制度建设，以完善惩治和预防腐败体系为重点加强反腐倡廉建设，使党始终成为立党为公、执政为民，求真务实、改革创新，艰苦奋斗、清正廉洁，富有活力、团结和谐的马克思主义执政党。围绕这个目标，要深入学习贯彻中国特色社会主义理论体系，着力用马克思主义中国化最新成果武装全党；要继续加强党的执政能力建设，着力建设高素质领导班子；要积极推进党内民主建设，着力增强党的团结统一；要不断深化干部人事制度改革，着力造就高素质干部队伍和人才队伍；要全面巩固和发展先进性教育活动成果，着力加强基层党的建设；要巩固群众路线教育实践活动成果，切实改进党的作风，着力加强反腐倡廉建设。

第二十，在建设中国特色社会主义的根本目的问题上，强调建设和发展中国特色社会主义，是我国各族人民实现自己利益、创造美好生活的共同事业，是亿万人民群众广泛参与的创造性事业。建设中国特色社会主义全部工作的出发点和落脚点，就是全心全意为人民谋利益，不断实现好维护好发展好最广大人民的根本利益。我们党领导人民进行改革开放和现代化建设的根本目的，就是要通过发展社会生产力，努力满足人民群众日益增长的物质文化需要，不断提高人民的物质文化生活水平，促进人的全面发展。要坚持以人为本，始终把实现好、维护好、发展好最广大人民的根本利益作为党和国家一切工作的出发点和落脚点，尊重人民主体地位，发挥人民首创精神，保障人民各项权益，走共同富裕道路，促进人的全面发展，做到发展为了人民、发展依靠人民、发展成果由人民共享。

总之，中国特色社会主义理论体系是一个内容丰富的开放的理论体系。这一科学理论体系在新的时代条件下系统回答了什么是社会主义、怎样建设社会主义，建设什么样的党、怎样建设党，实现什么样的发展、怎样发展等重大理论和实际问题，在建设中国特色社会主义的思想路线和中国特色社会主义的本质属性、发展道路、发展阶段、根本任务、发展战略、发展动力、对外开放、经济建设、政治建设、文化建设、社会建设、生态文明建设、国防和军队建设、政治保证、祖国统一、外交和国际战略、依靠力量、领导核心、执政党建设、根本目的等问题上，形成了一系列独创性的重大理论观点，系统回答了在中国这样一个十几亿人口的发展中大国如何摆脱贫困、加快实现现代化、巩固和发展社会主义的一系列重大问题。涉及改革发展稳定、内政外交国防、治党治国治军等各个方面的内涵丰富、思想深刻、系统科学的理论体系。

中国特色社会主义理论体系是指导党和人民实现中华民族伟大复兴的正确理论，

是立足于时代前沿、与时俱进的科学理论。这一理论体系，写出了科学社会主义的新版本，凝结了几代中国共产党人带领人民不懈探索实践的智慧和心血。反映了当代世界和中国的变化对社会主义建设和发展的新要求，反映了我们党对共产党执政规律、社会主义建设规律、人类社会发展规律的新认识，是一个具有鲜明的科学性和真理性、人民性和实践性、开放性和时代性特点的科学理论体系。这个理论体系，既以其独创性地提出的一系列新的重大理论观点和重大战略思想，丰富和发展了马克思主义；也为中国特色社会主义事业的进一步发展指明了方向。全面、系统、深刻地理解和坚定不移地坚持这一理论体系，对于指导党和人民沿着中国特色社会主义道路夺取全面建成小康社会新胜利，谱写人民美好生活新篇章，实现中华民族的伟大复兴，具有重大而深远的历史意义。

3. 中国特色社会主义制度

中国特色社会主义制度是中国共产党推进社会主义制度自我完善和发展，在经济、政治、文化、社会、生态文明建设等各个领域形成的一整套相互衔接、相互联系的制度体系。其中包括全国人民代表大会制度这一根本政治制度，中国共产党领导的多党合作和政治协商制度、民族区域自治制度以及基层民主制度构成的基本政治制度，中国特色社会主义法律体系，公有制为主体、多种所有制经济共同发展的基本经济制度，按劳分配为主体、多种分配方式并存的分配制度，以及建立在根本政治制度、基本政治制度、基本经济制度基础上的经济体制、政治体制、文化体制、社会体制、生态文明体制等各项具体制度。

中国特色社会主义制度是当代中国发展进步的根本制度保障，是具有鲜明中国特色、明显制度优势、强大自我完善能力的先进制度。中国特色社会主义制度能够成为当代中国发展进步的根本制度保障主要是基于三个“有机结合”，这一制度坚持把根本政治制度、基本政治制度与基本经济制度以及各方面体制机制等具体制度有机结合起来，坚持把国家层面民主制度与基层民主制度有机结合起来，坚持把党的领导、人民当家作主、依法治国有机结合起来，符合我国国情，集中体现了中国特色社会主义的特点和优势。中国特色社会主义制度优势主要体现在五个“有利于”：有利于保持党和国家的活力、调动广大人民群众和社会各方面的积极性、主动性、创造性；有利于解放和发展生产力、推动经济社会全面发展；有利于维护和促进公平正义、实现人民共同富裕；有利于集中力量办大事、有效应对前进道路上的各种风险；有利于维护民族团结、社会稳定、国家统一。中国特色社会主义制度之所以在实践中展现它的优势就在于它符合中国国情，顺应时代潮流。我国长期坚持中国特色社会主义制度并在实践中不断改革和完善，强调在改革中坚持社会主义的正确方向。坚持和完善现有制度，大力推动体制机制等具体制度的改革，也要不断推动制度创新，及时制定一些新的制度，构建系统完备、科学规范、运行有效的制度体系，使各方面制度更加成熟、更加定型，让制度的优越性得到进一步发挥。

4. 中国特色社会主义文化

发展中国特色社会主义文化就是以马克思主义为指导，坚守中华文化立场，立足当代中国实际，结合当今时代条件，发展面向现代化、面向世界、面向未来的，民族的科学的大众的社会主义文化，推动社会主义精神文明和物质文明协调发展。

中国特色社会主义文化源自中华民族5000多年文明历史孕育的中华优秀传统文化，熔铸于党领导人民在革命、建设、改革中创造的革命文化和社会主义先进文化，根植于中国特色社会主义伟大实践。中国特色社会主义文化积淀着中华民族最深层的精神追求，代表着中华民族独特的精神标识，是激励全党全国各族人民奋勇前进的强大精神力量。要坚持中国特色社会主义文化发展道路，激发全民族文化创新创造活力，建设社会主义文化强国，增强实现社会主义现代化和中华民族伟大复兴的软实力。

中国特色社会主义文化不仅与经济、政治、社会、生态文明建设相并列，作为五位一体总体布局的构成，而且与道路、理论体系、制度相并列，作为中国特色社会主义基本结构的构成。将中国特色社会主义文化纳入中国特色社会主义基本结构之中，这一新认识新定位新判断，拓展深化了科学社会主义理论，发展推进了马克思主义文化理论，反映了国家文化软实力愈益重要的历史趋势，抓住了中国特色社会主义兴旺发达、长治久安的一个根本因素，是我们党深入认识“什么是社会主义，怎样建设社会主义”的一个重大成果，是中国特色社会主义理论体系的一个重大创新，这是马克思主义中国化的重要成果。

5. 中国特色社会主义道路、理论体系、制度、文化之间的关系

中国特色社会主义道路是实现途径，中国特色社会主义理论体系是行动指南，中国特色社会主义制度是根本保障，中国特色社会主义文化是精神力量，四者统一于中国特色社会主义伟大实践。

（1）中国特色社会主义的道路是中国特色社会主义的实践基础和实现途径。在中国特色社会主义旗帜指引下，中国人民在中国共产党领导下，立足本国国情，坚持“一个中心，两个基本点”，解放和发展生产力，在此基础上巩固和完善社会主义制度，建设社会主义市场经济、社会主义民主政治、社会主义先进文化、社会主义和谐

社会、社会主义生态文明，为建设富强民主文明和谐美丽的社会主义现代化国家而奋斗。中国人民坚定不移地走中国特色社会主义道路，就是推进中国特色社会主义的实践过程，就是实现中国特色社会主义的实践基础。中国特色社会主义理论体系的形成发展，是以中国特色社会主义道路的实践过程为理论源泉、发展依据和检验标准的；中国特色社会主义制度的形成和不断完善，同样要以中国特色社会主义道路发展的实践要求为基本依据和根本目标。

（2）中国特色社会主义理论体系是中国特色社会主义的指导思想和行动指南。中国特色社会主义道路是一条前无古人的道路，这条道路的开辟和接续需要科学的理论作为思想基础。中国特色社会主义理论体系以中国特色社会主义为理论主题，系统回答了在中国这样一个十几亿人口的发展中大国建设什么样的社会主义、怎样建设社会主义，建设什么样的党、怎样建设党，实现什么样的发展、怎样发展等一系列重大问题，深化了中国共产党人对共产党执政规律、社会主义建设规律、人类社会发展规律的认识，指明了社会主义道路的前进方向，是全面建成小康社会的根本指针，是全党全国各族人民共同团结奋斗的思想基础。为中国特色社会主义制度提供了科学的理论依据，是确保道路正确、制度科学的重要前提。

中国共产党正是以中国特色社会主义理论体系为指引，领导中国人民锐意进取，顽强拼搏，坚持改革开放，推动社会主义现代化建设取得了举世瞩目的伟大成就。

（3）中国特色社会主义制度是中国特色社会主义的制度体现和根本保障。制度具有根本性、全局性、稳定性和长期性的特征，对公民具有激励和约束功能，对社会发展起规范和保障作用。制度科学合理、日趋完善，才能保证道路光明、前途远大。因此，建设中国特色社会主义，要在科学理论指导下沿着正确的道路不断推进，最根本的是落实到制度上，落实到一整套严密、完善的制度体系上。

中国特色社会主义制度，是中国共产党领导人民在中国革命、建设和改革的实践过程中逐步形成和确立的，是胜利成果和成功经验的凝结和固化，它来源于实践，同时又为中国特色社会主义建设实践提供根本的制度保障。中国特色社会主义事业之所以能长期保持蓬勃生机和发展活力，离不开制度的持续激励和保障作用，中国特色社会主义建设各个领域之所以能够有序运行、良性互动、稳步发展，有赖于中国特色社会主义制度所发挥的集成效应、系统效应和整体效应。事实证明，牢固坚持中国特色社会主义制度，是中国特色社会主义事业持续发展繁荣的重要保证。中国特色社会主义制度的创立、发展、坚持和完善，也是中国特色社会主义理论体系回答和解决的主要内容。

中国特色社会主义制度是特色鲜明、富有效率的，但还不是尽善尽美、成熟定型的。中国特色社会主义事业不断发展，中国特色社会主义制度也需要不断完善。党的十八大报告提出要把制度建设摆在突出位置。党的十九届四中全会提出坚持和完善中国特色社会主义制度，推进国家治理体系和治理能力现代化。可以相信，中国特色社会主义制度更加成熟更加定型，将为全面建成小康社会、实现中华民族伟大复兴提供更为有效的制度保障。

（4）中国特色社会主义文化是精神力量。中国特色社会主义文化，源自中华民族五千多年文明历史所孕育的中华优秀传统文化，熔铸于党领导人民在革命、建设、改革中创造的革命文化和社会主义先进文化。这三种宝贵的文化资源，积淀着中华民族最深层的精神追求，代表着中华民族独特的精神标识，是激励全党全国各族人民奋勇前进的强大精神力量。

第一，为实现中国梦提供强大的精神力量。实现中国梦，必须弘扬中国精神。中华民族的伟大复兴，不仅体现在物质上强大起来，也体现在精神上强大起来。没有精神力量的民族难以自立自强，没有文化支撑的事业难以持续长久。没有中国精神的发扬光大，没有文化强国的建设发展，就不会有中国梦的完整实现。中国特色社会主义文化，既是中国梦的重要内容，也是实现中国梦的重要支撑。习近平同志指出，一个国家，一个民族的强盛，总是以文化兴盛为支撑的，中华民族伟大复兴需要以中华文化的发展繁荣为条件。

第二，巩固和坚守中国特色社会主义的理想信念。理想是人们追求的目标，信念是人们向着这个目标前进的意志和定力。理想崇高，才能坚定信念；信念坚定，才能坚守理想。理想信念是引领社会发展、指引人生前行的灯塔。巩固和坚守我们的共同理想信念，是把各个阶层、各个群体的力量凝聚起来，万众一心地为实现共同梦想而奋斗的基础和前提。中国特色社会主义具有深厚的历史渊源和广泛的现实基础，是我们的共同理想信念。这个理想信念，既是共产党人精神上的“钙”，也是中华民族共同经历的非凡奋斗培育起来的“魂”。习近平同志旗帜鲜明地指出，理想信念教育不仅要在党员干部中开展，而且要面向全社会开展。在全社会巩固和坚守共同的理想信念，用它来凝聚起实现中国梦的强大精神力量，是中国特色社会主义文化建设的根本所在。

第三，汇聚和传播崇德向善的正能量。国无德不兴，人无德不立。全面提高公民道德素质，培育知荣辱、讲正气、做奉献、促和谐的良好风尚，引导人们向往和追求讲道德、尊道德、守道德的生活，是建设中国特色社会主义文化的基本要求，也是中国特色社会主义文化不断增加感染力的重要途径。弘扬以爱国主义为核心的民族精神，继承发扬革命和建设时期创造积累的优良传统和精神作风，包括井冈山精神、长征精神、延安精神、西柏坡精神、沂蒙精神、大庆精神、红旗渠精神、两弹一星精神、雷锋精神等等。并且以改革开放以来各个领域涌现的英模人物为榜样，用他们的先进思想和模范行为来影响和带动全社会，不断为思想道德建设注入新的正能量。

历史已经证明，中国特色社会主义文化是凝心聚力的兴国之魂、强国之魂。坚持走中国特色社会主义文化发展道路，才能为实现中华民族伟大复兴的中国梦，振奋起全民族的精气神，激发出全社会的创造力。

总之，中国特色社会主义道路、中国特色社会主义理论体系、中国特色社会主义制度、中国特色社会主义文化，是党和人民90多年奋斗、创造、积累的根本成就，必须倍加珍惜、始终坚持、不断发展。高举中国特色社会主义伟大旗帜，最根本的就是要坚持和拓展中国特色社会主义道路；坚持和丰富中国特色社会主义理论体系；坚持和完善中国特色社会主义制度；坚持和发展中国特色社会主义文化。

面对困难和挑战，我们要始终高举中国特色社会主义伟大旗帜，坚持中国特色社会主义道路自信、理论自信、制度自信、文化自信，既不走封闭僵化的老路，也不走改旗易帜的邪路，坚持党的基本路线不动摇，不断把中国特色社会主义伟大事业推向前进。

知识链接1-2

“四个自信”及其相互关系[①]

道路自信是对发展方向和未来命运的自信。坚持道路自信就是要坚定走中国特色社会主义道路，这是实现社会主义现代化的必由之路，是被近代历史反复证明的客观真理，是党领导人民从胜利走向胜利的根本保证，也是中华民族走向繁荣富强、中国人民幸福生活的根本保证。

理论自信是对马克思主义理论特别是中国特色社会主义理论体系的科学性、真理性的自信。坚持理论自信就是要坚定对共产党执政规律、社会主义建设规律、人类社会发展规律认识的自信，就是要坚定实现中华民族伟大复兴、创造人民美好生活的自信。

制度自信是对中国特色社会主义制度具有制度优势的自信。坚持制度自信就是要

①覃正爱. 谈谈中国共产党人的“四个自信”[OL]. 人民网，2018-01-24. http://theory.people.com.cn/n1/2018/0124/c40531-29783311.html

相信社会主义制度具有巨大优越性，相信社会主义制度能够推动发展、维护稳定，能够保障人民群众的自由平等权利和人身财产权利。

文化自信是对中国特色社会主义文化先进性的自信。坚持文化自信就是要激发党和人民对中华优秀传统文化的历史自豪感，在全社会形成对社会主义核心价值观的普遍共识和价值认同。

"四个自信"是一个有机统一体，既相对独立，又相辅相成。文化自信是更基础、更广泛、更深厚的自信，道路自信、理论自信、制度自信，是文化自信的具体表现。作为一个国家、一个民族的灵魂、信仰、信念，文化自信是支撑道路自信、理论自信、制度自信的基础，并且渗透于道路自信、理论自信、制度自信之中，缺乏文化自信，道路自信、理论自信、制度自信就很难支撑起来。只有坚持文化自信，才能进一步做到道路自信、理论自信和制度自信，也只有坚定文化自信，才能推动社会主义文化的繁荣兴盛。

案例导入1-1

国际人士积极评价中国特色社会主义制度①

中国共产党有着推动中国经济增长、改善人民生活的坚定决心，中国特色社会主义制度焕发出巨大活力，是当代中国发展进步的根本制度保障。

中国改革开放之所以取得伟大成就，其中一个重要原因是中国不照抄照搬别国经验，而是从本国国情出发，坚定走中国特色社会主义道路。

2019年是新中国成立70周年，是决胜全面建成小康社会第一个百年奋斗目标的关键之年。世界目光再次聚焦中国全国两会。接受本报记者采访的外国专家学者纷纷表示，坚持中国共产党的领导，坚持全心全意为人民服务，坚定不移走中国特色社会主义道路，是中国取得举世瞩目发展成就的关键因素。

"完成了以前不可能完成的任务"

中国共产党领导是中国特色社会主义最本质的特征，是中国特色社会主义制度的最大优势。"我第一次去中国是2004年，中国在各领域的快速发展以及涌动的发展活力给我留下深刻印象。随后的十几年间，我多次访问中国，亲眼见证了中国社会的快速发展。"西班牙胡安·卡洛斯国王大学教授费利佩·德巴萨表示，中国成长为世界

①李应齐，姜波，赵益普，等. 国际人士积极评价中国特色社会主义制度[N]. 人民日报，2019-03-04(03).

第二大经济体，在世界舞台上发挥着越来越重要的作用。所有这些成就得益于中国特色社会主义制度和中国共产党领导，“中国特色社会主义制度根植于中国数千年的悠久文化和发展经验。中国的发展为世界其他发展中国家实现经济快速增长、消除贫困提供了一条可借鉴的道路”。

德巴萨表示，中国共产党着眼于未来，坚持与时俱进，并始终致力于提高中国人民的生活水平，“中国在实现自身发展的同时，也在不断帮助和带动其他发展中国家实现共同发展。中国国家主席习近平提出构建人类命运共同体理念，赢得世界广泛赞扬。‘一带一路’建设成为各方共同发展的重要平台”。

菲律宾《商业镜报》专栏作家厄尼斯托·希拉里奥关注中国发展已有40多年。他认为，没有中国共产党的坚强领导，中国经济社会各领域不可能取得今天的发展成就。“中国共产党有着推动中国经济增长、改善人民生活的坚定决心，中国特色社会主义制度焕发出巨大活力，是当代中国发展进步的根本制度保障。”

巴西里约热内卢天主教大学教授保罗·罗贝尔表示：“中国特色社会主义政治制度有很多优越性，其中非常重要的一方面就是中国共产党的坚强领导。尤其是近年来在习近平新时代中国特色社会主义思想指引下，中国共产党领导有力，凝聚社会各界，上下一心，完成了以前不可能完成的任务。”

皮沃瓦洛娃是俄罗斯科学院远东研究所首席研究员，长期研究中国的政治与经济制度，著有《中国特色社会主义》一书。在她看来，中国改革开放之所以取得伟大成就，其中一个重要原因是中国不照抄照搬别国经验，而是从本国国情出发，坚定走中国特色社会主义道路，“中国的发展之路为其他国家发展提供了独特而重要的借鉴”。

“将提升人民福祉作为目标”

“所有像我一样对中国充满深厚感情的外国人，都十分关注一年一度的中国全国两会。中国全国两会是中国政治生活中的一件大事，其间通过的一系列重要决议，对中国实现‘两个一百年’奋斗目标，促进国民经济现代化发展、改善社会生活的各个方面都具有重要作用。”俄中友协主席梅津采夫说：“中国共产党始终和人民保持着紧密联系，致力于解决人民群众所需要解决的问题。中国特色社会主义是独一无二的实践和创新”。

“中国共产党始终坚持全心全意为人民服务，始终把人民利益放在至高无上的位置。”南非约翰内斯堡大学国际关系执行主任奥斯卡·凡·海尔登表示，在中国特色社会主义制度下，中国共产党的领导、人民当家做主与依法治国实现了有机统一，中国走出了一条独具特色的发展之路。

南非约翰内斯堡大学非洲—中国研究中心主任戴维·蒙亚埃认为，中国共产党全面加强党的领导和建设，严肃党内风纪、反腐惩恶，焕发出新的强大生机活力，有能力带领中国人民实现伟大梦想。

中国改革友谊奖章获得者、美国库恩基金会主席罗伯特·劳伦斯·库恩表示："中国特色社会主义制度坚持以人民为中心，将提升人民福祉作为目标。"库恩表示，政治协商是中国政治制度中非常有特色的组成部分，"政协委员多数是各自领域的权威专家，政治协商制度在将公众意见转化为具有可行性的治理建议方面发挥了巨大作用"。

南非外交部区域组织司司长大卫·马尔康森表示，中国改革开放40年来，坚持走自己的发展道路，成功让7亿多人摆脱贫困，并计划到2020年实现全面脱贫，这充分证明了中国特色社会主义制度的优越性。马尔康森表示："南中合作给南非带来了实实在在的好处，南非希望学习中国经验。"

尼日利亚《领航报》总编辑、阿布贾大学新闻系讲师奥斯汀·马霍表示，正因为中国取得的巨大发展成绩，越来越多的国家关注并学习中国经验。特别是许多亚洲和撒哈拉以南非洲国家，希望借鉴中国经验，帮助当地人民摆脱贫困。

"不断从实践中总结成功的经验"

中国特色社会主义制度是当代中国发展进步的根本制度保障，是具有鲜明中国特色、明显制度优势、强大自我完善能力的先进制度。无数实践向世人证明，中国特色社会主义制度焕发着蓬勃的朝气与活力。

埃及赫尔万大学政治教授叶哈雅表示："中国特色社会主义制度恪守以人民为中心的宗旨，坚持依法治国，维护社会公平正义和先进的思想文化，并不断从实践中总结成功的经验，及时改正不足和缺点，从而始终保持着旺盛、强大的生命力。"

印尼企业家协会总主席哈利亚迪·苏甘达尼表示："中国技术领域成就显著，数字经济令人瞩目，结构性转型升级充满活力。中国坚持走中国特色社会主义道路，这条道路是经得住考验的安邦之路。"

在坦桑尼亚达累斯萨拉姆大学尼雷尔讲席教授阿尔丹·穆坦贝看来，中国取得如此迅速的发展，得益于找到了适合本国特色的发展道路，"非洲国家赞赏中国的开放态度，期待与中国进一步携手合作，实现自身更大发展"。

"通过坚持走中国特色社会主义道路，中国取得了举世瞩目的巨大成就，保持了经济持续稳定健康增长。"印尼前驻华大使苏更说。

叶哈雅认为，中国特色社会主义制度，是与中国的国情、社情和民情相适应的，也是历史和现实选择的必然，"它根植于中国国情、深深扎根于中国社会土壤"。

案例思考：

结合案例思考中国取得举世瞩目发展成就的关键因素是什么？为什么？

第二节 中国特色社会主义的发展成就和影响

一、中国特色社会主义的发展成就

改革开放近40多年来，中国特色社会主义取得了巨大的发展成就。

将马克思主义基本原理与中国国情和时代特征相结合，形成和发展了中国特色社会主义理论，深化了对人类社会发展规律、社会主义建设规律以及共产党执政规律的认识，成为中国特色社会主义建设的指导思想。

中国共产党的执政理念更加明确，执政方式更加科学、民主，执政能力不断增强、提高，执政基础更加坚实巩固，党的建设新的伟大工程在改革创新中不断推进。中国共产党成为坚定走在时代前列的党，成为中国特色社会主义事业的坚强领导核心。

中国成功实现了从高度集中的计划经济体制到充满活力的社会主义市场经济体制、从封闭半封闭到全方位开放的伟大转折，建立起中国特色社会主义经济、政治、文化、社会等各方面的制度体制，为社会主义的巩固和发展奠定了坚实的制度基础。

社会文明程度大幅度提升，民主政治建设不断取得新进展，民族精神和时代精神得到极大弘扬，民族凝聚力和向心力空前增强，全社会焕发出蓬勃向上的精神风貌。人们的思想空前活跃，观念不断更新，文化相互交融。自主意识、竞争意识、效率意识、平等意识、民主法治意识、改革创新意识大大增强，视野大大拓宽，激发出空前的积极性、主动性、创造性。

综合国力大幅提升。中国从一个农业大国发展成一个制造业大国，从一个难以解决温饱问题的低收入国家跃升为一个生活宽裕的中等收入国家。根据国家统计局公布的数据，1978年，中国的GDP为3645.2亿元人民币；财政总收入为1121亿元人民币；进出口总额为206.4亿美元；国家外汇储备余额1.67亿美元。[①]1979—2012年，中国经济快速增长，年平均增长率达到9.9%，比同期世界经济平均增长率快7.0个百分点，也高于世界各主要经济体同期平均水平。2013—2018年，中国经济持续较快增长，年均增长率

①国家统计局. 中国统计年鉴[M/OL]. 中华人民共和国国家统计局网. http://www.stats.gov.cn

为7.0%，明显高于世界同期2.9%的平均增长率。[①]2019年，中国的GDP为99.0865万亿元，比上年增长6.1%；按年平均汇率折算，人均GDP突破1万美元大关，达到10 276美元。2019年，中国财政总收入超过19万亿元。中国货物贸易进出口总值31.54万亿元；2019年末中国外汇储备为31 079亿美元，居世界第一。[②]一个充满活力和自信决胜全面建成小康社会、走向现代化的东方大国，日益走近世界舞台的中央，令全球瞩目。

城乡居民生活水平显著提高，居民收入持续快速增长，收入来源明显多元化，分配差距持续缩小，消费质量明显改善，食品支出比重持续下降，居住面积提高明显。改革开放以来，人们的生活从温饱到小康，7亿多人脱贫，3亿多人发展成中等收入群体。生活质量不断提高，轿车进入寻常百姓家，家用电器不断更新，手机、电脑已成为群众的日常用品。农村取消了农业税，建立了农民最低生活保障和新型农村合作医疗；城镇交通和环境大大改善；初步形成了“人人享有基本医疗教育服务”“城镇农村一体化”“公共服务均等化”“日常生活信息化”。

国际地位显著提高。改革开放40多年来，中国经历了从局部开放到全方位开放，从“引进来”到“走出去”，从“有计划的商品经济”到社会主义市场经济的深刻转变。改革开放初期，中国设立深圳、珠海、汕头、厦门四个经济特区；2001年12月，中国加入世界贸易组织，全方位对外开放。1976年，中国的对外承包劳务队伍第一次走向国际舞台；到21世纪初，已经发展成为门类比较齐全、具有较强国际竞争力的队伍, 业务遍及全球180多个国家和地区。2019年，中国对外劳务合作派出各类劳务人员48.7万人，2019年末在外各类劳务人员99.2万人。[③]如今，中国已参加了近300个国际条约、130多个国际组织，加入了包括亚太经合组织、上海合作组织等几乎所有周边区域性机制。中国在许多国际维和行动、国际人道主义救援行动、国际政治安全对话机制以及国际教科、人文交流活动中，都扮演着重要角色。

香港、澳门的相继回归；亚运会、奥运会、残奥会的成功举办；载人航天的多次成功发射等，都使中国的国际地位日益提升。中国已经从一个地区性大国逐渐变成一

---

①国家统计局. 国际地位显著提高　国际影响力持续增强：新中国成立70周年经济社会发展成就系列报告之二十三[OL]. 中华人民共和国国家统计局网，2019-08-29. http://www.stats.gov.cn/tjsj/zxfb/201908/t20190829_1694202.html

②国家统计局. 中华人民共和国2019年国民经济和社会发展统计公报[OL]. 中华人民共和国国家统计局网，2020-02-28.http://www.stats.gov.cn/tjsj/zxfb/202002/t20200228_1728913.html

③中华人民共和国商务部. 2019年我国对外劳务合作业务简明统计[OL]. 2020-01-22. http://hzs.mofcom.gov.cn/article/date/202001/20200102932444.shtml

个新兴世界大国，从主流国际体系的外部走向内部，从世界舞台的边缘走向中心。

近几年，引起世界普遍关注的是党的十八大以来党和国家事业取得的历史性成就、发生的历史性变革。面对世界经济复苏乏力、局部冲突和动荡频发、全球性问题加剧的外部环境，面对中国经济进入新常态等一系列深刻变化，以习近平为核心的党中央，举旗定向、运筹帷幄，科学把握当今世界和当代中国的发展大势，顺应实践要求和人民愿望，以巨大的政治勇气和强烈的责任担当，统筹推进“五位一体”总体布局，协调推进“四个全面”战略布局，提出一系列具有开创性意义的新理念新思想新战略，出台一系列重大方针政策，推出一系列重大举措，推进一系列重大工作，解决了许多长期想解决而没有解决的难题，办成了许多过去想办而没有办成的大事，推动党和国家事业发生深刻的历史性变革。

全面加强党的领导发生深刻变革。习近平总书记强调：坚持党的领导是中国特色社会主义最本质的特征，是中国特色社会主义制度的最大优势。党和国家事业之所以能取得历史性成就、发生历史性变革，根本原因是在以习近平同志为核心的党中央坚强领导下全面加强了党的领导。针对过去一个时期党的领导弱化问题比较普遍的状况，党中央果断提出坚持和改善党的领导的重大政治要求，旗帜鲜明强调中国共产党是执政党，党的领导是做好党和国家各项工作的根本保证，绝对不能有丝毫动摇；强调党政军民学，东西南北中，党是领导一切的；强调全党必须增强政治意识、大局意识、核心意识、看齐意识，自觉在思想上政治上行动上同党中央保持高度一致。从政治建设、思想建设、组织建设、作风建设、纪律建设等方面着手，改革和完善坚持党的领导的体制机制，坚持民主集中制，严明党的政治纪律和政治规矩，坚决反对个人主义、分散主义、自由主义、本位主义、好人主义、宗派主义，提高党把方向、谋大局、定政策、促改革的能力和定力，确保党始终总揽全局、协调各方。这些重大决策、举措和成就，纠正了一个时期以来在坚持党的领导问题上存在的模糊和错误思想认识，党的领导被忽视、淡化、削弱和党的建设缺失的状况得到明显改变，党的领导全面加强，党的团结统一更加巩固，党的创造力、凝聚力、战斗力和领导力显著增强，为党和国家事业发展提供了坚强政治保证。

发展理念和发展方式发生深刻变革。党的十八大之后，面对世界经济持续低迷和国内经济“三期叠加”以及发展不平衡、不协调、不可持续问题突出的不利条件和复杂形势，党中央果断作出我国经济发展进入新常态的重大判断，提出创新、协调、绿色、开放、共享的发展理念，加快完善使市场在资源配置中起决定性作用和更好发挥政府作用的体制机制，坚持稳中求进工作总基调，坚定不移推进供给侧结构性改革，坚定不移推进“三去一降一补”，接连推出“一带一路”建设、京津冀协同发展、长江经济带发展、创新驱动发展等重大战略，加快推进经济结构调整和新旧动能转换，大力推进精准扶贫、精准脱贫，特别是强调要坚持正确政绩观，不简单以生产总值增长率论英雄。这些重大决策、举措和成就，引领和推动我国发展全局发生了一场深刻变革，发展观念不正确、发展方式粗放的状况得到明显改变，有力推动我国发展加快从速度规模型向质量效益型转变，为我国发展培育了新动力，拓展了新空间。十八大以来，中国经济保持中高速增长，在世界主要国家中一直名列前茅，经济结构不断优化，发展质量和效益提高，创新驱动成效显著，消费和服务业对经济增长的带动作用明显增强。国家经济实力、科技实力、综合国力显著提升。这一深刻变革，有力推动了全面建成小康社会迈出重大步伐，民生和社会建设持续推进，公共服务水平全面提高，人民生活不断改善，城乡居民收入增速超过经济增速，脱贫攻坚成就巨大。

各方面体制机制发生深刻变革。针对我国各方面体制机制由于多方面原因和长期积累仍然存在不少突出矛盾和问题从而严重阻碍党和国家事业发展的状况，党中央果断作出全面深化改革的重大战略决策和部署，强调改革开放只有进行时、没有完成时，停顿和倒退没有出路；要敢于啃硬骨头，敢于涉险滩，敢于向积存多年的顽瘴痼疾开刀。明确提出全面深化改革的总目标、路线图和时间表；明确提出经济、政治、文化、社会、生态、军队、党建等各个领域深化改革的任务和举措；成立中央全面深化改革领导小组，加强党对全国改革的顶层设计和集中统一领导，着力增强改革系统性、整体性、协同性，压茬拓展改革广度和深度。党中央举旗定向，以巨大的勇气和魄力推动改革呈现全面发力、多点突破、纵深推进的崭新局面。改革涉及范围之广、出台方案之多、触及利益之深、推进力度之大前所未有。2013年11月至2018年2月，习近平总书记亲自主持中央全面深化改革领导小组会议达38次之多，审议通过360多个重大改革方案，中央和国家有关部门共出台1500多项改革举措，重要领域和关键环节改革取得突破性进展，主要领域改革主体框架基本确立。司法体制、农村土地“三权分置”、户籍制度、考试招生制度、公立医院、生态环保等关乎民生的改革举措陆续落地实施。全面深化改革取得的重大成就，使各方面体制机制弊端阻碍全社会创造力和发展活力的状况得到明显改变，人民群众的获得感不断增强。全面深化改革成为当代中国最鲜明的特征。

全面依法治国发生深刻变革。针对我国法治建设相对滞后，法治观念不强、有法不依、违法不究、司法不公、执法不作为等问题严重影响社会公平正义与和谐稳定的状况，党中央果断作出全面推进依法治国的重大决策，统筹加强科学立法、严格执法、公正司法、全民守法各环节建设，统筹推进法治国家、法治政府、法治社会一体建设，开展国家监察体制改革试点，全面推进行政体制改革、司法体制改革、权力运行制约和监督体系建设，着力建设中国特色社会主义法治体系。这些重大决策、举措和成就，有效提高了国家机构依法履职能力，有效提高了各级领导干部运用法治思维和法治方式解决问题、推动发展的能力，有效增强了全社会法治意识，有效促进了社会公平正义，维护了人民群众合法权益，显著增强了我们党运用法律手段领导和治理国家的能力。

党对意识形态工作的领导发生深刻变革。针对境内外敌对势力加紧对我国进行意识形态渗透和各种错误思潮、观点给我国改革发展稳定带来的严重干扰，党中央果断作出加强党对意识形态工作领导的重大工作部署，顶住各种压力、各种非议，就意识形态领域方向性、根本性、全局性问题阐明立场，坚持马克思主义在意识形态领域的指导地位，建立健全意识形态工作责任制，创新工作方式方法，加强宣传舆论阵地管理，加强网络舆论监管，对错误思想敢于亮剑、敢于斗争，坚决遏制各种错误思想炒作和蔓延。这些重大决策、举措和成就，大大增强了党在意识形态领域的主导权和话语权，社会思想舆论环境中的混乱状况得到明显改变，社会主义核心价值观和中华优秀传统文化广泛弘扬，主旋律更加响亮，正能量更加强劲，文化自信得到彰显，全党全社会思想上的团结统一更加巩固。

生态文明建设发生深刻变革。针对导致发展不可持续和人民群众反映强烈的生态环境恶化问题，党中央果断决定把生态文明建设放在更加突出的位置，作为“五位一体”总体布局和“四个全面”战略布局的重要内容。大力倡导绿水青山就是金山银山的理念，强调要“像对待生命一样对待生态环境”，实行最严格的生态环境保护制度，全面加强生态文明制度建设，全面加强生态环境整治，着力解决人民群众反映强烈的突出环境问题，全力实施大气、水、土壤污染防治行动计划，并积极参与全球环境治理。十八大以来对生态文明建设的重视程度、投入力度前所未有。这些重大决策、举措和成就，显著增强了全党全国贯彻绿色发展理念的自觉性和主动性，忽视生态环境保护的状况明显改变，推动美丽中国建设迈出重要步伐。我国成为全球生态文明建设的重要参与者、贡献者、引领者。

国防和军队现代化发生深刻变革。针对国防和军队建设上存在的许多体制性障碍、结构性矛盾以及部队内部的不正之风、腐败问题，党中央果断作出在全军开展正风肃纪的重大政治决策，在古田召开全军政治工作会议，对新形势下政治建军作出部署，坚定不移开展党风廉政建设和反腐败斗争。坚持改革强军，全面深化国防和军队改革，形成军委管总、战区主战、军种主建新格局，人民军队组织架构和力量体系实现革命性重塑。坚持依法治军、从严治军，推进治军方式根本性转变。坚持战斗力这个根本标准，推进科技兴军，加强练兵备战，注重军民融合。坚持统筹发展和安全两件大事，提出总体国家安全观，组建中央国家安全委员会，全面加强国家安全工作，突出抓好维护政治安全。这些重大决策、举措和成就，加强了党对军队的绝对领导，国防和军队改革取得历史性突破，实现了人民军队政治生态重塑、组织形态重塑、力量体系重塑、作风形象重塑，显著提高了国防实力和军队现代化水平，显著加强了国家安全工作，显著提升了维护国家主权、安全、发展利益的能力。

推进中国特色大国外交发生深刻变革。改革开放以来，中国国际地位和影响力不断提高。同时，我们也面临着来自外部环境的严峻挑战，特别是美国等西方国家加紧对我国进行围堵、干扰、遏制。针对这种状况，党中央果断对外交总体布局作出战略谋划，坚持统筹国内国际两个大局，推进全方位外交，提出构建人类命运共同体，坚持正确义利观，阐明中国的发展观、合作观、安全观、全球治理观、经济全球化观等，倡议和推动“一带一路”建设，构建覆盖全球的伙伴关系网络，积极参与和引领全球治理改革，在对外工作上取得一系列新突破，形成全方位、多层次、立体化的外交布局。审时度势、精心运筹，开展钓鱼岛维权斗争，强化对南海重点岛礁和海域管控，取得了经略海洋、维护海权的历史性突破。这些重大决策、举措和成就，大大提高我国国际影响力、感召力、塑造力，推动构建新型国际关系，营造了中国发展的和平国际环境和良好周边环境，提高了中国参与全球治理能力和水平，为中国在国际上赢得了战略主动，中国在国际力量对比中面临的不利状况得到明显改变。

全面从严治党发生深刻变革。针对新形势下党执政面临许多新的重大风险考验和党内存在的腐败等突出问题，党中央果断把全面从严治党纳入战略布局、作出重大部署，并以顽强的意志品质和空前的力度加以推进。大力推进理想信念教育，先后开展党的群众路线教育实践活动、“三严三实”专题教育、“两学一做”学习教育。加强和规范党内政治生活，严明党的政治纪律和政治规矩，坚决纠正选人用人上的不正之风。出台并坚持实施中央八项规定，严厉整治“四风”问题，坚决反对特权。全面强化党内监督，巡视利剑作用彰显，实现中央和省级党委巡视全覆盖。坚决把党风廉政建设和反腐败斗争进行到底，坚持反腐败无禁区、全覆盖、零容忍，坚定不移“打虎”“拍蝇”“猎狐”，包括严肃查处周永康、薄熙来、郭伯雄、徐才厚、孙政才、令计划等人的重大腐败案件。5年来反腐败斗争气势猛烈，决心、勇气、力度和成效之大，可谓史无前例。这些重大决策、举措和成就，刹住了一些过去被认为不可能刹住的歪风邪气，攻克了一些司空见惯的顽瘴痼疾，形成了反腐败斗争压倒性态势，消除了党和国家内部存在的严重隐患。管党治党实现从宽松软到严紧硬的深刻转变。党内政治生活气象更新，党内政治生态明显好转，党在革命性锻造中更加坚强，焕发出新的强大生机活力。

综上所述，党的十八大以来党和国家事业发生的历史性变革，涵盖改革发展稳定、内政外交国防、治党治国治军各个方面，是深层次的、开创性的、根本性的。这些变革力度之大、范围之广、效果之显著、影响之深远，在我们党和国家发展史上、中华民族发展史上，都具有开创性意义。这些变革所解决的问题是历史本身提出来的，以习近平同志为核心的党中央勇敢直面时代和实践发展所提出的历史性课题，以超凡魄力和顽强斗争精神力挽狂澜，领导全党和全国人民进行具有许多新的历史特点的伟大斗争，推动中国特色社会主义进入新时代，并在伟大实践中创立了习近平新时代中国特色社会主义思想，为这几年取得历史性成就、推进历史性变革提供了科学理论指引，从而才有今天党和国家事业蓬勃发展的大好局面。这一系列历史性变革，对于党和国家事业长远发展，对于实现“两个一百年”奋斗目标、实现中华民族伟大复兴的中国梦，将产生重大而深远的影响。

二、中国特色社会主义的影响

改革开放以来，中国特色社会主义理论和实践的伟大创造和巨大成就，不仅深刻改变了中国，也深刻影响了世界。中国共产党领导全国各族人民坚定不移沿着中国特色社会主义道路奋勇前进，推动我国经济实力、科技实力、国防实力、综合国力进入世界前列，推动我国国际地位实现前所未有的提升，使中国日益展示出政治清明、经济发展、文化繁荣、社会稳定、人民团结、山河秀美的东方大国形象。中国对世界的繁荣稳定也做出了重大贡献。中国特色社会主义理论与实践在马克思主义发展史、世界社会主义发展史、人类社会发展史上产生了巨大影响。

1. 中国特色社会主义增强了马克思主义和社会主义的吸引力

中国特色社会主义理论和实践的伟大创造和巨大成就，证明了马克思主义闪耀着永不褪色的真理光芒。每当国际共产主义运动遭受挫折、世界社会主义陷入低潮时，总有各种质疑马克思主义真理性的声音。东欧剧变后，世界一时之间更是充斥马克思主义“失败了”“破产了”“失灵了”“过时了”等各种论调。40多年来，中国特色社会主义取得的伟大成就，不仅证明了这些论调的十足荒谬，也证明了马克思主义真理的巨大威力和强大生命力。因为，这些伟大成就恰恰是始终坚信马克思主义科学性、真理性并把马克思主义作为看家本领的中国共产党人，团结和带领全国各族人民，坚持以马克思主义为根本指导思想，坚定不移地沿着马克思主义中国化的正确道路，与时俱进践行马克思主义基本原理和科学社会主义基本原则，经过长期努力奋斗的结果。新时代中国特色社会主义不断取得新的伟大成就，必须倍加珍惜马克思主义引领时代的真理价值，锲而不舍推进马克思主义中国化时代化大众化，使马克思主义放射出更加灿烂的真理光芒。[①]在世界树立了一面光彩夺目的科学社会主义伟大旗帜，即中国特色社会主义伟大旗帜。毋庸讳言，东欧剧变后，社会主义在世界能否站得住在当时是存在疑问的。对于这一疑问，邓小平同志表示，只要中国社会主义不倒，社会主义在世界将始终站得住。经过长期努力，中国特色社会主义不仅没有倒下，反而进入新时代，成为世界社会主义的中流砥柱。这对马克思主义、科学社会主义的意义，对世界社会主义的意义，是十分重大的。极大地提振了世界人民对社会主义的信心。在世界社会主义发展史上，中国特色社会主义的伟大理论和实践创造，具有激浊扬清、重铸信心的伟大意义，也证明了邓小平同志在1992年年初振聋发聩地提出“世界上赞成马克思主义的人会多起来的”论断是多么的富于远见卓识。的确，在中国特色社会主义“风景这边独好”的伟大成就面前，世界上越来越多的人将认真地思考社会主义的发展前景。我们有理由相信，只要我们在世界上高高举起中国特色社会主义伟大旗帜，只要新时代中国特色社会主义对发展马克思主义作出越来越多的原创性贡献，科学社会主义在世界的吸引力必定会日益增强，世界社会主义终将迎来美好的未来。

2. 拓展了发展中国家走向现代化的途径

改革开放以来，社会主义在中国充满希望、充满活力，焕发新的蓬勃生机，其根本原因是我们党带领人民走出了一条正确道路。这条道路就是中国特色社会主义道路。实践证明，中国特色社会主义道路是实现社会主义现代化的必由之路，是创造人民美好生活的必由之路。中国特色社会主义道路，是中国立足自身国情和实践，从中华文明中汲取智慧，博采东西方各家之长，坚守但不僵化，借鉴但不照搬，在不断探索中逐渐形成的。这条道路既不是“传统的”，也不是“外来的”，更不是“西化的”，而是我们“独创的”，是我们党励精图治、开拓进取、探索真理、把握规律的结果。

需要指出，我们走出这样一条正确道路其实并不容易。中国共产党及其领导下的中国各族人民是在历经挫折、彷徨后才终于觉醒，才最终成功走出来的。正如习近平

①中国社会科学院习近平新时代中国特色社会主义思想研究中心. 中国特色社会主义的重大贡献[N]. 光明日报，2018-10-09（06）

总书记所说：过去，我们照搬过本本，也模仿过别人，有过迷茫，也有过挫折，一次次碰壁、一次次觉醒，一次次实践、一次次突破，最终走出了一条中国特色社会主义成功之路。

中国特色社会主义道路是一条人间正道，不仅属于中国，也属于世界。中国特色社会主义进入新时代，意味着给世界上那些既希望加快发展又希望保持自身独立性的国家和民族提供了全新选择，拓展了发展中国家走向现代化的途径。

在现代化道路选择问题上，中国从来主张发展模式的多样化，认为不应把自己的发展道路强加于人，坚决维护人类文明发展的多样性，但是，这并非意味着中国的现代化道路对广大发展中国家的现代化没有参考借鉴意义。事实上，在国际金融危机以来西方发展模式、发展道路等问题丛生、前景堪忧，世界普遍开始对其丧失信心的情况下，许多发展中国家特别注意研究和借鉴“风景这边独好”的中国特色社会主义道路的宝贵经验。

中国特色社会主义道路向世界表明：世界上没有放之四海而皆准的发展道路，现代化道路应该从本国国情出发。现代化道路应该把人民利益放在首位，把改善人民生活、增进人民福祉作为出发点和落脚点。现代化道路应该坚持改革创新，僵化停滞没有出路。现代化道路要坚持在开放中谋求共同发展，闭关锁国和以邻为壑只能死路一条。

3. 贡献了解决人类问题的中国智慧和中国方案

中国特色社会主义在人类社会发展史上的重大贡献，在于它在充分展示中国坚持和平发展、促进共同发展、维护国际公平正义、为人类作出贡献的负责任大国形象的同时，贡献了并将不断贡献解决人类问题的中国智慧和中国方案。

（1）贡献了维护世界和平的中国智慧和中国方案。中国特色社会主义不仅极大地增强了世界上爱好、维护和平的力量，也贡献了解决世界和平问题的中国方案，即摒弃冷战思维和强权政治，始终不渝高举和平、发展、合作、共赢的旗帜，坚持和平发展道路，走对话而不对抗、结伴而不结盟的国与国交往新路，促进和而不同、兼收并蓄的文明交流，推动构建人类命运共同体。

（2）贡献了促进人类共同发展的中国方案。中国特色社会主义坚持相互尊重、平等相待、合作共赢、共同发展的原则，坚持各国都是全球发展的参与者、贡献者、分享者，把中国人民的利益同各国人民的共同利益结合起来，让更多国家和地区参与“一带一路”建设，欢迎各方搭乘中国发展的快车、便车，努力为各国特别是发展中国家争取公平的发展，努力增强各国发展能力、改善国际发展环境、优化发展伙伴关系、健全发展协调机制，推进经济全球化健康发展。需要指出，中国致力自身消除贫困的同时，始终积极开展南南合作，支持和帮助发展中国家特别是最不发达国家减少贫困、改善民生、改善发展环境，推动构建人类命运共同体。中国先后为120多个发展中国家落实千年发展目标提供帮助，为加快发展中国家的整体发展进程注入了强劲动力。

（3）贡献了完善全球治理的中国智慧和中国方案。中国特色社会主义秉持共商共建共享的全球治理观，倡导国际关系民主化，坚持国家不分大小、强弱、贫富一律平等，支持联合国发挥积极作用，支持扩大发展中国家在国际事务中的代表性和发言权，坚持中国发挥负责任大国作用，积极参与全球治理体系改革和建设，为改革和优化全球治理注入中国力量。

（4）贡献了人类追求更美好社会制度的中国方案。中国特色社会主义不仅坚信“历史没有终结，也不可能被终结”，也用事实宣告了“历史终结论”的破产，宣告了以西方制度模式为归宿的单线式历史观的破产。中国特色社会主义贡献了人类追求更美好社会制度的中国智慧。我国的实践向世界说明了一个道理：治理一个国家，推动一个国家实现现代化，并不只是西方制度模式这一条道，各国完全可以走出自己的道路来。

案例导入1-2

中国特色社会主义拓展了发展中国家走向现代化的途径[①]

中国特色社会主义道路、理论、制度、文化不断发展，拓展了发展中国家走向现代化的途径，给世界上那些既希望加快发展又希望保持自身独立性的国家和民族提供了全新选择，为解决人类问题贡献了中国智慧和中国方案。这一重要论断深刻揭示了中国特色社会主义的世界意义，诠释了中国特色社会主义对发展中国家现代化发展道路选择做出的中国贡献。

（1）西方现代化道路并非发展中国家现代化的最佳选择。

过去200多年来，现代化成为西方经验的总结，西方模式似乎成为唯一可以模仿的样本。然而自20世纪以来，很多发展中国家照搬西方模式，不仅没有实现现代化，而且失去了发展自主性，进而落入经济发展停滞、社会矛盾丛生、政治局势动荡的“怪圈”。事实上，西方国家只是现代化的先行者，并不是现代化的范本，更不是衡量其

①周文，方茜. 中国特色社会主义拓展了发展中国家走向现代化的途径[OL]. 新华网客户端，2018-3-15. https://baijiahao.baidu.com/s?id=1594965267969510401

他国家现代化的标准。

西方现代化霸权的历史终结。回望历史，西方现代化进程总是伴随西方霸权地位的建立与强化。二战结束后，尽管许多国家成功摆脱了西方国家的殖民统治，但殖民主义的完结并不意味着西方霸权统治的消亡。借助“西方中心论”，西方国家将其基本价值观念简化为一套包括私有化、“政治民主化”和人权保障等内容的意识形态教条后，大肆宣传和兜售这些观念的普世性，强化自己在意识形态上的霸权地位。显然，霸权是西方保持资本主义优势地位的重要手段，是西方现代化的“捷径”，更是西方认定“国强必霸”历史逻辑的根源。正是中国特色社会主义的伟大实践和巨大成就，宣告了西方现代化霸权的历史终结。

西方新自由主义理论开错“药方”。20世纪20—30年代形成的风靡世界的新自由主义理论，被认为是西方为发展中国家开出的现代化“万能药方”。基于新自由主义理论的“华盛顿共识”，虽然给拉美国家带来了一时的经济繁荣，但作为一种现代化模式，其最终后果却是灾难性的。很多发展中国家简单照搬和复制西方模式，不仅使得这些国家的政府和政党缺乏有效领导经济社会发展的能力，而且使得经济被外国资本控制、政权成为西方国家附庸、社会贫富分化加剧。正是中国现代化道路所确立的榜样，让来自西方的各种偏见和教条现出原形，给了更多发展中国家自主探索现代化道路的勇气和信心。

西方应当反思自己的发展模式。2008年国际金融危机以来，资本主义的生命力受到广泛质疑，越来越多的国家对资本主义经济制度、发展模式和政治制度的信心开始动摇。今天的西方世界，由于沉迷于自己的理念无法自拔，并把这种理念当成衡量实践的标准，从而丧失了解决问题和推进国家发展的能力，治理绩效越来越差。特别是个别西方大国奉行自身“优先”战略，重新拥抱保护主义和闭关主义，打起反全球化的大旗，“任性”撕毁许多国际社会达成的共识，使冷战后的世界格局和国际秩序走向愈发不确定。中国现代化道路的成功，让西方国家开始反思自己的问题，并有助于西方国家推动自身的改革。

（2）中国特色社会主义道路是一条行之有效的现代化道路。

相比于西方，改革开放40年来我们坚持走中国特色社会主义道路，实现了经济持续快速发展，7亿多人口摆脱贫困，人均国内生产总值超过8800美元，实现了从贫穷落后到阔步走向繁荣富强的历史性跨越。实践充分证明，中国特色社会主义道路是一条行之有效的现代化道路，它不仅将在新时代继续领航中国全面建设社会主义现代化国家的新征程，也为发展中国家走向现代化提供了中国经验。

把发展作为解决中国一切问题的“金钥匙”。发展是硬道理，这是中国特色社会主义发展实践反复证明了的一条真理。在中国特色社会主义现代化道路上，我国对发展这条主线从未动摇，并不断以新的伟大实践主动回应世界性的发展难题和普遍性的发展困境。特别是党的十八大以来，以习近平同志为核心的党中央深刻洞悉国际国内形势的新变化，着力推动发展方式转变，明确提出创新、协调、绿色、开放、共享的新发展理念，极大地拓展了中国特色社会主义现代化的实现路径。现在，我国经济发展已由高速增长阶段转向高质量发展阶段，我国现代化建设也站到了一个更高的起点上。

统筹推进“五位一体”总体布局、协调推进“四个全面”战略布局。中国特色社会主义现代化是全方位的现代化。改革开放以来，我们党对中国特色社会主义现代化内涵的认识不断深化，党的十八大创造性提出“五位一体”总体布局，大大丰富了中国特色社会主义现代化的理论体系。党的十八大以来，我们党在积极推进“五位一体”总体布局中，又逐步形成了“四个全面”战略布局，确定了我们党新时代的治国理政新理念新思想新战略。统筹推进“五位一体”总体布局和协调推进“四个全面”战略布局，紧紧扣住了我国社会主要矛盾的变化，步步合拍中国现代化进程，促进形成了经济富裕、政治民主、文化繁荣、社会公平、生态良好的发展格局，全面开创了我国社会主义现代化事业的新局面。

把改革开放作为大踏步赶上时代的重要法宝。中国特色社会主义的伟大成功，一个重要原因就是40年来中国始终高举改革开放大旗，坚持改革开放这一当代中国发展进步的活力之源。通过改革开放，我国加快破除经济、政治、文化、社会和生态文明等领域的体制机制性障碍，极大地解放和发展了社会生产力，推动经济社会发展质量和人民生活水平不断提高。特别是通过改革开放实现了从计划经济向社会主义市场经济的历史性转变，并在改革中不断完善中国特色社会主义市场经济体制，既充分发挥市场经济的优势，又发挥了社会主义制度的优越性，使中国经济走出一条行稳致远的发展之路。

坚持独立自主的思想和原则。中国特色社会主义既是在改革开放40年的伟大实践中得来的，也是在中华人民共和国成立近70年的持续探索中得来的。新中国成立伊始，由于没有建设社会主义的经验，我们选择了借鉴甚至照搬苏联模式，但这一模式的弊端很快就显露出来，我们党开始认识到在我国建设社会主义必须根据国情走自己的道路。此后，独立自主的思想和原则指引我们取得了巨大的建设成就，并使我们在改革开放新时期纷繁复杂的国际国内环境下，坚定改革的正确方向、立场和原则，不走改旗易帜的邪路。党的十八大以来，以习近平同志为核心的党中央在进行具有许多新的历史特点的伟大斗争中，进一步坚持和发展了独立自主的思想和原则，强调坚持独立自主的和平外交政策，中国的事情必须由中国人民自己做主张、自己来处理。可以说，没有坚持独立自主的原则，中国特色社会主义道路就不可能开辟出来并越走越宽广。

坚持党对一切工作的领导。党的领导是当代中国发展进步的根本保证，是中国特色社会主义现代化建设取得辉煌成就的最根本原因。坚持党对一切工作的领导，是被长期实践证明了的中国特色社会主义的最大政治优势，具体体现为“集中力量办大事”的制度，总揽全局、同向发力的效率，高度的组织、动员能力，长远的规划、统筹协调、决策和执行能力。正是有了中国共产党这个中国特色社会主义事业的坚强领导核心，才能够把全国各族人民紧密团结起来，形成万众一心、无坚不摧的磅礴力量。中国经济奇迹的背后，是在党的领导下逐步实现国家治理体系和治理能力的现代化，从而实现了对西方治理模式的超越。

（3）中国特色社会主义拓展了发展中国家现代化的途径。

我国成功开辟的中国特色社会主义道路，既避免了社会主义传统模式的僵化问题，又在很大程度上摒弃了西方现代化模式的弊病和缺陷。中国道路的成功表明，没有任何一种模式能够适用于所有的国家，发展中国家必须走适合自己国情的道路。相对于西方发展路径，中国经验更契合发展中国家的现实需要，更能有效助推发展中国家发展改革实践，丰富了发展中国家实现现代化的路径选择。

中国现代化道路可资借鉴。中国是人类历史上第一个以独立自主、和平共赢方式取得发展成功的国家，既没有对外掠夺和殖民，也没有对外转嫁矛盾和危机，更没有在发展中丧失自己的独立性。中华文明具有强大的内聚力、延续性、包容性和开放性，这些内在基因一旦与世界其他文明相互学习、借鉴、交流、融合，就会成为中国加速现代化的巨大资源和文化优势。中国发展既借鉴世界一切优秀文明成果，又坚持走符合自己国情的道路，为广大发展中国家走向现代化展示了新的可选途径，给世界上那些既希望加快发展又希望保持自身独立性的国家和民族提供了全新参照。现在，中国已经成为全球经济中最具实力的国家之一，今天中国的政治和经济体制比二战后主导国际秩序的美国模式更为完备、更可借鉴、更可持续。中国的成功给占世界总人口四分之三的发展中国家开辟了一条新路，必将在广大发展中国家产生深刻的示范效应。

中国现代化道路为世界未来共同发展贡献中国智慧。与中国特色社会主义进入新时代相反，西方世界如今不仅在经历困境，而且进入了一个“系统性失调”时期。正是西方发展的不确定性和一片低迷，让世界更多向东看，更愿倾听中国声音、期待中国方案和中国智慧。党的十八大以来，以习近平同志为核心的党中央不仅着眼于中国自身的发展，更将中国发展放到全球视野中，就世界和平发展的诸多议题提出了一系列“中国方案”，凸显出中国特色社会主义的实践价值和时代意义。比如，中国适时提出“一带一路”倡议和设立亚投行，将自己在现代化发展中获得的宝贵资金、发展成果、先进技术和脱贫经验，分享和回馈给更多的发展中国家，用中国智慧破解现代化发展的世界难题。中国道路所蕴含的新国际合作观更加突出了发展中国家之间合作的重要性，避免了传统现代化发展中的地缘竞争陷阱，可以从根本上扭转现代化进程中富国越来越富、穷国越来越穷的格局。

中国现代化道路推动人类社会共同进步。当前一些西方发达国家基于过去西方发展的历史炒作“修昔底德陷阱”和“国强必霸”，这反映了西方国家僵化的思维模式和机械论的历史观。事实上，中国崛起的路径不同于西方发展路径，中华文明的包容性和开放性也决定了中国人民的梦想与世界各国人民的梦想息息相通，中华民族的伟大复兴只会扩大同各国的利益交汇点。党的十九大报告郑重提出，中国无论发展到什么程度，永远不称霸，永远不搞扩张。这是我们向世界作出的承诺，体现了中国面对世界不确定性展示出的中国力量和大国担当。当前，中国正以共商共建共享理念提出构建人类命运共同体，为全人类共同的美好未来指明了方向。中国不仅以自身发展直接为世界作出巨大贡献，而且胸怀天下、立己达人，为推动人类社会共同进步贡献出中国智慧。

案例思考：

结合案例以中西比较的视角谈谈中国特色社会主义道路是一条行之有效的现代化道路，是拓展了发展中国家现代化的途径。

第三节　中国特色社会主义理论与实践研究综述

这里主要是对十八大以来有关中国特色社会主义理论与实践相关热点问题的研究成果进行梳理，概述中国特色社会主义的研究特点和需要深化研究的问题。

一、中国特色社会主义理论与实践相关热点问题概述

以下是国内外有关中国特色社会主义经济、政治、文化、社会、生态文明建设，以及外交、党的建设方面的理论与实践研究热点问题的概述，文中所引述文献均列在参考文献中。

1. 中国特色社会主义经济理论与实践研究热点问题概述

（1）国内研究概况。

目前，关于中国特色社会主义经济理论与实践的研究主要分四类：

一是对中国特色社会主义经济理论形成的基本逻辑进行深入分析。杨瑞龙在对中

国特色社会主义经济理论方法论创新的若干思考时指出，坚持直面现实的经济学研究方法应当注意内涵化、开放化、中国化、国际化和分析方法的现代化。李怡认为中国特色社会主义经济理论是我国经济发展的产物，随着我国经济形势和世界经济形势的不断发生变化，中国特色社会主义经济理论也应该与时俱进，及时融入新理念和新思想，为中国特色社会主义市场经济发展提供保障，指导我国经济健康平稳发展。他指出，中国特色社会主义经济理论的发展应该实现创新协调、绿色、开放、共享并且在发展中要注重解决新问题。宋宇、任保平认为新时代要求的中国特色社会主义政治经济学，需要在以发展为基础和关键的“（重大）问题导向”的发展路径中，在范畴创新的基础上，按照“认识特征—提炼概念—形成命题—检验理论—凸显价值—指导实践”的循环反复展开，把中国特色社会主义政治经济学的理论大厦构建得更加宏伟，从而为中国特色社会主义道路的不断开拓作出新贡献。

二是对习近平新时代中国特色社会主义经济思想进行研究。从不同角度对习近平新时代中国特色社会主义经济思想的形成背景、具体内容与特征、重大价值与现实意义等问题做了深入探讨。关于习近平新时代中国特色社会主义经济思想丰富的理论内涵，大多数学者认为新发展理念和“七个坚持”及其相互关系构成了习近平新时代中国特色社会主义经济思想的科学内涵，并强调创新、协调、绿色、开放、共享的新发展理念是习近平新时代中国特色社会主义经济思想的主要内容，坚持党的集中统一领导、坚持以人民为中心的发展思想、坚持把握适应引领经济发展新常态、坚持市场资源配置决定作用、坚持宏观调控、坚持问题导向、坚持正确方法是习近平新时代中国特色社会主义经济思想的主要内含。胡鞍钢等从马克思主义政治经济学中生产力和生产关系的角度解释习近平新时代中国特色社会主义经济思想的构成内容，认为习近平新时代中国特色社会主义经济思想包括中国特色社会主义经济建设的领导力量、发展阶段、新发展理念与供给侧结构性改革、供给侧结构性改革与宏观调控、高质量发展与现代化经济体系五个方面内容。杨晶晶等以科学理论体系为视角，认为习近平新时代中国特色社会主义经济思想主要由经济发展的政治保证、经济发展的根本立场、经济发展理念、经济体制、经济工作主线、经济发展战略、经济工作方法七个方面的内容构成。郭代模等则将习近平新时代中国特色社会主义经济思想的内涵细化为十个层面，即坚持以人民为中心的发展思想、坚持基本经济制度的发展思想、全面建成小康社会的发展思想、坚持共同富裕的发展思想、引领经济新常态的经济发展思想、深化结构改革的经济发展思想、协调用好两只手的经济发展思想、科技创新驱动的经济发展思想、发展自主开放型的经济发展思想、坚持财政基础支柱作用的经济发展思想。

探讨习近平新时代中国特色社会主义经济思想的逻辑起点。方凤玲等指出人民中心理论是习近平新时代中国特色社会主义经济思想的逻辑起点，指出马克思主义政治经济学的根本立场是发展为了人民，坚持以人民为中心明确了生产力中最活跃最根本的因素、揭示了生产资料公有制的社会基础和历史必然性、确立了社会主义生产目的、打牢了劳动价值理论的理念基础。孔祥利等同意以人民为中心是习近平新时代中国特色社会主义经济思想的逻辑起点，但认为这一起点建立在对社会主义矛盾的深刻认识和准确把握的基础之上：中国处于并将长期处于社会主义初级阶段的国情没有改变，主要矛盾也并没有发生质的转变，只是人民的追求多了、层次高了，习近平新时代中国特色社会主义经济思想也正为满足需求而至，形成于对矛盾的把握之上。

关于习近平新时代中国特色社会主义经济思想的理论和现实意义的研究。张雷声等认为习近平新时代中国特色社会主义经济思想在继承马克思主义基本经济原理的基础上结合新时代中国经济建设实践实现了重大的理论创新：以新时代社会主要矛盾的变化研判经济发展现实、以人民为中心的思想理念引领经济造福人民、以历史性成就和深层次变革推动经济高质量发展、以问题意识和实践导向制定和部署经济发展战略、以更高层次的开放性经济推进中国深入融入世界。郭冠清等则从五个方面具体分析了习近平新时代中国特色社会主义经济思想的理论创新，其中最突出的理论创新是破解发展难题、引领经济发展的新发展理念；以人民为中心是科学回答为谁发展这一根本问题的理论创新；新常态经济思想是对发展阶段的精准研判，成为理解经济发展走向的总开关；以供给侧结构性改革为经济发展主线是回答怎样发展的理论创新；党对经济的领导实现了社会主义市场经济发展的新突破。杜黎明等也从邓小平经济理论体系入手，以邓小平社会主义本质论为抓手，指出新发展理念不仅创新了中国特色社会主义生产力理论，还创新了生产关系理论，更充实了共同富裕理论。赵凌云等从习近平新时代中国特色社会主义经济思想中的“七个坚持”入手，强调七个坚持分别创新了经济工作领导原则与领导方式、根本立场和根本归宿、大局思维和总体要求、经济体制理论、宏观调控思路及工作战略和方法。张怡恬等认为习近平新时代中国特色社会主义经济思想在两个方面实现了对马克思主义政治经济学的原创性贡献：一是在坚持生产关系研究的基础上，把生产力、人与自然的关系纳入研究对象，提出了高质量发展、新发展理念以及建设现代化经济体系等新思想新理念，扩展了马克思主义政治经济学的研究对象；二是根本立场论、新时代论、全面改革论、新发展论、经济管理论、全面开放论、现代化论、共同富裕论、全球治理论、领导核心论充实了马克思主义政治经济学的研究内容。杨晶晶等从理论和实践两个层面阐述了习近平新时代中国特色社会主义经济思想的重要意义，认为从理论上看，它创造性地回答了新时代经济建设的一系列重大理论和现实问题，发展了马克思主义政治经济学，构建了新时代中国特色社会主义政治经济学理论体系；从实践上看，它为新时代经济建设提供了根本遵循，为决胜全面建成小康社会、实现社会主义现代化发展目标提供了科学指南。张志元等从三个方面诠释了习近平新时代中国特色社会主义经济思想的科学价值，指出它实现了马克思主义经济思想的新飞跃，为新时代中国特色社会主义经济实践提供了科学指南，以发展更高层次的开放型经济推动中国深入融入世界经济。

习近平新时代中国特色社会主义经济思想的研究中也存在研究深度不够、认识不到位等问题。在今后的研究中，需要对习近平新时代中国特色社会主义经济思想的理论溯源、逻辑脉络、实践推进、党的经济发展领导及世界价值与世界意义等问题进行深入研究。

三是对中国特色社会主义经济发展新常态进行研究。曹新认为新常态新理念促进中国特色社会主义经济建设新发展，实现中国特色社会主义经济建设新突破应该保持经济中高速增长、推进供给侧结构性改革、实施乡村振兴战略、加快建设创新型国家、防范化解重大风险、推动经济高质量发展，适应新常态、把握新常态、引领新常态，牢固树立新发展理念，用新发展理念引领发展行动。邱海平指出对国际经济形势和我国新阶段的经济发展特点、优势和短板、目标与重点等重大问题进行准确的理论判断的基础上，提出了我国经济发展新常态的重大理论判断，并不断进行理论创新，提出了一系列新概念新理念新战略，包括供给侧结构性改革、新发展理念、“一带一路”倡议、人类命运共同体、区域发展总战略、乡村振兴战略、社会主要矛盾的变化、高质量发展、建设现代化经济体系、世界迎来百年未有之大变局、加快经济体制改革、促进形成国内强大市场，等等。从十八大以来习近平新时代中国特色社会主义经济思想的系统形成来看，“经济发展新常态”是事实依据和理论起点，“新发展理念”是制定一系列经济改革政策和发展战略的总的指导思想。孔祥利、赵娜指出习近平新时代中国特色社会主义经济思想以现实经济问题为导向，以稳中求进的工作方法为基调，对新时代经济发展进行了谋篇布局与顶层设计。其理论框架可以概括为一个主要内容、一条主线、三个一以贯之、三个转变，即：以新发展理念为主要内容，以供给侧结构性改革为主线，坚持社会主义初级阶段基本国情一以贯之，坚持党对经济工作的领导和以人民为中心的发展思想一以贯之；创新性地指出我国社会主要矛盾已经发生转化，经济发展实现了由“三期叠加”到“新常态”的状态转变，由高速增长到高质量发展的阶段性转变。

四是目前国内“一带一路”研究主要集中在经贸互惠合作、区域产业升级、贸易便利化、区域经济融合发展、“走出去”战略、人民币国际化、优势产业布局、经济带建设等多个热点领域。在此不做详细阐述。

（2）国外相关研究概况。

国外对中国特色社会主义经济理论与实践的研究大致分为三类：

一是关于中国特色社会主义经济本质、定位的研究。提出“北京共识”的乔舒亚·库珀·雷默认为中国的发展模式是一种适合中国国情和社会需要的发展途径；沈大伟认为中国的政治体制是独特的，其经济体制也是个混合体，中国的发展无法轻易移植到他国。美国普渡大学教授洪朝辉认为，中国现行的经济制度，既不是西方教科书上所讲的社会主义的计划经济，也不是西方典型的市场经济，它是建立在中国特殊的政治制度、文化传统和社会结构之上的政治权力与经济资本杂交的混合经济。它是看得见的手——权力和看不见的手——市场互相杂交之后所产生的一种新的独立经济形态，并受到中国的孔孟文化、政党文化和商品文化的三重影响，所以它有可能不是过渡的和暂时的，而可能是相对独立和持久的。洪朝辉指出，中国开创的这条道路是建立在特殊的中国体制与文化之上的，它不以现有的经典理论为指标，不以各国的历史与现状为参照，完全以中国近年的各种发展现实作为实证分析的基点，是中国的发展保存和延续潜力和活力的秘密所在。

二是关于新时代中国经济发展新常态的研究。海外学者普遍认为，经济新常态下中国能否顺利渡过转型期，关键取决于深化经济改革与对外开放。其中，最重要的是对国有企业、金融领域的改革，让市场在资源配置中发挥决定性作用，同时加快创新，促进新型产业发展。纽约大学教授迈克尔·斯彭斯认为，需要发展新型产业并完善公司制度，通过企业创新力的激发和生产效率的提高保障中国顺利渡过转型期。而美国彼得森国际经济研究所高级研究员尼古拉斯·拉迪将改革的重点放在国有企业，认为“现在中国经济进入新的发展阶段，从高速增长转向高质量发展”，中国经济要保持高增长最重要的是深化国有企业改革，应在淡化经济增长目标、控制信贷增长、发挥市场决定性作用等领域加快改革步伐，同时深化开放进程，但改革需要注重速度和力度。加州大学巴里·诺顿指出，中国的改革到了关键一步，改革过快容易导致金融危机发生，中国改革需要一个统筹管理的机构，一方面进行国有体制改革，实现从资产管理到资本管理的过渡；另一方面要做好准备，及时控制经济混乱局面。

可见，海外学者对中国经济新常态具有较为客观的认识，其关于中国经济新常态的挑战及解决对策的研究，值得深刻反思。从上述梳理可知，目前海外学界关于此问题的研究相对分散：一是相关研究尚缺乏系统性。大多数学者只侧重于新时代中国特色社会主义经济思想的某一方面及经济发展中现存的问题，系统全面的研究成果尚不多见。二是相关研究有待进一步深入。对新时代中国特色社会主义经济思想的渊源、地位，尤其是基本内容，如以人民为中心的发展思想、坚持党对经济工作的领导、基本经济制度、供给侧结构性改革、五大发展理念等涉及中国经济发展本质问题的研究尚显不足。三是缺乏宏观研究视野，将中国特色社会主义市场经济放置在世界经济全球化的视野中进行考察与分析的研究成果尚不多见。

三是关于“一带一路”倡议是构建人类命运共同体的重要平台的研究。海外学者对“一带一路”倡议的相关研究主要集中于其影响与挑战。一方面，多数学者对“一带一路”倡议给中国和世界的积极影响作出肯定，认为：一是有助于促进中国经济发展，提升国家影响力，推动人民币国际化。《牛津研究每日简报服务》刊文指出，“一带一路”增强了北京的国际影响力。《金融时报》撰文指出“一带一路”将推动人民币的使用，这标志着人民币成为国际储备货币的长期目标又向前迈进了一步。二是有助于推动经济全球化，利于世界和平与发展，并将改变世界经济中心。诺贝尔经济学奖获得者约瑟夫·E. 斯蒂格利茨认为，“一带一路”可以将很多发展中国家纳入进来，这是推动全球化的好方式。英国学者桑德布与马丁指出，“一带一路”是一种试图在未来几十年塑造全球经济的地缘战略结构的尝试，推动世界经济中心转移。但另一方面，也有很多学者对“一带一路”倡议所面临的挑战进行了分析。一是面临美国、日本及印度等国的挑衅与威胁。巴基斯坦学者卡图恩·哈特克与伊拉姆·哈立德指出，“一带一路”主要面临“美国及其盟国包括日本等国的挑衅政策，这些政策旨在将亚洲地区军事化，并加剧中国南海的冲突”。二是面临合作方难以积极回应的困境。英国华威大学教授彼得·费迪南德指出，中国难以让“许多合作伙伴像她希望的那样做出积极回应”。三是面临沿线极端势力的威胁。英国学者汉考克与汤姆在《金融时报》撰文指出，许多规划中的项目具有地缘政治性质，包括腐败和不稳定的地区，如中东的多个项目意味着中国将越来越多地卷入该地区难以驾驭的政治。综上可见，海外学者对“一带一路”构建人类命运共同体战略思想的实践平台进行研究时，不仅客观评价了这一倡议给世界带来的积极影响，也考虑到存在的风险挑战。但对具体怎样应对“一带一路”倡议所面临的风险与挑战也并未做出更进一步的研究。如何应对“一带一路”实施过程中面临的大国挑衅、极端势力威胁？如何调动海外参与积极性？以上这些问题都需要深入研究。

2. 中国特色社会主义政治理论与实践研究热点问题概述

党的十八大以来，国内外学术界围绕新时代中国特色社会主义政治的主要内容和热点问题，进行了广泛深入的分析和研究，取得了一系列重要研究成果。对这些研究成果进行系统的梳理和总结，有助于进一步拓展和深化新时代中国特色社会主义政治建设的研究领域，为今后对该领域的研究提供参考与借鉴。

（1）国内研究概况。

十八大以来，国内对于中国特色社会主义政治理论与实践的研究主要分为四类：

一是对中国特色社会主义政治建设的重要地位的研究。范文强调政治建设在“五位一体”总体布局和“四个全面”战略布局中占有重要地位。“五位一体”总体布局是一个有机整体，经济建设是根本、文化建设是灵魂、社会建设是条件、生态文明建设是基础，而政治建设是保障。在“四个全面”中，全面建成小康社会是目标，也包含了政治建设的目标；全面深化改革、全面依法治国、全面从严治党是举措，也包含了政治建设的举措。推进新时代中国特色社会主义政治建设具有重要功能，是统筹推进“五位一体”总体布局和协调推进“四个全面”战略布局的重要内容和根本保证。熊立胜指出，政治建设是中国特色社会主义建设的重要组成部分。没有政治体制改革的成功，经济体制及其他领域的改革也难以取得最后的成功，已经取得的成果也有可能得而复失。强调了政治建设在中国特色社会主义建设事业中的重要地位。沈春耀强调，政治发展是中国特色社会主义事业全面发展的重要组成部分。发展社会主义民主政治，建设社会主义政治文明，是全面建设小康社会的重要目标任务，同时又为我国经济社会发展提供重要政治保障。政治发展、政治建设，是社会主义现代化事业应有之义，在中国特色社会主义事业总体布局中具有十分重要的地位和作用。

二是对中国特色社会主义政治发展道路的研究。宋俭、叶丹在论中国特色社会主义政治发展道路的历史、理论和实践的三重逻辑时提到，中国特色社会主义政治发展道路是中国特色社会主义道路的重要组成部分，是中国社会主义民主政治发展的产物。中国特色社会主义政治发展道路是中国共产党领导中国人民在争取和实现人民民主的奋斗中探索出来的，有着自己的逻辑。张树华、王强指出，中国特色社会主义政治发展道路，是一条为国家富强、民族振兴、人民幸福和社会和谐提供保障的政治发展道路。坚定不移走中国特色社会主义政治发展道路，是建成社会主义现代化强国、实现中华民族伟大复兴的根本保证。张士海、孙道壮指出，中国特色社会主义政治发展道路以其自身生成的历史、理论、实践逻辑的统一为世界政治文明的发展提供了中国智慧，为新时代中国特色社会主义政治建设提供着方向遵循。我们要增强中国政治发展道路的自信与自觉，这不仅是历史发展的经验总结，更是时代特征的必然要求。徐奉臻指出，中国特色社会主义政治发展道路，不仅是建成富强民主文明和谐美丽的社会主义现代化强国的政治保障，而且拓展了发展中国家走向现代化的途径。中国特色社会主义政治发展道路的成功实践，也为西方民主体制提供了重要启示和借鉴，为人类政治发展贡献了中国方案。

三是对发展社会主义民主的具体研究。李婧、田克勤指出，我国实行的具有鲜明中国特色的制度体系，是中国共产党和中国人民的伟大创造，它已经在中国特色社会主义事业的发展中发挥了极大的优势作用。并进一步论述了我国根本政治制度和基本政治制度的巨大优越性。信春鹰指出，要健全人民当家作主制度体系，发展社会主义民主政治。指出人民代表大会制度是人民当家作主的根本制度安排以及健全人民当家作主制度体系的一系列要求。侯惠勤认为，民主问题始终是坚持和发展中国特色社会主义的重大课题，中国特色社会主义民主是根本区别于西式民主国家的制度。覃辉银、符妹认为，协商民主是我国社会主义民主政治的特有形式和独特优势。协商民主体现了社会主义民主政治的本质要求，坚持和发展社会主义协商民主制度，是我国推进民主政治建设的一项重要议程。姜希伦在论协商民主与中国特色社会主义政治建设时指出，协商民主作为我国人民民主的重要形式，有利于健全中国特色社会主义民主制度，丰富民主的形式，扩大民主的内涵，发展社会主义政治文明。

四是对推进政治体制改革的研究。周少来在论述推进政治体制改革与全面现代化的关系时指出，破解政治体制改革中的各种难题，是新时代推进全面现代化的根本需要。在我国全面建设社会主义现代化国家的进程中，政治体制改革应该发挥更大的“改革红利”，加快制度性政治体制改革的深化进度。李正华指出，政治体制改革是全面深化各项改革的重要内容之一，是经济体制改革、文化体制改革、党的领导制度改革等一系列改革进一步深化的必然要求。深化政治体制改革要根据中国的国情，准确把握政治体制的特征，尊重政治发展的规律，积极借鉴人类政治文明的有益成果。既要勇于开拓，更要积极稳妥。聂月岩强调，政治体制改革必须与经济体制改革相适应，必须从国情出发，既不走封闭僵化的老路，也不走改旗易帜的邪路，坚持走中国特色社会主义政治发展道路。继续积极稳妥推进政治体制改革的过程，就是社会主义民主政治建设的过程。李君如指出，政治体制改革的任务，就是要推进民主政治的发展，调动各个方面的积极性。进一步深化政治体制改革，形成中国特色的民主理论，健全选举民主和协商民主制度，用民主来调动方方面面的积极性，形成强大的中国力量，为实现“中国梦”而奋斗。

（2）国外研究概况。

国外对于中国特色社会主义政治理论与实践的研究大致分为两类：

一是对中国特色社会主义政治发展道路的研究。贝淡宁表示，中国特色社会主义政治发展道路有两个鲜明特点，即高层的贤能政治和底层的民主政治，二者各有侧重，协同推进。

二是对全面依法治国的研究。尤科佩尔·梅兹认为，法律法规对各行业都有很大影响，全面依法治国是经济长期发展的决定性因素之一。伊丽莎白·依柯诺米认为，权大于法是中国法治社会发展的最大阻碍，过大的权力不仅会造成腐败问题，还会对党的执政能力和执政地位造成损害，降低民众对中国共产党的信心。

3. 中国特色社会主义文化理论与实践研究热点问题概述

（1）国内研究概况。

文化是民族的灵魂，是维护民族团结和国家统一的精神纽带。中国特色社会主义文化理论是中国特色社会主义理论体系的重要内容，它立足于中国改革开放和现代化建设的伟大实践，反映当今世界和中国政治、经济、社会的发展变化对文化发展的新要求。

十八大以来关于中国特色社会主义文化理论与实践热点问题研究主要分为以下三类：

一是对文化自信的研究。对文化自信的重要意义、增强文化自信的途径研究成果较多。如孙良瑛的文中提到进入21世纪，要把文化自信提升为发展战略来重视。随着国家实力的迅速增长，化解越来越大的国际压力，化解因发展不均衡带来的国内压力，需要党、民族和国家、人民在文化方面形成高度自信。文化自信能力和水平本身就是国家软实力的重要组成部分，基于文化自信基础上的文化传播、文化话语权已经被看作是衡量一国国力的重要标准，为国家战略的实施提供更加丰富的手段途径。文化自信促进了崛起中的中国国家内部的认同和社会凝聚力的提升。范晓峰的文中提到党的十八大以来，习近平总书记在中华民族伟大复兴这一时代主题下多次提到“文化自信”问题，在建党95周年大会上进一步丰富了“文化自信”的重要思想，并指出文化自信是更基础、更广泛、更深刻的自信。党的十九大报告中进一步强调，没有高度的文化自信，没有文化的繁荣兴盛，就没有中华民族伟大复兴。从更高的整体意义上来讲，文化自信实质内蕴着中国自信、中华民族自信。何汉斌、吴东华、武彦斌的文中提到，习近平总书记在公开场合多次强调中国特色社会主义文化自信，明确地指出中国特色社会主义文化自信是更基础、更广泛、更深厚的自信。在全面深化改革的形势下，大力弘扬和坚持中国特色社会主义文化自信，首当其冲的是考量中国特色社会主义文化自信的当代价值：实现国家治理体系和治理能力现代化亟须文化自信出谋划策；实现中华民族伟大复兴亟须文化自信保驾护航；全球化时代中国多元化思潮亟须文化自信引领风尚。习近平总书记中国文化观所阐释的中国特色社会主义文化自信，为道路自信、理论自信与制度自信打下了更为厚实的思想基础，为共圆中华民族伟大复兴中国梦助力前行。杨柳青、王建新的文中提到文化自信的问题既是文化建设的重大课题，也是弘扬中国精神的重要命题。新时代中国特色社会主义文化自信的价值意蕴是把握意识形态的主导权、引导权和领导权；中国特色社会主义文化建设的新成果；增强理想信念、价值观念、道德观念；提升文化服务，增强人民群众获得感。胡淳、方贤绪指出，新时代加强文化自信，对于丰富中国特色社会主义理论体系、弘扬中华优秀传统文化、提升国家文化软实力、实现中华民族伟大复兴具有重要的现实意义。张生凤的文中写到习近平新时代文化自信思想对实现“两个一百年”奋斗目标和中华民族伟大复兴具有精神引领作用、创新作用、凝聚作用和战斗作用；它与道路自信、理论自信、制度自信和文化自觉之间有着密切的联系；坚持以马克思主义为指导，坚持以人民为中心的文化立场，坚持中华优秀传统文化“双创”，培育和践行社会主义核心价值观，提升国家文化软实力，这是习近平文化强国思想的实现途径。傅才武、齐千里认为进入21世纪后，中国在国际舞台上不断上升的国际地位及快速的经济现代化进程要求重建中华民族的文化主体性，向世界明确宣示国家文化现代化的目标与路径，这都必须以重建民族文化自信为前提。增强文化自信，必须以中华传统文化为底蕴，融会西方工业科技文明、革命文化传统和当代文化创新实践的新成果，实现中华传统文化在当代的“创造性转化与创新性发展”，以建构完善新时代中华民族新的文化主体性，形成建设国家文化软实力的基础。代金平、秦锐论述新时代坚定文化自信应正确处理五对关系，认为中国特色社会主义进入新时代，如何坚定文化自信，仍“是事关国运兴衰、事关文化安全、事关民族精神独立性的大问题”。要回答和解决好这个问题，应正确处理“义与利”“新与旧”“内与外”“同与异”“前与后”等五对关系，即坚持以人民为中心的发展思想，做到社会效益与经济效益相统一；坚持以马克思主义为指导，推动传统文化创造性转化和创新性发展；坚决抵制西方错误思潮的侵蚀和影响，不断增强国际话语权；加强文化遗产保护传承，赓续中华文化发展连续性；以史为鉴、继往开来，毫不动摇地走中国特色社会主义道路。

二是对中国特色社会主义文化理论的当代价值的研究。如种海峰认为中国特色社会主义文化理论是中国特色社会主义理论体系不可分割的有机组成部分。围绕坚持和发展中国特色社会主义文化这一重大课题，中国特色社会主义文化理论从文化本质观、和谐文化观、文化道路观、文化价值观、文化实力观、国家文化梦想等方面，对新形势下我们党“建设什么样的文化、怎样发展文化”等重要问题作出了新的回答与诠释，提出了一系列紧密相连、相互贯通的新思想、新观点和新论断，把对中国特色社会主义文化发展基本规律的认识提高到新的理论水平。韩宁认为中国特色社会主义文化理论是我们党在坚持马克思主义指导思想的基础上，依据世情、国情、党情的变化，与时俱进发展中华优秀传统文化，以开放包容的态度吸收世界各国的先进文化，在全面把握文化建设发展规律的基础上，形成的符合中国实际的文化理论，是我们文化自信的理论基础，也是我国现阶段文化发展的指导思想。我们要借鉴中国特色社会主义文化理论发展过程中的基本经验，继续坚持和发展中国特色社会主义文化理论，坚定文化自信，促进文化大发展大繁荣，三是对中国特色社会主义文化建设的研究。如周菲菲的文中对十八大以来文化建设思想的时代背景进行研究，总结出文化建设面临的机遇与挑战，深入分析了胡锦涛、习近平、李长春等关于文化建设的重要讲话精神，并借鉴学术界的优秀理论成果，在此基础上从文化发展道路、指导思想、战略地位、战略任务等五个方面总结出文化建设理论上的新贡献；李琼鹏的文中提到文化建设是有计划有步骤的实践过程，每一个历史阶段都有其明确的任务目标，都有其现实针对性。具有中国特色的社会主义文化要得以发展，就是要提高本民族的思想道德和科学文化素质，能够有强大的精神动力和足够的智力支撑带动经济的发展和社会的进步，同时还需要我们的社会培育出能够带动当代社会进步，实现社会主义现代化，践行社会主义先进文化的有理想、有道德、有文化、有纪律的公民促进人的自由而全面的发展。欧阳雪梅的文中指出党的十八大以来，以习近平同志为核心的党中央坚持目标导向、问题导向、实践导向相统一，坚持用马克思主义中国化最新成果指导文化建设，与时俱进地创新社会主义文化建设理论，丰富文化建设实践，坚定文化自信，积极培育和践行社会主义核心价值观，推动中国优秀传统文化创造性转化、创新性发展，推动文化事业和文化产业高质量发展，深化了对社会主义文化建设规律的认识，为新时代中国特色社会主义文化建设提供了根本遵循，使文化领域发生了广泛而深刻的变化。袁伟达的文中提到目前我国文化产业的发展不充分、不协调，无法满足人们对丰富的精神生活的渴望，同时经济的高速发展，生活节奏的加快和社会竞争的加剧必然会带来许多社会问题，所以必须要用文化自信思想来凝聚力量，满足大众的精神文化需求，发挥先进文化的教化、引导作用。建设文化强国必须要发展社会主义先进文化，必须坚持文化自信思想。文化软实力本身就是综合国力的体现，坚定文化自信，发展文化产业和文化事业，以“软”实力带动经济“硬”实力，全面提升综合国力。鲁小艳在文化创意产业如何优化创新中认为，推进文化创意产业健康持续发展，是提升国家文化软实力的重要途径。推动文化创意产业的进一步发展，需要我们加强协同创新，培养创意人才，培育跨界思维；加强文化创意产品与服务开发力度，优化文化创意产品与服务宣传工作；健全法律监管体系，建立第三方监管部门。

（2）国外研究概况。

随着近年来中国越来越靠近世界舞台的中央，国外学者围绕中国文化建设而开展的研究日益丰富。一些海外学者，特别是一些外籍华裔学者们，如杜维明、成中英等人，高度关注中国特色社会主义文化的建设和发展的课题，提出了一些较为独到的见解。

哈佛大学亚洲中心资深研究员杜维明在关于21世纪中国文化发展的问题上，提出了“文化中国”的概念。他提出的“文化中国”应该包括三个意义世界：中国（包括香港、台湾地区）和新加坡；散布在世界各地的海外华人；比例非常小的外籍人士。这三个意义世界的良好互动是创建“文化中国”的重要因素，至于如何构建“文化中国”，他认为儒学可以为现代的人类思想提供新的资源，儒家传统是“文化中国”之中极重要的文化资源。

纽约大学政治系终身教授熊玠的《习近平时代》一书中对习近平的文化情怀做了详细的研究和评述。书内第八章介绍了习近平的“文化情结”，包括：文化底色与历史眼光；传统文化是独特战略资源；1942年后的又一文艺工作座谈会。文中指出：“转型中的中国，文化产业已经开始‘黄金十年’，文化产业占GDP比重，从2004年的2.15%增加到2014的3.77%。中国政府设定的目标是，到2020年文化产业成为国民经济支柱产业。即便产业膨胀迅速，但中国的文化影响力，仍与其在世界上的政治、经济地位不相匹配。有人形容说，在国际舆论场中，中国常常是‘有理说不出，说了传不开’”。作为崛起中的大国，中国的文化软实力建设，既需要在国内凝聚价值观、激励并汇聚起实现民族复兴的强大精神力量；也需要与外部世界建立对等、可信的互动关系，消除误解与敌意；更进一步，还需要文化为载体，为全世界提供公共产品。

4. 中国特色社会主义社会理论与实践研究热点问题概述

（1）国内研究概况。

党的十八大以来，国内学术界关于“社会建设”的研究主要涉及四个方面：

一是社会建设的理论基础。范海龙、李玉敏指出，中国特色的社会建设思想，是在批判借鉴中国传统文化和西方关于社会建设、社会管理思想的基础上形成的，并根据国际国内客观形势及党的执政基础而不断发展、与时俱进。李奇认为，马克思社会有机体理论对中国社会主义建设实践具有重要的科学指导价值，国内提出的推行“五位一体”总体布局、构建人类命运共同体，都是当前国内社会建设伟大实践与马克思社会有机体思想相结合的创造性产物。常胜、吴寒月、闫婉荣提出中国共产党的劳资理论在坚持马克思主义基本原理前提下，对市场经济、所有制结构、劳资政策等进行了创新，并探索互利共赢教育机制、协商谈判机制、权益保障机制等实践途径，以实现劳资和谐，对当前社会主义和谐社会建设具有重要意义。

二是社会建设的主要内容和重点。陆学艺提出中国特色社会主义社会建设的任务很多，主要包括九个方面，即着力改善民生、加快推进社会事业、改革收入分配制度、加强城乡社区自治、加快发展社会组织、加强和创新社会管理、建立健全社会规范、加快社会体制改革和调整优化社会结构等。袁琳认为中国特色社会建设要坚持国际视野与中国特色相统一、加强制度建设与保持经济发展相统一、人人共建与人人共享相统一的基本原则，把社会建设融入“中国梦”的进程中，实现理论研究与实践探索并进，以“自觉+主动”的精神开创中国特色社会建设事业。苑芳江认为社会建设的重点是保障和改善民生，原则是公平正义，要着力建设权利公平、机会公平、规则公平和分配公平的社会公平保障体系。

三是社会建设的实践路径。张严、班高杰认为社会建设的加强，既要立足国情，探索中国特色的社会建设道路，也要放眼世界，从社会团结与社会整合理论、冲突功能理论、治理与善治理论等西方社会学前沿理论中汲取智慧，在学习和比较中构建具有世界意义和时代气息的中国特色社会主义和谐社会。袁雷指出要实现社会建设理想，必须坚持现实选择与未来指向相统一、理论创新与实践创新相统一、历史尺度和价值尺度相统一的原则，让人民群众科学认识到真正的“人的历史”靠人自身来完成、社会主义和共产主义是劳动人民自我创造幸福生活的过程，并坚持远大理想和脚踏实地的统一。宋友文提出我国社会建设要在继续保障和改善民生的基础上，将重点放在优化社会结构和加强社会核心价值观建设上，促进社会结构秩序和社会价值秩序相统一，促进社会建设提升为社会文明，全面推进社会主义物质文明、政治文明、精神文明和社会文明协调发展。刘飚、王泽辰认为我国建设和谐社会的最大问题是发展不均衡和消费不平等，并从鲍德里亚消费社会理论角度出发，提出了要处理好“城乡”“高低”二元消费架构的难题，构建和谐的消费环境。还要引导人们树立健康的消费伦理观念，为社会和谐创造良好的心理基础。黄蓉芳认为人的自由全面发展是社会主义的根本目的，创新社会治理的观念和体制、提高党和国家社会治理的能力和水平是推进社会建设的必要举措。

四是习近平社会建设重要论述的研究。中共中央文献研究室“中国特色社会主义社会建设道路”课题组对习近平提出的“人民对美好生活的向往，就是我们的奋斗目标”“社会政策要托底”“守住底线、突出重点、完善制度、引导舆论”“促进社会公平正义”等四个方面进行解读，并从五个方面归纳了习近平关于民生建设重要论述的特点。代山庆立足于马克思主义社会治理的理论基础、中国传统社会治理思想的历史参照、当代世界社会治理理论的经验借鉴及中国社会治理领域面临问题的现实依据四方面，探讨了习近平社会治理思想的来源，并从实现中国梦、深化社会体制改革、加强民主发展建设、培养和弘扬社会主义核心价值体系和核心价值观四个方面总结了社会治理的目标、动力、抓手及共同思想道德基础。康晓强指出，习近平关于社会建设系列重要论述的内在逻辑结构是把“以人民为中心”作为价值基点，以“民生+社会治理”为主要发展路径，以建构兼具活力与秩序的美好社会为目标取向，其理论特质呈现出层次性、科学性、耦合性、公共性、时代性、底线性等。要增进公平正义，系统擘画社会建设主体建构，辩证剖析和考量社会建设的风险、难题和困境，把握好基层这一社会建设的重点“场域”与基本空间。张晋龙认为，习近平关于社会建设重要论述的主体理论逻辑，是以实现中华民族伟大复兴的中国梦为目标指向，以坚持以人民为中心的发展思想为根本遵循，以五大新发展理念为方法支撑，以社会主要矛盾的转化为动力来源，以“四个全面”战略布局为路径保障，是新时代中国特色社会主义社会建设取得胜利的思想保障。

（2）国外研究概况。

从20世纪五六十年代起，国外学者开始持续关注和研究中国社会建设问题。十八大以来，随着中国社会呈现的新变化，国外学者对中国社会建设的研究也在不断深入，研究焦点涉及中国社会建设方方面面的实际问题。主要包括以下几个方面：

一是关于国民教育问题的研究。詹姆斯·史密斯在谈及中国教育公平问题时，认为中国目前的教育还没有实现完全的公平，地区间的差异比较大。在家庭资金有限的情况下，受到性别的影响，男性能够获得更多的教育资源，其他姐妹会为兄弟提供资金。道格·班多指出中国已成为世界上最大的学生出口国，虽然政府一直致力于一流高校和学科的建设，但是在整体上与国际一些知名院校之间还存在一定的差距。另一方面，高考制度竞争激烈，越来越多的中国学生选择到国外留学，他们回国的工作机会和待遇会比本国高校毕业生好。

二是关于社会保障问题的研究。唐圣兰指出，中国在扩大医疗保险覆盖率方面很成功，且速度惊人。但中国的医疗保险制度的发展和操作仍有些不尽如人意之处，目前的医疗服务和资金筹备在现行的制度下没有很好地实现公平性。罗伯特·博森在谈及中国老龄化问题时，建议中国从调整人口政策和系统管理方面入手提出一些完善措施。他认为中国将比预期提前进入老龄化社会，医疗卫生事业的持续建设加长了人的寿命，这将对政府管理的养老保险体系以及家庭养老支出形成比较大的压力。

三是关于就业问题的研究。赫尔穆特·马特指出，在经济发展和转型过程中，中国的收入分配制度发生了巨大变化。一方面，市场的影响力不断增大，已经开始逐渐期待政府的管制力，另一方面，许多非市场的影响因素也在发挥着不可忽视的作用。沈大伟认为中国即将发生剧烈的社会转型，在这个过程中中国社会的不平等尤为突出，这种不平等包括收入、住房、医疗、就业等，就业机会和质量都会受到教育的背景、户籍、性别的影响。

四是关于医药卫生的研究。黄彦忠在谈到中国政府加大医疗保障领域资金投入时指出，这有利于扩大医疗保险覆盖面、促进公共医疗卫生服务均等化发展、改善基层医疗卫生机构财务状况。但政府还需针对医疗资源过度集中、资金浪费严重等新问题采取一些改革政策。此外，食品安全也是对政府管理能力的一个考验。阿塔瓦·哈科比扬指出，为了有效应对食品安全问题，中国政府应继续改革食品监管体系，并发挥民众的监督作用。

5. 中国特色社会主义生态文明理论与实践研究热点问题概述

（1）国内研究概况。

目前，关于我国生态文明理论与实践的研究主要分四类：

一是对生态文明思想的理论基础进行深入分析。彭玉婷、王可侠在谈到生态文明建设与其他社会建设理论之间的关系时指出，生态文明建设与经济建设、政治建设、文化建设和社会建设等之间的关系是辩证统一的。生态文明建设为经济、政治、社会、文化等建设提供物质基础和环境条件，是各项建设的基础和支撑。卢风、曹小竹认为提出生态文明论的历史意义在于，它要解决的问题其实不是工业文明特有的问题，而是从文明诞生起就一直存在的问题：人为与自然的矛盾问题。这个问题是文明的根本问题。郇庆治认为社会主义生态文明观是马克思主义关于人与自然、社会与自然关系辩证思想在我国社会主义现代化发展进程中的理论运用与创新。周光迅，李家祥在谈生态价值取向时表示习近平总书记通过许多“论断式”的表述，向我们集中阐释了新型生态价值引领的基本取向，如“人与自然是一个生命共同体”“绿水青山就是金山银山”“人民对美好生活的向往，就是我们的奋斗目标”等，这都是全新的社会主义新时代生态价值理论。

二是对生态文明建设的具体研究。如王帆宇认为资源短缺日趋严重、环境污染不断加剧、自然生态破坏异常严峻这三个方面是新的历史时期我国生态文明建设面临的最突出问题。高红贵、王如琦通过熵权 TOPSIS 法计算指出，我国各省域生态文明建设与经济建设融合过程中明显存在着东部优于中部、中部优于西部的局面。吴明红、陈天楠通过运用德尔菲法计算得出，各省生态文明水平差异较大，生态文明指数得分区域性分布特征明显，地处西北部的陕西、内蒙古、青海、新疆、甘肃、宁夏生态文明指数得分位列后六名。

三是探索生态文明对可持续发展的意义。孙洪坤、俞翰沁指出，生态文明建设已然从一种小众的生产方式、生活方式走向广阔的政治平台，是美丽中国的重要组成部分。龚克认为，生态文明具有全局性、紧迫性和持续性，教育具有基础性、全局性和先导性，生态文明与教育的交集就是生态文明教育，要培养建设美丽中国的一代新人。张方方、刘伟、吴乐认为城市生态文明建设是城市可持续发展和绿色发展的更高级形式，是涵盖经济建设、生态规划、生态保护、人居建设、文化建设和生态制度建设等方面的系统性、综合性、长期性的工程。

四是分析如何落实中国特色社会主义生态文明观。龙睿赟认为中国特色社会主义生态文明思想不仅是从理论上丰富和发展了中国特色社会主义理论体系的基本内涵，更是在实践的角度中对于国内现阶段生态环境的现实问题提出了解决的思路与方法。张云飞、李娜提出，制定人口绿色发展计划、推动生产与消费革命、建设两型社会是生态文明建设的具体新思路。燕芳敏在谈到我国在生态文明建设所遇到的困难时提出要坚持“绿色集约、公正高效 、价值引领、民主和谐”的基本原则，走生态文明的社会主义现代化之路”。

（2）国外研究概况。

国外对于生态文明的研究大致分为三类：

一是对生态文明建设理论的研究。莫里森指出全球性动力机制与具体政策正促成工业文明向生态文明的转向；摩尔指出，中国的环境改革是生态现代化的另一种风格或模式，需要政府、企业和环境非政府组织共同参与，同时需要健全公众参与机制，加强社会责任治理。

二是实现生态文明建设的具体路径。施罗德对中国环境治理方法的有效性进行了分析，提出实现可持续消费和生产需要“自上而下”和“自下而上”相结合。费里茨·科赫在对近140个国家的生态可持续性、社会包容性和生活质量关系的实证研究后表明，发展中国家和新兴经济体需要在提高社会福利水平的同时，降低碳排放量以实现经济稳态增长。

三是生态文明建设的发展模式。贝利卡缇将绿色经济分为金融、制度、政策和文化经济四大功能区。梅斯纳从技术、社会和文化三个视角对低碳经济模式进行了分析。

6. 中国特色社会主义外交理论与实践研究热点问题概述

（1）国内研究概述。

通过对中国特色社会主义外交的研究成果进行梳理分析后，认为近几年研究较多的主要是以下两个方面：

一是对中国特色大国外交的研究。对中国特色大国外交的思想来源、政治优势、战略体系，张方慧认为以孔子思想为代表的儒家文化是中华传统文化的重要根基，也是新时代中国特色大国外交思想的宝贵精神来源。儒家提倡的“仁者爱人”“先义后利”“克己复礼”“和而不同”等思想理念不仅是一种价值追求，而且蕴含着丰富的外交智慧。当前，中国外交所倡导的“相互尊重、公平正义、合作共赢”等理念都可以在孔子思想中找到源头。王毅指出我们的外交是党领导下的人民外交事业，党的集中统一领导是中国外交的最大政治优势，也是中国外交的最根本政治保障。凌胜利认为党的十八大以来，随着一系列新理念、新方案和新举措的不断推出与逐步落实，中国特色大国外交的战略体系也不断完善。该战略体系主要由战略环境、战略目标、战略利益、战略手段和战略布局五个方面组成。在战略环境研判上，需要全面系统认知国情和世情，把握两者互动日益密切的态势。在战略目标设置上，以中华民族伟大复兴的中国梦和构建人类命运共同体的世界梦为战略目标。在战略利益界定上，重点关注中国的安全、政治、经济利益，科学区分战略利益层次。在战略手段运用上，要充分利用国际国内两个大局，积极协调国家、社会、个人等的积极参与，灵活运用安全、经济、外交和规则等手段。在战略布局中要把握好时空定位，在不同地理空间和领域不断优化战略布局。中国特色大国外交战略要行稳致远，关键在于确保各战略要素之间的平衡，实现“权力政治”向“规则政治”、“大国外交”向“强国外交”、“经济导向”向“战略导向”的多重转变。张维为认为一个只会使用别人话语的民族在世界上是没有分量的，中国人要用自己的话语来解读中国和世界。中国崛起的过程，必然也是中国外交话语崛起的过程。建立外交话语体系，增强国际话语权，就要讲述好中国故事，就是要用中国话语解释中国实践，用中国实践肯定升华中国理论，更加鲜明地展示中国特色社会主义思想理念，更加响亮地、自信地提出中国主张、中国方案。殷陆君认为党的十九大报告中指出要讲好中国故事，展现真实、立体、全面的中国，提高国家文化软实力，为我们指明了努力方向。参透讲好中国故事的“道”，提升讲好中国故事的“术”，搭建讲好中国故事的“台”，提高讲好中国故事的“能”。

二是对习近平外交思想的研究。主要是研究习近平外交思想的逻辑建构、理论与实践意义、构建人类命运共同体思想。粟锋在论习近平外交思想的逻辑建构时指出，习近平外交思想是新中国成立70年来党领导外交事业的思想精粹。从理论逻辑而言，是马克思主义国际关系理论中国化的最新成果；从历史逻辑而言，是中国社会主义外交历史经验的升华与发展；从实践逻辑而言，是新时代中国特色大国外交的行动指南。全面贯彻落实习近平外交思想，必须精准把握其逻辑建构:始终坚持党对外事工作的集中统一领导；坚定独立自主、天下为公的大国气度；坚守公平正义、互利共赢的道义准则；坚持服务发展、外交为民的政策宗旨。阮宗泽认为作为习近平新时代中国特色社会主义思想的重要组成部分，习近平外交思想是新中国外交理论建设具有划时代意义的重大成果，是百年未有之大变局下实现中华民族伟大复兴、推进中国特色大国外交的根本遵循和行动指南。习近平外交思想理论深邃、实践丰富、意义重大，体现在对百年未有之大变局与中国战略机遇期的辩证把握；中华民族伟大复兴与构建人类命运共同体和合共生；以元首外交与主场外交为引领，扎实推进中国外交议程；完善和深化全方位外交布局，共建“一带一路”，积极参与全球治理体系改革和建设；超越权力转移范式误区，推动构建合作共赢的中美关系。在习近平外交思想指导下，中国特色大国外交革故鼎新、开辟未来、成就斐然，中国的国际地位与影响力显著提升。

三是关于构建人类命运共同体的研究成果较多。例如，张鷟、李桂花认为提出和构建“人类命运共同体”，是习近平新时代中国特色社会主义思想中关乎全球治理的具有战略高度和世界情怀的宏大时代课题。从全球治理现实出发，“人类命运共同体”内含的全球治理理念表征着全球治理的多重挑战，其现实指向性是在全球治理中维护共同利益，寻求各方利益的最大公约数。作为与现行全球治理体系有着质的不同的治理方案，无论是从人类制度的多样性来看，还是从中国在国际体系内的发展目标、在全球治理中的角色定位来看，都决定了“人类命运共同体”并不寻求替代现行以西方为中心的全球治理体系，只是为国际社会提供了一个不同于西方治理方案的可能性选择。赵可金、马钰认为冷战结束以来，全球范围内的意识形态发生深刻变化，表现为自由主义走衰，社会主义温和化以及形形色色的带有反建制倾向的右翼保守主义升温。在国际思潮交流交融交锋的时代背景下，人类命运共同体思想寻求人类意识形态的最大公约数，致力于打通自由主义、保守主义和社会主义的价值壁垒，站在全人类的立场上，确立人类共同价值，为建设一个更加美好的世界提供了价值指南。然而，人类命运共同体思想真正落到实处，还需要直面诸多挑战，真正走出一条聚同化异、包容开放的文明对话之路。耿步健认为全球治理是世界性难题。西方全球治理失败的原因在于其提供的全球治理方案是建立在新自由主义和个人主义生态价值观基础上的，这种方案的特点就是以邻为壑、零和博弈、损人利己。“人类命运共同体”正是基于全球问题共同治理的迫切需要而提出的，这个全球治理方案的目的就是要推动建立以合作共赢为核心的新型国际关系，努力实现整个世界的共赢共享。而要认同和践行习近平的人类命运共同体全球治理中国方案，就必须努力将旨在追求人类整体的、长远的、充满“人与自然”和“人与社会”双重和谐的共同利益的生态集体主义作为人类命运共同体的价值基础。侍舒玮、董德福认为人类命运共同体思想是对世界新秩序的表达与构建，包含中国以及中华文化对世界与人类的思考。人类命运共同体内涵中蕴藏着文化自知感、文化自信感与文化自为感，也凸显出中华文化的自觉性、反思性与创新性。政治互信、经济互惠和外交开放作为人类命运共同体价值观认同的条件逻辑，中国共产党与世界各国政党求同存异、互学互鉴、互相促进，推动各国政党在加强交流和达成共同意见的基础上采取步伐一致的行动，并且在国际突发事件中能够国际合作，共同渡过难关。孟凡礼认为“人类命运共同体”理念的提出，体现了一个负责任大国在新时代条件下的国际担当，具有重要历史与现实意义。弘扬中华优秀传统文化对推动人类命运共同体的构建具有重要意义。利用中华优秀传统文化资源推动人类命运共同体的构建，首先，要侧重现实基础，凸显中华优秀传统文化作用下的社会治理成效；其次，要提炼外交核心价值观，强调中华优秀传统文化作用下的外交实践；最后，要积极推动对外文化传播，使中华优秀传统文化真正走向世界。谭汪洋认为以中华优秀传统文化推动构建人类命运共同体有利于彰显中国的文化自信，增强中国在国际舞台的话语权。人类命运共同体作为人类各种交往关系的总和，在其构建过程中必须处理好人与自我心灵之间、人与人之间（社会及国家）、不同国家之间、不同文明之间，以及人与自然之间的矛盾与冲突。中华传统文化中的“身心合一”“人我合一”“天下为公”“和而不同”“天人合一”等思想理念为应对和解决上述问题提供了有益思路，也为推动构建人类命运共同体提供了新的路径。罗云、胡尉尉、严双伍认为从美、欧、日等西方国家学者的研究和评论来看，他们普遍认为人类命运共同体是中国崛起后的战略表达，所倡导的全球治理体系改革将会对现行的国际秩序造成冲击。

（2）国外研究概述。

国外对中国外交的研究大致分为三类：

一是外交话语方面。法国后现代主义思想家米歇尔·福柯说过权力和话语相互联系，相互作用的，权力关系铸就话语体系，话语体系则强化和扩大这种权力的效应。话语体系以及其构建的权力则会有利于话语者的利益实现、身份强化和自我形象的扩展。塞缪尔·亨廷顿在《文明的冲突与世界秩序的重建》一文中指出："历史上，语言在世界上的分布反映了世界权力的分配。使用最广泛的语言——英语、汉语普通话、西班牙语、法语、阿拉伯语和俄语，都是或曾是帝国的语言，这些帝国曾积极促进其他民族使用它们的语言。权利分配的变化产生了语言使用的变化"。卡尔·马克思在《德意志意识形态》这一著作中曾指出："思想、观念、意识的生产最初是与现实生活的语言交织在一起的。"话语产生之后便运用于人类的实践活动之中，并在实践活动之中对原来的话语进行发展，使之成为一个有稳定性、开放性、连续性的系统，变成人类不可缺失的一部分。

二是对习近平外交思想进行了研究。俄罗斯学者塔夫洛夫提到，习近平主席上任短时间内，已经当之无愧地跻身于主导国际格局的领袖行列，在未来的至少十年里，中国领导人的决定将很大程度地影响着世界政治经济的形势与发展。联合国助理秘书长徐浩良认为，中国一直本着灵活、合作的态度与其他国家开展合作，遵循联合国决议。许多发展中国家希望中国在国际舞台上继续求发展促合作，表达和反映这些国家的关切，期待中国团结和倡导发展中国家发出更为强大的声音。金砖国家概念的提出者奥尼尔认为，中国国际地位的增强需要世界信服，全世界在倾听中国，各国加强与中国积极合作，我们的世界会变得更美好。

三是国外对习近平关于构建人类命运共同体思想的研究是一个重点。海外学者普遍认为，新时代中国外交会继续坚持和平与发展的原则，维护国家主权、安全与发展利益，外交政策总体上会更加积极与主动。但与以往不同的是，丹麦学者卡米拉·索伦森认为，中国外交政策不再是专注于保持低调，而开始显示出力量，为其领导力而"奋斗"。新时代的中国不仅要承担更多的国际责任，更要把国际体系"塑造"得更高，不断提出应对国际冲突和危机的思路与解决方案。其中，构建人类命运共同体思想，是习近平总书记着眼人类发展与世界发展前途而提出的中国理念和中国方案。理念一经提出，引发海外学者广泛讨论与研究。关于"人类命运共同体"思想的研究。部分学者对"人类命运共同体"的构建持肯定态度，认为构建"人类命运共同体"将会促进中国与世界共同发展，中国方案在国际上大有可为。美国学者迈克尔·考克斯认为，西方现代化方案给人类带来富裕生活的同时亦带来了环境恶化、南北失衡等危机，人类命运共同体的提出则是化解这一危机的最佳时机。但也有部分学者持否定态度，认为“人类命运共同体”不具有可行性，且会引发大国对抗与国际秩序混乱。韩国成均馆大学教授金相宇指出，中国倡导的人类命运共同体会招致美国等西方国家的遏制，可能会引发新一轮大国对抗甚至激烈的战略冲突。有学者认为人类命运共同体意在称霸全球。这种观点完全曲解中国外交政策的基本原则，忽视中国为世界和平与发展做出的巨大贡献，是根本站不住脚的。这一点，时间和实践会给予证明。

综上可见，海外学者对人类命运共同体思想的重大意义总体上持肯定态度，但由于受研究环境及西方思潮的影响，部分海外学者对“人类命运共同体”持有模糊认识与困惑心态，存在轻学理研究的倾向，试图用零和博弈等理论解读中国外交政策。如何让国际社会更好地理解人类命运共同体中蕴含的价值观，还需要深化研究。

7. 中国特色社会主义党建理论与实践研究热点问题概述

自十八大以来,中国共产党的加强反腐败、增强执政能力、政治建设思想逐渐成为国内外学术界研究的热点，这些研究对进一步分析党的建设理论与实践问题提供了良好的理论参考和现实依据。

（1）国内研究现状。

国内对党建理论与实践研究较多集中于以下三个方面：

一是关于全面从严治党的研究。十八大以来主要是对全面从严治党的思想内涵、特点、意义、举措等的研究成果较多。齐卫平认为习近平全面从严治党思想具有丰富的内容，“把权力关进制度的笼子”“三严三实”等十个主要创新观点已具有初步的系统性。敢担当展魄力、重问题求实效、谋大略有思路、显务实接地气，表现出全面从严治党思想的主要特点。冯书泉、郇雷认为习近平总书记提出的“全面从严治党”重要思想，为我们党在新的历史条件下加强和改进党的建设提供了理论依据和科学指南。“全面从严治党”具有深刻的理论内涵，包括思想建党与制度治党两大方面，又将从严治吏和作风建设作为关键点与切入口，着眼严于重塑政治生态与提高党的执政能力。在落实“四个全面”战略布局的实践领域，“全面从严治党”要紧紧围绕全面建成小康社会来展开。以锐意改革的精神加强和改进党的建设，坚持依法依规管党治党。蒯正明认为习近平对如何推进全面从严治党提出了思考和探索，主要表现为：全面从严治党的根本路径是将思想建党和制度治党结合起来；全面从严治党的关键在于治吏；作风建设是全面从严治党的切入口和必须始终紧绷的一根弦；落实管党治党政治责任是全面从严治党的重要保障。郭钥认为从严治党是党的建设的基本历史经验，它是党的性质、政治路线和自身状况决定的。全面从严治党是新的形势和任务的迫切要求。十八大以来，以转变作风为突破口，逐步推进到强力反腐、严明纪律、注重理想信念和制度建设等各个方面。全面从严治党对于新形势下党的建设具有极为重要的意义，其长度表现为党的建设新常态，其力度集中在作风建设和反腐败斗争，其尺度归结到党的纪律和规矩，其广度覆盖了党的建设各个方面，其深度体现在思想建党和制度治党紧密结合，其效度落脚到取信于民、赢得民心。全面从严治党初步形成了新形势下党的建设的一系列相互联系的基本理论观点，是新形势下党的建设的总方针。

二是关于加强党的长期执政能力建设的研究。齐卫平认为新中国成立70年来，党的长期执政能力建设取得了丰硕理论成果：提出党执政后最大危险是脱离群众的重要论断；确立加强党的执政能力建设的总目标；形成了执政理论的体系性成果；明确长期执政建设作为党建的主线定位；揭示长期执政能力建设的任务；赋予党的长期执政能力建设以“赶考远未结束”的思想意蕴。新时代推进党的长期执政能力建设，必须坚持和发展党的全面领导；推进全面从严治党不断向纵深发展；发扬自我革命精神；着力提高国家治理现代化水平。林丽拉指出新时代党的长期执政能力建设，必须坚持党的全面领导，加强党的政治建设和纪律建设，加大反腐败力度，坚持“以人民为中心”的价值追求，从而不断提高党的执政能力和领导水平。齐卫平在《把党的执政与治国两种能力建设相贯通——党的十九届四中全会精神的一个研究视角》一文中提出，坚持和完善中国特色社会主义制度、推进国家治理体系和治理能力现代化，必须把党的执政与治国两种能力建设相贯通。从提出加强党的执政能力建设到提出推进国家治理现代化，显示了党的建设发展思路的战略演进。党的十九届四中全会通过的《决定》，对国家治理各个领域各个方面的制度建设作出全面部署，既体现党的建设与国家治理制度建设的关系，又体现增强党的执政能力与提高国家治理现代化能力的关系。在中国特色社会主义制度安排下，中国共产党长期执政与全面领导是连在一起的，执政与治国两种能力具有不可分离的理论和实践逻辑。执政与治国两种能力既有区别又相联系，两种能力建设相贯通有其内在的机理。党的十九届四中全会以坚持和完善中国特色社会主义制度、推进国家治理体系和治理能力现代化的全面部署，为党领导人民再创“中国之治”新辉煌提供了实践指南。

三是关于加强党的政治建设的研究。党的十九大把党的政治建设重新单独提出，强调其首要地位，党的政治建设成为国内学术界研究热点。

首先，认为党的政治建设是最根本、最关键的建设，与党的其他方面建设有着不可分割、相辅相成的关系，是党建思想中不可或缺的重要组成部分。袁峰提出，新时代党的建设总要求强调突出政治建设在党的建设中的重要地位。审视和定位党的政治建设就必须理清政治建设的准确内涵，理清党的政治建设发展演进的历史脉络，并予以理性分析和总结其经验。欧阳化强调政治建设贯穿于党的其他五方面建设，起到“主心骨”作用，使党的自身建设浑然一体，为党的事业向前发展提供坚强保证。郭亚丁指出把党的政治建设摆在首位是新时代加强和改善党的领导、建设现代化国家治理体系的内在要求。加强党的长期执政能力建设，不是简单的行政管理体系的建设和完善，而是需要不断加强政治上的引领力、组织上的动员力。不加强政治建设，没有政治上的成熟坚定，没有政治上的强大凝聚力和引领力，是不可能实现全面建成小康社会实现中华民族伟大复兴的历史任务的。党应当广泛地在各个社会部门中作为政治核心，起到政治引领、政治组织和政治动员的作用。

其次，强调贯彻落实全面从严治党，严明党的政治纪律和政治规矩，对党员干部的言行进行刚性约束，严肃党内政治生活。十八届六中全会制定了《中国共产党党内监督条例》和《新形势下党内政治生活的若干准则》，在加强了党内监督的同时，也为营造健康良好的党内政治环境提供了制度保障。刘中连提出，规范党内政治生活，加强党内监督是全党的共同任务，必须全党一起动手。每个党员是党组织的基本细胞，是做好党的工作的主体，党员的素质尤其是党员干部的素质关系到党的事业的成败，关系到中国特色社会主义事业的成败。规范党内政治生活，应从我做起，从每个党员干部抓起，从落实每一项规章制度严起，使严格要求、严格监督、严以自律贯穿于每个党员干部工作和生活的各个方面。冯国权、刘军民提到，政治定力是领导干部定行定心之力，是党性修养和政治素养的集中反映。政治定力源于坚定的理想信念，理想信念是支撑政治定力的重要基础，理想信念坚定，骨头就硬，定力就强。按照“三严三实”要求增强政治定力，就是要坚定政治信仰、坚定政治立场，忠诚于党、忠诚于人民，把握大势、敢于担当，坚定维护党和国家工作大局、维护改革发展稳定大局、维护党的领导和执政安全大局、维护全党全国团结大局，从而在大是大非面前旗帜鲜明，在风浪考验面前无所畏惧，在各种诱惑面前立场坚定，在关键时刻让党靠得住、信得过、能放心。刘先春强调，严明的纪律和规矩是马克思主义政党的根本特征和宝贵品质，是我们党事业兴旺发达的生命线，是立党之纲、治党之需、强党之要。我们党是靠着严明的纪律和规矩一路胜利走来，靠着严明的纪律和规矩开创了中国特色社会主义事业的新局面。我们党有9000多万党员，在一个幅员辽阔、人口众多的发展中大国执政，如果没有铁的纪律和规矩，就没有党的团结统一，党的凝聚力和战斗力就会大大削弱。对于一个政党来说，纪律是高压线，也是生命线。同时，人不以规矩则废，党不以规矩则乱。可见严明党的纪律和规矩事关党的兴旺发达。

最后，认为“把党的政治建设摆在首位”，是对马克思主义建党理论的重大创新。陈志刚提出，把党的政治建设摆在首位是十八大以来全面从严治党的重要经验。张士义、刘志新指出，加强党的政治建设是关系到党的性质是不是马克思主义政党的大问题，是关系到我们党的建设的大方向问题。认为党的十九大报告中提出把政治建设放在党的建设的首位，既是一个创新的提法，也具有极强的现实针对性。创新的提法是指以前我们强调党的政治领导，但是政治建设强调不够。事实上，政治建设是最根本的建设，其他建设都是政治建设在各个领域的反应。具有极强的现实针对性，是指党的十八大以来，我们查处的200多位中管干部几乎都有违反政治纪律的行为，绝大多数都有政治问题和经济腐败相互交织的严重问题，所以十九大报告把政治建设摆在党的建设的第一条。

（2）国外研究现状。

近年来，国外关于中国共产党的研究，主要围绕以下几个方面的相关内容展开。

首先，国外学者在对中国共产党党员方面的研究不断拓展和深化。布鲁斯·J.迪克逊和玛丽亚·罗斯特·卢布利在《党员的特权：中国城市共产党员的社会经济特征》中指出：从计划经济体制向市场经济体制转变后，党员群体的人力资本价值提高了，党员的身份不再受到工作、受教育的权利、住房、医疗等一些因素的限制，还可以获得较好的社会地位和经济收入。纽约州立大学的约翰·洛根在《中国共产党的党员和政权的动力》中指出：中国共产党在发展党员时，已经从单纯注重政治审查转为专业素质并重。

其次，在关于中国共产党的执政能力方面，国外学者、媒体也给予了肯定。英国伦敦国王学院中国研究院院长在接受媒体采访时表示，中国共产党在面对世界如此动荡，执政环境复杂的情况下，能通过世情国情果断地做出正确决策，并且善于吸取国外政党的执政经验，成功适应时代的发展。瑞典学者玛丽亚·爱丁指出：“中国共产党正在使用市场力量来重造自身，已经证明了自己比人们所称赞的更富有创新精神。”

最后，对全面从严治党的研究，尤其是对中国共产党反腐败工作的研究。亨利·保尔森认为，共产党是中国政治、经济和社会生活的灵魂与核心，党把党员安排在无处不在的各级权力位置上，但是权力与机会的汇合不可避免地带来腐败。并且，经济变革日新月异之时，除了给人们带来了大量暴富机会，也让低收入官员借机中饱私囊，普通百姓和官员一样都行走在规则不明且政府执法不严的灰色和黑色地带。金刚鹦鹉指出，自改革开放以来，腐败成倍增长，腐败和裙带关系的文化已在官员中得到滋生与传播。反腐运动不仅为根除腐败创造了可能性，更重要的是，也为改变政治文化创造了可能性。梅勒妮·马尼恩提出，中国可借鉴国际反腐经验，给予新闻媒体和网民以更大的自由来监督和揭露腐败。

在国内外文化不断交流的进程中，国内学者对国外专家的中国共产党研究的梳理方面也取得了一定的研究成果。如梁怡的《国外马克思主义中国化评析》《国外中共党史研究述评》，韩强的《国外对中国共产党建设的研究述评》《海外中共党建研究的几个问题》《新加坡学者郑永年的中共党建研究评析》等。多数国外专家学者对中国共产党都给予正面肯定的评价，并表示对中国共产党未来的发展十分重视。

二、中国特色社会主义的研究特点和需要深化研究的问题

党的十八大以来，习近平一系列重要讲话，都是围绕着研究和推进中国特色社会主义展开的。主要是坚持发展中国特色社会主义，实现中华民族伟大复兴的中国梦，坚持以人为本、人民至上，坚定理想信念，贯彻落实科学发展观，促进改革开放，推进依法治国方略，执行党的群众路线，加强和改进党的领导，加强党风廉政建设、加强意识形态建设，加强舆论引导，尊重历史文化，培育青年、鼓励实干兴邦，促进世界和平发展方面。

总结十八大以来关于中国特色社会主义的研究，有如下四个特点：

第一，把中国特色社会主义的理论逻辑与中国社会发展的历史逻辑结合起来；

第二，把中国梦与中国特色社会主义结合起来；

第三，把中国特色社会主义放在当代世界的总体格局中研究；

第四，把中国特色社会主义与中国优秀传统文化结合起来。

以往的研究，出现两个鲜明的特点：一是分学科、分人物、分理论形态的研究多于整体的研究。二是经验的论证多于理论阐释。分学科研究导致理论整体性的割裂；分人物的研究，出现不恰当的对比，导致人物之间的矛盾和对立；分形态的研究，突出了各个理论形态的完整性，但出现了理论发展的断裂。理论阐释不彻底。主题不明确，主要内容不清楚，逻辑结构不清晰。结果导致理论不自信

党的十八大以来，中国特色社会主义理论研究出现新动态，理论阐释在加强。一是加强了中国特色社会主义道路、理论体系、制度、文化“四位一体”的研究。二是加强了建设中国特色社会主义的总依据、总布局和总任务的研究。三是加强了中国特色社会主义的基本理论、基本路线、基本纲领、基本经验和基本要求等“五个基本”的研究。

目前，需要进一步研究的问题：

第一，关于中国特色社会主义的性质，研究回答中国特色社会主义是社会主义而不是其他主义。

第二，关于中国特色社会主义道路，一是中国道路的形成和发展过程。二是中国特色社会主义道路的构成，即这条道路在实践中的具体体现。三是中国特色社会主义道路的特色。四是如何坚持道路自信问题。

第三，关于中国特色社会主义理论体系，需要进一步从整体上对中国特色社会主义理论体系进行研究，搞清楚中国特色社会主义理论体系所含内容的逻辑结构、中国特色社会主义与科学社会主义的关系，特别是进一步深化对习近平新时代中国特色社会主义思想的研究。

第四，关于中国特色社会主义制度体系，需要进一步研究的问题：一是中国特色社会主义制度的层次性问题。二是中国特色社会主义制度的主要构成和其他制度的准确表述。三是中国特色社会主义法律体系。四是制度优势的宏观判据（纵向比较维度和横向比较维度）。五是中国特色社会主义制度的特色和优势。

第五，关于中国特色社会主义文化自信，有待于进一步深化和拓展研究的主要有以下几点：马克思主义经典著作对文化自信的论述，文化自信与“中国梦”的关系，文化自信与中国精神的关系，文化的主体“人”与文化自信的关系，中国传统文化对西方的影响，文化自觉、文化自信、文化自强之间的关系，国外增强文化自信的经验等。

第六，关于全面深化改革的总目标：坚持和完善中国特色社会主义制度，实现国家治理体系和治理能力的现代化，有待深入研究的一是要研究为何如此确立全面深化改革的总目标。二是要研究完善社会主义制度和实现国家治理现代化的关系。三是要研究什么是国家治理体系和治理能力的现代化。四是要研究国家治理体系和治理能力的关系。

第七，关于新时代中国经济发展，有待深入研究的是习近平新时代中国特色社会主义经济思想。同时，进一步对中国经济建设实践进行理性分析和规律性总结，深刻认识社会主要矛盾变化，做好经济学意义上的解释，高质量发展下的现代化经济体系构建研究，出更多经济学理论创新成果，提高中国经济学在世界经济学领域的话语权。

第八，关于乡村振兴战略，有待深入研究的是乡村振兴战略的价值定位、理论逻辑、实施路径；乡村振兴的历史经验；农村产业振兴在农业农村现代化中的地位；乡村空间重构和美丽乡村建设；乡村文明、农民主体地位和乡村社会建设；农村公共产品与公共服务体制机制；乡村社会生态系统、可持续发展和生态文明建设；增加农民收入、缩小城乡差距与脱贫致富；乡村振兴的政策体系构建、制度供给研究。

第九，关于人类命运共同体和“一带一路”，还需要深化研究人类命运共同体中蕴含的价值观,以及“一带一路”实施过程中调动海外参与积极性、应对大国挑衅、极端势力威胁的对策研究等。

思考与讨论

1. 如何理解中国特色社会主义是改革开放以来党的全部理论和实践的主题?
2. 如何理解中国特色社会主义道路、理论、制度、文化之间的相互关系?
3. 改革开放以来中国特色社会主义的发展成就体现在哪些方面?
4. 如何认识十八大以来党和国家事业取得的历史性成就、发生的历史性变革?
5. 中国特色社会主义理论与实践有何巨大影响?

第二章

习近平新时代中国特色社会主义思想

党的十九大报告把十八大以来党的理论创新成果概括为新时代中国特色社会主义思想，为新时代坚持和发展中国特色社会主义提供了基本遵循，为发展21世纪马克思主义、当代中国马克思主义做出了历史性贡献。党的十九大通过的党章修正案把习近平新时代中国特色社会主义思想确立为我们党的行动指南。对于凝聚全党全国各族人民的思想共识和智慧力量，决胜全面建成小康社会，夺取新时代中国特色社会主义伟大胜利，实现中华民族伟大复兴的中国梦，具有重大现实意义和深远历史意义。

第一节　习近平新时代中国特色社会主义思想的创立

一、习近平新时代中国特色社会主义思想形成的社会历史背景

习近平新时代中国特色社会主义思想是在当今世界经历新变局、科学社会主义迈向新阶段、中国特色社会主义进入新时代、党面临执政新考验的历史条件下形成和发展起来的。

习近平新时代中国特色社会主义思想是在百年不遇的世界大变局中形成的。世界多极化、经济全球化、社会信息化、文化多样化深入发展，全球治理体系和国际秩序变革加速推进，各国相互联系和依存日益加深。同时，世界面临的不稳定性不确定性突出，世界经济增长动能不足，贫富分化日益严重，地区热点问题增多，恐怖主义威胁、气候变化对环境的影响加剧。面对世界经济、国际安全、全球治理等一系列重大问题，世界发展需要新的方向、新的方案。在这样的时代背景下，中国前所未有地走近世界舞台中央，中国的发展理念、发展道路的影响力显著增强，在国际事务中的话语权

显著增强，中华文化所蕴含的天下为公、求同存异、和合共生等理念所具有的独特价值赢得了广泛理解认同。世界需要中国智慧、中国理念、中国方案。习近平新时代中国特色社会主义思想正是在这样的时代背景下创立和丰富发展的，在这一思想指导下，中国也正在发挥着世界和平建设者、全球发展贡献者、国际秩序维护者的重要作用。

习近平新时代中国特色社会主义思想是在科学社会主义焕发新生机两种社会制度的较量呈现新态势的时代背景下形成的。20世纪80年代末至90年代初，东欧剧变、苏联解体，世界社会主义发展进程中出现严重曲折。西方大肆鼓吹“历史终结论”“社会主义失败论”，预言其余社会主义国家也会像多米诺骨牌一样倒下。20多年过去，中国不但把社会主义旗帜举稳了，而且把科学社会主义推向新阶段，以自身的蓬勃发展和对世界发展的巨大贡献，大大增强了社会主义的影响力感召力。习近平新时代中国特色社会主义思想在形成发展过程中，指导党和国家事业发生了历史性变革、取得了历史性成就，彰显了社会主义制度的优势，中国特色社会主义道路越走越宽，正视和相信马克思主义和社会主义的人越来越多，世界范围内两种意识形态、两种社会制度的历史演进和较量，出现了有利于马克思主义和社会主义的深刻转变。对科学社会主义的理论思考、经验总结，对坚持和发展中国特色社会主义的担当和探索，贯穿于习近平新时代中国特色社会主义思想形成和发展的全过程。

中国特色社会主义进入了新时代，是我国发展新的历史方位，也是习近平新时代中国特色社会主义思想产生的主要社会历史条件。经过长期努力，中国特色社会主义进入了新时代，我国的经济、政治、文化等方面的状态发生了重大变化，党和国家事业发生了历史性变革。这是世情国情党情变化的必然结果，是社会主要矛盾运动的必然结果，也是党的十八大以来党和国家事业发生历史性变革的结果，是中国共产党人带领全国各族人民长期不懈奋斗的结果。这个新时代，既与改革开放近40年来的发展一脉相承，又有很大的不同，面临许多新情况新变化：一是党的十八大以来，在新中国成立特别是改革开放以来我国发展取得重大成就基础上，党和国家事业发生历史性变革，我国发展站在新的历史起点上，新起点需要新气象新作为；二是世界进入大变革大调整时期，面临千年未有之大变局，如何在乱局中保持定力、在变局中抓住机遇，对我们统筹国际国内两个大局提出了更高要求；三是我们党执政面临的社会环境和现实条件发生深刻变化，发展理念和方式有重大转变，发展水平和要求更高；四是我国社会的主要矛盾已经转化为人民日益增长的美好生活需要和不平衡不充分的发展之间的矛盾，经济建设仍然是中心任务，但需要更加注重全面协调可持续发展，需要着力解决好发展不平衡不充分问题；五是从党的十九大到二十大，是“两个一百年”

奋斗目标的历史交汇期，我们要在全面建成小康社会、实现第一个百年目标之后，开启全面建设社会主义现代化国家新征程、向第二个百年目标进军。新时代的新情况新变化，给我们党提出了一个重大课题，就是必须从理论和实践结合上系统回答在新的时代条件下坚持和发展什么样的中国特色社会主义、怎样坚持和发展中国特色社会主义。正是围绕回答这一重大理论和实践问题，形成了习近平新时代中国特色社会主义思想。

习近平新时代中国特色社会主义思想是在十八大以来党所经历的深刻革命性锻造中形成的。以习近平同志为核心的党中央，清醒地分析党所面临的执政考验、改革开放考验、市场经济考验、外部环境考验这“四大考验”，以及精神懈怠危险、能力不足危险、脱离群众危险、消极腐败危险这“四种危险”，带领全党以自我革命的勇气，全面推进党的政治建设、思想建设、组织建设、作风建设、纪律建设，把制度建设贯穿其中，深入开展反腐败斗争，把党锻造成人民衷心拥护、经得起各种风浪考验、朝气蓬勃的马克思主义执政党。习近平新时代中国特色社会主义思想是党自我净化、自我完善、自我革新、自我提高的重要成果，深化了对共产党执政规律、党的建设规律的认识，展现了新时代马克思主义执政党强大的创造力、凝聚力、战斗力。

总之，党的十八大以来国内外形势深刻变化和我国各项事业快速发展催生了习近平新时代中国特色社会主义思想，习近平新时代中国特色社会主义思想回答了实践和时代提出的新课题。实践和理论的逻辑就是：新时代提出新课题，新课题催生新理论，新理论引领新实践。党的十八大以来，党和国家各项事业之所以能开新局、谱新篇，根本的就在于有习近平新时代中国特色社会主义思想的科学指引。党的十八大以来，以习近平同志为核心的党中央坚持以马克思列宁主义、毛泽东思想、邓小平理论、“三个代表”重要思想、科学发展观为指导，坚持解放思想、实事求是、与时俱进、求真务实，坚持辩证唯物主义和历史唯物主义，紧密结合新的时代条件和实践要求，以全新的视野深化对共产党执政规律、社会主义建设规律、人类社会发展规律的认识，进行艰辛理论探索，取得重大理论创新成果，创立了习近平新时代中国特色社会主义思想。习近平总书记所作的党的十九大报告把十八大以来党的理论创新成果概括为新时代中国特色社会主义思想，党的十九大通过的党章修正案把习近平新时代中国特色社会主义思想确立为我们党的行动指南，实现了党的指导思想的又一次与时俱进。这是党的十九大的一个重大历史贡献。

二、习近平新时代中国特色社会主义思想的理论基础

根深叶茂，源远流长。习近平新时代中国特色社会主义思想之所以博大精深，就在于这一新思想是集大成之作，是对马克思列宁主义、毛泽东思想、邓小平理论、“三个代表”重要思想、科学发展观的继承和发展，是对中华优秀传统文化和革命文化、社会主义先进文化的传承和发展。习近平新时代中国特色社会主义思想继承和发展了马克思主义，传承和发扬了中华优秀传统文化，具有鲜明的向历史开放的品格。

1. 马克思主义是其理论渊源和思想基础

马克思主义是我们党的理论基石，我们党近百年的奋斗历程，就是马克思主义中国化时代化大众化的进程。习近平新时代中国特色社会主义思想，坚持马克思主义的世界观、方法论、社会理想、政治立场和理论品质，与马列主义、毛泽东思想是一脉相承的关系。同时，又在新的实践基础上发展创新了马克思主义，实现了马克思主义与中国实际相结合的又一次历史性飞跃，开辟了马克思主义新境界，是新时代中国特色社会主义事业的行动指南。

习近平新时代中国特色社会主义思想始终坚持马克思主义立场观点方法，极大丰富发展了中国特色社会主义理论体系，为发展21世纪马克思主义、当代中国马克思主义作出了重大贡献。这一思想理直气壮地强调马克思主义、共产主义理想是共产党人的命脉和灵魂，进一步提振了中国共产党的“精气神”。这一思想把马克思主义哲学作为看家本领，坚持和运用辩证唯物主义和历史唯物主义，强调树立战略思维、创新思维、辩证思维、法治思维、底线思维，丰富和发展了马克思主义哲学。这一思想提出了经济新常态、新发展理念、以人民为中心、使市场在资源配置中起决定性作用和更好发挥政府作用、供给侧结构性改革、建设现代化经济体系等一系列新理念新思想新战略，书写了当代中国马克思主义政治经济学的新篇章。这一思想坚持科学社会主义的基本原则，在世界上高高举起了中国特色社会主义伟大旗帜，发展了中国特色社会主义道路、理论、制度、文化，推动科学社会主义在21世纪的中国焕发出强大生机与活力。

案例导入2-1

习近平要求掌握的马克思主义基本理论①

马克思主义思想理论博大精深、常学常新。新时代，中国共产党人仍然学习和实践马克思主义，不断从中汲取科学智慧和理论力量，确保中华民族伟大复兴的巨轮始

①习近平. 在纪念马克思诞辰200周年大会上的讲话[OL]. 新华网，2018-05-04. http://www.xinhuanet.com/politics/2018-05/04/c_1122783997.htm

终沿着正确航向破浪前行。今天我们学习马克思主义，要学习和实践哪些基本理论，习近平总书记指出了其中的要点。

学习和实践马克思主义关于人类社会发展规律的思想。马克思科学揭示了人类社会最终走向共产主义的必然趋势。马克思、恩格斯坚信，未来社会“将是这样一个联合体，在那里，每个人的自由发展是一切人的自由发展的条件”“无产者在这个革命中失去的只是锁链。他们获得的将是整个世界”。马克思坚信历史潮流奔腾向前，只要人民成为自己的主人、社会的主人、人类社会发展的主人，共产主义理想就一定能够在不断改变现存状况的现实运动中一步一步实现。马克思主义奠定了共产党人坚定理想信念的理论基础。

学习和实践马克思主义关于坚守人民立场的思想。人民性是马克思主义最鲜明的品格。马克思说，“历史活动是群众的活动”。让人民获得解放是马克思毕生的追求。我们要始终把人民立场作为根本立场，把为人民谋幸福作为根本使命，坚持全心全意为人民服务的根本宗旨，贯彻群众路线，尊重人民主体地位和首创精神，始终保持同人民群众的血肉联系，凝聚起众志成城的磅礴力量，团结带领人民共同创造历史伟业。这是尊重历史规律的必然选择，是共产党人不忘初心、牢记使命的自觉担当。

学习和实践马克思主义关于生产力和生产关系的思想。马克思主义认为，物质生产力是全部社会生活的物质前提，同生产力发展一定阶段相适应的生产关系的总和构成社会经济基础。生产力是推动社会进步最活跃、最革命的要素。“人们所达到的生产力的总和决定着社会状况”。生产力和生产关系、经济基础和上层建筑相互作用、相互制约，支配着整个社会发展进程。解放和发展社会生产力是社会主义的本质要求，是中国共产党人接力探索、着力解决的重大问题。

学习和实践马克思主义关于人民民主的思想。马克思、恩格斯指出，“无产阶级的运动是绝大多数人的，为绝大多数人谋利益的独立的运动”“工人阶级一旦取得统治权，就不能继续运用旧的国家机器来进行管理”，必须“以新的真正民主的国家政权来代替”。国家机关必须由社会主人变为社会公仆，接受人民监督。我们要坚定不移走中国特色社会主义政治发展道路，在坚持党的领导、人民当家作主、依法治国有机统一中推进社会主义民主政治建设，不断加强人民当家作主的制度保障，加快推进国家治理体系和治理能力现代化，充分调动人民的积极性、主动性、创造性，更加切实、更有成效地实施人民民主。

学习和实践马克思主义关于文化建设的思想。马克思认为，在不同的经济和社会环境中，人们生产不同的思想和文化，思想文化建设虽然决定于经济基础，但又对经济基础发生反作用。先进的思想文化一旦被群众掌握，就会转化为强大的物质力量；

反之，落后的、错误的观念如果不破除，就会成为社会发展进步的桎梏。理论自觉、文化自信，是一个民族进步的力量；价值先进、思想解放，是一个社会活力的来源。国家之魂，文以化之，文以铸之。

学习和实践马克思主义关于社会建设的思想。马克思、恩格斯设想，在未来社会中，“生产将以所有的人富裕为目的”“所有人共同享受大家创造出来的福利”。恩格斯结合马克思在《共产党宣言》《哥达纲领批判》《资本论》等著作中提出的一系列主张，阐明在社会主义条件下，社会应该“给所有的人提供健康而有益的工作，给所有的人提供充裕的物质生活和闲暇时间，给所有的人提供真正的充分的自由”。人民对美好生活的向往就是我们的奋斗目标。

学习和实践马克思主义关于人与自然关系的思想。马克思认为，“人靠自然界生活”，自然不仅给人类提供了生活资料来源，如肥沃的土地、渔产丰富的江河湖海等，而且给人类提供了生产资料来源。自然物构成人类生存的自然条件，人类在同自然的互动中生产、生活、发展，人类善待自然，自然也会馈赠人类，但“如果说人靠科学和创造性天才征服了自然力，那么自然力也对人进行报复”。自然是生命之母，人与自然是生命共同体，人类必须敬畏自然、尊重自然、顺应自然、保护自然。

学习和实践马克思主义关于世界历史的思想。马克思、恩格斯说：“各民族的原始封闭状态由于日益完善的生产方式、交往以及因交往而自然形成的不同民族之间的分工消灭得越是彻底，历史也就越是成为世界历史。”马克思、恩格斯当年的这个预言，现在已经成为现实，历史和现实日益证明这个预言的科学价值。今天，人类交往的世界性比过去任何时候都更深入、更广泛，各国相互联系和彼此依存比过去任何时候都更频繁、更紧密。一体化的世界就在那儿，谁拒绝这个世界，这个世界也会拒绝他。

学习和实践马克思主义关于马克思主义政党建设的思想。马克思认为，“在无产阶级和资产阶级的斗争所经历的各个发展阶段上，共产党人始终代表整个运动的利益”“他们没有任何同整个无产阶级的利益不同的利益”，而是要“为绝大多数人谋利益”，为建设共产主义社会而奋斗。共产党要“在全世界面前树立起可供人们用来衡量党的运动水平的里程碑”。始终同人民在一起，为人民利益而奋斗，是马克思主义政党同其他政党的根本区别。

案例思考：

结合案例谈谈应该学习和实践马克思主义的哪些理论？

习近平新时代中国特色社会主义思想，对中国化的马克思主义成果毛泽东思想的坚持和发展，具体来讲，主要体现在坚持了实事求是的思想路线，坚持并发展了毛泽东思想关于党的建设、人民立场、文化建设、军事外交等方面的思想观点，是毛泽东思想在新的历史条件下的继承、丰富与发展。①

（1）坚持实事求是的思想路线，开辟了马克思主义中国化的新境界。

实事求是思想路线是毛泽东思想的哲学基础和实践本质。毛泽东一贯坚持辩证唯物主义与历史唯物主义的基本原则，强调把马列主义普遍原理与中国革命实际相结合。毛泽东在不同历史时期的著作中，如《反对本本主义》《实践论》《改造我们的学习》《整顿党的作风》等，从不同角度阐释了实事求是思想路线。其主要内容包括：坚持马克思主义的立场、观点、方法；坚持一切从实际出发，理论联系实际，坚决反对教条主义与主观主义；坚持实事求是的思想路线，坚持发展马克思主义。

习近平新时代中国特色社会主义思想，始终坚持实事求是的思想路线，以此作为党的一切路线、方针、政策的出发点。在新时代的历史条件下，国际方面和平、发展、合作、共赢成为时代潮流；国内方面社会主要矛盾已经转变为人民日益增长的美好生活需要和不平衡不充分的发展之间的矛盾。习近平总书记紧紧围绕时代主题，敏锐把握我国社会发展所处历史方位，提出了“四个全面”战略布局，坚持、发展、巩固马克思主义在意识形态领域的指导地位，坚持正确的人民立场，坚持发展权益为全民所有等思想观点，强调要把科学思想理论转化为认识世界、改造世界的强大物质力量。

当前，我国经济社会已由高速发展阶段向高质量发展阶段转变，新形势与新任务必然激发理论与实践的再次飞跃。习近平新时代中国特色社会主义思想坚持矛盾论的观点，强调全面深化改革的系统性、整体性、协同性，坚持两点论与重点论相统一，讲究主次；抓住时代脉搏，坚持对症下药、综合施治，提出经济新常态下的供给侧结构性改革，转方式、补短板、防风险；坚持生态文明建设，精准扶贫、精准脱贫。在国际事务方面，紧紧抓住全球经济发展的战略机遇期，走和平发展道路，提出“一带一路”倡议，倡议设立亚投行，成立丝路基金，推动构建以合作共赢为核心的新型国际关系，推动形成人类命运共同体和利益共同体。在党的建设方面，以改革创新精神全面推进新时期党的建设伟大工程，不断提高党领导社会主义现代化建设的能力和水

①郭少飞. 习近平新时代中国特色社会主义思想对毛泽东思想的继承、丰富与发展[J]. 世界社会主义研究，2018(07)：26-31.

平；坚持正确的理想信念，建设学习型、服务型、创新型的马克思主义政党；教育全体党员干部牢固树立“四个意识”，严肃党内政治生活；推动全面从严治党向纵深发展，建设新时代政党新形象。

习近平新时代中国特色社会主义思想，科学准确地回答了新的历史条件下“坚持和发展什么样的中国特色社会主义、怎样坚持和发展中国特色社会主义”的时代命题，是对毛泽东实事求是思想路线在新的历史条件下的运用和发展。

（2）继承发展了毛泽东思想中人民立场的观点，扩展了人民立场观点的内涵与外延。

人民立场的观点是毛泽东思想中极为重要的内容，贯穿了毛泽东思想理论体系的方方面面，体现在毛泽东的多部经典著作中。如在《中国社会各阶级的分析》一文中，毛泽东提出了革命党是群众的向导的观点；在《关心群众生活，注意工作方法》一文中，毛泽东提出了一切群众的实际生活问题，都是我们应当注意的问题的观点；在《为人民服务》一文中，毛泽东系统阐述了“为人民服务”的思想，等等。习近平新时代中国特色社会主义思想，坚持以人民立场的观点指导实践，并在新的历史条件下扩展了人民立场观点的内涵和外延。一方面，习近平总书记强调指出，发展权益由全民享有，改革红利要使每一个公民都能够享受，这就扩展了人民立场观点的内涵；另一方面，习近平总书记进一步指出，对于广大人民群众，我们不仅要保证其政治、经济、文化等利益，更应该保证其生态、身心健康、教育平等、社会公平正义等多方面的利益，这就扩展了人民立场观点的外延。习近平总书记在新的历史阶段对人民立场的阐释，更加契合当前社会发展的需求，体现了马克思主义与时俱进的理论品质。

改革开放以来，人民生活日益提高，生活需求不断得到满足。新时代人们对于社会的期望和要求，更倾向于“后现代物质社会”对于个体需求的满足，其广度与深度都有所延展。习近平新时代中国特色社会主义思想结合新的实际，坚持以马克思主义为指导，运用当代社会发展理论，提出了“以人民为中心”的思想，这是对毛泽东思想中人民立场观点的继承、发展和深化。

（3）继承发展了毛泽东思想中党的建设思想。

在中国革命与建设中，毛泽东提出了一系列精辟、务实的党建思想，在党的思想建设、组织建设、作风建设、纪律建设等方面提出了具有独创性的理论。主要包括：①党的建设是一个“伟大的工程”；②坚持民主集中制组织原则，个人服从组织，少数服从多数，下级服从上级，全党服从中央；③提出党风建设理论，共产党员首先要在思想上入党。

习近平总书记继承、发展了毛泽东思想中一系列党建思想与观点，并根据新时代党的建设面临的新情况、新问题，提出了全面从严治党的思想，将党的建设理论发展到新的高度。

第一，习近平新时代中国特色社会主义的党建思想，对党的初心与使命的认识更加符合新时代的历史特征。早在新民主主义革命时期，毛泽东就提出了为人民服务的立党宗旨，要求共产党员应在各方面起模范作用；在中国特色社会主义已经进入新时代的历史条件下，习近平总书记要求中国共产党人继续保持“为中国人民谋幸福，为中华民族谋复兴”的初心与使命，这是对毛泽东思想中为人民服务思想的最新解读，进一步深化了党的初心与使命的理论内涵。习近平总书记的小康不小康，关键看老乡，中国梦是人民的梦，中国执政者的首要使命就是集中力量提高人民生活水平，逐步实现共同富裕等论述，是对“党的初心与使命”的具体阐释，集中体现了习近平总书记朴素的人民情怀。

第二，始终坚持党在中国特色社会主义建设事业中的核心领导地位。党的核心领导地位是在长期的革命和建设过程中自然形成的，是历史和人民赋予的。早在抗日战争时期，我们党就形成了“党领导一切”的思想。1942年9月，中共中央政治局作出《关于统一抗日根据地党的领导及调整各组织间关系的决定》，明确规定党领导一切其他组织，如军队、政府与民众团体。1954年9月，毛泽东在全国人大一届一次会议的开幕词中指出：“领导我们事业的核心力量是中国共产党”①。1962年初，毛泽东在中共扩大的中央工作会议上进一步指出，“工、农、商、学、兵、政、党这七个方面，党是领导一切的。党要领导工业、农业、商业、文化教育、军队和政府”②。在中国特色社会主义新时代，习近平总书记明确指出，“中国共产党的领导是中国特色社会主义最本质的特征”“党政军民学，东西南北中，党是领导一切的”③。为了保障党领导一切的核心地位，习近平总书记要求全党不断增强“政治意识、大局意识、核心意识、看齐意识”，体现了对党的主体地位的高度重视。中国共产党在中国特色社会主义事业中具有总揽全局的主体核心作用，这是新时期实现中华民族伟大复兴的重大法宝，也是建设社会主义现代化强国的政治保障。

第三，始终坚持“作风建设永远在路上”。历史经验告诉我们，作风和纪律关乎党的生死存亡，是党的健康发展的力量源泉。早在延安时期，毛泽东就指出：共产党

---

①毛泽东. 毛泽东文集:第6卷[M]. 北京：人民出版社，1999：350.

②毛泽东. 毛泽东文集:第8卷[M]. 北京：人民出版社，1999：305.

③本书编写组. 党的十九大报告学习辅导百问[M]. 北京：党建读物出版社，学习出版社，2017：16.

与红军，对于自己的党员与红军成员不能不执行比较一般平民更加严格的纪律；政治路线确定之后，干部就是决定的因素。中国特色社会主义进入新时代以后，习近平总书记更加突出强调作风建设和纪律建设，着力反腐倡廉，要求党员干部做到“三严三实”。党中央严肃查处周永康、徐才厚、薄熙来、郭伯雄、孙政才、令计划等政治野心家、阴谋家，反映出我党坚持全面从严治党、加强作风建设和纪律建设的决心与信心，正如党的十九大报告所指出的，“全面从严治党永远在路上”。

第四，习近平新时代中国特色社会主义的党建思想高度重视历史方位的准确把握。习近平总书记从执政党建设面临的世情、国情、党情的新变化出发，在全面总结世界社会主义运动正反两方面经验教训的基础上，结合党90多年的辉煌成就和历史经验，深刻阐明了中国共产党的历史使命，这就是：坚持马克思主义，坚持共产主义远大理想，坚持中国特色社会主义共同理想，坚持“四个自信”，坚持党的基本路线，坚持“两个一百年奋斗目标”，坚持以人为本，不断提高党的执政能力与执政水平，以改革创新精神全面推进党的建设新的伟大工程。

（4）继承发展了毛泽东思想中的文化建设思想。

文化建设是毛泽东思想的重要组成部分。抗日战争时期，毛泽东在《新民主主义论》中对新民主主义文化进行了详细、准确地阐释，指出新民主主义文化是“无产阶级领导的人民大众的反帝反封建的文化”。对于传统文化与外来文化，毛泽东特别强调批判性继承和批判性借鉴，提出“古为今用”“洋为中用”的思想观点。在国家建设方面，毛泽东强调科技人才的培养，重视科学技术对国家政治、经济、文化、国防的推动作用，强调文化要“站在无产阶级的和人民大众……站在党的立场，站在党性和党的政策的立场”；在文化建设方面，毛泽东提出了“百花齐放，百家争鸣”的“双百方针”，强调文艺创作的立场是为人民服务、为社会主义服务。

习近平新时代中国特色社会主义的文化思想，继承发展了毛泽东思想中关于文化建设的思想观点，并结合当前实际提出了更为符合国情的文化战略。习近平总书记指出，中国特色社会主义植根于中华文化沃土、反映中国人民意愿、适应中国和时代发展进步要求，有着深厚历史渊源和广泛现实基础，并在道路自信、理论自信、制度自信的基础上增加了文化自信，更加突出了文化建设的重要地位；习近平总书记倡导榜样精神，强调“崇高事业需要榜样引领”；习近平总书记非常重视国家文化软实力建设，一再强调社会主义核心价值观在社会传播方面的导向作用，“核心价值观是文化软实力的灵魂、文化软实力建设的重点”；在新闻舆论方面，强调增强新闻舆论宣传的影响力与公信力，同时强调树立网络主权安全意识，倡导建设国际性的良好网络生态，加大国家在网络安全方面的支持力度；在教育方面，强调培育新青年精神，倡导家风家教，强调红色基因的传承。习近平新时代中国特色社会主义的文化思想丰富了社会主义文化建设的时代内涵，是新时代中国特色社会主义文化建设的指路明灯。

（5）继承发展了毛泽东思想中社会矛盾的观点。

马克思主义认为，生产力和生产关系、经济基础和上层建筑的社会基本矛盾运动，是推动人类社会从简单向复杂、从低级向高级发展的根本动力。其中，生产力的发展是人类社会发展的决定性力量。如何最大限度地激发生产力的活力，不断促进社会主义发展，是毛泽东、邓小平、习近平等几代领导集体共同关心、一贯致力于解决的问题。1937年7月，毛泽东在《实践论》中指出，要通过实践而发现真理，又通过实践而证实真理和发展真理，揭示了矛盾的对立统一性。1956年4月，毛泽东在政治局扩大会议上所作的《论十大关系》报告中指出，要把国内外一切积极因素调动起来，为社会主义事业服务，并对重工业和轻工业与农业、沿海工业和内地工业、经济建设与国防建设等十对矛盾作了具体而又详尽的论述。1957年2月，毛泽东在《关于正确处理人民内部矛盾的问题》中提出了“六个有利于”的社会主义实践评价标准，并进一步指出：社会主义社会经济发展的客观规律和我们主观认识之间的矛盾，这需要在实践中去解决。主要强调：①具体问题具体分析，一切为着发展生产力；②革命斗争、发展工业等都是为了解放生产力；③吸取国内外先进经验，促进社会主义建设。

习近平新时代中国特色社会主义思想，继承发展了毛泽东思想中关于解放与发展生产力的思想。党的十八大以来，以习近平同志为核心的党中央高度重视解放生产力与发展生产力。在党的十九大报告中，习近平总书记对中国国情作出了“三个没有变”的基本判断，成为习近平治国理政思想的现实依据，这表明“发展依然是当代中国的第一要务”。

第一，关于中国特色社会主义建设的动力来源，习近平总书记强调全面深化改革，其中包括供给侧结构性改革、乡村振兴战略、创新创意产业开发等；党的十八届五中全会提出了“创新、协调、绿色、开放、共享”的发展理念，十九大报告进一步提出不断推进国家治理体系和治理能力现代化，坚持解放和发展社会生产力，坚持社会主义市场经济改革方向。

第二，习近平新时代中国特色社会主义思想，继承发展了毛泽东思想中关于发展工商业的思想观点。党的十八届三中全会进一步强调市场在资源配置中的作用，作出了“使市场在资源配置中起决定性作用和更好发挥政府作用”的准确定位；强调要不断认识和把握生产力的发展规律，坚持先进生产力的发展方向，坚持高素质的劳动者与高科技相结合，进行产能革命；同时，强调发展的内生性动力与外生性动力相结合，联系国内与国外两个市场，推动产业升级与优化重组。

第三，对社会主义社会生产力与生产关系、经济基础与上层建筑两大基本矛盾的认识更加突出了新时代的特征。毛泽东思想初步探索了落后国家进行社会主义革命和建设的动力问题。习近平新时代中国特色社会主义思想在毛泽东思想中初步探索的基础上从两方面作了进一步的回答，一方面，不断深化改革是新时代生产力发展的应有之义；另一方面，中国共产党必须始终代表先进生产力的发展方向。

第四，全体社会主义劳动者、社会主义爱国者和社会主义拥护者，都是推动我国社会生产力发展的重要力量。习近平新时代中国特色社会主义思想强调个体、组织、国家在相互关系中的融洽统一，构筑新时代的人与人关系。

第五，科学技术是推动生产力发展的重要“引擎”。毛泽东已经认识到科学技术对生产力发展的推动作用；邓小平提出了“科学技术是第一生产力”的著名论断；习近平总书记对科学技术在当前中国特色社会主义建设中作用的认识进一步深化，进一步认识到科学技术在生态文明建设、卫生公益事业、国家信息安全等方面的重要作用，并在此基础上提出了创新驱动发展战略。

此外，军事方面，毛泽东提出了“党指挥枪”、人民军队为人民、军队与国防现代化等思想，习近平总书记在此基础上形成了新时代强军思想；外交方面，毛泽东提出了“三个世界”划分、坚持不结盟原则、坚持独立自主的外交原则等思想，习近平总书记在此基础上提出了建设“一带一路”、构建人类命运共同体的思想；在祖国统一问题上，毛泽东提出了和平统一、一个中国原则、“一纲四目”等思想，习近平总书记在坚持“一国两制”原则下，使港澳台的发展融入祖国发展的大局，统一于实现中华民族伟大复兴“中国梦”之中。总之，习近平新时代中国特色社会主义思想是对毛泽东思想的继承、丰富与发展，二者是一脉相承、继承发展的关系。

2. 中华优秀传统文化是其重要思想来源

中华优秀传统文化是习近平新时代中国特色社会主义思想的重要来源。习近平新时代中国特色社会主义思想既立足于现实的中国，又植根于历史的中国，从5000年中华文明中承继人文精神、道德价值的精华养分，习近平总书记多次强调中华优秀传统文化的历史影响和重要意义，并赋予其新的时代内涵。正如习近平总书记所指出的，要认真汲取中华优秀传统文化的思想精华和道德精髓，大力弘扬以爱国主义为核心的民族精神和以改革创新为核心的时代精神，深入挖掘和阐发中华优秀传统文化讲仁爱、重民本、守诚信、崇正义、尚和合、求大同的时代价值，努力用中华民族创造的一切精神财富来以文化人、以文育人。

习近平新时代中国特色社会主义思想高度重视传承和弘扬中华优秀传统文化，运用马克思主义的科学立场，对中华优秀传统文化进行切合时代的系统阐释，形成中国特色社会主义传统文化观，坚持“古为今用、推陈出新”原则，具有全面性、传承性和民族性，蕴含丰富的内容，并且进一步上升到治国理政之中，不仅包括从宏观上的政治、经济、社会、生态、外交等诸多方面，还包括微观上继承和弘扬中华优秀传统文化中的精华部分。习近平总书记指出：中华优秀传统文化创造性转化，就是要按照时代特点和要求，对那些至今仍有借鉴价值的内涵和陈旧的表现形式加以改造，赋予其新的时代内涵和现代表达形式，激活其生命力；中华优秀传统文化的创新性发展，就是要按照时代的新进步新进展，对中华优秀传统文化的内涵加以补充、拓展、完善，增强其影响力和感召力。

习近平新时代中国特色社会主义思想吸吮着中华民族5000多年漫长奋斗积累的文化养分，开辟了传承和弘扬中华优秀传统文化、革命文化、社会主义先进文化的新局面，极大提升了中华民族的向心力和凝聚力，极大增强了中华民族屹立于世界民族之林的自信心和自豪感。《关于实施中华优秀传统文化传承发展工程的意见》的印发，深刻体现了以习近平同志为核心的党中央对中华优秀传统文化的高度重视和高度自信。习近平新时代中国特色社会主义思想蕴含着中华民族的价值共识、精神追求、政治智慧、历史经验，植根于包括红船精神、井冈山精神、长征精神、延安精神、西柏坡精神、大庆精神、“两弹一星”精神等在内的红色精神谱系，体现社会主义核心价值观思想灵魂，彰显以爱国主义为核心的民族精神和以改革创新为核心的时代精神，恪守忠诚老实、公道正派、实事求是、清正廉洁为核心的政党价值观，实现了真理性和价值性的统一，充满思想的力量、道义的力量和文化的力量。

习近平新时代中国特色社会主义思想全面深入地阐述了中国优秀传统文化在国家治理中的资源意义。第一，在社会主义核心价值观培育和弘扬及国家文化软实力建设中，强调要努力继承中华优秀传统文化。第二，在经济发展的战略构想中，注重借鉴我国优秀传统文化的积极精神和历史经验。如“一带一路”这一战略构想借鉴了我国优秀传统文化中开放、进取、合作、共赢的积极精神和历史上对外经济交往的经验。推动相关各国打造互利共赢的“利益共同体”和共同发展繁荣的“命运共同体”，也体现了中国传统文化所讲的和谐精神。并且对中国历史上民族交往中学习、消化、融合和创新的历史经验在当今的历史条件下予以继承和创新。第三，在对外交往中，注重运用优秀传统文化的智慧。如充分阐释中国传统文化中的和合理念。第四，在党风廉政建设和反腐败工作中，强调借鉴我国历史上反腐倡廉的宝贵遗产。在充分深入地挖掘传统文化在今天治国理政中的意义的同时，明确提出对待传统文化的辩证态度。

另外，习近平新时代中国特色社会主义思想也吸收借鉴了国外有益的文明成果。党的十八大以来，习近平同志更是反复强调，文明是多彩的，人类文明因多样才有交流互鉴的价值；文明是平等的，人类文明因平等才有交流互鉴的前提；文明是包容的，人类文明因包容才有交流互鉴的动力。事实上，正是注重对国外有益文明成果的吸收借鉴，成就了习近平新时代中国特色社会主义思想的宽广视野和博大气度，增强了这一新思想引领时代发展和世界潮流的理论价值和思想光芒。

无论是“本来”还是“外来”，都有一个在继承或吸纳中更好发展的问题，这直接决定思想理论的创新价值，也是开辟“未来”道路的核心所在。习近平新时代中国特色社会主义思想并没有停留在对“本来”和“外来”的一般性阐发和运用上，而是在继承或吸纳的基础上，更加注重立足新的实践开辟马克思主义发展新境界，注重对传统文化的创造性转化、创新性发展，注重在扬弃结合中推动人类文明发展。尤其是对共产党执政规律、社会主义建设规律、人类社会发展规律的一些重要问题的本质性把握、原理性揭示，有许多是在认识论方法论层面实现重要突破，这更表明这一新思想的原创性价值。例如，关于中国共产党的领导是中国特色社会主义最本质的特征的思想，关于社会主要矛盾发展变化的思想，关于供给侧结构性改革的思想，关于党领导人民进行伟大社会革命和勇于进行自我革命辩证关系的思想，关于建设人类命运共同体和更加美好世界的思想等，都蕴含着许多对马克思主义基本范畴、基本原理的进一步揭示，而且是系统化的揭示。

案例导入2-2

金声玉振，史鉴昭昭（平语近人·习近平总书记用典）①

中华经典，是一座丰富的宝库，蕴藏着无数宝贝。发掘其中的宝藏，巧妙地使用，不仅可以增长智慧，也可以使我们的语言更加优美，行文更加优雅，表达更加有力。

孔夫子曾说，“言之无文，行而不远”（《左传·襄公二十五年》），“不学诗，无以言。”（《论语·季氏》）。自古以来，中华先民就重视语言的修饰和锤

①毛佩琦. 金声玉振，史鉴昭昭（平语近人·习近平总书记用典）[OL]. 人民网－人民日报海外版，2018–11–05. http://culture.people.com.cn/n1/2018/1105/c1013–30381049.html

炼。给语言增加文采，有很多方法，比如讲究修辞，选择恰当准确形象的词汇，比如讲究炼句，语言简洁、明快，比如讲究逻辑严谨、思维缜密等。其中有一个有力的手段就是用典。

中国历史悠久，内容丰富多彩，历史上诞生过无数伟大的思想家、政治家、军事家、艺术家，发生过无数波澜壮阔的、绮丽委婉的故事，有着许许多多推动人类文明进程的发明创造，因此也就留下了种种典故，形成了大量成语。它们既承载着中华民族的智慧，也是中华语言文字的工具和素材。引用经典，可以达到言简意赅、以少胜多的效果。

2012年11月29日，习近平总书记在参观《复兴之路》展览时说："实现中华民族伟大复兴是一项光荣而艰巨的事业，需要一代又一代中国人共同为之努力。"他引用了"空谈误国，实干兴邦"这一典故，进而说，"我们这一代共产党人一定要承前启后、继往开来，把我们的党建设好，团结全体中华儿女把我们国家建设好，把我们民族发展好，继续朝着中华民族伟大复兴的目标奋勇前进。"

"空谈误国，实干兴邦"这8个字，可谓金声玉振，铿锵有力。它既是坚定决心的宣示，又是语重心长的告诫，既是高屋建瓴的号召，又是历史经验的警训。

"空谈误国，实干兴邦"是从明末清初史学家顾炎武的一段话凝练概括出来的。顾炎武曾经亲历改朝换代的天崩地坼，是在痛定思痛之后发出的肺腑之言。他在《日知录》中写道："昔之清谈谈老庄，今之清谈谈孔孟……以明心见性之空言，代修己治人之实学，股肱惰而万事荒，爪牙亡而四国乱，神州荡复，宗社丘墟！"（《夫子言性与天道》）

历史上，清谈之风盛行的时候，往往是国家发生危难的时候。空谈者不能解决实际问题，不能克服现实中的危机，国家因此灭亡。明朝经过200多年的发展，在晚明发生空前的危机，可以说内忧外患，迫在眉睫。但此时朝廷上下，文恬武嬉，不务修己治人的实学，不干正事，徒托心性之空言，拿不出应对时局的有效策略，也不愿意躬行实践的付出，结果政务怠荒，酿为祸乱，最终导致了明朝的灭亡。这是历史的教训。

习近平总书记引用此典，强调社会主义是干出来的，实现中华民族伟大复兴需要付出艰苦的努力。虽然我们现在面临的形势是革命战争年代无法比的，也比中华人民共和国成立初期不知要好多少倍，但是我们前进道路上仍有许多艰难险阻，需要实干苦干。如果不务实干，只尚空谈，将会耽误国家大计，不仅不能达成中华民族伟大复兴的宏伟目标，还可能毁掉大好形势，把国家拖到险境。

习近平总书记在第十二届全国人民代表大会第一次会议上又说，"功崇惟志，业广惟勤”“我国仍处于并将长期处于社会主义初级阶段，实现中国梦，创造全体人民更加美好的生活任重而道远，需要我们每一个人继续付出辛勤劳动和艰苦努力。”

“功崇惟志，业广惟勤”出自《尚书》中的周书。意思是：功劳崇高，因为有志向；事业广大，由于勤奋。周王在平殷成功后，告诫各级官员要忠于职守，勤于政务，认真对待自己的职责，不能怠惰忽略。只有树立远大志向，才能建立崇高的功业。只有付出辛勤的劳动，才能成就伟大的事业。

“志”的高低和品格决定了功业格局。宋代张载以“为天地立心，为生民立命，为往圣继绝学，为万世开太平”为志。立意高，格局大。

荀子《劝学》说：“无冥冥之志者，无昭昭之明；无惛惛之事者，无赫赫之功。”要立志做前人没做过的事，走前人没走过的路。只有克服了艰难困苦，才能通向光明。只有付出常人想象不到的努力，才能建立显赫的功业。

习近平总书记在博鳌亚洲论坛2018年年会开幕式发表主旨讲话时说道：“积土而为山，积水而为海”。他说，“幸福和美好未来不会自己出现，成功属于勇毅而笃行的人。让我们坚持开放共赢，勇于变革创新，向着构建人类命运共同体的目标不断迈进，共创亚洲和世界的美好未来！”

“积土而为山，积水而为海”出自《荀子·儒效》。这句话，可以从三个层面解读：

首先，不论伟大的人，还是平凡的人，都要靠坚持不懈的努力才能达成远大的目标。从字面看，“积土而为山，积水而为海”，山再高，也是由一掊土、一块石累积而成的。没有一点一滴的积累，就不能成就其伟大。任何伟大的事业，都要从一点一滴做起，而且都必须进行坚持不懈的努力。所以说，“幸福和美好未来不会自己出现，成功属于勇毅而笃行的人”。什么是“勇毅”？就是勇于担当，有心胸，有胆识，有魄力，敢于负责任。什么是“笃行”？就是坚持不懈，坚忍不拔。

《荀子》用浅近的例子，解释这个深刻的道理：“人积耨耕而为农夫，积斫削而为工匠，积反货而为商贾，积礼义而为君子。”从事伟大事业，担当重大责任的人，也是通过一点一滴的积累才能成就的。

其次，凡事不仅要有好的初心，还要有完美的终结。宋陆九渊说：“懈怠纵弛，人之通患，知之非艰，行之维艰。靡不有初，鲜克有终。人所同戒。”说的是人们的通病是习惯于懈怠纵弛，不愿意作艰苦努力。知道道理并不难，难的是付诸行动。而且开始的愿望往往都很好，但很少有坚持到底的。这种通病是所有人都要避免的。在这里提出“积土而为山，积水而为海”，就是告诫投入伟大事业的所有人，要避免懈怠纵弛，不论事业多么艰难，不论路途多么遥远，必须一点一滴地去积累，直至成为雄伟的高山，成为浩瀚的大海。

最后，做事不能半途而废。有道是“行百里者，半九十；为山九仞，功亏一篑”，要坚持不懈才能成就大业。要走一百里路的人，走了九十里才算是走了一半。或者说，走了九十里停了下来，不能走完剩下的“十里路”，就会功亏一篑，前功尽弃。人必须通过一点一滴的艰苦努力，坚持不懈，永不放弃，克服一切艰难险阻，才能成就伟大的事业，达到光辉的顶点。

案例思考：

结合案例谈谈中国优秀传统文化在国家治理中的资源意义。

第二节 习近平新时代中国特色社会主义思想的丰富内涵

习近平新时代中国特色社会主义思想围绕重大时代课题，系统回答新时代坚持和发展中国特色社会主义的基本问题，内涵十分丰富，涵盖了新时代坚持和发展中国特色社会主义的总目标、总任务、总体布局、战略布局和发展方向、发展方式、发展动力、战略步骤、外部条件、政治保证，涉及经济、政治、法治、科技、文化、教育、民生、民族、宗教、社会、生态文明、国家安全、国防和军队、“一国两制”和祖国统一、统一战线、外交、党的建设等各方面。坚持和发展中国特色社会主义，是习近平新时代中国特色社会主义思想的核心要义，贯穿于这一思想始终。党的十九大报告概括的“八个明确”“十四个坚持”是这一重大思想的核心内容。“八个明确”与“十四个坚持”有机融合、有机统一，凝结着我们党坚持和发展中国特色社会主义的经验总结，凝结着以习近平同志为核心的党中央对中国特色社会主义规律性认识的深化、拓展、升华。

一、习近平新时代中国特色社会主义思想的核心要义

坚持和发展中国特色社会主义，是改革开放以来我们党全部理论和实践的鲜明主题，也是习近平新时代中国特色社会主义思想的核心要义。党的十八大以来，我们党的全部理论和实践探索都是围绕这个主题来展开、深化和拓展的。正如习近平总书记指出的，“坚持和发展中国特色社会主义是一篇大文章，邓小平同志为它确定了基本思路和基本原则，以江泽民同志为核心的党的第三代中央领导集体、以胡锦涛同志为总书记的党中央在这篇大文章上都写下了精彩的篇章。现在，我们这一代共产党人的任务，就是继续把这篇大文章写下去。”对坚持和发展什么样的中国特色社会主义，

习近平总书记从理论渊源、历史根据、本质特征、独特优势、强大生命力等多方位多角度作出了深刻回答，强调中国特色社会主义是既坚持科学社会主义基本原则，又具有鲜明实践特色、理论特色、民族特色、时代特色的社会主义，是中国特色社会主义道路、理论、制度、文化四位一体的社会主义，是统揽伟大斗争、伟大工程、伟大事业、伟大梦想的社会主义，是根植于中国大地、反映中国人民意愿、适应中国和时代发展进步要求的社会主义。对怎样坚持和发展中国特色社会主义，习近平总书记以一系列战略性、前瞻性、创造性的观点，深刻回答了新时代坚持和发展中国特色社会主义的总目标、总任务、总体布局、战略布局和发展方向、发展方式、发展动力、战略步骤、外部条件、政治保证等基本问题。这些思想观点，在理论上有重大突破、重大创新、重大发展，深刻揭示了新时代中国特色社会主义的本质特征、发展规律和建设路径，为在新的时代条件下坚持和发展中国特色社会主义提供了科学的理论指引。

二、核心内容——“八个明确”

习近平新时代中国特色社会主义思想最重要、最核心的内容就是“八个明确”，是支撑这一思想的四梁八柱。“八个明确”偏重于理论层面的高度概括和凝练，系统回答了新时代坚持和发展什么样的中国特色社会主义这一重大问题，集中反映了党对科学社会主义在当今时代的理论思考和理论贡献。

1. 明确坚持和发展中国特色社会主义的总任务

明确坚持和发展中国特色社会主义，总任务是实现社会主义现代化和中华民族伟大复兴，在全面建成小康社会的基础上，分两步走，在21世纪中叶建成富强民主文明和谐美丽的社会主义现代化强国。

实现现代化是近代以来中国人民不懈的追求，实现中华民族伟大复兴是近代以来中华民族最伟大的梦想。社会主义现代化是中华民族伟大复兴的核心内容，中华民族伟大复兴是社会主义现代化的形象表达，两者在本质上是一致的，根本目的都是为了实现国家富强、民族振兴、人民幸福。从全面建成小康社会到基本实现现代化，再到全面建成社会主义现代化强国，是新时代中国特色社会主义发展的战略安排。

2. 明确新时代我国社会的主要矛盾

明确新时代我国社会主要矛盾是人民日益增长的美好生活需要和不平衡不充分的发展之间的矛盾，必须坚持以人民为中心的发展思想，不断促进人的全面发展、全体人民共同富裕。

改革开放40多年来，我国解决了十几亿人的温饱问题，总体上实现小康，到2020年全面建成小康社会。人民对美好生活的需要日益广泛，对物质文化生活提出了更高要求，在民主、法治、公平、正义、安全、环境等方面的要求日益增长。同时，我国社会生产力水平总体上显著提高，社会生产能力在很多方面进入世界前列，但也存在发展不平衡不充分的问题，不能满足人民日益增长的美好生活需要。因此，必须在继续推动发展的基础上，着力解决好发展不平衡不充分的问题，大力提升发展的质量和效益，更好满足人民在经济、政治、文化、社会、生态等方面日益增长的需要。

3. 明确中国特色社会主义事业的总体布局、战略布局，强调坚定“四个自信”

明确中国特色社会主义事业总体布局是“五位一体”、战略布局是“四个全面”，强调坚定道路自信、理论自信、制度自信、文化自信。

党的十八大以来，我国形成并积极推进经济建设、政治建设、文化建设、社会建设、生态文明建设“五位一体”总体布局，形成并积极推进全面建成小康社会、全面深化改革、全面依法治国、全面从严治党“四个全面”战略布局。坚持和发展中国特色社会主义，必须统筹推进“五位一体”总体布局，协调推进“四个全面”战略布局，坚定中国特色社会主义道路、理论、制度、文化“四个自信”，坚持实干兴邦。

4. 明确全面深化改革的总目标

明确全面深化改革总目标是完善和发展中国特色社会主义制度、推进国家治理体系和治理能力现代化。

全面深化改革总目标规定了我们的根本方向是走中国特色社会主义道路，在根本方向指引下完善和发展中国特色社会主义制度的鲜明指向。推进国家治理体系和治理能力现代化，就是要使各方面制度更加科学、更加完善，实现党、国家、社会各项事务治理制度化、规范化、程序化，善于运用制度和法律治理国家，提高科学执政、民主执政、依法执政水平。

5. 明确全面依法治国的总目标

明确全面推进依法治国总目标是建设中国特色社会主义法治体系、建设社会主义法治国家。

全面依法治国，必须把党的领导贯彻落实到依法治国的全过程和各个方面，坚定不移走中国特色社会主义法治道路。加快形成完备的法律规范体系、高效的法治实施体系、严密的法治监督体系、有力的法治保障体系、完善的党内法规体系。坚持厉行法治、加强宪法实施与监督，推进科学立法、严格执法、公正司法、全民守法。

6. 明确党在新时代的强军目标

明确党在新时代的强军目标是建设一支听党指挥、能打胜仗、作风优良的人民军队，把人民军队建设成为世界一流军队。

听党指挥是人民军队的建军之魂、强军之魂，必须坚决贯彻党对军队绝对领导的根本原则和制度，军队坚决听从党中央和中央军委指挥；能打胜仗是核心，始终聚焦备战打仗，锻造招之即来、来之能战、战之必胜的精兵劲旅；作风优良是保证，培养有灵魂、有本事、有血性、有品德的新一代革命军人，锻造铁一般信仰、信念、纪律、担当的过硬部队，永葆人民军队的性质、宗旨、本色。坚持政治建军、改革强军、科技兴军、依法治军，坚持走中国特色强军之路，全面推进国防和军队现代化，到21世纪中叶把人民军队全面建成世界一流军队。

7. 明确中国特色大国外交目标

明确中国特色大国外交要推动构建新型国际关系，推动构建人类命运共同体。

世界正处于大发展大变革大调整时期，和平与发展仍然是时代主题。中国始终不渝走和平发展道路、奉行互利共赢的开放战略，坚持正确义利观，推动建设相互尊重、公平正义、合作共赢的新型国际关系，与各国人民同心协力构建人类命运共同体，建设持久和平、普遍安全、共同繁荣、开放包容、清洁美丽的世界。

8. 明确中国特色社会主义最本质的特征

明确中国特色社会主义最本质的特征是中国共产党领导，中国特色社会主义制度的最大优势是中国共产党领导，党是最高政治领导力量，提出新时代党的建设总要求，突出政治建设在党的建设中的重要地位。

中国共产党是中国特色社会主义的坚强领导核心。坚持党的领导是党和国家的根本所在、命脉所在，是全国各族人民的利益所系、幸福所系。必须坚持党对一切工作的领导，坚持全面从严治党，坚持把党中央权威和集中统一领导作为党的政治建设的首要任务，认真贯彻落实新时代党的建设总要求，坚定执行党的政治路线，严格遵守政治纪律和政治规矩，在政治立场、政治方向、政治原则、政治道路上同以习近平同志为核心的党中央保持高度一致。

明确党的领导是中国特色社会主义最本质的特征，具有重要意义。

一是深刻揭示了党的领导与中国特色社会主义不可分割的内在关联。党的十一届三中全会以后，以邓小平为主要代表的中国共产党人，深刻总结我国社会主义建设正反两方面经验，借鉴世界社会主义历史经验，逐步确立了社会主义初级阶段基本路线，成功开创了中国特色社会主义。基本路线以坚持四项基本原则和坚持改革开放为“两个基本点”，两者相辅相成，缺一不可。而坚持四项基本原则的核心就是坚持党的领导。中国共产党是中国特色社会主义事业的领导力量，既启动改革并推进其深入，又保证改革开放的正确方向。改革开放四十年的历程中，我们党始终坚持把马克思主义基本原理与我国改革开放的具体实际相结合，制定了一系列正确的路线、方针、政策，不断开创中国特色社会主义新局面。四十年的历史和实践充分证明，没有中国共产党的领导，中华民族就无法实现从“站起来”“富起来”到“强起来”的历史性飞跃，中国特色社会主义就无法迎来从创立、发展到完善的伟大飞跃，中国人民就无法迎来从温饱不足到小康富裕的伟大飞跃。正如习近平总书记强调指出的：正是因为始终坚持党的集中统一领导，我们才能实现伟大历史转折、开启改革开放新时期和中华民族伟大复兴新征程，才能成功应对一系列重大风险挑战、克服无数艰难险阻。

二是高度确认了党的领导的极端重要性，标志着我们对党的领导和中国特色社会主义的认识达到一个新高度。进入新时代，面对前所未有的历史境遇，回应重大紧迫的时代命题，我们必须深刻把握中国特色社会主义这个最本质的特征，不断提高党在新时代把握方向、谋划全局、提出战略、制定政策、推进改革的本领能力，真正为中国特色社会主义航船定好向、掌好舵。

三是深刻地表明了中国共产党承担使命的自觉意识与全面从严治党的坚定决心。中国特色社会主义是在伟大的历史性转折中形成的，也是在破解难题与挑战的过程中发展与推进完善的。不论是其形成还是发展，中国共产党都始终发挥着总揽全局、协调各方的领导核心作用。既然党始终发挥着领导核心作用，打铁必须自身硬，党的建设对于中国特色社会主义而言就至为重要。就此而言，明确提出党的领导是中国特色社会主义的最本质特征这一重大判断，表明我们党深刻认识到了自身在中国改革发展进程中的关键性作用，表明我们党对于带领全国人民进行具有许多新的历史特点的伟大斗争，实现中华民族伟大复兴中国梦，推进中国特色社会主义伟大事业的自觉担当意识，更表明了我们党全面从严治党的坚定决心。如果不全面从严治党，不断提高党的执政能力和领导水平，就无法进行伟大斗争，无法实现伟大梦想，更无法推进伟大事业。中国特色社会主义进入新时代，新时代有新的历史性成就，但同时也面临着国内外各种严峻的问题与挑战。使命呼唤担当，在新的历史起点上，我们党要进一步增强使命感责任感紧迫感，大力完善党的领导方式和执政方式，提高党的执政能力和领导水平，不断提高党把方向、谋大局、定政策、促改革的能力和定力，让党的领导更加适应实践、时代、人民的要求，确保改革开放这艘航船沿着正确航向破浪前行，谱写新时代中国特色社会主义的精彩华章。

上述这“八个明确”，高度凝练、提纲挈领地点明了习近平新时代中国特色社会主义思想的主要内容，构成了系统完备、逻辑严密、内在统一的科学体系。

三、基本方略——“十四个坚持”

报告提出了新时代中国特色社会主义基本方略，并概括为“十四个坚持”。“十四个坚持”基本方略，偏重于实践层面、方略层面的展开，涵盖坚持党的领导和“五位一体”总体布局、“四个全面”战略布局，涵盖国防和军队建设、维护国家安全、对外战略，是对党的治国理政重大方针、原则的最新概括，体现了理论与实践相统一、战略与战术相结合，是实现“两个一百年”奋斗目标、实现中华民族伟大复兴中国梦的“路线图”和“方法论”。这“十四个坚持”，主要是回答怎样坚持和发展中国特色社会主义，既是习近平新时代中国特色社会主义思想的重要组成部分，也是落实习近平新时代中国特色社会主义思想的实践要求。

“十四个坚持”包括：

1. 坚持党对一切工作的领导

党政军民学，东西南北中，党是领导一切的。必须增强政治意识、大局意识、核心意识、看齐意识，自觉维护党中央权威和集中统一领导，提高党把方向、谋大局、定政策、促改革的能力和定力，确保党始终总揽全局、协调各方。

强调党对一切工作的领导，既是我们党领导革命、建设、改革近百年实践经验的总结，也是我们党对共产党执政规律认识的深入。事实上，在十八大以前，党的领导在有的地区、有的部门、有的单位存在弱化现象，甚至有的领导同志缺乏党的意识。十八大之后，经过数年的全面从严治党，党的领导在各个地区、各个领域得到全面加强，党的生命力、凝聚力、战斗力显著增强。强调党对一切工作的领导，不仅是党对自身建设负责任，更是对我们国家、民族、人民负责任。

坚持“党领导一切”并不等于“党管一切”。我们遵循的是坚持党对一切工作的领导与坚持党的民主集中制有机统一；坚持党的领导、人民当家作主与依法治国有机统一；坚持依法治国与依规治党有机统一。注重将党的主张通过人民代表大会民主决议、立法等程序上升为国家意志，注重综合运用思想、政治、组织、经济、法律等手段将党的路线方针政策体现和落实到经济、政治、文化、社会、生态文明以及军队和国防、外交、党的建设等各个方面。

2. 坚持以人民为中心

人民是历史的创造者，是决定党和国家前途命运的根本力量。必须坚持人民主体地位，坚持立党为公、执政为民，践行全心全意为人民服务的根本宗旨，把党的群众路线贯彻到治国理政全部活动中，把人民对于美好生活的向往作为奋斗目标，依靠人民创造历史伟业。

坚持以人民为中心思想的核心是把人民置于中心地位，把人民作为实践主体、价值主体、历史主体，突出的是人民主体地位、主体作用，彰显的是人民价值、人民利益，体现的是中国共产党人党性和人民性的高度统一以及共产党人坚守的世界观、历史观和价值观。

坚持以人民为中心思想以马克思主义关于人的解放、人的自由和全面发展理论为基础，是对以人为本、民为邦本的中国传统文化和哲学理念的创新与升华，更是对西方思想发展史上抽象的人本主义、人道主义的扬弃与超越，关注现实生活中的全体人民。

坚持以人民为中心思想体现的是中国共产党人的治国理念和执政实践，强调始终坚持人民立场，坚持人民利益为最高标准，坚持为人民服务的根本宗旨，做人民公仆，始终维护和发展人民利益。

以人民为中心体现了中国共产党人的初心和使命，是工人阶级政党本质规定的当代表达，是坚持和发展中国特色社会主义的必然要求。党的十八大以来，以习近平同志为核心的党中央把握群众是真正英雄的历史唯物主义观点，秉持全心全意为人民服务的根本宗旨，坚守与人民同呼吸共命运的价值立场，赋予以人民为中心鲜明的时代内涵，为党在新的历史条件下治国理政与发展中国特色社会主义进一步明确了目标指向和行动遵循。

3. 坚持全面深化改革

只有社会主义才能救中国，只有改革开放才能发展中国、发展社会主义、发展马克思主义。全面深化改革总目标就是完善和发展中国特色社会主义制度，不断推进国家治理体系和治理能力现代化。构建系统完备、科学规范、运行有效的制度体系，充分发挥我国社会主义制度的优越性。

明确提出全面深化改革的总目标，表明了完善和发展中国特色社会主义制度和推进国家治理体系和治理能力现代化在当前和今后一段时间的重要性。全面深化改革与之前阶段的改革相比，改革不断向深层次推进，范围不断拓宽。因此，坚决破除一切不合时宜的思想观念和体制机制弊端，突破利益固化的藩篱，这表明改革进入深水区，要啃硬骨头、要闯险滩。不断推进国家治理体系和治理能力现代化，构建系统完备、科学规范、运行有效的制度体系。这些事项达到了全面深化改革的前所未有的高度，即要建设具有现代化水准的治理体系，而且要形成具有高度稳定性、高度透明性的制度。由于我国社会主要矛盾已经转化为人民日益增长的美好生活需要和不平衡不充分的发展之间的矛盾，所以不平衡不充分问题涉及经济、政治、社会、文化、生态、党建、国防等多个领域，这些问题的解决均需要通过全面深化改革。

全面深化改革是一场深刻的社会革命，是一项复杂的系统工程，必须坚持改革的正确方向和方法。党的十八大以来，以习近平同志为核心的党中央立足全局，坚持社会主义的改革方向，深入把握改革规律和特点，系统谋划全面深化改革的科学路径和有效方法，形成了丰富、全面、系统的改革方法论，为全面深化改革提供了科学指导。以人民为中心的立场，是全面深化改革的根本价值取向。增强改革定力、以问题为导向、加强顶层设计、鼓励基层创新、注重整体协调、重在抓落实，正确处理政府与市场、中央与地方、改革与法治、改革发展稳定等若干重大关系，依照辩证法办事。

4. 坚持新发展理念

发展是解决我国一切问题的基础和关键。坚持科学发展，坚定不移贯彻创新、协调、绿色、开放、共享的新发展理念，坚持和完善我国社会主义基本经济制度和分配制度，发展更高层次的开放型经济，不断壮大我国的经济实力和综合国力。

创新、协调、绿色、开放、共享的新发展理念，深刻揭示了实现更高质量、更有效率、更加公平、更可持续发展的必由之路。发展理念是否对头，从根本上决定着发展成效乃至成败。当前，我国经济发展正处在从“量的扩张”转向“质的提高”的重要关口，处在从“有没有”“够不够”转向“好不好”“优不优”的重要节点，处在转变发展方式、优化经济结构、转换增长动力的攻关期。如果思维方式还停留在过去的老套路上，不仅难有出路，还会坐失良机。这就要求我们将新发展理念作为推动高质量发展的行动指南，努力实现创新成为第一动力、协调成为内生特点、绿色成为普遍形态、开放成为必由之路、共享成为根本目的的发展。

一是坚持创新发展，解决好发展动力问题，让创新驱动力不断提升。当今世界，经济社会发展越来越依赖于理论、制度、科技、文化等领域的创新，国际竞争新优势也越来越体现在创新能力上。特别是新一轮科技革命和产业变革方兴未艾，科技创新正在成为创新发展的核心，创新驱动成为许多国家谋求竞争优势的核心战略。谁在创新上先行一步，谁就能拥有引领发展的主动权。正如习近平总书记所指出的：谁牵住了科技创新这个牛鼻子，谁走好了科技创新这步先手棋，谁就能占领先机、赢得优势。可以说，能否实现高质量发展，归根结底取决于能否充分发挥创新的第一动力作用。

坚持以新发展理念引领高质量发展，就要使“创新成为第一动力”，着力实施创新驱动发展战略，在高端引领、成果转化和释放创新潜力等方面下大气力。要加快实施科技创新攻坚计划，在战略性、基础性、前沿性领域集中力量进行联合攻关，建设一批产学研用紧密结合的技术研发平台、技术转移平台和新型研发机构，突破一批战略性新兴产业的核心技术，推进传统产业新型化、新兴产业集群化、特色产业品牌化；要把数字化、网络化、智能化、绿色化作为提升产业竞争力的技术基点，打通科研成果转化的通道，有效解决科研成果转化少、转化慢、转化难等问题，推动创新创业创造深度融合，让各类主体、不同岗位的创新人才都能在科技成果产业化过程中得到合理回报；要最大限度地释放全社会的创新潜力，鼓励一切有益的微创新、微创业，将创新创意转化为实实在在的创业活动，推动小微企业向“专精特新”发展，形成人人崇尚创新、人人渴望创新、人人皆可创新的社会氛围。

二是坚持协调发展，解决好发展不平衡问题，让发展的协调性不断增强。发展不平衡是我国长期存在的问题，特别是城乡区域之间的发展差距依然较大，成为制约实现高质量发展的重要因素。

坚持以新发展理念引领高质量发展，就要使“协调成为内生特点”，着力实施乡村振兴战略和区域协调发展战略。要深化城乡一体化建设，把公共基础设施建设的重点放在农村，坚持工业反哺农业、城市支持农村和“多予、少取、放活”的方针，促进城乡公共资源均衡配置，加快形成以工促农、以城带乡、工农互惠、城乡一体的工农城乡关系。与此同时，要紧扣“一体化”和“高质量”两个关键，深入实施区域协调发展战略，建立更加有效的区域协调发展机制。此外，还需推动互联网、大数据、人工智能和实体经济深度融合，在中高端消费、创新引领、绿色低碳、现代供应链等领域培育新增长点、新动能，形成高质量发展区域集群。

三是坚持绿色发展，解决好人与自然和谐共生问题，让生态竞争力不断提高。绿色发展是构建现代化经济体系的必然要求。随着社会发展和人民生活水平不断提高，人民群众“盼环保”“求生态”，对清新的空气、干净的水、安全的食品、优美的环境等的要求越来越高，绿色发展已经成为科技革命和产业变革的方向，成为最有发展前景的领域。

坚持以新发展理念引领高质量发展，就要使“绿色成为普遍形态”，着力打赢污染防治攻坚战，特别是蓝天、碧水、净土保卫战。一方面要重点解决当前的突出问题，坚决摒弃损害和破坏生态环境的做法，解决好人民群众反映强烈的环境问题，坚决打击违法排污和非法处置危险废物等违法行为；另一方面要统筹推进山水林田湖草系统治理，在一个领域取得的宝贵经验需及时应用到其他领域，形成绿色发展的合力。

四是坚持开放发展，解决好发展内外联动问题，让经济开放程度不断提升。开放是一个国家和地区繁荣发展的必由之路，也是内陆地区后发赶超的重要法宝。当今世界面临百年未有之大变局，国际经济合作和竞争局面正在发生深刻变化，全球经济治理体系面临重大调整，各国发展联动、机遇共享、命运与共的利益交融关系日益凸显。

坚持以新发展理念引领高质量发展，就要使“开放成为必由之路”，着力打赢防范化解重大风险攻坚战，全面融入全球产业链、价值链和创新链。要加强与“一带一路”沿线国家和地区在基础设施、产业技术、能源资源等领域的国际交流合作，推动企业、产品、技术、标准、品牌、装备和服务“引进来”“走出去”；要把握全球产业格局深度调整的机遇，形成适应未来发展趋势的产业结构、政策框架、管理体系，集全球之智，克共性难题，以更宽广的视野谋划开放发展新思路，以高水平开放推动高质量发展。

五是坚持共享发展，解决好民生领域的“短板”问题，让人民群众的获得感不断增强。实现全体人民更加公平地共享发展成果，既是高质量发展的根本目的，也是充分调动人民群众积极性、主动性、创造性，进而形成推动高质量发展强大动力的必要条件。人民群众日益增长的美好生活需要，在很大程度上表现为教育、就业、医疗、居住、养老等公共需求的全面快速增长，更好满足这些需求，需广泛汇聚民智、最大激发民力，形成人人参与、人人尽力、人人都有成就感的生动局面。

坚持以新发展理念引领高质量发展，就要使“共享成为根本目的”，着力在脱贫攻坚、增加居民收入、改善民生等方面取得新进展。要更好解决“两不愁三保障”突出问题，坚决打赢脱贫攻坚战，把脱贫攻坚和防止返贫摆在重要位置；要切实增加居民收入，实现更高质量和更加充分的就业；要不断改善民生，采取针对性更强、覆盖面更大、作用更直接、效果更明显的举措，解决好与群众生活息息相关的教育、就业、医疗卫生、社会保障等民生问题，不断促进人的全面发展。

5. 坚持人民当家作主

坚持党的领导、人民当家作主、依法治国有机统一是社会主义政治发展的必然要求。必须坚持中国特色社会主义政治发展道路，坚持和完善人民代表大会制度、中国共产党领导的多党合作和政治协商制度、民族区域自治制度、基层群众自治制度，巩固和发展最广泛的爱国统一战线，发展社会主义协商民主，保证人民当家作主落实到国家政治生活和社会生活之中。

人民当家作主，是马克思主义唯物史观的根本立场。马克思主义认为，历史是人民创造的，人民是历史的主体和实践者，人民，只有人民，才是创造世界历史的动力。中国共产党之所以是中国工人阶级的先锋队，同时是中国人民和中华民族的先锋队，正是因为它是人民群众的全心全意的服务者，它反映人民群众的利益和意志，并且努力帮助人民群众组织起来，为自己的利益和意志而斗争。

人民当家作主，是社会主义民主政治的本质和核心。强调人民是国家的主人，坚持人民主体地位，这是我国国体和政体的本质要求，也是全面依法治国、实现中华民族伟大复兴中国梦的根本途径。我国社会主义制度的建立，开创了人民当家作主的新纪元，建立了劳动人民当家作主的政治制度，建立了以公有制经济为主体、多种所有制经济共同发展的经济制度，使占人口绝大多数的广大人民能够以平等的经济地位和政治地位参与政治生活，真正掌握了自己的命运。实现人民当家作主，是社会主义民主政治同一切剥削阶级政治制度的根本区别，它直接体现了社会主义民主政治的性质。习近平总书记明确指出："人民民主是社会主义的生命。没有民主就没有社会主义，就没有社会主义的现代化，就没有中华民族伟大复兴。"①

人民当家作主，是我们党的性质和宗旨的必然要求。我们党来自人民、植根人民、服务人民，党的性质和宗旨要求我们党必须永远把人民放在心中最高位置，始终为实现人民的根本利益而奋斗。中国共产党领导人民建立新中国，建立人民政权，一切国家机关工作人员的权力都是党和人民赋予的，我们党和国家的一切干部，不论职务高低，都是人民的公仆，都是人民的勤务员，只有全心全意为人民服务的义务，而没有贪图私利的权利，必须向人民负责，接受人民监督，永远与人民同呼吸、共命运、心连心，永远把人民对美好生活的向往作为奋斗目标，

6. 坚持全面依法治国

全面依法治国，是坚持和发展中国特色社会主义的本质要求和重要保障，是实现国家治理体系和治理能力现代化的必然要求。必须把党的领导贯彻落实到依法治国全过程，坚定不移走中国特色的法治道路，完善以宪法为核心的中国特色社会主义法律体系，建设中国特色社会主义法治体系，建设社会主义法治国家，发展中国特色社会主义法治理论，坚持依法治国、依法执政、依法行政共同推进，坚持法治国家、法治政府、法治社会一体建设。坚持依法治国和以德治国相结合，依法治国和依规治党有机统一，深化司法体制改革，提高全民族法治素养和道德素质。

---

①习近平. 在庆祝全国人民代表大会成立60周年大会上的讲话[OL]. 人民网：中国共产党新闻. http://cpc.people.com.cn/n/2014/0906/c64093-25615123.html

全面依法治国是党领导人民治理国家的基本方略。要坚持党的领导、人民当家作主、依法治国有机统一。必须把党的领导贯彻落实到依法治国全过程和各方面，坚持党依法执政。党的领导保障了法治建设的社会主义性质和前进方向，解释了党的领导和社会主义法治高度统一的内在逻辑；党的依法执政确保了党组织和党员干部都必须在宪法和法律的范围内活动，把权力关进笼子；党内法规体系的完善加强了党的组织性和纪律性，提高了党的凝聚力和战斗力。在开启全面依法治国的新时代，以习近平同志为核心的党中央作出了成立中央全面依法治国领导小组的重要决定，夯实了党发挥总揽全局、协调各方的领导核心作用。加强党对全面依法治国的集中统一领导，就要健全党领导全面依法治国的制度和工作机制，继续推进党的领导制度化，法治化。深化党和国家机构改革，必须坚持全面依法治国原则，处理好改革和法治的关系，统筹考虑各类机构设置，统筹使用各类编制资源，完善国家机构组织法，构建系统完备、科学规范、运行高效的党和国家机构职能体系，全面提高国家治理能力和治理水平。

全面依法治国，要坚持法治国家、法治政府、法治社会一体建设，法治政府建设是重点任务，对法治国家、法治社会建设具有示范带动作用。要加强法治政府建设，加强对示范创建活动的指导，杜绝形式主义，务求实效。依法治国，建设社会主义法治国家，是我们党在深刻总结新中国成立以来正反两方面经验的基础上作出的正确决策，也是经济社会发展的必然要求。

全面推进依法治国，要坚持科学立法、民主立法、依法立法，提高立法质量和效率，不断完善以宪法为核心的中国特色社会主义法律体系，推动形成比较完善的党内法规制度体系。以立法高质量发展保障和促进经济持续健康发展。要适应新时代构建开放型经济新体制的需要，制定统一的外资基础性法律。对改革开放先行先试地区相关立法授权工作要及早作出安排。知识产权保护、生物安全、土地制度改革、生态文明建设等方面的立法项目要统筹考虑，立改废释并举。

7. 坚持社会主义核心价值体系

文化自信是一个国家、一个民族发展中更基本、更深沉、更持久的力量。必须坚持马克思主义，牢固树立共产主义远大理想和中国特色社会主义共同理想，培育和践行社会主义核心价值观，不断增强意识形态领域主导权和话语权，推动中华优秀传统文化创造性转化、创新性发展，继承革命文化，发展社会主义先进文化，不忘本来、吸收外来、面向未来，更好构筑中国精神、中国价值、中国力量，为人民提供精神指引。

坚持社会主义核心价值体系鲜明回答了新时代我们党用什么样的精神旗帜团结带领广大人民开拓前进、中华民族以什么样的精神状态屹立于世界民族之林的重大问题。

坚持社会主义核心价值体系，是巩固全党全国各族人民团结奋斗的共同思想道德基础的迫切需要。共同的思想道德基础，是一个政党、一个国家、一个民族赖以生存和发展的根本前提。我国经济正处于转型升级的关键时期，改革进入攻坚期和深水区，各种社会思潮此起彼伏，各种社会力量竞相发声，传统思想观念与现代思想观念相互交融，本土文化与外来文化相互激荡，社会思想意识呈现多元多样多变的特点。越是社会思潮纷繁复杂，越需要主旋律鲜明昂扬，越需要用党和国家一元化指导思想引领多样化社会意识，不断增强意识形态领域主导权和话语权。坚持社会主义核心价值体系，特别是坚持马克思主义指导地位、牢固树立共产主义远大理想和中国特色社会主义共同理想，培育和践行社会主义核心价值观，在多元多样中立主导，在交流交融中谋共识，才能形成既解放思想又统一思想、既弘扬主旋律又包容多样性的生动局面，才能巩固全党全国各族人民团结奋斗的共同思想道德基础。

坚持社会主义核心价值体系，是确保中国特色社会主义沿着正确方向前进、推进国家治理体系和治理能力现代化的迫切需要。要大力培育和弘扬社会主义核心价值体系和核心价值观，加快构建充分反映中国特色、民族特性、时代特征的价值体系，努力抢占价值体系的制高点。推进国家治理体系和治理能力现代化，根本途径是全面深化改革。改革方向的把握，改革方案的设计，改革路径的选择，都内含价值问题。改革需要正确的价值体系引领。在新时代只有一以贯之坚持社会主义核心价值体系，才能确保中国特色社会主义前进的正确方向。“改革不能改向，变革不能变色”和“全面深化改革不能犯颠覆性错误”等要求，都体现了社会主义核心价值体系对我们要建设什么样的国家、建设什么样的社会、培育什么样的公民的价值引领。社会主义核心价值体系在所有社会主义价值目标中处于核心地位，牢牢坚持社会主义核心价值体系，才能加快构建充分体现崇尚法治、维护权利、注重程序、科学规范等现代治理理念的价值体系，顺利推进国家治理体系和治理能力现代化。

坚持社会主义核心价值体系，是增强文化自信、提高国家文化软实力的迫切需要。社会主义核心价值体系内涵于文化之中，是文化的核心要素。在5000多年文明发展中孕育的中华优秀传统文化，在党和人民伟大斗争、伟大事业中孕育的革命文化和社会主义先进文化，积淀着中华民族最深层的精神追求，代表着中华民族独特的精神标识。当今世界各种思想文化交流、交融、交锋日趋频繁，中华文化在世界上得到更广泛的传播，同时西方思想文化对我国的渗透和影响也在不断加剧。没有社会主义核心价值体系的引领和主导，文化大发展大繁荣就会迷失方向、失去根本。坚持社会主义核心价值体系，用以爱国主义为核心的民族精神和以改革创新为核心的时代精神鼓舞斗志，充分挖掘和弘扬中华传统文化的价值，不断从时代的火热实践中汲取新鲜养分，有利于中华文化保持民族性、时代性、先进性，展现中国特色、中国风格、中国气派，有利于抵御西方资产阶级腐朽思想文化渗透，维护国家政治安全、文化安全，有利于推动中华文化更好走向世界、扩大我国的国际影响力，切实增强中国特色社会主义文化自信。

8. 坚持在发展中保障和改善民生

经济发展是民生改善的物质基础，经济发展水平决定了保障和改善民生的客观实力与能力。坚持在发展中保障和改善民生是我国在今后长期发展中要贯彻落实的基本方略。始终立足发展，把持续推进经济发展与改善民生有机统一起来，实现两者良性循环。必须多谋民生之利，多解民生之忧，在发展中补齐民生短板、促进社会公平正义，深入开展脱贫攻坚，保证全体人民在共建共享发展中有更多获得感，不断促进人的全面发展、全体人民共同富裕。建设平安中国，加强和创新社会治理，维护社会和谐稳定，确保国家长治久安、人民安居乐业。

发展是硬道理，保障和改善民生，最根本的是要发展经济。改善民生不仅需要在思想上高度重视，而且需要在实践中提供充足的动力支撑。只有实现改善民生与经济发展的良性循环，民生改善才会拥有源源不断的动力。我国仍处于并将长期处于社会主义初级阶段的基本国情没有变，决定了我们要根据经济发展和财力状况，逐步提高人民生活水平。既要尽力而为，又要量力而行，只有这样，改善民生才是有保障的、可持续的。

民生是人民幸福之基、社会和谐之本。增进民生福祉是中国共产党立党为公、执政为民的使命所在。中国共产党带领全国各族人民深入贯彻以人民为中心的发展思想，取得了显著成就，人民福利不断提升，生活条件不断改善。进入新时代，我国民生领域还有不少短板，脱贫攻坚任务艰巨，城乡区域发展和收入分配差距依然较大，群众在就业、教育、医疗、居住、养老等方面面临不少难题。发展的不平衡不充分，影响着人民日益增长的美好生活需要的满足，影响着人民获得感的进一步提升。在当前的发展阶段，我国解决民生问题是以保基本为主，并与补短板结合起来，突出解决一些焦点问题、热点问题、难点问题。党的十八大以来，中国共产党在民生领域着力补短板、兜底线、出实招，人民群众的获得感显著提升，通过国家实施的一系列利民惠民政策，人民群众在脱贫、教育、就业、收入、基本保障、医疗卫生、文化娱乐等方面的状况均得到了显著改善，生活福利与幸福指数不断攀升。

9. 坚持人与自然和谐共生

建设生态文明是中华民族永续发展的千年大计。坚持人与自然和谐共生的基本方略，树立和践行绿水青山就是金山银山的理念，坚持节约资源和保护环境的基本国策，坚定走生产发展、生活富裕、生态良好的文明发展道路，加快建设美丽中国，为人民创造良好生产生活环境，为全球生态安全做出贡献。

坚持人与自然和谐共生蕴含着极为丰富深刻的思想内涵，借鉴发展了中国传统文化中的生态智慧。中华文明强调“天人合一”“道法自然”的哲理，将天地人统一起来、将自然生态同人类文明联系起来，按照大自然规律活动，取之有时，用之有度。这是先人对处理人与自然关系的重要认识，在今天依然有着十分重要的现实意义。坚持人与自然和谐共生，强调“自然是生命之母，人与自然是生命共同体，人类必须敬畏自然、尊重自然、顺应自然、保护自然”，要求我们“像保护眼睛一样保护生态环境”，将人与自然的关系提升到生命共同体的高度，让“天人合一”的中国智慧在新时代焕发出新的光芒。

坚持人与自然和谐共生，继承发展了马克思主义生态文明观。马克思恩格斯指出人与自然关系是和谐的有机整体。人类的一切生产生活活动都要遵循自然规律。面对资本主义生产方式对生态环境的破坏，马克思和恩格斯并没有仅仅停留在“解释世界”层面，而是立足于“改变世界”，提出了一系列解决生态问题的方法和途径。其中既有“工艺”的改进、“机器的改良”、化学的“进步”等方法，也有变革资本主义制度这一从根本上解决生态危机的策略。

坚持人与自然和谐共生深刻总结了西方工业化进程中的经验教训。西方国家在实现工业化过程中积累了不少经验，同时其城市化工业化进程所走的“先发展后治理”道路曾导致严重的生态危机，出现了气候变暖、臭氧层破坏、生物多样性减少、土地荒漠化、大气污染、水体污染等全球性环境问题，也迫使人类不得不重新审视发展模式。我们总结西方工业化的经验教训，努力寻找人与自然和谐发展的新路。推动形成绿色发展方式和生活方式，是发展观的一场深刻革命。坚持人与自然和谐共生为人类解决环境问题提供了中国智慧和中国方案。

坚持人与自然和谐共生是新时代推进生态文明建设的行动指南。我们党高度重视生态环境保护，一直在探索解决生态问题、实现人与自然和谐发展的现代化道路。1978年，新中国第一次在宪法中作出“国家保护环境和自然资源，防治污染和其他公害”的规定；1983年我国召开第二次全国环境保护会议，将环境保护确立为基本国策；1984年，我国作出《关于环境保护工作决定》，对有关保护环境、防治污染的一系列重大问题作出了比较明确的规定，环境保护开始纳入国民经济和社会发展计划，成为经济和社会生活的重要组成部分；"十一五"期间，我国提出要建设资源节约型、环境友好型社会。党的十八大以来，以习近平同志为核心的党中央秉持绿水青山就是金山银山理念，倡导人与自然和谐共生，制定了多项涉及生态文明建设的改革方案，推动生态环境保护发生历史性、转折性、全局性变化，生态文明理念日益深入人心。目前，我国已建立各类自然保护地11 029处，总面积占陆域国土面积的18%；全国森林覆盖率提高到22. 96%；近20年新增植被覆盖面积约占全球新增总量的25%，居全球首位。[①]习近平总书记围绕生态文明建设提出了一系列新理念新思想新战略，坚持以新发展理念引领经济高质量发展，坚定不移地走绿色发展之路，坚持人与自然和谐共生，建设美丽中国。

坚持人与自然和谐共生彰显了中国作为负责任大国的国际担当。自1992年联合国环境与发展大会以后，中国政府率先组织制定了《中国21世纪议程——中国21世纪人口、环境与发展白皮书》，从国情出发采取了一系列政策措施，为减缓全球气候变化作出积极贡献；中国消耗臭氧层物质的淘汰量占发展中国家淘汰总量的50%以上，成为对全球臭氧层保护贡献最大的国家；"三北"防护林工程被联合国环境规划署确立为全球沙漠"生态经济示范区"；塞罕坝林场建设者、浙江省"千村示范、万村整治"工程先后荣获联合国"地球卫士奖"。此外，联合国环境规划署、世界银行、全球环境基金也先后将"联合国环境规划署笹川环境奖""绿色环境特别奖""全球环境领导奖"等授予中国。我们坚持共谋全球生态文明建设，深度参与全球环境治理，形成世界环境保护和可持续发展的解决方案，引导应对气候变化国际合作。可以说，中国作为负责任的发展中大国，始终是绿色生活的积极倡导者和实践者，始终在为建设人类共同的美好家园而辛勤耕耘，积极做全球生态文明建设的重要参与者、贡献者、引领者。

10. 坚持总体国家安全观

坚持总体国家安全观，必须坚持国家利益至上，以人民安全为宗旨，以政治安全为根本，统筹外部安全和内部安全、国土安全和国民安全、传统安全和非传统安全、自身安全和共同安全，完善国家安全制度体系，加强国家安全能力建设，坚决维护国

①张蕾. 七十年，生态文明建设取得历史性成就. 光明网，2019-09-30. http://politics.gmw.cn/2019-09/30/content_33201370.htm

家主权、安全、发展利益。

坚持总体国家安全观，是以习近平同志为核心的党中央治国理政经验的深刻总结，是我们党的重要理论创新成果之一。坚持总体国家安全观，是国家安全环境新变化的必然要求，是我国政治经济社会发展的阶段性特点所决定的。当前，我国仍处于社会转型期，各种矛盾错综复杂地交织在一起，对国家安全和社会稳定形成新挑战。不仅如此，中国国际地位的提高期，正重叠于世界结构、秩序和规则的重构期，这也从外部对我国的国家安全提出了挑战。这些新特点新趋势，都要求我们必须坚持总体国家安全观，努力打造以人民安全为宗旨，以政治安全为根本，统筹外部安全和内部安全、国土安全和国民安全、传统安全和非传统安全、自身安全和共同安全于一体的国家安全体系，以确保国家总体安全，确保和平建设和发展的环境。

以人民安全为宗旨，是我们党的性质的本质要求。维护国家安全的根本目的，就在于保障人民的生命和财产安全，保障人民生存和发展的基本条件，为人的自由而全面发展开辟通衢大道。这既是国家安全的根本目的，也是国家安全的最坚实基础。以政治安全为根本，就是确保国家领土主权、政治制度、意识形态等免受各种侵袭、干扰、威胁和危害。国家政治的核心是国家政权，政治安全直接关系到国家政权的稳固。在这个意义上，所谓政治安全就是政权安全，政权安全在国家安全体系中居于核心地位和最高层次。政治安全的标准，就是坚持人民民主专政和中国特色社会主义制度的性质、坚持马克思主义意识形态的主导地位不动摇，就是确保中国共产党的领导地位和执政地位绝对巩固。

坚持总体国家安全观，最直接的体现就是不断提高维护国家安全的能力。必须提高综合治理能力，提高应对各种复杂情况的能力。坚持总体国家安全观，对于中国这样一个大国来说，最重要的就是要保持发展的定力，毫不动摇地持续增强综合国力，不断夯实经济实力，千方百计加强科技实力，提高全民国家安全意识，全面提升外部安全、内部安全、国土安全、国民安全、传统安全、非传统安全、自身安全和共同安全。

坚持总体国家安全观，是习近平新时代中国特色社会主义思想的重要内容，是确保民族复兴的国家安全总战略。坚持总体国家安全观，构建符合当代安全需求的国家安全总体系，是我们全面建成小康社会、实现中华民族伟大复兴中国梦的有力保证。

11. 坚持党对人民军队的绝对领导

坚持党对人民军队的绝对领导，必须全面贯彻党领导军队的一系列根本原则和制度，确立习近平强军思想在国防和军队建设中的指导地位。坚持政治建军、改革强军、科技兴军、依法治军，更加注重聚焦实战，更加注重创新驱动，更加注重体系建设，更加注重集约高效，更加注重军民融合，实现党在新时代的强军目标。

坚持党对人民军队的绝对领导，是中国特色社会主义制度的本质特征，是党和国家的重要政治优势，是人民军队的建军之本、强军之魂。

12. 坚持“一国两制”和推进祖国统一

保持香港、澳门长期繁荣稳定，实现祖国完全统一，是实现中华民族伟大复兴的必然要求。必须把维护中央对香港、澳门特别行政区全面管治权和保障特别行政区高度自治权有机结合起来，确保“一国两制”方针不会变、不动摇，确保“一国两制”实践不变形、不走样。必须坚持一个中国原则，坚持“九二共识”，推动两岸关系和平发展，深化两岸经济合作和文化往来，推动两岸同胞共同反对一切分裂国家的活动，共同为实现中华民族伟大复兴而奋斗。

坚持“一国两制”和推进祖国统一确定为新时代坚持和发展中国特色社会主义基本方略的重要内容，体现了港澳工作在党和国家工作全局中的重要地位，体现了中央对港澳工作的高度重视。

我们要全面准确贯彻“一国两制”“港人治港”“澳人治澳”、高度自治的方针，在坚持一个中国原则前提下，严格依照宪法和基本法办事，支持特别行政区政府和行政长官依法施政、积极作为。支持香港、澳门融入国家发展大局。要有序推进港澳民主，促进社会稳定。发展壮大爱国爱港爱澳力量，增强香港、澳门同胞的国家意识和爱国精神，防范和遏制外部势力的介入。维护香港、澳门长期繁荣稳定。对香港、澳门来说，“一国两制”是最大的优势，国家改革开放是最大的舞台，共建“一带一路”、粤港澳大湾区建设等国家战略实施是新的重大机遇。我们要充分认识和准确把握香港、澳门在新时代国家改革开放中的定位，支持香港、澳门抓住机遇，培育新优势，发挥新作用，实现新发展，作出新贡献。

统一是历史大势，是正道。“台独”是历史逆流，是绝路。中国人民有坚定的意志、充分的信心、足够的能力挫败一切分裂国家的活动！坚持一个中国原则，坚持“九二共识”，一个中国原则是两岸关系的政治基础，是“九二共识”的本质属性。努力推动两岸关系和平发展，深化两岸经济合作和文化往来，全心全意为台湾同胞办实事、做好事、解难事。祖国必须统一，也必然统一。这是70载两岸关系发展历程的历史定论，也是新时代中华民族伟大复兴的必然要求。两岸中国人、海内外中华儿女理应共担民族大义、顺应历史大势，共同推动两岸关系和平发展、推进祖国和平统一进程。

案例导入2-3

谱写“一国两制”成功实践的新篇章①

澳门回归祖国20年来取得了举世瞩目的成就。经济快速增长、民生持续改善、社会稳定和谐，本地生产总值从1999年的518.7亿澳门元增加至2018年的4446.7亿澳门元，人均地区生产总值已排在亚洲第一、世界第二……

澳门的成功，得益于制度创新。20年在历史的长河中或许是弹指一挥间。但20年来，在中央政府和祖国内地大力支持下，澳门特区和社会各界携手开创了史上最好发展局面，经济呈现蓬勃活力，民主政治稳步发展，社会和谐稳定，居民生活水平显著提升，“一国两制”在澳门的实践取得了举世公认的成功。实践证明，“一国”是根，根深才能叶茂；“一国”是本，本固才能枝荣。只有继续坚守“一国”之本，善用“两制”之利，才能让濠江莲花绽放出更绚丽色彩。正如习近平主席强调：“澳门认真贯彻‘一国两制’方针取得的经验和具有的特色值得总结，澳门未来发展美好蓝图需要我们共同描绘。”

澳门的成功，得益于法治精神。宪法和基本法共同构成澳门特区的宪制基础，唯有始终依照宪法和基本法办事，才能为“一国两制”在澳门的实践夯实法治基础。持续推进原有法律清理工作，不断完善基本法的配套立法和规定，建成符合本地实践的行政区司法体系……20年来，在“一国两制”“澳人治澳”“高度自治”方针的指引下，澳门特区政府、立法会、司法机关严格依照宪法和澳门基本法办事，独立行使司法权，维护公平正义，捍卫了法治精神。实践证明，只有继续严格落实基本法，才能让“一国两制”在澳门的实践不变形、不走样。

澳门的成功，得益于发展稳定。从2003年签署《内地与澳门关于建立更紧密经贸关系的安排》到2019年公布《粤港澳大湾区发展规划纲要》，20年来，中央政府坚定支持澳门发展经济、改善民生、加强与内地交流合作、加大对外合作，为澳门注入了强劲的发展动力、提供了更广阔提升空间。此外，澳门也从“背靠祖国”到“融入国家发展大局”，聚焦“发挥澳门所长、服务国家所需”的崭新定位，以变革创新求优势，以变革创新求机遇，以变革创新求发展，各项事业全面发展。实践证明，发展是澳门的立身之本和解决各种问题的金钥匙，唯有始终聚焦发展这个第一要务，把主要精力集中到搞建设、谋发展上来，才能抓住机遇、赢得未来。

---

①安子州．再谱“一国两制”成功实践的新篇章[OL]．中国青年网，2019-12-19．http://news.youth.cn/gn/201912/t20191219_12147451.htm

澳门的成功，得益于核心价值。“我是中国人，一定要全心全意爱自己的国家”“只有国家利益得到维护，特区利益才能获得根本保障”。回望20年，澳门特区政府始终把爱国爱澳作为社会核心价值加以倡导培育，从2000年提出“爱国主义和公民意识应在整个教育领域内得到足够的重视和切实的推行”，到2006年制定了《非高等教育制度纲要法》，再到从2009年澳门立法会高票通过了《维护国家安全法》……爱国爱澳已成为全社会的核心价值。实践证明，只有持续发扬爱国爱澳的优良传统，才能让澳门社会的核心价值薪火相传，生生不息。

“一国两制”行得通、办得到、得人心。我们坚信，有伟大祖国作为坚强后盾，有中央政府和内地人民的大力支持，有回归20年积累的丰富经验和夯实的发展基础，有澳门特别行政区政府和社会各界人士的团结奋斗，“一国两制”在澳门的实践一定能够再谱新篇章，澳门一定能够再创新辉煌。

案例思考：

澳门回归祖国20年来谱写“一国两制”成功实践新篇章积累了哪些经验？

13. 坚持推动构建人类命运共同体

坚持推动构建人类命运共同体，是习近平新时代中国特色社会主义外交思想的重要内容，是习近平新时代中国特色社会主义思想的重要组成部分。坚持推动构建人类命运共同体，必须统筹国内国际两个大局，始终不渝走和平发展道路、奉行互利共赢的开放战略，坚持正确义利观，树立共同、综合、合作、可持续的新安全观，谋求开放创新、包容互惠的发展前景，促进和而不同、兼收并蓄的文明交流，构筑尊崇自然、绿色发展的生态体系，始终做世界和平的建设者、全球发展的贡献者、国际秩序的维护者，为实现“两个一百年”奋斗目标和中华民族伟大复兴的中国梦营造更加有利的国际环境。

构建人类命运共同体，揭示了当代中国与世界的关系，反映了实现中华民族伟大复兴的中国梦的迫切需要，为解决人类社会面临的各种全球性挑战提出了中国方案。推动构建人类命运共同体，表达了中国共产党愿意同世界各国政党一道，共促世界发展、共享世界发展繁荣、共掌世界命运的坚定决心，体现出了新时代下中国共产党的国际情怀与担当。推动建设新型国际关系，推动构建人类命运共同体是中国特色大国外交的总目标。

14. 坚持全面从严治党

办好中国的事情，关键在党，关键在坚持党要管党、全面从严治党。必须以党章为根本遵循，把党的政治建设摆在首位，思想建党和制度治党同向发力，统筹推进党的各项建设。坚持民主集中制，严肃党内政治生活，严明党的纪律，强化党内监督，坚决纠正各种不正之风，以零容忍态度惩治腐败，不断增强党自我净化、自我完善、自我革新、自我提高的能力，始终保持党同人民群众的血肉联系。

坚持全面从严治党，不断提高党的创造力、凝聚力、战斗力。这既是对改革开放40年宝贵经验的深刻总结，也是对新时代推进全面从严治党提出的新的更高要求。

以上“十四个坚持”每一条都有很强的现实针对性和指导性，我们要结合工作实际，毫不动摇地坚持，不折不扣地落实。

第三节　习近平新时代中国特色社会主义思想的特点

习近平新时代中国特色社会主义思想在形成和发展过程中，得到了全党全国各族人民的高度认同，并在实践中发挥了巨大指导作用，根本原因就在于，它继承和发扬马克思主义理论品质，贯穿坚定信仰信念、鲜明人民立场、强烈历史担当、求真务实作风、勇于创新精神和科学方法论，呈现出当代中国马克思主义的鲜明理论特色。

一、坚守真理、传承文明的继承性

习近平新时代中国特色社会主义思想没有丢掉老祖宗，始终坚持马克思主义立场观点方法，处处闪耀着马克思主义真理光辉。特别是在许多重大原则问题上旗帜鲜明坚持和捍卫马克思主义，理直气壮驳斥各种奇谈怪论。这一思想继承和吸收中华民族优秀传统文化，蕴含着丰富的中华民族价值共识、精神追求、政治智慧、历史经验。这一思想，充分吸收人类文明有益成果，积极借鉴别国治国理政经验，展现出宽广视野和博大胸怀。

二、与时俱进、引领未来的创新性

习近平新时代中国特色社会主义思想以我们正在做的事情为中心，直面前进道路上的各种困难和矛盾、风险和挑战，着力探索破解难题、推进事业发展的新理念新思想新战略，讲了许多老祖宗没有讲过的新话，具有强烈的时代气息和现实针对性。这一思想洞察时代风云，把握时代大势，站在人类发展前沿，引领时代潮流，积极探索关系人类前途命运的重大问题，为应对当今世界面临的全球性挑战、解决人类面临的共性问题贡献了中国智慧和中国方案。

三、不忘初心、践行宗旨的人民性

习近平新时代中国特色社会主义思想坚持人民主体地位，尊重人民首创精神，注重从人民群众中汲取智慧和力量，时刻关注人民群众的喜怒哀乐，体现了亲民、爱民、忧民、为民的真挚情怀。这一思想坚持把人民对美好生活的向往作为奋斗目标，把让老百姓过上好日子作为全部工作的出发点和落脚点，始终为人民代言、为人民立言，充分体现了立党为公、执政为民的执政理念，体现了为中国人民谋幸福、为中华民族谋复兴的使命担当，体现了人民至上的价值追求。

以人民为中心，是马克思主义价值观的生动表达，是中国特色社会主义本质的内在要求，是中国共产党的最高价值遵循。在新的历史起点上，习近平总书记进一步从哲学高度，多次强调中国共产党人这一矢志不渝的价值理念，对之做出了体现时代、实践发展新要求的创新性诠释，明确提出以人民为中心的发展思想。在十八届中共中央政治局常委同中外记者见面时的讲话中，刚刚当选党的总书记的习近平同志就饱含深情地强调："人民对美好生活的向往，就是我们的奋斗目标。"①在庆祝中国共产党成立95周年大会的讲话中，习近平总书记强调："坚持不忘初心、继续前进，就要坚信党的根基在人民、党的力量在人民，坚持一切为了人民、一切依靠人民，充分发挥广大人民群众积极性、主动性、创造性，不断把为人民造福事业推向前进。人民立场是中国共产党的根本政治立场，是马克思主义政党区别于其他政党的显著标志。"②党的十九大报告又强调指出：必须坚持以人民为中心的发展思想，不断促进人的全面发展、全体人民共同富裕。

以人民为中心，为我们治国理政实践明确了价值立场、提供了价值引领。无论是实现民族复兴，还是协调推进"四个全面"战略布局，各领域的实践都充分体现了这一理论精髓。正如习近平总书记所强调的："要着力践行以人民为中心的发展思想。人民为中心的发展思想，不是一个抽象的、玄奥的概念，不能只停留在口头上、止步于思想环节，而要体现在经济社会发展各个环节。"③

四、实事求是、把握规律的科学性

习近平新时代中国特色社会主义思想立足社会主义初级阶段这个最大实际，准确把握我国发展的阶段性特征和我国社会主要矛盾的新变化，坚持一切从实际出发，勇于破除一切不合时宜的思想观念和体制机制弊端。这一思想积极探索规律、自觉遵循

---

①习近平等十八届中共中央政治局常委同中外记者见面[OL]. 中华人民共和国中央人民政府网，2012-11-15. http://www.gov.cn/ldhd/2012-11/15/content_226685

②习近平：在庆祝中国共产党成立95周年大会上的讲话[OL]. 新华网，2016-07-01. http://www.xinhuanet.com//politics/2016-07/01/c_1119150660.htm

③《求是》杂志发表习近平总书记重要文章《深入理解新发展理念》[OL]. 新华网，2019-05-16. http://www.xinhuanet.com/politics/leaders/2019-05/16/c_1124500752.htm

规律，按照客观规律要求谋划事业发展，正确处理尊重客观规律与发挥主观能动性的关系，使我们党对共产党执政规律、社会主义建设规律、人类社会发展规律的认识达到了新的高度。

第四节　习近平新时代中国特色社会主义思想的历史地位

习近平新时代中国特色社会主义思想，是对马克思列宁主义、毛泽东思想、邓小平理论、“三个代表”重要思想、科学发展观的继承和发展，是马克思主义中国化最新成果，是党和人民实践经验和集体智慧的结晶，是中国特色社会主义理论体系的重要组成部分，是全党全国人民为实现中华民族伟大复兴而奋斗的行动指南。这一思想的主要创立者是习近平同志。党的十八大以来，习近平总书记以非凡的政治智慧、顽强的意志品质、强烈的历史担当，团结带领全党全国各族人民进行具有许多新的历史特点的伟大斗争，统筹推进“五位一体”总体布局，协调推进“四个全面”战略布局，推动改革开放和社会主义现代化建设取得新的重大成就，推动党和国家事业全面开创新局面、发生历史性变革，赢得全党全军全国各族人民高度评价和衷心爱戴，成为党中央的核心、全党的核心。在领导全党全国推进党和国家事业的实践中，习近平总书记以马克思主义政治家、理论家的深刻洞察力、敏锐判断力和战略定力，提出了一系列具有开创性意义的新理念新思想新战略，为新时代中国特色社会主义思想的创立发挥了决定性作用、作出了决定性贡献。

习近平新时代中国特色社会主义思想源于实践又指导实践，为新时代坚持和发展中国特色社会主义、推进党和国家事业提供了基本遵循，为发展21世纪马克思主义、当代中国马克思主义作出了历史性贡献。

第一，习近平新时代中国特色社会主义思想是对马克思列宁主义、毛泽东思想、邓小平理论、“三个代表”重要思想、科学发展观的继承和发展，是中国特色社会主义理论体系的重要组成部分，是马克思主义中国化的最新成果，开辟了马克思主义新境界。

马克思主义是颠扑不破的科学真理，但马克思主义必须随着实践发展而不断丰富和发展，必须同各国具体实践紧密结合才能展现强大的真理力量。马克思主义进入中国，既引发了中国社会深刻变革，也走过了一个逐步中国化的过程。中国共产党领导革命、建设和改革的历史进程，就是马克思主义中国化的历史进程。在各个历史时期，我们党坚持马克思主义基本原理同中国具体实际相结合，运用马克思主义立场、观点、方法研究解决各种重大理论和实践问题，不断推进马克思主义中国化，先后产生了毛泽东思想、邓小平理论、“三个代表”重要思想、科学发展观等重大成果。这些理论创新是对马克思主义的继承和发展，是马克思主义同当代中国发展具体实际相结合的成果。

党的十八大以来，以习近平同志为主要代表的中国共产党人总结我们党马克思主义中国化的历史经验，继续深化对共产党执政规律、社会主义建设规律、人类社会发展规律的认识，系统回答了坚持和发展什么样的中国特色社会主义、怎样坚持和发展中国特色社会主义的基本问题，创立了习近平新时代中国特色社会主义思想。这一思想，是对马克思列宁主义、毛泽东思想、邓小平理论、“三个代表”重要思想、科学发展观的继承和发展，是马克思主义中国化最新成果，是21世纪中国的马克思主义，实现了马克思主义基本原理与中国具体实际相结合的又一次飞跃。

习近平新时代中国特色社会主义思想，运用马克思主义立场、观点和方法，始终把马克思主义作为理论起点、逻辑起点、价值起点，自觉继承马克思列宁主义、毛泽东思想、邓小平理论、“三个代表”重要思想、科学发展观的核心要义，准确把握新时代我国不断变化的基本国情，创造性地把马克思主义基本原理同坚持和发展中国特色社会主义的实践相结合，深刻揭示了新时代中国特色社会主义本质特征、发展规律和建设路径，提出了一系列新理念新思想新战略，谱写了马克思主义新篇章，开辟了马克思主义新境界，为发展马克思主义作出了中国的原创性贡献，在马克思主义中国化进程中具有里程碑意义。

第二，习近平新时代中国特色社会主义思想，是党和人民实践经验和集体智慧的结晶。理论来源于实践。党的十八大以来，以习近平同志为核心的党中央，在系统总结和继承中国革命、建设和改革经验的基础上，团结带领全党全国各族人民进行了新时代中国特色社会主义的伟大实践，提出一系列治国理政、管党治党等方面的新理念新思想新战略，出台一系列发展经济、政治、文化、社会、生态文明的重大方针政策、重大举措，推进一系列重大工作，中国特色社会主义在实践中展现出勃勃生机和活力。中国特色社会主义事业能够取得巨大发展成就，中华民族能够实现从站起来、富起来、强起来的伟大飞跃，是依靠人民群众奋斗和创造出来的。习近平同志为核心的党中央，始终坚持并善于从人民群众的伟大实践中汲取智慧，把党和人民的有益实践经验上升为理论成果，又用新的理论成果指导实践，使新理论在实践中得到检验和发展，从而实现理论与实践相互促进、相得益彰的良性互动。习近平新时代中国特色社会主义思想正是在理论与实践的良性互动中形成和发展的，是党和人民实践经验和集体智慧的结晶。

第三，习近平新时代中国特色社会主义思想，是全党全国人民为实现中华民族伟大复兴而奋斗的行动指南。实现伟大复兴是近代以来中华民族的伟大梦想。习近平新时代中国特色社会主义思想系统论述了中国梦这一重大命题，深刻阐述了民族复兴的基本内涵，揭示了我们在民族复兴历史进程中所处的方位，科学规划了民族复兴的实现路径、战略步骤，为新时代坚持和发展中国特色社会主义注入了新内涵。习近平新时代中国特色社会主义思想还提出了新时代的新方略新部署。“八个明确”，精辟阐述了新时代坚持和发展中国特色社会主义的总目标、总任务、总体布局、战略布局和发展方向、发展方式、发展动力、战略步骤、外部条件、政治保证等基本问题；“十四个坚持”，对经济、政治、法治、科技、文化、民生、生态文明、国家安全、国防和军队、“一国两制”和祖国统一、外交、党的建设等各方面作出理论分析和政策指导。这“八个明确”和“十四个坚持”，体现了指导思想与行动纲领的有机统一，是党团结带领人民决胜全面建成小康社会、开启全面建设社会主义现代化国家新征程、实现中华民族伟大复兴中国梦的行动纲领和根本遵循。

在习近平新时代中国特色社会主义思想指引下，我们党团结带领人民推动党和国家事业发生了全方位、开创性、深层次、根本性的历史性变革，解决了许多长期想解决而没有解决的难题，办成了许多过去想办而没有办成的大事，我国经济实力、科技实力、国防实力、综合国力、国际影响力和人民获得感显著提升，党的面貌、国家的面貌、人民的面貌、军队的面貌、中华民族的面貌发生了前所未有的变化，焕发出新的强大生机活力。

党的十八大以来，习近平新时代中国特色社会主义思想在新的伟大实践中，展现出强大的真理穿透力、价值感召力、实践引领力、文化自信力，已经成为党团结带领人民决胜全面建成小康社会、开启全面建设社会主义现代化国家新征程、实现中华民族伟大复兴中国梦的行动纲领和根本遵循。中国人民比以往任何时候都更有信心、更有能力去完成新时代的历史使命，实现国家富强、民族振兴、人民幸福的中国梦。

案例导入2-4

解析当代中国发展的“密钥”——《习近平谈治国理政》缘何在海外热销①

《习近平谈治国理政》第一卷、第二卷自出版以来，在海外持续热销，受到外国

①高中华.《习近平谈治国理政》缘何在海外热销[OL].中国新闻网，2018-06-26. https://www.chinanews.com/gn/2018/06-26/8547620.shtml

政要、学者及各阶层民众的一致好评，许多人将其视为了解当代中国发展的“密钥”。“该书完整地描述了习近平所领导的中国政府的努力和目标，这不仅有利于西方深入了解这个热爱和平大国的悠久历史，而且也让西方了解其现行管理体制和改革，看到中国通过和平进步实现中国梦”，墨西哥前总统路易斯·埃切维利亚·阿尔瓦雷斯在撰写《习近平谈治国理政》第一卷书评时这样写道。南非金山大学副教授加斯·谢尔顿也认为：“这本书展现的是真实的中国，从中可以了解中国的追求、梦想和雄心壮志，它为人们了解中国的现在和未来架起了一座重要的桥梁。”《习近平谈治国理政》第一卷、第二卷在全球范围内“圈粉”无数，探讨这部书缘何在海外备受青睐，对于进一步加强中国国际话语权建设意义重大。

《习近平谈治国理政》于2014年9月由外文社出版发行，书中收录了习近平总书记自十八大闭幕后至2014年6月13日期间发表的重要讲话、演讲等共计79篇，书中以专题的形式将内容划分为坚持和发展中国特色社会主义、实现中华民族伟大复兴的中国梦、全面深化改革等18个主题。截至2017年11月，《习近平谈治国理政》已被译为英、法、俄、西、葡等24个语种，交出了一份全球发行量超过660万册、覆盖160多个国家和地区的优秀“成绩单”。海外收藏《习近平谈治国理政》各语种版本的图书馆数量至少有493家，语种至少包括英文、中文、德文、西班牙文、法文等11种。2018年1月，由中央宣传部会同中央文献研究室、中国外文局修订，改称《习近平谈治国理政》第一卷，由外文出版社面向海内外再版发行。

随着中国特色社会主义理论与实践的不断发展，习近平总书记此后又相继提出了一系列治国理政新理念新思想新战略。为了进一步总结经验、分享智慧、使国内外人士聆听中国声音，2017年11月，《习近平谈治国理政》第二卷开始出版发行。本卷以坚持和发展中国特色社会主义、实现中华民族伟大复兴的中国梦、决胜全面建成小康社会、将改革进行到底等17个专题为线索，将习近平总书记从2014年8月18日至2017年9月29日期间发表的讲话、演讲、批示等99篇分门别类进行归纳，使读者对第二卷的内容了然于胸。截至2018年2月，《习近平谈治国理政》第二卷中英文版全球发行量已突破1300万册。《习近平谈治国理政》第二卷和先前出版的《习近平谈治国理政》第一卷是一脉相承、有机统一的整体，它们对于海外人士了解中国特色社会主义的发展脉络与精神实质具有重要的推动作用。

《习近平谈治国理政》契合海外读者欲寻求中国经验的需求，符合其阅读品味。近年来，随着经济全球化、世界多极化、社会信息化的发展，长期被西方发达国家垄断的世界政治秩序、经济秩序和意识形态被逐渐打破，各国越来越成为相互依存、紧密联系的整体，越来越多的国家面临着如何谋发展、促进步等问题。在这种背景下，作为一个拥有13亿多人口的发展中国家，中国不仅面临着国际上的挑战，还面临着人口、环境、就业、医疗、住房等方方面面的问题，但中国经济却始终保持稳步增长，国力日益强大。中国的成功之路和治理模式与西方世界迥然不同，外部世界渴望找到中国成功的答案，并从中获得启示。许多国外友人读过这部书后，收获很大。新加坡国立大学郑永年教授认为，《习近平谈治国理政》“为世界各国政党和政治组织了解中国共产党的执政理念提供了一个生动、易懂的方式”。

《习近平谈治国理政》第一卷、第二卷在编辑和翻译过程中进行了创新。其一，根据习近平新时代中国特色社会主义思想的主要内容，将第一卷和第二卷以专题的形式进行分类，分别形成了18个专题和17个专题，这样做不仅可以理清逻辑，梳理脉络，还可以方便读者找到自己关注的内容；其二，书中采用朴实、生动的表达风格，通过讲故事、引经典、借形象、用俗语等方法，帮助海外读者进行理解；其三，包装素雅、印刷精美，读者在阅读文字的同时，还可以欣赏习近平总书记在不同时期的照片，领略他的大家风范与领袖魅力，从而更深刻地理解文字背后的内涵；其四，书后特别增加了索引部分，方便读者就相关问题进行检索；其五，在《习近平谈治国理政》第一卷、第二卷的各语种译本中，译入语很好地体现了习近平主席的表述风格及思想内涵。以英文译本为例，该部书的英文翻译在忠实原文的基础上，灵活运用直译、意译等多种翻译技巧，不仅尊重译入语国家的语言习惯，而且注重表达文字背后的情感内涵，再现了中国政治话语的新风格，获得了良好的传播效果。

《习近平谈治国理政》为发达国家和发展中国家提供参考与借鉴，为构建新的全球治理体系贡献中国智慧与中国方案。唯物辩证法认为，世间万物皆存在矛盾，矛盾具有普遍性与特殊性。同样，由于每个国家都有着自己的特殊性，所以在各国发展的进程中，从来不存在放之四海而皆准的发展模式，各国应根据自身实际情况，探索出属于自己的发展道路。世界各国虽然并不一定能够从《习近平谈治国理政》这部书中直接找到现成的解决方案，但却可以通过习近平主席传递的思想和价值观，学习中国治国理政的理念和方法，从中国的发展轨迹中获得启示。例如，南非金山大学国际关系学副教授斯·谢尔顿在未阅读《习近平谈治国理政》之前，一直思索着中国取得辉煌成就的答案，阅读过后，他对于习近平主席所倡导的“治大国若烹小鲜”这一形象说法印象深刻，理解了正是由于中国一切从实际出发，以烹调美味菜肴的精细程度治理国家，拒绝盲目效仿西方发达国家的发展道路，才得以通过不断的实践与理论升华，逐渐走出了一条符合中国国情的中国特色社会主义道路。

人类共同生活在同一个地球上，各国之间相互依存，和平与发展将长期成为时代的主题，任何一个国家都无法独自应对来自自然界和社会的种种挑战，世界越来越成为休戚与共的命运共同体。习近平总书记在十九大报告中宣示："中国共产党是为中国人民谋幸福的政党，也是为人类进步事业而奋斗的政党。中国共产党始终把为人类作出新的更大的贡献作为自己的使命。"自党的十八大以来，习近平总书记以卓越的政治家和战略家的宏大视野和战略思维，高瞻远瞩地提出构建人类命运共同体的思想。《习近平谈治国理政》第一卷、第二卷也为解决人类发展问题和全球治理体系的改革和建设贡献出中国智慧和中国方案。在南非行政部部长费丝·穆坦比看来，"这本书的价值超越了黄金""习近平新时代中国特色社会主义思想睿智深邃，不仅为中国也为世界勾勒出了未来发展轨迹，对南非及其执政党非洲人国民大会均具有重要的借鉴意义"。构建人类命运共同体思想是当代中国外交的重大创新成果，受到国际社会的高度评价，其"建设持久和平、普遍安全、共同繁荣、开放包容、清洁美丽的世界"的内涵产生了广泛而深远的国际影响。

《习近平谈治国理政》第一卷、第二卷海外传播的成功，不仅意味着中国声音传播得更远、中国文化更加深入地影响世界各国和世界人民，还证明了中国国力的日益强大和国际地位的不断提升，使世界人民读懂了习近平新时代中国特色社会主义思想，读懂了中国为维护世界和平、促进共同发展、创造人类美好所作出的巨大努力。

案例思考：

结合案例谈谈《习近平谈治国理政》缘何在海外热销、被视为世界读懂中国的"思想之窗"？

思考与讨论

1. 如何认识习近平新时代中国特色社会主义思想形成的社会历史条件？
2. 习近平新时代中国特色社会主义思想的主要理论基础是什么？
2. 如何把握习近平新时代中国特色社会主义思想的丰富内涵？
3. 习近平新时代中国特色社会主义思想有何理论特色？
4. 如何理解习近平新时代中国特色社会主义思想的重大意义？

第三章

中国特色社会主义进入新时代

在新中国成立以来特别是改革开放以来我国发展取得重大成就的基础上，党的十九大作出了中国特色社会主义进入了新时代的重大政治论断。这一重大政治论断，是对中国特色社会主义发展阶段、发展现状、发展方向、发展要求的科学概括，赋予党的历史使命、理论遵循、目标任务新的时代内容，为深刻把握当代中国发展变革的新特征，增强贯彻落实习近平新时代中国特色社会主义思想的自觉性和坚定性，提供了时代坐标和科学依据。

第一节　新时代的内涵和重要意义

一、新时代的主要内涵

习近平总书记在党的十九大报告中明确指出："这个新时代是承前启后、继往开来、在新的历史条件下继续夺取中国特色社会主义伟大胜利的时代，是决胜全面建成小康社会、进而全面建设社会主义现代化强国的时代，是全国各族人民团结奋斗、不断创造美好生活、逐步实现全体人民共同富裕的时代，是全体中华儿女勠力同心、奋力实现中华民族伟大复兴中国梦的时代，是我国日益走近世界舞台中央、不断为人类作出更大贡献的时代。"[①]这段重要论述从"五个时代"的角度和层面，清晰地定义了"新时代"丰富深刻的思想内涵。"五个时代"也是"新时代"赋予中国共产党的奋斗使命：中国共产党领导中国人民在"新时代"要夺取中国特色社会主义的伟大胜

①本书编写组.党的十九大报告学习辅导百问[M].北京：党建读物出版社，学习出版社，2017：9.

利，全面建设社会主义现代化强国，实现全体人民共同富裕，实现中华民族的伟大复兴，为人类作出更大的贡献。

第一，中国特色社会主义进入新时代，是承前启后、继往开来、在新的历史条件下继续夺取中国特色社会主义伟大胜利的时代。

1978年，党的十一届三中全会作出实行改革开放的关键抉择，逢山开路、遇水架桥，成功走出一条中国特色社会主义道路，极大激发了中国人民的创造力和活力，极大解放和发展了社会生产力，我国的国际地位得到了极大提升，社会主义在中国展现出强大的生命力。中国特色社会主义建设取得的辉煌成就，为继续夺取中国特色社会主义伟大胜利奠定了坚实基础。

中国特色社会主义进入新时代。这个新时代，是中国根据改革开放40年的伟大实践总结的建设经验而开辟出的新时代，是承前启后、继往开来、在新的历史条件下继续夺取中国特色社会主义伟大胜利的时代。当前，改革开放已进入攻坚期和深水区，还有难啃的硬骨头。崭新的时代发展图景给新时代中国特色社会主义提出了新的历史课题和任务。在新时代，我们党治国理政第一位的任务，就是紧紧围绕坚持和发展中国特色社会主义这个主题，适应中国特色社会主义发展的新要求，接力探索，接续奋斗，让社会主义在中国展现出更加强大的生命力。在中国特色社会主义新时代，中国人民将在中国共产党的团结带领下，继续围绕坚持和发展中国特色社会主义这一主题，奋力实现“两个一百年”奋斗目标，谱写中国特色社会主义新的伟大篇章。站在新的历史起点上，面对新的伟大斗争，必须深入贯彻习近平新时代中国特色社会主义思想，坚信只有社会主义才能救中国，只有改革开放才能发展中国、发展社会主义、发展马克思主义，继续为全面建成小康社会，进而建成富强民主文明和谐美丽的社会主义现代化强国而奋斗。

第二，中国特色社会主义进入新时代，是决胜全面建成小康社会、进而全面建设社会主义现代化强国的时代。

当代中国已经进入决胜全面建成小康社会，开启全面建设社会主义现代化国家新征程的历史阶段。党的十九大提出在全面建成小康社会的基础上，分两步走，在21世纪中叶建成社会主义现代化强国的战略安排。到2020年，我国将如期全面建成小康社会，为此要统筹推进经济建设、政治建设、文化建设、社会建设、生态文明建设，“五位一体”总体布局，协调推进全面深化改革、全面依法治国、全面建成小康社会、全面从严治党“四个全面”战略布局，贯彻落实党中央各项部署，确保决胜全面建成小康社会圆满收官，并在此基础上谱写全面建设社会主义现代化国家新篇章。到

2035年，我国将基本实现社会主义现代化，经济实力、科技实力、国家文化软实力等将大幅度提升，全体人民共同富裕迈出坚实步伐。到21世纪中叶，我国将建成富强民主文明和谐美丽的社会主义现代化强国，中华民族将以更加昂扬的姿态屹立于世界民族之林。这一战略安排目标如此宏大，任务极其繁重，需要克服各种艰难险阻，因此，全党和全国人民要以坚忍不拔、锲而不舍的斗志和实干精神，为全面建成小康社会，全面建设社会主义现代化强国而奋斗，这是中国特色社会主义新时代的必然要求和历史使命。

第三，中国特色社会主义进入新时代，是全国各族人民团结奋斗、不断创造美好生活、逐步实现全体人民共同富裕的时代。

带领人民创造美好生活、实现共同富裕，是我们党矢志不渝的奋斗目标。习近平总书记在十九大报告中指出，“中国共产党人的初心和使命，就是为中国人民谋幸福，为中华民族谋复兴。”①在中国特色社会主义新时代，要时刻不忘初心，始终做到以人民为中心，不仅要求中国共产党人牢记全心全意为人民服务的根本宗旨，更要将党的群众路线贯彻落实到中国特色社会主义伟大实践中去。一方面，在中国特色社会主义的伟大实践中，中国共产党人要始终把人民对美好生活的向往作为奋斗的目标，坚持以人民为中心的发展思想。另一方面，在中国特色社会主义建设过程中，要充分调动广大人民群众的积极性，依靠人民创造历史伟业。

新时代，是全国各族人民团结奋斗、不断创造美好生活、逐步实现全体人民共同富裕的时代。发展为了人民、发展依靠人民、发展成果由人民共享，人民是贯穿党的思想理论的一条“红线”，正如习近平总书记所说：人民对美好生活的向往，就是我们的奋斗目标。坚持以人民为中心的发展思想，始终把实现好、维护好、发展好最广大人民根本利益作为最高标准，创造更多物质财富和精神财富，提供更多优质生态产品，不断满足人民日益增长的美好生活需要。不断提高保障和改善民生水平，不断促进社会公平正义，着力使全体人民享有更加幸福安康的生活，着力在实现全体人民共同富裕上取得实实在在的新进展。

第四，中国特色社会主义进入新时代，是全体中华儿女勠力同心、奋力实现中华民族伟大复兴中国梦的时代。

从历史的角度看，实现中华民族伟大复兴是近代以来中国人民最伟大的梦想，是

---

①本书编写组.党的十九大报告学习辅导百问[M].北京：党建读物出版社，学习出版社，2017：1.

每一个中华儿女的共同期盼。领导中国人民实现中华民族伟大复兴，也是中国共产党所肩负的重大历史使命。新中国的成立，为民族复兴奠定坚实基础。改革开放新的伟大革命，为民族复兴注入强大生机活力。中国共产党领导中国人民进行了坚持不懈的努力奋斗，创造了人类社会发展史上辉煌的发展成就。进入新时代，经过党的十八大以来的历史性变革，我们比历史上任何时期都更接近、更有信心和能力实现中华民族伟大复兴的目标。中国共产党人要不负人民重托、无愧历史选择，牢记使命、奋发有为、砥砺前行，团结带领人民有效应对重大挑战、抵御重大风险、克服重大阻力、解决重大矛盾，在新时代中国特色社会主义的伟大实践中，凝聚起同心共筑中国梦的磅礴力量，为决胜全面建成小康社会、夺取新时代中国特色社会主义伟大胜利、实现中华民族伟大复兴的中国梦、实现人民对美好生活的向往继续奋斗。

第五，中国特色社会主义进入新时代，是我国日益走近世界舞台中央、不断为人类作出更大贡献的时代。

中国人民历来把自己的前途命运同各国人民的前途命运紧密联系在一起，中国共产党始终把为人类作出新的更大的贡献作为自己的使命。改革开放以来，随着中国经济社会的快速发展，随着我国对全球经济贸易和全球治理进程的深度参与，中国与世界的关系发生了根本性变化。中国的发展已经成为世界发展的不可分割的重要组成部分，为世界各国特别是广大发展中国家提供了重要借鉴。在中国特色社会主义新时代，我国同国际社会的互联互动空前紧密，成为促进世界和平与发展的强大力量。面对国际格局和国际关系的深刻变化，面对复杂多变的国际环境，我国必须统筹国内国际两个大局，高举和平、发展、合作、共赢的旗帜，恪守维护世界和平、促进共同发展的外交政策宗旨，积极发展全球伙伴关系，参与全球治理体系改革和建设，推动构建人类命运共同体，为建立持久和平、普遍安全、共同繁荣、开放包容、清洁美丽的新世界作出新的更大贡献。

以上这五个“是”，分别形成了“新时代”的五个标识：历史定位——“新时代”是中国特色社会主义伟大事业进程中的一个特定的时代；实践主题——决胜全面建成小康社会、进而全面建设社会主义现代化强国；人民的主体地位——全国各族人民团结奋斗、不断创造美好生活、逐步实现全体人民共同富裕；民族角色（身份）——全体中华儿女勠力同心、奋力实现中华民族伟大复兴；世界意义——我国日益走近世界舞台中央、不断为人类作出更大贡献。全面、准确地理解“新时代”的科学内涵，对我们深刻领会十九大精神，特别是习近平新时代中国特色社会主义思想的精神实质具有重要的理论和实践指导意义。

案例导入3-1

青年当感恩大时代，把握新时代，无愧新时代①

中华民族久经磨难，艰苦探索奋斗，逐步实现从站起来、富起来到强起来的伟大飞跃，中国特色社会主义进入了新时代。70年前，新中国建立，中国人民打碎、挣脱了帝国主义的枷锁，使中华民族的命运牢牢掌握在中国人民手中。40年前，中国人民开辟中国特色社会主义道路，开始追赶、融入世界。如今，中国逐步走向繁荣富强，正在影响并改变世界。从追赶、融入到影响世界，在现实与历史交汇中，我们从改革的维度，读懂一个民族深化改革开辟未来的信念，见证一个国家拥抱世界增进人民获得感的决心。我们深知，光辉的成就不是一蹴而就的，有些是十几年的艰苦努力，有些是几代人的前赴后继，才创造出令世界惊叹的成绩，展现的是我们中国人民在全面建设小康征程上的伟大奋斗，凝聚着全党全国人民的磅礴力量！新时代的到来是来之不易的。在民族危亡时刻，有无数救亡图存的仁人志士抛头颅，洒热血，只为建立新中国；在国家艰难时期，涌现出无数推动国家发展，社会进步的有识之士投入国家的建设之中。新时代有新的使命，新时代呼唤新的担当。时代与我们个人的命运息息相关。我们这代年轻人生逢其时，在面对很多老一辈没有赶上的新时代时，除了心怀感恩之外，更应顺应时代潮流，牢牢把握新时代。

逐梦新时代，因为我们正青春有理想有抱负。新时代，正在兴起一场大众创业、万众创新的时代浪潮。强大的祖国给予了我们青年人自由选择的权利，实现自我的机会，创造价值的机会，让我们能在每一个领域，每一个岗位去书写属于我们的青春篇章。青年是新时代的铸就者。正如习近平同志在十九大报告中所说："历史只会眷顾坚定者、奋进者、搏击者，而不会等待犹豫者、懈怠者、畏难者。"把握新时代，需要广大青年以十九大精神为指引，牢固树立"四个意识"，坚持解放思想、实事求是、与时俱进、求真务实作为重要举措，不断锤炼自我，完善自我，努力成为思想坚定的新青年；把握新时代，需要广大青年敢想敢干，求实创新。珍惜韶华、敏于求知，方能练就过硬本领；大胆创新，积极探索，方能梦想成真。实现中华民族伟大复兴这个中国梦需要广大青年始终走在前列，干在实处；把握新时代，需要广大青年牢记使命，敢于担当。新时代必将面临新挑战、新问题，狭路相逢勇者胜，广大青年唯有面对困难不退缩，迎难而上敢亮剑，勇担重任，砥砺前行，方能不辱使命。

①路文华．青年当感恩大时代，把握新时代，无愧新时代[OL]．四川党建之声，2017-10-30. http://news.ifeng.com/a/20171030/528524

历史车轮滚滚向前，时代潮流浩浩荡荡。置身于新时代的潮流中，新青年唯有牢记使命，感恩大时代，大胆作为，把握新时代，朝着新征程大踏步前行，方能不负韶华，无愧于这个新时代！

案例思考：

当代青年为什么应该感恩新时代？如何无愧于新时代？

二、中国特色社会主义进入新时代的重要意义

中国特色社会主义进入新时代，在中华人民共和国发展史、在中华民族发展和复兴史、在世界社会主义发展史以及人类社会发展史上都具有重大意义。

第一，中国特色社会主义进入新时代，意味着近代以来久经磨难的中华民族迎来了从站起来、富起来到强起来的伟大飞跃，迎来了实现中华民族伟大复兴的光明前景。

这是从中华民族的维度来看的。中国作为历史悠久的东方大国，曾经创造出了辉煌灿烂的古代文明，长期是世界文明的中心和各国学习的榜样，为人类社会发展做出过重大贡献。但近代以来，由于生产方式没能跟上资本主义高速发展的步伐，中国开始落后于西方国家，并在落后挨打的苦难历程中积贫积弱，留下了中华民族不堪回首的一段历史。中国共产党一经成立，就立志要为改变中国人民被压迫、被剥削的悲惨状况，实现民族独立、人民解放和国家富强而不懈奋斗。以毛泽东同志为核心的党的第一代中央领导集体，带领全党全国各族人民经过二十八年的新民主主义革命，终于推翻了压在中国人民头上的帝国主义、封建主义和官僚资本主义三座大山，豪迈庄严地宣布中国人民从此站起来了，使中华民族能够独立自主地屹立于世界民族之林。"站起来"的庄严承诺标志着西方列强在中国土地上为所欲为野蛮时代的结束，标志着封建势力奴役中国人民做牛做马的苦难日子的结束，标志着官僚资本主义剥削中国人民血汗膏脂的黑暗历史的结束。中国人民在中国共产党的带领下，卸掉了不堪承载的历史包袱，开始轻装上阵，创造美好幸福新生活。以邓小平同志为核心的党的第二代中央领导集体，在深刻总结新中国成立之后艰辛探索社会主义道路取得的经验和教训的基础上，果断停止使用"以阶级斗争为纲"的错误提法，重新确立了解放思想、实事求是的思想路线，把全党工作的重心转移到社会主义现代化建设上来，作出实行改革开放的重大决策，实现了党的历史上具有深远意义的伟大转折，带领中国人民彻底告别了几千年来不曾间断的饥饿历史，走上了"富起来"的道路。以习近平同志为

核心的党中央，坚定中国特色社会主义道路自信、理论自信、制度自信、文化自信，统筹推进“五位一体”总体布局、协调推进“四个全面”战略布局，在经济建设、全面深化改革、民主法治建设、思想文化建设、人民生活水平提高、生态文明建设、军队建设、港澳台工作进展和全方位外交布局、全面从严治党等十个方面取得了全方位、开创性的成就，实现了深层次、根本性的变革，实现了从“富起来”到“强起来”的伟大飞跃。

中国之强，不只是物质财富总量的提升，而是体现在社会的方方面面。随着创新驱动发展战略的实施，我国产业结构不断优化，产业和产品向产业链高端不断跃升，中国经济正逐步实现从量的增长到质的提升的转变。通过建设社会主义文化强国，我国在价值观念、思想文化等方面的“软实力”不断提升，特别是党的十八大以来，通过牢牢掌握意识形态工作领导权和话语权，培育和践行社会主义核心价值观，传承和弘扬中华优秀传统文化，大力推进文化事业与文化产业发展，中国人民的精神力量和文化自信不断增强，中华文化对世界其他国家和地区的吸引力显著提升。“强起来”作为中国特色社会主义进入新时代的重要特征，为中国人民实现中华民族伟大复兴提供了强大的现实基础、精神动力和信心支撑。

当然，在成绩面前我们依然要保持头脑清醒，因为与发达国家相比，我国在科技、经济、民生等方面仍然存在不小的差距，建设社会主义现代化强国仍然任重道远。

第二，中国特色社会主义进入新时代，意味着科学社会主义在二十一世纪的中国焕发出强大生机活力，在世界上高高举起中国特色社会主义伟大旗帜。

这是从科学社会主义的维度来看的。1848年《共产党宣言》的发表，标志着科学社会主义的诞生，科学社会主义的创立是世界社会主义五百年历史上的一个重大转折，为无产阶级和人类解放斗争提供了科学理论的指导，阐明了资本主义必然灭亡、社会主义必然胜利的历史发展规律。科学社会主义创立160多年以来，社会主义运动实现了从理论到实践、从一国到多国胜利的辉煌成绩，为人类社会的解放和发展事业做出了杰出贡献。但科学社会主义的发展也充满了艰辛和挫折，“苏东”剧变之后，国际社会主义运动一度陷入低潮。与此同时，西方资本主义在经历多次重大危机之后，不断调整内部生产关系，凭借其雄厚的历史积累和不断进步在很多领域仍然保持着领先地位。所以国际上多次唱衰社会主义，认为资本主义就是历史的终结。中国共产党本着“不争论”的原则，坚持走中国特色社会主义道路。

中国特色社会主义是科学社会主义理论逻辑和中国社会历史发展逻辑的辩证统

一。改革开放以来党的历次代表大会，逐步绘就了中国特色社会主义发展蓝图。在坚持科学社会主义基本原则基础上，紧密结合中国国情、发展实际和时代任务，顺应人民群众对美好生活的向往和期待，逐步形成扎根中国大地的中国特色社会主义，引领我国推进各项事业稳步前进，在政治、经济、文化、社会、生态文明等各个领域取得了举世瞩目的成就。尤其是党的十八大以来，党的领导力、号召力和凝聚力、战斗力不断增强，经济社会发展朝着更高质量、更有效率、更加公平、更可持续的方向前进，改革呈现全面发力、多点突破、纵深推进的崭新局面，全面依法治国不断走向深入，美丽中国建设迈出重要步伐，国防和军队改革取得历史性突破，中国特色大国外交赢得更多关注和认同。科学社会主义在21世纪的中国依然能够焕发出强大的生机活力，这一有力事实证明了科学社会主义的真理性，提升了社会主义在世界的影响力，为世界社会主义运动提供了丰富经验和强大推力。中国特色社会主义进入新时代，中国将继续高举中国特色社会主义的旗帜，使科学社会主义取得更加灿烂辉煌的成绩。

第三，中国特色社会主义进入新时代，意味着中国特色社会主义道路、理论、制度、文化不断发展，拓展了发展中国家走向现代化的途径，给世界上那些既希望加快发展又希望保持自身独立性的国家和民族提供了全新选择，为解决人类问题贡献了中国智慧和中国方案。

这是从全世界广大发展中国家的维度来看的。中国作为负责任的发展中大国，一直致力于为人类社会的共同发展进步贡献中国力量。世界上很多发展中国家，同中国一样，曾经遭受过西方列强的侵略和欺凌，后来虽然取得了国家独立，但由于历史和现实的种种原因，一直未能摆脱对西方国家的依赖，仍在艰难地探索着走向现代化的道路。中国特色社会主义进入新时代，用事实证明了中国特色社会主义道路、理论、制度、文化的成功，用发展实绩向世人展示了中国特色社会主义的成果，使世人看到了通过社会主义道路走向现代化的可能和现实。中国特色社会主义的成功实践，打破了以往西方现代化道路对世界发展的垄断地位，证明了在实现现代化的进程中，可以有多种道路选择。各国必须探索将现代化一般规律与本国历史文化传统和经济社会发展水平相适应的发展道路，才能摆脱西方现代化的弊端，更好实现本国现代化的目标。中国特色社会主义建设的不断发展，找到了将现代化与民族特色相融相济的发展方式，在融入世界全局和维护国家主权之间架起了互补互利的共赢桥梁。不仅顺应了现代化的发展潮流，而且弘扬了民族传统和本国优势，破解了困扰发展中国家在走向现代化与保持独立性之间的难题。

中国特色社会主义进入新时代，我国大力推进国家治理体系和治理能力现代化，在国际事务中也发挥着负责任大国的积极作用，努力维护世界和平，推进全球治理变革，既是现有国际体系的参与者、建设者、贡献者，是国际合作的倡导者和国际多边主义的重要参与者，又积极推进全球治理理念的创新发展，倡导建立由各国共商共建共享的全球治理体系，为解决当今全球性问题贡献了中国智慧。

中国愿意也有能力为广大发展中国家走向现代化传授中国经验、贡献中国智慧和中国方案，为构建人类命运共同体做出新的更大的贡献。

第二节 新时代中国社会主要矛盾和基本国情

党的十九大提出我国社会主要矛盾转化的论断，认为中国特色社会主义进入新时代，我国社会主要矛盾已经转化为人民日益增长的美好生活需要和不平衡不充分的发展之间的矛盾。我国社会主要矛盾发生关系全局的历史性变化，中国特色社会主义进入新时代，并没有改变我国仍处于社会主义初级阶段的基本国情，没有改变我国是世界上最大发展中国家的国际地位。

一、中国社会主要矛盾的转化及其重要影响

习近平总书记指出："中国特色社会主义进入新时代，我国社会主要矛盾已经转化为人民日益增长的美好生活需要和不平衡不充分的发展之间的矛盾。"①这一重大政治论断，反映了我国社会发展的客观实际，指明了解决当代中国发展主要问题的根本着力点，丰富发展了马克思主义关于社会矛盾的学说，是党的重大理论创新成果。

人类社会是在矛盾运动中不断向前发展的，社会主要矛盾是各种社会矛盾的主要根源和集中反映，在社会矛盾运动中居于主导地位。抓住主要矛盾带动全局工作，是唯物辩证法的要求，也是我们党一贯倡导和坚持的方法。推动党和国家事业不断向前发展，必须找准我国社会的主要矛盾。

关于我国社会主要矛盾的提法，一九五六年党的八大指出："我们国内的主要矛盾，已经是人民对于建立先进的工业国的要求同落后的农业国的现实之间的矛盾，已经是人民对于经济文化迅速发展的需要同当前经济文化不能满足人民需要的状况之间的矛盾。"②这个论断，是符合当时我国实际的。但是后来发生"左"的错误，背离了党的八大关于我国社会主要矛盾的正确判断。改革开放以后，我们党在对历史经验和

①本书编写组.党的十九大报告学习辅导百问[M].北京：党建读物出版社，学习出版社，2017：9.
②中国共产党第八次全国代表大会关于政治报告的决议[M].北京：人民出版社，1956：2.

我国国情作出科学分析的基础上，对党的八大关于社会主要矛盾的提法作了进一步概括。1981年，中国共产党十一届六中全会通过《关于建国以来党的若干历史问题的决议》明确指出，“在社会主义改造基本完成以后，我国所要解决的主要矛盾，是人民日益增长的物质文化需要同落后的社会生产之间的矛盾。”[①]从此，该论述成为定式，为十九大之前的历届党代会报告所延续。我们党根据这一论断制定和坚持了正确的路线方针政策，推动中国特色社会主义事业取得了巨大成就。

随着改革开放的深入推进，随着中国特色社会主义的深入发展，我国社会主要矛盾发生了重大变化。我国稳定解决了十几亿人的温饱问题，总体上实现小康，不久将全面建成小康社会，人民美好生活需要日益广泛，不仅对物质文化生活提出了更高要求，而且在民主、法治、公平、正义、安全、环境等方面的要求日益增长。

同时，我国社会生产力水平总体上显著提高，社会生产能力在很多方面进入世界前列，更加突出的问题是发展不平衡不充分。发展不平衡，主要指各区域各领域各方面发展不够平衡，存在“一条腿长、一条腿短”的失衡现象，制约了整体发展水平提升。发展不充分，主要指一些地区、一些领域、一些方面还存在发展不足的问题，发展的任务仍然很重。发展不平衡不充分问题，已经成为满足人民日益增长的美好生活需要的主要制约因素。发展是动态过程，不平衡不充分是永远存在的，平衡是相对的，但当发展到了一定阶段后不平衡不充分成为社会主要矛盾的主要方面时，就必须下功夫去认识它、解决它，否则就会制约发展全局。

1. 提出社会主要矛盾转化的主要依据

我国社会主要矛盾的转化是揭示新时代的客观根据。中国特色社会主义进入新时代，我国社会主要矛盾已经转化为人民日益增长的美好生活需要和不平衡不充分的发展之间的矛盾，这个主要矛盾的变化是关系全局的历史性变化，对党和国家工作提出了许多新要求。党的十九大对我国发展中社会主要矛盾转化作出的结论，是运用马克思主义分析中国国情的最新论断。具体来讲，作出这一重大论断的主要依据有以下三点：

第一，随着我国社会生产力水平总体上显著提高，社会生产能力在很多方面进入世界前列，“落后的社会生产”这样的概括已经不能真实反映我国发展的状况。

改革开放40年的发展，我国的社会生产力水平明显提高，经济实力、科技实力、

①中共中央文献研究室. 三中全会以来重要文献选编：下[G]. 北京：人民出版社，1982：839.

国防实力、综合国力进入世界前列，“落后的社会生产”已经不能真实反映我国发展的现状。例如，从经济总量上来看，我国自2010年至今始终位于世界第二位，仅次于美国。对世界经济增长贡献率超过30%。在货物进口、服务贸易、对外投资、利用外资等方面，都是位居世界第二位，甚至很多领域都是世界先进水平，例如：高铁运营总里程、高速公路总里程、港口吞吐量均居世界第一位。工农业生产能力大幅度提高，早在2014年，世界500种主要工业品中，中国有220种产品产量位居全球第一位，很多产品都出现了过剩问题，去产能成为经济改革的一个重要课题。中国粮食产量2015年以来连续4年稳定在6. 5亿吨以上水平，人均粮食占有量470公斤左右。①物质短缺成为远去的时代记忆，人民群众的基本物质和文化需求都得到了较好满足。科学研究取得显著成果，一系列重大科技成果相继问世，有些成果在世界科技领域处于领先地位。这表明，我国的生产力水平已经得到巨大的提升，供给不足的状况已经发生了根本性转变，再讲落后的社会生产已经不符合我国的实际国情。因此，必须准确判断我国发展的实际状况，对社会主要矛盾的概括做出新的表述，制定切合实际的发展战略。

第二，随着改革开放以来我国的快速发展，实现了人民生活从温饱到总体小康，2020年全面建成小康社会，人民的需求已经由过去的“物质文化需求”转化为日益增长的“美好生活需要”。

从新中国成立之初到改革开放较长一段时间内，由于生产力水平落后，物质产品、精神产品短缺成为最突出的社会现象。随着中国大力推进新型工业化、城镇化、农业现代化、信息化，社会生产力水平迅速提高，产品供给能力全面提升，人民群众基本的物质文化需求逐步得到满足并衍生新的期待。改革开放40年，解决了人们的温饱问题，国家总体上实现了小康，2020年全面建成小康社会。人均GDP已经由1978年的156美元增长到2017年超过8800美元，2019年突破1万美元，已经迈入中等偏上收入国家水平。城乡居民人均可支配收入、整体的教育水平、人民健康水平、社会保障水平都有了大幅度的提高。所以，随着生活显著改善，人民群众对美好生活的向往更加强烈，提出了全面提高美好生活质量与水平的要求，人民群众的需求也呈现出多样化、个性化、多层次、多方面的特点。随着物质文化水平的提高和社会的全面进步，

---

①中华人民共和国国务院新闻办公室. 中国的粮食安全白皮书[OL]. 中国政府网，2019-10-14. http://www.gov.cn/zhengce/2019-10/14/content_5439410.htm

人民群众在民主、法治、公平、正义、安全、环境等方面的要求日益增长，期盼更好的教育、更稳定的工作、更满意的收入、更可靠的社会保障、更高水平的医疗卫生水平、更舒适的居住环境、更优美的环境。从这些方面也表明人民的需求发生巨大的转变，对美好生活的期待越来越强烈。这表明，构成社会矛盾的需求方面已经变化，“日益增长的物质文化生活需要”这样一种比较笼统的描述已经无法准确反映当下中国人民对美好生活的新期望，必须在我国社会主要矛盾的概括中反映人民群众对美好生活的期盼与向往，并切实满足人民群众变化了的实际需要。

第三，现阶段影响人民美好生活、制约社会和谐稳定的诸多因素中，发展不平衡不充分已经成为主要制约因素。

在破解社会主要矛盾方面，发展起了关键作用。中国共产党领导中国人民通过改革开放，加快发展，逐步破解了人民群众日益增长的物质文化需要与落后的社会生产之间的矛盾，使中国进入了决胜全面建成小康社会的新时代。解决新的社会主要矛盾，还必须依靠不断发展。目前看，我国尽管在发展方面取得了重大的历史性成就，但依然存在不少影响人民美好生活需要的因素，如发展质量和效益不够高，创新能力不够强，实体经济水平有待提高，民生领域还有不少短板，脱贫攻坚任务艰巨，城乡区域发展和收入分配差距较大，生态环境保护任务艰巨，等等。这些问题有的属于发展不平衡，有的属于发展不充分，有的二者兼具。所以，发展不平衡不充分已经成为影响人民美好生活需要的主要制约因素。

不平衡主要表现在我国的各区域各领域各方面的发展的不平衡。例如，从城乡区域发展来看，我国东部地区、中部地区、西部地区之间，经济水平存在着明显的差异，东部很多地区已经达到了西方发达国家的水平，甚至有些方面已经超过了西方发达国家水平，但是中西部地区的经济社会发展仍然比较落后；从城乡发展来看，城市以社会化大生产为主的商品经济占据主导，产品附加值高，人们收入水平也远高于农村居民，而以农业为主导的广大农民的收入仍然较低。不充分主要表现在一些地区、一些领域、一些方面还存在着发展不足的问题，发展任务仍然很重。发展不平衡在两个方面影响人民对美好生活的需要：一方面是全体人民无法共享改革发展的成果；另一方面是人民享有的成果不全面，存在明显的短腿；发展不充分不仅在数量上，更主要是在质量上影响全体人民过上美好生活。我们必须大力解决不平衡不充分的问题，以带动其他问题和矛盾的解决，实现经济社会全面进步，更好地满足人民日益增长的美好生活需要。

综上所述，十九大报告把我国社会主要矛盾进行了修改是从实践和理论的相结合的基础之上进行的思考，是深入分析国情新变化得出的重要结论，是对我国发展进入新阶段面临的社会矛盾做出的正确精准的判断。

案例导入3-2

改革开放40年党对社会主要矛盾两次正确判断的启示[①]

改革开放40年来党对社会主要矛盾的认识不断加深，在不同历史阶段形成了关于社会主义初级阶段主要矛盾的两次重大判断。第一次判断是：党的十一届六中全会提出，在社会主义改造基本完成以后，我国所要解决的社会主义初级阶段主要矛盾是人民日益增长的物质文化需要同落后的社会生产之间的矛盾；第二次判断是：党的十九大强调，中国特色社会主义进入新时代，我国社会主要矛盾已经转化为人民日益增长的美好生活需要和不平衡不充分的发展之间的矛盾。党对社会主义初级阶段主要矛盾的两次判断都是符合实际、意义深远的正确判断。探究两次正确判断背后蕴藏的演变逻辑，可以得出以下几点启示：

改革开放40年党之所以能正确把握社会主要矛盾的变迁，根植于党始终以人民为中心的执政立场和全心全意为人民服务的宗旨情怀。“治国有常，而利民为本。”习近平总书记指出：“为人民谋幸福，是中国共产党人的初心。我们要时刻不忘这个初心，永远把人民对美好生活的向往作为奋斗目标。”[②]人民群众是我们党的力量源泉，人民立场是中国共产党的根本政治立场。执政党能否准确把握社会主要矛盾，能否清晰掌握人民群众的需要，能否将人民群众的需要视为自己的追求、将人民群众的梦想化为自己的奋斗目标，影响着民心所向，影响着执政根基的稳固。改革开放40年党关于社会主要矛盾的两次正确判断，无不以反映群众需求和时代发展为最终旨归，人民对“物质文化生活的需求”、对“美好生活的向往”就是党和国家的努力方向和奋斗目标；无不体现了对从“站起来”“富起来”到“强起来”的政策导向和价值追求，蕴含着始终以人民为中心的执政立场和全心全意为人民服务的宗旨情怀。

改革开放40年党之所以能正确把握社会主要矛盾的变迁，源于党对马克思主义矛盾学说的自觉运用和创新发展，在于我们对共产党执政规律认识的升华。“苟利于民，不必法古；苟周于事，不必循俗”。历史充分说明，能否随着社会历史条件的变

---

①卢伟. 改革开放40年党对社会主要矛盾两次正确判断的启示[OL]. 搜狐网，2018-10-24. http://www.71.cn/2018/1023/1021684.shtml

②习近平. 习近平在党的十九届一中全会上的讲话[OL]. 新华网，2017-12-31. http://www.xinhuanet.com/politics/2017-12/31/c_1122191624.htm

化准确认识和把握社会主要矛盾，能否在这个基础上制定正确的政治路线和战略策略，对党和国家事业能不能顺利发展至关重要。改革开放40年党面临过“文革”结束时堆积如山的复杂问题、面临过上世纪80年代末90年代初社会主义运动的低潮和严峻的外部环境考验、也面临着进入新世纪后“四大考验”“四种危险”“三个陷阱”的挑战等，但始终能在矛盾问题面前纲举目张、举要驭繁，根本原因在于对马克思主义矛盾学说的科学掌握、自觉运用和创新发展，在于不断推进马克思主义矛盾学说中国化的努力，在于不断赋予中国特色社会主义主要矛盾理论新的时代内涵。理论创新是一切创新的前提，是社会发展和变革的先导，是我们必须把握和遵循的一个重要执政规律。党对社会主要矛盾的两次正确判断彰显了中国共产党人与时俱进的理论品质和对共产党执政规律认识的升华。

改革开放40年党之所以能正确把握社会主要矛盾的变迁，始于党对实事求是思想路线的坚持，在于我们对社会主义建设规律认识的加深。坚持实事求是，就能兴党兴国；违背实事求是，就会误党误国。一切从实际出发、实事求是，是马克思主义的根本观点，是我们党的基本思想方法、工作方法和领导方法。一切从实际出发，最主要的就是要从客观存在的矛盾出发尤其是事关发展全局的主要矛盾出发，只有实事求是地对待这个主要矛盾，才能发现破解时代问题的密钥、找到引领时代进步的路标。改革开放40年党对社会主要矛盾的两次判断是坚持实事求是的思想路线，通过历史和现实、理论和实践相结合的分析得出的正确结论；是根据经济社会发展情况的根本性变化，原有的提法已经不能对其进行准确反映而作出的新的准确表述。它反映了我国社会发展的客观实际，是对改革开放辉煌成就的回应；它指明了解决中国发展问题的根本着力点，提供了推动党和国家事业前进的科学认识前提，加深了我们对社会主义建设规律的进一步认识。

改革开放40年党之所以能正确把握社会主要矛盾的变迁，归于党对抓主要矛盾工作方法的熟练掌握，在于我们思想上和理论上的成熟。“秉纲而目自张，执本而末自从”。抓住主要矛盾带动全局工作，是唯物辩证法的内在要求，也是我们党一贯倡导和坚持的方法论。毛泽东同志在《矛盾论》中曾指出，研究任何过程，如果是存在着两个以上矛盾的复杂过程的话，就要用全力找出它的主要矛盾。捉住这个主要矛盾，一切问题就迎刃而解了。梳理改革开放40年来党对社会主要矛盾的判断，从满足“物质文化需要”到“美好生活需要”，从解决“落后的社会生产”到解决“不平衡不充分的发展”，清晰地体现了我国社会主要矛盾发展的递进性特点和阶段性特征，也清晰地反映了党对抓主要矛盾工作方法的熟练掌握。无论是党的十一届三中全会确立以经济建设为中心的发展思想还是党的十八大以来坚持以人民为中心的发展思想，聚焦的都是关系全局工作的重大问题，破解的都是影响社会长远的主要矛盾。纵观党对社会主要矛盾的认识历程，可以发现我们党是一个善于认识历史进程和把握历史规律、善于抓住主要矛盾推动工作思想和理论上成熟的党。

改革开放40年党之所以能正确把握社会主要矛盾的变迁，基于党对不同时期历史方位的准确判断，在于我们对人类社会发展规律的深刻把握。古人云："辨方位而正则。"梳理改革开放40年来党对社会主要矛盾的两次判断，可以看到从历史方位出发，是正确认识和判断社会主要矛盾的基本依据。党的十一届六中全会对我国社会主要矛盾的正确判断是建立在准确认识我国"毫无疑问是社会主义社会"这个历史方位基础上的。党的十九大对我国社会主要矛盾变化的新概括，也是建立在对我国社会发展的历史方位科学判断的基础上的。十九大指出，经过长期努力，中国特色社会主义进入了新时代，这是我国发展新的历史方位。梳理改革开放40年来党对社会主要矛盾的判断，还可以看到党始终把追求人的全面发展和促进社会全面进步作为破解社会主要矛盾的价值取向。从解决温饱到实现小康，从脱贫到共同富裕，从发展生产力到实现平衡充分发展，从不发达社会主义到建成社会主义现代化强国，从追赶时代到实现民族复兴，反映了党对人类社会发展规律的深刻把握，展现了中国共产党的先进性和崇高理想追求。

案例思考：

改革开放40多年来中国共产党之所以能正确把握社会主要矛盾的变迁的原因是什么？

2. 社会主要矛盾转化的重要影响

我国社会主要矛盾的变化是关系全局的历史性变化，对党和国家工作提出了许多新要求。要在继续推动发展的基础上，着力解决好发展不平衡不充分问题，大力提升发展质量和效益，更好满足人民在经济、政治、文化、社会、生态等方面日益增长的需要，更好推动人的全面发展、社会全面进步。

一是社会主要矛盾的新变化构成了习近平新时代中国特色社会主义思想的基本前提。新时代与以前的时代相比，最大的变化是什么？就是社会主要矛盾发生了转换。无此判断，就不能断言中国社会进入了新时代。换而言之，社会主要矛盾的变化是我国社会发展迈入新时代的重大标志，社会主要矛盾的新变化宣告了新时代的来临。正是在这个意义上，社会主要矛盾新变化成为习近平新时代中国特色社会主义思想的基石。社会主要矛盾的改变，要求执政党进一步发展和完善中国特色社会主义理论体系，要求执政党重新定位与科学谋划自己的中心工作和重点任务。一言以蔽之，正是社会主要矛盾的变化推动了习近平新时代中国特色社会主义思想的诞生。

二是社会主要矛盾新变化有助于我们更好地落实以人民为中心的发展思想。坚持以人民为中心的发展是习近平新时代中国特色社会主义思想的重要内容，是新时代坚持和发展中国特色社会主义的基本方略之一。习近平总书记指出："人民是历史的创造者，是决定党和国家前途命运的根本力量。必须坚持人民主体地位，坚持立党为公、执政为民，践行全心全意为人民服务的根本宗旨，把党的群众路线贯彻到治国理政全部活动之中，把人民对美好生活的向往作为奋斗目标，依靠人民创造历史伟业。"①社会主要矛盾的新变化赋予以人民为中心的发展观更为科学的理论佐证，也为践行创新、协调、绿色、开放、共享发展理念提供了强大动力源泉。

三是社会主要矛盾新变化为我国政治、经济、文化、社会、生态文明发展提出了新要求。从政治文明建设视角看，为人民当家作主提供充分的政治制度保障，满足人民对民主治理的诉求，成为进一步推进我国政治体制改革必须面对的重大课题。从经济发展的视角看，如何在做大蛋糕的同时，分好蛋糕，使人民有更多的获得感，成为今后一个时期现代化经济体系建设的基本任务。从文化建设的视角看，为全体人民提供更多的充满正能量的精神产品，不断提升人民的文明素质，成为打造社会主义文化强国的重要内容。从社会建设视角看，健全社会保障体系，提升社会保障水平，使人民群众幼有所育、学有所教、劳有所得、病有所医、老有所养、住有所居、弱有所扶，生活在一个安全、文明有序的环境下，成为社会建设必须完成的使命。从生态文明建设的视角看，加大环境治理力度，使人民生活在蓝天、绿地、白云之下，形成人与自然和谐发展的现代化建设新格局，成为生态文明建设必须破解的重大难题。可以说，社会主要矛盾的新变化，为我国全面深化改革、统筹推进"五位一体"总体布局和协调推进"四个全面"战略布局提出了新挑战，提供了新动能。

二、社会主义初级阶段基本国情和基本路线

我国社会主要矛盾的变化，没有改变我们对我国社会主义所处历史阶段的判断，我国仍处于并将长期处于社会主义初级阶段的基本国情没有变，我国是世界最大发展中国家的国际地位没有变。要牢牢把握社会主义初级阶段这个基本国情，牢牢立足社会主义初级阶段这个最大实际，牢牢坚持党的基本路线，既不落后于时代，也不能脱离实际、超越阶段。要清醒认识中国处于和长期处于社会主义初级阶段的基本国情，

①本书编写组.党的十九大报告学习辅导百问[M].北京：党建读物出版社，学习出版社，2017：17.

以及当前中国的阶段性特征和趋势性变化，作为我们制定政策、应对现实中的矛盾、问题和规划未来的依据。

1. 中国社会主义初级阶段的基本国情没有变

国情是指一个国家的历史文化传统、自然地理环境、社会经济发展状况以及国际关系等各个方面的总和，也指一个国家某个时期的基本情况。具体包括国土面积、地形、气候、经济实力、经济体制、生产力、对外关系、政党、政治体制、人口、家庭、价值取向、宗教信仰、国际环境和国际关系等。一个国家的国情，最主要的是指其在一定历史时期内的社会性质及其所处的社会发展阶段。我国仍处于并将长期处于社会主义初级阶段，是当代中国的最大国情，是建设中国特色社会主义的总依据。

改革开放以来，我们党依据马克思主义基本原理，准确把握我国基本国情，深刻总结社会主义发展的经验教训，逐步创立并不断完善了社会主义初级阶段理论。1981年，党的十一届六中全会通过的《关于建国以来党的若干历史问题的决议》首次明确提出：我国的“社会主义制度还是处于初级的阶段”。党的十三大报告系统阐述了社会主义初级阶段理论，明确指出：社会主义初级阶段“不是泛指任何国家进入社会主义都会经历的起始阶段，而是特指我国在生产力落后、商品经济不发达条件下建设社会主义必然要经历的特定阶段。我国从五十年代生产资料私有制的社会主义改造基本完成，到社会主义现代化的基本实现，至少需要上百年时间，都属于社会主义初级阶段。这个阶段，既不同于社会主义经济基础尚未奠定的过渡时期，又不同于已经实现社会主义现代化的阶段”。[①]党的十三大报告还揭示了社会主义初级阶段的基本矛盾和根本任务，提出了党在社会主义初级阶段的基本路线。党的十五大报告明确提出了党在社会主义初级阶段的基本纲领。社会主义初级阶段理论的创立和发展，解决了经济文化比较落后的国家进入社会主义社会之后的历史方位、主要矛盾和根本任务等重大问题。这是中国共产党的重大理论创新，也是中国特色社会主义理论的逻辑起点和重要组成部分。它既是对马克思列宁主义、毛泽东思想的重大发展，也是对世界社会主义的重大贡献。党的十九大报告再次对我国社会主义所处的历史阶段进行了论述，指出我国仍处于并将长期处于社会主义初级阶段的基本国情没有变，我国是世界最大发展中国家的国际地位没有变。这是一个重大的政治判断，对于指导新时代中国特色社会主义建设具有十分重要的意义。

---

①赵紫阳. 沿着有中国特色社会主义道路前进：在中国共产党第十三次全国代表大会上的报告[OL]. 中国共产党新闻网. http://cpc.people.com.cn/GB/64162/64168/64566/65447/4526368.html

厘清社会主义发展的长期性与阶段性的关系，在变与不变、总体与局部的辩证统一中把握新时代的特征，才能正确认识我国仍处于并将长期处于社会主义初级阶段的基本国情没有变的论断。从总体上讲，社会主义初级阶段是指社会主义的不发达阶段，我国进入社会主义的历史前提决定了初级阶段的长期性，需要经过几代人甚至十几代人的时间，至少需要上百年。在这一历史进程中，必然要经历若干具体的发展阶段，呈现出不同的阶段性特征，我国社会主要矛盾必然随着经济社会的发展而变化。社会主要矛盾决定着社会发展阶段的特征，但是，矛盾运动过程是一个量变到质变，部分质变到整体质变的过程。我国社会主要矛盾的变化是在初级阶段中的变化，并不意味着初级阶段本身发生了变化。虽然我国社会生产力有了较大发展，经济总量不断增长，跃居世界第二大经济体，但我国的生产力总体水平仍然不高，生产力结构不合理，高投入、高消耗的增长方式还没有得到根本性的改变，科技创新力仍有明显不足，等等。这些问题都是人民美好生活追求中要着力解决的问题，是社会主义初级阶段基本国情没有改变的现实反映，也是我们全面深化改革、决胜全面建成小康社会和促进社会主义现代化建设的立足点和基本前提。而且需要指出的是，经济发展非常重要，但经济发展水平并不是决定初级阶段的唯一条件，还应同社会总体发展水平联系起来看，我国社会总体仍然处于初级发展阶段的实际没有根本改变。我们必须清醒地认识我国发展所处的历史阶段，始终牢牢把握社会主义初级阶段这个基本国情，牢牢立足社会主义初级阶段这个最大实际，牢牢坚持党的基本路线这个党和国家的生命线、人民的幸福线，以新的发展理念，大力推动我国各项事业全面发展进步，为21世纪中叶进入社会主义较为发达的阶段奠定坚实的基础。

2. 我国是世界最大发展中国家的国际地位没有变

发展中国家一般是指与发达国家相对的，在经济、社会、科学技术、人民生活水平等方面发展程度较低的国家。党的十九大指出，我国社会主要矛盾发生关系全局的历史性变化，并不意味着我们已经超越了“发展中大国”的国际地位。

中国是世界上最大的发展中国家的国际地位没有变，是从国际比较的角度来看我国社会主义所处的历史阶段。总体上中国是一个世界大国，有960多万平方公里的土地，有辽阔的海疆，有14亿人口。1956年底社会主义改造完成至今，我国进入社会主义初级阶段已经60多年。经过长期的发展，特别是改革开放以来，我国经济高速增长，经济总量迅速增加，已经位居世界第二，并且成为世界银行、国际货币基金组织、世界贸易组织、亚太经合组织的成员国，对世界经济发展的影响力、拉动力不断增强，科学技术水平有了较大提高，社会结构和人民生活等方面都发生了巨大而深刻的变化，国际地位显著提高。中国有世界上里程最多的高铁线路、日益强大的国防力量和航空航天工业，中国东部沿海中心城市堪与西方发达国家中心城市媲美，这些因素的汇集就构成了中国的大国形象。但是，我国“人口多，底子薄”的现实没有根本改变，经济社会发展总体上是大而不强，虽然已经位居世界第二大经济体，但很难称得上是一个经济强国。不仅是经济方面，还有科学技术、文化事业、社会发展、资源环境、人口质量等诸多方面，与西方发达国家相比，中国仍属于发展中国家。

第一，发展质量和效益不高。总体科技创新能力仍然不强，许多关键领域的核心技术依然受制于人。中国在科学技术、制造业、国际贸易、文化产业等方面都有很大的规模，却并未达到强的程度。军事力量上与美国相比仍然有很大差距。我国劳动生产率与发达国家相比还有较大差距。国家统计局2020年2月28日发布的《2019年国民经济和社会发展统计公报》显示，去年我国经济总量接近100万亿元大关，人均国内生产总值70 892元，按年平均汇率折算首次突破1万美元。人均国内生产总值1. 03万美元，排在世界第60多位，仍未达到世界人均水平，仅约为全球人均的90%。我们与主要发达国家相比，人均GDP差距非常巨大。①按照IMF的预测，在2019年美国的人均GDP预计达到6. 5万美元，澳大利亚的人均GDP继续超过5万美元，德国、日本、英国、法国等国的人均GDP都略微超过4万美元。这意味着，中国仍是一个发展中国家。

第二，人民生活水平总体达到小康，正在向全面小康迈进，但我国城乡居民的人均收入和人均消费水平与发达国家还有较大差距。国家统计局数据显示，2019年全国居民人均可支配收入30 733元，其中城镇居民人均可支配收入42 359元，农村居民人均可支配收入16 021元。2019年，全国居民人均消费支出21 559元，其中城镇居民人均消费支出28 063元，农村居民人均消费支出13 328元。②按照联合国目前的划分标准，中国仍处于中等偏上收入国家的水平，离高收入门槛还有差距。我国人均消费水平与发达国家还有较大差距，而且从消费结构看，2019年我国居民消费恩格尔系数为28. 2%，③仍高于发达国家的水平，说明中国百姓还需要用较大比重的支出来满足吃饭穿衣等基本需要。

①国家统计局. 中华人民共和国2019年国民经济和社会发展统计公报[OL]. 中华人民共和国国家统计局网，2020-02-28. http://www.stats.gov.cn/tjsj/zxfb/202002/t20200228_1728913.html

②国家统计局. 中华人民共和国2019年国民经济和社会发展统计公报[OL]. 中华人民共和国国家统计局网，2020-02-28.http://www.stats.gov.cn/tjsj/zxfb/202002/t20200228_1728913.html

③同①

第三，地区发展极不平衡，城乡收入的差距较大，在教育、就业、居住、医疗、养老等方面存在不少难题，社会文明水平有待进一步提高，国家治理体系和治理能力有待加强。

第四，中国人均资源占有量少，面临很大的资源环境压力，生态环境保护任务艰巨。中国自然资源先天脆弱：国土面积的65%是山地或丘陵，70%面积每年受季风影响，33%是干旱或荒漠地区。55%的国土面积不适宜人类生活和生产。中国所有的资源都在世界平均水平之下，没有一个达到世界平均水平。我国人均土地面积在世界上190多个国家中排110位以后，耕地面积排在126位以后，草地面积排在76位以后，森林面积排在107位以后。目前中国已经有664个市县的人均耕地在联合国确定的人均耕地0.8亩的警戒线以下。

第五，我国工业化还没有完成，城市化水平有待进一步提高。目前我国处于工业化后期阶段。世界银行公布的数据显示，1978年我国人口城市化率为18.72%，世界人口城市化率平均水平为46.64%。根据中国国家统计局2020年1月数据，2019年末中国大陆总人口14.005亿人，城镇常住人口占总人口比重为60.6%。世界主要发达国家城市化率大多为80%以上，日本的城镇化率达到90%以上，美国为80%以上。

第六，人口质量有待提高。我国文盲和半文盲人口数都是世界上最多的国家之一。

这些因素汇集起来的结论就是，中国仍然是一个典型的发展中国家。中国的经济规模大而不强，防范风险的能力仍然有限；中国的社会治理水平得到提升，但社会法治化水平和治理现代化有待进一步提升；中国的文化软实力迅速提升，但远没有改变西强我弱的状态；科学技术得到迅猛发展，但仍然没有掌握很多尖端科技的制高点；中国的国防和军事实力有了很大提升，但距离建成与自己国土规模和经济实力相称的世界一流军事大国还有差距；资源环境压力大，生态环境保护任重道远；提高城市化率任务艰巨。

中国作为国际上最大的发展中国家，发展依然是我们的第一要务。我们要在继续推动发展的基础上，着力解决好发展不平衡不充分问题，大力提升发展质量和效益，更好满足人民在经济、政治、文化、社会、生态等方面日益增长的需要，更好推动人的全面发展、社会全面进步。决胜全面小康社会还有很多工作要做。因为我们大而不强，所以我们要防控风险；由于我们发展不平衡不充分，所以我们精准扶贫的任务还很重；由于我们的发展方式还比较粗放，所以防止环境污染，建设美丽中国的任务还很重。即使我们顺利实现决胜全面小康社会的任务，还要继续为实现2035年基本实现社会主义现代化国家，为最终在2050年把中国建设成为富强民主文明和谐美丽的现代化国家的任务而奋斗。只有保持适当的发展速度，作为发展中国家的很多问题才能得到解决，否则经济提质增效和民生改善就无从谈起。因此，我们必须坚定不移把发展作为党执政兴国的第一要务，牢牢抓住经济建设这个中心不动摇，通过解放和发展社会生产力，筑牢新时代人民美好生活的强大物质基础。只有建立在高质量高效益基础上的经济大厦，才是稳固和坚实的。我国经济已由高速增长阶段转向高质量发展阶段，必须深入贯彻新发展理念，坚持质量第一、效益优先，推动经济发展质量变革、效率变革、动力变革，提高全要素生产率，使我国发展之路越走越宽广。

正确理解我国是世界最大发展中国家的国际地位没有变这个科学判断，才能更好地为解决世界问题提供中国方案、贡献中国智慧。经过长期积累和不懈奋斗，我国社会生产力提高到新水平，综合国力迈上了新台阶，人民生活水平提升到新高度，我国的国际地位得到迅速提升，中华民族伟大复兴展现出从未有过的光明前景。但是，我们不能忘记中国仍然是一个发展中国家的现实。一个国家只能做有能力做的事情，如果做超出自己能力的事情，不仅不能持久，还可能把自己拖垮，最终危及世界的安全稳定和繁荣发展。作为一个发展中大国，中国不仅在自身发展的同时力所能及地援助其他发展中国家，中国经济发展的“外溢效应”也使广大发展中国家受益。而且中国一直以发展中国家一员的身份，在国际社会为发展中国家的权益仗义执言。如果把中国“排除”在发展中国家阵营外，不仅会捧杀中国，而且还会损害发展中国家的整体利益。要加强基本国情舆论的引导，正视我国目前所处的历史发展阶段，正视我国与发达国家的巨大差距，保持战略定力，在任何时候切忌浮夸虚荣，急功近利。中国特色社会主义进入新时代，意味着近代以来久经磨难的中华民族迎来了从站起来、富起来到强起来的伟大飞跃，迎来了实现中华民族伟大复兴的光明前景，但实现这个前景必须付出更加艰巨的努力，还要靠我们的不懈奋斗。中国特色社会主义进入新时代，意味着科学社会主义在二十一世纪的中国焕发出强大生机活力，但还须进一步推进社会主义事业，让中国特色社会主义更加具有世界影响力、感召力。中国特色社会主义进入新时代，意味着中国特色社会主义道路、理论、制度、文化不断发展，拓展了发展中国家走向现代化的途径，但只有我们的道路越走越宽，我们的理论越来越明晰，我们的制度越来越成熟，我们的文化越来越有软实力，我们才能更好地给世界上那些既希望加快发展又希望保持自身独立性的国家和民族提供全新选择，为解决人类问题贡献中国智慧和中国方案。中国特色社会主义进入新时代，对于发展中大国的中国来说，这个新时代，是承前启后、继往开来、在新的历史条件下继续夺取中国特色社会主义伟大胜利的时代，是决胜全面建成小康社会、进而全面建设社会主义现代化强国的时代，是我国日益走近世界舞台中央、不断为人类做出更大贡献的时代。

总之，我们要做到一以贯之坚持和发展中国特色社会主义，就必须认清中国是世界最大的发展中国家的现实，以时不我待、只争朝夕的精神投入工作，把握社会主义初级阶段的发展规律，不断开创新时代中国特色社会主义事业新局面。一以贯之坚持和发展中国特色社会主义，要有面向未来的视角。在历史新时期，我们党领导人民进行改革开放这场新的伟大革命，开辟了中国特色社会主义道路，使我国发展大踏步赶上时代，但是我们要进入发达国家行列，还有很长的路要走，还要付出更为艰辛的努力。一以贯之坚持和发展中国特色社会主义，还要有国际眼光。面对世界社会主义发展大势，如果不能在经济、政治、文化、社会等方面真正超越资本主义发达国家，而只是满足于当下的成绩，那么我们的事业就仍然缺乏充分的说服力。如果我们要为科学社会主义新发展、为解决人类未来发展的问题做出更大历史贡献，就必须正视当下我们仍然是发展中国家的现实。一以贯之坚持和发展中国特色社会主义，更要始终焕发革命精神。我们决不能因为胜利而骄傲，决不能因为成就而懈怠，决不能因为困难而退缩，要努力使中国特色社会主义展现更加强大、更有说服力的真理力量。

3. 坚持社会主义初级阶段的基本路线

基本路线是中国共产党在一定时期指导全局的总任务、总方针、总政策的集中概括，是党的指导思想和基本理论的集中体现，是实践的指南和依据。从1987年党的十三大提出党在社会主义初级阶段的基本路线，经过后续党代会补充完善。党在社会主义初级阶段的基本路线是：领导和团结全国各族人民，以经济建设为中心，坚持四项基本原则，坚持改革开放，自力更生，艰苦创业，为把我国建设成为富强、民主、文明、和谐、美丽的社会主义现代化强国而奋斗。中国特色社会主义进入新时代，依然要坚持党在社会主义初级阶段的基本路线，牢牢抓住“一个中心、两个基本点”，把经济建设为中心作为兴国之要，把四项基本原则作为立国之本，把改革开放作为强国之路。

党在社会主义初级阶段的基本路线实质上就是党的政治路线，同人民的幸福生活密切相关，同党的伟大事业、伟大梦想密切相连，是党和国家的生命线、人民的幸福线。它不仅在经济、政治、文化、社会、生态等建设方面全方位地展开，还在新的伟大革命中不断发展和完善。2007年，党的十七大通过的党章把“和谐”与“富强、民主、文明”的发展目标一起写入基本路线，并形成了包括社会建设在内“四位一体”的基本纲领；2017年，党的十九大通过的党章在把“美丽”与“富强、民主、文明、和谐”的发展目标一起写入基本路线的同时，又将实现“现代化国家”的目标提升为

"现代化强国"，形成了包括生态文明建设在内的"五位一体"总体布局。

毫不动摇坚持以经济建设为中心，不断增强我国社会发展的综合实力。这是社会主义初级阶段的主要矛盾所决定的，离开了经济建设这个中心，就有丧失物质基础的危险。没有物质财富的生产，再伟大的社会发展蓝图都不可能实现。全面决胜小康社会，基本实现现代化，实现社会主义现代化强国，完成民族复兴的伟大梦想，都必须建立在经济建设这个基础上。改革开放以来，我们党紧紧围绕这个中心，取得了举世瞩目的历史性成就。进入新时代，坚持以经济建设为中心不动摇，就是要坚持人民为中心的发展思想，坚持创新、协调、绿色、开放、共享的发展理念，围绕坚持和发展中国特色社会主义的总任务，适应我国经济由高速增长转向高质量发展的实际情况，统筹推进"五位一体"总体布局，协调推进"四个全面"战略布局，实施科教兴国、人才强国战略、创新驱动发展战略、乡村振兴战略、区域协调发展战略、可持续发展战略、军民融合战略，转变发展方式、优化经济结构、转换增长动力，实现质量第一、效率优先的发展要求，实现更高质量、更有效率、更加公平、更可持续发展，使人民群众的获得感、幸福感、安全感不断增强，国家的综合实力和影响力不断攀升，为实现"两个一百年"奋斗目标、实现中华民族伟大复兴的中国梦打下坚实的物质基础。

毫不动摇坚持四项基本原则、坚持改革开放。这是科学社会主义理论逻辑和中国社会发展历史逻辑相统一的伟大实践所决定的。其中，坚持社会主义道路，坚持人民民主专政，坚持中国共产党的领导，坚持马列主义、毛泽东思想这四项基本原则是立国之本，是党和国家生存发展的政治基石。坚持四项基本原则的核心是坚持和加强党的全面领导。中国特色社会主义最本质的特征是中国共产党的领导，中国特色社会主义制度的最大政治优势是中国共产党的领导。党是领导一切的，要把党的领导贯彻落实到各领域、各方面，自觉维护党中央权威和集中统一领导。坚持改革开放是强国之路。改革开放是当代中国最鲜明的特色，是发展中国、发展社会主义、发展马克思主义的强大动力。我们要从根本上改革束缚生产力发展的政治经济体制，就必须坚持和完善社会主义市场经济体制。我们必须吸收和借鉴人类社会创造的一切文明成果，在深化改革中不断扩大对外开放。新时代坚定不移全面深化改革，要更加注重改革的系统性、整体性、协调性，充分发挥群众首创精神，攻坚克难。坚定不移实施对外开放，主动参与和推动全球化进程，发展更高层次的开放型经济，推动形成全面开放新格局。

党在社会主义初级阶段的基本路线为新时代坚持和发展中国特色社会主义指出了

正确的政治方向，前途十分光明。当前，全面建成小康社会的第一个百年目标正处在攻坚期、决胜期，实现富强民主文明和谐美丽的社会主义现代化强国的第二个百年目标也已经经历了新民主主义社会的“必要准备”、社会主义建设道路的初步探索和中国特色社会主义道路的开辟开创，分“两个阶段来安排”实现这一伟大目标已成为“必然趋势”。但是，建成社会主义现代化强国，实现中华民族的伟大复兴是一项长期而艰巨的历史任务。中国特色社会主义还有很大的发展空间，人民群众对美好生活的强烈需要还不能完全得到满足，全体人民共同富裕还没有实现，任务仍然很艰巨。

正如习近平总书记所说，中华民族的伟大复兴，绝不是轻轻松松、敲锣打鼓就能实现的。我们党还必须牢牢坚持以经济建设为中心，坚持四项基本原则，坚持改革开放，准备付出更为艰巨、更为艰苦的努力。进入新时代，改革开放再出发。我们必须牢牢坚持党的基本路线不动摇，不断保持政治定力，增强战略定力，牢牢把握国际国内两个大局，在乱局中保持战略清醒、在变局中抓住重要机遇，科学判断和正确把握世情国情党情民情的深刻变化，毫不动摇地坚持和发展中国特色社会主义，在习近平新时代中国特色社会主义思想指引下，不断进行伟大斗争，建设伟大工程，推进伟大事业，实现伟大梦想。

因此，新时代牢牢坚持党的基本路线不动摇，是近代以来中国人民长期奋斗的历史逻辑、理论逻辑、实践逻辑的必然要求，也是新时代中国共产党体现责任担当的政治路线，更是坚持和发展中国特色社会主义、实现社会主义现代化强国的经验总结和时代使命。

第三节 新时代中国共产党的初心和使命

中国共产党的初心和使命，就是为中国人民谋幸福，为中华民族谋复兴。进入新时代，中国共产党要始终不忘初心、牢记使命、不懈奋斗，攻关克难，创造伟业。

一、中国共产党的初心和历史使命

中国共产党一经成立，就把马克思主义写在自己的旗帜上，把实现共产主义作为最高理想和最终目标，义无反顾肩负起实现中华民族伟大复兴的历史使命，把我们党实现中华民族伟大复兴的民族国家历史使命与共产主义的世界历史远大使命有机统一起来。实现共产主义，是共产党人的最高理想。建设中国特色社会主义是实现共产主义的必经阶段，中国特色社会主义共同理想是共产主义最高理想在现阶段的具体体现。历史已经并将继续证明，只有社会主义才能救中国，只有坚持和发展中国特色社会主义，才能实现中华民族伟大复兴。

中华民族追求梦想的道路艰难曲折。近代中国历史表明，旧式农民革命和软弱的资产阶级革命都不可能完成中华民族救亡图存和反帝反封建的历史任务，更不可能承担起实现民族复兴的历史使命。在中国遭遇“数千年未有之大变局”的时代背景下，在近代以后中国社会的剧烈运动中，在中国人民反抗封建统治和外来侵略的激烈斗争中，在马克思列宁主义同中国工人运动的结合过程中，中国共产党应运而生。中国共产党一经成立，就注定要承载起救民族于危难的历史重任，注定要担负起带领中国人民谋求民族独立、人民解放和国家富强、人民幸福，实现中华民族伟大复兴的历史使命。

回望中国共产党99年的光辉历程，始终围绕着践行初心和使命的艰苦奋斗展开，党的历史就是一部践行初心和使命的奋斗史。为推翻压在中国人民头上的帝国主义、封建主义、官僚资本主义三座大山，实现民族独立、人民解放、国家统一、社会稳定，我们党团结带领人民找到了一条农村包围城市、武装夺取政权的正确革命道路，进行了28年浴血奋战，完成了新民主主义革命，建立了中华人民共和国，实现了中国从几千年封建专制政治向人民民主的伟大飞跃。新中国成立后，我们党团结带领人民完成社会主义革命，确立社会主义基本制度，推进社会主义建设，完成了中华民族有史以来最为广泛而深刻的社会变革，为当代中国一切发展进步奠定了根本政治前提和制度基础，实现了中华民族由近代不断衰落到根本扭转命运、持续走向繁荣富强的伟大飞跃。改革开放以来，我们党团结带领人民进行改革开放新的伟大革命，破除阻碍国家和民族发展的一切思想和体制障碍，开辟了中国特色社会主义道路，使中国大踏步赶上时代。

中国梦是对中华民族伟大复兴的形象概括，内涵丰富、意蕴深远，成为中国人民和中华民族的共同追求。中国梦的本质是国家富强、民族振兴、人民幸福。这个梦想，把国家的追求、民族的向往、人民的期盼融为一体，体现了中华民族和中国人民的整体利益，表达了每一个中华儿女的共同愿景。中国梦是国家情怀、民族情怀、人民情怀相统一的梦。把国家、民族和个人作为一个命运共同体，把国家利益、民族利益和每个人的具体利益紧紧联系在一起，体现了中华民族固有的“家国天下”的情怀。实现中国梦，意味着中国的经济实力和综合国力、国际地位和国际影响力大大提升，意味着中华民族以更加昂扬向上、文明开放的姿态屹立于世界民族之林，意味着中国人民过上更加幸福富裕安康的生活。

中国梦归根到底是人民的梦。人民是中国梦的主体，是中国梦的创造者和享有者。中国梦必须紧紧依靠人民来实现，必须不断为人民造福。我们的人民是伟大的人民，中国人民素来有着深沉厚重的精神追求，即使近代以来饱尝屈辱和磨难，也没有自甘沉沦，而是始终怀揣梦想，向往光明的未来。实现中华民族伟大复兴，是全体中国人民共同的追求，中国梦的实现，将造福全体人民。因此，中国梦的深厚源泉在于人民，中国梦的根本归宿也在于人民。中国梦是国家的梦、民族的梦，也是每一个中国人的梦。历史告诉我们，每个人的前途命运都与国家和民族的前途命运紧密相连。国家好，民族好，大家才会好。当今时代是放飞梦想的时代，每个人都有自己的美好梦想。从上学就业到住房就医，尊严的保证、事业的成功、价值的实现……十四亿个鲜活生动的个人梦想百川归海汇成中国梦。中国梦的广阔舞台，为个人梦想提供了蓬勃生长的空间；每个人向着梦想的不断努力，又都是实现伟大中国梦的重要力量。只要每个人都把人生理想融入国家和民族的伟大梦想之中，敢于有梦、勇于追梦、勤于圆梦，就会汇聚成实现中国梦的强大力量。

中国梦是和平、发展、合作、共赢的梦，与世界各国人民的美好梦想息息相通。中华民族是爱好和平的民族。消除战争，实现和平，是近代以后中国人民最迫切、最深厚的愿望。走和平发展道路，是中华民族优秀文化传统的传承和发展，也是中国人民从近代以后苦难遭遇中得出的必然结论。中国人民对战争带来的苦难有着刻骨铭心的记忆，对和平有着孜孜不倦的追求，十分珍惜和平安定的生活。经过40多年的改革开放，中国经济社会发展取得巨大成就，人民生活水平显著提高。这既有利于中国，也有利于世界。随着国力不断增强，中国在力所能及的范围内承担更多国际责任和义务，为人类和平与发展的崇高事业作出更大贡献。进入新时代，我国坚持和平发展，始终不渝奉行互利共赢的开放战略，不仅致力于中国自身发展，也强调对世界的责任和贡献；不仅造福中国人民，而且造福世界人民。作为世界上最大的发展中大国，中国的发展和稳定，本身就是对世界的巨大贡献。同时，中国的发展也给世界各国带来了重要的发展机遇。实现中国梦给世界带来的是和平，不是动荡，是机遇，不是威胁，是进步不是倒退，是合作共赢，不是零和博弈。

二、努力完成新时代的历史使命

党的十八大以来，我们党以巨大的政治勇气和强烈的责任担当，提出一系列新理念新思想新战略，出台一系列重大方针政策，推出一系列重大举措，推进一系列重大工作，解决了许多长期想解决而没有解决的难题，办成了许多过去想办而没有办成的大事，推动党和国家事业发生历史性变革，取得了改革开放和社会主义现代化建设的历史性成就。历史性变革推动中国特色社会主义进入新时代，开启了中国共产党孜孜以求践行初心使命的崭新篇章。新时代要以新思想为引领。习近平新时代中国特色社会主义思想以宽广的世界视野和深邃的历史眼光，继承和发展马克思主义的崇高理想和价值追求，对党在新时代应该承担什么样的历史重任、如何肩负起这一重任作出高度概括，把对中国共产党初心和使命的认识提升到一个新境界。

坚持不忘初心、牢记使命，必须坚持马克思主义的科学理论指导，不断推进马克思主义中国化。马克思主义是中国共产党人理想信念的灵魂。中国共产党人要始终将马克思主义作为自己的精神旗帜和行动指南，更加深入地推动马克思主义同当代中国发展的具体实践相结合，坚持用马克思主义观察时代、解读时代、引领时代，用鲜活丰富的当代中国实践来推动马克思主义发展，用宽广视野吸收人类创造的一切优秀文明成果，坚持在改革中守正出新、不断超越自己，在开放中博采众长、不断完善自己，不断深化对共产党执政规律、社会主义建设规律、人类社会发展规律的认识，不断开辟当代中国马克思主义、21世纪马克思主义新境界。

坚持不忘初心、牢记使命，必须坚持人民立场，始终站在人民立场上担起初心使命。人民立场是中国共产党的根本政治立场。我们党来自人民、植根人民、服务人民，党的根基在人民、血脉在人民、力量在人民。人民是历史的创造者，是决定党和国家前途命运的根本力量。坚持以人民为中心，是中国共产党治国理政的逻辑遵循和价值追求。我们要始终把人民立场作为根本立场，把为人民谋幸福作为根本使命，坚持全心全意为人民服务的根本宗旨，贯彻群众路线，尊重人民主体地位和首创精神，始终保持同人民群众的血肉联系，凝聚起众志成城的磅礴力量，团结带领人民共同创造历史伟业。这是尊重历史规律的必然选择，是共产党人不忘初心、牢记使命的自觉担当。

坚持不忘初心、牢记使命，必须坚持统筹推进伟大斗争、伟大工程、伟大事业、伟大梦想。使命既是历史的，又是现实的。今天，我们比历史上任何时期更接近、更有信心和能力实现中华民族伟大复兴的目标。而中华民族伟大复兴，绝不是轻轻松松就能实现的，全党必须准备付出更为艰巨、更为艰苦的努力。我们党的初心和使命与“四个伟大”紧密相连，“四个伟大”就是新时代践行初心使命的现实任务。“伟大梦想”是目标、也是历史使命；“伟大斗争”是根本动力；“伟大工程”是根本保障；“伟大事业”是根本途径。具体而言有三层意思：第一、实现伟大梦想，必须进行具有许多新的历史特点的伟大斗争，这是实现伟大梦想，完成历史使命的根本动力。要充分认识这场伟大斗争的长期性、复杂性、艰巨性，发扬斗争精神，提高斗争本领，不断夺取伟大斗争新胜利；第二、实现伟大梦想，必须深入推进党的建设新的伟大工程。这是实现伟大梦想，完成历史使命的根本政治保障。要更加自觉地坚定党性原则，勇于直面问题，敢于刮骨疗毒，不断增强党的政治领导力、思想引领力、群众组织力、社会号召力，确保我们党永葆旺盛生命力和强大战斗力；第三、实现伟大梦想，必须推进中国特色社会主义伟大事业。这是实现伟大梦想，完成历史使命的根本途径。要更加自觉地增强道路自信、理论自信、制度自信、文化自信，始终坚持和发展中国特色社会主义。伟大斗争、伟大工程、伟大事业、伟大梦想，紧密相连、相互贯通、相互作用，其中起决定作用的是党的建设新的伟大工程。推进伟大工程，要结合伟大斗争、伟大事业、伟大梦想的实践来进行，确保党始终走在时代前列、始终成为全国人民的主心骨、始终成为坚强的领导核心。

伟大斗争、伟大工程、伟大事业、伟大梦想是一个有机整体，统一于新时代坚持和发展中国特色社会主义伟大实践。明确了我们党在新时代治国理政的总方略，全面完整反映出我们党在改革开放和现代化建设历史新阶段正在做、将要做的事情，体现了奋斗目标、实现路径、前进动力的高度统一，历史传承、现实任务、未来方向的高度统一，党的前途命运、国家的前途命运、人民的前途命运的高度统一。中国共产党人要在统筹推进“四个伟大”中矢志不渝、接续奋斗，展现新气象、彰显新作为，切实肩负起新时代的历史重任。

案例导入3-3

不忘初心，牢记使命

2017年10月31日，在党的十九大胜利闭幕一周之际，习近平总书记带领中共中央政治局常委专程赶赴这里，回顾建党历史，重温入党誓词，宣示了新一届党中央领导集体不忘初心、牢记使命、永远奋斗的坚定政治信念。[①]

习近平总书记指出：“中国共产党人的初心和使命，就是为中国人民谋幸福，为中华民族谋复兴。这个初心和使命是激励中国共产党人不断前进的根本动力。”[②]我们党无论在血雨腥风的战场、白色恐怖的白区，还是险象环生的敌后根据地，在极其困难危险的条件下，严格入党标准，严格入党程序，加强党员教育，进行庄严宣誓，目的就是不忘初心、牢记使命，为党和人民的事业矢志奋斗。我们党从弱小到强大，从

---

①杜尚泽，霍小光. 梦想. 从这里启航——记习近平总书记带领中共中央政治局常委赴上海瞻仰中共一大会址、赴浙江嘉兴瞻仰南湖红船[OL]. 新华网，2017-11-01. http://www.xinhuanet.com/politics/leaders/2017-11/01/c_1121886406.htm

②本书编写组. 党的十九大报告学习辅导百问[M]. 北京：党建读物出版社，学习出版社，2017：1-2.

九死一生到蓬勃兴旺，从只有50多位党员到拥有9000多万党员、460多万个基层组织，成为世界最大执政党，靠的就是不忘初心、牢记使命、坚定信念、百折不挠、不懈奋斗。

今天，我们比历史上任何时期都更接近、更有信心和能力实现中华民族伟大复兴的目标。正如习近平总书记在十九大报告中强调的，“行百里者半九十，中华民族伟大复兴，绝不是轻轻松松、敲锣打鼓就能实现的。全党必须准备付出更为艰巨、更为艰苦的努力。”①必须把坚定理想信念作为党的思想建设的首要任务，用习近平新时代中国特色社会主义思想武装全党，在全党开展“不忘初心、牢记使命”主题教育，教育党员尤其领导干部必须把对马克思主义的信仰、对社会主义和共产主义的信念、把中华民族伟大复兴作为毕生追求，在改造客观世界的同时不断改造主观世界，解决好世界观、人生观、价值观这个“总开关”问题，始终保持蓬勃朝气、昂扬锐气，始终保持谦虚谨慎、不骄不躁的作风，不畏艰难、不怕牺牲，为实现“两个一百年”奋斗目标、实现中华民族伟大复兴的中国梦而不懈奋斗。

中国特色社会主义进入新时代。习近平总书记在十九大报告中指出，我们要坚持把人民群众的小事当作自己的大事，从人民群众关心的事情做起，从让人民群众满意的事情做起，带领人民不断创造美好生活！党的十九大报告中许多次提到“人民”，提到“人民群众”，特别是作出了我国社会主要矛盾已经转化为人民日益增长的美好生活需要和不平衡不充分的发展之间的矛盾这样的重大判断。这些都充分彰显了以习近平同志为核心的党中央要让人民获得感、幸福感、安全感更加充实、更有保障、更可持续的浓厚为民情怀。

坚守初心和使命的先进典型②

姜仕坤，男，苗族，贵州册亨人，1969年12月出生，1990年8月参加工作，1992年1月加入中国共产党，贵州省晴隆县委原书记。2016年4月12日在出差期间突发心脏病不幸去世，年仅46岁。

姜仕坤同志是贵州大山里成长起来的干部，深知贫困山区群众的疾苦，带领群众脱贫致富是他人生的夙愿。在晴隆县工作6年多时间里，他始终以对党的赤诚之心、对人民的公仆情怀，投入脱贫攻坚的主战场，任劳任怨、恪尽职守，赢得贫困地区群众的信任与爱戴。他经常白天进村入户，在农村访贫问计，到企业调研座谈，足迹遍布所有乡镇、村居，晚上赶回城里开会到深夜，以近乎痴迷的状态，探索晴隆精准脱贫

①本书编写组.党的十九大报告学习辅导百问[M].北京：党建读物出版社，学习出版社，2017：12.

②中共中央组织部.全国优秀共产党员姜仕坤同志先进事迹[OL].光明网，2018-06-29. http://epaper.gmw.cn/gmrb/html/2018-06/29/nw.D110000gmrb_20180629_1-05.htm

的道路。他说："脱贫攻坚，开局就是决战，起步就是冲刺，我们等不起、慢不得。"在他主导下，晴隆大力发展山地旅游业，点亮史迪威公路"二十四道拐"这张名片，做活"羊、茶、果、蔬、烟、薏"六大特色产业文章，实现经济、生态、扶贫"三效"同步。面对破旧的县城环境，他带领干部群众攻坚克难，在县城扩容改建中让群众得实惠。在他任职的2010年至2015年，晴隆全县生产总值从20.89亿元增加到55.13亿元，财政总收入从3.4亿元增加到7.63亿元，贫困人口从16.5万人下降到7.91万人。他工作多年来，始终保持艰苦朴素的本色，帆布公文包，用了四五年不舍得换，运动鞋穿到褪色泛白不舍得扔。他一心扑在工作上，社会交往简单，严格要求家属子女，从不干涉建设工程招投标等经济活动。他在贫瘠的土地上破局开路、耕耘坚守，把自己的一切都献给了晴隆脱贫攻坚事业。

中国的发展始终将民生问题摆在第一位[①]

改革开放40年来，7亿多贫困人口摆脱贫困，贫困发生率下降到5.7%。近年来，中国对世界经济增长的年均贡献率超过30%。

"中国共产党在满足和适应民众需求和期待方面取得的成就令人印象深刻。"美国约翰·霍普金斯大学保罗·尼采高级国际问题研究所中国问题专家、教授级讲师赛斯·卡普兰认为，同国际上许多在国内竞争体系中运行的政党相比，中国共产党在回应民众需求方面表现得更好。

乌兹别克斯坦世界经济和外交大学现代冲突和安全研究室主任乌卢格别克·哈桑诺夫认为，中国共产党以为人民谋幸福、为民族谋复兴为己任，几十年来，带领全国人民攻坚克难，实现了一个又一个宏伟目标，用实际行动践行了诺言，进一步赢得了人民的信任、拥护和爱戴。

"我们伟大的发展成就由人民创造，应该由人民共享。"对习近平主席在2018年新年贺词中的这一句话，印尼智库亚洲创新研究中心主席班邦·苏尔约诺深有感触："中国的发展始终将民生问题摆在第一位，说明中国发展的最终目标是惠及人民，中国共产党始终将人民利益放在第一位，体现了执政为民的朴实理念。"

案例思考：

结合案例分析中国共产党不断发展壮大、始终得到人民拥护支持的原因是什么？

---

①王新萍，胡泽曦，周翰博，等. 探索出有强大生命力的发展之路：国际人士积极评价中国共产党执政能力[OL]. 人民网，2018-02-22. http://cpc.people.com.cn/n1/2018/0222/c64387-29827595.html

第四节 新时代中国的发展战略

根据历史条件和时代要求，把远大目标和阶段性任务相结合，不同时期确立不同的目标任务，有步骤、分阶段完成，这是我们党领导全国人民推进伟大事业不断取得成功的一条基本经验。在实施“三步走”发展战略的基础上，党的十九大聚焦新时期，顺应新变化，提出了新时代中国特色社会主义发展的战略安排，即从2020年到21世纪中叶分两个阶段，把我国建成富强民主文明和谐美丽的社会主义现代化强国。规划了从全面建成小康社会到基本实现现代化，再到全面建成社会主义现代化强国的任务书、时间表、路线图，为实现现代化，顺利推进中国特色社会主义伟大事业提供了战略指引，指明了前进方向。

一、改革开放以来“三步走”战略安排

改革开放之后，我们党对我国社会主义现代化建设作出战略安排，提出了“三步走”战略目标。这就是1987年10月党的十三大提出的中国经济建设分三步走的总体战略部署，第一步目标，1981年到1990年实现国民生产总值比1980年翻一番，解决人民的温饱问题。这在二十世纪八十年代末已基本实现。第二步目标，1991年到二十世纪末国民生产总值再增长一倍，人民生活达到小康水平。第三步目标，到二十一世纪中叶人民生活比较富裕，基本实现现代化，人均国民生产总值达到中等发达国家水平，人民过上比较富裕的生活。

在解决人民温饱问题、人民生活总体上达到小康水平这两个目标提前实现的基础上，我们党及时将第三步目标和步骤进一步具体化，并做出新的战略安排。1997年，党的十五大提出21世纪第一个10年，实现国民生产总值比2000年翻一番，使人民的小康生活更加富裕，形成比较完善的社会主义市场经济体制；再经过10年的努力，到建党100周年时，使国民经济更加发展，各项制度更加完善；到21世纪中叶建国100周年时，基本实现现代化，建成富强、民主、文明的社会主义国家。按照这个战略部署，我们从20世纪末进入小康社会后，将分2010年、2020年、2050年三个阶段，逐步达到现代化的目标。第一次提出“两个一百年”的奋斗目标。

2002年，党的十六大将第一个百年目标明确界定为：全面建设惠及十几亿人口的更高水平的小康社会，使经济更加发展、民主更加健全、科教更加进步、文化更加繁荣、社会更加和谐、人民生活更加殷实。2007年，党的十七大对全面建设小康社会提出了新的更高要求。2012年，党的十八大把“建设”小康社会改为“建成”小康社会，提出全面建成小康社会的各项要求，开启了全面建成小康社会的历史进程。

“三步走”战略的提出和丰富完善，坚持了实事求是，也体现了中国共产党和中国人民的雄心壮志。“三步走”战略的逐步实施，推动改革开放和社会主义现代化建设取得了举世瞩目的巨大发展成就。

党的十八大以来，在新中国成立特别是改革开放以来我国发展取得重大成就的基础上，历经极不平凡的五年砥砺奋进，改革开放和社会主义现代化建设取得了全方位、开创性的历史性成就，党和国家事业发生了深层次、根本性的历史性变革，中国特色社会主义进入了新时代。随着2020年的到来，全面小康社会即将建成，第一个百年目标即将实现。在新时代，提出第二个百年的具体战略规划，来指引我们接续奋斗，继续推进中国特色社会主义伟大事业，成为现实要求。

知识链接3-1

经济和社会发展战略的内涵①

经济和社会发展战略是根据本国国情与国际环境的变化所确定的经济建设与社会发展的长远目标，以及为实现这一目标而采取的主要步骤、重大政策和措施。经济和社会发展战略的制定，必须把经济发展、社会发展和科技进步结合起来，把物质文明建设和精神文明建设结合起来。一个完整的经济和社会发展战略包括战略目标、战略重点和战略步骤。战略目标既包括发展生产方面的目标，也包括改善人民生活等方面的目标。

制定正确的经济社会发展战略的四个基础条件：

①立足基本国情。制定经济发展战略必须从本国与经济社会密切相关的各种基本情况出发，使战略目标的确定、发展途径的选择符合客观条件、立足本国实际。

②把握客观规律。制定经济社会发展战略必须符合客观规律的要求，这些客观规律是社会经济现象及其运动过程内在的、本质的、必然的联系。因此，制定经济社会发展战略，要善于学习和总结实践经验，从经济社会实践中找出经济发展的规律性，作出科学的决策。

③适应国际环境。国际政治和经济的形势及条件，对国内经济发展有着重大影响。如当今世界，生产国际化加强，国际经济关系日趋密切。国际环境包括国际贸易关系、国际金融资本转移、技术转让和商品贸易、国际劳力市场、国际经济结构等方面的内容。

①百度百科[OL]. https://baike.baidu.com/item/%E7%BB%8F%E6%B5%8E%E7%A4%BE%E4%BC%9A%E5%8F%91%E5%B1%95%E6%88%98%E7%95%A5/22474176?fr=aladdin

④依据科学理论。包括制定经济社会发展战略的基本理论和指导思想。

二、新时代的战略安排及其重要意义

基于对我国发展新的历史方位的科学判断，顺应人民对美好生活的向往，党的十九大在接续全面建成小康社会的基础上，将实现第二个百年奋斗目标分两个阶段来安排：第一个阶段，从2020年到2035年，在全面建成小康社会的基础上，再奋斗十五年，基本实现社会主义现代化。第二个阶段，从2035年到21世纪中叶，在基本实现现代化的基础上，再奋斗十五年，把我国建成富强民主文明和谐美丽的社会主义现代化强国。从全面建成小康社会到基本实现现代化，再到全面建成社会主义现代化强国，是新时代中国特色社会主义发展的战略安排。

这一新的战略安排，反映了现代化发展进步的总趋势，回应了人民对过上美好生活的新向往，体现了发展的连续性和阶段性的统一。具有如下突出特点：一是时间节点更加科学合理、符合实际。把我们党在20世纪80年代提出的21世纪中叶基本实现现代化的目标提前到2035年完成。二是对现代化的认识更加全面，进一步丰富了现代化的战略目标和任务。比如，从“全面建成小康社会”延续到“全面建成现代化强国”，第一次使用“社会文明”的概念，使我们所要建设的文明扩展为物质文明、政治文明、精神文明、社会文明、生态文明五个文明；比如，把国家治理体系和治理能力现代化确立为现代化的目标和重要内容；再比如，在十八大将生态文明建设纳入总体布局的基础上，又将其纳入了现代化建设的目标，“美丽”一词首次出现在建设社会主义现代化强国的奋斗目标之中，建设社会主义强国的目标扩充为“富强民主文明和谐美丽”五个方面。三是突出了人的全面发展和实现共同富裕的要求，体现了我们的现代化是社会主义现代化的性质和要求。提出第一个阶段，全体人民共同富裕迈出坚实步伐，第二个阶段，全体人民共同富裕基本实现，我国人民将享有更加幸福安康的生活。

新时代战略安排的提出，具有十分重大的理论和现实意义：

第一，丰富发展了我国社会主义现代化建设的战略思想，加快了基本实现社会主义现代化的历史进程，拓展了我国社会主义现代化建设的世界视野。首先，新时代的战略安排使我国社会主义现代化建设的战略思想更加完整全面。体现在完整科学勾画了全面建成社会主义现代化强国的时间表和路线图，在奋斗目标中，将“美丽”纳入社会主义现代化建设体系之中，中国特色社会主义现代化各项指标也更加具有完整性、更加体系化。以习近平同志为核心的党中央把生态文明建设、美丽中国建设提升到奋斗目标的高度，拓宽了党对社会主义现代化建设的思维和视域。其次，加快了基本实现社会主义现代化的历史进程。新时代“两步走”战略安排在全面建成小康社会的基础上，再奋斗15年，基本实现社会主义现代化。由此可见，新时代“两步走”战略安排将基本实现社会主义现代化的时间提前到了2035年，相较于以往的发展战略而言，提前了15年时间。再次，拓展了我国社会主义现代化建设的世界视野。新时代“两步走”战略安排从两个角度彰显了中国共产党发展新时代中国特色社会主义高远的历史站位和宽广的世界视野。就基本实现社会主义现代化而言，我国政治、文化、社会等各方面都要达到一定的高度，即世界现代化发展的同等水平；在第二个阶段，就综合国力与世界各国而言，我国将“成为综合国力和国际影响力领先的国家”。新时代“两步走”战略安排将中国的社会主义现代化融入世界现代化体系之中进行深入考察与审视，将中国发展与世界进步紧紧联系起来，因而进一步拓展了我国社会主义现代化建设的世界视野。

第二，新时代的战略安排将人民对美好生活的向往落实在具体战略和实际工作中，必将调动和激励中国人民为建设社会主义现代化强国而努力奋斗。将十几亿人口的发展中大国建设成现代化强国，是一项前所未有的宏图大业，需要激励和凝聚全体中国人民的热情和力量，充分发挥人民的创造精神，通过长期的辛勤努力来共同推进完成。新时代的战略安排准确把握历史趋势和时代的要求，尤其是准确把握我国社会主要矛盾的变化，坚持以人民为中心的发展思想，把人民对美好生活的向往作为制定发展战略、部署建设任务的根本出发点和落脚点，确立了既鼓舞人心又脚踏实地的奋斗目标。按照这一战略安排，到21世纪中叶，我国将拥有高度的物质文明、高度的政治文明、高度的精神文明、高度的社会文明、高度的生态文明。人民民主权利获得充分保障和全面行使，思想道德素质和科学文化素质获得更大提升，城乡居民普遍拥有较高收入，生活更加富裕，享有健全的基本公共服务，基本实现全体人民共同富裕。公平正义普遍彰显，生产生活环境根本改善，生态环境优美成为常态。中华民族将焕发出前所未有的生机和活力。宏伟目标和美好理想是激励人们团结奋斗的精神动力，新时代的战略安排绘制了催人奋进的宏伟蓝图，对于动员和激励全党全国各族人民众志成城、万众一心，开拓进取，为实现中华民族伟大复兴的中国梦而奋斗具有重大意义。

第三，彰显了中国共产党人一如既往的责任担当，有利于巩固党的领导核心地位。责任担当是中国共产党与生俱来的优良品格和精神。党的核心领导地位也不是凭空得来的，是历史的选择，人民的选择。民主革命时期以来，中国共产党勇担实现民族独立、人民解放和国家富强、人民富裕这两大历史重任，把握世情国情党情的变化，有目标、有规划、有步骤地领导中国人民逐步实现站起来、富起来、强起来的伟大梦想。党的十九大报告中，以习近平同志为核心的党中央创造性地完整勾画了我国社会主义现代化建设的时间表、路线图，确立了党和国家事业长远发展的宏伟目标，彰显着中国共产党人在新时代的责任担当。让人民过上富裕美好的生活，实现中华民族伟大复兴，是中国共产党的历史使命。新时代是中国特色社会主义现代化建设的关键时期，党中央提出新时代“两步走”战略安排，归根结底旨在着力解决当前社会主要矛盾，提高人民生活水平，满足人民对于美好生活的需要，以促进我国社会主义现代化建设的快速发展。新时代发展战略目标的实现，将有力证明党发挥了非凡的核心领导作用，有利于巩固党的执政地位。新时代战略安排展示了对中国特色社会主义发展的“四个自信”。中国共产党之所以敢于旗帜鲜明地提出短期和长远的目标，是因为党的责任担当背后支撑的是自信，是对中国特色社会主义道路、制度、理论和文化的高度自信。

第四，充分彰显了中国特色社会主义的制度优势和中国共产党的治国理政能力，对于其他发展中国家实现现代化具有重要借鉴意义。高度重视国家发展战略的谋划和实施，以相互联系和不断递进的发展阶段推进党和国家事业，集中体现了中国特色社会主义的制度优势，也构成了党领导国家发展的优良传统和宝贵经验。准确把握历史趋势和时代的要求，确立鼓舞人心而脚踏实地的奋斗目标，是一个成熟的政党的重要能力，也是一个政党为国家和社会提供有力领导力的重要方式、重要工作，更是一个优秀政党勇于开拓进取、破浪前进的伟大执行力的重要表现。从20世纪五六十年代提出“两步走”战略，到改革开放后提出“三步走”、新“三步走”等战略，都对我国发展进步和现代化建设发挥了重要引领作用。新时代的战略安排的提出，是中国共产党具有谋全局和谋长远的能力和定力的体现，反映了中国共产党尊重客观规律的发展轨迹，坚持和发展新中国成立以来党建设社会主义现代化国家的总体构想，正确总结改革开放40多年来取得的各方面的历史性成就，善于把握新时代这一历史契机，体现了中国共产党对社会主义建设规律、对共产党执政规律的认识达到了新高度，必将全面释放中国特色社会主义的制度优势、中国共产党的执政优势，进而展现中国的发展优势。到21世纪中叶，我国物质文明、政治文明、精神文明、社会文明、生态文明将全面提升，实现国家治理体系和治理能力现代化，成为综合国力和国际影响力领先的国家，全体人民共同富裕基本实现，我国人民将享有更加幸福安康的生活，中华民族将以更加昂扬的姿态屹立于世界民族之林。中国现代化的发展战略构想，为发展中国家现代化进程的推进提供了中国道路、中国方案和中国智慧，进一步充实和拓宽了世界各国现代化建设思想的内在蕴涵。

思考与讨论

1. 中国特色社会主义进入新时代的内涵和重大意义是什么？
2. 如何理解我国社会主要矛盾的转化及其影响？
3. 如何理解中国共产党的初心和历史使命？
4. 如何理解“四个伟大”的内在逻辑关系？
5. 如何理解新时代的战略安排的重要意义？

第四章

中国特色社会主义经济建设

中华人民共和国成立70年以来，特别是改革开放以来，中国经济高速发展，取得了举世公认的成就。2019年GDP达到99.09万亿元，约合14.20万亿美元，稳居世界第二大经济体，GDP规模相当于美国的67.04%，按照14亿人口计算，人均GDP接近7.08万元人民币、超过1万美元，从1978年世界排位135名跃至2019年的66名，仍居于中等偏上收入国家行列。我国货物进出口总额世界第一位，对外服务贸易总额世界第二位，外汇储备世界第一位，使用外资世界第二位，对外投资世界第二位。

中国经济的快速发展，离不开中国共产党的正确领导，特别是党的十八大以来中国特色社会主义经济理论和中国特色社会主义经济制度的正确指导和制度保障。

第一节　中国特色社会主义经济理论和制度

中国特色社会主义经济是中国特色社会主义建设的物质基础，不断解放和发展生产力，是巩固社会主义制度、实现社会主义现代化和伟大中国梦的关键。

一、中国特色社会主义经济理论

中国特色社会主义经济理论是在新中国建立后、中国社会主义建设过程中开始萌芽，在改革开放和社会主义现代化的实践中形成和发展起来的。党的十八大以来，党紧密结合时代和实践的要求，围绕发展中国特色社会主义经济，观大势、谋全局，自

①国家统计局. 中华人民共和国2019年国民经济和社会发展统计公报[EB/OL]. 中华人民共和国国家统计局官网，2020-2-28. http://www.stats.gov.cn

党认识和遵循经济发展规律，提出了一系列新的重大战略思想和重要理论观点，形成了以新发展理念为主要内容的习近平新时代中国特色社会主义经济思想。这一思想是中国特色社会主义政治经济学的最新成果，是具有中国特色、中国风格、中国气派的21世纪马克思主义政治经济学，开辟了马克思主义政治经济学发展的新境界，为引领中国经济向高质量发展阶段迈进提供了根本遵循。对经济建设的基本理论特别是习近平新时代中国特色社会主义经济理论进行学习，有助于我们对中国特色社会主义经济建设问题的总体把握。

1. 加强党对经济工作的集中统一领导的理论

（1）党对经济工作集中统一领导的依据。

习近平总书记指出："改革开放40年的实践启示我们：中国共产党领导是中国特色社会主义最本质的特征，是中国特色社会主义制度的最大优势。党政军民学，东西南北中，党是领导一切的。正是因为始终坚持党的集中统一领导，我们才能实现伟大历史转折、开启改革开放新时期和中华民族伟大复兴新征程，才能成功应对一系列重大风险挑战、克服无数艰难险阻，才能有力应变局、平风波、战洪水、防非典、抗地震、化危机，才能既不走封闭僵化的老路也不走改旗易帜的邪路，而是坚定不移走中国特色社会主义道路。坚持党的领导，必须不断改善党的领导，让党的领导更加适应实践、时代、人民的要求。在坚持党的领导这个决定党和国家前途命运的重大原则问题上，全党全国必须保持高度的思想自觉、政治自觉、行动自觉，丝毫不能动摇。"①

习近平总书记的讲话揭示出"党对经济工作的集中统一领导"的理论依据，一方面是"中国特色社会主义最本质的特征是中国共产党领导，中国特色社会主义制度的最大优势是中国共产党领导，党是最高政治领导力量。没有党的领导，民族复兴必然是空想。历史和人民把我们党推到了这样的位置，我们就要以坚强有力的政治领导承担起应该承担的政治责任。"②党的十九大报告中新时代中国特色社会主义十四条基本方略第一条就是"坚持党对一切工作的领导"，因而"坚持党对经济工作集中统一的领导"，是"最本质的特征"和"最大优势"的题中应有之义，坚持党对一切工作的集中统一领导，必然包括党对经济工作的集中统一领导。另一方面"党对经济工作的集中统一领导"也是中国特色社会主义性质和中国共产党的领导地位决定的，中国共

①习近平．在庆祝改革开放40周年大会上的讲话[OL]．人民网，2018-12-18. http://cpc.people.com.cn/n1/2018/1218/c64094-30474794.html

②习近平．增强推进党的政治建设的自觉性和坚定性[J]．求是，2019（14）：6.

产党作为社会主义国家的最高政治领导力量、唯一执政党的地位决定的，抓好经济工作是中国共产党作为执政党责无旁贷、义不容辞的责任。

习近平总书记的讲话揭示出“党对经济工作的集中统一领导”的实践依据是中国共产党历来重视坚持加强党的领导，推动社会主义经济建设取得巨大成就。中华人民共和国建国70年、特别是改革开放40多年来，我国经济社会发展之所以能得举世瞩目的巨大成就，是同我们坚定不移坚持党对经济工作的集中统一领导、充分发挥各级党组织和全体党员作用分不开的。

（2）不断提高新时代党领导经济工作的能力和水平。

坚持、加强和完善党对经济工作的集中统一领导必须不断提高新时代党领导经济工作的能力和水平，面对风云变幻的世界经济大潮，中国共产党要团结带领14亿人民全面建成小康社会，必须在经济工作中毫不动摇、百折不挠贯彻落实党中央决策部署，必须创新党领导经济社会发展的观念、体制、方式方法，提高党把握方向、谋划全局、提出战略、制定政策、推进改革的能力，为发展航船定好向、掌好舵。坚持、加强和完善党对经济工作的集中统一领导，也需要不断加强党集中统一领导经济工作的理论创新和发展。正如习近平总书记所强调的“我们党要总揽全局、协调各方，坚持科学执政、民主执政、依法执政，完善党的领导方式和执政方式，提高党的执政能力和领导水平，不断提高党把方向、谋大局、定政策、促改革的能力和定力，确保改革开放这艘航船沿着正确航向破浪前行。”①

坚持、加强和完善党对经济工作的集中统一领导必须勇于自我革命，提高党领导经济工作的能力。中国共产党能够带领人民进行伟大的社会革命，也能够进行伟大的自我革命。勇于自我革命，是我们党最鲜明的品格，也是我们党最大的优势。面对新形势下的诸多考验和危险，我们党要保持先进性和纯洁性，实现崇高使命，必须一刻不放松地解决自身存在的问题，始终跟上时代、实践、人民的要求。在现代化建设的社会革命中，要以勇于自我革命精神打造和锤炼自己，推进党的建设伟大工程，抓住抓好领导干部，加强学习，不断提高党领导经济工作的能力，更好地把握经济规律和保证中央决策部署落实，使党对经济工作的领导始终正确而有力。中国共产党在领导中国人民进行新民主主义革命、社会主义革命、建设和改革开放的伟大社会革命的过程中，在中国特色社会主义进入新时代以来，中国共产党始终保持自我革命的勇气，

①习近平. 在庆祝改革开放40周年大会上的讲话[OL]. 人民网，2018-12-18. http://cpc.people.com.cn/n1/2018/1218/c64094-30474794.html

统筹推进两大革命，带领中国人民从胜利走向胜利。党的一大纲领就提出党的根本政治目的是实行社会革命。在革命实践中不断自我锤炼、自我提高、自我革命，使中华民族解放斗争事业一次次转危为安，最终取得新民主主义革命和社会主义革命的伟大胜利，中国人民从此站起来了。在探索社会主义建设道路的过程中，党的十一届三中全会从根本上纠正"文化大革命"的"左"倾错误，把全党的工作重点转移到经济建设上来，实行改革开放，开辟了中国特色社会主义道路。"改革是一场深刻的革命"，中国共产党实现思想政治组织路线的自我革命，中国经济实现改革开放40多年的高速发展，中国人民实现生活水平大幅提高并逐渐富起来。党的十八大以来，我国外部环境和经济发展发生了一系列深刻变化，以习近平同志为核心的党中央观大势、谋大局，不忘初心，牢记使命，统筹推进两大革命，校正了党和国家前进的航向，取得了全方位、开创性、历史性的成就，引领和推动中国特色社会主义进入新时代，开启中国人民、中华民族迈向强起来的新征程。

2. 坚持以人民为中心的发展的理论

坚持以人民为中心的发展理论是党的十八届五中全会首次提出来的，体现了我们党全心全意为人民服务的根本宗旨，也体现了人民是推动发展的根本力量的唯物史观。人民性是马克思主义最鲜明的品格。如何认识人民群众在历史上的作用，是社会历史观的重大问题。同历史唯心主义英雄史观相对立，马克思主义的历史唯物主义群众史观第一次彻底解决了这个重大问题，提出人民是历史的创造者。马克思主义政治经济学的根本立场是强调发展为了人民。践行以人民为中心的发展思想，要求在部署经济工作、制定经济政策、推动经济发展时，把增进人民福祉、促进人的全面发展、朝着共同富裕方向稳步前进作为经济发展的出发点和落脚点。

习近平总书记在庆祝改革开放40周年大会上的讲话指出，"我们党来自人民、扎根人民、造福人民，全心全意为人民服务是党的根本宗旨，必须以最广大人民根本利益为我们一切工作的根本出发点和落脚点，坚持把人民拥护不拥护、赞成不赞成、高兴不高兴作为制定政策的依据，顺应民心、尊重民意、关注民情、致力民生，既通过提出并贯彻正确的理论和路线方针政策带领人民前进，又从人民实践创造和发展要求中获得前进动力，让人民共享改革开放成果，激励人民更加自觉地投身改革开放和社会主义现代化建设事业。"①并进一步强调，"前进道路上，我们必须始终把人民对美

①习近平. 在庆祝改革开放40周年大会上的讲话[OL]. 人民网，2018-12-18. http://cpc.people.com.cn/n1/2018/1218/c64094-30474794.html

好生活的向往作为我们的奋斗目标，践行党的根本宗旨，贯彻党的群众路线，尊重人民主体地位，尊重人民群众在实践活动中所表达的意愿、所创造的经验、所拥有的权利、所发挥的作用，充分激发蕴藏在人民群众中的创造伟力。我们要健全民主制度、拓宽民主渠道、丰富民主形式、完善法治保障，确保人民依法享有广泛充分、真实具体、有效管用的民主权利。我们要着力解决人民群众所需所急所盼，让人民共享经济、政治、文化、社会、生态等各方面发展成果，有更多、更直接、更实在的获得感、幸福感、安全感，不断促进人的全面发展、全体人民共同富裕。”①

3. 用新发展理念统领发展全局的理论

“理念是行动的先导，一定的发展实践都是由一定的发展理念来引领的。发展理念是否对头，从根本上决定着发展成效乃至成败。实践告诉我们，发展是一个不断变化的进程，发展环境不会一成不变，发展条件不会一成不变，发展理念自然也不会一成不变。”②创新、协调、绿色、开放、共享的新发展理念，是在深刻总结国内外发展经验教训的基础上形成的，集中反映了党对经济发展规律的新认识，同马克思主义政治经济学的基本观点相通。坚持创新发展、协调发展、绿色发展、开放发展、共享发展，是当前和今后一个时期我国发展的总要求和大趋势，是关系我国发展全局的一场深刻变革。

创新、协调、绿色、开放、共享的发展理念，是管全局、管根本、管长远的导向，具有战略性、纲领性、引领性。

创新发展注重的是解决发展动力问题。我国创新能力不强，科技发展水平总体不高，科技对经济社会发展的支撑能力不足，科技对经济增长的贡献率远低于发达国家水平，这是我国这个经济大个头的“阿喀琉斯之踵”。“把创新摆在第一位，是因为创新是引领发展的第一动力。发展动力决定发展速度、效能、可持续性。对我国这么大体量的经济体来讲，如果动力问题解决不好，要实现经济持续健康发展和‘两个翻番’是难以做到的。当然，协调发展、绿色发展、开放发展、共享发展都有利于增强发展动力，但核心在创新。抓住了创新，就抓住了牵动经济社会发展全局的‘牛鼻子’。”③

①习近平. 在庆祝改革开放40周年大会上的讲话[OL]. 人民网，2018-12-18. http://cpc.people.com.cn/n1/2018/1218/c64094-30474794.html

②习近平. 以新的发展理念引领发展，夺取全面建成小康社会决胜阶段的伟大胜利：十八大以来重要文献选编（中）[M]. 北京：中央文献出版社，2016：824-825.

③习近平. 在省部级主要领导干部学习贯彻党的十八届五中全会精神专题研讨班上的讲话（2016年1月18日）[M]. 北京：人民出版社. 2016：8-9.

协调发展注重的是解决发展不平衡问题。我国发展不协调是一个长期存在的问题，突出表现在区域、城乡、经济和社会、物质文明和精神文明、经济建设和国防建设等关系上。在经济发展水平落后的情况下，一段时间的主要任务是要跑得快，但跑过一定路程后，就要注意调整关系，注重发展的整体效能，否则“木桶”效应就会愈加显现，一系列社会矛盾会不断加深。“新形势下，协调发展具有一些新特点。比如，协调既是发展手段又是发展目标，同时还是评价发展的标准和尺度。再比如，协调是发展两点论和重点论的统一，一个国家、一个地区乃至一个行业在其特定发展时期既有发展优势、也存在制约因素，在发展思路上既要着力破解难题、补齐短板，又要考虑巩固和厚植原有优势，两方面相辅相成、相得益彰，才能实现高水平发展。又比如，协调是发展平衡和不平衡的统一，由平衡到不平衡再到新的平衡是事物发展的基本规律。平衡是相对的，不平衡是绝对的。强调协调发展不是搞平均主义，而是更注重发展机会公平、更注重资源配置均衡。还比如，协调是发展短板和潜力的统一，我国正处于由中等收入国家向高收入国家迈进的阶段，国际经验表明，这个阶段是各种矛盾集中爆发的时期，发展不协调、存在诸多短板也是难免的。协调发展，就要找出短板，在补齐短板上多用力，通过补齐短板挖掘发展潜力、增强发展后劲。”①

绿色发展注重的是解决人与自然和谐问题。我国资源约束趋紧、环境污染严重、生态系统退化的问题十分严峻，人民群众对安全食品、优美环境的要求越来越强烈。“绿色发展，就其要义来讲，是要解决好人与自然和谐共生问题。人类发展活动必须尊重自然、顺应自然、保护自然，否则就会遭到大自然的报复，这个规律谁也无法抗拒。”②

开放发展注重的是解决发展内外联动问题。现在的问题不是要不要对外开放，而是如何提高对外开放的质量和发展的内外联动性。“我们现在搞开放发展，面临的国际国内形势同以往有很大不同，总体上有利因素更多，但风险挑战不容忽视，而且都是更深层次的风险挑战。这可以从四个方面来看。一是国际力量对比正在发生前所未有的积极变化，新兴市场国家和发展中国家群体性崛起正在改变全球政治经济版图，世界多极化和国际关系民主化大势难逆，以西方国家为主导的全球治理体系出现变革

---

①习近平. 在省部级主要领导干部学习贯彻党的十八届五中全会精神专题研讨班上的讲话（2016年1月18日）[M]. 北京：人民出版社. 2016：14-15.

②同①16.

迹象，但争夺全球治理和国际规则制定主导权的较量十分激烈，西方发达国家在经济、科技、政治、军事上的优势地位尚未改变，更加公正合理的国际政治经济秩序的形成依然任重道远。二是世界经济逐渐走出国际金融危机阴影，西方国家通过再工业化总体保持复苏势头，国际产业分工格局发生新变化，但国际范围内保护主义严重，国际经贸规则制定出现政治化、碎片化苗头，不少新兴市场国家和发展中国家经济持续低迷，世界经济还没有找到全面复苏的新引擎。三是我国在世界经济和全球治理中的分量迅速上升，我国是世界第二经济大国、最大货物出口国、第二大货物进口国、第二大对外直接投资国、最大外汇储备国、最大旅游市场，成为影响世界政治经济版图变化的一个主要因素，但我国经济大而不强问题依然突出，人均收入和人民生活水平更是同发达国家不可同日而语，我国经济实力转化为国际制度性权力依然需要付出艰苦努力。四是我国对外开放进入引进来和走出去更加均衡的阶段，我国对外开放从早期引进来为主转为大进大出新格局，但与之相应的法律、咨询、金融、人才、风险管控、安全保障等都难以满足现实需要，支撑高水平开放和大规模走出去的体制和力量仍显薄弱。”①

共享发展注重的是解决社会公平正义问题。我国经济发展的“蛋糕”不断做大，但分配不公问题比较突出，收入差距、城乡区域公共服务水平差距较大。在共享改革发展成果上，无论是实际情况还是制度设计，都还有不完善的地方。“党的十八届五中全会提出的共享发展理念，其内涵主要有四个方面。一是共享是全民共享。这是就共享的覆盖面而言的。共享发展是人人享有、各得其所，不是少数人共享、一部分人共享。二是共享是全面共享。这是就共享的内容而言的。共享发展就要共享国家经济、政治、文化、社会、生态各方面建设成果，全面保障人民在各方面的合法权益。三是共享是共建共享。这是就共享的实现途径而言的。共建才能共享，共建的过程也是共享的过程。要充分发扬民主，广泛汇聚民智，最大激发民力，形成人人参与、人人尽力、人人都有成就感的生动局面。四是共享是渐进共享。这是就共享发展的推进进程而言的。一口吃不成胖子，共享发展必将有一个从低级到高级、从不均衡到均衡的过程，即使达到很高的水平也会有差别。我们要立足国情、立足经济社会发展水平来思考设计共享政策，既不裹足不前、铢施两较、该花的钱也不花，也不好高骛远、

①习近平. 在省部级主要领导干部学习贯彻党的十八届五中全会精神专题研讨班上的讲话（2016年1月18日）[M]. 北京：人民出版社. 2016：22-24.

寅吃卯粮、口惠而实不至。这四个方面是相互贯通的，要整体理解和把握。”[①]

4. 经济发展新常态的理论

2014年5月，习近平总书记在河南考察时指出，我国发展仍处于重要战略机遇期，我们要增强信心，从当前我国经济发展的阶段性特征出发，适应新常态，保持战略上的平常心态。这是“新常态”一词第一次出现在公众视野里。在当年的亚太经合组织（APEC）工商领导人峰会上，习近平总书记系统阐述了经济发展新常态的特征：“中国经济呈现出新常态，有几个主要特点。一是从高速增长转为中高速增长。二是经济结构不断优化升级，第三产业、消费需求逐步成为主体，城乡区域差距逐步缩小，居民收入占比上升，发展成果惠及更广大民众。三是从要素驱动、投资驱动转向创新驱动。能不能适应新常态，关键在于全面深化改革的力度。”[②]

党的十八大以来，我国经济从高速增长转为中高速增长，经济结构不断优化升级，经济增长动力从要素驱动、投资驱动转向创新驱动，经济呈现出新常态。经济新常态是一个客观状态，并没有好坏之分。经济发展进入新常态，是我国经济发展阶段性特征的必然反映，我国经济向形态更高级、分工更优化、结构更合理的阶段演进的必经过程，既没有改变我国发展仍处于可以大有作为的重要战略机遇期的判断，也没有改变我国经济发展总体向好的基本面。认识新常态，适应新常态，引领新常态，是当前和今后一个时期我国经济发展的大逻辑。

5. 社会主义市场经济改革的理论

社会主义市场经济，是社会主义基本制度和市场经济的有机结合。社会主义的制度优势为市场经济健康发展开辟了广阔空间，市场经济的发展也推动着社会主义制度进一步趋于完善和巩固。坚持社会主义市场经济改革方向，不仅是经济体制改革的基本遵循，也是全面深化改革的重要依托，其核心问题是处理好政府和市场的关系，使市场在资源配置中起决定性作用和更好发挥政府作用。市场起决定性作用，是从总体上讲的，不能盲目绝对讲市场起决定性作用，而是要讲辩证法、两点论。“看不见的手“和“看得见的手”都要用好，关键是加快转变政府职能，该放给市场和社会的权一定要放足、放到位，该政府管的事一定要管好、管到位。

---

①习近平. 在省部级主要领导干部学习贯彻党的十八届五中全会精神专题研讨班上的讲话（2016年1月18日）[M]. 北京：人民出版社. 2016：27.

②习近平. 谋求持久发展　共筑亚太梦想：在亚太经合组织工商领导人峰会开幕式上的演讲[OL]. 人民网，2014-11-10. http://gs.people.com.cn/n/2014/1110/c183343-22858907.html

6. 供给侧结构性改革的理论

习近平总书记在2015年的中央财经领导小组第十一次会议上提出经济发展新常态下应该进行“供给侧结构性改革”，正式拉开了新一轮经济改革的大幕。2016年年初，习近平总书记强调：“推进供给侧结构性改革，要从生产端入手，重点是促进产能过剩有效化解，促进产业优化重组，降低企业成本，发展战略性新兴产业和现代服务业，增加公共产品和服务供给，提高供给结构对需求变化的适应性和灵活性。简言之，就是去产能、去库存、去杠杆、降成本、补短板。”①

我国经济发展虽然面临周期、总量性问题，但最突出的是结构性问题，矛盾的主要方面在供给侧。坚持适应我国经济发展主要矛盾变化完善宏观调控，就要坚持以供给侧结构性改革为主线，努力实现供求关系新的动态均衡。供给侧和需求侧是管理和调控宏观经济的两个基本手段。二者不是非此即彼、一去一存的替代关系，而是要相互配合、协调推进。纵观世界经济发展史，经济政策以供给侧为重点还是以需求侧为重点，要依据一国宏观经济形势作出抉择。我国经济运行面临突出矛盾和问题的根源是重大结构性失衡，这就决定了必须把推进供给侧结构性改革作为经济工作的主线。

习近平总书记强调：“我们提的供给侧改革，完整地说是‘供给侧结构性改革’，我在中央经济工作会议上就是这样说的。‘结构性’3个字十分重要，简称‘供给侧改革’也可以，但不能忘了‘结构性’3个字。供给侧结构性改革，重点是解放和发展社会生产力，用改革的办法推进结构调整，减少无效和低端供给，扩大有效和中高端供给，增强供给结构对需求变化的适应性和灵活性，提高全要素生产率。这不只是一个税收和税率问题，而是要通过一系列政策举措，特别是推动科技创新、发展实体经济、保障和改善人民生活的政策措施，来解决我国经济供给侧存在的问题。我们讲的供给侧结构性改革，既强调供给又关注需求，既突出发展社会生产力又注重完善生产关系，既发挥市场在资源配置中的决定性作用又更好发挥政府作用，既着眼当前又立足长远。从政治经济学的角度看，供给侧结构性改革的根本，是使我国供给能力更好满足广大人民日益增长、不断升级和个性化的物质文化和生态环境需要，从而实现社会主义生产目的。”②

①习近平. 在省部级主要领导干部学习贯彻党的十八届五中全会精神专题研讨班上的讲话（2016年1月18日）[M]. 北京：人民出版社，2016：34.

②同①30.

7. 经济发展战略的理论

改革开放以来，我国经济在快速发展并取得巨大成就的同时，区域和城乡发展不平衡、经济发展和生态保护不协调、科技创新发展不充分等问题也逐渐凸显。坚持问题导向，制定实施经济发展战略，既是保持经济持续健康发展的要求，也是处理好新时代我国社会主要矛盾的要求。国际经济竞争是综合国力竞争，说到底就是创新能力的竞争。抢占科技和产业制高点，推动我国从经济大国走向经济强国，要坚定不移实施科教兴国战略、人才强国战略和创新驱动发展战略。实现区域协调发展、城乡协调发展、经济可持续发展，必须坚定不移实施乡村振兴战略、区域协调发展战略和可持续发展战略。统筹经济建设和国防建设，实现强军目标，必须坚定不移实施军民融合战略。

8. 坚持正确工作策略和方法的理论

做好经济工作，既要满怀干事创业热情，又要讲究工作方法策略。稳中求进工作总基调是治国理政的重要原则，也是做好经济工作的方法论。“稳”和“进”相互促进，经济社会才会平衡，才能为调整经济结构和深化改革开放创造稳定宏观经济环境。要坚持底线思维，既要充分肯定我国经济社会发展取得的成绩，看到我国经济社会发展基本面长期趋好的态势，

也要看到国际国内各种不利因素的长期性、复杂性、曲折性，不回避矛盾，不掩盖问题，从坏处准备，争取最好的结果，牢牢把握主动权。

二、中国特色社会主义经济制度和体制

经济制度是指一个国家在一定历史阶段占主要地位的生产关系的总和，经济体制是指在经济制度基础上经济运行的具体形式。从社会主义初级阶段的基本国情出发，探索和创建具有中国特色的社会主义经济制度和体制，这是我们能够不断解放和发展生产力的必要条件，也是进行中国特色社会主义经济建设的制度保障。中国特色社会主义经济制度主要包括以下几个方面：

1. 社会主义初级阶段的基本经济制度

基本经济制度是指一国的生产资料所有制形式与结构，它是生产关系的核心内容，构成了一国的经济基础，决定了一国经济的基本性质和发展方向。中国仍处于并将长期处于社会主义初级阶段，这是我国的基本国情和最大的实际。我国现阶段实行的是以公有制为主体、多种所有制经济共同发展的基本经济制度，立足于社会主义初级阶段的生产力水平，是中国特色社会主义制度的重要支柱，也是社会主义市场经济体制的根基。

公有制经济在生产资料所有制结构中的主体地位，体现了我国经济的社会主义性质，符合社会化大生产的历史发展趋势。在现阶段，公有制经济包括国有经济和集体经济，以及混合所有制经济中的国有成分和集体成分。国有经济和混合所有制经济中的国有成分控制着国民经济命脉，对经济发展起主导作用。集体经济和混合所有制经济中的集体成分是公有制经济的重要组成部分，对实现共同富裕具有重要作用。

非公有制经济包括个体经济和私营经济等形式，它们是社会主义市场经济的重要组成部分，在社会主义初级阶段具有历史合理性。非公有制经济符合解放和发展多层次生产力的客观要求，它们在支撑增长、促进创新、扩大就业、增加税收等方面具有重要作用。

在处理公有制经济与非公有制经济关系时，要毫不动摇地巩固和发展公有制经济，毫不动摇地鼓励、支持和引导非公有制经济的发展，使二者在竞争中互相促进，从而实现共同发展。国家保护公有制经济和非公有制经济的产权和合法利益，保证各种所有制经济依法平等使用生产要素、公开公平公正参与市场竞争、同等受到法律保护，同时依法监管各种所有制经济。

2. 社会主义初级阶段的收入分配制度

收入分配制度是有关国民收入如何在不同经济主体和个人之间进行分配的制度总和，它是一国经济制度的重要组成内容。以按劳分配为主体、多种分配方式并存，是我国社会主义初级阶段的收入分配制度。

按劳分配为主体，符合公有制经济主体地位的客观要求，是保证我国经济社会主义方向的重要依托，是防止两极分化、最终实现共同富裕的重要保障。多种分配方式并存，允许劳动、资本、技术、管理等生产要素按贡献参与分配，符合多种所有制经济共同发展的客观要求，有利于调动各经济主体的积极性，从而推动经济发展和国民财富的增长。

现阶段，要坚持按劳分配原则，完善按要素分配的体制机制，促进收入分配更合理、更有序。鼓励勤劳守法致富，扩大中等收入群体，增加低收入者收入，调节过高收入，取缔非法收入。坚持在经济增长的同时实现居民收入同步增长，在劳动生产率提高的同时实现劳动报酬同步提高。拓宽居民劳动收入和财产性收入渠道。履行好政府调职能，加快推进基本公共服务均等化，缩小收入分配差距。

3. 社会主义市场经济体制

市场经济体制，是指以市场为配置资源基本手段的一种经济体制，其本质是以社会化大生产为基础的高度发达的商品交换关系。改革开放以来，通过不断探索，我国已基本建立了社会主义市场经济体制。

社会主义市场经济体制是社会主义与市场经济的有机结合，是适应我国现阶段基本经济制度的经济体制形式。一方面，在多种所有制经济并存的商品交换关系下，价值规律仍然发挥作用，市场配置资源是最有效的形式；另一方面，要坚持党的领导，更好发挥政府作用。社会主义市场经济本质上是法治经济，使市场在资源配置中起决定性作用和更好发挥政府作用，必须以保护产权、维护契约、统一市场、平等交换、公平竞争、有效监管为基本导向，完善社会主义市场经济法律制度。

社会主义市场经济体制将市场和计划视为两种不同的经济手段，有利于发挥社会主义制度的优越性和市场经济的优势，最大限度地解放和发展生产力，最大限度地满足人民群众物质文化需要。

4. 走共同富裕道路

共同富裕是社会主义的本质规定。社会主义经济建设的成果应该更多更公平地惠及全体人民，使之朝着共同富裕的方向稳步前进。走共同富裕的道路，有利于扩大消费需求，协调积累与消费之间的关系，为经济可持续发展提供强大的内生动力。

中国特色社会主义经济制度和体制的确立，为最终实现共同富裕提供了制度保证。一方面，这种制度和体制适合社会主义初级阶段的生产力状况，能够调动经济主体的积极性并实现资源的合理配置，由此不断增加的国民财富为共同富裕的实现提供了物质基础。另一方面，这种制度和体制确立了公有制和按劳分配的主体地位，强调政府在消除贫困和缩小贫富分化等方面的积极作用，这为共同富裕的实现提供了实现机制。

近年来，收入分配差距扩大逐渐成为经济改革和社会发展过程中的重大问题，怎样更好地迈向共同富裕的道路，已成为当代中国经济建设的重大实践课题。只有实现共同富裕，才能实现实质性的公平正义，才能实现社会和谐，确保人民安居乐业、社会安定有序、国家长治久安，最终实现中华民族伟大复兴的中国梦。

第二节 中国特色社会主义经济建设实践

一、中国特色社会主义经济建设概述

1. 社会主义基本经济制度的确立时期

1949年10月1日，中华人民共和国成立，没收官僚资本，在企业内部开展民主改革和生产改革，确立起社会主义性质的国营经济在国民经济中的领导地位，使人民政权拥有了相当重要的经济基础。同时，开展了稳定物价的斗争和统一全国财政经济的工

作。国家和国营经济逐步掌握了市场的主导权；初步建立起集中统一的国家财政管理体制，以利于统一调度全国的财力、物力，集中力量办好大事。到1952年底，我国国民经济得到全面恢复和初步发展。当年工农业总产值超过1936年（国民党统治时期最高水平）20%，工农业主要产品的年产量均超过国民党统治时期最高水平。同1949年相比，全国职工工资平均提高70%，农民收入增长30%以上。①

随着国民经济的恢复和初步发展，中国社会的经济成分也开始发生了重要变化。这集中地表现在公私比例的变化上。以工业为例，1949—1952年，国营经济从33.9%上升到50%，私营经济从62.7%下降到42%。②表明中国实际上已经开始向社会主义过渡。

1953年，中国共产党提出了“从中华人民共和国成立，到社会主义改造基本完成，这是一个过渡时期。党在这个过渡时期的总路线和总任务，是要在一个相当长的时期内，逐步实现国家的社会主义工业化，逐步完成对农业、手工业和资本主义工商业的社会主义改造。”把实现社会主义工业化作为全党、全国人民面前的基本任务；同时，通过对农业、手工业和对资本主义工商业的三大改造来促进生产力的发展，以利于社会主义工业化的实现。

案例导入4-1

第一个五年计划③

五年计划，后改称五年规划，全称为中华人民共和国国民经济和社会发展五年计划纲要，是中国国民经济计划的重要部分，属长期计划。主要是对国家重大建设项目、生产力分布和国民经济重要比例关系等作出规划，为国民经济发展远景规定目标和方向，是新中国学习苏联社会主义经济建设经验的成功典范。中国从1953年开始制第一个“五年计划”。从“十一五”起，“五年计划”改为“五年规划”。（1963年至1965年国民经济调整时期除外）。现阶段，中国正在实施第十三个五年规划（2016—2020年）。

第一个五年计划，简称“一五”计划（1953—1957年），是在党中央的直接领导下，由周恩来、陈云同志主持制定的，1955年7月经全国人大一届二次会议审议通过。第一个五年计划的制定与实施标志着系统建设社会主义的开始。

---

①本书编写组. 中国近现代史纲要（2018年版）[M]. 北京：高等教育出版社，2018：225.

②同①231.

③同①236-237.

至1957年，“一五”计划超额完成了规定的任务，实现了国民经济的快速增长，并为我国的工业化奠定了初步基础。"一五"计划中，苏联援建的156个重点项目有135个已施工建设，有68个建成或部分建成投入生产。“一五”期间，在苏联援助下，我国迅速建立起前所未有的新兴工业部门，如飞机、汽车、重型机器、发电设备、冶金和矿山设备、精密仪表、新式机床、塑料、无线和有线电器材制造等。我国中部地区，建立起一大批新的钢铁、煤炭、电力、机械、有色金属、化工和军工企业，构成了我国工业布局的基本框架。“一五”计划使中国在工业建设上实现了多项具有历史意义的零的突破，如建设重点东北地区的第一座生产载重汽车的长春第一汽车制造厂建成投产，第一座制造飞机的沈阳飞机制造厂成功试制第一架喷气式飞机，第一座制造机床的沈阳机床厂建成投产。北京的第一座大批量生产电子管的北京电子管厂建成投产。武汉长江大桥通车，从此铁路贯穿中国南北。青藏、康藏、新藏公路先后建成通车，沟通了西藏和内地的联系。

案例思考：

①试论述“一五”计划对我国经济建设的作用。

②评价新中国成立以来的五年计划？

1953—1957年的“一五”计划经济成就，各项主要经济指标都发生了巨大变化（见表4–1），为国家的工业化和进一步实行社会主义建设奠定了初步的坚实基础。这些经济成就，极大地加强和壮大了国营经济的领导力量，为向社会主义社会顺利过渡奠定了强大的物质基础。

表 4–1 “一五”时期主要经济指标的变化①

年份	国内生产总值（亿元）	财政收入（亿元）	粮食产量（亿吨）	钢产量（万吨）	发电量（亿度）	货运量（亿吨）
1952	679	183.7	1.639	135	73	3.516
1957	1068	310.2	1.951	535	193	8.037
增长（%）	57.29	68.86	19.04	296.3	164.38	128.58

到1956年，随着社会主义改造的基本完成，社会主义经济在国民收入所占比重达92.9%（见表4–2），这是中国进入社会主义社会的最主要的标志，表明了中国已经完

①本书编写组. 中国近现代史纲要［M］. 北京：高等教育出版社，2018：237.

成了从新民主主义到社会主义的过渡，社会主义基本制度在中国得到确立。

表 4–2　1952 年和 1956 年各种经济成分在国民收入中所占的比重[①]

年份	国营经济占比（%）	合作社经济占比（%）	公私合营经济占比（%）	个体经济占比（%）	资本主义经济占比（%）
1952	19.1	1.5	0.7	71.8	6.9
1956	32.2	53.4	7.3	7.1	0

2. 全面建设社会主义时期

1957年，我国开始全面建设社会主义，尽管经历了“大跃进”和“文化大革命”这样严重的曲折，这个时期中国经济的发展速度仍然是比较快的。1952—1978年，工农业总产值平均年增长率为8.2%，其中工业年均增长11.4%。谷物和主要工业产品（如钢、煤、石油、电力、水泥、化肥、硫酸、化纤、棉布等）产量在世界上的排名明显提前。按照不变价格计算，1952年国内生产总值为679亿元人民币，1976年增加到2943.7亿元。人均国内生产总值从1952年的119元增加到1976年的316元，增长了166.55%。1976年，我国主要工业产品和粮棉的产量比新中国成立初的1949年都有了大幅增长（见表4–3和表4–4）。

表 4–3　1949 年和 1976 年主要工业品产量的变化[②]

年份	钢产量（万吨）	发电量（亿度）	原煤(亿吨）	原油（万吨）	汽车产量（万两）	货运量（亿吨）
1949	16	43	0.32	12	0	1.610
1976	2046	2031	4.83	8716	13.52	20.176

表 4–4　1949 年和 1976 年粮棉产量的变化[③]

年份	粮食总产量(亿吨）	粮食亩产量（市斤）	棉花总产量（万担）	棉花亩产量（市斤）
1949	1.1318	137	888.8	22
1976	2.8631	316	4110.9	56
增长（倍）	1.53	1.31	3.63	1.55

①本书编写组. 中国近现代史纲要 [M]. 北京：高等教育出版社，2018：246-247.

②同①274.

③同①275.

这一时期基本建立了独立的、比较完整的工业体系和国民经济体系，从根本上解决了工业化“从无到有”的问题，建成了一批门类比较齐全的基础工业项目，涉及冶金、汽车、机械、煤炭、石油、电力、通讯、化学、国防等领域，为国民经济的进一步发展打下了坚实的基础，交通运输状况得到大幅度改善，旧中国仅修筑铁路2.18万公里、公路8.07万公里；到1976年，中国铁路通车里程达到4.63万公里，公路达到82.34万公里，初步形成了全国的路网骨架。①

同时进行了大规模的“三线”建设，极大地增强了国防力量，而且对改善工业布局和城市布局起了重要的促进作用。独立的、比较完整的工业体系和国民经济体系的建立，为中国的改革开放奠定了牢固的物质技术基础，而且也为中国同包括西方发达国家在内的世界各国在平等互利的原则下发展对外贸易和经济往来创建了前提。

3. 改革开放开创的中国特色社会主义与接续发展时期

这一时期中国发生了历史上最为深刻的变革，社会主义市场经济体制改革，主要目的是实现两个根本性转变：一是经济体制从传统的计划经济体制向社会主义市场经济体制转变，二是经济增长方式从粗放型向集约型转变。中国特色社会主义经济在改革开放中重新焕发出勃勃生机。

（1）农村经济体制改革实践。

案例导入4-2

中国农民的发明创造：家庭联产承包责任制②③

1978年末，中国正处在历史转折关头，“实践是检验真理唯一标准”的讨论打破了思想僵化，经济改革的冲动却还在坚冰冻土下缓缓涌动。

安徽省凤阳县梨园公社小岗生产队，是全公社乃至全县最穷的，这年夏收分麦子，每个劳动力才分到3.5公斤。干了一季的活，糊不了三天的嘴巴！全队18户，只有两户没讨过饭，一户是教师，一户是银行人员。这年秋天，严俊昌当了队长，为了保命，他偷偷地将土地包产到户。老人们为严俊昌等几个干部担心了，这样下去要犯事的。犯了事，坐了牢，孩子谁养？老婆谁养？老人们召集大伙开个会，立个誓，万一他们犯了事，让大伙管他们的老婆孩子。

①本书编写组. 中国近现代史纲要[M]. 北京:高等教育出版社，2018：274.

②潘承凡. 小岗：在历史转折点上[N]. 人民日报，1998-07-16(01).

③CCTV中央电视台《中国财经报道》栏目组. 思变与冒险[M]. 北京：机械工业出版社，2009：1.

“我们分田到户，每户户主签字盖章，如此后能干，每户保证完成每户的上交和公粮，不在（再）向国家伸手要钱要粮。如不成，我们干部作（坐）牢杀头也干（甘）心，大家社员也保证把我们的小孩养到十八岁。”下面是各家各户的姓名。“大家有没有意见？没有？揿手印！”这张揿满红手印的大包干秘密誓言就这样诞生了。它的诞生，标志着一种新的生产关系正悄悄降临。这个惊天动地的契约，现作为中国当代史的珍贵文物，收藏在国家博物馆，藏品号为GB54563。

中国农民再次发挥了他们奇特的创造力，创造出多种多样的生产组织方式，有包干到组的，也有联产计酬的……最彻底的还是小岗村，包产到了户！

小岗村所在的县、地区和省领导以不同方式支持了“大包干”。但他们心里还是十分忐忑，万一老天不帮忙，田里的收成比过去少，大包干就可能被一棍子打死。

1979年秋收，茶饭不香的凤阳县委书记陈庭元终于得到了期盼的统计数字，全县粮食产量比1978年增产67%，油料增加1.4倍。小岗生产队获得大丰收，粮食总产6万多公斤，相当于1955—1970年15年的粮食产量总和，自1956年合作化以来第一次向国家交了12488公斤公粮；小岗每间土坯屋里都堆满了粮食，人们兴奋地在粮食堆上打滚。每年都向国家打报告要救济粮的安徽省肥西县，这年却打报告要求扩建粮仓，他们有1/4的粮食没处存放。

1980年5月31日，邓小平同志一锤定音：“‘凤阳花鼓’中唱的那个凤阳县，绝大多数生产队搞了大包干，也是一年翻身，改变面貌。有的同志担心，这样搞会不会影响集体经济。我看这种担心是不必要的。”

小岗村18户农民的想法逐步转变成整个国家的希望，进而确认为中国农村经济体制改革的方向。在这场持久而激烈的互动中，中国农民面对苦难自我救赎的方式终于得到国家的尊重，而尊重农民的选择也正式成为国家在政策操作上的一项重要原则。1982年，中共中央发布具有历史意义的农村工作一号文件时，包产到户作为一种经济责任制的合法性终于得到了确认。1988年，中国的农民创造出连续八年增收的新局面。这一年，国家宣布提前两年实现国民生产总值翻番的目标。中国能有这样的成绩，农村经济的增长起了第一位的作用。

案例思考：

①试论述大包干对我国农村经济建设产生的作用。

②大包干反映了我国当时的经济体制存在哪些弊病？

十一届三中全会召开后，以所有权和经营权可以分离的"两权分离"理论为指导开展实践，作为中国农民两大发明之一的农村土地家庭联产承包责任制，经历了土地家庭联产承包责任制逐步确立、土地家庭承包经营制度发展巩固、土地承包关系的进一步稳定，农村土地流转机制的建立。农村粮食流通体制向市场化改革迈进，经历了一个由统到放、不断深化的过程。农村财政体制和税费体制改革经历了农村税费改革试点、推行、深化阶段，2006年全面取消农业税。一系列的改革使得粮食产量大幅度上升（见表4–5）。

表 4–5　我国主要农产品产量　　单位：万吨

年份	粮食	棉花	油料
1978	30476.5	216.7	521.8
1985	37910.8	414.7	1578.4
1995	46661.8	476.8	2250.3
2005	48402.2	571.4	3077.1
2015	62143.9	560.3	3537.0

注：表中数据来自中华人民共和国国家统计局中国统计年鉴。

中国农民的第二大发明就是乡镇企业异军突起。农村改革后，乡镇企业大量发展，1987年，乡镇企业从1978年的152万个发展到1750万个，增加10倍还多；从业人数也从1978年的2826万人猛增到8815万人；产值达到4764亿元，占农村社会总产值的51.4%，第一次超过了农业总产值；乡镇工业产值就占到了全国工业总产值的1/4（到1997年，乡镇企业产值已经占到全国工业总产值的一半）。[①]1997年乡镇企业税利总额达7153亿元。而乡镇企业中相当一部分是非集体资本，如江苏省1998年9月8万多家乡镇企业中集体资本占60%，非集体占40%。

（2）国有企业改革实践。

国有企业改革大体上经历了放权让利、两权分离、建立现代企业制度、国有经济布局战略调整四个阶段。1978年到1984年实行“放权让利”，主要是通过扩大企业经营自主权、实行利润留成、利润包干等措施，调动企业完成计划和增产增收的积极性。1985年到1993年实行“两权分离”，即国家拥有生产资料所有权，企业享有其经营权，以便完成政府和企业职责分开与国有企业成为市场经济主体角色的转变。建立现代企业制度，是以“产权清晰、权责明确、政企分开、管理科学”为特征，1994年

①邹东涛，欧阳日辉. 中国所有制改革30年（1978–2008）[M]. 北京：社会科学文献出版社，2008：79.

到1999年国有企业股份制改造步伐加快，成为国有企业改革的方向。国有企业实行公司制，是建立现代企业制度的有益尝试，要对国有大中型企业实行规范的公司制改革。培育和发展多元化投资主体，推动政企分开和企业转换的经营机制。把国有企业改革同改组、改造、加强管理结合起来，“抓大放小”，对国有企业实行战略性改组。通过公司制改造，形成了一批以资本、技术为纽带跨地区、跨行业的大型企业控股集团公司；许多的小型全民所有制企业，通过改组、联合、兼并、租赁、承包经营和股份合作制、出售等形式进行了改革、改组。到2002年，15.9万户国有控股企业中的50%以上实行了公司制改革，改制面达85%左右。中央企业及其下属子企业的公司制股份制改制面由2002年的30.4%，提高到2007年的64.2%。一批大型国有企业先后在境内外资本市场上市；截至2007年底，在A股市场的1500多家上市公司中，含有国有股份的上市公司有1100多家，在中国香港、纽约、新加坡等资本市场上市的中央企业控股的上市公司达78户。①根据鼓励兼并、规范破产、下岗分流、减员增效和再就业工作的原则，积极推进企业转轨改制，促进了企业优胜劣汰的竞争机制的产生，使国有经济战略布局逐步形成，使国有资本逐渐控制关系国计民生、国民经济命脉和涉及国家安全的重要行业和关键领域，国有经济的控制力、影响力和竞争力进一步增强。

（3）财税体制改革实践。

中国在由计划经济向市场经济转轨的过程中，财税体制经历了深刻的变革。财税部门作为为政府理财的主要部门，经历了由政府的公共财政与企业财务合一、组成统一的国家财政系统逐渐向公共财政方向的转变。从1980年起，中国的财政预算体制由单一制转向包干制，既给予地方政府增收节支的刺激，又维持中央政府的财政收入不再下降。1988年开始实行的财政大包干。1994年开始了财政预算的分税制和清理“预算外收入”的财税体制全面改革，1998年以后公共财政体制改革，主要推行了部门预算、“收支两条线”管理、国库集中支付、政府采购制度等四项改革措施。这些改革涉及国营企业财务管理体制改革，预算管理体制改革，税制改革，国有资产管理体制改革，财政资金管理体制改革等。国营企业财务管理体制改革，通过改革国营企业财务管理体制，扩大企业财权，增强企业活力。预算管理体制改革，通过扩大地方财权，进一步调动地方理财的积极性。税收制度改革，由过去比较单一的税制，初步形

①邹东涛，欧阳日辉．中国所有制改革30年（1978-2008）[M]．北京：社会科学文献出版社，2008：152.

成多税种、多层次、多环节征收的复合税制，形成了以分税制为核心的新的财政税收体制框架，确立了以增值税为主体的流转税体系，增强税收的调控作用。国有资产管理体制改革，按照政府的社会管理者职能与所有者职能分离的原则，设立了国家国有资产管理局，初步建立了国有资产管理体系。财政资金管理体制改革，对部分预算内基本建设投资试行贷款办法；改革事业费管理制度，全面实行行政、事业经费预算包干；试行事业单位企业化管理；设置文教卫生科学事业周转金；建立财政支农周转金；建立预算外资金管理制度；开辟利用外资和发行国债筹集财政资金的渠道。

（4）金融体制改革实践。

中国金融体制改革始于1984年，中共十四大确立了建立社会主义市场经济体制的方向以后，银行体系改革的首要任务是将中国人民银行组建成名副其实的中央银行，货币政策调控实现了由多级调控向一级调控转变；确立了以间接调控手段为主的金融调控体系，加强了中央银行对货币供应的调控能力和对金融机构的监管职能。在原有四大国家专业银行的基础上，1994年先后组建了国家开发银行、进出口银行和农业发展银行三家政策性银行。组建了国有独资商业银行，新组建了非国有独资的股份制银行，以加强银行业之间的良性的竞争，成立了三家政策性银行，使政策性金融与商业性金融开始分离。允许外资银行进入。中央银行在对商业银行体系进行改革的同时，也对非银行金融机构进行了改革。外汇管理体制改革方面，经历了由统收统支的集中计划统一分配的外汇管理体制制度，到实行官方汇率和市场汇率并行的双轨制，外汇留成上缴的制度、银行结汇售汇制度和有管理的浮动汇率制的演变。金融监管体系方面，1993年，中国人民银行将证券市场的监管职能分离出来，组建了专门从事证券监管事务的中国证券监督管理委员会（简称中国证监会）。1998年中国人民银行把对保险业务、保险机构和保险市场的监管职能交由新组建的保险监督管理委员会（简称中国保监会）承担。2003年，中国人民银行把对商业银行的业务监督职能交由新组建的银行业监督管理委员会（简称中国银监会或银监会）行使。银行、证券、保险三足鼎立的分业监管格局基本形成。国家计划管理从总体上的指令性计划向总体上的指导性计划转变，推行项目法人制、资本金制度和招投标制度，加强投资风险约束。

（5）对外开放与外贸政策体制的改革实践。

自1978年实行对外开放，开放经历了由点到线再到面的过程，最终形成了全方位，多层次、宽领域的对外开放的格局（见表4–6）。

表 4–6　中国 20 世纪 80 年代对外开放的逐步展开[①]

时间	开放地区
1980 年 5 月	深圳、珠海、汕头、厦门四个出口特区（经济特区）
1984 年 5 月	开放上海、天津、广州、大连等 14 个沿海城市
1984 年 12 月	兴办经济技术开发区
1985 年 2 月	沿海经济开放区：长江三角洲、珠江三角洲、闽南厦漳泉三角洲
1988 年 3 月	扩大沿海经济开放区到辽东半岛、山东半岛等，
1988 年 4 月	海南经济特区

目前，中国与世界各国之间的经济联系日益加强，中国与世界上几乎所有的国家和地区建立了贸易往来，逐步成为国际经济贸易大国。在全球140多个国家开展直接投资和跨国经营业务。作为亚太经济合作组织和世贸组织成员，与区域性组织建立了不同层次的对话机制。

表 4–7　我国涉外主要经济数据　　单位：亿美元

年份	进出口总额	外汇储备	实际使用外资
1978	206.4	1.67	22.6（1983 年）
2012	38 672.2	33 116	1117.2
增长比例（倍）	187.37	19 829.94	49.43

注：表中数据来自中华人民共和国国家统计局中国统计年鉴。

中国对外贸易政策的调整，由改革开放前的国家管制的封闭性保护贸易政策转向开放型保护贸易政策；由原有的计划经济下的汇率机制逐步转型为以市场供求为基础的、单一的、有管理的浮动汇率制。

我国外贸体制改革是围绕着建立符合社会主义市场经济体制和国际贸易规范的新体制的目标展开的。第一，努力形成以间接手段为主的外贸宏观调控体系。进一步加大外贸管理体制的改革力度，停止执行指令性计划，删去了一些主动配额和许可证管理进出口商品品种。使对外贸易法制化的步伐逐步加快，颁布实施了《中华人民共和国对外贸易法》《中华人民共和国反倾销和反补贴条例》。继续运用好经济调控手段，例如：汇率改革制度，继续调整关税，建立健全外贸企业自负盈亏机制，改革出口退税制度；制定有利于外贸出口发展的信贷政策。国家组建进出口银行，负责向资

①本书编写组. 中国近现代史纲要（2018年版）[M]. 北京：高等教育出版社，2018.

本货物出口企业发放信贷予以支持。第二，深化外贸经营体制改革。目前，全国凡符合《关于赋予私营生产企业和科研院所进出口经营权的暂行规定》的私营生产企业和科研院所可从事进出口贸易，并享有与国有企业和科研院所同等的待遇。扩大生产企业外贸经营权登记备案制范围，并通过试点逐步过渡到完全的登记备案制。第三，深化外贸协调服务机制改革。建立健全针对外贸经营活动的社会监督和服务体系，充分利用外贸学会、外面协会的信息服务功能，为外贸企业提供方便条件；设立必要的法律、会计、审计事务所等中介服务机构，一方面使企业获得法律、会计、审计服务，另一方面使企业经营纳入社会的监督之下。完善外经贸信息网络系统，特别是借助国际互联网的平台将广州交易会的相关信息输送到全世界，促进了在外贸领域推广电脑网络化技术的步伐。第四，全面贯彻促进贸易发展的措施。我国政府十分注意发挥在境内外举办出口商品展览会的作用，并在比较发达的地区设立贸易中心和分拨中心，以便宣传中国的企业和名牌产品，促进市场多元化战略的实施。除中国出口商品交易会（广交会）外，还有华东、天津、大连、昆明等出口商品交易会，都已成为我国宣传和介绍中国的企业和名牌产品的重要媒介。

（6）价格改革的实践。

价格改革从打破传统中央集中定价开始，1982年和1983年先后放开了160种和350种小商品价格。明确提出社会主义市场体系应当包括生产要素市场后，大量商品和劳务价格应由市场调节，逐步健全以间接管理为主的宏观经济调节体系。1992年放开了大部分商品价格，使国家管理价格的项目只有4种农产品、3种轻纺织品和56种重工产品；在进口商品中，除粮食、化肥等5种商品外，都实行了代理作价。2001年11月，中国正式加入WTO以后，大幅度减少了价格行政审批项目，将中央直接定价的商品和服务由1992年的141种（类）减少到13种（类），2003年底，在社会商品零售总额、生产资料销售总额和农产品收购总额中，由市场形成价格的比重已经分别占到95.6%、87.4%和96.5%。

（7）所有制改革实践。

我国所有制改革是以农村为突破口的。70年代末期开始的农村所有制改革是农民自发的改革，是自下而上的进行土地承包责任制为代表的改革，农村经济发展取得了很大成绩，生产力得到了巨大发展，农民年均人收入由改革开放前的151元增加到2012年的7917元。

我国自改革伊始，就开始了对国有企业改革的探索。放权让利、利改税、各种形式的经营责任制，在1991年以前，国有企业改革最主要的手段是承包制。1992年后，国有企业改革进入制度创新阶段，开始现代企业制度试点。中共十四大摆脱了姓“资”姓“社”的争论，把所有制理论创新迅速转化为向社会主义市场经济迈进的物质力量。十五大解除了人们多年关于“股份制”姓“公”还是姓“私”问题的顾虑，积极推进和规范国有企业股份制改造。国有大中型企业开始做大做强，2006年，国有大型企业户数占规模以上国有企业的2.31%，资产总额、主营业务收入和实现利润所占比重分别达到35.91%、61.54%和63.25%，国务院国有资产监督管理委员会监管的中央企业资产总额超过千亿元的43家，销售收入超过千亿元的26家，利润超过百亿元的19家，分别比2002年增加32家、20家和13家。在2007年公布的世界500强中，中央企业有16家，比2002年增加10家。①

我国各种非公有制形式快速发展，到1996年，改革开放初期为零的非公有制工业总产值从无到有，已经占到全部工业总产值的32.13%（表4–8）。尤其是随着“非公经济36条”的颁布和逐步落实，2006年中国非公有制经济强劲增长，呈现出一些明显的特征，成为构建和谐社会的重要力量。据国家工商总局的统计，到2006年底，登记注册的全国私营企业达到494.7万户，比2005年增长15%，占全国企业总数的57.4%；注册资金总额为7.5万亿元，增长22%；从业人员为6395.5万人，增长9.81%；投资者人数1224.9万人，增长10.36%。登记注册的个体工商户为2576万户，比2005年增长3.8%；资金总额为6515亿元，增长12%。②

表 4–8　各种经济成分工业总产值的相对比重

年份	国有工业		集体工业		个体工业	
	总量（亿元）	比重（%）	总量（亿元）	比重（%）	总量（亿元）	比重（%）
1978	3289	77.6	948	22.4	0	0
1985	6302	64.9	3117	32.1	179.8	1.85
1990	13 063	54.6	8522	35.6	1290	5.39
1995	31 220	34.0	33 623	36.6	27 052	29.44
1996	36 173	36.3	39 232	39.4	320 02	32.13

注：表中数据来自中华人民共和国国家统计局中国统计年鉴。

①邹东涛，欧阳日辉. 中国所有制改革30年（1978–2008）[M]. 北京：社会科学文献出版社，2008：150.

②同①152.

4. 新时代中国特色社会主义时期

2012年11月8日至14日，中国共产党第十八次全国代表大会在北京举行，十八大的召开，标志着中国已经进入全面建成小康社会的决定性阶段，开启了中国特色社会主义新时代。

中共十八大以来的几年，是党和国家发展进程中极不平凡的时期。面对世界经济复苏乏力、局部冲突和动荡频发、全球性问题加剧的外部环境，面对我国经济发展进入新常态等一系列深刻变化，中共中央坚持稳中求进工作总基调，迎难而上，开拓进取，取得了改革开放和社会主义现代化建设的历史性成就。

经济保持中高速增长，在世界主要国家中名列前茅，国内生产总值从54万亿元增长到99.09万亿元，稳居世界第二，年均增长近7%，占世界经济比重从11.4%提高到18%左右，对世界经济增贡献率超过30%。对外贸易、对外投资、外汇储备稳居世界前列。截至2019年，对外贸易总值为31.5万亿元人民币，同比增长3.4%，蝉联全球货物贸易第一大国；我国非金融类对外直接投资1106亿美元，同比下降8.2%；外汇储备31 079.24亿美元，仍高居世界第一。[①]2019年《财富》世界500强排行榜前5位中有3家中国公司，中国石化位列第二，中国石油和国家电网分列第四、第五位。中国上榜公司数量继续增长，达到了129家，历史上首次超过美国（121家），13家中国内地公司首次上榜。从行业上来看，中国的传统行业还是占绝大多数，大多分布在石油、金融、电力、钢铁、汽车等领域，也就是我们的新经济，还有创新型的服务业和制造业的比重是明显不足的，另外，我们的品牌技术和市场影响力都是需要在今后的发展中不断突破的攻坚环节。但是，与世界500强比较，中国企业盈利指标比较低。世界500强的平均利润为43亿美元，而中国上榜企业的平均利润是35亿美元。中国企业的盈利能力没有达到世界500强的平均水平。如果与美国企业相比，则存在的差距更加明显。[②]

财政收入从11.7万亿元增加到19.03万亿元。城镇新增就业9300万人以上，14亿多人口的大国实现了比较充分就业。供给侧结构性改革深入推进，经济结构不断优化。消费贡献率由54.9%提高到57.8%，服务业比重从45.3%上升到53.9%，成为经济增长主动力。高技术制造业年均增长11.7%。农业现代化稳步推进，粮食生产能力达到1.3万亿斤。城镇化率从52.6%提高到60.60%，超过1亿农业转移人口成为城镇居民。区域发

①中华人民共和国国家统计局．中华人民共和国2019年国民经济和社会发展统计公报[EB/OL]．中华人民共和国国家统计局官网，2020-02-28. http://www.stats.gov.cn.

②2019年《财富》世界500强排行榜. 360百科. https://baike.so.com/doc/28832676-30296638.html.

展协调性增强，“一带一路”建设、京津冀协同发展、长江经济带发展成效显著。创新驱动发展战略大力实施，创新型国家建设成果丰硕。全社会研发投入年均增长11%，规模跃居世界第二位。科技进步贡献率由52.2%提高到近60%。[①]2016年5月，随着全面推开营改增试点工作的顺利实施，营业税彻底退出历史舞台；资源税从价计征改革全面推开，水资源税试点开征；《环境保护税法》获全国人大常委会审议通过，于2018年1月1日起施行。

十八大之后，新一届政府进一步推进价格机制改革，发展改革委紧紧围绕提高供给体系质量和效率，认真落实《中共中央国务院关于推进价格机制改革的若干意见》（中发〔2015〕28号）要求，加快推进价格改革，一是放开绝大多数药品、大多数专业服务、部分竞争性领域交通运输和邮政服务等40多项政府定价，中央、地方政府定价项目分别缩减80%、55%左右；二是在深圳率先启动输配电价改革试点，并将试点范围扩大到安徽等18个省级电网及华北区域电网；三是进一步完善成品油价格形成机制，设置价格调控下限，简化调价操作方式，并放开液化石油气出厂价格；四是实现非居民用存量气和增量气价格并轨，全面理顺非居民用气价格；五是总结27个省80个县试点经验，深入推进农业水价综合改革试点；六是稳步推进棉花和大豆目标价格改革试点，提早发布目标价格水平，有效地稳定了市场预期，有利于农民合理安排生产；七是按照与公路货运保持合理比价关系原则理顺国铁货运价格，建立运价上下浮动机制。为了促进结构调整，对电石、铁合金等高耗能行业实行差别电价，对燃煤电厂超低排放实行上网电价支持政策，利用燃煤机组上网电价降低空间，指导地方合理制定调整污水处理收费标准。为了降低企业成本。两次较大幅度降低电价，同时大幅降低油气价格，完善银行卡刷卡收费定价机制。同时优化价格环境。自2016年1月1日起施行的新修订的《中央定价目录》再次大幅缩减定价范围，定价种类由13种（类）减少到7种（类）；具体定价项目由100项左右减少到20项。

二、中国特色社会主义经济建设的成就

改革开放以来，中国经济发展取得了令世人瞩目的伟大成就，国民经济保持持续快速健康发展，现代化建设事业稳步推进，综合国力和国际竞争力显著提高，人民生活总体上达到小康水平。

1. 中国经济实现快速增长，超越历史上的美国和日本奇迹

1978—2019年期间，中国的国内生产总值（GDP）年平均实际增长率高达9.4%，

①2019年《财富》世界500强排行榜. 360百科. https://baike.so.com/doc/28832676-30296638.html.

是同期世界上最快的增长速度，2019年GDP相当于1978年的271.46倍。这个速度为中国带来了奇迹般经济发展水平的赶超。打破了此前的“美国奇迹”“日本奇迹”。美国奇迹是1870—1913年期间GDP平均增长率达到3.9%，1913年GDP相当于1870年的5.26倍。二战后的“日本奇迹”是1950—1973年日本GDP平均增长率高达9.3%，1973年GDP相当于1950年的7.7倍。从同期国际比较看，1978—2008年30年期间，中国在世界可计算的166个国家中增长最快，增长率为9.8%，比排名第二的新加坡高3个百分点，比排名第五的韩国高3.5个百分点，比排名第七的印度高4个百分点。①

2. 综合国力大大提高

改革开放40多年，我国的综合国力大大提升。

（1）中国的GDP快速增长，稳居世界第二大经济体。

1978—2019年中国GDP平均增长9.4%，人均GDP世界排名也大幅提升（见表4–9）。按照世界银行数据，以2010年不变价计算，1978年中国人均GDP仅相当于撒哈拉南部非洲低收入国家平均水平的21%，属于典型的低收入国家。随着改革开放时期高速增长的持续，中国于1993年跨入中等偏下收入国家行列，继而在2009年跨入中等偏上收入国家行列。2019年，中国现价人均GDP超过1万美元，距离高收入国家的门槛已经近在咫尺。

表 4–9　中国 GDP、人均 GDP 及其世界排名

年度	GDP 亿 RMB	GDP 亿$	GDP 世界排名	人均 GDP$	人均 GDP 世界排名
1978	3650.2	2683	15	156	134
1990	18 744.3	3902	11	341	124
2000	99 776.3	11 984	7	946	115
2001	110 270.4	13 248	6	1038	113
2002	121 002.0	14 538	5	1132	112
2006	217 656.6	27 134	4	2064	111
2007	268 019.4	34 956	3	2645	108
2010	408 903.0	59 312	2	4283	95
2015	676 708.0	103 856	2	7990	76
2019①	990 865.0	142 035	2	10 162	66（预估）

注：表中数据来自中华人民共和国国家统计局中国统计年鉴。

①中华人民共和国 2019 年国民经济和社会发展统计公报（2020–2–28）。

①胡鞍钢. 2030中国经济[J]. 中国民营科技与经济，2011（11）：11–13.

（2）我国对外贸易获得了飞速的发展，使得国家外汇储备迅速增加。

改革开放后，我国对外贸易发展迅速，进出口总额不断扩大，自2013年以来连续7年位居世界第一（见表4–10）。

表 4–10　改革开放后我国对外贸易状况　单位：亿美元

年份	进出口总额	出口额	进口额	贸易顺差
1978	206.4	97.5	108.9	−11.4
1980	381.4	181.2	200.2	−19.0
1985	696.0	273.5	422.5	−149.0
1990	1154.4	620.9	533.5	87.4
1995	2808.6	1487.8	1320.8	167.0
2000	4742.9	2492.0	2250.9	241.1
2005	14 219.1	7619.5	6599.5	1020.0
2010	29 740.0	15 777.5	13 962.4	1815.1
2015	39 500	22 700.0	16 800.0	5900.0
2019①	45 210.9	24 698.3	20 512.6	4185.7

注：表中数据来自中华人民共和国国家统计局中国统计年鉴。

①中华人民共和国 2019 年国民经济和社会发展统计公报（2020–2–28）。

1978年改革开放后，我国外汇储备跳跃式增长。2016年我国外汇储备超越日本位居世界第一，我国近年外汇储备占世界外储总量的约1/3。截至2019底，外汇储备为3.1万亿美元（见表4–11）。

表 4–11　我国主要年份外汇储备水平　单位：亿美元

年份	外汇储备	年份	外汇储备
1950	1.57	2005	8189
1958	0.70	2009	23 992
1973	−0.81	2010	28 473
1979	8.4	2011	31 811
1981	27.08	2012	33 116
1990	110.93	2014	38 430
1998	1449.59	2015	33 300
2000	1656.00	2019①	31 079

注：表中数据来自中华人民共和国国家统计局中国统计年鉴。

①中华人民共和国 2019 年国民经济和社会发展统计公报（2020–2–28）。

（3）我国制造业的综合竞争力大大提高。

案例导入4-3

“中国制造2025”①

“中国制造2025”本质是工业信息化的智能化，我们可以用一串数字概括它的主要内容：“一二三四五五十”。

一个目标：从制造业大国走向制造业强国。

两化融合实现目标：信息化、工业化。

三步走：第一步，力争用10年时间，迈入制造强国行列；第二步，到2035年，我国制造业整体达到世界制造强国阵营中等水平；第三步，新中国成立100年时，制造业大国地位更加巩固，综合实力进入世界制造强国前列。

四项原则：市场主导、政府引导。立足当前，着眼长远。全面推进、重点突破。自主发展、合作共赢。

五条方针：创新驱动、质量为先、绿色发展、结构优化和人才为本。

五大工程：制造业创新中心建设的工程、强化基础的工程、智能制造工程、绿色制造工程和高端装备创新工程。

十大领域：新一代信息技术产业、高档数控机床和机器人、航空航天装备、海洋工程装备及高技术船舶、先进轨道交通装备、节能与新能源汽车、电力装备、农机装备、新材料、生物医药及高性能医疗器械等十个重点领域。

案例思考：

你是如何认识我国制造业的发展现状和存在的问题？

新中国成立以来，我们党领导人民进行大规模工业化建设，用几十年时间走完了发达国家几百年走过的工业化历程，创造了经济发展的“中国奇迹”。经过70年特别是改革开放40多年的快速发展，我国主要工业产品产量成倍甚至几十倍上百倍地增长，高技术制造业取得长足进步，国际竞争力显著增强。根据世界银行的统计，按现价美元测算，2010年我国制造业增加值首次超过美国，占全球比重为17.6%，位列世界第一。联合国统计司的数据显示，截至2016年，我国制造业增加值规模达3万亿美元，占世界的比重为24.5%。到2018年，这一比重增长到28%以上，工业增加值规模首次超

①国务院．国务院关于印发《中国制造2025》的通知：国发〔2015〕28号[EB/OL]．中华人民共和国中央人民政府官网，2015-05-19. http://www.gov.cn/zhengce/content/2015-05/19/content_9784.

过30万亿元。[①]这些变化，深刻改变了全球制造业乃至全球经济发展的格局。

目前，我国制造业已经覆盖了国际标准行业中制造业大类所涉及的24个行业组、71个行业和137个子行业，成为全球制造业体系最为完整的国家。

载人航天、载人深潜、大型飞机、北斗卫星导航系统、“神威·太湖之光”等超级计算机、高铁装备、百万千瓦级发电装备、万米深海石油钻探设备、量子通信卫星、FAST射电望远镜等一批重大技术装备取得突破，形成了若干具有国际竞争力的优势产业和骨干企业，我国已具备了建设工业强国的基础和条件。“复兴号”中国标准动车组，引领中国高铁实现“从追赶到领跑”的根本转变；采用国际最高安全标准的百万千瓦级自主三代核电装备“华龙一号”，开启了我国自主核电技术向发达国家出口的序幕；首艘国产航母下水，全球最大海上钻井平台“蓝鲸1号”出海，“天鲲号”重型自航绞吸挖泥船出港海试，一艘艘世界级大船扬帆远航；国产大飞机C919、AG600水陆两栖飞机相继成功首飞，国产航空发动机加快研制，我国航空工业稳扎稳打、加快追赶……改革开放40多年来，我国装备制造业取得了举世瞩目的成就，在许多领域达到了世界先进水平。

3.人民生活明显改善

改革开放后，我国人民生活水平明显提高，各项指标显著提升。居民消费水平指数如果以1978年为100基数的话，1990年为436.4，2000年为846.2，2014年为7875.8，2019年为11716.8。城乡居民人均消费支出中，衣食方面支出比例明显下降，通信、娱乐等方面的支出明显增加（表4-12），其他反映人们生活水平改善的指标（见表4-13）。

表 4-12　城乡居民人均消费支出比重

年份	城镇居民人均消费支出（%）					农村居民人均消费支出（%）				
	食品	衣着	居住	交通通信	文教娱乐	食品	衣着	居住	交通通信	文教娱乐
1990	54.2	13.4	4.8	3.2	8.8	58.8	7.8	17.3	1.4	5.4
2000	39.2	10.0	10.0	7.9	12.6	49.1	5.8	15.5	5.6	11.2
2014	30.0	8.1	22.5	13.8	10.7	33.6	6.1	21.0	12.1	10.3
2015	29.7	8.0	22.1	13.5	11.1	33.0	6.0	20.9	12.6	10.5
2018	27.7	6.9	24.0	13.3	11.4	30.1	5.3	21.9	13.9	10.7

注：表中数据来自中华人民共和国国家统计局中国统计年鉴。

①苗圩.我国工业和信息化的辉煌成就与宝贵经验[N].人民日报，2019-10-08（09）.

表 4-13 生活水平主要指标状况

年份	1978	1990	2000	2014	2015	2018
每万人口执业（助理）医师数（人）	10.8	15.6	16.8	21.2	22.0	25.9
用水普及率（%）	–	48.0	63.9	97.6	98.1	98.4
燃气普及率（%）	–	19.1	45.4	94.6	95.3	96.7
人均公园绿地面积(平方米）	–	1.8	3.7	13.1	13.3	14.1
电话每百人（部）	0.4	1.1	19.1	112.3	109.3	126.0

注：表中数据来自中华人民共和国国家统计局中国统计年鉴。

三、中国经济建设发展中存在的问题

新中国成立以来，特别是改革开放后，中国经济建设取得了令人瞩目的成绩，但是经济的快速增长也积累了不少矛盾和问题，主要表现为自主创新能力薄弱，经济增长方式粗放，产业结构不合理，产业行业发展不协调，投资消费关系不协调，城乡区域发展不平衡，对外开放水平不高，收入差距拉大，就业压力大，社会保障水平低，教育发展不均衡，教育资源分配不合理，经济发展与社会、资源、人口、环境的矛盾突出等等。

1. 自主创新能力薄弱，研发设计水平较低，试验检测手段不足，关键共性技术缺失

自主创新狭义上是指自主技术创新，它是相对于技术引进、模仿而言的一种创造活动，是通过拥有自主知识产权的独特或核心技术实现新产品价值的过程。自主技术创新有原始创新、集成创新和在引进消化基础上的再创新（即二次创新）三种类型。广义的自主创新包括技术创新、管理创新和制度创新等。与创新型国家相比，我国企业自主创新能力仍显薄弱，自主品牌缺失现象严重，自主知识产权与主要工业化国家相比还存在很大差距。

（1）企业研发经费投入不足。

据资料统计，世界500强用于研究与开发的费用占全球研发费用的65%以上，平均每个企业的技术开发费用占其销售额的10%—20%。而我国大中型工业企业的技术开发费用占产品销售收入的比重只有1.4%左右。另外，国外企业每年的研发投入占年销售总额5%—10%，在我国，据部分统计，很多企业每年的研发投入只占年销售收入的不到1%，有些企业甚至根本没有研发投入。

2015年8月，中国企业联合会、中国企业家协会课题组发布的2015中国大企业发展

趋势报告显示：94家上榜2015世界500强的中国企业中，尽管有74家申报了研发投入，研发强度为1.24，与上年相比增长了0.07%；全年研发投入占企业净利润的36.74%，比上年提升了2.02%。但与世界500强企业的平均研发强度3%至5%相比，我国大企业对创新投入显然不足。①

2019年中国企业500强中，426家填报了研发费用，共投入研发费用9765.48亿元，与自身同口径比，同比大幅增长了21.71%。企业平均研发投入为22.9亿元，增长9.1%；平均研发强度增长至1.60%，提高了0.04个百分点，和世界500强中的外国企业仍存在较大差距。仍有74家未填报研发经费，可能投入可忽略不计。其中3家通信设备制造企业共投入研发费用1175.67亿元，行业平均研发强度为13.44%，显著高于排位第二的互联网服务业的6.14%。②特别是华为集团，近年来，华为投入研发的资金呈显著的增长趋势。艾媒咨询数据显示，2014—2018年华为研发投入每年增速在10%以上，2018年华为研发资金投入首次超过千亿，投入占比销售收入14.1%。近十年，华为投入研发费用总计超过4800亿元人民币。

以华为公司、中国航天科工、中兴通讯这些企业为代表的中国企业在电信设备制造、航天科技、军工、家电制造、云计算、智能汽车等领域保持着领先地位，是我国创新型大企业的代表，是中国企业发展的方向。

另外，与不重视创新投入相仿，我国企业参与技术创新成果转化的动力也显不足。中国的科技成果转化率仅为10%左右，远低于发达国家40%的水平；专利技术交易率只有5%，真正实现产业化则不足5%。

（2）高科技人才不足。

科技人才的匮乏与流失是影响企业技术创新能力的重要因素。2012年11月，麦肯锡全球研究所的研究显示，到2020年，全球高科技企业将面临约4000万的技术人才缺口，中国技术人才短缺将达到约2200万人。造成中国技术人才缺口较大的原因在于，中国经济增长速度过快，以至于虽然中国高等院校培养出了大量具有高等教育学历的毕业生，但这些年轻人的生产力仍然无法满足经济扩张的需要。中国面临的另一大困境来自自身人口结构的变化，老年人口比例快速上升。受此影响，20多岁、可能拥有

①余瀛波. 中国500强专利数量持续增长自主创新能力不足.［OL］搜狐网. 2015-08-24. https://business.sohu.com/20150824/n419595452.shtml.

②2019年中国企业500强. 360百科. https://baike.so.com/doc/28833470-30298443.html.

较高教育水平的新增劳动力人数，在未来几年中国人口中所占比重可能相对较小。

（3）技术消化吸收能力弱，自主创新能力不足。

我国企业重视引进，轻视消化吸收再创新。据有关研究，引进同等的技术设备，我国用于消化吸收再创新的费用只及日韩的1.5%，大体上日本、韩国技术引进花1元，消化吸收经费要花10元。而我国技术引进花1元，消化吸收经费只花0.15元。

尽管中国企业500强的专利拥有数量在持续增长，但自主创新能力仍然不足。2019中国企业500强共有396家申报了专利数据，共申报专利总数110.80万件；专利申报企业比上年500强增加了14家，专利申报数量比上年500强增加了15.25万件，增长了15.97%。其中申报发明专利40.56万件，比上年500强增长了17.40%，发明专利数量连续9年持续增长。①尽管增速已经有了明显下降，但仍处于较高水平。

2020年2月9日的《德温特2020年度全球百强创新机构》榜单中，只有三家中国大陆企业入选榜单，分别为华为、腾讯和小米，其中腾讯为首次入选。美国有39家，日本有32家。②报告指出创新市场的三大趋势：颠覆性企业的崛起正在稀释传统创新巨头的发明市场份额，全球专利市场呈现碎片化趋势；协作的重要性，创新正日益成为一项知识密集型的活动，并且随着技术的融合，基础科学和工程类学科更频繁地相互结合，因此需要涉及多领域的专业知识；当今世界的现代发明，都需要更精深、更丰富的专业知识，并且会涉及之前看来毫不相干的学科领域，传统上主导创新进程的大型机构要想在一个更为复杂和碎片化的创新生态系统中继续占据一席之地，就必须尝试和拥抱新的合作模式。可见中国企业创新突破应该紧跟世界创新趋势，才能发展壮大。

2. 经济增长方式粗放

改革开放40多年，我国经济实现了年均9.4%的快速增长，但经济增长方式相对粗放。主要是依靠资金、劳动力和自然资源等生产要素的数量投入实现的。一些产业的盲目投资和低水平重复建设，虽实现了产量的增长，但却以消耗大量资源能源为代价，不但不利于产业结构的调整优化，而且也无益于国民经济的持续健康稳定发展。高消耗换来的高增长，必然是高排放、高污染和低效率，具有明显的“三高一低”特点。

①2019年中国企业500强. 360百科. https://baike.so.com/doc/28833470-30298443.html.

②环球科技. 小米入围2020全球百强创新名单AI专利申请位于全球第一阵营[J/OL]. 环球网，2020-02-20. https://3w.huanqiu.com/a/c36dc8/3x6yF4lmjEs?p=2&agt=8

（1）能耗高。

按汇率计算的单位产值能耗，中国是世界上最高的国家之一，仅次于俄罗斯和东欧国家。2000年，中国每百万美元GDP能耗为日本的9.7倍，世界平均值的3.4倍。我国目前的能源效率约为30%，比世界先进水平低10个百分点左右。2017年，中国单位标准油产生的GDP为3911美元，美国为8675美元，是中国的2.22倍。

（2）污染大。

我国在经济快速增长时，对环境污染重视不足，高能耗带来高污染。工业排放的废水、废气、废渣严重污染环境，直接危害到人们的身体健康。2010年前后，全球十大环境污染最严重的城市中，中国占8个；雾霾污染十分严重，雾霾天气出现的频率越来越高。2013年我国雾霾污染波及100多个大中型城市，全国的平均雾霾天数远超过历史水平，而且近些年沙尘暴肆虐。我国七大江河水系，有54%的断面受到不同程度的污染，76%的河流受到污染。我国废弃物排放水平大大高于发达国家，每增加单位GDP的废水排放量比发达国家高4倍，单位工业产值产生的固体废弃物比发达国家高10多倍。我国工业和生活废水排放总量中化学需氧量、二氧化硫、二氧化碳年排放量均居世界前位。

2017年，中国发电总量为6.5万亿千瓦时，世界第一，其中，火力发电占比约为71.788%，煤电占比为64.67%，是大头中的大头；水电占比约为18.3%，风电占比为4.54%，太阳能占比1.49%，核能占比3.82%。同年，美国发电总量为4.0186万亿千瓦时，世界第二，其中31.7%为天然气发电，30.1%为煤电，核电20.0%，非水可再生能源发电9.6%。[①]当前中国面临的严重环境问题，其根源就是我国的能源消费结构，尤其是电力结构带来的。

（3）效率效益差。

2013年我国能源消耗总量为37.6亿吨标煤，占世界总能耗的22%，实现的GDP占世界12.3%。中国每创造1美元GDP所消耗的能源是西方7个发达国家平均的5.9倍，是美国的4.3倍、德国和法国的7.7倍、日本的11.5倍。我国第二产业劳动生产率是美国的1/30、日本的1/18、法国的1/16、德国的1/12和韩国的1/7。资源产出效率大大低于国际先进水平，每吨标准煤的产出效率相当于美国的28.6%，欧盟的16.8%，日本的10.3%。

---

①王能全. 从能源数据看中美差距[J/OL]. 财经，2018 (18). http://magazine.caijing.com.cn/20180815/4500692.shtml.

2000年，中国能源消费为10.1亿吨标准油，2017年为31.322亿吨标准油，2018年为32.735亿吨标准油，18年间增长了3.24倍，同期GDP由1.21万亿美元增长到13.45万亿美元，增长了10.12倍，18年间中国能源消费以低于GDP增长的速度，支撑了经济的高速增长，但经济增长仍要靠能源消费增长来拉动。2000年，美国的一次能源消费总量为22.596亿吨标准油，2017年为22.349亿吨标准油，2018年首次增长到23亿吨标准油，18年间美国的一次能源消费基本没有增长，而同期美国GDP由10.285万亿美元增长到20.51万亿美元，增长了1.99倍。基本表明美国经济增长已经摆脱了依赖能源消费增长，转而靠效率改善来带动，美国经济已经进入了节约型发展的阶段。①

3. 产业结构不合理

知识链接4-1

经济结构

经济结构是一个由许多系统构成的多层次、多因素的复合体。系统中各个要素之间互相关联、互相结合，有着数量对比关系。经济结构既包含它的要素特性及其结合形式，包含它的比例关系。经济结构可以从多方面来考察，从拉动经济增长的动力来考察，主要体现为投资、消费、出口贡献的比重；从一定社会生产关系的总和来考察，主要体现为生产资料所有制的不同经济成分的比重和构成；从国民经济各部门来考察，主要体现为一、二、三产业的构成及其农业、轻工业、重工业的构成等产业结构；从社会再生产各个方面的组成和构造来考察，主要体现为分配结构、交换结构、消费结构、技术结构、劳动力结构等；从所包含的范围来考察，则体现为国民经济总体结构、部门结构、地区结构、企业结构等；从不同角度进行专门研究的需要来考察，又体现为经济组织结构、投资结构、产品结构、人员结构、就业结构、能源结构、材料结构，等等。

（1）三大产业结构仍不完全合理。

改革开放40多年，虽然我国三大产业结构不断优化，农业现代化加快，工业结构加速升级，服务业发展迅猛，现代产业结构初步形成，但是三大产业结构的不协调问

①王能全．从能源数据看中美差距[J/OL]．财经，2018 (18). http://magazine.caijing.com.cn/20180815/4500692.shtml.

题仍然非常突出。

从国际上看，我国第一、二产业所占比重仍然过高，第三产业所占比重仍然过低，而且第一产业基础薄弱，第二产业素质不高，第三产业发展滞后。第一产业的生产经营方式依然以家庭为主，组织化程度低，生产规模小；农业基础设施和技术装备落后，劳动生产率低，农产品质量不高；难以为二、三产业发展提供充足和高质量的原材料供应。第二产业大而不强，自主创新能力不强，创新体系不完善，关键核心技术和高端装备对外依存度高；国际竞争力不强，产品档次不高，缺乏世界知名品牌；信息化水平较低，与工业化融合深度不够；高端装备制造业和生产性服务业发展滞后；工业的先进技术和设备没有充分、有效地渗透到农业深加工环节，农业初级产品与深加工产品比例不协调；部分行业产能过剩问题突出，产业集中度偏低，中小企业发展活力不足。2014年第三产业增加值占GDP比重不足50%，远低于发达国家70%—80%的水平；服务业尤其是生产性服务业整体发展滞后，比如对一、二产业发展具有明显拉动作用的售后服务、金融保险、产品和技术研发、软件和信息服务等等高端服务业发展明显滞后，制约了国内消费市场的扩大和出口产品附加值的提高，影响了产业结构的优化升级。

知识链接4-2

三次产业比重

相关研究显示，1952—1978年，第一产业占GDP的比重从50.5%下降到28.1%，第二产业的比重由20.9%迅速增加到48.2%，第三产业则由28.6%降为23.7%。1978—2009年，第一产业在GDP中的比重由28.1%降低为10.6%，第二产业在GDP中的比重由48.2%变为46.8%，第三产业在GDP的比重由23.7%迅速提升到42.6%。2015年，我国三次产业贡献率分别为4.6%、41.6%和53.7%。

（2）实体经济与虚拟经济发展不协调。

近十几年，由于制造业利润下滑而房地产价格的迅速上扬，许多制造企业和大量民间资本转而聚集投资于房地产业、资本市场等领域，不大愿意再投资于农业、工业、交通通信业、商业服务业等实体经济。20世纪末以来，城镇房地产投资占全社会固定资产投资的比重呈明显上升趋势，严重冲击了实体经济的整体发展（见表4–14）。

表 4–14 城镇房地产投资占全社会固定资产投资的比重

年份	全社会固定资产投资（亿元）	城镇房地产投资（亿元）	城镇房地产投资占全社会固定资产投资的比重（%）
1995	20 019.3	3149	15.73
2000	32 917.7	4984.1	15.14
2005	88 773.6	15 909.2	17.92
2010	278 121.9	48 259.4	17.35
2011	311 485.1	61 796.9	19.84
2012	374 694.7	71 803.8	19.16
2013	446 294.1	86 013.4	19.27
2014	512 020.7	95 035.6	18.56
2015	561 999.8	95 978.8	17.08
2018	645 675.0	120 264.0	18.63

注：表中数据来自中华人民共和国国家统计局中国统计年鉴 2019。

知识链接4–3

实体经济

实体经济是指物质的、精神的产品和服务的生产、流通等经济活动，这种经济活动需要借助大量的实物。实体经济的物质价格系统是由成本和技术支撑的。实体经济包括农业、工业、交通通信业、商业服务业、建筑业等物质生产和服务部门，也包括教育、文化、知识、信息、艺术、体育等精神产品的生产和服务部门。实体经济始终是人类社会赖以生存和发展的基础。

虚拟经济

“虚拟经济”是相对实体经济而言的，一般认为虚拟经济是从具有信用关系的虚拟资本衍生出来的，是资本独立化运动的经济，即资本以脱离实物经济的价值形态独立运动，虚拟经济的资产价格系统是以资本化定价方式为基础的。金融业是最典型的虚拟经济。但由于在现代的房地产投资与融资实务中，“收益资本化法”（根据房地产产生的现金流量进行估价）仍是决定房地产投资的最主要的估价方式，所以，房地产是除金融资产以外的另一种虚拟资产。人们通常认为虚拟经济包括金融业和房地产业。

4. 投资结构不协调

当前我国经济发展方式中存在的突出问题仍然是投资过度及投资结构不合理。

我国投资率长期偏高，消费率长期偏低。2007年我国投资率为43.3%，国际金融危机爆发后，2009年我国加大了投资力度，投资率高达49%左右。2009年以后我国最终消费率为48%。与世界平均水平相比，我国投资率偏高大约20个百分点，消费率大约偏低近20个百分点。十八大后，虽然中央政府没有再出台大规模的投资刺激计划，但是，为了改变经济持续低迷的现状，许多地方政府动足了脑筋，纷纷推出了大规模经济刺激计划。有数据称，2013年我国地方规划的投资超过十万亿元。

投资结构不合理也是重要的问题。我国投资结构长期存在“三多三少”问题，即政府主导的“铁公基”投资偏多，民营资本参与和主导的关键产业投资偏少；传统行业投资偏多，新型产业、教育、医疗投资偏少；依赖银行贷款手段完成的投资偏多，依靠直接融资手段完成的投资偏少。

大规模不合理投资引发了许多问题。

（1）重复建设、过剩产能，加大产业结构调整难度。

2006年3月，国务院《关于加快推进产能过剩行业结构调整的通知》中，钢铁、电解铝、电石、铁合金、焦炭、汽车、水泥、煤炭、电力、纺织等10个行业就被列入产能过剩或潜在过剩行业。2009年我国的追加投资主要用于铁路、公路和基本建设上。这些投资使原本我国已经过剩产能的钢铁、水泥等产业起死回生，更加膨胀。2012年底，钢铁、电解铝、水泥、平板玻璃、船舶行业产能利用率分别仅为72%、71.9%、73.7%、73.1%和75%，明显低于国际通常水平。

2013年，发改委、工信部会同有关部门继续研究化解产能过剩总体方案，重点还是解决钢铁、水泥、电解铝、平板玻璃和造船五大行业的产能过剩问题。事实上，这一时期我国产业结构调整、淘汰落后产能的工作进展不大，甚至是越淘汰越过剩。根据相关行业协会的数据，钢铁产能从2003年近3亿吨扩张到2012年的超过10亿吨。根据国家发改委和工信部公布的数据，2006年到2012年，8年累计减少的粗钢产能为7600万吨，但这期间，国内累计新增的粗钢产量产能达到4.4亿吨。河北省的钢铁产能化解年年都在说，但年年都在涨。水泥问题同样严重，2006年淘汰落后产能中，涉及1433家企业，其中水泥企业就占到527家。虽然在此期间国家三令五申用行政审批严控水泥行业的产能扩张，但是2009年后水泥产能仍然大幅提升8亿吨。截至2012年底，国内新型干法水泥生产线1637条，水泥产能达29亿吨，总产能利用率不足75%。

本来我国经济发展中产业结构的突出问题就是以中低端制造业为主体，结构雷同，布局失当，企业生产技术水平低，现代服务业偏弱。我们产业结构的调整目的应该是实现产业结构的合理化和高级化。然而，这些年的投资不仅没有改变解决这一问题，而且使得产业结构调整更是难上加难。

知识链接4-4

产业结构调整包括产业结构合理化和高级化两个方面。

产业结构合理化是指各产业之间相互协调，有较强的产业结构转换能力和良好的适应性，能适应市场需求变化，并带来最佳效益的产业结构，具体表现为产业之间的数量比例关系、经济技术联系和相互作用关系趋向协调平衡的过程。

产业结构高级化，又称为产业结构升级，是指产业结构系统从较低级形式向较高级形式的转化过程。产业结构的高级化一般遵循产业结构演变规律，由低级到高级演进。

（2）投资效率持续下降。

各种数据表明，我国投资结构长期存在“三多三少”问题直接导致社会资金运用效率大幅度降低，导致货币信贷资金推动经济增长的边际效率持续下降。例如，2013年前5个月我国船舶行业80家重点监测企业的主营业务收入下降了22.4%，为841亿元。为了促进船舶工业持续健康发展，2013年8月，国务院印发了《船舶工业加快结构调整促进转型升级实施方案（2013-2015年）》，采取有力措施，深入推进结构调整，不断提高质量效益，为建成造船强国、实施海洋战略积蓄力量和创造条件。。

钢铁行业的利润下滑也十分惊人，从最为直观的吨钢利润来看，高峰期能达到1000元左右，2012年8月，吨钢利润只有1.68元，到2013年8月，吨钢利润一度只有0.43元，两吨加起来赚的钱不够买一根冰棍。根据中国钢铁工业协会发布的数据，86家会员钢企2013年上半年合计盈利22.97亿元，实现利税397.9亿元，平均销售利润仅为0.13%，在39个工业行业中最低；86家企业中有35家上半年亏损，亏损面为40.7%，其中6月份单月亏损额为6.99亿元。①

①中钢协. 中国钢铁工业协会2013年第三次信息发布会新闻稿[OL]. 中国钢铁工业协会官网，2013-07-31. http://www.chinaisa.org.cn/gxportal/xfgl/portal/content.html?articleId =996ae74ca85981b2a128f5431c5a68f2c780da8b17819563fc359abedc896a48&columnId=50e7242bfd78b4395f3338df7699a0ff8847b886c4c3a55bd7c102a2cfe32fe9.

案例导入4-4

2015—2016年的中国钢铁产业

《2016—2021年中国钢铁行业发展前景与投资战略规划分析报告》显示，当前钢铁行业困境依旧由产能过剩引起。数据显示，2015年的我国钢铁产能近12亿吨，而同年国内钢材市场需求量仅为7亿吨，产能利用率不足67%，预计2016年国内钢材消费量将进一步下跌至6.48亿吨，产能利用率也将进一步下滑。

严重的产能过剩直接将整个钢铁行业推进了亏损的深渊。2016年1月29日，中国钢铁工业协会发布数据称，2015年，会员钢铁企业实现销售收入2.89万亿元，同比下降19.05%；实现利润总额为亏损645.34亿元，上年为盈利225.89亿元，亏损面为50.5%，亏损企业产量占会员企业钢产量的46.91%。截至2016年8月30日，中信钢铁板块的55家上市钢铁企业上半年业绩数据全部出炉。数据显示，在钢材价格持续下行的背景下，上市钢企的业绩进一步恶化，其中26家归属于母公司股东的净利润（简称“净利润”）为负值，合计亏损额高达106.91亿元；55家企业中42家净利润同比下滑，占比高达76.36%。据中国证券报记者统计，55家上市钢企合计实现营业收入5602.26亿元，实现净利润合计为-46.23亿元，而扣除非经常性损益后的净利润（简称“扣非净利润”）仅为-61.38亿元，其中马钢股份、酒钢宏兴、重庆钢铁的净亏损分别为22.28亿元、15.34亿元、12.36亿元，攀钢钒钛、柳钢股份、八一钢铁、韶钢松山的净亏损额也都超过5亿元。从2016年开始，中央决心用5年时间再压减粗钢产能1—1.5亿吨，行业兼并重组取得实质性进展；同时，要推动钢铁企业与上下游企业组成联盟，促进整个产业链的优化调整，进而实现对产能过剩的有效化解。与此同时，还要利用各种国际合作平台和渠道，加快国际产能合作，加速优质产能走出去。

2016年3月1日起山东临沂地区钢厂关停，近6万人下岗。临沂江鑫钢铁有限公司、临沂三德特钢有限公司、临沂宇光钢铁有限公司、山东元生铸冶有限公司、沂南壶井特钢有限公司、临沂亿达钢铁有限公司、山东山威集团有限公司等临沂地区的钢厂基本停产。2016年6月24日，上市公司宝钢股份和武钢股份同时发布重大资产重组信息宣布即日起停牌，后宣布双方进行战略重组，至10月完成重组，12月份宝武集团正式启航。2016年下半年，钢铁行业整体回暖。据中国钢铁工业协会统计数据显示，2016年11月份99家大中型钢铁企业实现销售收入2648.93亿元，利润总额44.22亿元；2016年1月份至11月份累计实现利润总额331.46亿元，2015年同期为亏损529.06亿元。2016年钢铁行业上市公司业绩预告，八成钢企业绩预盈，钢铁行业实现整体扭亏。从业绩情况来看，32家已经公布了2016年年度业绩预告（或业绩快报）的SW钢铁上市公司中，有28家预盈，占全体上市公司的80.00%，共有4家预亏，占全体上市公司的11.43%。从业绩变动方向来看，共有17家预告扭亏为盈，占全体上市公司的48.57%，共有8家预告盈利增加，占全体上市公司的22.86%，共有3家预告盈利收窄，占全体上市公司的8.57%，共有2家预告由盈转亏，占全体上市公司的5.71%，共有2家预告亏幅收窄，占全体上市公司的5.71%。

表 4–15　2015 年上市钢企亏损表　　单位：亿元

公司	武钢	酒钢	重钢	马钢	鞍钢	太钢	包钢	本钢
亏损额	75.15	73.64	59.87	48.04	45.93	37.11	33.06	32.94

注：表中数据来自 2015 年上市公司年报。

案例思考：

结合案例，谈谈你对中国产业结构调整的思路。

2019年7月，《财富》杂志列出了世界财富500强企业中亏损企业总计31家，其中，中国共有12家公司亏损。中国人寿保险亏损最多，接近25.7亿美元。中国化工集团亏损额就接近22.1亿美元。京东集团、中国五矿集团有限公司亏损额超过3亿美元，兖矿集团、鞍钢集团公司亏损超过2亿美元。

（3）财政赤字剧增，赤字率不断上升。

财政赤字是一国政府的财政支出大于财政收入而形成的差额。赤字率是指财政赤字占GDP的比重，是衡量财政风险的一个重要指标。按照国际上通行标准，赤字率3%一般设为国际安全线。在实践中，不少国家超越了债务负担率60%的警戒线，财政运行也保持了正常，经济安全未受到大的影响。也就是说，只要政府债务能够正常偿还，较大的债务规模就不会影响财政运行。我国拥有庞大的国有资源，应债能力远高于一般市场经济国家，这也是社会主义制度的一个优势。也就是说，即使欧盟财政赤字率和债务负担率警戒线为3%和60%是合理的，我国的警戒线水平也应高于这两个指标。

公开信息显示，2014年的中国财政赤字率仅为2.12%，2015年的财政赤字率提高到2.39%，但仍低于国际警戒水平3%。按照3%的红线，较低的财政赤字率为下一步扩大财政支出提供了空间。2016年以后赤字率开始运行到3%附近（见表4–16）。因而加强防范和化解经济风险的意识和举措仍然是非常必要的。我国经济发展进入新常态，经济运行方式已发生变化，影响经济增长的因素越来越复杂，保持宏观经济稳定所要做的事也越来越多，宏观经济决策难度在不断增加。要保持经济中高速增长和财政运行安全，需要全面观察经济的变化，尤其要采取科学的债务监测手段来密切关注债务监测指标的变化。还应认识到，尽管我国总体上财政运行正常，但各地情况不一，有些地方政府债务风险较大，如果不及时采取措施，也可能产生风险传染效应，由局部扩散到整体。除了关注政府债务风险，还要关注企业债务风险，特别是注意其中可能转化为政府或有负债的风险。只要对风险有充分的估计并有相应的预案，经济安全运行就有保证。

表 4-16　中国政府历年赤字率（2009—2019 年）

年份（年）	2009	2011	2013	2015	2016	2017	2018	2019
赤字（万亿元）	0.74	0.85	1.2	1.62	2.18	2.38	2.38	2.76
GDP（万亿元）	34.01	47.31	58.81	67.67	74.4	82.08	90.03	99.1
赤字率（%）	2.18	1.80	2.04	2.39	2.93	2.90	2.64	2.78

注：表中数据来自历年《中国统计年鉴》和政府预算、决算报告计算。

（4）建设用地急剧增长。

2009年在中央安排的4万亿投资中，1.8万亿用于修建铁路、公路、机场和桥梁等，2009年建设占用耕地高达350万亩以上。2018年全国国有建设用地供应总量62.4万公顷，比上年下降3.6%。其中，工矿仓储用地14.7万公顷，增长10.3%；房地产用地14.2万公顷，下降1.4%；基础设施用地33.5万公顷，下降9.5%。[①]建设用地面积居高不下，对守住18亿亩耕地红线形成非常严峻的挑战。

（5）房地产泡沫。

这些年，限购政策虽然一定程度上使得我国的房价得到了初步控制，但有不少地方政府却因为要保增长，还是放松购房政策，这无疑刺激房价的上涨。实际上，中国已经领跑全球空置率。2013年，西南财经大学中国家庭金融调查与研究中心发表的《城镇住房空置率及住房市场发展趋势》报告中预测：我国城镇住宅市场的整体空置率达到22.4%，城镇空置房为4898万套。六大城市空置率分别为：重庆25.6%、上海18.5%、成都24.7%、武汉23.5%、天津22.5%、北京19.5%。三线城市住房空置率最高，为23.2%。。而美国2011年住宅空置率只有2.5%。

2015年5月腾讯发起的《2015年5月全国城市住房市场调查报告》显示，中国主要城市的住房空置率整体水平在22%至26%之间。

①中华人民共和国国家统计局. 中华人民共和国2019年国民经济和社会发展统计公报[EB/OL]. 中华人民共和国国家统计局官网，2020-02-28.http://www.stats.gov.cn

按照国际通行惯例，商品房空置率在5%–10%之间为合理区；空置率在10%–20%之间为空置危险区；空置率在20%以上为商品房严重积压区。很明显我国的空置房率确实偏高，有的数据甚至已经到了商品房严重积压区。

第三节 中国特色社会主义经济建设的发展方向

一、建设现代化经济体系

党的十九大报告中创新性地提出“贯彻新发展理念，建设现代化经济体系”，并指出中国经济已由高速增长阶段转向高质量发展阶段，正处在转变发展方式、优化经济结构、转换增长动力的攻关期，建设现代化经济体系是跨越关口的迫切要求和中国发展的战略目标。这是我们党根据新时代的历史新方位、中国社会主要矛盾发生转化、新的发展目标和任务提出的新时代新发展阶段的重大战略部署和制度性安排。

1. 建设现代化经济体系的内涵

现代化经济体系由“现代化”和“经济体系”两个关键词共同组成。现代化是反映人类社会文明从传统社会向现代社会转型程度的综合指标，主要有两层含义：从过程看，指通过不断变革满足现代需要；从结果看，指成为技术先进的，且通常指达到世界先进水平。经济体系是由社会经济活动各个环节、各个层面、各个领域组成的彼此依存、相互影响、共同发展的系统。它包括经济社会活动的生产、流通、分配和消费等各个环节，供给、需求、市场体系和宏观调控等各个层面，以及产业、区域等各个领域。因此，现代化经济体系可以概括为由社会经济活动的各个环节、各个层面、各个领域构成的，能够较好满足现代需要的有机统一整体。它既是一个目标，也是一个不断变革的过程。从我国来看，现代化经济体系就是能够很好地满足人民日益增长的美好生活需要的经济体系，是充分体现新发展理念的经济体系。

十九大报告提出“着力构建市场机制有效、微观主体有活力、宏观调控有度的经济体制”，这既是现代化经济体系宏观层面的建设目标，也是经济体制现代化丰富内涵的科学概括。经过三十多年的努力，中国社会主义市场经济体制不断完善。但是，应该清醒地认识到，宏微观经济体制还有许多亟待完善和解决的问题，与建设现代化强国和现代化经济体系的要求还有不小差距。因此，必须加快建立与现代化经济体系相匹配的经济体制，必须摆脱对过去赶超型旧体制的路径依赖，对于不适应生产力发展要求的体制和机制大胆革新。要坚持社会主义市场经济的改革方向，发挥市场对资源配置的决定性作用，更好地发挥政府作用，充分激发出市场微观主体的活力，搭建好现代化经济体系的制度框架。

十九大报告提出“着力加快建设实体经济、科技创新、现代金融、人力资源协同发展的产业体系”，这既是现代化经济体系中观层面的建设目标，也是产业体系现代化丰富内涵的科学概括。第一，产业体系是经济体系生产环节中的重要内容，是经济体系的物质基础和内核。第二，实体经济是现代化产业体系的主体。第三，科技创新是现代化产业体系的核心动力。第四，现代金融是现代化产业体系的血脉。第五，人力资源是现代化产业体系最宝贵的资源。

十九大报告提出“必须坚持质量第一、效益优先，以供给侧结构性改革为主线，推动经济发展质量变革、效率变革、动力变革，提高全要素生产率”，这既是现代化经济体系微观层面的建设目标，也是要素现代化丰富内涵的科学概括。第一，质量变革强调提高供给体系的质量。第二，效率变革强调提高生产要素的配置和利用效率。第三，动力变革要求创新驱动和发挥人力资本质量优势。第四，要素现代化的落脚点是提高全要素生产率，这是建设现代化经济体系微观层面的基本任务和目标。

2. 建设现代化经济体系的意义

建设现代化经济体系是开启全面建设社会主义现代化国家新征程的重大任务。20世纪80年代，党中央提出我国社会主义现代化建设分三步走的战略目标。党的十八大强调实现“两个一百年”奋斗目标。党的十九大把握中国特色社会主义新时代发展大势，提出决胜全面建成小康社会、开启全面建设社会主义现代化国家新征程的战略目标：到2020年，全面建成小康社会；到2035年，基本实现社会主义现代化；到本世纪中叶，把我国建成富强民主文明和谐美丽的社会主义现代化强国。实现宏伟愿景，必须牢牢扭住经济建设这个中心，坚定不移把发展作为党执政兴国的第一要务，加快形成先进的生产力，构建雄厚的经济基础；加快建设现代化经济体系，推动新型工业化、信息化、城镇化、农业现代化同步发展，显著提高发展质量，不断壮大我国经济实力和综合国力。

建设现代化经济体系是紧扣我国社会主要矛盾转化推进经济建设的客观要求。长期以来，我国社会主要矛盾是人民日益增长的物质文化需要同落后的社会生产之间的矛盾。改革开放极大地解放和发展了我国社会生产力。2019年国内生产总值近100万亿元，稳居世界第二；工农业生产、基础设施、科技创新、市场建设也都取得长足进步，社会生产总体上已不再落后。同时，人民对美好生活的需要日益增长。但是，发展中不平衡不协调不可持续问题十分突出，我国人均国内生产总值和人均国民总收入仍低于世界平均水平。当前，我国社会主要矛盾已经转化为人民日益增长的美好生活需要和不平衡不充分的发展之间的矛盾。必须坚持创新、协调、绿色、开放、共享的发展理念，统筹推进“五位一体”总体布局，协调推进“四个全面”战略布局，推动城乡、区域、经济社会协调发展，处理好经济发展和环境保护的关系，实现国内发展和对外开放良性互动。这正是持续推进现代化经济体系建设的应有之义。

建设现代化经济体系是适应我国经济已由高速增长阶段转向高质量发展阶段的必然要求。从国内看，我国经济发展进入新常态，呈现增速转轨、结构转型、动能转换的特点。同时，长期积累的结构性矛盾仍然突出。我国改革已进入深水区、攻坚期，全面建成小康社会进入决胜期，国民经济正处在转变发展方式、优化经济结构、转换增长动力的攻关期。只有实现高质量发展，才能推动经济建设再上新台阶。从国际看，国际金融危机深层次影响还在持续，世界经济复苏进程仍然曲折，保护主义、单边主义、民粹主义以及逆全球化思潮抬头。只有实现我国经济高质量发展，才能在激烈的国际竞争中赢得主动。建设现代化经济体系，是我国发展的战略目标，更是我们跨越关口的迫切要求。必须坚定不移推进供给侧结构性改革，实现供需动态平衡，大力推动科技创新和体制创新，爬坡过坎，攻坚克难，努力实现更高质量、更有效率、更加公平、更可持续的发展。

3. 建设现代化经济体系的任务和举措

建设现代化经济体系，必须紧紧围绕现代化经济体系两个方面的重要内容，即建设现代产业体系和建设现代市场经济体制而展开。

首先，建设创新引领、协同发展的产业体系。目标就是要实现实体经济、科技创新、现代金融、人力资源协同发展。筑牢实体经济的基础地位，深化供给侧结构性改革，大力破除无效供给。积极培育新动能，进一步降低实体经济成本。提高科技创新的贡献份额，实施创新驱动发展战略，加快建设创新型国家。推动科技创新和经济社会发展深度融合。要增强现代金融的服务能力，促进形成金融和实体经济、金融和房地产、金融体系内部的良性循环。

其次，要建设统一开放、竞争有序的市场体系。目标就是要实现市场准入畅通、开放有序、竞争充分、秩序规范。要着力完善产权制度，依法平等地保护各类所有制经济产权。完善物权、债权、股权等各类产权相关的法律法规。加强知识产权的保护。要加快要素市场化配置的改革，深化劳动力、资本、技术、资源等领域市场化改革，完善主要由市场决定要素价格的机制，促进市场公平竞争，全面实施市场准入负面清单制度，放宽民间资本准入领域。

第三，要建设体现效率、促进公平的收入分配体系。要持续优化收入分配的格局，完善初次分配和再分配的机制，促进城乡居民收入稳定增长，逐步缩小收入分配差距。要推进基本公共服务均等化，着力补齐公共服务的短板，不断地增强公共产品和服务的供给能力。要扎实推进精准脱贫，深入推进产业、教育、健康、生态和文化等方面的扶贫。

第四，要建设彰显优势、协调联动的城乡区域发展体系。目标是实现区域良性互动、城乡融合发展，陆海统筹整体优化。培育和发展区域比较优势，要持续推进西部、东北、中部、东部的协调发展，大力推动京津冀协同发展、长江经济带发展，加快粤港澳大湾区建设，积极发展海洋经济。

第五，要建设资源节约、环境友好的绿色发展体系。目标就是要形成人与自然和谐发展的现代化建设新格局。要加大污染防治力度，持续推进大气、水、土壤污染的防治，促进生态环境质量总体改善。推动生态保护修复，统筹山、水、林、田、湖、草系统的治理。实施重要生态系统保护和修复重大工程，增加优质生态产品的供给。推动绿色循环低碳发展，壮大节能环保、清洁生产、清洁能源产业，培育形成更多的绿色产业市场主体和新的增长点。

最后，要构建多元平衡、安全高效的全面开放体系。目标就是要发展更高层次的开放型经济，要推进“一带一路”国际合作，坚持共商、共建、共享。落实“一带一路”国际合作高峰论坛的成果，推动国际产能合作，形成面向全球的贸易投资和生产服务网络，打造高水平的外商投资环境。全面实行准入前国民待遇加负面清单管理模式，有序放宽市场准入，扩大金融、电信、教育等领域的对外开放，全面放开一般制造业，促进贸易和投资自由化、便利化。

4. 以新发展理念推动经济高质量发展

改革开放以来，我国经济增长迅速，生产能力居于世界前列，但在产品质量、技术水平等方面仍然和发达国家存在较大的差距，在经济结构、收入分配、生活环境等方面还存在一些问题，尚不能完全满足人民群众日益增长的美好生活需要。党的十八大以来，伴随新发展理念的提出和落实，深化供给侧结构性改革、转变经济发展方式的不断推进，我国经济整体平稳健康发展，经济结构不断优化，全面深化改革取得重大突破，生态文明建设成效显著，对外开放不断深入，人民获得感、幸福感明显增强。这些变化表明，我国经济已由高速增长阶段转向高质量发展阶段。

面对当前经济社会发展新趋势新机遇新矛盾和新挑战，党坚持以人民为中心的发展思想，提出创新、协调、绿色、开放、共享的新发展理念，全力推进经济实现高质量发展。

（1）创新是引领发展的第一动力。

案例导入4-5

组合创新驱动战略突破全球价值链低端锁定

万向集团是一家以乡镇企业为主体的企业集团，是国家120家试点企业集团和520家重点企业之一。万向主业为汽车零部件业，从贴牌经营起步，几十年来它成功地完成了两个转变：从打别人的品牌，到创出自己的品牌，再到组合品牌优势；从国际营销，到国际生产，再到国际资源整合。完成这种转变，依赖于它的组合创新能力。

万向自成立以来的很长时间内，一直从事低附加值的汽车零部件生产，在与跨国公司进行合作的过程中，万向一直是为通用、福特、UAI等企业提供低价值的零部件产品。然而万向的领导集体认为企业必须适应经济全球化，必须争取全球高端市场。1994年，万向在美国成立了万向美国公司，作为争取全球高端市场的桥头堡。2000年万向收购了美国舍勒公司，2001年又收购了美国的UAI公司。在与UAI公司合作中，万向实现了全球高端市场的突破。但万向并没有满足的意识，还在寻找并争取更高价值的经营项目，目前已把电动汽车的研制、集成电路等高科技产品的开发作为下一阶段的高端市场突破的机会。

1994年，万向美国公司在美国芝加哥西北部工业区内正式成立，全权负责万向集团的国际业务。随后，万向美国公司先后在美国、英国、德国、加拿大、巴西、墨西哥和委内瑞拉等国家，设立了20多家海外公司，建立了涵盖50多个国家和地区的国际营销网络。万向集团国际市场势力的形成主要以下游“渠道控制”为突破。通过收购海外公司，利用海外公司良好的销售网络，万向快速扩展了海外市场，使其在参与全球价值链分工中，获得了动态适应性和时机上的先占性。如2000年万向收购美国舍勒公司，通过利用舍勒公司原有的销售渠道，万向加大了对美国和欧洲地区产品的出口。2001年万向收购美国UAI公司，而UAI公司的“UAI”品牌在美国美誉度较高，万向充分利用该无形资产的价值，快速和低成本地扩展美国市场；同时，使用该品牌也迅速拓展了对其他国家和地区的市场。万向的产品现已成为世界汽车业巨头美国通用汽车公司的配套产品，万向还直接或间接地成了福特、克莱斯勒和大众等国际大主机厂商的零部件配套商。万向已成功地在海外建立了自己的国际市场地位，建立了强大的国际市场势力，实现了企业创新和市场势力的良性互动。

①李美娟. 中国企业突破全球价值链低端锁定的路径选择[J]. 现代经济探讨，2010,337（01）：76-79.

案例思考：

你认为万向集团突破全球价值链低端锁定的成功实践体现了其怎样的组合创新驱动战略？

创新是综合层面的创新，它已超越科技层面，进入到还涵盖理论创新、制度创新、文化创新等综合层面的创新。由科技的“单轮驱动”到理论、制度、科技、文化的“多轮驱动”，创新的范围愈加广阔。理论创新属于“脑动力”创新，是社会发展和变革的先导，也是各类创新活动的思想灵魂和方法来源。制度创新属于“原动力”创新，是持续创新的保障，能够激发各类创新主体活力，也是引领经济社会发展的关键，核心是国家治理创新，推进国家治理体系和治理能力现代化，形成有利于创新发展的体制机制。科技创新属于“主动力”创新，决定我国赶超世界先进科技水平的能力和实力，是国家竞争力的核心，是全面创新的重中之重。文化创新本质上是“软实力”创新，培植民族永葆生命力和凝聚力的基础，为各类创新活动提供不竭的精神动力。

创新作为引领发展的第一动力，决定发展的速度、规模、结构、质量和效益。只有走创新发展之路，实现可持续发展，才能从根本上解决我国发展不平衡、不协调、不可持续问题；才能从根本上解决我国发展动力不足、发展方式粗放、产业层次偏低问题，实现传统产业改造升级，培育发展产生新的业态和新兴产业，优化经济结构，提高发展质量和效益，持续增加要素有效供给并形成高效组合；才能破解经济社会发展瓶颈、解决当前需求无限性与资源环境约束趋紧等急迫问题，推动我国经济社会持续健康发展。

（2）协调是经济社会持续健康发展的内在要求。

协调就是要立足长远、谋划全局，弥补短板和薄弱环节，解决发展不平衡问题，并从中拓宽发展空间、寻求发展后劲，实现全方位的均衡发展。要正确处理发展中的重大关系，重点促进城乡区域协调发展，促进经济社会协调发展，促进新型工业化、信息化、城镇化、农业现代化同步发展，促进物质文明与精神文明的协调发展，促进经济建设和国防建设的协调发展。坚持发展和安全兼顾、富国和强军统一，加强思想道德建设和社会诚信建设，增强国家意识、法治意识、社会责任意识，倡导科学精神，弘扬中华传统美德。在增强国家硬实力的同时注重提升国家软实力，不断增强发展整体性。

（3）绿色是实现中华民族永续发展的必要条件。

绿色就是要坚持节约资源和保护环境的基本国策，坚持可持续发展，坚定走生产发展、生活富裕、生态良好的文明发展道路，牢固树立尊重自然、顺应自然、保护自然的生态文明理念，坚信保护生态环境就是保护生产力、改善生态环境就是发展生产力，在生态环境保护上算大账、算长远账、算整体账、算综合账，正确处理好经济发展同生态环境保护的关系，决不以牺牲环境为代价去换取一时的经济增长。更加自觉地推动绿色发展、循环发展、低碳发展，加快建设资源节约型、环境友好型社会，形成人与自然和谐发展现代化建设新格局。

（4）开放是世界共同繁荣发展的应然选择。

开放就是必须顺应我国经济深度融入世界经济的趋势，奉行互利共赢的开放战略，既引进来，又走出去，发展更高层次的开放型经济，积极参与全球经济治理和公共产品供给，提高我国在全球经济治理中的制度性话语权，形成广泛的利益共同体，实行更加积极主动的开放战略，坚定不移提高开放型经济水平，坚定不移引进外资和外来技术，坚定不移地构建完善的开放型经济新体制，实现对外开放的提质增效，建立以合作共赢为核心的新型国际关系。

（5）共享是全面建成小康社会的必然结果。

共享是改革发展成果是否被人民享受的最终判断标准，也是“民本思想”的体现。共享要求坚持发展为了人民、发展依靠人民、发展成果由人民共享，做出更有效的制度安排，使全体人民在共建共享发展中有更多获得感，让老百姓享有更好的教育、更稳定的工作、更满意的收入、更可靠的社会保障、更高水平的医疗卫生服务、更舒适的居住条件、更优美的环境，解决社会公平正义问题，追求以民富优先，增强发展动力，增进人民团结，实现进一步的发展。共享还包含让周边即世界其他国家的人民分享中国改革发展伟人成就，通过“一带一路”等发展战略，带动其他国家的发展。

落实五大发展理念，要坚持以改革创新为引领，使改革创新真正成为引领地方全面振兴的第一动力。当今世界，人类进入了互联网+时代。新一代信息技术与制造业深度融合，正在引发新一轮影响深远的产业变革，形成新的生产方式、产业形态、商业模式和经济增长点。各国都在加大科技创新力度，推动3D打印、云计算、移动互联网、大数据、人工智能、生物工程、新能源、新材料等领域群体性技术广泛渗透，取得新突破。基于信息物理系统的智能装备、智能工厂等智能制造正在引领制造方式变革；网络众包、协同设计、大规模个性化定制、精准供应链管理、全生命周期管理、电子商务等正在重塑产业价值链体系；可穿戴智能产品、智能家电、智能汽车等智能终端产品不断拓展制造业新领域。这些技术的新突破和重大颠覆性创新，会重塑制造业竞争新优势，加速推进新一轮全球贸易投资新格局，甚至对国际经济、政治、外交、军事、安全等将产生深刻影响，改变国家之间力量对比，成为重塑世界政治、经济结构和竞争格局的关键。因此，发达国家纷纷实施“再工业化”战略，积极强化创新部署，如美国再工业化战略、德国工业4.0战略和2020高科技战略、日本的新成长战略、中国制造2025、英日美德中韩印等国的低碳经济发展战略等应运而生。创新已经成为大国竞争的新赛场，谁主导创新，谁就能主导赛场规则和比赛进程。与此同时，一些发展中国家也在加快谋划和布局，积极参与全球产业再分工，承接产业及资本转移，拓展国际市场空间。我国经济正处于增长速度换挡期、结构调整阵痛期、前期刺激政策消化期“三期叠加”，是新旧动能转化的关键期。我国制造业面临发达国家和其他发展中国家“双向挤压”的严峻挑战，只有加快产业转型升级、创新发展、着眼建设制造强国，抢占制造业新一轮竞争制高点，才可能迎来重大机遇，有效破解产能严重过剩、资源环境约束等制约经济社会发展的系列难题，跟上世界发展大势，牢牢把握发展的主动权，在激烈国际竞争中赢得战略主动。

知识链接4-5

工业1.0 2.0 3.0 4.0

工业1.0是机械设备制造时代，就是通过水力和蒸汽机实现工厂机械化。是机械生产代替手工劳动，经济社会从以农业、手工业为基础转型到以工业、机械制造带动经济发展的模式。

工业2.0是电气化与自动化时代，是在劳动分工基础上采用电力驱动的流水线上大规模生产产品的时代。即通过零部件生产与产品装配的成功分离的产品批量生产的高效模式。

工业3.0是电子信息化时代，它在升级工业2.0的基础上，广泛应用电子与信息技术，使制造过程自动化控制程度再进一步大幅度提高。生产效率、良品率、分工合作、机械设备寿命都得到了前所未有的提高。在此阶段，工厂大量采用由PC、PLC/单片机等真正电子、信息技术自动化控制的机械设备进行生产，机器能够逐步替代人类“体力劳动”和部分“脑力劳动”的作业。

工业4.0是实体物理世界与虚拟网络世界融合的时代。以智能制造为主导的时代，产品全生命周期、全制造流程数字化以及基于信息通信技术的模块集成，将形成一种高度灵活、个性化、数字化的产品与服务新生产模式。

二、深化供给侧结构性改革

供给和需求是市场经济内在关系的两个基本方面，是既对立又统一的辩证关系，供给侧和需求侧管理是管理和调控宏观经济的两个基本手段。需求侧管理，重在解决总量性问题，注重短期调控，主要是通过调节税收、财政支出、货币信贷等来刺激或抑制需求，进而推动经济增长。供给侧管理，重在解决结构性问题，注重激发经济增长动力，主要通过优化要素配置和调整生产结构来提高供给体系质量和效率，进而推动经济增长。

纵观世界经济发展史，经济政策是以供给侧为重点还是以需求侧为重点，要依据一国宏观经济形势作出抉择。放弃需求侧谈供给侧或放弃供给侧谈需求侧都是片面的，二者不是非此即彼、一去一存的替代关系，而是要相互配合、协调推进。

1. 深化供给侧结构性改革的内涵

供给侧结构性改革就是用改革的办法推进结构调整，减少无效和低端供给，扩大有效和中高端供给，增强供给结构对需求变化的适应性和灵活性，提高全要素生产率，使供给体系更好适应需求结构变化。深化供给侧结构性改革是当前和今后一个时期我国经济发展的重要任务，是我国在经济发展的重要阶段作出的重大战略选择，是适应国际金融危机发生后综合国力竞争新形势的主动选择，是适应和引领经济发展新常态的重大创新和必然要求，是推动我国经济实现高质量发展的必然要求，符合国际发展大势和我国发展阶段性要求。贯彻新发展理念、建设现代化经济体系，要以供给侧结构性改革为主线。

推进供给侧结构性改革，要正确处理供给和需求的关系。供给和需求是市场经济内在关系的两个方面，是对立统一的关系，相互依存、互为条件、缺一不可。新的需求可以催生新的供给，新的供给可以创造新的需求。当前和未来一段时期，我国经济发展面临的问题，供给和需求两侧都有，但矛盾的主要方面在供给侧。我国不是需求不足，或者没有需求，而是需求变了，供给的产品没有变，质量、服务跟不上。解决这些结构性问题，必须从供给侧发力，实现我国经济由低水平供需平衡向高水平供需平衡跃升。

2. 深化供给侧结构性改革的举措

案例导入4-6

智能工厂在路上[①]

在机械、汽车、航空、船舶、轻工、家用电器和电子信息等离散制造领域，不少

①王涵. 智能生产成制造业+互联网的主要生产模式[N/OL]. 银行信息港. https://www.yinhang123.net/guonacaijing/330588.html

企业重视发展其智能制造。例如，广州数控通过利用工业以太网将单元级的传感器、工业机器人、数控机床，以及各类机械设备与车间级的柔性生产线总控制台相连，利用以太网将总控台与企业管理级的各类服务器相连，再通过互联网将企业管理系统与产业链上下游企业相连，打通了产品全生命周期各环节的数据通道，实现了生产过程的远程数据采集分析和故障监测诊断。

再如，三一重工的总装车间，有混凝土机械、路面机械、港口机械等多条装配线，通过在生产车间建立“部件工作中心岛”，即单元化生产，将每一类部件从生产到下线所有工艺集中在一个区域内，犹如在一个独立的“岛屿”内完成全部生产。这种组织方式，打破了传统流程化生产线呈直线布置的弊端，在保证结构件制造工艺不改变、生产人员不增加的情况下，实现了减少占地面积、提高生产效率、降低运行成本的目的。目前，三一重工已建成车间智能监控网络和刀具管理系统、公共制造资源定位与物料跟踪管理系统、计划、物流、质量管控系统、生产控制中心（PCC）中央控制系统等智能系统，还与其他单位共同研发了智能上下料机械手、基于DNC系统的车间设备智能监控网络、智能化立体仓库与AGV运输软硬件系统、基于RFID设备及无线传感网络的物料和资源跟踪定位系统、高级计划排程系统（APS）、制造执行系统（MES）、物流执行系统（LES）、在线质量检测系统（SPC）、生产控制中心管理决策系统等关键核心智能装置，实现了对制造资源跟踪、生产过程监控，计划、物流、质量集成化管控下的均衡化混流生产。

案例思考：

①这些企业努力推进生产设备（生产线）智能化，拓展基于产品智能化的增值服务，推进车间级与企业级系统集成，推进生产与服务的集成，将给企业带来哪些核心竞争力？

②智能工厂建设对我国制造业转型升级有何意义？

深化供给侧结构性改革要把经济的着力点放在实体经济上，加速推进我国从制造大国向制造强国迈进，不断促进传统产业优化升级。具体来看：

首先，要加快推进中国制造向中国创造转变，中国速度向中国质量转变，制造大国向制造强国的转型升级。建设现代化经济体系，必须把发展经济的着力点放在实体经济上，把提高供给体系质量作为主攻方向，显著增强中国经济质量优势。实体经济的重点难点都在制造业，要实现中国制造的历史跨越，必须以科技创新引领中国制造向中国创造、中国速度向中国质量、中国产品向中国品牌、制造大国向制造强国的转型升级，其中包含了技术创新、质量提升和品牌建设的战略层次推进。要推动互联网、大数据、人工智能和实体经济深度融合，通过新技术新业态改造提升传统制造业，争取向智能制造转型；加快发展先进制造业和装备制造业，培育世界级制造业集群等核心品牌力量，促使中国产品在全球价值链重塑过程中实现整体跃升。

其次，要强化交通、电网、信息和物流等基础设施网络建设。目前，中国高速公路和铁路运营里程皆位居世界首位，基础设施建设规模庞大，但仍面临着区域供给不平衡不充分的难题。据测算，中国西部地区人均基础建设存量已高于中部和东部地区，但基础设施投资回报率却显著低于中部和东部地区。即便如此，不少贫困地区的农田水利、交通通信等基础设施仍严重滞后，地区之间的基础设施分布失衡，设施利用效率低。强化基础设施网络建设，应着力于平衡发展格局、补强薄弱环节、提高基础设施互联互通水平，充分实现基础设施网络的生产效能，为产业发展提供更多“外部经济性”。

第三，注重发挥人力资本的作用，加强产业发展的软实力建设。激发和保护企业家精神，弘扬劳模精神和工匠精神，充分调动企业家和劳动骨干这两个经济活动中关键群体的生产积极性。倡导合作精神和健康的竞争文化，鼓励企业组建创新联盟，聚焦行业关键共性技术开展联合研发。推进制造资源共享，探索网络协同制造、云制造等创新模式，促进专业化、社会化分工协作。完善产业生态体系，促进大中小企业协调发展，鼓励企业专注于比较优势领域，催生更多的“隐形冠军”。通过调动人力资本和社会协作的积极性，提高供给体系质量。

第四，坚持去产能、去库存、去杠杆、降成本、补短板，优化存量资源配置，扩大优质增量供给，实现供需动态平衡。深化要素市场化配置改革，重点在“破”“立”“降”上下功夫。大力破除无效供给，把处置“僵尸企业”作为重要抓手，推动化解过剩产能；大力培育新动能，强化科技创新，推动传统产业优化升级，培育一批具有创新能力的排头兵企业，积极推进军民融合深度发展；大力降低实体经济成本和制度性交易成本，继续清理涉企收费，加大对乱收费的查处和整治力度，深化电力、石油天然气、铁路等行业改革，降低用能、物流成本。努力在“三去、一降、一补”上取得新成效，优化存量资源配置，提高供给体系质量，在更高水平上实现供求关系的动态平衡。

最后，做大做强实体经济是建设现代化产业体系的支撑，也是深化供给侧结构性改革目标和主要任务。实体经济是一个国家的经济根基，只有根基牢固才能枝繁叶茂。实体经济对一国实现经济持续增长、改善人民生活、提供就业岗位、提升国际竞争力具有重要意义，发展实体经济理应成为当前经济的着力点、发力点、聚力点。目前中国实体经济“大而不强”的特征仍然十分明显，科学技术、人力资源、生产资本等要素的水平与发达国家相比还有较大差距。建设现代化经济体系，要牢牢把握住做大做强实体经济这个着力点，将科技、人才、资本等生产要素组合起来，协同投入到实体经济，通过“三去、一降、一补”，进一步优化存量资源配置，着力促进经济转型升级、提质增效。培育壮大新兴产业，加快发展先进制造业和先进服务业，推动互联网、大数据、人工智能与实体经济深度融合，通过生产要素结构配比的调整来获取中国经济列车前行的新动力。围绕研发设计、绿色低碳、现代供应链、人力资本服务、检验检测、品牌建设、融资租赁和电子商务等重点领域，积极发展服务型制造，引导和支持制造业从主要提供产品向既提供产品又提供服务转变，实现制造业沿着服务化方向转型升级。牢牢把握智能制造的主攻方向，大力实施智能制造工程，支持企业加快数字化、网络化和智能化改造，促进信息化与工业化深度融合。

三、完善社会主义市场经济体制

1992年，党的十四大提出了我国经济体制改革的目标是建立社会主义市场经济体制。经过20多年实践，我国社会主义市场经济体制已经初步建立，但仍存在市场秩序不规范、生产要素市场发展滞后、市场规则不统一、市场竞争不充分等问题，仍然需要不断改革和完善。经济体制改革的核心是处理好政府和市场的关系，要使市场在资源配置中起决定性作用，更好发挥政府作用。完善社会主义市场经济体制，是全面深化改革的重要内容，是贯彻新发展理念、建设现代化经济体系的重要任务。

1. 坚持和完善基本经济制度，积极发展混合所有制经济

改革开放以来，我国的基本经济制度在探索中不断发展，公有制经济和非公有制经济的发展增强了我国经济社会发展的活力，但随之产生的矛盾也在累积和深化。只有通过有效的体制改革和创新来化解矛盾，才能真正坚持和完善基本经济制度。

国有经济是公有制经济的核心与骨干，坚持和完善基本经济制度首先要求发展和壮大国有经济。在企业层面，要进一步深化国有企业的制度改革，加快建立协调运转、有效制衡的公司法人治理结构，增强国有企业的活力。在国资监管与运营层面，要实现从“管企业”到“管资本”的转变，改革国资授权经营体制，推动国资运营服务于国家的多重战略目标。非公有制经济的健康发展，是坚持和完善基本经济制度的重要内容。要坚持权利平等、机会平等、规则平等，废除对非公有制经济各种形式的不合理规定，消除限制非公有制经济的各种隐性壁垒，鼓励有条件的私营企业建立现代企业制度。

公有制经济和非公有制经济都是社会主义市场经济的重要组成部分，坚持和完善

基本经济制度还要求这两类经济能够相互促进、相互协调、共同发展。混合所有制经济在企业内部实现了国有资本、集体资本和非公有资本的交叉持股和相互融合，这是基本经济制度在企业微观层面的重要实现形式，有利于不同所有制经济实现共同发展。一方面，这种混合所有制经济有利于国有资本放大功能、保值增值、提高竞争力，是新形势下坚持公有制主体地位，增强国有经济活力、控制力、影响力的有效途径和必然选择。另一方面，这种混合所有制经济有利于不同所有制资本优势互补，有利于以资本融合推动产业整合与升级，从而增强我国经济的整体竞争力。

2. 使市场在资源配置中起决定性作用和更好发挥政府作用

全面深化经济体制改革，核心问题是要处理好政府和市场的关系。一方面，要发挥市场在资源配置中的决定性作用，这是市场经济规律的客观要求，也是中国社会主义市场经济实践的经验总结。另一方面，政府不是市场的对立物，而是市场经济稳定运行和健康发展的必要条件，更好地发挥政府的作用是社会主义市场经济优越于资本主义市场经济的一个重要方面。

发挥市场在资源配置中的决定性作用，有赖于以下几方面的经济体制改革：

第一，建立公平开放透明的市场规则，如统一的市场准入制度、便利的工商注册制度、统一的市场监管体系、健全的社会征信体系、完善的市场化退出机制等。

第二，完善主要由市场决定价格的机制，如取消政府对价格机制的不合理干预，推进水、石油、天然气、电力、交通、电信等领域的价格改革，改善公用事业、公益服务等领域的政府定价机制，完善农产品价格形成机制等。

第三，建立城乡统一的建设用地市场，如农村集体经营性建设用地与国有土地同市同权同价，完善被征地农民的权益保障机制，完善国有土地的使用机制，完善土地增值收益的分配机制等。

第四，完善金融市场体系和机制，如保险经济补偿机制、人民币汇率市场化形成机制、利率市场化机制、跨境资本和金融交易兑换体系与机制、外债和资本流动管理体系等。

政府的职责和作用主要是保持宏观经济稳定，加强和优化公共服务，保障公平竞争，加强市场监管，维护市场秩序，推动可持续发展，促进共同富裕，弥补市场失灵。更好地发挥政府的作用，需要在经济体制改革上做好“减法”和“加法”。做“减法”，就是要进一步简政放权，用政府权力的“减法”，换取市场活力的“乘法”。要深化行政审批制度改革，最大限度减少中央政府对微观事务的管理，对市场机制能有效调节的经济活动要一律取消审批，对保留的行政审批事项要规范管理、提高效率，对面向基层的经济社会事项要下放至地方和基层进行管理。做“加法”，就是要完善政府的宏观调控和经济治理机制。要加强各类经济政策手段的协调配合，增强宏观调控的战略性、前瞻性、针对性和协同性；要建立参与国际宏观经济政策协调的机制，推动国际经济治理结构的完善；加快建立国家统一的经济核算制度，建立全国和地方资产负债表及房产、信用等基础数据的统一平台；改革唯GDP增长的政绩评价机制，完善政府的市场监管和公共服务职能。

创新和完善宏观调控方式必须加快转变政府职能，推动政府职能从管理向服务转变。第一，限制政府对企业经营决策的干预，减少行政审批事项，规范行政审批行为、改进行政审批工作；改善和加强政府管理，加紧梳理政府职权和修改法律法规，建立权力和责任清单制度，创新监管机制和监管方式。第二，建立公平竞争保障机制，完善公平开放透明的市场规则，优化企业发展环境，完善促进企业健康发展的政策和制度，实行统一的市场准入制度，打破地域分割和行业垄断，加快形成统一开放、竞争有序的市场体系，促进要素资源有序流动。第三，提高企业效益。各级政府要继续激发企业家精神，依法保护企业财产权和创新收益。清理和规范涉企行政事业性收费，减轻企业负担。开展降低实体经济企业成本行动，优化运营模式，增强盈利能力。

3. 推动收入分配体制改革，建立合理有序的收入分配格局

随着社会主义市场经济的发展，不同阶层、不同地区间的个人收入出现较大差距。根据国家统计局的计算，2014年全国居民收入基尼系数为0.469，高于0.4的贫富差距警戒线。因此，推动收入分配体制改革，建立合理有序的收入分配格局，是全面深化经济体制改革的重要内容之一。

在国民收入的初次分配环节，要完善按劳分配和按要素分配的实施机制。一方面，要着重保护劳动所得，努力实现劳动报酬增长和劳动生产率提高同步，提高劳动报酬在初次分配中的比重；要健全工资决定和正常增长机制，完善最低工资和工资支付保障制度，完善企业工资集体协商制度。另一方面，要健全资本、知识、技术、管理等由要素市场决定的报酬机制，优化上市公司投资者回报机制，保护投资者尤其是中小投资者合法权益，多渠道增加居民财产性收入。

在国民收入的再分配环节，要综合运用税收、社会保障、转移支付等手段，规范收入分配秩序，完善收入分配的调控体制机制和政策体系。为此，应加快建立个人收入和财产信息系统，保护合法收入，调节过高收入，清理规范隐性收入，取缔非法收入，增加低收入者收入，扩大中等收入者比重，努力缩小城乡、区域、行业收入分配

差距，逐步形成橄榄型分配格局。

4.充分发挥制度创新的引领作用，构建发展新体制

创新是民族进步之魂。创新既包括技术创新，也包括制度创新，这是提高一国社会生产力和综合国力的战略支撑。构建发展新体制，是一项系统工程。必须加快形成有利于创新发展的市场环境、产权制度、投融资体制、人才培养引进使用机制等等。

（1）完善现代企业制度和国有资产管理体制。

第一，完善产权清晰、权责明确、政企分开、管理科学的现代企业制度，稳妥推动国有企业发展混合所有制经济，鼓励国有资本与非国有资本以多种方式相互参股，实现股权多元化。第二，完善各类国有资产管理体制，以管理资本为主加强国有资产监管，防止国有资产流失。完善企业内部监督体系，建立健全高效协同的外部监督机制，强化出资人监督，加强和改进外派监事会制度，加强纪检监察监督和巡视工作，健全国有资本审计监督体系和制度，实行企业国有资产审计监督全覆盖。

（2）深化财税体制改革，建立健全现代财政制度。

财政是国家治理的基础和重要支柱，财税体制在治国安邦中始终发挥着基础性、制度性、保障性作用。1994年以来形成的财税体制，对实现政府财力增强和经济快速发展的双赢目标发挥了重要作用。但随着形势的变化，现行的财税体制已经不完全适应合理划分中央和地方事权、完善国家治理的客观要求，不完全适应转变经济发展方式、促进经济社会持续健康发展的现实需要，我国经济社会发展中的一些突出矛盾和问题也与财税体制不健全有关。因此，财税体制改革成为全面深化经济体制改革的重点内容之一。

财税体制改革关乎国家治理体系和治理能力现代化，是立足全局、着眼长远的制度创新。本轮财税体制改革的目标，是建立统一完整、法治规范、公开透明、运行高效，有利于优化资源配置、维护市场统一、促进社会公平、实现国家长治久安的可持续的现代财政制度。

为了实现这一目标，需要重点推进以下改革：第一，建立税种科学、结构优化、法律健全、规范公平、征管高效的税收制度。逐步提高直接税比重，加快建立综合与分类相结合的个人所得税制；推进增值税改革，适当简化税率；完善消费税制度，进一步发挥消费税对高耗能、高污染产品和部分高档消费品的调节作用；加快资源税改革，扩大资源税从价计征范围，推动环境保护费改税；加快房地产税立法并适时推进改革。第二，建立事权和支出责任相适应的制度。进一步理顺中央和地方收入划分；合理划分各级政府间事权和支出责任。第三，建立规范、透明的预算制度。改进预算

管理和控制，完善政府预算体系；完善一般性转移支付增长机制；建立规范的地方政府举债融资体制；健全优先使用创新、绿色产品的政府采购政策。

（3）加快金融体制改革，提高金融服务实体经济效率。

第一，在金融机构方面，健全各类分工合理、相互补充的金融机构体系；构建多层次、广覆盖、有差异的银行机构体系；发展普惠金融。第二，在金融市场方面，积极培育公开透明、健康发展的资本市场；开发符合创新需求的金融服务；规范发展互联网金融；加快建立巨灾保险制度。第三，在利率汇率市场化改革方面，扩大金融机构负债产品市场化定价机制；完善人民币汇率市场化形成机制。第四，在金融宏观审慎管理方面，加强统筹协调，改革并完善金融监管框架，健全监管规则，加强对金融机构的监管，实现金融风险监管全覆盖。

（4）加快形成有利于创新发展的人才培养引进使用机制。

第一，推动人才结构战略性调整，突出“高精尖缺”导向，实施重大人才工程，着力发现、培养、集聚战略科学家、科技领军人才、企业家人才、高技能人才队伍。第二，实施更加开放的创新人才引进政策，加大急需紧缺人才的引进力度。第三，完善人才评价激励机制和服务保障体系。

案例导入4-7

常州经验①②

改革开放以来，以珠江三角洲、长江三角洲为代表的我国东南沿海地区依靠承接国际劳动密集型和资源密集型加工制造业转移，实现了经济快速发展。在工业化起步阶段，这种承接无疑是一种合理选择。但却由于资源禀赋、劳动力素质等限制因素，中国制造牢牢地被嵌入低端环节。如今，这种产业结构利润率不高，物质资源消耗大、对生态环境影响大等问题日益显现。产业结构转型升级成为转变经济发展方式的必然要求。新一届政府上任，开始进一步地深化市场经济体制改革，促进产业机构的转型与升级，中国制造业转型中国智造，向制造业中上游进军。中国智造的关键是技术升级与科技人员聚集，这对于周边大城市环绕、富庶城市星罗棋布的常州并不容易。

常州务实，没有一步到位让顶级人才驻扎在常州，而是借助外力，让常州成为财富创造之地、成为人生理想实践场所，最终使常州变成科技人才绕不过的地方。常州

①叶檀. 为中国智造蹚出一条血汗之路[N]. 新华日报，2015-12-07（04）.

②翟慎良. 智慧制造，以产业城的常州使命[N]. 新华日报，2015-12-07（04）.

有科教城，是国内科研院所、高校科研力量与全市9万家民营企业实现“无缝对接”的平台。5平方公里的城内，汇集全球1.6万名高科技精英，平均每天新增2.7件专利；每天新增一个产学研合作项目，入驻创新型科技企业1000多家。常州特别注重外脑引入。“中国以色列常州创新园”揭牌，成为中国与以色列第一个创新合作实验区。哈尔滨工业大学、深圳市创新投资集团有限公司等来到常州，投资参股的高新技术企业，从事工业机器人、自动化生产线、能源装备、家用智能机器人等产品的研发生产销售。创新节点如章鱼般伸出触角，公司新近设立了3000万元的天使基金，成为初创期机器人企业的培育者。与一些地区轻视劳动力结构不同，常州开始重视劳动力培训与归属感。训练有素的经过专业技术培训的劳动力，是中国智造不可缺失的一环。

中国制造转型是个艰苦卓绝的工程、是宏图与细节缺一不可的改革。常州实验成为产业成功升级所必不可少的要素。

案例思考：

在技术升级和科技人员聚集方面，常州的经验有何启示？

四、推动形成全面开放新格局

对外开放是我国的基本国策，是推动我国经济社会发展的重要动力。2008年国际金融危机爆发以来，经济全球化呈现出一系列新形势和新特征，也给我国的对外开放带来了新机遇和新挑战。新形势下要实施更加主动积极的开放战略，全面提升开放型经济水平，推动形成全面开放新格局。

1. 推动形成全面开放新格局的主要任务和重要举措

党的十九大报告明确了新时代的开放理念、开放战略、开放目标、开放布局、开放动力、开放方式等，规划了今后一个时期对外开放的路线图，推出了一系列新任务新举措。

第一，扎实推进“一带一路”建设。“一带一路”建设是我国扩大对外开放的重大战略举措，也是今后一段时期对外开放的工作重点。在各方共同努力下，“一带一路”建设逐渐从理念转化为行动，从愿景转变为现实。

第二，加快贸易强国建设。改革开放40多年来，我国对外贸易实现了历史性跨越，但大而不强的问题较为突出，主要是创新能力较弱，出口产品质量、档次和附加值不高。拓展对外贸易，推进贸易强国建设，就是要加快转变外贸发展方式，从以货物贸易为主向货物和服务贸易协调发展转变，从依靠模仿跟随向依靠创新创造转变，从大进大出向优质优价、优进优出转变。一是加快货物贸易优化升级，加快外贸转型升级基地、贸易平台、国际营销网络建设，鼓励高新技术、装备制造、品牌产品出口，引导加工贸易转型升级。二是促进服务贸易创新发展，鼓励文化、旅游、建筑、软件、研发设计等服务出口，大力发展服务外包，打造“中国服务”国家品牌。三是培育贸易新业态新模式。坚持鼓励创新、包容审慎的原则，逐步完善监管制度、服务体系和政策框架，支持跨境电子商务、市场采购贸易、外贸综合服务等健康发展，打造外贸新的增长点。四是实施更加积极的进口政策，扩大先进技术设备、关键零部件和优质消费品等进口，促进进出口平衡发展。办好中国国际进口博览会，打造世界各国展示国家形象、开展国际贸易的开放型合作平台。

第三，改善外商投资环境。目前，全球引资竞争日趋激烈，不少国家要素成本比我国更低，政策优惠力度比我国更大。培育引资竞争新优势，不是竞相攀比优惠政策，而是要营造稳定公平透明、法治化、可预期的营商环境。一是加强利用外资法治建设。加快统一内外资法律法规，制定新的外资基础性法律。清理涉及外资的法律法规和政策文件，与国家对外开放大方向和大原则不符的要限期废止或修订。二是完善外商投资管理体制。我国11个自贸试验区试行准入前国民待遇加负面清单管理制度取得显著成效，设立外资企业的时间由过去1个月减少到3天左右。报告明确提出全面实行准入前国民待遇加负面清单管理制度，这是外商投资管理体制的根本性变革。三是营造公平竞争的市场环境。报告强调：凡是在我国境内注册的企业，都要一视同仁、平等对待。中国政府将在资质许可、标准制定、政府采购、享受“中国制造2025”政策等方面，依法给予内外资企业同等待遇。四是保护外商投资合法权益。要认真落实《中共中央国务院关于完善产权保护制度依法保护产权的意见》，不以强制转让技术作为市场准入的前提条件，加强知识产权保护，严厉打击侵权假冒违法犯罪行为。

案例导入4-8

2019年版全国和自贸试验区外商投资准入负面清单

经党中央、国务院同意，国家发展改革委、商务部于2019年6月30日发布第25号令和第26号令，分别发布了《外商投资准入特别管理措施（负面清单）（2019年版）》和《自由贸易试验区外商投资准入特别管理措施（负面清单）（2019年版）》，自2019年7月30日起施行。

通过本次修订进一步精简了负面清单，全国外资准入负面清单条目由48条措施减至40条，自贸试验区外资准入负面清单条目由45条减至37条。主要变化：一是推进服务业扩大对外开放。交通运输领域，取消国内船舶代理须由中方控股的限制。基础设施领域，取消50万人口以上城市燃气、热力管网须由中方控股的限制。文化领域，取消电影院、演出经纪机构须由中方控股的限制。增值电信领域，取消国内多方通信、存储转发、呼叫中心3项业务对外资的限制。二是放宽农业、采矿业、制造业准入。农业领域，取消禁止外商投资野生动植物资源开发的规定。采矿业领域，取消石油天然气勘探开发限于合资、合作的限制，取消禁止外商投资钼、锡、锑、萤石勘查开采的规定。制造业领域，取消禁止外商投资宣纸、墨锭生产的规定。三是继续发挥自贸试验区开放“试验田”作用。2018年版自贸试验区外资准入负面清单试点的演出经纪机构、石油天然气勘探开发等开放措施推向全国。本次修订，在全国开放措施的基础上，2019年版自贸试验区外资准入负面清单取消了水产品捕捞、出版物印刷等领域对外资的限制，继续进行扩大开放先行先试。

案例思考：

负面清单的发布对外资投资会产生哪些影响？

第四，优化区域开放布局。一是加大西部开放力度。就是坚持以开放促开发的思路，完善口岸、跨境运输等开放基础设施，实施更加灵活的政策，建设好自贸试验区、国家级开发区、边境经济合作区、跨境经济合作区等开放平台，打造一批贸易投资区域枢纽城市，扶持特色产业开放发展，在西部地区形成若干开放型经济新增长极。二是赋予自贸试验区更大改革自主权。2013年以来，我国自贸试验区建设取得多方面重大进展，形成了一批改革创新重要成果。下一步要着眼于提高自贸试验区建设质量，对标国际先进规则，强化改革举措系统集成，鼓励地方大胆试、大胆闯、自主改，形成更多制度创新成果，进一步彰显全面深化改革和扩大开放的试验田作用。三是探索建设自由贸易港。自由港是设在一国（地区）境内关外、货物资金人员进出自由、绝大多数商品免征关税的特定区域，是目前全球开放水平最高的特殊经济功能区。香港、新加坡、鹿特丹、迪拜都是比较典型的自由港。我国海岸线长，离岛资源丰富。探索建设中国特色的自由贸易港，打造开放层次更高、营商环境更优、辐射作用更强的开放新高地，对于促进开放型经济创新发展具有重要意义。

第五，创新对外投资合作方式。近10年，我国对外投资年均增长27.2%，跻身对外投资大国行列。但总体看，企业走出去仍处于初级阶段，利用两个市场、两种资源的能力不够强，非理性投资和经营不规范等问题较为突出，一些领域潜藏着风险隐患。对外投资既要鼓励，也要加强引导。报告要求创新对外投资方式，形成面向全球的贸易、投融资、生产、服务网络。一是促进国际产能合作，带动我国装备、技术、标准、服务走出去。二是加强对海外并购的引导，重在扩大市场渠道、提高创新能力、打造国际品牌，增强企业核心竞争力。三是规范海外经营行为，引导企业遵守东道国法律法规、保护环境、履行社会责任，遏制恶性竞争。四是健全服务保障，加强和改善信息、法律、领事保护等服务，保障海外人员安全，维护海外利益。

第六，促进贸易和投资自由化便利化。报告提出，实行高水平的贸易和投资自由化便利化政策。这不仅要求不断提高自身开放水平，也要求更加主动塑造开放的外部环境。一是支持多边贸易体制。落实世贸组织《贸易便利化协定》，推动世贸组织部长级会议取得积极成果，推进多哈回合剩余议题谈判，积极参与服务贸易协定、政府采购协定等谈判。二是稳步推进自由贸易区建设。推动区域全面经济伙伴关系协定早日达成，推进亚太自贸区建设，逐步构筑起立足周边、辐射“一带一路”、面向全球的高标准自由贸易区网络。三是提高双边开放水平。继续与有关国家商谈高水平的投资协定以及各种形式的优惠贸易安排，妥善应对贸易摩擦。

2. 推动“一带一路”建设

“一带一路”是经济全球化新形势下深化对外开放的构想，它包括“丝绸之路经济带”和“21世纪海上丝绸之路”。“一带一路”建设顺应了地区和全球合作潮流，契合中国和沿线国家的经济发展需要，符合有关各方的共同利益，对于提升中国的开放型经济水平具有重要意义。

“一带一路”建设秉持共商、共建、共享的原则。共商，就是集思广益，兼顾相关各方的利益和关切，体现各方的智慧和创意。共建，就是各施所长、各尽所能，把各方优势和潜能充分发挥出来，持之以恒加以推进。共享，就是让建设成果更多更公平地惠及“一带一路”沿线的各国人民，打造更紧密的利益共同体和命运共同体。

案例导入4-9

“钢铁驼队”的中欧班列

中欧班列是指按照固定车次、线路等条件开行，往来于中国与欧洲及一带一路沿线各国的集装箱国际铁路联运班列。铺划了西中东3条通道中欧班列运行线：西部通道由我国中西部经阿拉山口（霍尔果斯）出境，中部通道由我国华北地区经二连浩特出境，东部通道由我国东南部沿海地区经满洲里（绥芬河）出境。2011年3月19日，首列中欧班列（重庆—杜伊斯堡，渝新欧国际铁路）成功开行。

2017年，中欧班列发展迅猛，开行数量突破3000列，超过前六年开行数量总和，

①秦天弘．“钢铁驼队”中欧班列已累计开行超过1.4万列[N/OL]．经济参考报，2019-07-15．http://intl.ce.cn/sjjj/qy/201907/15/t20190715_32613396.shtml

同时新增开行国家3个，新增开行城市20个。同时，中欧班列货值快速增长，返程满载率不断提高。返程班列商品种类日趋多元化，由早期的IT产品、汽车配件、板材等拓展到奶粉、婴儿食品以及高附加值的汽车整车及零部件、工程设备、医疗设备等。中欧班列国际合作和国内运输协调机制不断完善。2017年4月，中国、白俄罗斯、德国、哈萨克斯坦、蒙古、波兰、俄罗斯等7国铁路部门正式签署《关于深化中欧班列合作协议》，并于10月组织召开中欧班列运输联合工作组第一次会议。5月，在中国铁路总公司倡议下，重庆、成都、郑州、武汉、苏州、义乌、西安等7家班列平台公司共同发起成立中欧班列运输协调委员会。

截至2019年3月底，被誉为“钢铁驼队”的中欧班列已累计开行超过1.4万列，连接59座中国城市和欧洲15个国家的50座城市，货物运输类别日益丰富。中欧班列不仅成为我国与中亚、欧洲各国经济往来的新兴渠道，也打通了“一带一路”贸易通道，成为促进“一带一路”贸易畅通的重要载体和共建“一带一路”的标志性成果。

案例思考：

中欧专列对我国倡议的“一带一路”建设有什么促进作用？

构建陆上经济合作走廊和海上经济合作走廊，从而实现沿线国家的互联互通，这是“一带一路”建设的重点。推动“一带一路”沿线国家的基础设施建设，是实现互联互通的物质基础。我国在基础设施建设领域具备国际竞争优势，“一带一路”为国内相关龙头企业“走出去”提供了历史新契机，这些企业的国际化经营水平也将随之得到提升。为了打破互联互通的融资瓶颈，由中国主导成立了丝路基金、亚洲基础设施投资银行等金融机构。借助于这些金融机构的资本运作，我国与沿线国家将以互联互通为起点在更广泛的领域展开经济合作，我国的开放型经济水平将进一步提升，国内经济结构调整和经济发展方式转变也将获得更有利的外部条件。

思考与讨论

1. 如何理解建设现代化经济体系的内涵及其重要意义？

2. 如何认识深化供给侧结构性改革的主要内容和重要意义？

3. 完善社会主义市场经济体制的重点内容是什么？

4. 如何理解“一带一路”建设对推动形成全面开放格局的意义？

5. 从经济全球化的发展趋势看，实现中国经济的快速发展为什么必须进一步提高中国开放型经济水平？

6. 怎样认识我国经济建设中面临的主要问题？

第五章

中国特色社会主义政治建设

政治是人类历史发展到一定阶段出现的社会现象，是建立在一定经济基础之上的上层建筑的核心部分，是以一定的阶级关系为基本内容，围绕国家政权而展开的各种社会活动和社会关系的总和。主要包括政治法律制度、以国家政权机构为主体的各类政治组织形态和设施以及政治意识形态等。中国共产党把马克思主义政治观运用于中国特色社会主义政治实践，形成和发展中国特色社会主义政治理论，建立和完善中国特色社会主义政治制度，全面深化政治体制改革、全面依法治国，坚定不移走中国特色社会主义政治发展道路。

第一节　中国特色社会主义政治理论和制度

发展社会主义民主政治，建设社会主义政治文明，是中国特色社会主义伟大事业的有机组成部分。改革开放以来，特别是党的十八大以来，中国共产党坚持从中国国情出发，不断深化对中国特色社会主义政治建设规律的认识，坚定不移地走中国特色社会主义政治发展道路，形成了具有中国特色社会主义政治理论和政治制度。

一、中国特色社会主义政治理论

改革开放以来，中国共产党自觉地运用马克思主义的立场、观点、方法，观察中国的政治生活和政治实践，勇于推进实践基础上的理论创新，形成并发展了中国特色社会主义政治理论。

1. 国家政权的理论

国家政权是指掌握国家主权的政治组织及其所掌握的政治权力，以维护对社会的统治和管理。国家政权是国家的具体化身，通常都是通过国家政权来理解国家的。

（1）马克思主义国家政权理论。

19世纪中期，马克思、恩科斯对国家政权问题进行专门的理论研究，创立了科学性、实践性与革命性的国家政权理论成果，为社会主义国家政权建设提供了科学的理论依据，也是中国特色社会主义政权建设的理论基础。

第一，马克思主义国家政权理论最基本的内容，就是关于国家的起源、本质和消亡的学说。

马克思主义认为，国家不是从来就有的，而是人类社会生产发展到一定历史阶段的产物。这就是说，国家不是来自社会外部的一种存在，而是社会内部活动自身运动所产生的一种矛盾的结果。

恩格斯在谈到国家的本质和作用时曾经指出："国家是社会发展到一定阶段的产物；国家是表示：这个社会陷入了不可解决的自我矛盾，分裂为不可调和的对立面而又无力摆脱这些对立面。而为了使这些对立面，这些经济利益互相冲突的阶级，不致在无谓的斗争中把自己和社会消灭，就需要有一种表面上凌驾于社会之上的力量，这种力量应当缓和冲突，把冲突保持在'秩序'的范围以内；这种从社会中产生但又自居于社会之上并且日益同社会脱离的力量，就是国家。"①恩格斯这段话认为国家产生的前提是阶级矛盾的不可调和；国家的本质是表面上就不是真的驾于社会之上的力量，照例是最强大的、在经济上占统治地位的阶级的国家；国家是缓和冲突的，而缓和冲突的方法是多种多样的，采取什么方法缓和冲突是领导艺术；缓和冲突的目的，是把冲突控制在"秩序"的范围内。所谓"秩序"，是指一定生产关系所决定的社会秩序，把冲突控制在"秩序"的范围内，实际上就是维护了有利于统治阶级的生产关系，维护了在生产关系中占统治地位的阶级的根本利益。这表明，缓和冲突有一个"度"的问题，把冲突控制在"秩序"范围内的实质是维护统治阶级的根本利益，这个"秩序"既不允许被统治阶级破坏，也不允许统治阶级内部成员破坏，因为破坏"秩序"就违反了统治阶级的根本利益。因此，现代法治国家必然要求法律面前人人平等，不允许任何人有凌驾于法律之上、超越于法律之外的特权，不允许任何人随意破坏法律所规定的社会秩序。

马克思主义认为：当专门从事管理的特殊集团出现时，就意味着公共权力出现

①恩格斯．马克思恩格斯选集：第4卷[M]．北京：人民出版社，1972：166.

了，国家就产生了；当社会发展到不需要专门从事管理的特殊集团，而以新的社会组织管理社会时，国家也就消亡了。所谓的公共权力是由专门从事管理的特殊集团组成的国家机构所行使的权力，这些机构如监狱、特殊队伍及军队等等。

第二，马克思主义关于国家形式的理论。国家政权组织形式是一个国家的根本政治制度。任何国家都是国体和政体的统一。

所谓国体是指国家的阶级性质，即哪个阶级掌握政治权力；所谓政体是指国家政权的组织形式，即掌握政治权力的阶级用什么方式来行使政治权力。国体决定政体，政体是为国体服务的，一个国家采取和选择何种政体，主要是由这个国家的统治阶级决定的。另一方面，一定的国体都要通过一定的政体形式来表现，如果没有适当的政体，统治阶级就无法组织和巩固自己的国家机器。因此，政体理论也是马克思主义国家政权理论的一个重要组成部分。

国家结构形式是指国家整体与局部之间、中央政府与地方政府之间的关系，也就是一个国家的各个地区如何组成的问题。马克思主义原则上主张社会主义国家采用单一制，反对联邦制。在马克思主义看来，单一制的国家结构形式适应社会化大生产的需要，有利于社会经济的发展，有利于工人阶级和广大劳动群众的团结，有利于各民族平等地联合，有利于国家的独立和统一。在多民族的国家里采取单一制的国家结构形式，就需要采用民族区域自治制度来解决民族问题。但是，马克思主义并没有一概地、绝对地否定联邦制，而是主张在特殊情况下也可以实行联邦制，这种特殊情况主要是民族和民族问题的存在。

（2）中华人民共和国的根本政治制度和国家结构形式。

第一，中华人民共和国的根本政治制度。中华人民共和国宪法第一、二、三条明确规定：中华人民共和国是工人阶级领导的、以工农联盟为基础的人民民主专政的社会主义国家。国家的一切权力属于人民。中华人民共和国的国家机构实行民主集中制的原则。根据宪法规定：中华人民共和国的国体是人民民主专政，政体是人民代表大会制度。

第二，中国的国家结构形式是单一制，由若干行政区域构成的单一主权的国家结构形式。

国家实行民族区域自治制度解决民族问题，各少数民族聚居的地方实行区域自治，设立自治机关，行使自治权。各民族自治地方都是中华人民共和国不可分离的部分；同时，根据各少数民族的特点和需要，帮助各少数民族地区加速经济和文化的发展。

我国之所以采取单一制的国家结构形式，是由我国长期形成的历史情况和各民族之间的特殊关系所决定的。近代以来，我国各族人民为了抵御外来势力，摆脱帝国主义的压迫，实现国家的独立，在共同反对帝国主义的斗争中结成了中国共产党领导下的革命统一战线，各个民族基本上同时获得解放，从而奠定了全国统一的基础。进入社会主义时期以后，各族人民只有走社会主义道路才能彻底摆脱受压迫、受剥削的地位，保证各民族在经济和文化上的繁荣发展。绝大多数民族在聚居的同时，又与其他民族主要是汉族相互杂居，形成了“大杂居、小聚居”的局面，各民族在长期的密切交往中建立了相互帮助、相互依存、不可分离的关系。而我国各民族之间在社会发展、生产技术、文化教育、自然资源等方面各有自己的优势和劣势，各民族需要互相学习、互相支持、互相帮助，建立共同的家园，实现共同繁荣和共同进步，较快地改变少数民族事实上的不平等，为各民族的融合创造前提。我国各族人民还面临各种外来势力颠覆和分裂的威胁，为了防止和抵御外来干涉和侵略，维护我国的独立与安全，需要各族人民紧密团结，密切合作。

中华人民共和国实行“一国两制”和特别行政区制度解决香港、澳门、台湾问题。

2. 政治发展道路的理论

中国特色社会主义政治发展道路，为实现人民民主确立了正确的方向。坚持中国特色社会主义政治发展道路，最根本是坚持党的领导、人民当家做主和依法治国的有机统一。要坚定对中国特色社会主义政治制度自信，借鉴人类政治文明的有益成果，但绝不能照搬西方政治制度模式，绝不能放弃社会主义政治制度的根本。要从发展中国特色社会主义的全局出发，积极推进社会主义民主政治建设，使中国特色社会主义政治发展道路越走越宽广。

发展中国特色社会主义民主政治，关键是要坚定不移地坚持中国共产党的领导、人民当家作主和依法治国的有机统一。这体现了社会主义国家政权的性质和中国民主的性质，是坚持中国特色社会主义政治发展道路的根本要求。

中国共产党的领导是实现社会主义民主的根本保证。中国共产党是一个全心全意为人民服务的政党，实现人民民主从根本上体现了中国共产党立党为公、执政为民的宗旨。在中国这样一个人口众多、经济文化比较落后、发展很不平衡的大国，人民利益具有广泛性和多样性，实现人民利益具有空前的复杂性、艰巨性，这就要求有一个能够代表广大人民利益、集中反映和有效体现人民意愿的政治核心。只有坚持中国共产党的领导，才能坚持中国民主发展的社会主义方向，使民主与集中相统一、民主与科学相统一，使社会发展既满足人民的愿望和要求，又合乎客观规律，人民当家作主和依法治国才能有可靠的保证。

人民当家作主是社会主义民主政治的本质和核心。人民群众是历史的创造者，是革命和建设事业取得胜利的力量源泉，人民当家作主是社会主义的本质特征和内在要求。人民当家作主保证了国家各项事业发展符合人民的利益和意愿，离开人民当家作主，不受人民监督，党的领导和依法治国就会脱离正确方向，就会变质。中国共产党只有领导人民创造各种有效的当家作主的民主形式，坚持依法治国，才能充分实现人民当家作主的权利，才能巩固党的执政地位。共产党执政的实质，就是领导、支持和保证人民当家作主。

依法治国是社会主义民主的有效途径和可靠保障。社会主义民主离不开社会主义法治。依法治国，就是广大人民群众在中国共产党的领导下，依照宪法和法律规定，通过各种途径和形式管理国家事务、管理经济文化事业、管理社会事务，保证国家各项工作都依法进行，加快建设社会主义法治国家。坚持依法治国，完善社会主义法治，就是使国家各工作逐步走上法制化的轨道，实现国家政治生活、经济生活、社会生活的法制化和规范化，逐步实现社会主义民主的制度化、法律化。为此，坚持依法治国首先必须要加强社会主义法制建设。社会主义法制的统一，是维护国家统一、民族团结、社会稳定，建立统一的现代市场体系的基础。必须加强社会主义法制建设，维护宪法作为国家根本法的权威地位，严格依照法定权限、遵循法定程序开展立法工作，保障社会主义法制的统一。其次，坚持依法治国必须要建立和完善中国特色社会主义法系。再次，坚持依法治国必须要弘扬社会主义法治理念。社会主义法治理念主要内涵包括依法治国、执法为民、公平正义、服务大局、党的领导。既要加强立法工作，不断地健全和完善法制，又要加强普法教育，不断地提高干部和群众遵守法律、依法办事的素质和自觉性；既要增强人们的民主意识和权利意识，也要增强法治意识和义务意识。

3. 人民民主的理论

民主作为一种国家形态，属于上层建筑，是由社会的经济基础决定的，并最终服务于经济基础。人民民主是社会主义的本质特征，是社会主义的生命，没有民主就没有社会主义，就没有社会主义现代化。人民代表大会制度、中国共产党领导的多党合作和政治协商制度、民族区域自治制度和基层群众自治制度等，是中国民主制度的基本架构，集中体现了中国社会主义民主政治的特点和优势。中国的民主是人民民主，其实质是人民当家作主。选举民主和协商民主是中国特色社会主义民主的两种形式。

中国共产党领导人民进行革命、建设和改革的目的是要实现大多数人的民主，实现和发展人民民主是中国特色社会主义政治发展的根本目标。

人民民主具有鲜明的特色和优势。第一，人民民主是广泛的民主。在中国，社会主义制度从根本上保证了中国的民主不受资本的操纵，不是少数人的民主，是最广大人民的民主。在中国，享有民主权利的人民范围包括一切不被法律剥夺政治权利的人。第二，人民民主是民主和专政相统一的民主。人民民主专政，一方面要求实行最广泛的民主，尊重和保障人权，保证国家权力掌握在人民手中，为人民服务；另一方面要求对破坏社会主义制度、危害国家安全和公共安全、侵犯公民人身权利和民主权利、贪污贿赂和渎职等各种犯罪行为，依法使用专政手段予以制裁，以保障最广大人民的根本利益，保证人民民主的有效实行。第三，人民民主是以民主集中制为根本组织原则和活动方式的民主。民主集中制是中国国家政权的根本组织原则和领导原则。实行民主集中制，就是要求充分发扬民主，集体议事，使人民的意愿和要求得到充分表达和反映，在此基础上集中正确意见、进行集体决策，使人民的意愿和要求得以落实和满足。第四，人民民主是全面民主。人民民主不仅要求实现政治上的民主权利，而且要求实现人民在经济、文化和社会生活方面的民主权利。在中国共产党的领导下，中国政治生活中的民主化、经济管理中的民主化和社会生活中的民主化逐步得到落实，人民依法享有各种政治权利和基本自由，人民对国家事务的民主参与、民主决策、民主管理和民主监督更加广泛，人民享有的各项社会权利得到越来越有效的保障，从而使人民民主权利逐步落实到经济、政治、文化和社会生活等各个领域。

4. 社会主义法治的理论

社会主义民主和社会主义法治是不可分割的统一整体，民主是法治的基础和前提，法治是民主的体现和保障，是治国理政的基本方式。依法治国是社会主义民主政治的基本要求，是党领导人民治理国家的基本方略，必须坚持依法治国、建设社会主义法治国家。全面依法治国是中国特色社会主义的本质要求和重要保障。宪法和法律是党的主张和人民意志相统一的体现，任何组织和个人都不允许有超越宪法和法律的特权。必须坚持有法可依、有法必依、执法必严、违法必究，坚持法律面前人人平等。

5. 政治体制改革的理论

政治体制改革是社会主义政治制度的自我完善，是发展社会主义民主政治的必然要求。要适应经济基础深刻变化和人民民主意识不断增强的客观要求，坚持正确的政治方向，积极稳妥地推进政治体制改革。政治体制改革，要以保证人民当家作主为根本，以增强党和国家活力、调动人民积极性为目标，不断建设社会主义政治文明。要着重加强制度建设，实现社会主义民主政治的制度化、规范化和程序化。

6. 新时期爱国统一战线的理论

统一战线是凝聚各方面力量，促进政党关系、民族关系、宗教关系、阶层关系、海内外同胞关系的和谐，夺取中国特色社会主义新胜利的重要法宝，必须长期坚持。做好新形势下统战工作，必须高举爱国主义旗帜、社会主义旗帜，牢牢把握大团结大联合的主题，必须正确处理一致性和多样性关系，不断巩固共同思想政治基础，同时要充分发扬民主、尊重包容差异，尽可能通过耐心、细致的工作找到最大公约数。党外知识分子工作，是统一战线的基础性、战略性工作。高度重视和做好新经济组织、新社会组织中的知识分子、留学人员及新媒体中的代表人士的工作。

7. 坚持“一国两制”和推进祖国统一的理论

“一国两制”方针是党和国家实现祖国统一大业的基本国策，实现祖国完全统一是中华民族根本利益所在。改革开放初期，邓小平着眼实现国家完全统一，以超凡的智慧和胆略创造性地提出“一国两制”伟大构想，并首先成功地运用于解决历史遗留的香港、澳门问题。党的十八大以来，在以习近平同志为核心的党中央坚强领导下，“一国两制”在香港、澳门的成功实践深入推进，两岸关系实现和平发展。

8. 尊重和保障人权的理论

尊重和保障人权是发展社会主义民主政治、建设社会主义政治文明的内在要求。人权是具体的、相对的，不是抽象的、绝对的。实现人权的根本途径是经济发展和社会进步。中国始终高度重视人权问题，尊重国际社会人权的普遍性原则，同时根据中国国情，切实保障人民的生存权和发展权，依法保障公民的政治权利，不断提高人民享有政治、经济、文化、社会权利的水平，显著提高了人民生存权、发展权的保障水平，走出了一条适合中国国情的人权发展道路。

9. 国防和军队建设的理论

建设与我国国际地位相称、与国家安全和发展利益相适应的巩固国防和强大军队，是我国现代化建设的战略任务。党的十八大以来，习近平在新时代坚持和发展中国特色社会主义历史进程中，着眼实现中华民族伟大复兴的中国梦，紧紧围绕新时代建设一支什么样的强大人民军队、怎样建设强大人民军队，深入进行理论探索和实践创造，形成了习近平强军思想，开拓了中国特色强军之路，把当代中国马克思主义军事理论和军事实践发展推向新境界。

二、中国特色社会主义政治制度

政治制度是指在特定的社会中，统治阶级通过组织政权以实现其政治统治的原则和规则的总和。它包括国家政权的组织形式、国家结构形式、政党制度、选举制度等。中国特色社会主义的政治制度是建立在当代中国的经济基础之上的，其本质是实现最广大人民群众的根本利益，保障人民当家做主，保持国家长期稳定和发展。它既体现了人类政治文明发展的优秀成果，又具有鲜明的中国特色和独特优势。

1. 人民民主专政的国体

国体即国家的阶级属性，主要指社会各阶级在国家中的地位，还有国家赖以建立的社会经济基础。《中华人民共和国宪法》规定，中华人民共和国是工人阶级领导的以工农联盟为基础的人民民主专政的社会主义国家。人民民主专政，是中国共产党把马克思主义无产阶级专政学说同中国具体实际相结合的伟大创造，奠定了当代中国社会发展无产阶级专政，是新型民主和新型专政的结合。新型民主，即社会主义民主或人民民主，是指全体人民是国家的主人，拥有管理国家、管理社会各项事业的权利。新型专政，是指全体人民对极少数敌对分子实行专政。人民民主专政依靠人民的积极主动参与，依靠发扬人民民主来实现。坚持人民民主专政，就是坚持人民当家作主，这是人民群众政治利益的集中体现，也是实现人民群众经济、文化利益的根本保证。

（1）人民民主专政的历史特点。

人民民主专政理论是无产阶级专政理论在中国具体历史条件下的产物。中国半封建、半殖民地的社会性质，决定了中国革命的发展进程和所建立的革命政权必然具有自己的特点，具体包括：

第一，从革命的道路来看，由于近代中国是一个经济文化非常落后的半殖民地、半封建的国家，毛泽东同志创造性地运用马克思主义，开创了一条以农村包围城市，武装夺取政权的具有中国特色的革命道路。这样的革命道路决定了中国革命不可能只依赖于无产阶级一个阶级，而必须在无产阶级领导下，广泛团结广大人民阶级和其他革命阶级。

第二，从革命队伍的阶级构成来看，在中国革命过程中，无产阶级是领导阶级，但农民却是革命的主力军，中国的民族资产阶级是一个具有两面性的阶级，一方面，它受帝国主义、封建主义和官僚资本主义的压迫和束缚，同它们有矛盾，具有一定的革命性；另一方面，由于它在经济上和政治上的软弱，同帝国主义、封建主义有千丝万缕的联系。因此缺乏彻底的反帝、反封建的勇气，具有妥协性。民族资产阶级也是中国革命队伍中的一部分。中国革命和革命所建立的政权具有自己的鲜明特点。中国的无产阶级在夺取政权和建立政权过程中存在着两个联盟，即不仅存在着工人阶级同农民阶级的联盟，而且还存在着工人阶级同民族资产阶级的联盟。中国的革命经验，集中到一点，就是工人阶级（经过共产党）领导的以工农联盟为基础的人民民主专政。

由此可见，人民民主专政理论是中国共产党在领导中国革命过程中，将马克思主义关于无产阶级专政的理论同中国国情相结合，对无产阶级专政理论的丰富和发展，是无产阶级专政理论在中国具体历史条件下的产物。

（2）人民民主专政的现实特色。

人民民主专政是适合中国国情和革命传统的一种形式，具有鲜明的中国特色：

第一，从政权组成的阶级结构来看，在新民主主义革命时期和向社会主义过渡的时期，参加国家政权的不仅有工人、农民和城市小资产阶级，在一定历史时期中还有民族资产阶级。进入社会主义以后，包括知识分子在内的工人阶级、占人口大多数的农民阶级、一切拥护社会主义和拥护祖国统一的爱国者，都属于人民的范畴，在最广大的人民内部实行民主，只对极少数人实行专政。

第二，从党派之间的关系看，实行共产党领导的多党合作与政治协商。这种新型的政党关系是国际共产主义运动史上一个成功的创造，也是我国政治制度中的一个特点和优点。

第三，从概念表述上看，人民民主专政的提法更全面、更明确地表示出人民民主和人民专政这两个相互联系的方面。邓小平指出，人民民主专政“实质上也就是无产阶级专政，但是人民民主专政的提法更适合于我们的国情”。

2. 人民代表大会制度的政体

政体是国家政权的组织形式，即国家政治体系运作的形式。政体是与国体相适应的。由于历史条件和阶级力量对比等具体情况的不同，国体相同的国家，可能采取不同的政体，但都体现同一特定阶级的专政。

（1）人民代表大会制度是中国的根本政治制度。

人民代表大会制度是中国的根本政治制度，是人民当家作主的政权组织形式，也是坚持党的领导、人民当家作主、依法治国有机统一的根本制度安排。民主集中制是人民代表大会的组织原则。人民行使权力的机关是全国人民代表大会和地方各级人民代表大会，它们都由民主选举产生，对人民负责，受人民监督；国家行政机关、审判机关、检察机关都由人民代表大会产生，对它负责，受它监督。人民代表大会制度是符合中国国情、体现中国社会主义国家性质、保证中国人民当家作主的根本政治制度。它植根于人民群众，具有强大的生命力。中国各族人民通过这一根本政治制度牢牢地把国家和民族的前途命运掌握在自己手里。

知识链接5-1

西方的“三权分立”

“三权分立”亦称三权分治，是西方资本主义国家的基本政治制度的建制原则。其核心是立法权、行政权和司法权相互独立、互相制衡。三权分立具体到做法上，即为行政、司法、立法三大权力分属三个地位相等的不同政府机构，由三者互相制衡。是当前世界上资本主义民主国家广泛采用的一种民主政治思想。“三权分立”作为政治制度确立起来是资产阶级革命的产物。

“三权分立”的理论渊源：三权分立制度最早源于古希腊亚里士多德提出的政体三要素论（议事、行政、审判）。形成于17—18世纪西欧资产阶级革命时期英国资产阶级政治思想家洛克和法国资产阶级启蒙学者孟德斯鸠提出的分权学说。这一学说基于这样一个理论前提，即绝对的权力导致绝对的腐败，所以，国家权力应该分立，互相制衡。资产阶级的思想家们希望据此建立一个民主、法治的国家。其后，美国的潘恩、杰斐逊、汉密尔顿等人进一步发展和完善了这一理论。英法资产阶级革命和美国独立战争以后，三权分立成为资产阶级建立国家制度的根本原则。在当代，尽管西方国家的政治制度发生了很大变化，但三权分立仍然是它的一个根本特点。

“三权分立”的实践历程：在封建社会末期，新生的资产阶级顺应客观形势的变化，主张设议会以限制王权，设法院以维护自由（自由买卖）、公平（等价交换）、人权（财产权）。按照分权的理论原则将国家权力划分为既相互独立又相互制约的三个部分：立法、行政、司法，并建立相应的国家机关，分别行使这三个方面权力。三权之间，既相互分立，各有自己的职权范围，又相互制约，任何一方的权力都受到其他方的限制。“三权分立”一般是通过资产阶级的两党制或多党制来实现的，有的是通过长期执政的一个政党内部的不同派系来实现的。这些政党和派系分别代了资产阶级内部不同的利益集团。

“三权分立”这种制度相对于封建专制统治与个人独裁是一种进步，是同资本主义经济和政治特征相适应的精巧设计。它有利于调整资产阶级内部各党派、各利益集团之间的利益矛盾，有助于维护资产阶级的民主制度和保持资本主义社会的稳定。资产阶级内部存在着大量的政治派别和利益集团，他们通过分权制约的方式来协调内部不同利益冲突。所以“三权分立”的实质是阶级分权和资产阶级内部不同利益集团之间的分权，是实行资产阶级专政、维护资本统治的有力工具。“三权分立”在法律上和实践中的表现就是分权和制衡。

（2）我国人民代表大会制度和“三权分立”制度的本质区别。

我国人民代表大会制度和“三权分立”制度虽然都是政权组织形式，作为国家政体，这两种制度有着本质区别。一是人民代表大会与西方议会有着根本区别，人民代表大会没有议会党团，也不以界别开展活动。二是人大和“一府两院”的关系与西方国家的国家机关有本质不同，人民代表大会统一行使权力，“一府两院”由人大产生，对人大负责，受人大监督。三是人大代表与西方议员有本质区别。全国人大代表来自各地区、各民族、各方面，具有广泛代表性，不像西方议员是某党某派的代表。

案例导入5-1

美利坚合众国宪法中的“三权分立”和“制约与平衡”原则①

1787年的《美利坚合众国宪法》由序言和7条本文组成，至今有26条修正案。

宪法第1条共10款，规定立法权。联邦立法权属于由参议院和众议院组成的合众国国会。参议院由各州选派议员2人组成，任期6年，每2年更换其中的1/3；众议院由各州按人口比例选举产生，每2年选举一次。除立法权外，国会还有宣战权、提出及批准宪法修正案的权力，以及对总统进行弹劾的权力等。

宪法第2条共4款，规定行政权。联邦行政权属于合众国总统。总统是政府首脑，又是国家元首和武装部队的总司令，由选举产生，任期4年。总统拥有指挥和监督联邦全部行政的大权，有官吏任免权、发布行政命令权、外交权、军事权、事实上的提案权以及赦免权等。

宪法第3条共3款，规定司法权。联邦司法权属于最高法院及国会随时制定与设立的初级法院。联邦法院法官由总统经参议院同意任命，如无失职行为，得终身任职。法院审理案件时不受总统和国会的干涉。最高法院审理重要的民事、刑事案件，审理联邦下级法院以及与联邦利益有关的各州法院的上诉案件。同时，最高法院还掌握司法审查权。

根据宪法规定：国会有权立法，但总统对国会的立法享有批准权或否决权，联邦最高法院亦可利用司法审查权宣布其违宪而使之失效。总统有行政权，但总统任命部长、最高法院法官和缔结条约，必须经参议院2/3议员的同意；总统虽可否决国会通过的法案，但国会两院如各经2/3议员再次通过，即可推翻总统的否决，当然生效；总统

①由嵘，张雅利，毛国权，等.外国法制史参考资料汇编[M].北京：北京大学出版社，2004：512-516.

如有违法失职行为，国会则可进行弹劾。联邦最高法院以及依国会立法所建立的各级联邦法院有司法权，司法独立，但联邦法院的法官须经总统任命，国会批准；国会还可以弹劾联邦最高法院的法官。宪法所规定的政权组织形式，典型地体现了三权分立、相互制衡的组织原则。

案例导入5-2

中国近代史上的“三权分立”①

1911年辛亥革命胜利后，孙中山就曾根据“三权分立”原则，起草通过了《中华民国临时约法》。但是，辛亥革命的成果很快被袁世凯窃取。袁世凯上台后废除了临时约法，搞了一个所谓新的约法，实质上是实行封建军阀的独裁制。此后又有曹锟宪法和国民党政府的训政时期约法、中华民国宪法等，但这些都没有给中国人民带来真正的民主和自由。历史证明，在中国照搬西方政治体制的模式是一条走不通的路。新中国成立后，人民代表大会制度被确定为我国的根本政治制度。历史和实践得出这样的结论：人民代表大会制度是马克思主义国家学说和我国政治实践相结合的伟大创造，是近代以来中国政治发展的必然结果，是中国共产党带领各族人民长期奋斗的重要成果。

案例导入5-3

陈水扁家族腐败案②

民进党2000年上台后，从“反商”走向政商结合，使得经济萧条、政治腐败、民怨沸腾。从陈水扁之妻与陈水扁手下人马涉嫌内线交易，到高捷、高铁弊案的政商勾串，再到党籍“立法委员”开医院吃健保，腐败无孔不入，几乎到了头顶生疮、脚底流脓的地步。贪腐毒瘤已经深入到台湾当局的脏腑，已经揭露的弊案表明，民进党当局在非常广泛的领域内，进行集团式的、大规模的、系统的官商勾结、利益输送、贪赃自肥。有报道说，仅高捷弊案就涉及利益输送超过150亿元新台币。

台湾高等法院2009年6月11日进行二审宣判，就陈水扁家族涉及的公务机要费、台开案、南港展览馆、龙潭购地及洗钱案等六大弊案，陈水扁从一审无期徒刑被改判为20年有期徒刑，罚金1.7亿新台币，其妻吴淑珍也被改判为20年有期徒刑，罚金2亿新台

①顾海良. 中国特色社会主义理论与实践研究[M]. 北京：高等教育出版社，2014：115-116.

②陈水扁家族弊案一审宣判 陈水扁夫妇被判无期[J]. 中国经济周刊，2009（36）：29.

币。陈水扁儿子陈致中被判1年零2个月，其妻黄睿靓缓刑4年，罚1000万新台币。

案例思考：

①为什么说人民代表大会制度是近代以来中国政治发展的必然结果？

②我国的人民代表大会制度和“三权分立”相比有什么优点？

3. 中国共产党领导的多党合作和政治协商制度

（1）中国共产党领导的多党合作和政治协商制度是中国特色社会主义的政党制度，也是中国的一项基本政治制度。

中国共产产党的领导是这一制度的前提和基础，多党合作是这一制度的核心内容，政治协商是中国民主政治的重要形式。宪法和法律是各政党活动的基本准则。

中国人民政治协商会议是中国共产党领导的多党合作和政治协商机构，是中国人民爱国统一战线组织。各民主党派通过中国人民政治协商会议参政议政，行使民主权利。

这一制度的政治优势在于：既能实现广泛的民主参与，集中各民主党派、各人民团体和各界人士的智慧，促进执政党和各级政府决策的科学化、民主化，又能实现集中统一，统筹兼顾各方面的利益要求。

知识链接5-2

中国的民主党派

中国民主党派包括中国国民党革命委员会、中国民主同盟、中国民主建国会、中国农工民主党、中国民主促进会、中国致公党、九三学社和台湾民主自治同盟。

这8个爱国民主党派是在抗日反蒋斗争中逐步形成和发展起来的，同中国共产党有长期合作的历史，他们响应中国共产党1948年5月1日提出的召开新政治协商会议的号召，1949年参加了中国人民政治协商会议。中华人民共和国成立后，中国共产党同各民主党派坚持和完善共产党领导的多党合作和政治协商制度，为社会主义建设事业服务。

知识链接5-3

中国人民政治协商会议

中国人民政治协商会议是中国共产党领导下，由中国共产党、8个民主党派、无党派民主人士、人民团体、各少数民族和各界的代表，台湾同胞、港澳同胞和归国侨胞的代表，以及特别邀请的人士组成，具有广泛的社会基础。

1948年4月30日，中共中央发布纪念“五一”国际劳动节的口号，提出召开新的政治协商会议，成立民主联合政府的号召，各民主党派、各人民团体、无党派民主人士及国外华侨积极响应，参加筹备新政治协商会议。

1949年6月15日，新政治协商会议筹备会在北平开幕。9月17日，新政治协商会议筹备会第二次全体会议正式决定将新政治协商会议定名为“中国人民政治协商会议”。

1949年9月21日，中国人民政治协商会议第一届全体会议在北平隆重举行，代行全国人民代表大会职权。会议通过了《中国人民政治协商会议共同纲领》等文件，还通过了关于国旗、国歌、国都、纪年等项决议，选举了中国人民政治协商会议第一届全国委员会的委员。

1954年9月，全国人民代表大会第一次会议在北京召开后，人民政协作为中国共产党领导的人民民主统一战线的组织形式而继续存在。

（2）中国共产党领导的多党合作和政治协商制度具有显著特征。

中国共产党领导的多党合作和政治协商制度是同我国国体相适应的政党制度。这一政党制度的显著特征是：共产党领导、多党派合作，共产党执政、多党派参政。由此形成的政党制度形态和政党关系构造，不仅是历史形成的，更是国家利益和人民意愿的体现。

案例导入5-4

西方多党制不可克服的弱点①

西方多党制在实际运行中暴露出很多弊端，不能盲目照搬。这种政党制度有一些难以克服的弱点。其一是具有短期行为，过多地考虑局部利益。西方国家的政党都是代表各个利益集团的政治工具，所关心的是各自所代表集团的利益，强调竞争，强调选票，执政党从自己的政党利益出发，只做对自己政党选举有利的事，这样就必然缺乏政策的连贯性和长期性。由于议员由地方选举产生，候选人基于选票的考虑，更加重视地方的利益和局部利益。其二是多党竞选要耗费大量的金钱，政治深受利益集团的操纵和控制。据统计，美国大选的花费在2000年高达30亿美元，2004年又接近40亿美元，2008年更是高达53亿美元。显然，没有大资本集团的资金支持，各党派不可能

①顾海良. 中国特色社会主义理论与实践研究[M]. 北京：高等教育出版社，2014：123-124.

进行权力角逐，政治家的行为不可避免地要受利益集团的影响和控制。其三是容易激化社会矛盾，导致社会动荡。为了拼选举，各政党相互攻击对方，引起拥护各自政党的民众对立，其结果是人为地扩大和深化了社会分歧，并导致政局不稳，影响经济发展。其四是党派间的竞争导致社会改革困难重重。任何一种变革都会导致利益的调整，从短期来讲，肯定会有得利较多的一方，也会有失去利益比较多或者得利较少的一方，这种变革自然会引起后者的反对，而这种反对的力量必然会被反对党所利用，从而加大了变革的难度。一些政党通过选举上台，轮流执政，表面上看非常热闹，非常民主，实质上无论谁在台上，实行的政策大同小异，都不会改变资产阶级专政的实质。近年来，西方民众选举热情淡漠，投票率连年下降，就是因人们逐渐看到了这种“民主游戏”的实质。最后，西方多党制被移植到一些发展中国家后带来了灾难性后果。西方多党制是资产阶级在反对封建专制的斗争中逐渐形成并不断完善的，与各国的经济社会状况和文化传统相适应，尽管有许多弊端，但由于一些发达国家在经济上有一定实力，法制也比较健全，人们便逐渐适应了这样的制度，因而其弊端也就在大众的容忍范围之内了。这样具有明显缺陷的制度，虽然在西方一些发达国家能够运行，但在一些民主制度不够健全、大众民主意识比较欠缺、缺乏实行民主的文化传统和习惯的发展中国家就很难行得通。这也是美国等西方发达国家在发展中国家推行西方多党制度屡屡受挫的重要原因之一。冷战结束后，非洲许多部落众多的国家在西方压力和影响下，宣布实行多党制，结果导致政党林立、竞争激烈，社会矛盾激化，经济停滞、政治动荡，国家陷入了长期纷乱之中。一些原社会主义国家的历史教训证明，放弃党的领导，社会主义社会的性质就会改变，人民当家做主的地位就会改变。事实告诉我们，不能盲目照搬别国的政党制度，否则会给国家和民族带来灾难性后果。总之，各个国家的国情不同，民主的发展道路和由此所形成的民主模式自然也应该是多样化的，这也是人类文明发展多样性的具体体现。中国必须要坚持中国共产党领导的多党合作和政治协商制度，而不能照搬西方的多党制。

案例导入5-5

中国近代历史发展中多党制的失败①②

中华民族的近代历史在“中国社会向何处去”的道路上探索前行。爱国志士仁人向西方寻找救国救民真理的努力一次次失败，证明了“照搬西方资本主义的其他种种

①本书编写组. 中国近现代史纲要[M]. 北京：高等教育出版社，2018：73-74.

②同①197-198.

方案，都不能完成中华民族救亡图存的民族使命和反帝反封建的历史任务”。

辛亥革命后资产阶级革命党人曾试图将西方多党制移植到中国来，没有成功。1912年，中华民国成立，1912年8月25日，同盟会联合数个小型政党组成国民党。1913年初，国民党在代理理事长宋教仁（代理孙中山理事长，当时国民党的实际掌权者）领导下，于全国选举中在参议院与众议院皆获得最多席次成为国会最大党。同年3月20日，宋教仁欲循欧洲“内阁制”惯例，以党首身份北上组阁之际于上海火车站被暗杀。后孙中山等人发动“二次革命”与“护法运动”，被袁世凯武力镇压。1913年11月袁世凯下令解散国民党，最终走上专制独裁道路。

抗日战争胜利后，国共重庆谈判和政治协商会议的召开，以民盟为代表的一些民主人士也希望中国能搞多党制，走“中间道路”，现实还是破灭了他们的幻想。1946年6月，蒋介石悍然发动内战，11月12日召开了由国民党一手包办的“国民大会”，青年党、民主社会党追随了国民党。次年3月，国民党当局限期令中共驻南京、上海、重庆三地代表及工作人员全部撤退。至此，国共关系彻底破裂。5月，国民党公布伪造的《中共地下斗争路线纲领》，公然诬蔑民主同盟、民主促进会、三民主义同志联合会等“受中共之命，而准备甘为中共之新的暴乱工具”。10月，国民党当局宣布民盟“为非法团体”，明令对该组织其成员的一切活动“严加取缔”。这就“使在蒋介石统治下进行任何和平运动、合法运动、改良运动的最后幻想归于破灭”。

案例思考：

为什么说“半殖民地半封建社会的中国国情决定了选择中国社会主义政党制度的历史必然性”？

4. 民族区域自治制度

（1）民族区域自治制度是中国的一项基本政治制度。

中国有56个民族，以汉族为主体民族，其他55个民族为少数民族。民族区域自治是指在国家的统一领导下，以少数民族聚居区为基础，建立相应的民族自治地方，设立民族自治机关，行使宪法和法律规定的自治权的制度。

民族区域自治是中国共产党运用马克思主义民族理论解决我国民族问题的一大创造，是解决我国民族问题的基本政策，体现了国家尊重和保障少数民族自管理本民族内部事务的权利，体现了民族平等、民族团结、各民族共同繁荣发展的原则，体现了民族因素与区域因素、政治因素与经济因素、历史因素与现实因素的统一。

知识链接5-4

民族区域自治简况

1947年5月，我国成立了第一个省级的民族自治区——内蒙古自治区。新中国成立前夕，中国人民政治协商会议在北京召开，有多个少数民族代表（正式代表十人、候补代表二人）出席会议，正式确定我国实行民族区域自治制度。会议通过的《中国人民政治协商会议共同纲领》第五十一条明文规定："各少数民族聚居的地区，应实行民族的区域自治，按照民族聚居的人口多少和区域大小，分别建立各种民族自治机关。凡各民族杂居的地方及民族自治区内，各民族在当地政权机关中均应有相当名额的代表。"

新中国成立后，我国又先后建立了4个省级自治区：新疆维吾尔自治区（1955年10月1日）；广西壮族自治区（1958年3月15日）；宁夏回族自治区（1958年10月25日）和西藏自治区（1965年9月9日）。实行民族区域自治的民族达到44个。1954年，中华人民共和国一届人大一次会议制定并通过的《中华人民共和国宪法》将民族区域自治制度写入宪法，成为我国的基本政治制度之一。

（2）民族区域自治制度的优越性。

我国民族区域自治制度的显著特点是民族区域自治和集中统一领导的正确结合，显示出了巨大的优越性。

第一，有助于把国家的集中统一和少数民族自治结合起来。它妥善地解决了国家统一和民族自治的关系，既维护了国家主权、统一，又保障了少数民族管理本民族地区事务的自主权利。

第二，有助于把国家方针政策和少数民族地区具体特点结合起来。在执行国家的方针政策过程中，结合民族地区特点，做到因民族制宜、因地区制宜，从而有利于民族自治地方经济和社会各项事业的发展。

第三，有助于把国家富强和民族繁荣结合起来。在进行社会主义现代化建设的过程中，政府要对少数民族地区经济发展给予扶持和帮助，从而把民族地区丰富资源和先进技术结合起来，把人力和物力结合起来，在民族共同富裕的同时，国家也强盛起来。

第四，有助于把各族人民热爱祖国的感情和热爱本民族的感情结合起来。各民族维护祖国主权和统一，保卫边疆，既是热爱祖国又是热爱民族的表现，既维护了国家的最高利益，又维护了民族自身的利益。

5. 基层群众自治制度

案例导入5-6

基层民主的启发[①]

在贵州省锦屏县平秋镇圭叶村，一个公章一切为五，五人分持，村干部要用公款报销什么账目，必须几个村民代表共同同意，合印盖章，方能兑现。从媒体报道的图片上看，装在切掉一半的一次性塑料水杯中的“五合章”，质朴而庄重，盖出大印，却朱红清晰，堂堂正正。就如同印章背后的这个农民自创的民主理财制度，看去简单明了，却实在、管用。

小小的“五瓣公章”，给人以启发。

民主不是高不可攀的，而是与我们每一个人的切身利益都息息相关的“日常必用品”。沿海发达地区需要民主，穷乡僻壤如贵州贫困村，同样需要民主，而且能够实现民主。发达地区投资几亿的项目是否上马，需要民主决策；这里十几块的酒钱该不该入账，也需要民主定夺。发达地区可以在规范的理论指导下，自觉推进民主进程；落后地区同样可以在现有条件下，合理实现民主治理。

正如十七大报告所言，“人民依法直接行使民主权利，管理基层公共事务和公益事业，实行自我管理、自我服务、自我教育、自我监督，对干部实行民主监督，是人民当家做主最有效、最广泛的途径，必须作为发展社会主义民主政治的基础性工程重点推进”。

“人民民主是社会主义的生命”。只要我们有追求公平正义的真诚之心，民主就是完全能够逐步实现的目标。

“五瓣公章”还告诉我们，民主不需要华丽的外表、昂贵的形式。一个质朴的“五瓣公章”，就可以推进一个村庄的民主理财进程。可有的地方，财务制度有厚厚的一大摞精装本，却还是管不住领导的“一张嘴”。我们追求的民主，是拿来用的，不是拿来看的，更不是装点门面的。实现民主，需要通过一定的形式、付出一定的成本来实现，但形式是可以千变万化的，有些成本也是可以大大降低的。

现在，一些地方的基层选举，排场很大，程序繁复，耗费了大量人力物力，但选民的参与感和主人翁的感觉却很低。相反，当年我党领导的解放区基层选举，甚至连选票都没有印，候选人背对选民一字排开，大家想选谁，就往谁身后的碗中扔颗豆

①陈颂清．“五瓣公章”，质朴的尝试[N]．人民日报，2007-12-7（05）．

子。低成本、零排放（用过的豆子还可以煮了吃），却让群众有了当家做主的喜悦，有了“解放区的天是明亮的天”的感觉。

案例思考：

“五瓣公章”这种民主实践形式有何借鉴意义？

基层群众自治制度是中国的一项基本政治制度，是依照宪法和法律的规定，由居民（村民）选举的成员组成居民（村民）委员会，实行自我管理、自我教育、自我服务、自我监督的制度。基层群众自治是人民依法直接行使民主权利的制度保障，是人民当家做主最有效、最广泛的途径。

基层群众自治制度的特点和优势：实现了高层民主与基层民主、间接民主与直接民主的结合；实现了基层群众的主体作用与国家的主导作用相结合；实现了适应经济社会发展与促进社会经济发展的统一；实现了民主的创新性与渐进性的统一。

此外，中国特色的国家元首制度、选举制度、行政制度、监察制度、司法制度、军事制度、特别行政区制度等构成我国的具体政治制度。它们建立在根本政治制度与基本政治制度之上，相互配套、相互支撑，共同为人民当家作主和党领导人民治理国家提供制度保障。

第二节　中国特色社会主义政治建设实践

中国特色社会主义政治发展道路，就是高举人民民主旗帜，从中国国情出发，坚持党的领导、人民当家做主、依法治国有机统一，以保证人民当家做主为根本，以增强党和国家活力、调动人民积极性为目标，扩大社会主义民主，加快建设社会主义法治国家，发展社会主义政治文明。实践证明，中国特色社会主义民主政治具有强大生命力，中国特色社会主义政治发展道路是符合中国国情、保证人民当家做主的正确道路。

一、中国共产党始终高扬人民民主这面光辉旗帜，为实现人民民主而奋斗

1. 新民主主义革命时期的民主探索

中国共产党自成立之日起，就以争取和实现人民当家做主为己任，并为此进行了艰苦卓绝的斗争。中共二大制定了反帝反封时建的民主革命纲领，明确提出要建立“真正的民主共和国”和劳农专政的政治目标。土地革命战争时期，中国共产党在根据地建立了工农民主政权。1931年11月，在江西瑞金召开的第一次全国工农兵代表大会，成立了中华苏维埃共和国中央工农民主政府，《中华苏维埃共和国宪法大纲》规定：中华苏维埃政权所建立的是工人和农民的民主专政国家，在苏维埃政权下，所有

工人农民红军士兵及一切劳苦民众都有权选举代表参加政权的管理，从而开创了人民民主政治制度的历史。

抗日战争时期，中国共产党的新民主主义民主政治思想得到进一步发展，并进行了具体的民主政治的实践。1937年5月，毛泽东在延安中共全国代表会议上做了题为《中国共产党在抗日时期的任务》的报告，论述了民主政治在抗日战争中的重要性，指出，争取民主是目前发展阶段中革命任务的中心一环。“看不清民主任务的重要性，降低对于争取民主的努力，我们将不能达到真正的坚实的抗日民族统一战线的建立。”①毛泽东提出，中国必须进行两个方面的民主改革，一是将政治制度上国民党一党派一阶级反动独裁政体，改变为各党各阶级的民主政体；二是实现人民的言论、集会、结社自由。②1941年5月，中国共产党公布了《陕甘宁边区施政纲领》。这一具有各抗日根据地“宪法”性质的施政纲领明确规定：切实保障抗日人民的人权、政权、财权及言论、出版、集会、结社、信仰、迁徙等自由权。同时，各抗日根据地也大都根据边区施政纲领制定并公布了保护人权条例；对于侵犯人权的行为，各抗日根据地严格依法加以处理。抗日根据地的民主政权在组成上采取“三三制”原则，即共产党员、非党左派进步人士和中间分子各占1/3。在“三三制”政权中，保证民主党派、民主人士的参政议政作用，使他们的意志和愿望得到充分的反映和表达，人民群众有广泛的民主自由权利。毛泽东在《新民主主义论》一文中明确提出：“现在所要建立的中华民主共和国，只能是在无产阶级领导下的一切反帝反封建的人们联合专政的民主共和国，这就是新民主主义的共和国。”它是一种向无产阶级专政国家的过渡形式。政体采取人民代表大会制，由各级人民代表大会选举政府，这个政府实行民主集中制，即在民主基础上的集中，在集中指导下的民主。毛泽东在1945年4月召开的中共第七次全国代表大会上，作了题为《论联合政府》的政治报告，提出组成民主联合政府、建立一个新民主主义的独立、自由、民主、统一、富强的新中国。中国共产党对民主宪政的诉求，吸引了中国的民主党派。人们所熟知的毛泽东在延安对黄炎培提出的历史周期律问题的回答，更是鲜明地体现了共产党人的民主观。

抗日战争胜利后，中国共产党从人民需要休养生息、重建家园的迫切愿望出发，主张团结一切爱国民主力量，争取建设一个独立、自由、民主、统一的新中国。通过

①毛泽东. 毛泽东选集（第一卷）[M]. 北京：人民出版社，1991：255.

②同①256-257.

重庆谈判、政治协商会议等一系列斗争，中国共产党努力为争取和平民主而斗争。1946 年 4月，陕甘宁边区第三届参议会第一次会议通过了《陕甘宁边区宪法原则》，规定人民按照普遍、直接、平等、无记名投票原则选举各级代表，各级代表会议选举政府人员；还规定解放区人民享有政治、经济、文化等各项自由民主权利，并且规定了实现这些权利的各种保障条件以及男女平等、民族平等等原则。解放区的天之所以是“明朗的天”，主要是因为这里正在升起灿烂辉煌的民主的太阳；共产党之所以能得到广大老百姓的真心拥护，一个重要原因是它“实行了民主好处多”。

2. 新中国成立后的民主实践

1949年中华人民共和国成立，起临时宪法作用的《中国人民政治协商会议共同纲领》明确规定，中华人民共和国的国家政权属于人民；人民行使国家政权的机关为各级人民代表大会和各级人民政府；国家最高政权机关为全国人民代表大会。中国共产党领导人民建立了人民当家做主的国家政权，实现了几千年来中国政治由封建专制向人民民主的伟大跨越，中国人民的政治地位发生了根本变化，中国人从此站立起来了。从1953年下半年开始，根据选举法在全国范围内开展了我国历史上第一次真正是劳动人民参加的最广泛的民主。1954年召开的第一届全国人民代表大会通过的《中华人民共和国宪法》，确定了我国的国体和政体，为实现人民民主提供了根本保障。

1956年，随着社会主义改造的完成，我国确立了社会主义基本制度，为当代中国一切发展进步奠定了根本政治前提和制度基础，开辟了社会主义民主的新纪元。在社会主义制度下，人民民主不仅要实现全体人民的政治民主，还要实现人民群众的经济权利和社会权利。工人阶级和劳动群众只有在生产活动和社会生活中实现了自己的权利，其民主权利才有坚实的基础。毛泽东在1959年年底至1960年年初读苏联《政治经济学教科书》谈话中，着重强调了人民群众要直接参与国家、企业和社会事务的管理，拥有经济、文化和社会等各方面的权利。他还指出，“我们的目标，是想造成一个又有集中又有民主，又有纪律又有自由，又有统一意志又有个人心情舒畅、生动活泼，那样一种政治局面，以利于社会主义革命和社会主义建设。”[①]邓小平也强调指出，“社会主义民主要逐步实现党和国家政治生活的民主化、经济管理的民主化、整个社会生活的民主化。”[②]当然，我国的社会主义民主建设也出现过失误，特别是“文化

①中共中央文献研究室. 毛泽东邓小平江泽民论党的建设[M]. 北京：中央文献出版社，2000：214.

②中共中央文献研究室. 十二大以来重要文献选编（下）[M]. 北京：中央文献出版社，1988：161.

大革命”期间，社会主义民主法制遭到严重破坏，人民民主名存实亡，带来深刻教训。

中共十一届三中全会以来，中国共产党把建设民主政治的任务提到战略高度，确定为我国社会主义现代化建设的重要目标。1979年，邓小平在党的理论工作务虚会上，提出了“没有民主就没有社会主义，就没有社会主义现代化”的著名论断。这一科学论断是中国共产党关于社会主义民主建设思想的新发展，是人民民主思想的新突破。只有加强民主政治建设，才能使社会主义现代化建设获得重要的政治保证，才能推动社会主义现代化的全面发展。社会主义愈发展，民主也愈发展。

改革开放以来，中国共产党提出的一系列国内政策，最重大的有两条：一条是政治上发展民主，一条是经济上进行改革，同时相应地进行社会其他领域的改革。任何国家的民主，都离不开本国的历史文化传统、经济发展状况和社会制度。我们的民主，不是抽象的民主，而是具体的民主；不是照搬资本主义国家的民主，而是适合自己国情的具有中国特色的社会主义民主。邓小平强调指出：“一定要把社会主义民主同资产阶级民主、个人主义民主严格地区别开来，一定要把对人民的民主和对敌人的专政结合起来，把民主和集中、民主和法制、民主和纪律、民主和党的领导结合起来。”习近平总书记指出：“中国特色社会主义政治制度之所以行得通、有生命力、有效率，就是因为它是从中国的社会土壤中生长起来的。中国特色社会主义政治制度过去和现在一直生长在中国的社会土壤中，未来要继续茁壮成长，也必须深深扎根于中国的社会土壤。”

二、坚持中国特色社会主义政治制度

坚持和完善中国特色社会主义政治制度，是走中国特色社会主义政治发展道路，发展社会主义民主政治的基本途径。

政治制度是指在特定的社会中，统治阶级通过组织政权以实现其政治统治的原则和规则的总和。它包括国家政权的组织形式、国家结构形式、政党制度、选举制度等。中国特色社会主义的政治制度既体现了人类政治文明发展的优秀成果，又具有鲜明的中国特色和独特优势，其本质是实现最广大人民群众的根本利益，保障人民当家作主，保持国家长期稳定和发展。习近平总书记指出：“中国实行工人阶级领导的、以工农联盟为基础的人民民主专政的国体，实行人民代表大会制度的政体，实行中国共产党领导的多党合作和政治协商制度，实行民族区域自治制度，实行基层群众自治制度，具有鲜明的中国特色。这样一套制度安排，能够有效保证人民享有更加广泛、更加充实的权利和自由，保证人民广泛参加国家治理和社会治理；能够有效调节国家政治关系，发展充满活力的政党关系、民族关系、宗教关系、阶层关系、海内外同胞

关系，增强民族凝聚力，形成安定团结的政治局面；能够集中力量办大事，有效促进社会生产力解放和发展，促进现代化建设各项事业，促进人民生活质量和水平不断提高；能够有效维护国家独立自主，有力维护国家主权、安全、发展利益，维护中国人民和中华民族的福祉。”[①]这一论断表明，包括人民民主专政的国体在内的一整套制度体系，在我国政治、经济、文化、社会、外交等各个领域发挥着根本性作用，是我们实现国家富强、民族振兴、人民幸福最为紧要的制度保障。

1. 坚持人民民主专政的国体

人民民主专政是我国不可动摇的国体，是社会主义中国立国的根本所在，是中国人民在我们党的领导下流血牺牲、艰苦奋斗所收获的伟大的治国成果，也是被实践证明的符合中国国情、具有中国特色、充满生机活力的制度安排。

人民民主专政是中国特色的无产阶级专政。这是中国人民在中国共产党领导下，根据中国具体国情，对新中国国家本质及其形式的正确的政治选择。旧中国是半殖民地半封建性质的国家。中国共产党在中国要取得社会主义的胜利，就要打碎旧中国的国家机器，建立一个新型的国家机器，而要做到这一点，必须把革命的实际行动分作两步：第一步进行新民主主义革命，第二步进行社会主义革命。通过革命战争，打碎旧中国的国家机器，建立新的国家机器，这个新型的国家机器就是人民民主专政。中国社会的性质决定中国新民主主义革命的敌人是封建主义、官僚资本主义和帝国主义，领导阶级是工人阶级，革命的主要同盟是农民阶级，其他同盟还有城市小资产阶级和民族资产阶级，只有结成最广泛的统一战线，集中全民众的力量，才能战胜压在中国人民头上的“三座大山”。中国新民主主义革命的胜利，历史地导致不仅仅只是无产阶级的专政，而是以无产阶级为领导的、以工农联盟为基础的，包括城市小资产阶级和民族资产阶级的最广泛联盟的人民民主专政。人民民主专政的实质还是无产阶级专政，但它不是单一的无产阶级的专政，而是以工人阶级为领导的、以工农联盟为基础的，包括最广泛同盟者地对少数敌人的专政。

在新的历史时期，必须更好地坚持和发挥人民民主专政应有的政治基石作用。以党的十一届三中全会为标志，我国社会主义实践进入了凯歌行进的改革阶段，这个过程也是建立依靠人民民主专政保障人民奋斗成果的发展历程。中国的社会主义初级阶段要经历近百年的时间。在这个阶段，已经上升为国家统治地位的工人阶级，由于自

①习近平. 在庆祝全国人民代表大会成立六十周年大会上的讲话[J]. 求是，2019(18)：13.

身的力量在一个相当长时期内相对弱于资本主义，不靠无产阶级专政就抵制不住资本主义的进攻。在这个阶段，实现中华民族伟大复兴的中国梦，必然要求坚持、完善和巩固人民民主专政，这是我们党扎实推进社会主义市场经济建设，积极回应广大人民群众的历史新期待，更好地完成执政使命的政治前提。

2. 坚持人民代表大会制度

人民代表大会制度是中国的根本政治制度，是支撑中国国家治理体系和治理能力的根本政治制度，是人民当家作主的政权组织形式。建设中国特色社会主义民主政治，最重要的是坚持和完善人民代表大会制度，切实加强国家权力机关建设，以利于人民群众参与对国家事务的管理。人民代表大会制度是符合中国国情、体现中国社会主义国家性质、保证中国人民当家作主的根本政治制度。它植根于人民群众，具有强大的生命力。中国各族人民通过这一根本政治制度牢牢地把国家和民族的前途命运掌握在自己手里。

新中国成立后，随着新民主主义革命在全国范围的胜利，由政治协商会议和地方各界人民代表会议代行人民代表大会职权的过渡时期即将结束，建立各级人民代表大会的时机逐步成熟。1952年11月，中共中央做出决定，立即着手准备召开全国人民代表大会，制定宪法。1953年1月，毛泽东主持中央人民政府委员会第20次会议，一致通过了《关于召开全国人民代表大会及地方各级人民代表大会的决议》。从1953年开始，在各界人民代表会议的基础上，乡、县、省（市）逐级召开了由人民普选产生的地方各级人民代表大会，选举产生了地方各级国家机关。1954年9月15日，第一届全国人民代表大会第一次会议在北京隆重举行，会议通过了我国历史上第一部社会主义类型的《宪法》，进一步肯定确认了人民代表大会制度。至此，人民代表大会制度在新中国的大地上从中央到地方系统地建立起来了。

1954年人大制度正式确立以后，各级人大按照宪法和组织法的规定，积极行使自己的职权，在国家建设和发展方面发挥了重要作用。1978年底，党中央召开十一届三中全会，决定把全党全国工作的重点转移到社会主义现代化建设上来，同时提出了发展社会主义民主、健全社会主义法制的任务。此后，地方各级人大工作得到了比较快的恢复和发展。1982年，五届全国人大五次会议通过了新的《宪法》，标志着我国人民代表大会制度全面恢复，人大工作进入了一个蓬勃发展的新阶段。

进入改革开放以来的40多年，我国人大制度不断丰富和完善，基本形成了系统的规范程序，特别是在制度建设上取得了多方面的成就。

我国人民代表大会制度从正式确立至今，经历了60多年的风雨历程。从其思想的产生和制度的探索发展历史中，我们可以得出以下结论：第一，人民代表大会制度具有历史性，它是历史发展的必然结果，其之所以能够历经风雨顽强生长，就在于它完全符合中国的实际，符合广大人民群众的愿望。第二，人民代表大会制度具有人民性，它不仅赋予了人民神圣的选举权，还赋予了人民广泛的参与权和监督权，不仅为人民开辟了表达意愿和诉求的宽广渠道，而且为人民提供了管理国家事务的广阔舞台，有效保证了人民当家作主的权利。第三，人民代表大会制度具有科学性，它是中国共产党人把马克思恩格斯国家学说与中国具体实际相结合的伟大创造，是对马克思列宁主义国家学说的继承和发展。第四，人民代表大会制度是毛泽东思想的重要组成部分，毛泽东作为我党第一代领导核心，他的有关论述为我国人民代表大会制度的确立奠定了基础，确立了我国人民代表大会制度发展的方向。

3. 坚持中国共产党领导的多党合作和政治协商制度

中国共产党领导的多党合作和政治协商制度是中国特色社会主义的政党制度，也是中国的一项基本政治制度。坚持这一政党制度，就是要坚持共产党领导、多党派合作，共产党执政、多党派参政，把中国共产党领导和多党派合作有机联系起来。发挥这一形式的作用，关键是要保证其围绕团结和民主两大主题履行职能，发挥政治协商、办商、民主监督和参政议政的作用。这一中国共产党领导的多党合作和政治协商制度，既能实现广泛的民主参与，集中各民主党派、各人民团体和各界人士的智慧，促进执政党和各级政府决策的科学化、民主化，又能实现集中统一，统筹兼顾各方面的利益要求。

1949年9月21日至30日，中国人民政治协商会议在北京召开。除中国共产党和新民主主义青年团外，还有中国国民党革命委员会、中国民主同盟、中国民主促进会、中国致公党、中国农工民主党、中国人民救国会、中国国民党民主促进会、三民主义同志联合会、民主建国会、九三学社、台湾民主自治同盟等11个党派以及无党派人士。在出席新政协的662位代表中，共产党员约占44%，工农和各界的无党派代表约占26%，各民主党派的成员约占30%，新中国联合政府成立时表现出了高度的民主性。新中国成立后，1949年11月，国民党民主派第二次代表会议在北京召开，决定将中国国民党革命委员会、中国国民党民主促进会、三民主义同志联合会和国民党其他爱国分子进一步统一为中国国民党革命委员会（民联和民促宣告结束）。同年12月，中国人民救国会宣布解散。面对建国初期新的形势与任务，在中国共产党的领导和帮助下，民主党派积极投身反帝爱国和争取祖国统一的伟大斗争，踊跃参加国家的各项民主改革和建设实践，为巩固人民民主政权，恢复和发展国民经济，实现过渡时期总任务，发挥了应有的作用。1956年9月，中共八大正式提出共产党和民主党派“长期共存、互相监督”的“八字方针”，极大地鼓舞了民主党派。在中共八大路线的指导下，民主党派根据业已变化了的阶级状况，提出了为社会主义服务的政治路线，从而顺利完成了由新民主主义向社会主义的历史性转变。

1957年反右斗争扩大化后，中国共产党对民主党派性质的认识一直受到极左思想的影响，长期把民主党派视为资产阶级政党，民主党派难以在国家的政治生活中发挥作用。

1979年6月25日，在全国政协五届二次会议上，邓小平指出：“我国民主党派在民主革命中有过光荣的历史，在社会主义改造中也做出了重要的贡献。这些都是中国人民所不会忘记的。现在它们都已经成为各自所联系的一部分社会主义劳动者和一部分拥护社会主义的爱国者的政治联盟，都是在中国共产党领导下为社会主义服务的政治力量。”①这个讲话，肯定了民主党派为社会主义服务的进步性，纠正了长期以来对民主党派的错误认识，摘掉了戴在民主党派头上长达二十年之久的“资产阶级政党”的帽子，极大地调动了各民主党派为社会主义现代化建设服务的积极性，而且打开了多党合作的新局面，为中国共产党与各民主党派在新时期的继续团结与合作奠定了思想政治基础。1982年9月，中共十二大政治报告提出了“长期共存、互相监督、肝胆相照、荣辱与共”多党合作十六字方针，标志着在新的历史时期，我国多党合作已经进入到一个彼此信任、真诚合作的新阶段，各民主党派从此焕发出新的生机和活力，民主党派的自身建设得到加强，在国家政治生活中的地位不断提高。

4. 坚持民族区域自治制度

民族区域自治制度是中国的一项基本政治制度。民族区域自治制度，使中国少数民族依法自主地管理本民族事务，民主地参与国家和社会事务的管理，保证了中国各民族不论大小都享有平等的经济、政治、社会和文化权利，共同维护国家统一和民族团结，建设相互支持、相互帮助、共同团结奋斗、共同繁荣发展的和谐民族关系。

据2010年第六次人口普查统计，大陆31个省、自治区、直辖市和现役军人的人口中，汉族人口为1 225 932 641人，占91.51%；各少数民族人口为113 792 211人，占8.49%。同2000年第五次全国人口普查相比，汉族人口增加66 537 177人，增长5.74%；

①邓小平．邓小平文选（第二卷）[M]．北京：人民出版社，1994：186.

各少数民族人口增加7 362 627人，增长6.92%。[①]从新中国成立前的1947年4月内蒙古自治区建立迄今，我国共建立了155个民族自治地方，其中包括5个自治区、30个自治州、120个自治县（自治旗）。11个因人口较少且聚居区域较小而没有实行区域自治的少数民族中，有9个建有民族乡。民族自治地方面积占国土总面积的64%，实行区域自治的少数民族达到44个，自治地方的少数民族人口占全国少数民族人口的71%。此外，还建立了1500个民族乡，作为民族区域自治的补充形式。实行民族区域自治制度以来，我国少数民族地区经济文化迅速发展，从1983 年的六届全国人民代表大会开始，55个少数民族都有全国人大代表席位（见表5–1）。

表 5–1　历届全国人民代表大会中少数民族代表人数统计表

届次	年	代表总数	少数民族代表人数	占总数(%)	有代表的少数民族个数
一届	1954	1226	178	14.52	30
二届	1959	1226	179	14.60	30
三届	1964	3040	372	12.24	53
四届	1975	2885	270	9.36	54
五届	1978	3497	381	10.90	54
六届	1983	2978	405	13.60	55
七届	1988	2978	445	14.94	55
八届	1993	2978	439	14.74	55
九届	1998	2979	428	14.36	55
十届	2003	2985	415	13.91	55
十一届	2008	2987	411	13.76	55
十二届	2013	2987	409	13.69	55
十三届	2018	2980	438	14.70	55

注：表中数据来自中华人民共和国国家统计局中国统计年鉴。

5. 坚持基层群众自治制度

基层群众自治制度是中国的一项基本政治制度。坚持这一重要制度，关键是要健

①中华人民共和国国家统计局. 2010年第六次全国人口普查主要数据公报（第1号）[EB/OL]. 中华人民共和国国家统计局官网，2011–04–28. http://www.stats.gov.cn 成立六十周年大会上的讲话[J]. 求是，2019(18)：13.

全基层自治组织和民主管理制度，完善公开办事制度，保证人民群众依法直接行使民主权利，管理基层公共事务和公益事业，对干部实行民主监督。实施这一制度，扩大基层民主，实行基层群众自治，有助于激发广大人民群众当家作主的积极性、创造性和责任感。

（1）城市居民委员会的发展历程。

城市居民委员会这一重要的群众性自治组织在中华人民共和国成立之初就在一些大城市中产生了。新中国成立之初，在一些城市中出现了由群众自己组织起来的防护队、防盗队和居民组等名称不一的群众性自治组织。1950年3月，天津市根据居民居住状况建立了居民委员会。同时期，在湖北省武汉市的部分街道也开始建立了居民代表委员会和居民小组。但是，此时居民委员会的特点是，各地的规模不太一样，职能也不统一。为了克服此类不正常的现象，1953年6月8日，彭真同志给毛泽东等中央领导同志专门写了一个报告，即《关于城市街道办事处、居民委员会组织和经费问题的报告》。报告指出，城市街道居民委员会这一组织是需要建立的。它的性质应当是群众性自治组织，而不是基层政权组织。此后，各城市都陆续建立了居民委员会组织，名称也逐渐趋向统一，其性质都属于基层群众性自治组织。

1954年12月召开的第一届全国人大常委会第四次会议制定并颁布了《城市居民委员会组织条例》，第一次用法律的形式肯定了居民委员会的性质、地位和作用。这个条例的贯彻和实施，有力地推动了城市居民委员会组织的建设和发展。到1956年底，城市居民委员会不但在全国各个城市普遍建立起来，而且得到了进一步巩固和发展。

从1958—1966年，城市居民委员会的发展遭受挫折。城市居民委员会（包括其下设的工作委员会）的名称被随意地改变，工作任务和工作职责不清楚和不规范，工作缺少条理和章法，使城市居民委员会的组织建设遭受到了极大的干扰和破坏，并留下严重的后遗症。

在“文化大革命”中，城市居民委员会的组织建设遭到了破坏。在这一时期，全国各城市中的居民委员会不是被解散，就是被改为“革命居民委员会”。其主要任务也就是大搞阶级斗争，实行“群众专政”，从根本上背离了居民委员会实行群众自治的原则，严重地损害了城市居民的利益。

粉碎“四人帮”，特别是党的十一届三中全会以来，我国城市居民委员会的组织建设得到了全面的恢复和发展。1980年1月，全国人大常委会重新公布了《居民委员会组织条例》等文件。1982年，宪法明确规定了居民委员会的性质、任务和作用。1989年12月26日，全国人大常委会第十一次会议通过了《城市居民委员会组织法》。

这标志着我国城市居民委员会的组织建设进入了一个新的全面发展的时期。

（2）村民委员会的发展。

党的十一届三中全会后，在实行联产承包责任制的过程中，广西壮族自治区罗城县和宜山县的一些村，自发地把农民组织起来，创立了村民委员会这一组织形式。

1982年，全国人大常委会把村民委员会和居民委员会一起写进了宪法，并对村民委员会的性质、任务和组织原则都作了具体规定，这是我国制宪史上的一个创举。宪法颁布以后，全国普遍开展了由生产大队改建村民委员会的活动。1998年11月4日，九届全国人大常委会五次会议通过《村民委员会组织法》，此后，我国农村基层群众自治组织呈现出强大的生命力，在实践中不断发展壮大。

三、中国特色社会主义政治建设的成就

自20世纪70年代末实行改革开放政策以来，中国在深化经济体制改革的同时，坚定地推进政治体制改革，中国的民主制度不断健全，民主形式日益丰富。

1. 人民代表大会制度的不断完善

从选举制度看，目前我国人大的选举实行的是直接选举和间接选举相结合的方法，即县、乡级实行直接选举，而县级以上各级人大代表实行间接选举，并一律实行差额选举和无记名投票。2010年，全国人大修改选举法，实行城乡按相同人口比例选举人大代表，全面实现选举权的平等。在2011年到2012年全国县乡两级人大换届选举中，参加县级人大代表换届选举登记的选民达9.81亿多人，参加投票选民占登记选民的90.24%；参加乡级人大代表换届选举登记的选民达7.23亿多人，参加投票选民占登记选民的90.55%。①

从立法制度看，1982年宪法规定，全国人大及其常委会共同行使国家立法权，改变了之前全国人民代表大会唯一行使国家立法权的体制，2000年通过的立法法进一步完善了我国的立法制度。近年来，中国的立法民主不断向前推进。几乎每一件法案的起草都采取专家座谈会、论证会等形式，听取专家的意见。有的法案还由立法机构直接委托社会研究部门起草。对于调整重要社会关系的立法项目，地方人大常委会还经常召开听证会，让不同利害关系方发表意见。中国立法法对立法听证会做出了规定。1982年以来，全国人大及其常委会在制定包括宪法修正案、婚姻法修改草案、合同法草案、物权法草案在内的10多项关系到人民切身利益的重要法律案过程中，都把草案

①国务院新闻办公室. 发展权：中国的理念、实践与贡献白皮书[M/OL]. 中央人民政府官网，2016-12-01. http://www.gov.cn/xinwen/2016-12/01/content_5141240.htm.

向全民公布征求意见。

从代表制度看，1992年4月，七届全国人大五次会议通过了代表法，对全国人大和地方人大代表的性质地位权利义务工作方式等都作了具体规定。总体来看，全国人大代表具有广泛的代表性，保证了各地区、各民族、各方面都有适当数量代表的要求（见表5–2）。2013年，十二届全国人大代表中来自一线的工人、农民代表比十一届提高了5.18个百分点，其中农民工代表数量大幅增加；专业技术人员代表提高了1.2个百分点；党政领导干部代表降低了6.93个百分点。2018年，十三届全国人大代表中来自一线的工人、农民代表提高了2.28个百分点；专业技术人员代表提高了0.15个百分点；党政领导干部代表又降低了0.95个百分点。

表 5–2　十二届、十三届全国人民代表大会中部分行业代表人数统计表

届次	代表总数	工农（人）	工农占比（%）	专业技术人员（人）	专业技术人员占比（%）	领导干部（人）	领导干部占比（%）
十二	2987	401	13.42	610	20.42	1042	34.88
十三	2980	468	15.70	613	20.57	1011	33.93

注：表中数据来自中华人民共和国国家统计局中国统计年鉴。

从监督制度看，2006年监督法的制定出台，为各级人大常委会行使监督职权提供了法律保障，成为人大监督制度建设的一个里程碑。此外，各级人民代表大会有关工作制度、会期制度、发言制度、表决制度等一系列制度也不断规范化，促进了人民代表大会制度的有效运转。

2. 中国共产党领导的多党合作和政治协商制度进一步发展

中国的政党制度既不同于西方国家的两党或多党竞争制，也有别于一些国家实行的一党制，而是中国共产党领导的多党合作和政治协商制度：中国共产党执政、多党派参政。这一政党制度是中国共产党与各民主党派在中国革命、建设和改革的长期实践中确立和发展起来的，既能避免一党执政缺乏监督的弊端，又可避免多党纷争、互相倾轧造成的政治混乱和社会不安定不团结。

中国人民政治协商会议是中国共产党领导的多党合作和政治协商的重要机构，涵盖了包括中国共产党在内的9个党派、8个人民团体、56个民族、5大宗教、34个界别，共有各级政协组织3000多个，各级政协委员60多万名。2015年全国政协共举办41项重要协商活动、107项视察调研活动，形成了以全体会议为龙头、专题议政性常委会议和专题协商会为重点、双周协商座谈会为常态的协商议政格局。2015年全国政协十二届三次会议上，有1948名政协委员提交提案，占委员总数的87.5%；提案总计5857件，立案4984件，占总数的85.1%。全国政协十二届一次会议以来，提案办复率达99.5%以上。①

中共十六大以来，中共各级党委不断加大民主党派、无党派人士在人大、政协、政府及司法机关中担任领导职务的力度。截至2019年4月，全国共有30个省（区、市）政府配备了非中共副省长（副主席、副市长），近90%的市县两级政府配备了非中共副职。近些年来，民革、民盟、民建、民进、农工民主党、九三学社等六个规模较大的民主党派的主席，一般都是全国人大常委会副委员长；而致公党、台盟、全国工商联主席加上前述六大民主党派的第一副主席，则通常会出任全国政协副主席。此外，国务院部委和直属机构也有实职安排。

案例导入5-7

民主党派的发展②

2017年12月24日，中国国民党革命委员会第十三次全国代表大会闭幕，万鄂湘当选主席。至此，八个民主党派中央在中共十九大后陆续完成了换届选举工作，新一届领导班子已经产生（见表5-3）。

表5-3　2017年民主党派换届情况表

民主党派	主席	上一届主席
中国国民党革命委员会	万鄂湘	万鄂湘
中国民主同盟	丁仲礼	张宝文
中国民主建国会	郝明金	陈昌智
中国民主促进会	蔡达峰	严隽琪（女）
中国农工民主党	陈竺	陈竺
中国致公党	万钢	万钢
九三学社	武维华	韩启德
台湾民主自治同盟	苏辉（女）	林文漪（女）

①国务院新闻办公室. 发展权：中国的理念、实践与贡献白皮书[M/OL]. 中央人民政府官网，2016-12-01. http://www.gov.cn/xinwen/2016-12/01/content_5141240.htm.

②姚茜. 八个民主党派中央完成换届，新一届领导班子产生[J/OL]. 人民网-中国共产党新闻网. 2017-12 -26.

八个民主党派中央主席中，有3人连任，5人新当选。其中，陈竺连任两届农工党中央主席，万钢连任三届中国致公党中央主席，万鄂湘连任两届民革中央主席。从性别上看，1名女性。从年龄上看，2人"50后"，5人"55后"，1人为"60后"。最年轻的是出生于1960年6月的民进中央主席蔡达峰。这8人中，有7人拥有博士学位，3人为中国科学院院士。

与此同时，各民主党派选举产生了新一届中央领导机构。85人的各民主党派中央新一届领导班子中，有中国科学院、中国工程院院士13人，60人拥有博士学位。

包括主席、副主席在内的各民主党派中央新一届领导班子成员，大多在20世纪50年代出生，平均年龄为58.1岁。一批有着行政领导经历或党务工作经历的高层次专家学者，作为复合型人才充实到领导班子中。党派特色凸显、实干经验丰富。

经过换届，各民主党派新一届中央委员会进一步优化了结构。各民主党派新一届中央委员1537名，中央常委362名。中央委员平均年龄53.6岁，中央常委平均年龄为56.2岁。年龄结构、年龄梯次更加合理。

案例思考：

民主党派应如何进一步发挥其作用？

3. 加强了民族区域自治

世界上的多民族国家在处理民族问题方面有不同的制度模式，中国采用的是民族区域自治。在国家和发达地区的大力帮助和支援下，5个自治区的经济总量由1984年的680.95亿元增加到2013年的64 772亿元，按可比价格计算增长了17倍，年均增长10.7%；地方公共财政预算收入由63.5亿元增加到8436亿元，增长了131.9倍，年均增长18.4%。这两项指标无论是增长倍数，还是增长速度，都高于全国平均水平。民族地区的基础设施条件也有了很大改善。全社会固定资产投资由184.49亿元增加到57 077.8亿元，增长了308.4倍。①

少数民族地区法制建设成绩显赫，截至2016年7月底，共制定和修改现行有效的自治条例和单行条例967件，进一步夯实了少数民族发展权实现的法律基础。全国5个自治区、30个自治州、120个自治县（旗）的行政首长全部由实行区域自治的少数民族公民担任。民族自治地方的各级党委、人大、政府、政协领导班子及其职能部门都配有

①彭训文，王萌. 民族区域自治的中国经验[N/OL]. 人民网，2017-05-20. http://politics.people.com.cn/n1/2017/0520/c1001-29288591.html.

一定数量的少数民族干部，少数民族干部比例普遍接近或超过少数民族人口占当地总人口的比例。截至2015年年底，少数民族公务员已达76.5万人，比1978年增长了近3倍。在全国公务员队伍中，少数民族占10.7%，其中县处级以上的少数民族公务员占同级公务员总数的8.3%。①

少数民族教育发展水平不断提升。中国已形成了包括民族小学、民族中学、民族职业院校、民族高等学校在内的民族教育体系。新中国成立前，中国少数民族文盲率在95%以上，全国仅有1所少数民族高等学校。新中国成立初期，全国普通高校中只有少数民族学生1300人，占比1.4%。到2015年，少数民族和民族地区教育水平全面提高，全国少数民族在校学生达到2595.57万人，已有各类少数民族高等学校32所，少数民族本专科学生达214.29万人，占全国普通高校本专科在校生的比例为8.16%。少数民族享受高等教育发展权利的水平逐步提高、范围日益扩大，实现对所有少数民族从本科教育到研究生教育的全覆盖，55个少数民族都有了研究生，2012—2015年，少数民族高层次骨干人才计划共招收培养1.6万名硕士研究生，4000名博士研究生。②

4. 基层群众自治形式日益丰富

随着中国的发展和进步，全国各地城乡基层民主不断扩大，公民有序的政治参与渠道增多，民主的实现形式日益丰富。

2016年《发展权：中国的理念、实践与贡献》白皮书指出，在农村地区，58.1万个村委会98%以上实行直接选举并制订村规民约和村民自治章程，村民平均参选率超过95%，6亿农民参加选举。在城市地区，全国已有社区居民委员会10万个，社区居委会干部51.2万名，志愿者540万名。通过直接选举、网格化管理平台、志愿服务、听证会、协调会、评议会、社区联络员、社区网络论坛、民情信息站等多种途径，大大拓宽了居民民主参与的空间，提高了居民的自治能力和水平，形成了中国特色的基层群众自治制度。在企事业单位，职工代表大会制度广泛推行。全国已建立工会的企事业单位单独建立厂务公开制度的有464.3万家。全国基层工会组织总数275.3万个，工会会员总数达2.8亿人，其中进城务工人员会员总数1.09亿人。③截至2019年6月，全国共登记83.07万个社会组织，其中社会团体36.74万个，社会服务机构45.6万个，基金会7266个，门类种类众多，业务覆盖广泛，服务与影响范围涉及教育、科技、文化、卫

①国务院新闻办公室. 发展权：中国的理念、实践与贡献白皮书[M/OL]. 中央人民政府官网，2016-12-01. http://www.gov.cn/xinwen/2016-12/01/content_5141240.htm.

②同①

③同①

生、体育、社区、环保、公益、慈善、农村经济等社会生活的各个领域，在经济社会中发挥着越来越重要的作用。[①]

5. 政治体制改革的成就巨大

改革开放40多年来，中国的政治体制改革取得了重大成就。

（1）民主政治的制度化水平大大提高。

选举制度、政治协商、民主监督、参政议政等制度逐步发展和完善，农村村民委员会、城镇居民委员会、企业职工代表大会等民主制度逐步发展，人民直接监督、人民代表大会监督、舆论监督等制度和机制更加健全。

（2）社会主义法治更加完善。

中国用40多年的时间完成了西方一些国家用几百年才建成法律体系的任务，基本形成了中国特色社会主义法律体系。截至2019年10月，全国人大及其常委会制定宪法和现行有效法律274件，收入2018年版法律汇编的有关法律问题和重大问题的决定119件。此外，还制定了行政法规600多件、地方性法规12 000余件。以宪法为核心的中国特色社会主义法律体系已经形成并不断完善，为改革开放和社会主义现代化建设提供了坚实的法制保障。[②]

（3）行政管理体制与机构改革成效明显。

中国分别在1982年、1988年、1993年、1998年、2003年、2008年、2013年和2018年进行了8次大的机构改革，政府职能转变迈出重要步伐，社会管理和公共服务得到加强，政府组织机构逐步优化，科学民主决策水平不断提高，初步形成了中国特色的行政管理体制。2018年3月13日，国务院机构改革方案公布，根据该方案，改革后，国务院正部级机构减少8个，副部级机构减少7个，除国务院办公厅外，国务院设置组成部门26个。

（4）干部人事制度改革成果丰硕。

废除了事实上存在的领导干部职务终身制，全面推行职务任期制和领导干部退休制，建立了国家公务员制度，建立了比较完备的干部选拔任用和监督管理机制。

（5）人权得到更加全面、真实和充分的尊重和保障。

以宪法为依据，制定了一系列保障人权的法律，建立了较为完备的保障人权的法

①伍欣. 民政部举行社会组织参与脱贫攻坚工作专题新闻发布会[N/OL]. 中华人民共和国民政部官网，2019-07-01.http://www.mca.gov.cn/article/xw/mtbd/201907/20190700018051.shtml.

②姜佩杉. 全国人大常委会法工委回应校园欺凌等热点问题立法情况[N/OL]. 中国新闻网，2019-10-19. http://www.chinanews.com/gn/2019/10-19/8983501.shtml.

律制度，人民的生存权和发展权，公民权利和政治权利，经济、社会、文化权利，妇女、老年人、未成年人等特殊群体和残疾人等弱势群体的合法权利，少数民族权利等均得到更好的保障。

四、中国政治建设存在的主要问题

新中国成立后，中国民主政治建设取得了巨大成就，但仍有许多需要克服和解决的问题。“我们的民主法治建设同扩大人民民主和经济社会发展的要求还不完全适应，社会主义民主政治的体制、机制、程序、规范以及具体运行上还存在不完善的地方，在保障人民民主权利、发挥人民创造精神方面也还存在一些不足”。[①]

1. 民主制度还不够健全

案例导入5-8

辽宁人大贿选案[②]

辽宁拉票贿选案是新中国成立以来查处的第一起发生在省级层面、严重违反党纪国法、严重违反政治纪律和政治规矩、严重违反组织纪律和换届纪律、严重破坏党内选举制度和人大选举制度的重大案件。2013年辽宁省两会换届辽宁省全国人大代表选举、第十二届辽宁省人大常委会副主任选举过程中，高宝玉等41名被告人为当选全国人大代表，以贿赂的方式给出席会议的多名省人大代表送钱送物。

2016年9月13日下午闭幕的十二届全国人大常委会第二十三次会议，表决通过了关于辽宁省人大选举产生的部分十二届全国人大代表当选无效的报告，确定45名全国人大代表因拉票贿选当选无效。

2016年9月17日，辽宁省人大十二届七次会议筹备组发出公告：日前，沈阳等14个市人大常委会和有关选举单位决定接受涉及贿选案的丁坤等452人，辞去辽宁省第十二届人民代表大会代表职务，另有李峰代表职务被罢免，此前因涉嫌严重违纪被立案调查的吴野松辞去代表职务。以上454名省人大代表资格终止。目前辽宁省十二届人大实有代表147人。

2017年1月21日，辽宁省第十二届人大第八次会议21日选举马宝贵等40人为第十二届全国人民代表大会代表。

2017年3月28日至30日，沈阳、鞍山、抚顺15个基层法院分别对辽宁41名涉拉票贿

①习近平. 在庆祝全国人民代表大会成立六十周年大会上的讲话[J]. 求是，2019（18）：14.

②根据中央纪委监察部网站新闻及相关报道整理。

选人员做出一审宣判。审理法院综合考虑各案被告人的犯罪事实、犯罪情节以及悔罪表现等因素，对营口港务集团有限公司原董事长高宝玉等41名被告人分别以破坏选举罪、贪污罪、受贿罪、行贿罪判处有期徒刑等刑罚。

依照顺序，因此案遭到“双开”涉案部级高官，先后有辽宁省人大常委会原副主任王阳、辽宁省委原政法委书记苏宏章、辽宁省委原书记王珉、辽宁省人大常委会原副主任郑玉焯、辽宁省人大常委会原副主任李文科、辽宁省人大常委会原副主任李峰、辽宁省原副省长刘强等。其中，为首的就是对此案负有主要领导责任的王珉。而肃清王珉的“恶劣影响”，在之后也多次列入辽宁省的重要工作内容。

案例思考：

习近平总书记强调：“党内决不能搞封建依附那一套，决不能搞小山头、小圈子、小团伙那一套，决不能搞门客、门宦、门附那一套，搞这种东西总有一天会出事！”[①]我们应该如何防范“民主失序”？

中国民主政治建设存在着重实质民主、轻程序民主的问题，注重民主的内容，忽视民主的实现形式，使人民群众行使权利难度增加。社会主义初级阶段的经济文化发展水平较低，人民政治参与能力严重不足；人民在市场经济条件下当家作主管理国家和社会事务、管理经济和文化事业的权利在某些方面还没有得到充分实现。全社会的民主观念和法律意识有待进一步提高；公民有序的政治参与尚需扩大。

2. 制约监督机制尚待提高

案例导入5-9

权力寻租——郑筱萸受贿案[②]

1998年3月，伴随机构改革，原国家医药管理局、卫生部药政司等合并组成副部级机构——国家药品监督管理局，原医药管理局局长郑筱萸出任首任局长。

国家设立这一新机构的初衷，是按国外成功经验将药品收归一个行政部门统一监管，更好地保证13亿民众的用药安全。不幸的是，新机构首任“掌门”郑筱萸却以权谋私、收受巨额贿赂高达649万元。2001年到2003年，擅自降低审批药品标准，其后被

①中共中央文献研究室. 习近平关于从严治党论述摘编[M]. 北京：中央文献出版社，2016：26.

②田雨，李薇薇. 决不允许腐败分子有藏身之地：郑筱萸受贿渎职案剖析[J]. 党的建设，2007（07）：39–40.

揭发部分药厂虚报药品资料，其中六种是假药。2006年齐齐哈尔第二制药有限公司亮菌甲素注射液事件，以及安徽华源生物药业有限公司“欣弗”注射液事件，导致十人死亡，多名病人出现肾功能衰竭。致使国家和人民利益遭受重大损失。

2007年5月29日，北京市第一中级法院对此案做出一审判决：被告人郑筱萸犯受贿罪，判处死刑，剥夺政治权利终身，并处没收个人全部财产；犯玩忽职守罪，判处有期徒刑七年，决定执行死刑，剥夺政治权利终身，并处没收个人全部财产。郑筱萸不服，上诉到北京市高级法院。2007年6月22日，北京市高级法院裁定：驳回上诉，维持原判。经最高人民法院核准，2007年7月10日，郑筱萸被执行死刑。

案例思考：

郑筱萸受贿案有何教训？应如何制约权力？

对权力运行进行制约和监督的有效机制有待进一步完善，权力监督机构不健全，新闻舆论监督缺乏可操作性，民间组织监督力量薄弱。有法不依、执法不严、违法不究的现象依然存在；机构臃肿庞大、官僚主义作风、特权和腐败现象在一些部门和地方滋生和蔓延。

第三节　中国政治建设的有效途径

一、健全人民当家作主的制度体系

中国特色社会主义进入新时代，人民美好生活的需要日益广泛，不仅对物质文化生活提出了更高要求，而且在民主、法治、公平、正义、安全、环境等方面的要求日益增长。要满足人民日益增长的美好生活需要，就必须大力发展社会主义民主政治、建设社会主义法治国家，用制度体系保障人民当家作主。中国的社会主义民主政治是维护人民根本利益的最广泛、最真实、最管用的民主政治。发展社会主义民主政治就是要体现人民意志、保障人民权益、激发人民创造活力。

发展社会主义民主政治的关键，就是要发展更加广泛、更加充分、更加健全的人民民主，完善社会主义法治，保障人民权益，最大限度地发挥人民的积极性、主动性、创造性。

1. 坚持和完善人民代表大会制度

人民代表大会制度是我国的根本政治制度，是坚持党的领导、人民当家作主、依法治国有机统一的根本政治制度安排，必须长期坚持、不断完善。习近平总书记指出“在中国实行人民代表大会制度，是中国人民在人类政治制度史上的伟大创造，是深刻总结近代以后中国政治生活惨痛教训得出的基本结论，是中国社会100多年激越变革、激荡发展的历史结果，是中国人民翻身作主、掌握自己命运的必然选择。”①

坚持和完善人民代表大会制度，更好地保证人民当家作主，是我们党始终不渝的奋斗目标，在党的十八大以来我们党治国理政的伟大实践中始终占据着重要位置。习近平总书记《在庆祝全国人民代表大会成立六十周年大会上的讲话》中明确提出并深入阐发了“四个必须”的基本要求，必须毫不动摇坚持中国共产党的领导，必须保证和发展人民当家作主，必须全面推进依法治国，必须坚持民主集中制。②在这其中，中国共产党的领导是中国特色社会主义最本质特征和最大优势，是人民当家作主和依法治国的根本保证，人民当家作主是社会主义民主政治的本质和核心，依法治国是党领导人民治理国家的基本方略，民主集中制既是党的根本组织原则和领导制度，也是国家组织形式和活动方式的基本原则。四者相辅相成、不可或缺，内在一致、有机统一，构成人民代表大会制度的内在属性和核心要义，进一步拓展了这一国家根本政治制度的时代内涵。

2. 健全民主制度，丰富民主形式

发展社会主义民主，必须从我国国情出发，充分考虑我国的社会历史背景、经济发展状况、文化发展水平等重要因素，在发展中国特色社会主义的进程中不断加以推动。

案例导入5-10

以民主管理为载体，深化“阳光村务”③④

杭州市余杭区各镇乡以民主管理为载体，深化“阳光村务”，坚持“四个统一”制作：即村务公开栏统一面积标准3平方米以上；意见箱统一制作悬挂；村务公开民主管理8个工艺字统一制作上栏；村务台账统一发放到村。

村务公开，坚持标准，规范操作，注重实效，取信于民。一是规范公开内容。各镇乡按照余杭市规定的公开内容，结合本地实际，针对群众关心的“热点”问题，把

①习近平. 在庆祝全国人民代表大会成立六十周年大会上的讲话[J]. 求是，2019（18）：6.

②同①7-8.

③郭贤松. 新中国成立以来余杭农村基层民主政治发展历程及启示[J/OL]. 余杭史志. 2010.16（04）. http://www.yhsz.gov.cn/newsshowqk.aspx?classid=199&artid=321

④郭贤松. 新中国成立以来余杭农村基层民主政治发展历程及启示（续）[J/OL]. 余杭史志，2011，17（01）. http://www.yhsz.gov.cn/newsshowqk.aspx?classid=223&artid=380

着力点放在财务公开上，让群众知实情，见实底；二是规范公开程序。公开内容真实可靠、防止弄虚作假和随意性，以保证村务公开的质量，各村普遍建立以支部书记负总责的工作班子和分管纪检的支部委员为组长的监督小组。健全村民代表会议制度，并在公开栏旁设置监督箱。村务公开由工作班子组织实施，监督小组负责对公开内容的审核和村务公开工作监督。监督箱由监督小组2人一起负责开启。三是规范公开形式。村务公开的形式，主要是选择在群众集聚和活动较多的地方设置公开栏，有的村还将公开的内容，打印后发到各村民家里。公开栏多数村采用铝合金橱窗，有的采用木橱窗，少数比较简陋；四是普遍健全有关制度。如《村级财务管理制度》《镇乡村集体资产管理使用规定》《村民建房管理制度》《计划生育管理制度》《集体企业转制、承包经营管理制度》《村务工作制度》《村干部任期目标考核制度》和《村务公开和民主管理制度》等。

基层民主的不断健全，也促进了本地经济发展。21世纪初，杭州市余杭区经济多次位列全国经济百强县和浙江省十强县。

案例思考：

村务公开如何促进和谐农村的发展？

（1）健全民主制度。

加强民主制度建设是发展社会主义民主的重要路径。要推进社会主义民主政治制度化、规范化、程序化，进一步把社会主义政治制度的优越性发挥出来，为党和国家兴旺发达、长治久安提供政治和法律制度保障。

（2）丰富民主形式。

人民民主不仅体现在国家的政治制度上，而且是通过各种各样的民主形式体现出来的。要探索多种实现人民民主的形式和扩大公民有序参与政治的方式，从各个层次、各个领域扩大公民有序政治参与，保证人民依法实行民主选举、民主决策、民主管理、民主监督。

（3）拓宽民主渠道。

要通过民主选举、信息公开、社会公示、听证制度、协商对话、舆论监督等途径保障人民的民主权利，使广大人民群众依照宪法和法律规定，积极参与管理国家事务。

（4）保障人民的知情权、参与权、表达权、监督权。

发展民主就是要尊重人民基本权利。保障人民群众各方面的民主权利，是人民民主在社会政治生活中的具体体现，是保证人民赋予政府的权力始终用来为人民谋利益的前提。

（5）以党内民主带动人民民主。

党内民主是增强中国共产党的创新活力、巩固党的团结统一的重要保证。党内民主不仅关系到党的领导水平与执政能力，而且关系到人民民主的实践和发展。要通过加强党内民主制度建设，使党内民主意识普遍增强、党内民主制度不断健全、党的创新活力充分发挥，同时推动和发展人民民主。

3. 推动社会主义协商民主广泛、多层、制度化发展

社会主义协商民主是在中国共产党领导下，人民内部各方面围绕改革发展稳定重大问题和涉及群众切身利益的实际问题，在决策之前和决策实施之中开展广泛协商，努力形成共识的重要民主形式。社会主义协商民主是中国社会主义民主政治的特有形式和独特优势，是中国共产党的群众路线在政治领域的重要体现。它源自中华民族长期形成的天下为公、兼容并蓄、求同存异等优秀政治文化，源自近代以后中国政治发展的现实进程，源自中国共产党领导人民进行革命、建设、改革的长期实践，源自新中国成立后各党派、各团体、各民族、各阶层、各界人士在政治制度上共同实现的伟大创造，源自改革开放以来中国在政治体制上的不断创新，具有深厚的文化基础、理论基础、实践基础、制度基础。

社会主义协商民主具有鲜明的特点和独特的优势，以人民利益根本一致为最大政治基础，以团结尊重和谐为出发点和落脚点，以制度化、规范化和程序化为重要保证。既坚持了中国共产党的领导，又发挥了各方面的积极作用；既坚持了人民主体地位，又贯彻了民主集中制的领导制度和组织原则；既坚持了人民民主的原则，又贯彻了团结和谐的要求。中国社会主义协商民主丰富了民主的形式、拓展了民主的渠道、加深了民主的内涵，是对人类政治文明发展的新贡献。

案例导入5-11

革命老区“致富路”通车①

近日，梅州市西阳镇明山村板盖坑处处欢声笑语、锣鼓喧天。民进梅州市委会主委侯通传率队前往参加嶂下村至板盖坑公路建成通车剪彩仪式。

板盖坑是革命老区，位于明山嶂（海拔1278米）的山腰，海拔约850米，山势陡

①民进梅州市委会. 民进梅州市委会提案促革命老区通坦途[N/OL]. 广东民进网，2016-11-03. http://www.gdmj.org.cn/jcxw/201611/t20161103_802183.htm

峭，少有平地。早在1924年就有革命烈士在此开展革命活动，1927年7月，梅县第一个苏维埃政权就诞生于此，村里为革命做出了重大贡献。在实施道路硬底化之前，当地村民出行、外人来访只能依靠徒步或借助摩托车，脱贫奔小康的梦想受制于落后的交通状况，经济发展极为缓慢。当地品质优良的雪莲果、蒜头、西红柿等农产品很难运出去，村民收入有限，修通公路成为村民世世代代的梦想。

2014年民进梅州市委会在赴板盖坑开展扶贫助学活动期间，了解到这一情况后展开了专题调研，在当年梅州市政协接待会上提交了《关于修筑明山村嶂下至板盖坑水泥路，开发红色革命传统教育与休闲观光旅游新线路的建议》，转梅江区委区政府办理，得到重视，被列为梅江区书记区长重点督办提案。2014年起，市、区交通部门累计投入600多万元，对嶂下村至板盖坑5.65公里长的道路进行硬底化改造，并对道路护坡、水沟、安全防护栏、绿化进行全面完善。以前由于交通不便，板盖坑的村民纷纷往山外迁移，常住人口最少时仅有10多人。

现在交通条件改善了，不少外迁的村民有了返村定居、发展生产的想法。板盖坑革命老区的群众对这条“致富路”的建成满心欢喜，对民进市委会这一提案助推精准扶贫的成效表示由衷的感谢。

案例思考：

社会主义民主协商形式怎样实现多样化？

中国民主政治的丰富性和当代社会的差异性，决定了我国社会主义协商民主形式和类型的多样性，主要有以下几种形式：

（1）政党协商。

发挥中国特色社会主义政党制度优势，坚持长期共存、互相监督、肝胆相照、荣辱与共，加强中国共产党同民主党派的政治协商，搞好合作共事，巩固和发展和谐政党关系。

（2）人大协商。

人民代表大会制度是保证人民当家做主的根本政治制度。各级人大要依法行使职权，同时在重大决策之前根据需要进行充分协商，更好汇聚民智、听取民意，支持和保证人民通过人民代表大会行使国家权力。

（3）政府协商。

围绕有效推进科学民主依法决策加强政府协商，增强决策透明度和公众参与度，解决好人民最关心最直接最现实的利益问题，推进政府职能转变，提高政府治理能力和水平。

（4）政协协商。

充分发挥人民政协作为协商民主重要渠道和专门协商机构的作用，坚持团结和民主两大主题，推进政治协商、民主监督、参政议政制度建设，不断提高人民政协协商民主制度化、规范化、程序化水平。

（5）人民团体协商。

围绕做好新形势下党的群众工作开展协商，更好组织和代表所联系群众参与公共事务，有效反映群众意愿和利益诉求，发挥人民团体作为党和政府联系人民群众的桥梁和纽带作用。

（6）基层协商。

涉及人民群众利益的大量决策和工作，主要发生在基层。要按照协商于民、协商为民的要求，建立健全基层协商民主建设协调联动机制，稳步开展基层协商，更好解决人民群众的实际困难和问题，及时化解矛盾纠纷，促进社会和谐稳定。

同时还要探索开展社会组织协商。坚持党的领导和政府依法管理，健全与相关社会组织联系的工作机制和沟通渠道，引导社会组织有序开展协商，更好为社会服务。

二、全面依法治国

全面依法治国，是坚持和发展中国特色社会主义的本质要求和重要保障，是实现国家治理体系和治理能力现代化的必然要求，事关党执政兴国，事关人民幸福安康，事关党和国家长治久安。全面依法治国，总目标是建设中国特色社会主义法治体系，建设社会主义法治国家。

1. 中国特色社会主义法治道路和体系

中国特色社会主义法治道路，木质上是中国特色社会主义道路在法治领域的具体体现。每个国家的法治道路，都是与各自历史文化传统、社会条件等因素密切相关的。中国是一个有着五千年历史的文明古国，又是发展中的社会主义大国，具有独特的法治传统、独特的国情、独特的现实问题，这就决定了我们的法治必定要走自己的路。中国特色社会主义法治道路，是社会主义法治建设成就和经验的集中体现，是建设社会主义法治国家的唯一正确道路。

中国特色社会主义法治道路的核心要义是，坚持党的领导，坚持中国特色社会主义制度，贯彻中国特色社会主义法治理论。

坚持党的领导是社会主义法治的根本要求。中国共产党的领导是中国特色社会主义最本质的特征，是社会主义法治最根本的保证。党的领导和社会主义法治是一致的，社会主义法治必须坚持党的领导，党的领导必须依靠社会主义法治。坚持人民主体地位、保证人民当家作主、维护人民合法权益，既体现中国共产党的根本宗旨，也是社会主义法治建设的根本目的；党领导人民实现现代化，包括实现国家治理体系和治理能力现代化，而法治建设也是实现国家治理体系和治理能力现代化的重要内容。所以党的领导和依法治国是根本一致、内在统一的。

中国特色社会主义制度是全面依法治国的根本制度保障。法律制度与政治制度紧密相连，有什么样的政治制度，就必须实行与之相适应的法律制度。中国特色社会主义制度是我国社会主义法治的根本制度基础。只有适应巩固和发展中国特色社会主义制度的要求，法治才能发挥应有作用，才能走稳走好法治道路。

中国特色社会主义法治理论是全面依法治国的行动指南。中国特色社会主义法治理论，科学回答了中国要不要搞法治、搞什么样的法治、怎样搞法治等一系列基本问题，是中国特色社会主义法治体系的理论指导和学理支撑，是指引我国法治建设始终沿着正确方向前进的指南针和导航仪。

党的领导、中国特色社会主义制度和中国特色社会主义法治理论，三者紧密联系，构成一个有机整体，指明了全面依法治国的领导力量、制度基础和理论指导。这三个方面的核心要义，规定和确保了中国特色社会主义法治体系的制度属性和前进方向，这也是中国特色社会主义法治道路与其他国家法治道路的本质区别。

全面依法治国涉及很多方面，在实际工作中必须有一个总揽全局、牵引各个方面的总抓手，这个总抓手就是建设中国特色社会主义法治体系。这个体系具体包括“五大体系”：完备的法律规范体系、高效的法治实施体系、严密的法治监督体系、有力的法治保障体系和完善的党内法规体系。这五大体系体现在立法、执法、司法、守法以及从严治党等各个层面、各个环节中，是中国特色社会主义法治体系的有力支撑。

2. 建设社会主义法治国家

全面依法治国是国家治理领域一场广泛而深刻的革命，必须从目前法治工作基本格局出发，加强宪法实施，扎实有序推进科学立法、严格执法、公正司法、全民守法等重点任务，建设社会主义法治国家。

宪法是国家的根本大法，是治国安邦的总章程，是党和人民意志的集中体现。坚持依法治国首先要坚持依宪治国，坚持依法执政首先要坚持依宪执政。党的十八届四中全会决定，完善全国人大及其常委会宪法监督制度，健全宪法解释程序机制；加强备案审查制度和能力建设，依法撤销和纠正违宪违法的规范性文件；将每年的12月4日定为国家宪法日；在全社会普遍开展宪法教育，弘扬宪法精神；建立宪法宣誓制度等。这些措施有利于彰显宪法权威，增强全社会的宪法观念和意识。

知识链接5-5

中华人民共和国宪法

中华人民共和国宪法是中华人民共和国全国人民代表大会制定和颁布的国家根本大法。规定国家的根本制度和根本任务，公民的基本权利和义务，国家机构的组织原则和职权。宪法具有最高的法律效力，一切法律、法规都必须依据宪法，都不得同宪法相抵触。

《中华人民共和国宪法》是中华人民共和国的根本大法，拥有最高法律效力。

1949年9月21日，中国人民政治协商会议第一届全体会议在北平隆重举行，代行全国人民代表大会职权。会议通过了起临时宪法作用的《中国人民政治协商会议共同纲领》。1954年9月，全国人民代表大会第一次会议在北京召开，会议通过了《中华人民共和国宪法》，共4章106条。被称为"五四宪法"。"五四宪法"是一部较为完善的《宪法》。这是中华人民共和国的第一部《宪法》，是在对《共同纲领》进行修改的基础上制定的。

现行《宪法》为1982年《宪法》，并历经1988年、1993年、1999年、2004年、2018年五次 修订。

推进科学立法，关键是完善立法体制，深入推进科学立法、民主立法，抓住提高立法质量这个关键。要优化立法职权配置，发挥人大及其常委会在立法工作中的主导作用，健全立法起草、论证、协调、审议机制，完善法律草案表决程序，增强法律法规的及时性、系统性、针对性、有效性，提高法律法规的可执行性、可操作性。要明确立法权力边界，从体制机制和工作程序上有效防止部门利益和地方保护主义法律化。要加强重点领域立法，及时反映党和国家事业发展要求、人民群众关切期待，对涉及全面深化改革、推动经济发展、完善社会治理、保障人民生活、维护国家安全的法律抓紧制定、及时修改。

法律的生命力在于实施，法律的权威也在于实施。推进严格执法，重点是解决执法不规范、不严格、不透明、不文明以及不作为、乱作为等突出问题。要以建设法治政府为目标，建立行政机关内部重大决策合法性审查机制，积极推行政府法律顾问制度，推进机构、职能、权限、程序、责任法定化，推进各级政府事权规范化、法律化。要全面推进政务公开，强化对行政权力的制约和监督，建立权责统一、权威高效的依法行政体制。要严格执法资质、完善执法程序、建立健全行政裁量权基准制度，确保法律公正、有效实施。

案例导入5-12

司法改革蹄疾步稳[①]

2016年，全国法院新纠正重大冤假错案11件17人。2013年至2016年，各级法院依法宣告3718名被告人无罪，依法保障无罪者不受追究。共受理国家赔偿案件16 889件，赔偿金额为69 905.18万元。2016年12月2日，最高人民法院第二巡回法庭对原审被告人聂树斌故意杀人、强奸妇女再审案公开宣判，宣告撤销原审判决，改判聂树斌无罪，这起历时22 年的重大疑难复杂案件终得以纠正。2013至2016年，各级法院通过审判监督程序纠正了聂树斌案、呼格吉勒图案、张氏叔侄案等34起重大刑事冤假错案。

近年来，最高人民法院会同中央有关部门，制定发布了关于推进以审判为中心的刑事诉讼制度改革的指导意见，坚决贯彻罪刑法定、疑罪从无、证据裁判等诉讼原则，推动确立审判在刑事诉讼中的中心地位和决定性作用，大力推进庭审实质化，从源头上防范刑讯逼供、非法取证等违法行为，确保裁判经得起法律检验。人民法院坚持以“审判为中心”，并不排斥对于被告人认罪认罚的轻微刑事案件适度减少司法资源投入，适当简化审判程序。2016年，根据全国人大常委会授权，北京等18个城市正式开展刑事案件认罪认罚从宽试点，有效防止了轻微刑事案件被告人超期羁押和“关多久、判多久”的现象。

案例思考：

如何进一步推进司法公正?

司法是维护社会公平正义的最后一道防线。公平公正是法治的生命线，也是司法的灵魂。司法公正对社会公正具有重要引领作用，司法不公对社会公正具有致命性的破坏作用。推进公正司法，要以优化司法职权配置为重点，健全司法权力分工负责、相互配合、相互制约的制度安排。要坚持以公开促公正、树公信，构建开放、动态、透明、便民的阳光司法机制，杜绝暗箱操作，坚决遏制司法腐败。

法律权威源自人民的内心拥护和真诚信仰。人民权益要靠法律保障，法律权威要靠人民维护。要坚持把全民普法和守法作为依法治国的长期基础性工作，采取有力措

①曹雅静．最高人民法院发布司法改革、司法公开白皮书．[EB/OL]人民法院报，2017-02-28. http://rmfyb.chinacourt.org/paper/html/2017-02/28/content_122296.htm?div=-1

施加强法制宣传教育。要坚持法治教育从娃娃抓起，把法治教育纳入国民教育体系和精神文明创建内容，由易到难、循序渐进，不断增强青少年的规则意识。要健全公民和组织守法信用记录，完善守法诚信褒奖机制和违法失信行为惩戒机制，形成守法光荣、违法可耻的社会氛围，使尊法守法成为全体人民的共同追求和自觉行动。

在全面依法治国的进程中，一定要坚持依法治国、依法执政，依法行政共同推进，坚持法治国家、法治政府、法治社会一体建设，促进国家治理体系和治理能力现代化。

三、积极稳妥推进政治体制改革

政治体制是一个国家政治制度得以运行和发挥功能的体制安排，涉及政治制度运行的组织体系、功能结构、工作机制和程序安排。政治体制改革是中国社会主义改革事业的有机组成部分，中国社会主义政治制度的自我完善。积极稳妥地进行政治体制改革，是发展社会主义民主政治、推进中国特色社会主义政治发展、推进国家治理体系和治理能力现代化的必然要求。

不断推进政治体制改革，是中国共产党总结历史经验做出的重要决策，是立足中国特色社会主义全局做出的重大部署。

1. 中国政治体制改革的重要性和必要性

我国的政治体制与中国特色社会主义政治制度总体上是相适应的。同时，也应当清醒地看到，同我国经济社会发展的新形势相比，我国政治体制还存在一些不适应、不符合的问题，民主政治具体制度方面还存在不完善、不健全的地方，在保障人民民主权利、发挥人民创造精神方面还存在不足。只有积极稳妥推进政治体制改革，才能增强党和国家的活力，发挥社会主义政治制度的特点和优势，才能更好地扩大人民民主，充分调动人民群众的积极性和创造性，才能切实维护国家统一、民族团结和社会稳定，促进经济发展和社会全面进步。

政治体制改革是全面深化改革的重要内容和必然要求。任何国家的政治制度的确立、运行和巩固都是一个发展变化的过程，都有赖于不断改革和完善政治体制。经济与社会的发展必然对政治制度的功能和运行提出新的、更高的要求，政治制度必须不断适应这些要求而进行改革和完善。推进国家治理现代化，就是要使包括政治体制在内的各方面制度更加科学、更加完善。政治体制改革绝对不是要根本改变中国特色社会主义政治制度，而是要通过优化运行机制和实际功能，健全和完善国家政治制度，增强其组织国家、治理社会、推动发展的能力。

2. 中国政治体制改革的主要任务

中国政治体制改革始终贯穿于政治发展的历史进程中，是同经济体制、文化体制和社会体制以及其他方面的体制改革相辅相成、相互促进、不断深化的。

案例导入5-13

监督制度建设要避免“牛栏关猫”①

党的十九届四中全会通过的《决定》将“坚持和完善党和国家监督体系”列为专门一章进行部署，这进一步明确了党和国家监督体系在中国特色社会主义制度和国家治理体系中的重要定位。健全党和国家监督体系，有力有效推进全面从严治党，既要靠党员干部自觉遵规守纪，更应靠制度的监督和制约。

关于监督制度的问题，习近平总书记在河北调研指导群众路线教育实践活动时指出，“没有健全的制度，权力没有关进制度的笼子，腐败现象就控制不住……建章立制非常重要，要把笼子扎紧一点，牛栏关猫是关不住的，空隙太大，猫可以来去自由。”总书记这段关于制度建设的重要指示，充分说明加强监督制度建设，要着力避免“牛栏关猫”式的问题。

原江西省副省长胡长清因贪污受贿且数额特别巨大，于2000年3月被依法执行死刑。胡长清曾经有过一个形象的比喻：组织的管理和监督对我而言，如同是“牛栏关猫，进出自由”。这句戏谑的玩笑话既是对他个人贪得无厌的真实写照，也客观反映出监督制度如果不扎紧、扎密所带来的可怕后果。

制度“牛栏”关不住“猫”，有“猫”偷腥的原因，但更重要的是制度本身的问题，一是制度设计“应付交差”，对存在的问题研究不深、把握不准，为了建章立制而盲目照搬上级或别处的经验，造成水土不服。二是制度执行“失之宽软”，制度执行缺乏有效的刚性约束，特别是监督措施不到位，责任追究难以落实，为执行过程中搞变通、打折扣埋下了伏笔。

要解决监督制度“牛栏关猫”的问题，应坚持问题导向，从两方面着力。一方面，制度设计要精准管用、实事求是，前期做好调查研究，找精找准问题症结，并结合监督对象、监督内容和监督程序“量身定制”监督制度。另一方面，制度执行要刚性有力，坚持“两手抓、两手硬”。一手抓查处，把“牛栏”中跑出的“猫”抓回

①马杨佳. 监督制度建设要避免“牛栏关猫”[J/OL]. 中共四川省纪委　四川省监察委委员会网，2019-12-23. http://www.scjc.gov.cn/7zxvwjawq/detail

来，对违反制度、违规乱纪的现象发现一起、处理一起，做到执行制度没有例外；一手抓预防，对已经暴露出的监督制度的问题，举一反三、堵塞漏洞，把监督制度“笼子”扎紧扎密，从根本上防止制度流于形式，出现“牛栏关猫”问题。

案例思考：

“牛栏关猫”对我们政治体制改革有何启示？

中国政治体制改革虽然取得了重大成就，但今后改革的任务依然艰巨。

首先要深化党和国家机构改革，构建系统完备、科学规范、运行高效的党和国家机构职能体系，全面提高国家治理能力和治理水平。要深入推进政企分开、政资分开、政事分开，建设职能科学、结构优化、廉洁高效、人民满意的服务型政府。转变政府职能是深化改革的核心，政府职能转变是对政府提出的更高要求，创造良好发展环境、提供优质公共服务、维护社会公平正义，是转变政府职能的总方向。

其次要健全党和国家的监督体系，构建党统一指挥、全面覆盖、权威高效的监督体系，把党内监督同国家机关监督、民主监督、司法监督、群众监督、舆论监督贯通起来，增强监督合力。扎紧制度笼子，严防“牛栏关猫”，使权力运行守边界、有约束、受监督。2018年宪法修正案明确提出设立中华人民共和国国家监察委员会作为最高监察机关。监察委员会依照法律规定独立行使监察权，不受行政机关、社会团体和个人的干涉。监察机关办理职务违法和职务犯罪案件，应当与审判机关、检察机关、执法部门互相配合，互相制约。

第三，建立健全科学有效的权力制约和协调机制。坚持用制度管权管事管人，让人民监督权力，加强反腐败体制机制创新和制度保障，健全改进作风常态化制度。

最后，丰富民主形式、拓宽民主渠道。支持和保证人民通过人民代表大会行使国家权力，完善代表联系群众制度，充分发挥人民代表大会制度的根本政治制度作用。要推进社会主义协商民主广泛多层制度化发展，在党的领导下，以经济社会发展重大问题和涉及群众切身利益的实际问题为内容，在全社会开展广泛协商，坚持协商于决策之前和决策实施之中。要健全基层选举、议事、公开、述职、问责等机制，促进群众在城乡社区治理、基层公共事务和公益事业中依法自我管理、自我服务、自我教育、自我监督。要加强同民主党派和无党派人士团结合作，全面正确贯彻落实党的民族政策，全面贯彻党的宗教信仰自由政策，鼓励和引导新的社会阶层人士为中国特色社会主义事业做出更大贡献，支持海外侨胞、归侨侨眷关心和参与祖国现代化建设与和平统一大业。

思考与讨论

1. 结合我国民主政治的发展历程，谈谈你对人民当家作主是社会主义民主政治的本质和核心的理解。

2. 结合中国共产党领导的多党合作和政治协商制度发展的历史进程，谈谈你对健全社会主义协商民主制度意义的认识。

3. 如何认识党的领导、人民当家作主和依法治国的统一性？

4. 如何推动中国特色社会主义协商民主广泛、多层、制度化发展？

5. 如何认识全面依法治国？

6. 为什么说中国既没有搞“三权鼎立”的政治基础，也没有搞“三权鼎立”的经济基础？

第六章

中国特色社会主义文化建设

文化是民族的血脉和灵魂，是一个国家最深厚的软实力。文化建设是中国特色社会主义事业的重要组成部分。没有文化的积极引领，没有人民精神世界的极大丰富，没有全民族精神力量的充分发挥，一个国家、一个民族不可能屹立于世界民族之林。没有社会主义文化繁荣发展，就没有社会主义现代化。在新的历史起点上深化文化体制改革、推动社会主义文化大发展大繁荣，关系实现全面建成小康社会奋斗目标，关系坚持和发展中国特色社会主义，关系实现中华民族伟大复兴。

第一节　中国特色社会主义文化理论与制度

一、中国特色社会主义文化理论

中国特色社会主义文化理论是马克思主义文化理论与中国具体实际相结合的产物，体现了对中国特色社会主义文化建设规律性的认识，是中国特色社会主义理论体系的重要组成部分，是建设中国特色社会主义文化的根本指导思想。其主要内容包括：

1. 坚定中国特色社会主义文化自信的理论

党的十八大以来，习近平总书记多次使用“文化自信”一词。2014年2月，在中央政治局第十三次集体学习时，提出要“增强文化自信和价值观自信”。2014年10月，在文艺工作座谈会上，提出要“增强文化自觉和文化自信”。2014年12月20日，他在澳门大学考察时再次强调文化自信，指出“五千多年文明史，源远流长。而且我们是没有断流的文化。建立制度自信、理论自信、道路自信，还有文化自信。文化自信是基础”。[①]2016年5月，在哲学社会科学工作座谈会上，他又指出，“我们说要坚定中国特色社会主义道路自信、理论自信、制度自信，说到底是要坚定文化自信。”[②]习近平总书记把文化自信作为道路自信、理论自信、制度自信之后的第四个自信提出来，并把文化自信作为前三个自信的基础提到更高地位，意义极为深远；也表明中国特色社会主义文化更趋成熟，给我们的自信提供坚实基础。

文化自信就是始终不渝地坚持马克思主义指导思想为我们立党立国的根本，继承中华优秀传统文化，大力弘扬社会主义先进文化，坚守中华民族伟大复兴中国梦的精神家园。

第一，马克思主义是我们的根本指导思想。背离或放弃马克思主义，我们党就会失去灵魂、迷失方向。马克思主义是人类思想史上最伟大的成果，它以科学的世界观和方法论，揭示了人类社会发展的基本规律，也为先进文化建设指明了正确方向。我们党从一诞生就举起马克思主义这面旗帜，并在同中国实际相结合的过程中不断推进马克思主义中国化，形成了毛泽东思想和包括邓小平理论、“三个代表”重要思想、科学发展观、习近平新时代中国特色社会主义思想等重大战略思想在内的中国特色社会主义理论体系这两大理论成果，成为指引中国文化前进的根本指针。正是有了马克思主义，中华文化注入了先进的思想内涵，中国人民获得了科学的、锐利的思想武器，在思想上精神上得到极大的解放。第二，中华文化积淀着中华民族最深沉的精神追求，是中华民族生生不息、发展壮大的丰厚滋养。中华优秀传统文化是中华民族的突出优势，是我们最深厚的文化软实力。中国特色社会主义植根于中华文化沃土、反映中国人民意愿、适应中国和时代发展进步要求，有着深厚历史渊源和广泛现实基础。第三，中国特色社会主义文化是当代中国的先进文化。在社会主义革命和建设以及改革开放时期孕育形成的社会主义先进文化，是对中华民族优秀传统文化和红色革命文化的继承和发展，是运用马克思主义为指导所进行的文化创造。社会主义先进文化坚持马克思主义的指导地位，坚持中国特色社会主义的共同理想、以爱国主义为核心的民族精神和以改革创新为核心的时代精神，以及社会主义荣辱观。坚持弘扬富强、民主、文明、和谐，自由、平等、公正、法治，爱国、敬业、诚信、友善的社会

①学习小组. 习近平的“第四个自信”[EB/OL].（2014-12-26）[2019-0110]. http://cpc.people.com.cn/n/2014/1226/c64094-26280109.html.

②习近平. 在哲学社会科学工作座谈会上的讲话. 人民日报，2016-05-19(02).

主义核心价值观。高扬社会主义先进文化旗帜，不断进行文化创新的同时不断增强精神力量，为实现"两个一百年"奋斗目标，为实现中华民族伟大复兴的中国梦而努力奋斗。我们坚持和倡导文化自信，就是要对悠久的民族传统文化保持自信，对当代中国马克思主义指导思想保持自信，对改革开放以来形成的中国特色社会主义文化保持自信。

文化自信是更基础、更广泛、更深厚的自信，是更基本、更深沉、更持久的力量，坚定文化自信是事关国运兴衰、事关文化安全、事关民族精神独立性的大问题。坚定中国特色社会主义道路自信、理论自信、制度自信，最根本的是坚定中国特色社会主义文化自信。

文化自信是坚定中国特色社会主义道路自信、理论自信、制度自信的基础。中国有坚定的道路自信、理论自信、制度自信，其本质是建立在5000多年文明传承基础上的文化自信。没有"自强不息、厚德载物"品格的世代继承，没有讲仁爱、重民本、守诚信、崇正义、尚和合、求大同理念的长期滋养，没有文化信仰的力量，没有我们党领导人民对中华文化的创造性转化、创新性发展，就不可能形成中国特色的道路、理论、制度。

文化自信不仅渗透于道路自信、理论自信、制度自信之中，而且在人的一切活动、一切方面都存在，所以文化自信的影响更广泛、更深厚。文化自信内化于心将影响深远，文化是人各项活动里面的基因，是我们的精神家园，也是我们的传统。文化一旦内化于心，就有稳定性和长期性。一旦文化自信树立起来，这个影响不仅是深厚的，而且是长远的。有了这种文化自信，我们就有信心建设强大的、走向世界的、支撑经济实力的文化软实力。

中国特色社会主义文化，源自中华民族5000多年文明历史所孕育的中华优秀传统文化，熔铸于党领导人民在革命、建设、改革中创造的革命文化和社会主义先进文化，它积淀着中华民族最深沉的精神追求，代表着中华民族独特的精神标识。中国文化蕴涵着实现中国梦的中国精神，是我们推进改革开放和社会主义现代化建设的强大精神力量。站在新的历史方位上，更要坚定中国特色社会主义文化自信，这样才能为新时代坚持和发展中国特色社会主义、实现中华民族伟大复兴的中国梦注入更为强大的精神动力。我们有了民族文化的自信，才能用共同理想信念凝聚民族意志，用中国精神激发中国力量，让中国文化成为海内外中华儿女最大的思想公约数，成为统领和融通各族人民的文化血脉与精神家园。

案例导入6-1

张维为谈文化自信①

大家可能注意到，我在谈中国或者中国崛起的时候，经常使用的一个形容词就是“精彩”。为什么呢？因为中国是一个文明型国家，中国崛起是一个文明型国家的崛起，而文明型国家是“百国之和”的国家，也就是历史上成百上千个国家慢慢整合起来，形成一个超大型国家。那么它的文化自然也是“百国之和”的丰富多彩。而且这种精彩不仅是时间上的——数千年没有中断的伟大文明，而且是空间上的——发生在广袤的中国大地上。中国人说民以食为天，我们不妨从餐饮文化切入来进行简单的国际比较。西餐中，比较公认的、最好的菜是法国菜，但法国菜主要是法兰西一个民族的菜肴，而“百国之和”的中国，仅是最负盛名的就有八大菜系，其中任何一个菜系拿出来，其丰富性和多样性可能都超过法国菜系。再加上这些菜系的各种分支以及其他许多菜系，一切都是中国漫长历史上“百国之和”的产物，只能用“精彩万分”来形容。其实餐饮文化只是中国文化丰富性的一个缩影，其他文化领域也类似，从文学到诗歌，从美术到戏曲，从音乐到建筑，从家居到民俗，物质遗产也好，非物质遗产也好，中国文化的丰富性举世罕见。随着中国迅速崛起，越来越多国人开始体会到文明型国家崛起的无穷魅力，只要你具有一定的文化鉴赏力，中国大地到处都是灿烂的文化风景线。

中国文化的精彩还在于其海纳百川、融多样为一体。中华民族在五千年延绵不断的文明历史进程中，创造了气势恢宏、内涵丰富、延绵不断的文化成就。这些成就包括中国人崇尚“天人合一”和整体主义，包括儒、释、道的互补。这是一种不同的宗教、不同的文化可以互相包容，“大道并行不悖”的传统，这与当今世界许多地方无休止的宗教冲突形成了鲜明的对照。中国光是方言就有成千上万种，还有56个民族之间的差异，但在一个文明型国家内部，这种差异是无比的精彩，大家欣赏这种差异，热爱这种差异。这些差异都可以在中华文明“和而不同”的框架内，相辅相成、相得益彰。

人们经常问一个问题，为什么世界其他文明古国大都几乎是中断的，唯有中国延续至今。现在看来主要原因就是文化。其他文明古国往往依赖军事征服，一旦这种军事征服的强力控制减弱之后，各个地方就走上独立之路，相比之下，中华文明的特点

①张维为.《这就是中国》第39期：文化自信[OL]. 观察者，2019-12-01. https://www.guancha.cn/ZhangWeiWei/2019_12_01_526966_s.shtml

是一直拥有一个“相对稳定的、统一的文化核心”。有学者说，中国历史上形成了以中原为核心，以黄河长江文化为主体，联合周围区域文化一种格局，核心与周边互相吸收，互相融合，逐步形成了“多元一体”的文化格局，延续至今。也就是说，我们的文化既有百花齐放的“多元”，也有互相交融的“一体”，可以说“多元一体”是中国文化延绵不断的真正秘诀。

今天，我们庆祝中华人民共和国成立70周年，庆祝人民共和国的伟大崛起。从文化角度看，正是中华民族勤劳、向上、坚毅等文化特质，铸就了中国崛起的辉煌。走遍全世界，中国人就是世界上最勤劳的人民，2000多年前老子就讲天道酬勤，中国人创造的与勤劳有关的词汇几乎都是褒义的，如勤奋、勤快、勤勉、勤俭、勤恳等等，中国今天的成功就是一代接一代的中国人共同拼打出来的。

中国人向上，中国人的古训是“天行健，君子以自强不息”。无论在世界哪个地方，中国人总是想办法改变自己的命运，总在争取更上一层楼，用自己的汗水和智慧托起更加幸福美好的明天。中国人坚毅，笃信“不经历风雨怎能见彩虹”，遇到外部的压力越大，中国人的奋斗精神就越足，民族的凝聚力就越强。所以，吃苦耐劳、奋发向上、坚忍不拔，这些中国人的文化特质托起了这个伟大国家的崛起。

一个民族总有些东西是不能亵渎的：天破了，我们自己炼石来补；洪水来了，我们自己挖河渠疏通；疾病流行，我们不求神迹，自己试药来治；东海淹死人，就把东海填平；太阳暴晒，就把太阳射下来；斧头劈开的天地之间，到处都是不愿做奴隶的人。这就是我们的文化信仰和民族精神。

随着中国的崛起，越来越多的外国人也开始感受到了中国文化及其中国崛起的意义，不少人主张要向中国学习。意大利前总理马里奥·蒙蒂先生在2018年就曾撰文呼吁“西方应学习中国人的长远眼光”，希望有一天西方能够找到一种方式，“使得我们能够具有像中国这样的长远眼光”。

早在10年前美国正经历严重金融危机的时候，《时代周刊》就发文探讨如何借鉴中国经验，文章写道“拥有五千年历史的古老中国在经济危机中仍然保持活力，而‘年轻’的美国却显得年迈虚弱，经济陷入了不景气的泥淖中”，还提到今天的中国有五个方面值得美国学习，实际上这背后都有中国文化的影响：一是明确大的发展目标，以举国之力投资基础设施建设；二是投资教育、注重人才战略性的培养；三是尊老养老的文化使得中国社会有很强的凝聚力；四是培养一种健康的储蓄习惯；五是民众可以通过自己的努力，改变自己的命运。

这篇文章感叹中国改革开放数十年改变了无数普通人的命运，使中国成为创造财富最快的地方。实际上以上这五个方面，都可以看出中国文化的巨大的影响：举国之力实现大目标的背后，是中国政治文化中历来比较重视政府的作用；注重教育是中国儒家文化的核心思想，这个影响延续至今，现在中国每年培养的工程师数量超过美国、德国和日本之和；尊老爱幼是中国孝敬文化的延续和发展；储蓄习惯反映了中国人勤俭持家的生活方式，虽然现在年轻人的储蓄习惯可能有所削弱，但总体上还是远远高于美国，这为中国现代化建设提供了充沛的资金；努力改变自己命运更是我前面讲到，中国人“天行健，君子以自强不息”这种精神的体现，它包括了中国选贤任能不分高低贵贱的文化传统，也体现了当今中国制度安排总体上有利于普通人改变自己的命运，所以中国也成了世界上改变了自己命运人数最多的一个国度。

经过一个多世纪的探索，中国人已经看到，自己的文化传统其实是现代化事业的宝贵资源，我们可以自信地坚持中华文明本位，同时也汲取他人之长，与时俱进，最终实现符合中国民情国情的现代化，一种中国人真正喜欢的现代化。

在这个节目中，我记得有观众也提过，中国人似乎缺少信仰，缺少宗教情怀。中国的老百姓不一定信教，但依我之见，中国人的文化和信仰就蕴藏在中国的文字中。一个中国人，只要学会了中文，能够听说读写，能够使用一二百个成语，中国文化的基本元素往往就融化在他的血液中了，他就学会了许多做人做事的基本道理，比如与人为善、自食其力、勤俭持家、好学不倦、自强不息、同舟共济等等。当你走遍世界的时候，你就知道中国文化中的这些基本信念是多么珍贵。这不仅使中国能以人类历史上闻所未闻的速度和规模崛起，而且使中国社会保持了比西方社会更多的温馨和更强的凝聚力。世界上多少民族的文化中就是缺少了那么一些基本信念，结果发展毫无起色，甚至一个接一个成了扶不起的阿斗。我们要做的就是通过教育，把中国优秀的传统价值更多地激发出来，从而使我们社会变得更加积极向上。

我想起了习近平主席多次表述过的一个观点：“文化自信是更基础、更广泛、更深厚的自信。”在政治层面，文化自信为我们的道路自信、理论自信和制度自信打下了最深厚、最扎实的基础。在生活层面，中国人应该是世界上最幸运的人，因为我们拥有世界上最丰富的，最用之不完、取之不尽的文化资源。我经常讲这个观点，在西方你看到一座山，它就是一座山，在中国你看到一座山，它里面全是文化，全是意境，全是我们先人留下的足迹和感悟。什么叫精彩？这就是精彩，这就是中国。

案例思考：

结合案例谈谈你对文化自信的理解。

2. 发展中国特色社会主义文化的理论

发展中国特色社会主义文化，就是以马克思主义为指导，坚守中华文化立场，立足当代实际，结合当今时代条件，将马克思主义具体地贯穿到对中华优秀传统文化的传承弘扬中，贯穿到对革命文化和社会主义先进文化的继承发展中，贯穿到对世界优秀文化成果的借鉴吸收中，更好地发展面向现代化、面向世界、面向未来的，民族的科学的大众的社会主义文化。

要坚持为人民服务、为社会主义服务，坚持百花齐放、百家争鸣，坚持创造性转化、创新性发展，不断铸就中华文化新辉煌。

3. 培育和践行社会主义核心价值观的理论

社会主义核心价值体系包括四个方面的基本内容，即马克思主义指导思想、中国特色社会主义共同理想、以爱国主义为核心的民族精神和以改革创新为核心的时代精神、社会主义荣辱观。社会主义核心价值体系是兴国之魂，是社会主义先进文化的精髓，决定着中国特色社会主义发展方向。

在建设社会主义核心价值体系的基础上，党的十八大提出了培育和践行社会主义核心价值观。社会主义核心价值观的基本内容包括富强、民主、文明、和谐；自由、平等、公正、法治；爱国、敬业、诚信、友善。

社会主义核心价值观是社会主义核心价值体系的内核，体现社会主义核心价值体系的根本性质和基本特征，反映社会主义核心价值体系的丰富内涵和实践要求，是社会主义核心价值体系的高度凝练和集中表达，是当代中国精神的集中体现，是中国特色社会主义的价值表达，体现了社会主义意识形态的本质要求。

应该强化培育引导、实践养成、制度保障，发挥社会主义核心价值观对国民教育、精神文明创建、精神文化产品创作生产传播的引领作用，把社会主义核心价值观融入国民教育全过程，落实到经济发展实践和社会治理中，转化为人们的情感认同和行为习惯。

4. 社会主义文化建设根本目的的理论

中国特色社会主义文化建设根本目的是为了人民、依靠力量在于人民，推进社会主义文化建设必须坚持以人为本、面向群众，以满足人民群众的精神文化需求为出发点和落脚点。

社会主义文化是人民大众的文化，人民群众共建共享是一个重要特征。发展社会主义文化，应当始终坚持以人为本，贴近实际、贴近生活、贴近群众，把满足人民群众精神文化需求作为文化发展的根本目的，发挥人民群众在文化建设中的主体作用，坚持文化发展为了人民、文化发展依靠人民、文化发展成果由人民共享。要创造出先进的、健康的社会主义崭新文化，繁荣社会主义的文化事业，不断丰富人民的精神世界，更好地适应广大人民日益增长的美好生活需要，使人民基本文化权益保障更充分，文化获得感、幸福感更充实。要形成有利于建设中国特色社会主义事业、有利于改革开放的价值观念、精神风貌、舆论氛围、文化条件和社会环境，不断增强人民的精神力量，促进人的全面发展，培育有理想、有道德、有文化、有纪律的社会主义公民，提高整个中华民族的思想道德素质和科学文化素质。

5. 建设社会主义文化强国的理论

当今世界正处在大发展大变革大调整时期，世界多极化、经济全球化深入发展，科学技术日新月异，各种思想文化交流交融交锋更加频繁，文化在综合国力竞争中的地位和作用更加凸显，维护国家文化安全任务更加艰巨，增强国家文化软实力、中华文化国际影响力要求更加紧迫。当代中国进入了全面建成小康社会的关键时期和深化改革开放、加快转变经济发展方式的攻坚时期，文化越来越成为民族凝聚力和创造力的重要源泉、越来越成为综合国力竞争的重要因素、越来越成为经济社会发展的重要支撑，丰富的精神文化生活越来越成为人民群众的美好生活需要。推动中国特色社会主义文化繁荣兴盛、建设社会主义文化强国，是新时代坚持和发展中国特色社会主义的题中应有之义。我们要准确把握我国经济社会发展新要求，准确把握当今时代文化发展新趋势，准确把握各族人民精神文化生活新期待，在坚持以经济建设为中心的同时，进一步推动文化建设与经济建设、政治建设、社会建设以及生态文明建设协调发展，坚定不移地走中国特色社会主义文化发展道路，激发全民族创新创造活力，奋力开创社会主义文化建设新局面，建设社会主义文化强国，更好满足人民的精神需求、丰富人民的精神世界、增强人民的精神力量，为继续解放思想、坚持改革开放、推动科学发展、促进社会和谐提供坚强思想保证、强大精神动力、有力舆论支持、良好文化条件。建设社会主义文化强国，是党和国家一项重大而紧迫的任务，关涉民族尊严，国家安全、文化自信和人民幸福。

建设社会主义文化强国，要坚持社会主义先进文化前进方向，以科学发展为主题，以建设社会主义核心价值体系为根本任务。以满足人民群众基本文化需求作为社会主义文化建设的基本任务。着力推动社会主义先进文化更加深入人心，推动社会主义精神文明和物质文明全面发展，不断开创全民族文化创造活力持续迸发、社会文化生活更加丰富多彩、人民基本文化权益得到更好保障、人民思想道德素质和科学文化素质全面提高的新局面，建设中华民族共有精神家园，为人类文明进步作出更大贡献。

坚持中国特色社会主义文化发展道路，努力建设社会主义文化强国，必须高举中国特色社会主义伟大旗帜，以马克思列宁主义、毛泽东思想、邓小平理论和“三个代表”重要思想为指导，深入贯彻落实科学发展观，坚持社会主义先进文化前进方向，以科学发展为主题，以建设社会主义核心价值体系为根本任务，以满足人民精神文化需求为出发点和落脚点，以改革创新为动力，发展面向现代化、面向世界、面向未来的，民族的科学的大众的社会主义文化，培养高度的文化自觉和文化自信，提高全民族文明素质，增强国家文化软实力，弘扬中华文化。

建设社会主义文化强国，就是要着力推动社会主义先进文化更加深入人心，推动社会主义精神文明和物质文明全面发展，不断开创全民族文化创造活力持续迸发、社会文化生活更加丰富多彩、人民基本文化权益得到更好保障、人民思想道德素质和科学文化素质全面提高的新局面，建设中华民族共有精神家园，为人类文明进步作出更大贡献。

建设社会主义文化强国，要大力发展文化事业和文化产业。进一步繁荣发展哲学社会科学，推出更多优秀文艺作品，发展健康向上的网络文化，完善文化产品评价体系和激励机制。大力发展公益性文化事业，保障人民基本文化权益。构建公共文化服务体系。发展现代传播体系。建设优秀传统文化传承体系。加快城乡文化一体化发展。同时，加快发展文化产业，推动文化产业成为国民经济支柱性产业。构建现代文化产业体系。形成公有制为主体、多种所有制共同发展的文化产业格局。推进文化科技创新。扩大文化消费。

建设社会主义文化强国，要建设宏大文化人才队伍，为社会主义文化大发展大繁荣提供有力人才支撑。推动社会主义文化大发展大繁荣，队伍是基础，人才是关键。要坚持尊重劳动、尊重知识、尊重人才、尊重创造，深入实施人才强国战略，牢固树立人才是第一资源思想，全面贯彻党管人才原则，加快培养造就德才兼备、锐意创新、结构合理、规模宏大的文化人才队伍。造就高层次领军人物和高素质文化人才队伍。加强基层文化人才队伍建设。加强职业道德建设和作风建设。

文化软实力反映一个国家、一个民族的精神面貌、文明素养、行为方式、审美趣味，是文化强国的重要内容。当前，中华文化的传播力、影响力与我国的经济实力和大国地位还不完全相称，文化走出去与经济走出去还没有形成有效互动。我们要坚持以“两创”方针为引领，精心构建对外话语体系和文化交流、文化传播、文化贸易载体，围绕传播中国价值观念、打造中华文化品牌，向世界展示中华文化独特魅力，增强对外话语的创造力、感染力、公信力。完全可以相信，中华优秀传统文化通过创造性转化、创新性发展，将其中的当代价值和世界意义挖掘出来，不仅能成为中华民族走向伟大复兴的强大动力和精神支撑，而且将为破解人类社会面临的共同难题、完善全球治理贡献中国智慧，为人类文明进步提供重要精神指引。

6. 坚持中华优秀文化创造性转化、创新性发展的理论

习近平总书记在党的十九大报告中指出："坚持创造性转化、创新性发展，不断铸就中华文化新辉煌。"[①]要"深入挖掘中华优秀传统文化蕴含的思想观念、人文精神、道德规范，结合时代要求继承创新"[②]。这些阐述，高度概括了中国特色社会主义文化的基本内涵，阐明了在新时代我们对待中华优秀传统文化的科学态度，是继承发展中华优秀传统文化的基本方针，具有重要的现实指导意义。

中华文化源远流长，文脉相传，内容宏富。习近平总书记多次强调中华优秀传统文化是中华民族的突出优势，是我们最深厚的文化软实力。在中华民族传统文化体系中，诸如"精忠报国""舍生取义"的爱国思想，"崇德向善""见贤思齐"的优良品格，"孝悌忠信""礼义廉耻"的荣辱观念，等等，都标注着鲜明的传统文化底色，这些思想理念和文化精神历久弥新，闪耀着恒久的思想光芒。今天，中华传统文化中的这些优质基因正是在不断的创造性转化和创新性发展中与社会主义先进文化相适应，与中国特色社会主义相协调，与改革开放的新时代相契合，焕发出强大的文化生命力。中国共产党人在团结带领中国人民进行革命、建设、改革的长期历史实践中，既是中国先进文化的积极引领者和践行者，又是中华优秀传统文化的忠实传承者和弘扬者，我们继承发展中华优秀传统文化，就应当用中华优秀传统文化的精华滋养当代中国人的精神世界，用中华优秀传统文化的丰富智慧提振当代中国人的精神力量。

对于中华优秀传统文化，最有效的继承和保护就是与时俱进地不断发展，不断创新。即对那些至今仍有借鉴价值的内涵和陈旧的表现形式加以改造，赋予其新的时代内涵和现代表达形式，激活其生命力，让中华文化展现出永久魅力和时代风采。推动中华优秀传统文化创造性转化、创新性发展，归结起来就是"扬弃、创新"。扬弃，就是尊重文化发展规律，坚持不忘本根、辩证取舍，有鉴别地加以对待，守住中华文化本根，传承中华文化优质基因。创新，就是着眼服务当代、面向未来，对中华优秀传统文化的内涵加以补充、拓展、完善，赋予新时代内涵和现代表现形式，充分展现

①本书编写组.党的十九大报告学习辅导百问[M].北京：党建读物出版社，学习出版社，2017：33.
②同①34.

中华文化的独特魅力，使中华优秀传统文化的当代价值充分弘扬。正确处理“守”和“变”、“中”和“外”的关系。做到不忘本来、吸收外来、面向未来，更好构筑中国精神、中国价值、中国力量。坚持创造性转化、创新性发展与我们党一贯倡导的“取其精华、去其糟粕”“古为今用、推陈出新”一脉相承，同时又结合新时代要求作出的新的理论概括，是新时代我们对待中华优秀传统文化的科学指南。

为应对21世纪的世界文化竞争，我们要始终保持与时俱进、发展创新的观念，高扬创新的旗帜，激发全民族文化创新创造活力，建设社会主义文化强国。党的十九大报告指出，要深入挖掘中华优秀传统文化蕴含的思想观念、人文精神、道德规范，结合时代要求继承创新。中华民族是一个秉持“苟日新，日日新，又日新”“不日新者必日退，未有不进而不退者”的理念，不断创造创新的民族。当前，创新位居新发展理念之首，中国正在进行着人类历史上最为宏大而独特的实践创新，无论是经济增长、科技进步，还是文化建设，都涌动着创新的热潮。大力推动文化创新，在探索中突破超越、在融合中出新出彩，打造良好的文化生态，是推动中华优秀传统文化焕发新活力、再创新辉煌的必由之路。坚定文化自信，推动中华优秀传统文化与新时代相融合，铸就中华文化新辉煌，是新时代和人民赋予中国共产党人的历史使命。我们要让今天的大众接受、认同中华优秀传统文化，就要在不断赋予优秀传统文化新精神内涵的前提下尝试各种现代表达形式，要运用互联网等现代科技手段，使中华优秀传统文化“活”在当下，努力将中华优秀传统文化融入人们的生产生活中，使之与节日庆典、礼仪规范、民风民俗相衔接，与文艺体育、旅游休闲、饮食医药、服装服饰相结合。只要我们做到了中华优秀传统文化与我们生产生活相接相融，文化传承就会产生源源不断的内生动力，中华优秀传统文化就一定会在新时代的土壤中绽放出更加炫丽的姿彩。

对中华优秀传统文化中适应时代发展需要、能够为现代化建设服务的精华部分，必须积极加以继承，进行创新性发展，使之不断发扬光大。民族精神是民族文化最本质、最集中的体现，是民族文化的灵魂。中华民族在漫长的历史发展中形成了自己特有的民族气节、民族品格和民族精神。如自强不息、不屈不挠的进取精神；“先天下之忧而忧，后天下之乐而乐”的奉献精神；“苟利国家生死以，岂因祸福避趋之”的爱国主义精神；“天下兴亡，匹夫有责”的历史责任感；“富贵不能淫、贫贱不能移，威武不能屈”的浩然正气；“宁为玉碎，不为瓦全”的刚正气概，等等。这些优秀文化世代相传，形成了一种民族的风骨与气度，铸就了民族的灵魂。一个民族，没有振奋的民族精神、高尚的民族品格和坚定的民族志向，就不可能凝聚力量、成就伟业，更不可能自立于世界民族之林。当今社会，文化已经成为国家综合实力的重要组成部分，而文化软实力集中表现为全民族基于共同的文化背景和文化认同而产生的巨大凝聚力。在实现中国梦、夺取新时代中国特色社会主义伟大胜利的征途中，更需要一种强大的精神力量来支撑。实现中国梦，必须走中国道路，弘扬中国精神，凝聚中国力量。因此，继承与弘扬这种民族精神，在当前有着重大的现实意义。我们应不断从中华民族优秀传统文化和我党在革命、建设和改革时期所形成的优良传统中汲取力量，对传统文化中适应时代发展需要、能够为现代化建设服务的精华部分积极加以继承，并不断进行创新性发展，将现代内涵融入民族精神之中，重塑当代中国精神，形成全民族奋发向上的精神力量和团结和睦的精神纽带，凝聚和激励中华民族为实现国家富强、民族复兴而团结奋斗。

7.国家文化软实力的理论

文化软实力主要指在社会文化领域中具有精神感召力、社会凝聚力、价值吸引力、思想影响力等的文化资源。也就是说，文化软实力是基于文化而具有的凝聚力和生命力，以及由此产生的吸引力和影响力，是综合国力和国际竞争力的重要组成部分。中国的文化软实力让世界重新认识中国，赢得别人的理解与尊重，使各方更好地和谐相处。

当今世界，文化与经济相互交融，文化软实力的作用渗透到各个方面，成为综合国力的重要组成部分，成为国家核心竞争力的重要因素。许多国家特别是主要大国都把提高文化软实力作为增强国家核心竞争力的重要战略。党的十七大报告提出，要从提高国家文化软实力的战略高度，充分认识文化建设的重要性、紧迫性，更加自觉、更加主动地推动社会主义文化大发展大繁荣。

提升国家文化软实力的重要性有以下四点：

第一，增强民族的自信心、自尊心和民族自豪感。提升文化软实力，创造出符合时代发展要求、引领世界潮流的先进文化，能增强以爱国主义为核心的民族精神。

第二，促进经济的发展，提升综合国力。在和平与发展成为时代主题的今天，文化软实力已经成为综合国力的重要组成部分。文化软实力的提升，为经济的发展提供精神动力和智力支持，为经济的发展提供良好和谐的环境。而且文化本身也在源源不断地创造经济价值。

第三，巩固我国社会主义政治制度，提升国际地位。只有通过不断提升文化软实力，提高国民的整体素质，提升整个国民对中华民族文化的了解和认识，才能坚定社会主义的方向，才能巩固社会主义政治制度。也只有通过提升文化软实力，才能增强不同国家、不同民族对我们的了解和认同，赢得他国的尊重。文化软实力关系到我国的国际地位和国际影响力。

第四，提升文化软实力既是现在也是未来中国发展的必然要求。软实力是文化和意识形态吸引力体现出来的力量，是世界各国制定文化战略和国家战略的一个重要参照系。任何一个国家在提升本国政治、经济、军事等硬实力的同时，提升本国文化软实力也是更为特殊和重要的。“提高国家文化软实力”，这不仅是我国文化建设的一个战略重点，也是我国建设和谐世界战略思想的重要组成部分，更是实现中华民族伟大复兴的重要前提。

中华优秀传统文化是文化软实力的根基，核心价值观是文化软实力的灵魂。要努力展示中华文化独特魅力，努力夯实文化软实力的根基；要努力提高国际话语权，加强国际传播能力建设，精心构建对外话语体系，发挥好新兴媒体作用，增强对外话语的创造力、感召力、公信力，讲好中国故事，传播好中国声音，阐释好中国特色。

案例导入6-2

中华优秀传统文化是当代中国最深厚的文化软实力[①]

中华优秀传统文化，积淀着中华民族最深沉的精神追求，代表着中华民族独特的精神标识，形成了中国人的思维方式和行为方式，支撑着中华民族历经五千余年生生不息、代代相传、傲然屹立。习近平总书记要求，“讲清楚中华优秀传统文化是中华民族的突出优势，是我们最深厚的文化软实力”。中华优秀传统文化是中华民族的精神命脉，是涵养社会主义核心价值观的重要源泉，在实现中华民族伟大复兴的征程中，中华优秀传统文化是我们最深厚的文化软实力，为我们在世界文化激荡中站稳脚跟筑牢坚实根基。

（1）中华优秀传统文化源远流长、博大精深，包含着丰富的哲学思想、道德情操、价值观念、审美品格、艺术情趣、辩证思维和科学智慧，是中华民族的宝贵精神矿藏。习近平总书记指出：“中华传统文化源远流长、博大精深，中华民族形成和发展过程中产生的各种思想文化，记载了中华民族在长期奋斗中开展的精神活动、进行的理性思维、创造的文化成果，反映了中华民族的精神追求，其中最核心的内容已经成为中华民族最基本的文化基因。”中华民族绵延不绝的悠久历史、灿烂文明，孕育

①王志东．中华优秀传统文化是当代中国最深厚的文化软实力［OL］．光明网，2019-01-16. http://epaper.gmw.cn/gmrb/html/2019-01/16/nw.D110000gmrb_20190116_1-06.htm

滋养出源远流长、根深叶茂、丰富多样的优秀传统文化，塑造了中华民族的鲜明品格，滋养了独树一帜的中国精神，陶冶了勇敢智慧的中华儿女，是中华民族自立世界民族之林，绵延不绝、郁郁葱葱、生生不息的文化之根。

文化软实力是综合国力的重要组成部分，主要指在社会文化领域中具有精神感召力、社会凝聚力、价值吸引力、思想影响力等方面的文化精神力和竞争力。中华优秀传统文化是当代中国文化软实力的重要力量源泉，积淀着中华民族最深层的精神追求，代表着中华民族独特的精神标识，体现着中华民族世世代代在生产生活中形成和传承的世界观、人生观、价值观和审美观，为中华民族生生不息、发展壮大提供了丰厚滋养，对人类文明的发展进步产生了重要而深远的影响。

习近平总书记指出："中华民族在长期实践中培育和形成了独特的思想理念和道德规范，有崇仁爱、重民本、守诚信、讲辩证、尚和合、求大同等思想，有自强不息、敬业乐群、扶正扬善、扶危济困、见义勇为、孝老爱亲等传统美德。中华优秀传统文化中很多思想理念和道德规范，不论过去还是现在，都有其永不褪色的价值。"五千多年来，中华优秀传统文化中的仁、义、礼、智、信、温、良、恭、俭、让、忠、勇、孝、悌、廉等思想道德观念深入人心，尚仁重德、知礼好学、诚信守正、宽厚孝义、扶危济困的情操品格，深深地滋润着神州大地上的众生，流淌在血脉里，熔铸在精神世界之中。人类文化发展史表明，文化承担着文以载道、以文化人、思想育人、传承文明的历史使命，是指引人类社会发展前进方向的心灵明灯，能够凝聚起推动社会进步的巨大精神力量。

在中华文明五千多年的发展历程中，春秋战国时期是一个文化高峰，儒、法、道、墨、兵、阴阳、纵横、杂、名、医、农百家争鸣，"稷下学宫"辩学策论昌盛，老子、孔子、庄子、墨子、孙子、荀子、管子、孟子等思想先哲纷纷著书立说，形成了蔚为大观的诸子百家思想体系，开创了影响深远、彪炳史册的思想文化繁荣盛景，丰富深邃的思想之光历经几千年岁月时空一直影响至今。中华优秀传统文化融汇孕育的哲学理念、价值观念、道德思想、行为规范、社会理想、美学品格、辩证思维等，构成了光耀千秋的不朽文化思想经典，造就了中华民族特有的信仰追求、价值取向、高尚品质、文明准则、审美情趣和思维方式，熔铸了中华民族的性格、气节、品格和气魄，构成了中华民族的脊梁、血脉和灵魂，成为维系中华民族繁衍生息、历经磨难不断强盛的精神家园和精神支柱，是当代中国文化软实力的力量根基。

（2）文化是一个民族的精神家园，核心价值观是一个民族的灵魂和标志，是人们普遍认同、长期遵循的基本价值理念原则，广泛渗入到民族血脉、社会生活和精神世界之中。习近平总书记指出："核心价值观是文化软实力的灵魂、文化软实力建设的重点。这是决定文化性质和方向的最深层次要素。”文化软实力作为一个多要素、多层次、多维度的社会发展体系，核心价值观是其中的血脉灵魂，是决定文化软实力最重要的因素。人类社会的发展进步是一个物质文明和精神文明共同发挥作用的有机系统，涵盖了包括思想、精神、价值、理念、信仰、思维、美学、艺术、技术等众多文化形态的社会文化领域，而核心价值观就深藏、凝结、广泛渗透在社会意识形态和文化形态之中，在社会价值体系中居于核心支配地位和主导引领作用。一个民族的发展兴旺，离不开先进的核心价值观的方向引领；一个国家的团结和睦，离不开先进的核心价值观凝聚共识认同；一种文化的自信自强，离不开先进的核心价值观提供思想精神支撑。核心价值观事关一个民族、一个国家的精神追求和前途命运。

中华优秀传统文化是中华民族的精神命脉，是涵养社会主义核心价值观的重要源泉，也是我们在世界文化激荡中站稳脚跟的坚实根基。中华优秀传统文化蕴含的核心价值内容丰富、思想深刻、影响力持久深入广泛，具有独特的魅力和文化特色优势，包含着深刻的思想价值、巨大的精神活力、崇高的道德人格、辩证的科学思维、形神兼备的审美品格。中华优秀传统文化历来把人的精神生活纳入人生和社会理想之中，融汇成为博大精深、底蕴深厚的文化价值理念和道德人格文化传统，世代相传，绵延不绝，深入人心，成为中华优秀传统文化的思想底色、信仰支柱、精神追求，成为当代中国文化软实力的血脉灵魂。

（3）中华优秀传统文化的血脉里和价值追求当中，历来就有崇高的文化自觉意识和厚重的历史责任感，具有文以载道、知行合一、经世致用的优良传统，具有家国天下的博大文化情怀。“有明明德，在亲民，在止于至善”“格物致知”“正心诚意”“修齐治平”等思想观念，已经成为中华民族内在的特质秉性与文化标识，充分展示了中华优秀传统文化的价值追求和人格理想，奠定了中华民族的文化性格、行为方式和家国情怀，成为中华优秀传统文化最具生命力的精神基因。

在中华民族的血液里，始终流淌着一种以天下为己任的崇高使命和担当意识。孔子“朝闻道，夕死可矣”，编订《六经》，儒家典籍得以传承。曾子“士不可以不弘毅，任重而道远”的忧国为民的思想情操，孟子“穷则独善其身，达则兼善天下”，屈原“长太息以掩泣兮，哀民生之多艰”，司马迁“究天人之际，通古今之变，成一家之言”，范仲淹“先天下之忧而忧，后天下之乐而乐”，这些正是中华民族使命担当、家国情怀的真实写照。在近代，大批进步知识分子奋力呐喊，警醒国人，用新文化运动唤醒了民族崛起、振兴中华的思想意识，让民主科学的思想萌发并不断光大，有力推动了中国现代思想启蒙运动。

在现当代，中国共产党在历史发展的大变革、大思潮、大激荡中，对于推动中华优秀传统文化发展的历史使命与肩负的时代责任，一直都有非常清醒的认识、自觉的把握和坚定的实践。我们党领导全国各族人民，推动中华优秀传统文化创造性转化和创新性发展，以中华优秀传统文化思想精神为丰厚滋养，以文化人、以文育人、以文传人，培育践行社会主义核心价值观，彰显出高屋建瓴、独树一帜的文明品格，推动了当代中国社会创新发展和社会主义文化繁荣兴盛。

当代中国的文化软实力，深刻体现在马克思主义与中华优秀传统文化的融合发展之中，充分体现在创新继承中华优秀传统文化的丰厚滋养之中，全面体现在中国特色社会主义先进文化的繁荣发展之中，深深扎根于中国特色社会主义的伟大实践之中。如果抛弃了中华优秀传统文化的根基，就等于割断了中华民族的思想精神命脉，我国文化软实力就会患上“营养不良症”“贫血症”和“软骨症”。中华优秀传统文化蕴含的思想观念、人文精神、道德规范、审美境界、人格情操、思维方式，不仅是中华民族的精神内核，同时也能为世界其他国家和民族提供有益启迪，对解决人类社会发展问题具有重要的文化引领价值，具有穿越历史时空的恒久文化精神力量。

案例思考：

为什么说中华优秀传统文化是当代中国最深厚的文化软实力?

二、中国特色社会主义文化制度

中国特色社会主义文化制度，是指国家通过宪法和法律规范社会文化生活，调整以社会意识形态为核心的各种文化生活的基本原则和规则的总和。它既包括直接反映和体现中国特色社会主义基本经济制度、基本政治制度和基本文化制度，也包括建立在这些制度基础上的文化体制等各项具体制度，即文化基本制度在文化发展各领域的具体体现，一般包括机构设置、隶属关系、管理权限和工作规则等方面的体系、制度、方法、形式等。中国特色社会主义文化制度与中国特色社会主义经济制度、政治制度等，构成中国特色社会主义制度体系。

中国特色社会主义文化制度是以马克思主义为指导、多元文化并存的文化制度。涉及的内容十分广泛，主要包括坚持马克思主义在意识形态领域的指导地位、加强思想道德建设、繁荣发展教育事业和哲学社会科学事业、发展科学文化体育卫生事业、加强文化人才培养，以及文化产品创作生产、载体手段、传播流通、评价激励、规划管理、人员机构等方面的制度。

（1）关于加强社会主义核心价值体系建设制度，包括中国特色社会主义理论体系学习研究宣传、繁荣发展哲学社会科学等方面的制度。

（2）关于公共文化服务建设制度，包括构建公共文化服务体系、加强公共文化产品和服务供给、加快城乡文化一体化发展、广泛开展群众性文化活动等方面的制度。

（3）关于加快文化体制机制创新制度，包括培育文化市场主体、深化文化事业单位改革、健全现代文化市场体系、创新文化管理制度等方面的制度。

（4）关于文化产业发展制度，包括构建现代文化产业体系，形成以公有制为主体、多种所有制共同发展的文化产业格局，形成党委领导、政府推动、企业主导、社会参与、市场运作相结合的文化产业管理制度，按照公益性和经营型的不同类别分类管理，改革文化产业投入机制，推进文化企业建立现代企业制度、完善企业法人治理结构，完善公共文化服务体系，推进文化科技创新，扩大文化消费，推进文化市场繁荣等方面的制度。

（5）关于加强文化产品创作生产的引导制度，包括坚持正确创作方向、推出更多优秀文艺作品、建立健全文化创新机制、完善文化产品评价体系和激励机制等方面的制度。

（6）关于加强传播体系建设制度，包括加强重要新闻媒体建设、加强新兴媒体建设、加强文化传播渠道建设等方面的制度。

（7）关于文化遗产保护传承与利用制度，包括提高物质文化遗产保护水平、加强非物质文化遗产保护传承、拓展文化遗产传承利用途径等方面的制度。

（8）关于加强对外文化交流与合作制度，包括加强对外文化交流、推动文化产品和服务出口、扩大文化企业对外投资和跨国经营等方面的制度。

（9）关于文化人才队伍建设制度，包括造就高层次文化领军人物和高素质文化人才队伍、加强基层文化队伍建设、建立完善文化人才培训机构等方面的制度。

中国特色社会主义文化制度是在中国特色社会主义文化建设实践中形成，并进一步完善发展。创新文化体制机制，是社会主义文化繁荣发展的内在要求。改革开放以来，中国特色社会主义文化事业的体制机制，包括党和政府对文化事业的领导体制、文化事业单位管理体制、文化事业投入机制、文化队伍管理制度、文化作品评价制度、网络文化管理等方面的体制机制不断改革完善。党的十八大以来，进一步深化文化体制改革，加快完善遵循社会主义先进文化发展规律、体现社会主义市场经济要求、有利于激发文化创新创造活力的文化管理体制和生产经营机制，健全现代文化产业体系和市场体系，完善以高质量发展为导向的文化经济政策。完善文化企业履行社会责任制度，健全引导新型文化业态健康发展机制。党领导文化事业的体制机制更加完善，把社会效益放在首位、社会效益和经济效益相统一的文化事业管理体制机制逐步形成。

第二节 中国特色社会主义文化建设现状

一、中国特色社会主义文化建设成就

改革开放以来，我们党始终把文化建设放在党和国家全局工作重要战略地位，坚持物质文明和精神文明两手抓，实行依法治国和以德治国相结合，促进文化事业和文化产业的发展，推动文化建设不断取得新成就，走出了中国特色社会主义文化发展道路，文化建设取得显著成就。

“十二五”以来特别是党的十八大以来，党中央国务院高度重视文化建设，做出了一系列重大决策部署。十七届六中全会通过了《中共中央关于深化文化体制改革推动社会主义文化大发展大繁荣若干重大问题的决定》。十八大从实现“两个一百年”奋斗目标的高度，提出建设社会主义文化强国的战略任务。十八届三中全会将深化文化体制改革作为全面深化改革的一个重要方面作出部署。为贯彻落实全面深化改革的要求，中央全面深化改革领导小组第二次会议审议通过了《深化文化体制改革实施方案》。十八届四中全会将文化法治建设作为全面依法治国的重要方面作出部署。2017年5月，为加快我国文化发展改革，建设社会主义文化强国，颁布实施了《国家“十三五”时期文化发展改革规划纲要》，增强了文化改革的系统性、整体性、协同性。另外还颁布实施了《中华人民共和国电影产业促进法》。这些政策法规构建起我国文化体制改革的路线图，极大推动了我国文化事业的发展。特别是习近平总书记多次就文化建设发表重要讲话，为社会主义文化建设指明了方向，提供了遵循，大大提高了全党全社会对社会主义文化建设的认识，大大增强了全党全社会的文化自觉和文化自信。

改革开放以来，我国文化建设的最重要的成就，就是不断巩固拓展了中国特色社会主义文化发展道路。这条道路的理论指导，就是中国特色社会主义理论，特别是习近平总书记系列重要讲话；这条道路的核心，就是社会主义核心价值观；这条道路的动力，就是不断深化文化体制改革；这条道路的目的，就是促进社会主义文化大发展大繁荣，为人民群众提供更好更多的精神文化产品，不断满足人民群众的精神文化需求。

第一，坚持解放思想、实事求是、与时俱进，不断推进马克思主义中国化时代化大众化，形成和发展了中国特色社会主义理论体系，为开辟和拓展中国特色社会主义道路、确立和完善中国特色社会主义制度提供了科学理论指导。深入贯彻落实科学发展观，解放思想、与时俱进，逐步提出和形成了新的文化发展理念。这些新的文化发

展理念，初步回答了社会主义市场经济条件下文化为什么要发展，实现什么样的发展，怎样发展和发展为了谁，发展依靠谁等一系列重大问题。提出区分公益性文化事业和经营性文化产业的思路，明确了在这两种不同类型文化建设中如何发挥市场作用的路径和方针，深刻反映了我们对新的历史条件下文化发展规律的认识和把握，为深化改革加快发展提供了基本遵循。

第二，坚持推进社会主义核心价值体系建设，用马克思主义中国化最新成果武装全党、教育人民，用中国特色社会主义共同理想凝聚力量，用以爱国主义为核心的民族精神和以改革创新为核心的时代精神鼓舞斗志，用社会主义荣辱观引领风尚，巩固了全党全国各族人民团结奋斗的共同思想道德基础。

第三，坚持为人民服务、为社会主义服务的方向和百花齐放、百家争鸣的方针，发扬广大人民群众和文化工作者的创造精神，推动优秀文化产品大量涌现，丰富了人民精神文化生活。

第四，坚持推进文化体制改革，创新文化发展理念，解放和发展文化生产力，推动文化事业全面繁荣、文化产业健康发展，大幅度提高了人民基本文化权益保障水平，大幅度提高了文化在经济社会发展中的地位和作用。

我国文化体制改革始终坚持社会主义先进文化前进方向，坚持中国特色社会主义文化发展道路，坚持以人民为中心的工作导向。这确保了我国社会主义意识形态安全和文化产业健康有序发展。

通过文化体制改革，打破了长期束缚文化生产力的制度和体制藩篱，全国已注销经营性文化事业单位4000多家，核销事业编制18万个以上；覆盖城乡的公共文化服务体系框架基本建立，公共文化服务渠道和方式进一步拓展；文化产业日益成为新的经济增长点。

文化产业以创新创意为核心，具有资源消耗低、环境污染少、经济回报高、吸纳就业广、易与新技术对接、易与相关产业融合等特点，因此被称为朝阳产业。改革开放40年来，我国文化产业取得长足发展，为人们提供了丰富精神食粮，为推动社会主义文化繁荣兴盛作出了重要贡献。

中央高度重视文化产业发展，2009年9月，国务院颁布《文化产业振兴规划》，标志着文化产业已经上升成为国家战略性产业。2012年2月，以《文化部“十二五”时期文化产业倍增计划》为标志，文化产业发展迈上了新征程。2012年6月，为推进文化和科技深度融合发展，科技部、中宣部、财政部、文化部、广电总局、新闻出版总署联合编制印发了《国家文化科技创新工程纲要》等文件，文化产业成为科技应用最广泛、科技创新最活跃的产业之一。“十二五”时期，是中国文化产业快速发展时期。其间，文化产业增加值年均增速高达20%以上。

党的十八大以来，全面推进文化体制机制改革创新，极大解放和发展了文化生产力，文化事业繁荣兴盛，公共文化投入力度持续加大，公共文化服务设施不断完善，服务能力和服务水平明显提升。文化产业增速始终高于GDP增速，保持强劲发展势头。2018年，我国文化产业实现增加值38 737亿元，比2004年增长10.3倍，2005—2018年文化产业增加值年均增长18.9%，高于同期GDP现价年均增速6.9个百分点；文化产业增加值占GDP比重由2004年的2.15%、2012年的3.36%提高到2018年的4.30%，在国民经济中的占比逐年提高。从对经济增长的贡献看，2004—2012年间，文化产业对GDP增量的年平均贡献率为3.9%，2013—2018年进一步提高到5.5%。[①]在体量增大的同时，文化产业质量效益也持续提升，初步构建起结构合理、门类齐全、科技含量高、富有创意、竞争力强的现代文化产业体系。近年来，数字技术的创新与发展主导着我国文化产业发展的走向，推动文化产业转型升级，大大拓展了文化产业的发展空间。数字技术为文化产业发展提供了必要的技术支撑，数字技术创新促使文化生产要素不断实现优化组合，使文化产业的发展空间越来越广阔。文化产业和其他经济部门之间的联系也越来越紧密。为推动文化产业与其他产业融合协调发展，国务院印发了《关于推进文化创意和设计服务与相关产业融合发展的若干意见》等文件，使文化产业对接“互联网+”战略、实施“文化+”行动，推动文化与科技、信息、旅游、教育、体育、建筑设计及相关制造业等深度融合发展。当前，文化产业不再仅仅是一种单纯的产业现象，而是一种与新时代相适应的新生发展范式，成为催生新业态、提供新产品、拓展新领域的重要动力。文化产业在推动经济发展、优化产业结构中发挥着越来越重要的作用。

覆盖全社会的公共文化服务体系基本构架初步形成，公益性文化服务水平明显提高。形成了公共文化服务体系建设的基本思路。概括起来就是“一个目标”“四个坚持”。一个目标：到2020年基本建成现代公共文化服务体系。四个坚持：一是坚持正确导向。要以社会主义核心价值观为引领，发展先进文化，创新传统文化，扶持通俗文化，引导流行文化，改造落后文化，抵制有害文化。二是坚持政府主导。政府要制

---

①国家统计局.文化事业繁荣兴盛　文化产业快速发展：新中国成立70周年经济社会发展成就系列报告之八[OL].中华人民共和国中央政府网，2019-07-25. http://www.gov.cn/xinwen/2019-07/25/content_5415076.htm

定标准、制定政策，加大投入，推进基本公共文化服务标准化、均等化。三是坚持社会参与。要引入市场机制，激发各类社会主体参与公共文化服务的积极性，形成政府、社会、市场三者之间的良性互动，变政府“独唱”为政府与社会“合唱”。四是坚持共建共享。特别是要改变多头投入、重复建设的情况。

初步建成了包括国家、省、地市、县、乡、村和城市社区在内的六级公共文化服务网络。这个网络体系包括三大类：一类是群众走进来享受的公共文化服务，如博物馆、图书馆、美术馆、科技馆、文化宫等，保证群众的读书权、鉴赏权等基本权益；一类是群众坐在家里享受的公共文化服务，主要是通过农村广播电视村村通、户户通工程，让农村群众在家里免费听广播、看电视；一类是活跃群众文化生活的公共文化服务，主要是各级的文化馆和乡镇（街道）文化站、村（社区）文化室。2018年底，全国共有公共图书馆3176个，为1978年的2.6倍；文化馆站44 464个，为1978年的9.7倍；博物馆4918个，为1978年的14.1倍。从2004年起，全国各级各类国有博物馆、纪念馆、美术馆、有条件的爱国主义教育基地等逐步实行优惠或者免费开放。从2008年起，全国文化、文物系统博物馆、纪念馆开始向社会免费开放，为丰富群众文化活动提供了有力支撑。2018年底，全国广播、电视节目综合人口覆盖率达到98.94%和99.25%。[①]

农村公共文化服务能力大大增强。主要是通过五大工程，迅速提升了农村公共文化服务能力。一是农村广播电视村村通、户户通工程。二是乡镇综合文化站工程，在“十二五”期间已实现乡乡设有文化站，全国有4万多个乡镇综合文化站。三是农村电影放映工程，保证农民每个月能免费看到一场电影。全国每年为农民放映800多万场。四是农家书屋工程，全国有60多万个农家书屋。五是农村数字文化工程，通过互联网将文化信息送到村一级。

文化行政管理部门职能进一步转变，逐步实现由办文化为主向管文化为主转变，由管微观向管宏观转变，由主要面向直属单位转为面向全社会。全国多数省区市新闻出版系统和广电部门实现了局社分开、局台分开，部分试点地区整合市县文化广电新闻出版机构，实行“三局合并”。文化市场综合执法改革继续推进，各地通过改革建立了科学的文化市场管理体制，在执法力量、执法保障、执法效率以及市场监管等方

①国家统计局. 文化事业繁荣兴盛 文化产业快速发展：新中国成立70周年经济社会发展成就系列报告之八[OL]. 中华人民共和国中央政府网，2019-07-25. http://www.gov.cn/xinwen/2019-07/25/content_5415076.htm

面普遍得到加强，理顺了文化市场管理体制，改革成效明显。

第五，坚持发展多层次、宽领域对外文化交流格局，借鉴吸收人类优秀文明成果，实施文化走出去战略，不断增强中华文化国际影响力，向世界展示了我国改革开放的崭新形象和我国人民昂扬向上的精神风貌。我国已与157个国家签订了政府间文化合作协定，海外文化阵地建设不断加强，文化产品和服务进出口逆差逐步减少。2018年，我国文化产品进出口总额为1023.8亿美元，为2005年的5.5倍，比2012年增长15.4%，2013-2018年年均增长2.4%。①

二、中国特色社会主义文化建设面临的问题

我国文化领域正在发生广泛而深刻的变革，推动文化大发展大繁荣既具备许多有利条件，也面临一系列新情况新问题。我国文化发展同经济社会发展和人民日益增长的精神文化需求还不完全适应，突出矛盾和问题主要是：一些地方和单位对文化建设重要性、必要性、紧迫性认识不够，文化在推动全民族文明素质提高中的作用亟待加强；一些领域道德失范、诚信缺失，一些社会成员人生观、价值观扭曲，用社会主义核心价值体系引领社会思潮更为紧迫，巩固全党全国各族人民团结奋斗的共同思想道德基础任务繁重；舆论引导能力需要提高，网络建设和管理亟待加强和改进；有影响的精品力作还不够多，文化产品创作生产引导力度需要加大；公共文化服务体系不健全，城乡、区域文化发展不平衡；文化产业规模不大、结构不合理，束缚文化生产力发展的体制机制问题尚未根本解决；文化走出去较为薄弱，中华文化国际影响力需要进一步增强；文化人才队伍建设急需加强。推进文化改革发展，必须抓紧解决这些矛盾和问题。

一是一些地方、单位和个人未能充分认识意识形态领领域斗争的严峻形势和维护国家意识形态安全的任务重大。世界文化的冲突与斗争本质上就是意识形态和价值观的冲突和斗争。我国意识形态领域斗争形势十分严峻复杂，面临国际国内一系列重大风险挑战：一方面，世界大变局加速深刻演变，全球动荡源和风险点增多，意识形态领域的斗争不断增多；另一方面，各种社会稳定风险不断聚集、交织、叠加且日益转向意识形态领域。尽管当前我国形势总体上是好的，但我国一些地方和单位的意识形态工作仍不同程度上存在着思想认识偏颇、队伍素质不强、阵地管理不严、好人主义

①国家统计局.文化事业繁荣兴盛 文化产业快速发展：新中国成立70周年经济社会发展成就系列报告之八[OL].中华人民共和国中央政府网，2019-07-25. http://www.gov.cn/xinwen/2019-07/25/content_5415076.htm

作祟等问题。由于我国经济社会的深刻变革、利益格局的深刻调整，使意识形态领域局部多元多样多边的趋势日益明显，人们的思想更加活跃，独立性、选择性、多样性、差异性显著增强，各种思想杂陈。有人认为，多元化是现代社会的重要标志，应该放弃所谓的“正统”及一元化观念；有人提出，应该消解、废除“国家意识形态”或“国家哲学”，宣布“马克思主义只是诸多学说中的一种”，马克思主义不应占主导地位；还有人把马克思主义分割为所谓科学的马克思主义和意识形态的马克思主义，认为马克思主义“作为一种文化、思想方法和社会科学有它的地位”，但马克思主义不是意识形态。近来，有人把西方一些国家的民主、宪政观念鼓吹为所谓“普世价值”，主张中国应把这些“普世价值”确立为指导思想，与国际接轨，其实是与西方制度模式接轨。这些思潮的实质都是对马克思主义指导地位的挑战。因此，坚持马克思主义的主导地位，维护国家意识形态安全的任务重大。

二是一些领域道德失范、诚信缺失，一些社会成员人生观、价值观扭曲，用社会主义核心价值体系引领社会思潮更为紧迫，巩固全党全国各族人民团结奋斗的共同思想道德基础任务繁重。当前我国公民道德建设方面问题不少。迷信、愚昧、颓废、庸俗等封建落后文化对人们的思想和行为仍有一定影响，如看相、算命、测字、看风水等。同时，经济全球化和信息网络技术的发展，既为文化传播提供了更广阔的空间，也加剧了西方资本主义腐朽思想文化对我国思想文化领域的冲击。外国文化的渗透也引起我国人民对外国文化和生活方式的向往，从而引起对传统文化的淡漠。更重要的是外国大众文化传播的消费主义、享乐主义影响着我国民族文化的特性。社会主义市场经济在带来文化活力的同时，还导致不同社会群体价值取向、文化选择的多样化；市场经济自身的弱点也会反映到人们的精神生活中来。一些领域道德失范、诚信缺失，一些社会成员人生观、价值观扭曲，是非、善恶、美丑界限混淆，拜金主义、享乐主义、极端个人主义有所滋长，见利忘义、损公肥私、损人利己、欺诈勒索行为时有发生，以权谋私、腐化堕落现象一定程度存在。这些问题如果得不到及时有效解决，必然损害正常的经济和社会秩序，应当引起全党全社会高度重视。

三是公共文化服务体系不健全，城乡之间、地区之间文化资源分布不均，基层文化资源匮乏。2019年9月6日，湖北大学高等人文研究院、中华文化发展湖北省协同创新中心、湖北文化建设研究院与社会科学文献出版社联合发布了《文化建设蓝皮书——中国文化发展报告（2019）》，从蓝皮书的调查结果来看，中国政府高度重视的城乡文化资源分配不均问题仍然比较明显，城乡文化资源分布不均的局面没有得到彻底改变，城乡文化资源之间的差距仍然很大，有超过四分之三的受访民众认同“城乡文化资源分布极为不均，基层文化资源匮乏”的观点。从地区发展来看，目前，我国东部地区文化产业发展势头强劲，中西部地区文化产业发展较慢。根据商务部2017年数据，我国文化产品出口主要集中在东部地区，占我国文化产品出口总额的93.4%，其中广东、浙江、江苏占据我国文化产品出口前三位。受经济发展水平影响，全国各地艺术表演团体在发展过程中存在明显的地区差异。经济发达的中东部地区，艺术表演团体总量、演出场馆、演出场次等各项指标均居前列，而经济欠发达的西部地区，艺术演出情况相对薄弱。不同地区文化产业发展不均衡是产业资源自然流动的结果，但政策作为行政规制工具可以进行适当引导，鼓励发达地区把发展文化产业的先进经验向中西部地区扩散，促进中西部地区文化产业发展。中西部地区有着丰富的文化资源，在发展文化产业方面大有可为。不同地区在文化产业方面均衡发展，可以从整体上提高我国文化产业发展水平。

四是我国文化产业发展从整体上说还存在一些不足和短板。比如，现代文化产业体系还不够健全，文化产业的结构仍不够合理，在文化供给方面，创新创意仍然不够，高质量的文化产品和服务供给不够充分，文化产业发展依赖资源的现象还比较普遍。我国文化产业增加值占GDP的比重与世界文化强国相比还存在不小差距。当前，尤其需要在促进均衡发展上下功夫，把我国文化产业做大做强。

五是有影响的精品力作还不够多，文化产品创作生产引导力度需要加大。文化生产的精品不够，电视剧、电影仍然存在一些粗制滥造的现象。近年来我国影视行业出现了许多亮点，内容和形式方面都有所进步和创新，但影视行业仍然缺乏内容质量顶尖的作品。虽然出现《战狼2》《中国机长》等票房和口碑双丰收的优秀作品，但相对于总体数量，此类产品仍然属于稀缺类型，低质量产品供给严重过剩和高质量产品供给不足的产能相对过剩问题依旧存在。另一方面，电视产品蓬勃发展的同时，也存在水平参差不齐、高雅低俗并存的情况。尤其是在综艺节目方面，跟风效仿、庸俗化、同质化现象严重。

六是舆论引导能力需要提高，网络建设和管理亟待加强和改进。低俗、猎奇、淫秽文化产品的网络传播仍然十分严重，网络文化监管水平还有待提高。

七是对外文化交流较少，中华文化国际影响力需要进一步增强。近年来，中国对外文化交流虽然取得了一定的进展，但相对于源远流长的中华文化，当代中国作为经济和人口大国的地位来说，国际性文化交流活动仍然偏少，文化服务国际竞争力有待提高。

八是文化人才队伍建设急需加强。基层公共文化管理人员缺乏，专职人员很少、专业素质不足等问题仍没有得到根本解决。

第三节 中国特色社会主义文化强国建设的有效途径

党的十七届六中全会提出，坚持中国特色社会主义文化发展道路，努力建设社会主义文化强国。建设中国特色社会主义文化强国，是党和国家一项重大而紧迫的任务，关涉民族尊严，国家安全、文化自信和人民幸福。要巩固马克思主义在意识形态领域的指导地位，大力培育和践行社会主义核心价值观，推动社会主义文化繁荣兴盛，建设中国特色社会主义文化强国。

一、巩固和发展社会主义意识形态

意识形态建设决定文化的前进方向和发展道路，事关党的前途命运、国家的长治久安和民族的凝聚力向心力。我国是社会主义国家，马克思主义处于意识形态的指导地位。党的十七大首次明确了“建设社会主义核心价值体系，增强社会主义意识形态的吸引力和凝聚力”。党的十八大强调了“牢牢掌握意识形态工作领导权和主导权”，党的十九大凸显了“建设具有强大凝聚力和引领力的社会主义意识形态”，这既是马克思主义中国化的最新理论成果，又是对党的理论创新发展。实践告诉我们，越是思想文化相互激荡、价值观念多元多样，越要在千帆竞发中立主导、在百舸争流中立主流。必须牢牢掌握意识形态工作的领导权和话语权，不断巩固马克思主义在意识形态领域的指导地位，巩固全党全国人民团结奋斗的共同思想基础。

1. 推进马克思主义中国化时代化大众化

马克思主义是我们立党立国的指导思想，是社会主义意识形态的旗帜和灵魂。巩固和发展社会主义意识形态，必须毫不动摇地坚持和发展马克思主义，不断推进马克思主义中国化时代化大众化，用马克思主义中国化的最新理论成果武装全党、教育人民。

推进马克思主义中国化时代化大众化，必须坚持马克思主义指导地位不动摇。马克思主义是科学的理论，创造性地揭示了人类社会发展的规律。虽然时代在变化，社会在发展，但马克思主义基本原理依然是科学真理，对人类认识世界、改造世界、推动社会进步起了不可替代的作用。正如习近平总书记所指出：“在人类思想史上，就科学性、真理性、影响力、传播面而言，没有一种思想理论能达到马克思主义的高度，也没有一种学说能像马克思主义那样对世界产生了如此巨大的影响。”①

---

①习近平. 在纪念马克思诞辰200周年大会上的讲话[OL]. 新华网，2018-05-04. http://www.xinhuanet.com/politics/2018-05/04/c_1122783997.htm

推进马克思主义中国化时代化大众化，必须以科学的态度对待马克思主义。马克思主义是与时俱进、开放的科学理论体系，要将马克思主义基本原理与本国具体实际和时代特征相结合，在继承坚持的基础上不断发展创新，才能彰显其真理的力量。事实证明，马克思主义之所以能够成为全党全国各族人民坚定的政治信仰，能够在伟大的历史进程中显现出巨大的指导作用，根本原因就在于它与我国国情相结合，与时代发展同进步，与人民群众共命运，很好地实现了中国化、时代化、大众化。发展21世纪马克思主义、当代中国马克思主义，必须立足中国、放眼世界，保持与时俱进的理论品格，深刻认识马克思主义的时代意义和现实意义，坚持推进马克思主义中国化、时代化、大众化，使马克思主义闪耀出更加灿烂的真理光芒。

马克思主义只有植根于中国的土壤，不断推进马克思主义中国化，才能焕发出强大的生命力。十月革命一声炮响，给我们送来了马克思列宁主义。中国共产党自成立之日起，就把马克思主义写在自己的旗帜上，坚持把马克思主义基本原理与中国具体实际和时代特征相结合，创造性地把马克思主义运用于中国革命、建设和改革实践，不断推进马克思主义中国化。今天，中国特色社会主义进入新时代，实现了中华民族从站起来、富起来到强起来的历史性飞跃，在马克思主义的思想指引下，科学社会主义在21世纪的中国焕发出强大生机活力，在世界上高高举起了中国特色社会主义伟大旗帜。

党的十八大以来，以习近平同志为核心的党中央领导全党统筹推进“五位一体”总体布局、协调推进“四个全面”战略布局，为实现“两个一百年”奋斗目标和中华民族伟大复兴中国梦而奋斗，取得了改革开放和社会主义现代化建设的历史性成就。党的十九大对实现“两个一百年”奋斗目标作出了新的战略安排，我们将在决胜全面建成小康社会的基础上，开启社会主义现代化建设的新征程。当前，改革发展稳定任务之重、矛盾风险挑战之多、治国理政考验之大都是前所未有的，这就要求我们继续坚持以马克思主义为指导，系统全面、深入准确地研究马克思主义基本原理，掌握好马克思主义的世界观和方法论，并且运用马克思主义的立场、观点、方法探索和解决各种新的问题，从而推动马克思主义中国化取得更多新的成果，为马克思主义的发展开辟新的光明前景。

马克思主义只有体现时代特征，不断推进马克思主义时代化，才能焕发出无限的创造力。马克思主义不是一个僵死、封闭的体系，而是在实践的基础上不断生长着的活的理论，是随着时代发展不断认识客观世界又不断改造客观世界的科学方法。中国共产党从诞生之日起，一代又一代的中国共产党人在马克思主义思想的指导下准确地把握住了时代发展的脉搏，在继往开来的过程中不断破解发展的难题，深化了对马克思主义中国化发展规律的认识，不断推进马克思主义的时代化，创造出一个又一个崭新的理论成果，形成了毛泽东思想、邓小平理论、“三个代表”重要思想、科学发展观、习近平新时代中国特色社会主义思想，从而使马克思主义在中国焕发出强大的创造力。习近平新时代中国特色社会主义思想不仅是马克思主义中国化的最新成果，更是我们推进马克思主义中国化的根本遵循。要把握其科学内涵、精髓要义，把握其理论逻辑、历史逻辑、现实逻辑，把握其历史地位和鲜明特征。只有这样，才能更好地推进马克思主义中国化时代化大众化。

理论的生命力在于不断创新，推动马克思主义不断发展是中国共产党人的神圣职责。习近平总书记指出，把坚持马克思主义和发展马克思主义统一起来，结合新的实践不断做出新的理论创造，这是马克思主义永葆生机活力的奥妙所在。只要我们坚持用马克思主义观察时代、解读时代、引领时代，真正搞懂面临的时代课题，深刻把握世界历史的脉络和走向，深入总结中国特色社会主义实践，更好实现马克思主义基本原理同当代中国具体实际相结合，同时也要放宽视野，吸收人类文明一切有益成果，就能不断创新和发展马克思主义。只有赋予马克思主义以新的时代内涵，推进马克思主义时代化，才能回应时代挑战，不断地开创马克思主义发展的新境界。

马克思主义只有被广大人民群众所掌握，不断推进马克思主义大众化，才能产生出无穷的力量。理论只有为群众所掌握，才能变成物质力量，才能发挥改变世界的作用。马克思主义不是停滞不前的，而是随着实践的发展而发展。推进马克思主义大众化不仅是马克思主义的理论品格和本质要求，而且是我们党带领人民推进中国特色社会主义伟大事业的内在需要。我们进行具有许多新的历史特点的伟大斗争，必须坚持以马克思主义中国化最新理论成果——习近平新时代中国特色社会主义思想为指导。这一创新理论，坚持把以人民为中心贯通和体现在各个领域、各个环节之中，思想深刻、语言生动、话风朴实、群众喜爱，是21世纪中国马克思主义大众化的典范。我们要在更加深刻系统地理解习近平新时代中国特色社会主义思想的基础上，更好地把握其人民性思想要求和话语特点，更好地理解贯彻以人民为中心的发展理念，确保人民群众有更多的获得感、幸福感、安全感。

推进马克思主义中国化时代化大众化，必须加强理论武装。党的十九大报告指出，“必须推进马克思主义中国化时代化大众化，建设具有强大凝聚力和引领力的社会主义意识形态。”[①]我们党始终重视思想建党、理论强党，坚持用科学理论武装广大

①本书编写组.党的十九大报告学习辅导百问[M].北京：党建读物出版社，学习出版社，2017：33.

党员、干部的头脑，使全党始终保持统一的思想、坚定的意志、强大的战斗力。进入新时代，中国共产党人要把读马克思主义经典、悟马克思主义原理当作一种生活习惯、精神追求，用经典涵养正气、淬炼思想、升华境界、指导实践。当前和今后一个时期，要坚持不懈用习近平新时代中国特色社会主义思想武装全党、教育群众。深刻把握习近平新时代中国特色社会主义思想重大贡献、历史地位、精神实质、丰富内涵、实践要求，将其自觉转化为清醒的理论自觉、坚定的政治信念、科学的思维方法、根本的价值选择，形成高度的政治认同、思想认同、理论认同、情感认同，从而更好地凝心聚力，把新时代中国特色社会主义伟大事业推向前进。

2. 加快构建中国特色哲学社会科学

哲学社会科学是人们认识世界、改造世界的重要工具，是推动历史发展和社会进步的重要力量，其发展水平反映了一个民族的思维能力、精神品格、文明素质，是一个国家、一个民族价值观念和思想文化影响力的重要体现，也体现了一个国家的综合国力和国际竞争力。一个没有繁荣的哲学社会科学的国家不可能走在世界前列。新形势下，我国哲学社会科学地位更加重要、任务更加繁重。牢牢掌握意识形态工作领导权、巩固壮大社会主义意识形态，就必须大力加强和繁荣哲学社会科学。要坚持以马克思主义为指导，按照立足中国、借鉴国外，挖掘历史、把握当代，关怀人类、面向未来的思路，着力构建中国特色哲学社会科学，在指导思想、学科体系、学术体系、话语体系等方面充分体现中国特色、中国风格、中国气派。

坚持以马克思主义为指导，是当代中国哲学社会科学区别于其他哲学社会科学的根本标志，必须旗帜鲜明加以坚持。坚持以马克思主义为指导，首先要解决真懂真信的问题。只有真正弄懂了马克思主义，才能在揭示共产党执政规律、社会主义建设规律、人类社会发展规律上不断有所发现、有所创造，才能更好识别各种唯心主义观点、更好抵御各种历史虚无主义谬论。

坚持以马克思主义为指导，核心要解决好为什么人的问题。为什么人的问题是哲学社会科学研究的根本性、原则性问题。必须坚持以人民为中心的研究导向。广大哲学社会科学工作者要坚持人民是历史创造者的观点，树立为人民做学问的理想，尊重人民主体地位，聚焦人民实践创造，自觉把个人学术追求同国家和民族发展紧紧联系在一起，努力多出经得起实践、人民、历史检验的研究成果。

坚持以马克思主义为指导，最终要落实到怎么用上来。新形势下，坚持马克思主义，最重要的是坚持马克思主义基本原理和贯穿其中的立场、观点、方法，结合新的实践不断作出新的理论创造，这是马克思主义永葆生机活力的奥妙所在。坚持问题导向，研究我国发展和我们党执政面临的重大理论和实践问题，提出解决问题的正确思路和有效办法。坚持用联系的发展的眼光看问题，增强战略性、系统性思维，分清本质和现象、主流和支流，既看存在问题又看其发展趋势，既看局部又看全局，提出的观点、作出的结论要客观准确、经得起检验，在全面客观分析的基础上，努力揭示我国社会发展、人类社会发展的大逻辑大趋势。

构建中国特色哲学社会科学应该把握住以下三个主要方面：

第一，体现继承性、民族性。哲学社会科学的现实形态，是古往今来各种知识、观念、理论、方法等融通生成的结果。我们要善于融通古今中外各种资源，特别是要把握好三方面资源。一是马克思主义的资源，包括马克思主义基本原理，马克思主义中国化形成的成果及其文化形态，如党的理论和路线方针政策，中国特色社会主义道路、理论体系、制度，我国经济、政治、法律、文化、社会、生态、外交、国防、党建等领域形成的哲学社会科学思想和成果。这是中国特色哲学社会科学的主体内容，也是中国特色哲学社会科学发展的最大增量。二是中华优秀传统文化的资源，这是中国特色哲学社会科学发展十分宝贵、不可多得的资源。三是国外哲学社会科学的资源，包括世界所有国家哲学社会科学取得的积极成果，这可以成为中国特色哲学社会科学的有益滋养。要坚持古为今用、洋为中用，融通各种资源，不断推进知识创新、理论创新、方法创新。我们要坚持不忘本来、吸收外来、面向未来，既向内看、深入研究关系国计民生的重大课题，又向外看、积极探索关系人类前途命运的重大问题；既向前看、准确判断中国特色社会主义发展趋势，又向后看、善于继承和弘扬中华优秀传统文化精华。

绵延几千年的中华文化，是中国特色哲学社会科学成长发展的深厚基础。中华民族有着深厚文化传统，形成了富有特色的思想体系，体现了中国人几千年来积累的知识智慧和理性思辨。这是我国的独特优势。中华文明延续着我们国家和民族的精神血脉，既需要薪火相传、代代守护，也需要与时俱进、推陈出新。要加强对中华优秀传统文化的挖掘和阐发，使中华民族最基本的文化基因与当代文化相适应、与现代社会相协调，把跨越时空、超越国界、富有永恒魅力、具有当代价值的文化精神弘扬起来。要推动中华文明创造性转化、创新性发展，激活其生命力，让中华文明同各国人民创造的多彩文明一道，为人类提供正确精神指引。要围绕我国和世界发展面临的重大问题，着力提出能够体现中国立场、中国智慧、中国价值的理念、主张、方案。

强调民族性并不是要排斥其他国家的学术研究成果，而是要在比较、对照、批判、吸收、升华的基础上，使民族性更加符合当代中国和当今世界的发展要求，越是民族的越是世界的。解决好民族性问题，就有更强能力去解决世界性问题；把中国实践总结好，就有更强能力为解决世界性问题提供思路和办法。这是由特殊性到普遍性的发展规律。

我们既要立足本国实际，又要吸收借鉴其他国家和地区有益的理论观点和学术成果。要推出具有独创性的研究成果，就要从我国实际出发，坚持实践的观点、历史的观点、辩证的观点、发展的观点，在实践中认识真理、检验真理、发展真理。对国外的理论、概念、话语、方法，要有分析、有鉴别，适用的就拿来用，不适用的就不要生搬硬套。哲学社会科学要有批判精神，这是马克思主义最可贵的精神品质。

第二，体现原创性、时代性。我们的哲学社会科学有没有中国特色，归根到底要看有没有主体性、原创性。跟在别人后面亦步亦趋，不仅难以形成中国特色哲学社会科学，而且解决不了我国的实际问题。只有以我国实际为研究起点，提出具有主体性、原创性的理论观点，构建具有自身特质的学科体系、学术体系、话语体系，我国哲学社会科学才能形成自己的特色和优势。

理论的生命力在于创新。创新是哲学社会科学发展的永恒主题，也是社会发展、实践深化、历史前进对哲学社会科学的必然要求。社会总是在发展的，新情况新问题总是层出不穷的，如果不能及时研究、提出、运用新思想、新理念、新办法，理论就会苍白无力，哲学社会科学就会“肌无力”。哲学社会科学创新可大可小，揭示一条规律是创新，提出一种学说是创新，阐明一个道理是创新，创造一种解决问题的办法也是创新。

理论思维的起点决定着理论创新的结果。理论创新只能从问题开始。从某种意义上说，理论创新的过程就是发现问题、筛选问题、研究问题、解决问题的过程。改革开放以来，我们坚持理论创新，正确回答了什么是社会主义、怎样建设社会主义，建设什么样的党、怎样建设党，实现什么样的发展、怎样发展等重大课题，不断根据新的实践推出新的理论，为我们制定各项方针政策、推进各项工作提供了科学指导。推进国家治理体系和治理能力现代化，发展社会主义市场经济，发展社会主义民主政治，发展社会主义协商民主，建设中国特色社会主义法治体系，发展社会主义先进文化，培育和践行社会主义核心价值观，建设社会主义和谐社会，建设生态文明，构建开放型经济新体制，实施总体国家安全观，建设人类命运共同体，推进“一带一路”建设，坚持正确义利观，加强党的执政能力建设，坚持走中国特色强军之路、实现党在新形势下的强军目标，等等，都是我们提出的具有原创性、时代性的概念和理论。在这个过程中，我国哲学社会科学界作出了重大贡献，也形成了不可比拟的优势。

我国哲学社会科学应该以我们正在做的事情为中心，从我国改革发展的实践中挖掘新材料、发现新问题、提出新观点、构建新理论，加强对改革开放和社会主义现代化建设实践经验的系统总结，加强对发展社会主义市场经济、民主政治、先进文化、和谐社会、生态文明以及党的执政能力建设等领域的分析研究，加强对党中央治国理政新理念新思想新战略的研究阐释，提炼出有学理性的新理论，概括出有规律性的新实践。这是构建中国特色哲学社会科学的着力点、着重点。

第三，体现系统性、专业性。中国特色哲学社会科学应该涵盖历史、经济、政治、文化、社会、生态、军事、党建等各领域，囊括传统学科、新兴学科、前沿学科、交叉学科、冷门学科等诸多学科，不断推进学科体系、学术体系、话语体系建设和创新，努力构建一个全方位、全领域、全要素的哲学社会科学体系。

学科体系是基础和根本依托。目前，我国哲学社会科学学科体系已基本确立，但还存在一些亟待解决的问题，主要是一些学科设置同社会发展联系不够紧密，学科体系不够健全，新兴学科、交叉学科建设比较薄弱。需要突出优势、拓展领域、补齐短板、完善体系。一是要加强马克思主义学科建设。二是要加快完善对哲学社会科学具有支撑作用的学科，如哲学、历史学、经济学、政治学、法学、社会学、民族学、新闻学、人口学、宗教学、心理学等，打造具有中国特色和普遍意义的学科体系。三是要注重发展优势重点学科。四是要加快发展具有重要现实意义的新兴学科和交叉学科，使这些学科研究成为我国哲学社会科学的重要突破点。五是要重视发展具有重要文化价值和传承意义的“绝学”、冷门学科。总之，要通过努力，使基础学科健全扎实、重点学科优势突出、新兴学科和交叉学科创新发展、冷门学科代有传承、基础研究和应用研究相辅相成、学术研究和成果应用相互促进，打造具有中国特色和普遍意义的学科体系。

加快推进中国特色哲学社会科学学术体系建设。学术体系主要包括两个方面，一是思想、理念、原理、观点，理论、学说、知识、学术等；二是研究方法、材料和支撑。学术体系的水平和属性，决定着学科体系、话语体系的水平和属性。加快构建中国特色哲学社会科学，关键是用中国理论解读中国实践，用中国实践丰富中国理论。要着力提升哲学社会科学原创能力。

加快推进中国特色哲学社会科学话语体系建设。要坚持中国立场、注重中国特色，着力打造反映中国特色社会主义实践和理论创新、易于为国际社会所理解和接受的新概念、新范畴、新表述，提炼标志性学术概念，敢于发声、积极发声、善于发声，不断扩大中国理论、中国思想、中国学术的世界影响。要运用新鲜活泼、为人民群众所喜闻乐见的形式和语言，生产出更多更受群众欢迎的理论产品，让人民群众自觉自愿地感受当代中国马克思主义、21世纪马克思主义真理和思想的力量。党的十八大以来，习近平总书记提出许多重要的标识性概念，比如“中国梦”“人类命运共同体”等。这些概念为我国发展指明前进方向，引起国际社会高度关注、强烈共鸣，为我们加快构建中国特色哲学社会科学话语体系提供了杰出示范。

构建中国特色哲学社会科学是一个系统工程，是一项极其繁重的任务，要加强顶层设计，统筹各方面力量协同推进。要实施哲学社会科学创新工程，搭建哲学社会科学创新平台，全面推进哲学社会科学各领域创新。要充分发挥马克思主义理论研究和建设工程、中国特色社会主义理论体系研究中心、马克思主义学院、报刊网络理论宣传等思想理论工作平台的作用，深化拓展马克思主义理论研究和宣传教育。要运用互联网和大数据技术，加强哲学社会科学图书文献、网络、数据库等基础设施和信息化建设，加快国家哲学社会科学文献中心建设，构建方便快捷、资源共享的哲学社会科学研究信息化平台。要创新科研经费分配、资助、管理体制，更好发挥国家社科基金作用，把财政拨款和专项资助结合起来，把普遍性经费资助和竞争性经费资助结合起来，把政府资助和社会捐赠结合起来，加大科研投入，提高经费使用效率。要建立科学权威、公开透明的哲学社会科学成果评价体系，建立优秀成果推介制度，把优秀研究成果真正评出来、推广开。

3. 加强意识形态阵地建设

意识形态阵地是加强和改进意识形态工作的基本依托。巩固和发展社会主义意识形态，要求增强阵地意识，加强阵地建设和管理，切实做到守土有责、守土负责、守土尽责，使各类意识形态阵地始终成为传播先进思想文化的坚强阵地，决不给错误思想观点提供传播渠道。

新闻舆论工作是意识形态工作的重要组成部分。任何政党要夺取和掌握政权，任何政权要实现长治久安，都必须抓好新闻舆论工作。做好党的新闻舆论工作，营造良好舆论环境，是治国理政、定国安邦的大事。必须坚持马克思主义新闻观，引导广大新闻舆论工作者做党的政策主张的传播者、时代风云的记录者、社会进步的推动者、公平正义的守望者。坚持以正确的舆论引导人，所有新闻舆论工作要有利于坚持中国共产党的领导和我国社会主义制度，有利于推动改革发展，有利于增进全国各族人民团结，有利于维护社会稳定。新时代党的新闻舆论工作，就是要为决胜全面建成小康社会、建设社会主义现代化强国、实现中华民族伟大复兴的中国梦提供思想引领、价值导向、精神支持和舆论保障。

党的新闻舆论工作的职责和使命是：高举旗帜、引领导向，围绕中心、服务大局，团结人民、鼓舞士气，成风化人、凝心聚力，澄清谬误、明辨是非，连接中外、沟通世界。这既是对党的新闻舆论工作的基本要求，也是做好党的新闻舆论工作的根本遵循。举旗帜、引领导向，就是要坚持马克思主义在意识形态领域的指导地位，高举习近平新时代中国特色社会主义思想伟大旗帜，以正确的新闻舆论导向，引领全党全社会坚持中国共产党领导和我国社会主义制度，推动改革发展，增进全国各族人民团结，维护社会和谐稳定。围绕中心、服务大局，就是要坚决贯彻党中央决策部署，紧紧围绕经济建设这个中心，自觉服从服务于党和国家工作大局，一切在大局下思考、在大局下行动，牢牢把握改革发展稳定的大事，把握党和政府关注、人民群众关心的大事，营造良好的新闻舆论态势，做到不缺位、不错位、不失位。团结人民、鼓舞士气，就是要以正面宣传为主，坚持团结稳定鼓劲，弘扬主旋律、传播正能量，激发全党全社会团结奋进、攻坚克难，励精图治、艰苦奋斗，心往一处想、劲往一处使，调动发挥各方面积极性、主动性、创造性。成风化人、凝心聚力，就是要积极培育和践行社会主义核心价值观，注重教育引导、实践养成、制度保障，推动形成良好党风政风民风家风，汇聚起向上向善、改革发展的强大力量。澄清谬误、明辨是非，就是要旗帜鲜明、激浊扬清，析事明理、坚持真理，直面问题、敢于亮剑，统一思想、扩大共识。连接中外、沟通世界，就是要加强国际传播能力建设，增强国际话语权，讲好中国故事，传播好中国声音，提高对外宣传的传播力、引导力、影响力、公信力。

加快培养造就一支政治坚定、业务精湛、作风优良、党和人民放心的新闻舆论工作队伍，是做好新闻舆论工作的根本保证。新闻工作者要坚持正确政治方向，做政治坚定的新闻工作者；坚持正确舆论导向，做引领时代的新闻工作者；坚持正确新闻志向，做业务精湛的新闻工作者；坚持正确工作取向，做作风优良的新闻工作者。

当前，我国意识形态领域斗争形势十分严峻复杂，面临国际国内一系列重大风险挑战，需要认真抓好以下工作：

首先，提升意识形态安全意识。意识形态关乎旗帜、关乎道路、关乎民族凝聚力向心力、关乎国家政治安全、关乎党和国家前途命运。正如习近平总书记指出，一个政权的瓦解往往是从思想领域开始的，政治动荡、政权更迭可能在一夜之间发生，但思想演化是个长期过程。思想防线被攻破了，其他防线也就很难守住。意识形态工作是党和国家一项极端重要的工作。我们必须树牢“四个意识”、坚定“四个自信”、做到“两个维护”，坚持党要管党、从严治党，加强党对宣传思想工作的全面领导，牢牢把握意识形态工作的领导权、话语权、主动权，确保意识形态领域安全，真正做到为人民服务、为中国共产党治国理政服务、为巩固和发展中国特色社会主义制度服务、为改革开放和社会主义现代化建设服务。

坚持党管意识形态。党管意识形态是我们党在长期实践中形成的优良传统和重要原则，是我国意识形态建设的基本遵循。党和政府主办的媒体是党和政府的宣传阵地，必须姓党。党的新闻舆论媒体的所有工作的出发点和落脚点都要体现党的意志，反映党的主张，维护党中央权威，维护党的团结；都要增强看齐意识，在思想上政治上行动上同党中央保持高度一致；都要坚持党性和人民性的统一，把体现党的主张和反映人民心声统一起来，与党同呼吸、与人民共命运，更好、更全面地反映人民愿望，增强人民精神力量，满足人民精神需求，激发全社会团结奋进的强大力量。

当前中国正在全面崛起并日益走近国际舞台中央，当今世界经济版图和政治秩序正在发生巨大变化。这就要求我们把讲好中国共产党故事、讲好中国故事，展现真实、立体、全面的中国作为重要任务，把主动设置议题、突出中国视角、提出中国观点、表明中国立场增强国际话语权作为主攻目标，优化国际传播格局，打造旗舰媒体，利用国际社交媒体平台开展合作传播，以形成全新的工作局面。在文化价值传播、国家形象塑造、国际舆论斗争的前沿阵地上始终牢牢把握正确政治方向，牢牢掌握意识形态工作主动权，不迷失、不动摇，打好主动仗，唱响中国声音，讲好中国故事。着力推进国际传播能力建设，加强话语体系建设，用融通中外的新概念新范畴新表述，从容自信地向世界宣介中国、展示大国形象。破除“中国威胁论”“中国崩溃论”，消除对中国“软实力”“锐实力”的误解，深入研究并解决“认知错位”的关键问题。按照全新的国际传播格局，支持旗舰媒体建设，充分发挥在热点问题引导和信息交流等方面的作用；继续加大影视作品包括互联网视听内容产品的国际供给推送力度，一国一策、精准施策，借助影视作品国际传播传递中国核心价值观、提高国家美誉度。

其次，严格意识形态阵地管理。意识形态阵地是意识形态工作的基本依托，是把握好意识形态的前线堡垒。意识形态阵地，正确的思想不去占领，错误的思想就会去占领；马克思主义、无产阶级的思想不去占领，各种非马克思主义、非无产阶级的思想甚至反马克思主义的思想就会去占领。为此，我们要积极发力。

一是抓好互联网这个舆论斗争的主战场。习近平总书记指出，互联网已经成为舆论斗争的主战场。在互联网这个战场上，我们能否顶得住、打得赢，直接关系我国意识形态安全和政权安全。据中国互联网络信息中心（CNNIC）发布的第44次《中国互联网络发展状况统计报告》显示，截至2019年6月，我国网民规模达8.54亿人。要建好网络阵地，充分发挥网络新媒体的主流意识形态传播功能，加强反邪教宣传教育，充分掌握网络舆论战中的主导权、主动权，巩固壮大主流思想舆论；要坚持积极利用、科学发展、依法管理、确保安全的方针管好网络阵地，依托网络侦查和监管技术搭建有效的网络意识形态安全风险预警防控平台，不断巩固完善网络信息应急机制和网上舆情联动反应机制，加强网络舆情研判，坚决抵御敌对势力意识形态渗透，营造风清气正的网络空间，有效维护国家政治安全和文化安全；要用好网络资源，掌握并提高运用微信、微博等网络社交微媒体新媒体的能力，推动实现思想政治工作传统优势同信息技术的高度融合，加快传统媒体和新兴媒体融合发展，创新传播手段、话语方式，着眼强信心聚民心暖人心筑同心，讲述好中国故事，传播好中国声音，阐释好中国道路、中国特色，宣介好习近平新时代中国特色社会主义思想，增强思想政治工作的时代感和吸引力，使互联网这个最大变量变成事业发展的最大增量，使网络阵地成为坚不可摧的战斗堡垒。

案例导入6-3

互联网成为舆论斗争的主战场，直接关系我国意识形态安全和政权安全[①]

当今世界，信息技术革命日新月异，网络和数字技术裂变式发展，带来媒体格局深刻变革。互联网使人们获取信息的方式和舆论生成的方式发生了重大变化，青年一代更是将互联网作为获取信息的主要途径。从意识形态领域看，西方敌对势力把意识形态渗透的重点转向互联网，互联网已经成为舆论斗争的主战场，直接关系我国意识形态安全和政权安全。从舆论生态变化看，大量社会热点在网上迅速生成、发酵、扩散，新兴媒体话题设置、影响舆论的能力日渐增强。长期以来，美国等西方国家为了向社会主义国家输出其价值观念，利用互联网等传播媒介，掀起了一轮又一轮的所谓“舆论攻势”，大搞文化殖民主义。国外敌对势力利用互联网向社会主义国家全天候、全方位地宣传其意识形态和生活方式。互联网还成为西方国家攻击诋毁中国和兜售其价值观的重要渠道。通过互联网等媒体在社会主义国家散布谣言、蛊惑人心，并兜售其反共产主义意识形态的所谓“全球民主论”“文明冲突化”“意识形态终结论”“普世价值论”“消费至上论”“个人中心论”“中国威胁论”“中国崩溃论”等等。西方国家还物色和培养一些崇拜西方民主政治的所谓精英，大力培植异见分

①本刊评论员.着力做好媒体融合发展这篇大文章.求是，2015（17）：8-9.

子，发表攻击我们党和国家的言论，丑化党的领袖，还扶持一些学者、记者和律师扮演“意见领袖”，经常就时政话题和热点问题在网上发表言论，煽动社会情绪，对政府决策和公共事务施加压力。西方资助敌对势力在境外建立了大量反华网站，这些网站充斥着攻击我国党和政府的政治谣言、负面新闻和虚假信息。针对我国的封堵措施，一些西方国家和组织支持法轮功等敌对势力研发“自由门”“无界浏览”等破网软件，并将这些软件传播到境内。精心炮制谷歌事件，挑战中国的政治底线。网络上广泛运用的电子邮件、网络论坛、即时通讯工具、BT软件等，也成为敌对势力向我国民众传播反动信息的重要手段。在新形势下，传统媒体的舆论引导能力面临严峻挑战已经到了一个革新图存、革新图强的重要关口，推动媒体融合发展是传统媒体生存发展、赢得未来的必由之路，是巩固壮大宣传思想文化阵地的必然选择，是维护意识形态安全的战略举措。

案例思考：

为什么说互联网成为舆论斗争的主战场，直接关系我国意识形态安全和政权安全?

二是抓好高校这个意识形态的前沿阵地。高校肩负着学习研究宣传马克思主义，培育和弘扬社会主义核心价值观，为实现中华民族伟大复兴提供人才保障和智力支持的重大任务。作为党的意识形态工作的重要领域和前沿阵地，高校意识形态工作的成效影响到高校的发展与稳定、社会的发展与稳定和政权的兴衰与安危。强力筑牢意识形态工作前沿阵地，是一项战略工程、固本工程、铸魂工程，事关党对高校的领导，事关全面贯彻党的教育方针，事关中国特色社会主义事业后继有人，事关国家政权安全、国家总体安全。坚持党对高校工作的全面领导，做大做强正面宣传，加强国家安全教育，加强国家观和民族团结教育，管好导向，管好阵地，管好队伍，坚决抵御敌对势力渗透，牢牢把握高校意识形态工作的领导权、话语权、主动权，承担起举旗帜、聚民心、育新人、兴文化、展形象的使命任务，真正把高校建设成为坚持党领导的坚强阵地、安定团结的模范之地、培养社会主义事业建设者和接班人的坚强阵地，确保高校意识形态领域绝对安全，真正做到为人民服务、为中国共产党治国理政服务、为巩固和发展中国特色社会主义制度服务、为改革开放和社会主义现代化建设服务。

为此，要抓好高校思想政治理论课这个思想政治工作的主渠道、主阵地，抓好校园文化设施与校园文化活动的管理，进一步强化意识形态工作队伍，落实意识形态工作责任制。

二、培育和践行社会主义核心价值观

核心价值观是文化软实力的灵魂、文化软实力建设的重点。这是决定文化性质和方向的最深层次要素。一个国家的文化软实力，从根本上说，取决于其核心价值观的生命力、凝聚力、感召力。培育和弘扬核心价值观，有效整合社会意识，是社会系统得以正常运转、社会秩序得以有效维护的重要途径，也是国家治理体系和治理能力的重要方面。历史和现实都表明，构建具有强大感召力的核心价值观，关系社会和谐稳定，关系国家长治久安。社会主义核心价值观，是中国特色社会主义的价值表达，是我国社会共同的思想道德基础。必须抓好培育和践行社会主义核心价值观这一凝魂聚气、强基固本的基础工程。

1. 培育和践行社会主义核心价值观的重要意义和根本遵循

社会主义核心价值观培育是铸魂凝心的基础工作，代表我们国家最深沉的精神追求。社会主义核心价值观回答了我们要建设什么样的国家、建设什么样的社会、培育什么样的公民的重大问题，凝聚着全体人民的共同价值追求。党的十八大从三个层面高度概括提炼了社会主义核心价值观的基本内容：富强、民主、文明、和谐；自由、平等、公正、法治；爱国、敬业、诚信、友善。第一次以党的文件明确了社会主义价值目标、价值导向和价值准则。党的十九大提出了坚持社会主义核心价值体系等重要思想，对培育和践行社会主义核心价值观作出许多新的重大部署。

党的十八大提出培育和践行社会主义核心价值观，反映了社会主义核心价值体系的丰富内涵和实践要求，是社会主义核心价值体系的高度凝练和集中表达。以倡导富强、民主、文明、和谐；自由、平等、公正、法治；爱国、敬业、诚信、友善为主要内容的社会主义核心价值观，凝结了全体中国人民共同的价值追求，是中华民族赖以维系的精神纽带，是当代中国精神的集中体现，是中国特色社会主义的价值表达，体现了社会主义意识形态的本质要求。

培育和践行社会主义核心价值观，大力传承和延续中华民族思想精髓、精神基因、文化血脉，才能更好构筑中国精神、中国价值、中国力量。当前首要政治任务就是坚持不懈用习近平新时代中国特色社会主义思想武装全党、教育人民，不断凝聚社会共识，引导全体人民自觉践行，使社会主义核心价值观成为全体人民的共同价值追求。

党中央提出的推动文化大发展大繁荣、兴起社会主义文化建设新高潮的重大任务，也正是为建设一种能够满足广大人民群众多样文化需求的多样文化。但是，各种各样的文化并不是平分秋色的，必然有主有次，必然是主旋律与多样化的统一。中国特色社会主义文化建设的主旋律，就是社会主义核心价值体系建设，就是用马克思主义中国化最新成果武装全党、教育人民，用中国特色社会主义共同理想凝聚力量，用民族精神和时代精神鼓舞斗志，用社会主义荣辱观引领风尚。有了这个主旋律，就能保证我国文化的社会主义性质，保证我国文化始终沿着进步的方向前进；有了这个主旋律，才能保证文化的多样化，满足人民群众多方面的文化需求；有了这个主旋律，即使意识形态领域出现一些杂音和噪音，我们也可以掌握主动权，做到“任凭风浪起，稳坐钓鱼船”。因此，坚持马克思主义在意识形态领域的指导地位与发展丰富多彩的文化、与社会思潮的多样化并不矛盾，不仅不矛盾，而且根本一致。这就要求我们妥善处理好指导思想一元化与社会思想意识多样化的关系，这样不仅可以防止思想僵化，而且可以防止各种腐朽和错误思潮的泛滥，从而在思想文化领域真正形成一种既有统一意志又生动活泼的和谐局面。

党的十八大以来，以习近平同志为核心的党中央高度重视社会主义核心价值观建设，采取一系列重大举措，推动社会主义核心价值观广泛弘扬。面对新时代新要求，面对新征程新任务，持续深入地培育和践行社会主义核心价值观，意义重大而深远。

第一，培育和践行社会主义核心价值观是新时代坚持和发展中国特色社会主义的重大任务。中国特色社会主义是改革开放以来党的全部理论和实践的主题。经过近40年探索实践，中国特色社会主义的外延不断拓展，布局日益完善，内涵更加丰富。无论是作为一条道路、一个理论体系，还是作为一种制度、一种文化，中国特色社会主义都需要有一套与其经济基础和政治制度相适应并能形成广泛社会共识的核心价值观。社会主义核心价值观的鲜明提出和广泛实践，使我们对中国特色社会主义的认识，从思想理论、实践运动、社会制度层面，进一步发展到价值理念层面。现在，中国特色社会主义进入了新时代，我国发展处于新的历史方位，只有把培育和践行社会主义核心价值观作为一项既具基础性内在性又具目标性规定性的重大任务来认识、来落实，才能增强人们的道路自信、理论自信、制度自信、文化自信，确保中国特色社会主义始终沿着正确方向胜利前进，不断展现出更加强大的生命力。

第二，培育和践行社会主义核心价值观是进行伟大斗争、建设伟大工程、推进伟大事业、实现伟大梦想的铸魂工程。党的十九大报告系统阐述了新时代中国共产党的历史使命，鲜明提出进行伟大斗争、建设伟大工程、推进伟大事业、实现伟大梦想。这“四个伟大”，彰显着目标的宏伟、前景的壮阔、历程的艰辛、使命的光荣。习近平总书记指出，核心价值观是一个民族赖以维系的精神纽带，是一个国家共同的道德基础。伟大斗争需要众志成城，伟大工程需要坚定一致，伟大事业需要聚力推进，伟大梦想需要同心共筑，这就要求我们激发全体人民的信心和热情，凝聚起团结奋进的强大力量。深培厚植、广泛践行体现社会主义本质要求、传承中华优秀传统文化、凝结时代精神和广泛共识的社会主义核心价值观，就一定能够铸牢理想信念、坚守价值追求、聚合磅礴之力，让我们在前进道路上越走越坚定、越走越自信，以一往无前的奋斗姿态胜利抵达光辉的彼岸。

第三，培育和践行社会主义核心价值观是在世界文化激荡中保持民族精神独立、挺起民族精神脊梁的战略支撑。当今世界正处于大发展大变革大调整时期，各种观念碰撞激荡不断加剧，各种文化交流交融交锋日益频繁。特别是一些西方国家利用长期积累的经济科技优势和话语强势，对外推销以所谓“普世价值”为内核的思想文化，企图诱导人们“以西为美”“唯西是从”，淡化乃至放弃对本民族精神文化的认同。党的十九大报告强调，文化是一个国家、一个民族的灵魂，文化自信是一个国家、一个民族发展中更基本、更深沉、更持久的力量。价值观是文化最深层的内核，价值观自信是文化自信最本质的体现。中国独特的文化传统、独特的历史命运、独特的基本国情，注定我们必然坚守根植于中华文化沃土又具有当代中国特色的价值观。只有持续培育和践行社会主义核心价值观，大力传承和延续中华民族思想精髓、精神基因、文化血脉，才能更好构筑中国精神、中国价值、中国力量，使中华民族以更加昂扬的姿态屹立于世界民族之林。

必须牢牢坚持培育和践行社会主义核心价值观的根本遵循。社会主义核心价值观是我们党团结带领人民在开创和发展中国特色社会主义的伟大实践中形成的，是中国特色社会主义的价值表达，是党的理论创新成果的重要内容。党的十八大以来，以习近平同志为核心的党中央紧紧围绕新时代坚持和发展什么样的中国特色社会主义、怎样坚持和发展中国特色社会主义这个重大时代课题，以全新的视野深化对共产党执政规律、社会主义建设规律、人类社会发展规律的认识，进行艰辛理论探索，取得重大理论创新成果，创立了习近平新时代中国特色社会主义思想，开辟了马克思主义新境界，开辟了中国特色社会主义新境界，开辟了治国理政、管党治党新境界，实现了马克思主义中国化新的飞跃，为新时代坚持和发展中国特色社会主义、推进党和国家各项事业提供了根本遵循。

党的十九大把习近平新时代中国特色社会主义思想确立为党必须长期坚持的指导思想，是一个具有重大政治意义、理论意义、实践意义的历史性决策和历史性贡献。习近平新时代中国特色社会主义思想，从理论和实践结合上系统回答了新时代坚持和发展中国特色社会主义的总目标、总任务、总体布局、战略布局和发展方向、发展方式、发展动力、战略步骤、外部条件、政治保证等基本问题，提出了一系列具有开创性意义的新理念新思想新战略。这一思想，是对马克思列宁主义、毛泽东思想、邓小平理论、“三个代表”重要思想、科学发展观的继承和发展，是马克思主义中国化最新成果，是党和人民实践经验和集体智慧的结晶，是中国特色社会主义理论体系的重要组成部分，是全党全国人民为实现中华民族伟大复兴而奋斗的行动指南，必须长期坚持并不断发展。学习领会和贯彻落实党的十九大精神，第一位的是学习好、宣传好、贯彻好习近平新时代中国特色社会主义思想。宣传思想文化战线要通过全面准确、广泛深入的学习宣传，引导人们深刻认识确立习近平新时代中国特色社会主义思想历史地位的重大意义，深刻认识习近平新时代中国特色社会主义思想的科学体系、精神实质、实践要求，深刻认识习近平总书记在创立新时代中国特色社会主义思想中的决定性作用、决定性贡献，把思想和行动统一到党的十九大精神上来，增强忠诚核心、维护核心的政治自觉思想自觉行动自觉。

坚持社会主义核心价值体系，推进社会主义核心价值观建设，必须坚定自觉地以习近平新时代中国特色社会主义思想为指导。要把习近平新时代中国特色社会主义思想作为主心骨、定盘星、度量衡，贯彻到培育和践行社会主义核心价值观全过程、各方面，切实增强干部群众的政治认同、思想认同、情感认同，不断巩固马克思主义在意识形态领域的指导地位、巩固全党全国人民团结奋斗的共同思想基础。要全面贯彻落实党的十九大提出的新任务新要求，深入研究新情况新问题，科学提出新思路新对策，着力增强社会主义核心价值观建设的针对性实效性。

2. 强化教育引导、实践养成、制度保障

应该强化教育引导、实践养成、制度保障，发挥社会主义核心价值观对国民教育、精神文明创建、精神文化产品创作生产传播的引领作用，把社会主义核心价值观融入国民教育全过程，落实到经济发展实践和社会治理中，转化为人们的情感认同和行为习惯。

第一，教育引导，是培育和弘扬社会主义核心价值观的重要基础。要强化对国民教育的引领，围绕立德树人根本任务，推动核心价值观融入思想道德教育、文化知识教育、社会实践教育各环节，贯穿启蒙教育、基础教育、职业教育、高等教育各领域，体现到教材教学、校风学风建设之中，体现到高校思想政治工作全过程。要强化对精神文明创建的引领，把培育践行核心价值观作为文明城市、文明村镇、文明单位、文明家庭、文明校园创建的根本任务，突出思想内涵，鲜明价值导向。要强化对精神文化产品创作生产传播的引领，推动广大文艺工作者身体力行践行核心价值观，坚持以人民为中心的创作导向，高扬爱国主义主旋律，唱响时代正气歌。

应充分发挥中华优秀传统文化的滋养作用。中华优秀传统文化是中华民族的精神命脉，是涵养社会主义核心价值观的重要源泉。要坚持创造性转化、创新性发展，大力实施中华优秀传统文化传承发展工程，深入挖掘中华优秀传统文化蕴含的思想观念、人文精神、道德规范，结合时代要求继承创新，让中华文化展现出永久魅力和时代风采。要坚持古为今用、推陈出新，不忘本来、辩证取舍，深入阐发中华文化讲仁爱、重民本、守诚信、崇正义、尚和合、求大同等核心思想观念，用中华民族创造的一切精神财富化人、育人。要充分运用传统文化中的道德教化资源，深化孝老爱亲教育、诚信教育、勤劳节俭教育，着力发展乡贤文化、弘扬企业精神，引导人们不断提升道德水准。

充分发挥党员干部的示范作用。党员干部是社会群体中的先进分子，德可为师、行可为范。全民动员，首先要干部带头。要落实全面从严治党要求，持之以恒推进党风政风建设，毫不放松加强党性教育，弘扬忠诚老实、公道正派、实事求是、清正廉洁等价值观，发展积极健康的党内政治文化，补精神之钙，铸党性之魂，稳思想之舵。要推动党员干部在践行社会主义核心价值观上做表率，明大德、严公德、守私德，以实际行动让群众感受到理想信念的力量，用高尚人格感召群众、带动群众。要加强对优秀共产党员的典型宣传，讲好身边共产党员的故事，用榜样的力量、楷模的风范带动全社会见贤思齐、积极向上、奋发进取。

充分发挥家庭的基础作用。家庭是社会的细胞。家庭和睦则社会安定，家庭幸福则社会祥和，家庭文明则社会文明。培育和践行社会主义核心价值观要从家庭做起，大力加强家庭文明建设，深入开展文明家庭创建，发扬光大中华民族传统美德，重视做好家庭教育，传承良好家风家训，形成爱国爱家、相亲相爱、崇德向善、共建共享的社会主义家庭文明新风尚。孩子是民族的未来，青少年的价值取向影响其一生的价值取向，决定着未来整个社会的价值取向。要坚持从娃娃抓起，不断深化未成年人思想道德建设，教育引导广大青少年树立远大志向、培育美好心灵，勤学、修德、明辨、笃实，扣好人生第一粒扣子，打牢思想之基、价值观之基。

第二，实践养成是培育和践行社会主义核心价值观的重要途径。社会主义核心价值观的培育和践行是内化于心、外化于行的实践活动。要把社会主义核心价值观与人们的日常生活紧密联系起来，落细、落小、落实，从身边小事做起，逐步变成思维习惯、行为准则、话语体系，提高自觉奉行和日常践行能力。充分利用重大节日、重大活动，开展面向大众的社会主义核心价值观培育活动。注重发挥社会实践的养成作用，完善实践教育教学体系，开发实践课程和活动课程，加强实践育人基地建设，打造大学生校外实践教育基地、高职实训基地、青少年社会实践活动基地，组织青少年参加力所能及的生产劳动和爱心公益活动、益德益智的科研发明和创新创造活动、形式多样的志愿服务和勤工俭学活动。通过各种形式的实践活动，使社会主义核心价值观逐步成为全体人民的共同价值追求。

第三，健全制度，是培育和践行社会主义核心价值观的重要保障。充分发挥制度、政策和法规的保障作用。通过科学合理的制度设计、政策法规等，提高社会主义核心价值观的刚性约束力。要努力将社会主义核心价值观的要求细化为社会制度和国家法律的具体条文，转化为人们的行为操守和行为准则，用法治手段和制度力量促进文明行为养成。根据各地域、各行业、各单位、各人群特点，转化为地方性法规、机关准则、企业规章、社区公约、乡规民约和学生守则等，实现社会规范和价值导向有机统一。要坚持依法治国和以德治国相结合，使核心价值观融入法治国家、法治政府、法治社会建设全过程，贯穿到立法、执法、司法、守法各方面，为法律政策的制定完善提供精神指引。要加快推动法律法规的立改废释，建立重大公共政策道德风险评估机制和纠偏机制，体现更加鲜明的价值导向，不折不扣地捍卫正义、毫不含糊地惩治丑恶，保障实现善有善报、恩将德报。大力弘扬社会主义法治精神，切实增强全民法治观念、规则意识。要更好运用法治手段维护社会公共价值、解决道德领域突出问题，捍卫英雄模范及其所代表的主流价值，发挥司法断案惩恶扬善功能，更好守护公平正义、弘扬美德善行，形成有利于培育践行核心价值观的法治环境和制度支撑。

第四，凝聚共识，是培育和践行社会主义核心价值观的重要氛围。用社会主义核心价值观引领社会思潮、凝聚社会共识。扩大主流价值观念的影响力，有力抵制各种错误思潮和腐朽思想文化的影响，引导社会思潮照着积极健康的方向发展，为实现“两个一百年”奋斗目标实现中华民族伟大复兴中国梦不断积累正能量。

深入开展中国特色社会主义和中国梦宣传教育，不断增强人们的道路自信、理论自信、制度自信，坚定全社会全面深化改革的意志和决心。把社会主义核心价值观学习教育纳入各级党委（党组）中心组学习计划，纳入各级党委讲师团经常性宣讲内容。深入研究社会主义核心价值观的理论和实际问题，深刻解读社会主义核心价值观的丰富内涵和实践要求，为实践发展提供学理支撑。深入推进马克思主义理论研究和建设工程，发挥国家社科基金的导向带动作用，推出更多有分量有价值的研究成果。加强社会思潮动态分析，强化社会热点难点问题的正面引导，在尊重差异中扩大社会认同，在包容多样中形成思想共识。严格社团、讲座、论坛、研讨会、报告会的管理。

新闻媒体要发挥传播社会主流价值的主渠道作用。坚持团结稳定鼓劲、正面宣传为主，牢牢把握正确舆论导向，把社会主义核心价值观贯穿到日常形势宣传、成就宣传、主题宣传、典型宣传、热点引导和舆论监督中，弘扬主旋律，传播正能量，不断巩固壮大积极健康向上的主流思想舆论。党报党刊、通讯社、电台电视台要拿出重要版面时段、推出专栏专题，出版社要推出专项出版，运用新闻报道、言论评论、访谈节目、专题节目和各类出版物等形式传播社会主义核心价值观。都市类、行业类媒体要增强传播主流价值的社会责任，积极发挥自身优势，适应分众化特点，多联系群众身边事例，多运用大众化语言，在生动活泼的宣传报道中引导人们培育和践行社会主义核心价值观。强化传播媒介管理，不为错误观点提供传播渠道。新闻出版单位和从业人员要强化行业自律，切实增强传播社会主义核心价值观的责任意识和能力，将个人道德修养作为从业资格考评重要内容。

建设社会主义核心价值观的网上传播阵地。适应互联网快速发展形势，善于运用网络传播规律，把社会主义核心价值观体现到网络宣传、网络文化、网络服务中，用正面声音和先进文化占领网络阵地。做大做强重点新闻网站，发挥主要商业网站建设性作用，形成良好的网上舆论环境，集聚网上舆论引导合力。做好重大信息网上发布，回应网民关切，主动有效进行网上引导。推动中华优秀传统文化和当代文化精品网络化传播，创作适于新兴媒体传播、格调健康的网络文化作品。依法加强网络社会管理，加强对网络新技术新应用的管理，推进网络法制建设，规范网上信息传播秩序，整治网络淫秽色情和低俗信息，打击网络谣言和违法犯罪，使网络空间清朗起来。

发挥精神文化产品育人化人的重要功能。一切文化产品、文化服务和文化活动，都要弘扬社会主义核心价值观，传递积极人生追求、高尚思想境界和健康生活情趣。提升文化产品的思想品格和艺术品位，用思想性艺术性观赏性相统一的优秀作品，弘扬真善美，贬斥假恶丑。加强对新型文化业态、文化样式的引导，让不同类型文化产品都成为弘扬社会主流价值的生动载体。加大对优秀文化产品的推广力度，开展优秀文化产品展演展映展播活动、经典作品阅读观看活动。完善文化产品评价体系，坚持文艺评论评奖的正确价值取向。完善公共文化服务体系，提供均等优质的文化产品，开展多姿多彩的文化活动，丰富群众精神文化生活。

3. 加强思想道德建设

加强思想道德建设，是中国特色社会主义文化建设的重要内容，是培育和践行社会主义核心价值观的题中应有之义。人民有信仰，国家有力量，民族有希望。历史和现实都表明，一个国家的繁荣强盛，一个民族的文明进步，很大程度上取决于社会思想道德水平。我们党历来高度重视思想道德建设。

我们党历来高度重视思想道德建设。党的十九大对加强思想道德建设作出重大部署，强调要提高人民思想觉悟、道德水准、文明素养，提高全社会文明程度。这为新时代推进思想道德建设指明了努力方向，提出了新的目标任务。近几年，各地区各部门认真贯彻落实党中央精神，深入开展党的理论创新成果学习教育，广泛开展中国特色社会主义和中国梦宣传教育等工作。这些工作有力促进了国民素质和社会文明程度的提高，良好的社会风气日益浓厚。与此同时，也要清醒地看到，社会思想道德领域还存在这样那样的问题。对存在的问题，应引起高度重视，采取更加有效的举措，切实加以解决。

要紧密联系实际，广泛开展理想信念教育。筑牢理想信念之基。要引导人们把共产主义远大理想与中国特色社会主义共同理想统一起来，把实现个人理想融入实现国家富强、民族振兴、人民幸福的伟大梦想之中，激发实干奋斗精神。深化中国特色社会主义和中国梦宣传教育，提振广大党员、干部和人民群众坚守共同理想、实现共同梦想的信心和热情，坚定不移沿着中国特色社会主义道路为实现“两个一百年”奋斗目标、实现中华民族伟大复兴的中国梦而奋斗。弘扬民族精神和时代精神，加强爱国主义、集体主义、社会主义教育，引导人们树立正确的历史观、民族观、国家观、文化观。

深入实施公民道德建设工程。推进社会公德、职业道德、家庭美德、个人品德建设，激发人们形成善良的道德意愿、道德情感，培养正确的道德判断和道德责任，提高道德实践尤其是自觉践行能力，激励人们向上向善、孝老爱亲，忠于祖国、忠于人民。真善美是有强大的感染力的。要深入开展道德模范宣传学习活动，把道德模范的榜样力量转化为亿万群众的主动实践，每个人从自身做起，从点滴着力，崇德向善，见贤思齐，弘扬真善美，传播正能量。

加强和改进思想政治工作。把先进性要求与广泛性要求结合起来，把解决思想问题与解决实际问题结合起来，把面上教育引导与个别交流疏导结合起来，切实把工作做到广大党员和人民群众的心坎上，理顺情绪、化解矛盾。深化群众性精神文明创建活动，丰富思想内涵，拓展工作领域，增强实际效果，更好适应时代和实践发展的新要求，有力助推社会文明进步。弘扬科学精神，普及科学知识，开展移风易俗、弘扬时代新风行动，抵制腐败落后文化侵蚀，涵养和净化社会风气。推进诚信建设和志愿服务制度化，强化社会责任意识、规则意识、奉献意识，在全社会形成重信守诺、互信互助的浓厚氛围。

注重青年的价值观教育。成事兴业，关键在人。推进新时代公民道德建设，重在培养担当民族复兴大任的时代新人。“人民有信仰，国家有力量，民族有希望。”要把培养时代新人作为公民道德建设的出发点和落脚点，以十九大精神为指导，筑牢理想信念之基。要引导广大青年，树立正确的世界观、人生观、价值观。修大德、守公德、严私德，把正确的道德认知、自觉的道德养成、积极的道德实践结合起来。爱国、立志、求真、力行。把共产主义远大理想与中国特色社会主义共同理想统一起来，把实现个人理想融入实现国家富强、民族振兴、人民幸福的伟大梦想之中，激发实干奋斗精神，培养造就大批有理想、有道德、有文化、有纪律的时代新人。

三、大力推动社会主义文化繁荣发展

没有文化的繁荣兴盛，就没有中华民族伟大复兴。推动社会主义文化的繁荣兴盛，要以满足人们对文化的需要为出发点和落脚点，以进一步增强文化自信为引领，不断激发全民族文化创新创造活力。

1. 推动我国文化事业繁荣发展

经过近40年的改革开放，我国社会主要矛盾已转化为人民日益增长的美好生活需要和不平衡不充分发展之间的矛盾。满足人民过上美好生活的新期待，必须坚持以改革促发展、促繁荣，深化文化体制改革，推动新时代中国特色社会主义文化事业繁荣发展。

进一步深化文化体制改革的主要任务：一是加快构建有利于文化繁荣发展的体制机制。关键是要建立依法运营的文化管理体制和富有活力的文化产品生产经营机制。按照政企分开、政事分开原则，推动政府部门由办文化向管文化转变。推动党政部门与其所属的文化企事业单位进一步理顺关系。建立党委和政府监管国有文化资产的管理机构，实行管人管事管资产管导向相统一。继续推进国有经营性文化单位转企改制，加快公司制、股份制改造。推动文化企业跨地区、跨行业、跨所有制兼并重组，不断提高文化产业规模化、集约化、专业化水平。二是加快构建覆盖城乡的公共文化服务体系，保障人民基本文化权益。三是加快发展文化产业，推动文化产业成为国民经济支柱性产业。四是加强对文化产品创作生产的引导。文化工作者更应“走转改”。创作出经得起历史和人民检验的优秀精神文化产品。

进一步完善公共文化服务体系。构建现代公共文化服务体系是保障人民群众基本文化权益、建设社会主义文化强国的重要制度设计，是中国特色社会主义文化发展道路的重要内容，也是一项重要民心工程。我国十分重视公共文化服务体系建设，近年来，相继出台了关于加快构建现代公共文化服务体系的若干政策文件，旨在构建体现时代发展趋势、符合文化发展规律、具有中国特色的现代公共文化服务体系。对加快构建现代公共文化服务体系，推进基本公共文化服务标准化均等化，保障人民群众基本文化权益做了全面部署。到2020年，基本建成覆盖城乡、便捷高效、保基本、促公平的现代公共文化服务体系。今后一段时期，完善公共文化服务体系要以保障公民基本文化权益为着力点，根据城乡经济和社会发展水平、人口结构、环境条件和文化发展的需要，围绕着建立结构合理、发展平衡、网络健全、运营高效、服务优质的覆盖全社会的公共文化服务体系，不断完善公共文化服务职能，逐步形成了以政府为主导、设施作保障、服务为核心，社会各界和广大人民群众广泛参与的公共文化服务体系。

具体来说，主要是加强重大公共文化工程和文化项目建设，以基本公共文化服务标准化均等化为抓手，以基层和农村为重点，使公共文化资源配置进一步向基层倾斜。深入实施文化惠民工程，健全设施网络，创新运行方式，提高服务水平，丰富群众性文化活动，推动文化小康顺利实现并不断巩固；丰富群众性文化活动，广泛开展全民健身活动，组织开展多种形式的面向基层的文化活动和全民健身运动，着力丰富群众文化生活，促进重点人群体育活动的开展，推动全民健身和全民健康深度融合，创建全民健身机制，普及科学健身知识和方法，推进全民健身生活化；要加强文化交流，沟通心灵，开阔眼界，增进共识，提升文化素养；深入挖掘各地历史人文内涵，加强文物保护利用和文化遗产保护传承，在历史文化传承发展中加快构建现代公共文化服务体系，向外界展示一个更加多元、更富有历史人文气息的中国整体形象；要创新文化活动形式，注重将节庆活动和常规活动相结合，主题系列活动与专项单项活动相结合，参与型群众文化活动和欣赏性展示活动相结合，让群众文化活动出新出彩；引入社会力量参与，健全决策、执行和监督机制，逐步形成多元化公共文化建设模式，公共文化服务效能得到显著提高；要把建设高素质文化人才队伍作为公共文化服务体系建设的关键环节，落实国家实施文化人才支持计划，培养扎根基层文化能人、非物质文化遗产项目传承人。

2. 推动我国文化产业高质量发展

我国文化产业如何进一步转型升级，实现高质量发展。习近平同志在2018年全国宣传思想工作会议上指出，“要推动文化产业高质量发展，健全现代文化产业体系和市场体系，推动各类文化市场主体发展壮大，培育新型文化业态和文化消费模式，以高质量文化供给增强人们的文化获得感、幸福感。要坚定不移将文化体制改革引向深入，不断激发文化创新创造活力。”这一重要论述为我国文化产业转型升级、实现高质量发展提供了根本遵循。

中国特色社会主义已进入新时代。对于我国文化产业来说，新时代意味着我国文化产业将从粗放的铺摊子式的发展模式向高质量、高层次、精细化发展模式转变。这就要求文化产业进一步加强顶层设计，规划好未来发展蓝图。推动文化产业高质量发展，健全现代文化产业体系和市场体系，应从以下六个方面着手：一是深入实施“文化+”“互联网+”行动，不断优化文化产品供给结构，依托我国丰富的文化资源，叫响文化品牌。以更好满足人民多样化、多层次、多方面的精神文化需求。突出创新、创意、创造性发明和原创知识产权掌控，坚持内容为王。推动互联网、数字技术、人工智能等与文化、审美、艺术的高度融合，大力培育文化创意产业新业态。二是健全现代文化产业体系和市场体系，创新生产经营机制，完善文化经济政策，培育新型文化业态。三是推动各类文化市场主体发展壮大，完善文化融资体系，完善市场准入机制，加强对文化资本市场的监管和引导。四是创新生产经营机制，推动文化企业形成具有文化特色的现代企业制度。五是完善文化经济政策，支持文化产业快速发展。六是培育新型文化业态，推动文化与科技、体育、旅游、金融等相关产业深度融合，创造出一批适应市场化运行的新形式，注重以文化产业新业态、新形式催生文化消费新模式。不断丰富人民精神世界、增强人民精神力量，增强文化整体实力和竞争力。七是推动形成文化产业企业群，持续深化文化产业龙头带动工程，大大提高我国文化产业的总量和质量，使文化产业成为我国经济发展的重要增长点。

总之，新时代确立了我国文化产业发展的新坐标，高质量确立了我国文化产业发展的新目标。健全现代文化产业体系和市场体系，为文化产业快速发展创造良好条件。推动文化产业广泛渗透到经济社会发展的关键领域，全面整合、综合发展，从而实现高质量发展。而在文化创意产业方面，尤其涉及影视、出版等文化产业核心领域，我国文化产品仍需加快步伐、创新发展。文化的影响力首先是价值观念的影响力，世界上各种文化之争，本质上是价值观念之争。因此，以影视、出版为代表的文化产业核心领域应该是我国文化产业未来发展的重中之重。同时，也需要在促进均衡发展上下功夫，把我国文化产业做大做强。进一步提高我国文化产业增加值占GDP的比重，缩小与世界文化强国的差距。

3. 推动中华优秀传统文化创造性转化、创新性发展

中华优秀传统文化是中华民族的精神命脉，是涵养社会主义核心价值观的重要源泉，也是我们在世界文化激荡中站稳脚跟的坚实基础。传承和弘扬中华优秀传统文化，要重点做好创造性转化和创新性发展，使之与现实文化相融相通。创造性转化，

就是要按照时代特点和要求，对那些至今仍有借鉴价值的内涵和陈旧的表现形式加以改造，赋予其新的时代内涵和现代表达形式，激活其生命力。创新性发展，就是要按照时代的新进步新进展，对中华优秀传统文化的内涵加以补充、拓展、完善，增强其影响力和感召力。

运用马克思主义的科学立场，对中华优秀传统文化进行切合时代的系统阐释，形成中国特色社会主义传统文化观，坚持“古为今用、推陈出新”原则，具有全面性、传承性和民族性，蕴含丰富的内容，并且进一步上升到治国理政之中，不仅包括从宏观上的政治、经济、社会、生态、外交等诸多方面，还包括微观上继承和弘扬优秀传统文化中的精华部分。

第一，推动中华优秀传统文化创造性转化、创新性发展，要深入研究阐释中华优秀传统文化的思想精华、道德精髓和时代价值。讲清楚中华优秀传统文化的历史渊源、发展脉络、基本走向，讲清楚其独特创造、价值理念、鲜明特色，增强文化自信和价值观自信。深入挖掘和阐发中华优秀传统文化讲仁爱、重民本、守诚信、崇正义、尚和合、求大同的时代价值，使之成为涵养社会主义核心价值观的重要源泉。

第二，推动中华优秀传统文化创造性转化、创新性发展，要融入转化到社会主义核心价值观之中。以培育和践行社会主义核心价值观为载体，将中华优秀传统文化有效传承弘扬。将表现形式从优秀传统文化到核心价值观转化，优秀传统文化的核心理念、传统美德、人文精神与时代精神、中国特色社会主义融会贯通，共同升华为社会主义核心价值观，成为中国特色社会主义新时代的价值引领、行为规范。

第三，推动中华优秀传统文化创造性转化、创新性发展，要将传承中华优秀传统文化与现代文化生活更好地融通起来。融入国民教育、道德建设、法治建设、文化创造、文艺创作、生产生活等方面，使创造性转化、创新性发展具有现实指导意义。把中华优秀传统文化全方位融入从学前教育到高等教育的全过程；不断加强文化设施、文化平台的建设和发展；创新中华优秀传统文化传播的体制机制，充分发挥以文化人、以文育人的功能。加强爱国主义、集体主义、社会主义教育，引导人们树立和坚持正确的历史观、民族观、国家观、文化观，增强做中国人的骨气和底气。文艺创作不仅要有当代生活的底蕴，而且要有文化传统的血脉，将中华优秀传统文化融入文艺创作中，进行时代性的文艺创造，在题材、内容、形式和手法上与传统文化全面融合，使传统文化跟上时代潮流，满足人民需求。

第四，推动中华优秀传统文化创造性转化、创新性发展，要加强文物保护利用和文化遗产保护传承，在文化产业方面进行时代转化和发展。系统梳理传统文化资源，让收藏在博物馆里的文物、陈列在广阔大地上的遗产、书写在古籍里的文字都活起来。重视和加强文物保护利用，在研究文物、遗产的历史价值、文化价值的同时，深入研究、阐释和利用文物、遗产的当代价值，更好地在文化产业上发挥其作用。同时，要注重统筹各方面力量，传承非物质文化遗产的真实性、整体性。我国拥有的“全国重要农业文化遗产”居世界首位，将传统农耕文明与现代文化产业发展结合也是创造性转化、创新性发展的一个途径。增强社会对文化遗产的认识和保护，倡导全社会共同参与文化遗产保护传承的文明风气和良好氛围。

第五，推动中华优秀传统文化创造性转化、创新性发展，要借助有效的文化传播机制。借助媒体传播，除了电视、广播、报纸等传统渠道，还要更多地发挥互联网和自媒体等新的传播介质。注重在生活实践中传播，在传统节日庆典、民俗活动中“取精华去糟粕”弘扬中华传统优秀文化，让更多的人认同优秀传统文化，并将其融入自己的实践活动。可以将这两种传播方式进行有效结合，全面运用新科技、新媒介、新载体，有效增加中华优秀文化产品供给，以群众喜闻乐见、具有广泛参与性的方式推广，宣传传承中华优秀传统文化的实践活动，让广大民众认识优秀传统文化的时代价值。

第六，推动中华优秀传统文化创造性转化、创新性发展，要推动传统文化的时代发展，实现中华文化的现代化，具有新时代内涵，在对外传播、国际交流等方面进行探索。推进中华优秀传统文化的国际交流传播，一方面要吸收外来文化；另一方面要推进中华文化的国际传播。文明因交流而多彩，文明因互鉴而丰富。我们要学习借鉴各国人民创造的优秀文明成果，在不断汲取各种文明养分中丰富发展中华文化。我们要加强对外话语体系建设，将中华传统文化中的内涵、表达和形式与不同民族国家文化的民族特点联系起来，把继承传统优秀文化、弘扬时代精神、立足本国、面向世界的当代中国文化创新成果传播出去。要更多地探索像孔子学院那样，探索传统文化进行创新性发展的方式。坚持和平发展道路，推动构建人类命运共同体，促进我国和平外交政策的推进。

4. 推动社会主义文艺繁荣发展

文艺作品具有时代的烙印和特征，是那个时代社会生活和精神的写照。中国特色社会主义新时代为繁荣发展社会主义文艺提供了强大动力，也提出了新的更高要求。要繁荣文艺创作，坚持思想精深、艺术精湛、制作精良相统一，加强现实题材创作，不断推出讴歌党、讴歌祖国、讴歌人民、讴歌英雄的精品力作。要发扬学术民主、艺术民主，提升文艺原创力，推动文艺创新。要倡导讲品位、讲格调、讲责任，抵制低俗、庸俗、媚俗。要加强文艺队伍建设，造就一大批德艺双馨名家大师，培育一大批高水平创作人才。

坚持以人民为中心的创作导向。社会主义文艺，从本质上讲就是人民的文艺。人民需要文艺，文艺需要人民，文艺要热爱人民。一切优秀文艺工作者的艺术生命都源于人民，一切优秀文艺创作都为了人民。要把满足人民精神文化需求作为文艺和文艺工作的出发点和落脚点，把人民作为文艺表现的主体，把人民作为文艺审美的鉴赏家和评判者，把为人民服务作为文艺工作者的天职。扎根人民、扎根生活开展文艺创作，用现实主义精神和浪漫主义情怀观照现实生活，用光明驱散黑暗，用美善战胜丑恶，让人们看到美好、看到希望、看到梦想就在前方。

中国精神是社会主义文艺的灵魂，要努力创造出无愧于伟大民族伟大时代的优秀作品。文艺是铸造灵魂的工程，文艺工作者是灵魂的工程师。好的文艺作品就应该像蓝天上的阳光、春季里的清风一样，能够启迪思想、温润心灵、陶冶人生，能够扫除颓废萎靡之风。要努力创作生产更多传播当代中国价值观念、体现中华文化精神、反映中国人审美追求，思想性、艺术性、观赏性有机统一的优秀作品。广大文艺工作者要从新时代的伟大创造中发现创作的主题、捕捉创新的灵感，深刻反映我们这个时代的历史巨变，描绘我们这个时代的精神图谱。

应尊重和遵循文艺规律，切实加强文艺评论工作。繁荣发展社会主义文艺，要以马克思主义文艺理论为指导，坚持在文艺创作中要有当代生活的底蕴，要有文化传统的血脉，还要学习借鉴世界各国人民创造的优秀文艺。切实加强党对文艺工作的领导，确保社会主义文艺沿着正确方向发展，坚决抵制和反对文艺创作中调侃崇高、扭曲经典、亵渎英雄、歪曲历史的作品。尊重文艺工作者的创作个性和创造性劳动，营造有利于文艺创作的良好环境。要把好文艺批评的方向盘，运用历史的、人民的、艺术的、美学的观点评判和鉴赏作品，在艺术质量和水平上敢于实事求是，对各种不良文艺作品、现象、思潮敢于表明态度，在大是大非问题上敢于表明立场。倡导讲品位、讲格调、讲责任，抵制低俗、庸俗、媚俗。互联网技术和新媒体改变了文艺形态，催生了一大批新的文艺类型，也带来文艺观念和文艺实践的深刻变化。要适应形势发展，抓好网络文艺创作生产，加强正面引导力度。

5. 推动我国对外文化交流与宣传

对外文化交流是促进中国与有关国家政治互信的重要基础，是深化中国与有关国家经贸合作的重要保障。加强中外人文交流，以我为主、兼收并蓄。推进国际传播能力建设，讲好中国故事，展现真实、立体、全面的中国，丰富各国人民对中国文化传统的认知，提高国家文化软实力，推动中国文化走出去。

开展多渠道多形式多层次对外文化交流，广泛参与世界文明对话，促进文化相互借鉴，增强中华文化在世界上的感召力和影响力，共同维护文化多样性。创新对外宣传方式方法，增强国际话语权，妥善回应外部关切，增进国际社会对我国基本国情、价值观念、发展道路、内外政策的了解和认识，展现我国文明、民主、开放、进步的形象。实施文化走出去工程，完善支持文化产品和服务走出去政策措施，支持重点主流媒体在海外设立分支机构，培育一批具有国际竞争力的外向型文化企业和中介机构，完善译制、推介、咨询等方面扶持机制，开拓国际文化市场。加强海外中国文化中心和孔子学院建设，鼓励代表国家水平的各类学术团体、艺术机构在相应国际组织中发挥建设性作用，组织对外翻译优秀学术成果和文化精品。构建人文交流机制，把政府交流和民间交流结合起来，发挥非公有制文化企业、文化非营利机构在对外文化交流中的作用，支持海外侨胞积极开展中外人文交流。建立面向外国青年的文化交流机制，设立中华文化国际传播贡献奖和国际性文化奖项。

新时代我国对外文化交流与宣传，关键是要讲好中国故事，这是新时代中国特色社会主义的命题和使命。一是历史必然。当今世界，需要共享机遇、合作发展。政治需要互信、发展需要互鉴，文化需要了解、文明需要传承。人类需要尊重彼此、加深了解，需要通过传播媒介共享知识、沟通信息。二是现实使然。中国过去站起来、现在富起来，正在强起来，人们盼望了解，希望交流、促进理解，需要传播媒介当好桥梁和纽带。三是问题应然。从实力看，中国硬实力和软实力有“落差”，软实力“形于中”要尽力，“发于外”更需努力。从传播看，中外存在信息流动进出的“逆差”、国际传播常有有理说不出和有说传不开的“偏差”。从效果看，国际舆论场西强我弱，中国形象相当程度上是“他塑”而非“自塑”，因此中国真实形象和西方主观形象存在比较强烈的“反差”。新时代，要解决这“四差”，需要中外媒介、中外朋友全面、客观、立体地“共塑”中国形象。

讲好中国故事的有效途径：

一是全面把握中国故事的内容。讲好中国故事，是要讲好中国特色社会主义的故事，更加鲜明地展现中国理论、中国道路的独特内涵和世界意义。特别是要讲清楚习近平新时代中国特色社会主义思想的原创性、时代性，讲清楚中国特色社会主义进入新时代在世界社会主义发展史和人类发展史上的意义。讲好中国故事，是要讲好中国梦的故事，讲清楚中国梦意味着中国人民和中华民族的价值体现和价值追求，意味着全面建成小康社会、实现中华民族伟大复兴，意味着每个人在为实现中国梦奋斗中实现自己的梦想，意味着中华民族为人类和平与发展及解决世界难题做出更大贡献的真诚意愿。讲好中国故事，是要讲好中华传统文化故事。讲清楚有着5000多年历史的中华文明对“和”文化的崇尚，“以和为贵”“和而不同”“天下大同”等中华文化理念，讲清楚对和平、和睦、和谐的追求深深根植于中华民族的精神世界和文化基因之中。讲好中国故事，是要讲好中国和平发展的故事，讲清楚中国将始终做世界和平的建设者、全球发展的贡献者、国际秩序的维护者，充分展示中国历史底蕴深厚、各民族多元一体、文化多样和谐的文明大国形象，充分展示中国为人类做出重要贡献的负责任社会主义大国形象。

二是构建讲好中国故事的中国特色话语体系。让当代中国价值观念走向世界，提高国家软实力，是讲好故事的任务目标。在国际话语和对外交流中如何用公共的道讲公认的理，需要构建中国特色的话语体系。

因势而谋，建构中国的新概念新范畴新理念。我们在全球治理和世界发展中不断提出创新、协调、绿色、开放、共享发展、新型大国关系、正确义利观等中国观点，推出“一带一路”、亚投行等公共产品、表达中国梦和命运共同体等普遍价值，正在成为世界讲述中国故事的源头、读懂中国的标识。

乘势而上，提炼和阐释中国的新观点新主张新方案。这些体现中国立场、中国智慧、中国价值的标准、规则、理念，越来越得到全球的更多认同和广泛响应，我们要进一步从理论上阐述、从学术上打通、从实践中升华，融汇于国际交流各方面、贯穿于国际传播全过程、贯通于国际治理众理念，提高国际知晓率、公共认同度、内外融合性。逐步形成一套带有中国印记、体现中国标识、符合多方诉求、代表广泛利益的多边治理规则，扩大以我为主的全球伙伴关系网，提升我国在全球治理中的影响力和话语权，提升我党的执政能力和政府公信力。

顺势而为，提升中国文化软实力和国际竞争力。用中国理论阐释中国实践，用中国实践升华中国理论，更加鲜明地展现中国思想，更加响亮地提出中国主张。加强对外话语体系建设，解释当代中国、阐释中国思想，促进更多国家和人民认同中国、支持中国；加强对内话语体系建设，解释基本方略、阐释基本路线，聚焦新时代、深化新认识，学习新思想、内化新理念，明确新战略、推动新发展，增强“四个意识”、坚定“四个自信”，提高党和政府在人民群众中的凝聚力和向心力。

中国话语体系能否更好地与世界沟通交流，融合中外是基础，贯通东西是关键，讲好故事是方法。我们要有开放包容的姿态、互学互鉴的心态、积极进取的状态，遵循科学技术的发展规律和信息传播的规律，贴近受众的思维习惯和语言习惯，兼容并蓄、兼收并取，从学理上、逻辑上、实践上不断丰富我们的新概念新范畴，不断完善创新我们的新理念新表述，使习近平新时代中国特色社会主义思想展现出新的时代魅力和思想伟力。

三是提升讲好中国故事的艺术。讲故事是一门艺术，要达到传道释疑解惑的目标，就必须使受众有益、有用、有趣。讲好中国故事，需要做到如下方面：

把握古今、中外、前后三个关系。找到精神的共通点、思想的共享点、情感的共鸣点。求同存异，才能求同化异、求大同化小异、求多同化各异。

做到四个结合。陈情和说理结合，贯“道”于故事之中，通“道”于故事之中，循循善诱，让人悟道。语言和形象结合，寓深刻道理于生动形象，寓生动形象于优美语言，引人入胜，启人入道。共识和个性结合，既说他想听，也说我想讲的；先说他想知道的，后说我要说的，诚恳增进共识，巧妙增进共鸣，导之以“道”，方为正道。价值和文化结合，尊重人人，让他更好地了解我们；尊重个人，让他更好地理解我们；以情感人，以礼动人，以文化人，才能得道。

四是搭建讲好中国故事的平台。人人代表中国形象，个个都讲中国故事。在国际社会需要中国履行国际责任、呼唤中国贡献东方智慧、对中国之善治给予广泛好评的今天，我们要更加重视中外交流，乘势、借力做好公共外交和国际传播。

认真搭建自有平台。推动中央主要媒体走出去，建设成为有较强国际影响力和话语权的国际传播旗舰媒体。推动各级党委和政府部门建立新闻发布机制、建好各类高端智库，用好重大活动、中华传统节日、海外文化交流阵地，用活多种文化形式，让中国故事成为国际舆论关注的话题，让中国声音赢得国际社会理解和广泛认同。

积极参与公共平台。利用国际组织、多边场合、国际会议会展等公共平台，向世界讲述更生动的中国故事、传播更响亮的中国声音，做好跨文化、跨语言、跨区域的传播，促进世界沟通、国际交流、全球发展。

努力支持国外知华友华平台。中国立场，需要借嘴说话，推动知华人士有地可讲，促进文明互鉴；中国智慧，需要借筒传声，推动友华人士有话可讲，沟通不同文化。传播中国主张，需要借船出海，推动传播价值本土化，润泽更广人心。

五是提高讲好中国故事的能力。互联网时代给对外传播工作带来新机遇，社交媒体的兴起为讲好中国故事提供了绝佳平台。要提高媒体的传播力、引导力、影响力、公信力，提高生产者、传播者个体的学养、素质、能力、水平。

把握新理念。新时代需要符合新技术传播、适应媒体新生态、满足人们新需求的新话语新表达、新形式新内容、新载体新体裁等。

掌握新技术。按照分众化传播、差异化渠道进行推送，要开展个性化产品、特色化营销研发生产，为用户客户提供特色理念、特殊服务，有向心力和到达率才有引导力。

占领新平台。根据各国不同政治社会现实情况、各地经济文化不同发展阶段、各媒体技术发展不同现实基础，采取不同策略，利用不同平台，实行差异化传播，精准引导西方主流舆论，有实效才有影响力。

学习新本领。坚持内容为核心、人才为基础，培养创新型、复合型、全媒型人才，培养有开阔的国际视野、深厚的文化素养、出色的表达能力、优秀的沟通能力的讲故事者，讲好中国声音、中国方案、中国精神的独特价值和时代意味。

讲好中国故事，不仅是一个外宣问题，也是一个内宣问题，需要国际国内宣传内外贯通、同频共振。不仅是一个传播问题，也是一个软实力培育问题，需要经济支持、文化着力。不仅是宣传者的问题，也是所有人的问题，需要共谋共享、齐抓共管。新时代，我们要向习近平同志学习讲故事的道，深入认识“四个自信”、增强“四个意识”和深入研究中国话语体系的内在逻辑，学懂弄通习近平新时代中国特色社会主义思想，深刻理解实现国家治理能力、治理体系现代化目标和推动全球和平发展合作、共建人类命运共同体的目标导向。我们要向习近平同志学习讲故事的术，用思想贯道，用艺术启道，帮助人悟道。我们要搭好国际平台，强化自己内力，提高本体之能，以人类共通共知的常识共识作基础，以人们喜闻乐见、让人快乐的方式方案作载体，以广泛参与、互动的方法办法作桥梁，既传播立足中国、面向世界的中国治理之道，又传播发扬优秀文化、弘扬时代精神的世界发展之理，就能帮助受众受之有益、学之有用、参之有趣，使人开悟、生智、促慧，就能使中国得到更广泛认同，使传播中国价值理念的人越来越多。

案例导入6-4

新时期如何讲好中国故事[①]

习近平总书记谈到“展形象”使命任务时着重强调，要推进国际传播能力建设，讲好中国故事、传播好中国声音，向世界展现真实、立体、全面的中国，提高国家文化软实力和中华文化影响力。如何讲好中国故事，建立起属于自己的话语体系，让世界各国能够更好地理解并接受中国的表达方式，未来的外宣工作亟待破题。新时期讲

①杨宇军. 如何讲好中国故事？言传身教、对症下药！[OL]. 中国网，2019-10-14. http://www.china.com.cn/opinion/2019-10/14/content_75300088.html

好中国故事应该注意的问题：

第一句话“身教是最好的言传”。许多外国人对中国毫不了解或者一知半解，其中很多是由于道听途说，甚至以讹传讹。外国人了解中国的渠道，有的是通过各类新闻媒体，有的是通过亲朋好友间的口口相传，但其中非常重要的是通过与中国人的亲身接触而得出的个性化结论。在这个角度上看，我们每一个人都是中国理论、中国实践、中国文化的传播者，都是外国人了解中国的一个重要窗口。在战争年代，斯诺、史沫特莱、斯特朗等许多外国记者对中国共产党的政策主张和斗争实践做了大量报道。除了他们对共产党的支持同情，很关键的是毛泽东、周恩来、朱德等一大批中国革命领袖以及共产党领导下的大量军民用自身的行动感动了他们，争取了他们。当西方少数人士对“妖魔化”中国乐此不疲的时候，如果我们每个人在与外国人士接触时，都能够用我们个人的言行举止“去妖魔化”，这是对西方反华宣传的最有力回击。反之，如果我们在日常言行举止做得不好，给人家留下不好的印象，就会加深人家对中国人的敌意。

这一点在全媒体时代尤其突出。在传统媒体时代某一个体与外国人的接触言行，只能影响到一个人或者几个人，除非碰巧有记者把这件事记录下来报道出来。但是在全媒体时代人人都是记者，人人都有麦克风。我们每个人的任何一点善举都可能被放大，任何一点恶行也都可能被广为传播。因此每一个中国人在讲好中国故事之前，首先要做好中国故事，因为我们不仅仅是讲中国故事的人，而且我们也是中国故事的主角。

第二句话：“酒香也怕巷子深”。过去有一句话叫作“酒香不怕巷子深”，但这只是适用于信息不发达的时代。进入传统媒体时代，如果你掌握足够多的媒体资源，掌握信息传播的主渠道主平台，那么你也可以矜持一点，人为控制信息传播的节奏和力度。但是进入到全媒体时代，这种做法越来越跟不上形势的需要，因为人们获取信息的平台日益多样，渠道更加丰富。如果只有酒香，但是藏在深闺人不知。那么别人又如何了解你呢？更重要的是，如果你不主动展示自己的形象，别人要去攻击你抹黑你，你又能怎么回应呢？这方面的事例非常多。比如说华为公司最初的国际公关战略是比较矜持内敛的，其结果是国外受众不知道华为的真实情况，于是遭遇了外界不停地抹黑和指责。直到加拿大非法扣留了华为副总孟晚舟之后，华为公司才彻底改变了策略，首次邀请部分外国主流媒体驻华记者到深圳总部参观采访座谈交流，此后，华为公司的诸多高管特别是总裁任正非经常接受媒体采访。现在华为公司在国际社会上的知名度、美誉度都是与之前相比不可同日而语的。某种意义上可以说，美国政府对华为的打压使得华为陷入舆论漩涡，而华为通过主动出击，积极传播，在舆论斗争中实现了化危为机。

第三句话："到什么山上唱什么歌"。在对内和对外传播中，我们面临的受众群体、文化传统、话语体系、宗教信仰等等有很大的差别。我们必须要根据不同的目标受众，有针对性地开展精准传播。比如，我们在反驳美国等西方对于我们的无端指责的时候，对内讲的时候喜欢用"疑邻盗斧"这个词，但是如果我们主要想对外传播的时候，你就要把这个中国成语的来历从头到尾讲一遍解释清楚，但即使你讲了外国人也不一定能够听明白。这时候你如果讲，"如果你手里有一把锤子，那么你看什么都像钉子"这样一句西方名言，那么外国人就更容易理解。同样地，今年中国农历新年的时候，英国著名品牌巴宝莉针对中国和东亚国家做了一幅广告，中国的一些明星赵薇、周冬雨等等全都加盟。但是这幅广告中的色彩构图、人物的表情神态等等都与中国传统的节日气氛很不搭，所以整张图片给人一种诡异而不是喜庆的感觉。有的网友评论说，本以为是部贺岁片，没想到是部恐怖片。这些案例都告诉我们，在开展对外传播时，一定要根据目标受众需要，选择适合的方式模式，使得外方容易接受，而不能不顾国情，不顾政情，不顾法情、不顾文情，一味沿用我们在中国的传播做法，或者是把在一个国家的传播方法照搬照抄到另一个国家，这种做法都很难达到好的效果。

案例思考：

结合案例谈谈新时期讲好中国故事应注意哪些问题？

6. 重视各层次文化人才的培养、选拔和聘用

尊重人才成长规律，用心爱护人才，是凝聚人才、留住人才、有效发挥人才作用的保障。要完善文化人才培养开发、评价发现、选拔任用、流动配置、激励保障机制，切实解决好文化人才在住房、医疗、就业、子女教育、社保等方面的实际问题。要建立以品德、能力、业绩为导向的文化人才评价考核指标体系，为优秀人才脱颖而出、施展才华创造良好制度环境。要推动分配制度改革，积极探索以知识产权、无形资产、技术要素、管理要素按贡献参与收益分配的新模式。要建立对突出贡献者、重大文化成果授予荣誉及重奖制度，对非公有制文化单位人员评定职称、参与培训、申报项目、表彰奖励同等对待，提高长期服务基层的文化人才的待遇。通过营造尊重人才、见贤思齐的社会环境，鼓励创新、容许失误的工作环境，待遇从优、后顾无忧的生活环境，公正平等、竞争择优的制度环境，为他们实现人生价值搭建舞台，更好地推动文化人才贡献智慧和力量。

要建立文化人才培养基地。大力实施文化人才素养提升计划，建立长期的文化人才培养基地，培养一批文化产业专业人才和规划管理人才，注重将新媒体业态人才、

民营文化企业人才纳入培养范围。同时，要引进文化创意人才，积极创造条件将国外高层次文化人才“请进来”，来我国开展文化项目指导、专题讲座、业务培训等。引进一批熟悉文化产业经营管理、富有创意意识、掌握现代传媒技术的专门人才及文化经纪人、主持人、艺术家、会展策划等人才。通过建立“智库”、咨询委员会等形式，选聘一批国内外顶尖人才担任文化发展顾问。按照人才引进“不求所有，但求所用”原则，完善人才柔性引进政策，鼓励以岗位聘用、项目聘任、客座邀请、兼职挂职、定期服务、项目合作等多种形式引进高层次文化人才，激发各类优秀文化人才扎根基层、服务基层的积极性和创造性。

思考与讨论

1. 如何理解文化自信的内涵？

2. 提高国家文化软实力有何重要性？

3. 我国文化建设面临的主要问题是什么？如何解决这些问题？

4. 如何理解巩固和发展社会主义意识形态工作的重要意义？如何巩固和发展社会主义意识形态工作？

5. 怎样认识培育和践行社会主义核心价值观的重要意义？如何培育和践行？

6. 怎样认识新时代讲好中国故事的必要性？应通过什么有效途径来实现？

第七章

中国特色社会主义社会建设

社会建设是中国特色社会主义的经济建设、政治建设、文化建设、社会建设、生态文明建设五位一体总体布局的重要部分，以改善民生为重点，加快推进社会建设，是我们党对中国特色社会主义建设的新认识、新概括，在理论上和实践上都具有重大意义。特别是党的十八大以来，以习近平同志为核心的党中央，深刻把握人民群众日益增长的美好生活需要，提出了一系列具有原创性的社会建设理论，加强和创新社会治理体制机制，中国特色社会主义社会治理和社会管理制度更加健全。

第一节　中国特色社会主义社会建设理论和制度

一、中国特色社会主义社会建设的理论基础

加强社会建设、构建社会主义和谐社会是建设中国特色社会主义事业一项重大任务。在长期实践中，我们逐步形成和发展了具有中国特色的社会主义社会建设理论和制度。

1. 社会建设内涵

马克思主义认为，社会是以特定的物质资料生产活动为基础、以一定数量和质量的人口为主体而建立的相互交往和运动发展的社会关系体系，是以人为中心、以文化为纽带、以有目的的生产活动为基础、具有一套自我调节机制和特定地理空间的有组织的系统。

社会系统包括三个层次：第一，“社会”作为一个宏观层次的概念，泛指以人为中心的整个人类社会，是与自然界相对应的一个概念；第二，“社会”作为一个中观

层次的概念，指与经济、政治、文化相对的概念；第三，“社会”作为一个微观层次的小概念，对应于社会学中的狭义社会，即作为复合的人的聚集状态，主要指某一区域的社会。社会结构是社会体系各组成部分或诸要素之间比较持久、稳定的相互联系模式，有广义与侠义之分。广义的社会结构是指社会各个基本活动领域，包括政治领域、经济领域、文化领域和社会领域之间相互联系的一般状态，是对整体的社会体系的基本特征和本质属性的静态概括。狭义的社会结构是指由社会分化产生的各主要的社会地位群体之间相互联系的基本状态，这类地位的群体主要有：阶级、阶层、种族、职业群体、宗教团体等。社会建设通常是指与经济、政治、文化建设相适应的社会建设。社会建设从正向看，就是要在社会领域不断建立和完善各种能够合理配置社会资源和社会机会的社会结构和社会机制，并相应地形成各种能够良性调节社会关系的社会组织和社会力量；从逆向说，社会建设就是根据社会矛盾、社会问题和社会风险的新表现、新特点和新趋势，不断创造和完善正确处理社会矛盾、社会问题和社会风险的新机制、新实体和新主体。

中国特色社会主义社会建设，就是以保障和改善民生为重点，通过发展社会事业、完善社会政策、改进社会管理、增强社会创造活力、促进社会公平正义、维护社会秩序等来推动社会的发展和进步。

社会建设突出的是“社会性”，即强调社会总体利益；社会建设在于要满足社会成员的基本需求；社会建设是对过去片面强调GDP、单纯强调经济指标的做法的纠正；社会建设的重要功能在于它强调解决社会问题，缓和社会矛盾，构建和谐社会；社会建设的最终目标是要实现社会公正。

2. 中国共产党关于社会矛盾的理论是社会建设的理论基础

马克思主义的社会观认为，矛盾是事物发展的动力和源泉，社会矛盾运动是推动社会发展的基本力量。所以，在我国对社会的基本矛盾的认识决定着社会发展的主线。中国共产党人对于我国社会的主要矛盾到底是什么，经历了极其曲折的认识过程。

关于我国社会主要矛盾和根本任务，1956年，党的八大正确分析了社会主义改造完成后我国社会主要矛盾的变化，指出，我们国内的主要矛盾，已经是人民对于建立先进的工业国的要求同落后的农业国的现实之间的矛盾，已经是人民对于经济文化迅速发展的需要同当前经济文化不能满足人民需要的状况之间的矛盾。这一矛盾的实质，在我国社会主义制度已经建立的情况下，也就是先进的社会主义制度同落后的社会生产力之间的矛盾。党和全国人民的当前的主要任务，就是要集中力量来解决这个矛盾，把我国尽快地从落后的农业国变为先进的工业国。八大对新中国社会主义改造完成后的社会基本矛盾的判断是基本正确的，但是由于当时党对于全面建设社会主义思想准备不足，八大提出的正确意见后来没有能够坚持下去。

1957年2月毛泽东发表的《关于正确处理人民内部矛盾的问题》，提出社会主义社会存在两类不同性质的矛盾，这就是敌我矛盾和人民内部矛盾，这两类矛盾性质不同，解决的方式就不同。提出民主的方法是解决人民内部矛盾的总方针，具体原则包括："团结—批评—团结"，说服教育讨论，民主集中制，兼顾国家、集体、个人三者利益关系，"统筹兼顾、全面安排""百花齐放、百家争鸣""长期共存、互相监督"，民族平等、团结互助，既反对大汉族主义，又反对地方民族主义等等。遗憾的是，新中国历史上几次政治斗争扩大化，都与没有坚持正确处理人民内部矛盾的原则有关。其后20年里，指导思想不时出现偏差，尤其是"文化大革命"时期错误地"以阶级斗争为纲"，认为阶级矛盾是当时的主要矛盾，阶级斗争扩大化，把人民内部矛盾当作敌我矛盾，出现了严重失误，偏离了经济建设的主攻方向，付出了沉重的代价。"文化大革命"结束后，实现了指导思想上的拨乱反正，1981年党的《中国共产党中央委员会关于建国以来党的若干历史问题的决议》正确地总结了历史，明确指出在社会主义改造基本完成以后，我国所要解决的主要矛盾，是人民日益增长的物质文化需要同落后的社会生产之间的矛盾。党和国家工作的重点必须由以阶级斗争为纲转移到以经济建设为中心的社会主义现代化建设上来，大力发展社会生产力，并在这个基础上逐步改善人民的物质文化生活。

中共十三大进一步指出：我国社会主义初级阶段至少需要上百年时间，我们在现阶段所面临的主要矛盾，是人民日益增长的物质文化需要同落后的社会生产之间的矛盾。阶级斗争在一定范围内还会长期存在，但已经不是主要矛盾。

习近平在十九大报告中指出，中国特色社会主义进入新时代，我国社会主要矛盾已经转化为人民日益增长的美好生活需要和不平衡不充分的发展之间的矛盾。必须认识到，我国社会主要矛盾的变化是关系全局的历史性变化，对党和国家工作提出了许多新要求。我们要在继续推动发展的基础上，着力解决好发展不平衡不充分问题，大力提升发展质量和效益，更好满足人民在经济、政治、文化、社会、生态等方面日益增长的需要，更好推动人的全面发展、社会全面进步。必须认识到，我国社会主要矛盾的变化，没有改变我们对我国社会主义所处历史阶段的判断，我国仍处于并将长期处于社会主义初级阶段的基本国情没有变，我国是世界最大发展中国家的国际地位没有变。全党要牢牢把握社会主义初级阶段这个基本国情，牢牢立足社会主义初级阶段这个最大实际，牢牢坚持党的基本路线这个党和国家的生命线、人民的幸福线，领导和团结全国各族人民，以经济建设为中心，坚持四项基本原则，坚持改革开放，自力更生，艰苦创业，为把我国建设成为富强民主文明和谐美丽的社会主义现代化强国而奋斗。[①]

因而社会主义初级阶段的中国社会的主要矛盾不是敌我矛盾，而是人民内部矛盾。人民内部矛盾是一个由许多矛盾构成的多层次多领域多类型的纵横交错的复杂系统。人民内部矛盾是在全体人民根本利益一致基础上的矛盾，具体表现在经济、政治和思想文化等各个领域。利益矛盾是其他各类人民内部矛盾产生的根源，是影响和制约其他各类矛盾发展的主导性矛盾。利益关系是指围绕着物质利益的占有所发生的人与人之间的经济关系，其核心是物质利益。说到底，利益矛盾是民生问题。正确处理人民内部矛盾，就是要着眼于最大限度增加和谐因素、减少不和谐因素。

二、中国特色社会主义社会建设理论

中国特色社会主义社会建设理论的内涵十分丰富，涉及社会建设各个领域，涵盖社会建设各个方面，其基本点主要包括以下六方面内容。[②]

1. 建设社会文明、促进和谐社会的理论

社会文明是社会主义社会建设的重要目标和特征，全面提高社会文明水平是国家发展的需要，是人民的共同期盼。社会和谐是中国特色社会主义的本质属性，是党不断追求的社会理想。要按照民主法治、公平正义、诚信友爱、充满活力、安定有序、人与自然和谐相处的总要求，努力构建全体人民共同建设、共同享有的和谐社会。构建社会主义和谐社会必须坚持以人为本，坚持科学发展，坚持改革开放，坚持民主法治，坚持正确处理改革发展稳定的关系，坚持在党的领导下全社会共同建设。着眼于促进经济社会协调发展，把社会主义和谐社会建设同社会主义经济建设、政治建设、文化建设和生态文明建设一起，作为中国特色社会主义事业总体布局的重要组成部分统一部署、整体推进。

2. 发展中保障和改善民生的理论

保障和改善民生是社会建设的重点。提高人民的物质文化生活水平，是改革开放

①本书编写组. 党的十九大报告学习辅导百问[M]. 北京：党建读物出版社，2017：9-10.

②本书编写组. 中国特色社会主义理论与实践研究（2018年版）[M]. 北京：高等教育出版社，2018：148.

和社会主义现代化建设的根本目的。增进民生福祉是党立党为公、执政为民的根本要求，是发展的根本目的。社会主义民生事业是实现最广大人民群众根本利益的事业，要始终站在最广大人民的立场上，着力解决好人民最关心最直接最现实的利益问题，最大限度地激发全社会的创造活力，努力使全体人民幼有所育、学有所教、劳有所得、病有所医、老有所养、住有所居、弱有所扶，推动建设和谐社会，不断满足人民日益增长的美好生活的需要。

3. 促进社会公平正义的理论

在发展基础上，实现和维护社会公平正义，是马克思主义的基本立场和基本观点，是中国特色社会主义的内在要求。社会公平正义，就是社会各方面的利益关系得到妥善协调，人民内部矛盾和其他社会矛盾得到正确处理，人民的合法权益得到切实维护和实现。实现社会公平正义，要在全体人民共同奋斗、经济社会发展的基础上，加紧建设对保障社会公平正义具有重大作用的制度，逐步建立以权利公平、机会公平、规则公平为主要内容的社会法律和制度体系，努力营造公平的社会环境，保证人民平等参与、平等发展的权利。

社会公平正义的核心是权利公平、机会公平和规则公平，其中权利公平是基础，机会公平是前提，规则公平是保障，三者相辅相成，构成一个完整的现代社会公平正义体系。在经济发展的基础上夯实社会公平正义的物质基础，在推进民主政治建设中维护和实现社会公平正义，在公民意识教育中树立公平正义理念，营造公平正义的社会环境。

4. 精准扶贫的理论

消除贫困，改善民生，逐步实现共同富裕，是社会主义的本质要求。贫困人口脱贫是全面建成小康社会的底线任务和标志性指标。扶贫贵在精准、重在精准，成败之举在于精准。精准扶贫就是根据致贫原因有针对性地制定方案，对不同原因类型的贫困采取不同措施，因人因户因村施策，精确识别、精确帮扶、精确管理，做到扶持对象精准、项目安排精准、资金使用精准、措施到户精准、因村派人精准、脱贫成效精准，确保各项政策好处落到扶贫对象身上。

5. 加强和创新社会治理的理论

社会治理是社会建设的重要内容。打造共建共治共享的社会治理格局是社会建设的重要内容，也是一个系统工程，需要综合施策，形成合力。创新社会治理，就是要实现从社会管理到社会治理的观念转变，从单一社会管理主体向多元社会治理主体转变，从简单行政命令管理方式向多元、民主、协调治理方式转变。要加强社会治理的法律法规、体制机制等建设，着力推进社会治理社会化、法治化、智能化、专业化。必须加强和创新社会治理，完善党委领导、政府负责、民主协商、社会协同、公众参与、法治保障、科技支撑的社会治理体系，建设人人有责、人人尽责、人人享有的社会治理共同体，确保人民安居乐业、社会安定有序，建设更高水平的平安中国。

6. 坚持总体国家安全观的理论

国家安全是改革发展的前提。坚持总体国家安全观，统筹发展和安全，坚持人民安全、政治安全、国家利益至上有机统一。以人民安全为宗旨，以政治安全为根本，以经济安全为基础，以军事、科技、文化、社会安全为保障，健全国家安全体系，增强国家安全能力。完善集中统一高效权威的国家安全领导体制，健全国家安全法律制度体系。加强国家安全人民防线建设，增强全民国家安全意识，建立健全国家安全风险研判、防控协同、防范化解机制。提高防范抵御国家安全风险能力，高度警惕、坚决防范和严厉打击敌对势力渗透、破坏、颠覆、分裂活动。

三、中国特色社会主义社会制度

社会制度是指“五位一体”中与国家经济、政治、文化、生态文明等相对应的社会领域的制度。中国特色社会主义社会建设在实践中形成了教育制度、劳动就业制度、基本医疗卫生制度、社会保障制度、社会治理制度等一系列制度，为实现构建社会主义和谐社会总体目标提供了制度保障。

1. 教育制度

教育制度是为规范各类教育机构与组织体系及其运行而制定的各种规则和原则的总和，具有传承文明和传播先进文化、推进社会主义民主政治建设、促进经济科学发展、培养人才、推动自主创新等功能。[①]

2. 劳动就业制度

劳动就业制度是为调整劳动和就业社会关系而制定的各种规则和原则的总和，具有个体自由保护、个体价值实现和社会安全保障等功能，对于维护社会稳定、促进社会和谐具有重要作用。

3. 基本医疗卫生制度

基本医疗卫生制度是为规范医疗卫生行为而制定的规则和原则的总和。我国基本

---

①本书编写组. 中国特色社会主义理论与实践研究（2018年版）[M]. 北京：高等教育出版社，2018：150.

医疗卫生制度的目标是人人享有基本医疗卫生服务。基本医疗卫生制度必须遵循公益性、公平性和可及性原则。

4. 社会保障制度

社会保障制度是为保障全体社会成员的基本生存与生活需要而制定的有关社会福利、社会保险、社会救助、社会优抚和社会安置等一系列规则和原则的总称。社会保障制度对保障公民基本生活需要、增进全体社会成员的物质和文化福利、促进社会和谐稳定具有重要作用。

5. 社会治理制度

社会治理制度是为维护人民群众权益、协调利益矛盾、促进社会公平正义、保持社会良好秩序而制定的关于社会治理的各种规则和原则的总和。要建立健全与中国特色社会主义经济、政治、文化、社会和生态文明要求相适应的新型社会治理制度体系，形成社会治理和服务的合力。

第二节　中国社会建设实践

一、中国社会建设的成就

民为邦本，本固邦宁。改革开放以来，党和政府注重以人为本，高度重视保障和改善民生，坚持把保障和改善民生作为根本出发点和落脚点，关注民生、重视民生、保障民生、改善民生。中国经济的持续高速发展，使得政府有能力加快推进以民生为重点的社会建设，在交通、教育、就业、医疗、住房、社会保障等方面出台了一系列惠民政策，投资启动了一个个温暖人心的民生工程，是党和政府以人为本民生情怀的充分反映，更是贯彻落实科学发展观的充分体现，为实现经济又好又快发展和促进社会和谐进步提供了强大支撑。

1. 人民收入显著提高，消除贫困速度惊人

中国1952年人均GDP是119元，2019年末增加到70 892元。全年中国居民人均可支配收入30 733元，比上年增长8.9%，扣除价格因素，实际增长5.8%。中国居民人均可支配收入中位数26 523元，增长9.0%。按常住地分，城镇居民人均可支配收入42 359元，比上年增长7.9%，扣除价格因素，实际增长5.0%。城镇居民人均可支配收入中位数39 244元，增长7.8%。农村居民人均可支配收入16 021元，比上年增长9.6%，扣除价格因素，实际增长6.2%。农村居民人均可支配收入中位数14 389元，增长10.1%。按全国居民五等份收入分组，低收入组人均可支配收入7380元，中间偏下收入组人均可支配收入15 777元，中间收入组人均可支配收入25 035元，中间偏上收入组人均可支配收入

39 230元，高收入组人均可支配收入76 401元。中国农民工人均月收入3962元，比上年增长6.5%。[①]

减少饥饿，消除贫困，是人类的共同使命，也是世界许多国家与地区所面临的共同难题。我国是14亿人口的大国，中国政府一直下大力气致力于解决这一难题。改革开放后，经过40多年的不懈努力，使7亿多人口成功脱贫，成为世界减贫人口最多和率先完成2000年联合国规定的减贫任务的国家。1981年生活在世界银行绝对贫困标准（按2011年购买力平价计算每天低于1.91美元）以下的全球人口共18.9亿，其中中国贫困人口高达8.8亿，占世界贫困人口的46.4%。2015年，全球贫困人口减少到 7.5亿，中国则只剩下960万，仅占全球贫困人口的 1.3%。这期间，中国对世界减贫的直接贡献高达76.2%。2015年之后中国按照高于世界银行标准实施农村脱贫攻坚战略，2019年年末，可以说中国总体上已经消除了世界银行标准下的绝对贫困现象。2019年，脱贫攻坚成效明显。按中国现行贫困标准每人每年2300元（2010年不变价）的农村贫困标准计算，年末农村贫困人口551万人，比上年末减少1109万人；贫困发生率0.6%，比上年下降1.1个百分点。（见表7–1）[②]

表 7–1　2010—2019 年中国农村贫困人口规模及其发生率

年度	贫困标准（元）	当年减贫人口（万人）	年底贫困人口（万人）	贫困发生率（%）
2010	2300		16 566	17.27
2011	2536	4328	12 238	12.70
2012	2673	2339	9899	10.20
2013	2736	1660	8249	8.50
2014	2800	1232	7017	7.20
2015	2855	1442	5575	5.70
2016	2952	1240	4335	4.50
2017	3300	1289	3046	3.10
2018	3335	1386	1660	1.70
2019	3535	1109	551	0.60

注：表中数据来自中华人民共和国国家统计局中国统计年鉴。

①中华人民共和国国家统计局. 中华人民共和国2019年国民经济和社会发展统计公报[EB/OL]. 中华人民共和国国家统计局官网. http://www.stats.gov.cn

②同①

2. 城乡居民消费结构显著改善

2019年全国居民人均消费支出21 559元，比上年增长8.6%，扣除价格因素，实际增长5.5%。其中，人均服务性消费支出9886元，比上年增长12.6%，占居民人均消费支出的比重为45.9%。按常住地分，城镇居民人均消费支出28 063元，增长7.5%，扣除价格因素，实际增长4.6%；农村居民人均消费支出13 328元，增长9.9%，扣除价格因素，实际增长6.5%。①

表 7-2　2019 年中国居民人均消费支出及其构成

种类	食品与烟酒	衣着	居住	生活用品及服务	交通通讯	教育文化娱乐	医疗保健	其他用品与服务
金额（元）	6984	1338	5055	1281	2862	2513	1902	524
比重(%)	28.2	6.2	23.4	5.9	13.3	11.7	8.8	2.4

注：表中数据来自中华人民共和国国家统计局中华人民共和国 2019 年国民经济和社会发展统计公报。

（1）食品支出总额占个人消费支出总额的比重下降（见表7-2）。

中国2019年恩格尔系数是28.2%，其中农村居民家庭恩格尔系数是30.0%，城镇居民家庭是27.6%。而1978年这一指标农村为67.7%，城镇为57.5%。

知识链接7-1

恩格尔系数

恩格尔系数是食品支出总额占个人消费支出总额的比重。19世纪德国统计学家恩格尔根据统计资料，对消费结构的变化得出一个规律：一个家庭收入越少，家庭收入中用来购买食物的支出所占的比例就越大，随着家庭收入的增加，家庭收入中用来购买食物的支出比例则会下降。推而广之，一个国家越穷，每个国民的平均收入中（或平均支出中）用于购买食物的支出所占比例就越大，随着国家的富裕，这个比例呈下降趋势。

（2）交通通信类等类支出大幅增加。

食品支出之外的支出比例大幅上升，尤其是交通通信、教育文化娱乐等方面发展迅速。中国电话用户总数179 238万户，其中移动电话用户160 134万户。移动电话普及

①中华人民共和国国家统计局．中国统计年鉴[M/OL]．中华人民共和国国家统计局官网．http://www.stats.gov.cn

率上升至114.4部/百人。固定互联网宽带接入用户44 928万户，比上年末增加4190万户，其中固定互联网光纤宽带接入用户41 740万户，增加4907万户。移动互联网用户接入流量1220亿GB，比上年增长71.6%。互联网普及率达到53.2%，其中农村地区互联网普及率达到33.1%。2019年全国居民人均交通、通信费用达到2862元，这一数据包含城镇和农村居民人均数值。[①]前些年单就城镇居民人均交通、通信费用而言，2004年为843.62元，1996年为199.12元，1985年为14.39元。居民生活水平的提高显而易见。

（3）耐用消费品拥有量快速增长（见表7–3）。

表 7–3　2018 年年末中国每百户主要耐用消费品拥有量

种类	城镇居民	农村居民	种类	城镇居民	农村居民
家用汽车（辆）	41.0	22.3	空调（台）	142.2	65.2
摩托车（辆）	19.5	57.4	热水器（台）	97.2	68.7
电动助力车（辆）	55.0	64.9	排油烟机（台）	79.1	26.0
洗衣机（台）	97.7	88.5	移动电话（部）	243.1	257.0
电冰箱（台）	100.9	95.9	计算机（台）	73.1	26.9
微波炉（台）	55.2	17.7	照相机（台）	20.2	2.6
彩色电视机（台）	121.3	116.6			

注：表中数据来自中华人民共和国国家统计局中国统计年鉴2019。

2019年中国民用汽车保有量26 150万辆（包括三轮汽车和低速货车762万辆），比上年末增加2122万辆，其中私人汽车保有量22 635万辆，增加1905万辆。民用轿车保有量14 644万辆，增加1193万辆，其中私人轿车保有量13 701万辆，增加1112万辆。[②]

3. 建立了基本的社会保障制度

党的十六届六中全会通过《中共中央关于构建社会主义和谐社会若干重大问题的决定》，首次提出要建立覆盖城乡居民的社会保障体系，把社会保障作为构建和谐社会的重要因素之一。最近几年，我们在各种社会保障体制改革方面，医疗是发展最快的，现在我们基本上已经形成一个覆盖城乡居民的医疗保障体系，建立了城市和农村最低生活保障制度，在城市陆续建立起了医疗救助制度、法律援助制度、流浪人员乞讨救助制度，在农村建立起新型农村合作医疗制度，完善了农村“五保户”制度，试

①中华人民共和国国家统计局. 中华人民共和国2019年国民经济和社会发展统计公报[EB/OL]. 中华人民共和国国家统计局官网. http://www.stats.gov.cn

②同①

点建立普遍性的新型农村养老保险制度；加强了对一些特殊困难群体的权利保护和救助；颁布实施了《劳动合同法》《就业促进法》《劳动争议调解仲裁法》，进一步重视对劳动者的权益保护；建立了城市居民廉租房制度，大力推进保障房建设，探索普通居民的住房保障途径；加强了公共卫生服务体系建设，推进了以普及基本医疗卫生服务，保障群众基本医疗为目标的新一轮医疗卫生体制改革；重视保护农民工权益，强化了农民工参加城镇社会保险的要求，将农民工子女受教育纳入城市公共教育体系，并探索将农民工纳入城市社会福利、社会救助和公共服务体系的问题；允许各类社会组织在扶贫、济困、环保等方面发挥积极作用，等等。

2019年，全国参加城镇职工基本养老保险人数43 482万人，比上年末增加1581万人。参加城乡居民基本养老保险人数53 266万人，增加874万人。参加基本医疗保险人数135 436万人，增加978万人。其中，参加职工基本医疗保险人数32 926万人，增加1245万人；参加城乡居民基本医疗保险人数102 510万人。参加失业保险人数20 543万人，增加899万人。年末全国领取失业保险金人数228万人。参加工伤保险人数25 474万人，增加1600万人，其中参加工伤保险的农民工8616万人，增加530万人。参加生育保险人数21 432万人，增加997万人。年末全国共有861万人享受城市最低生活保障，3456万人享受农村最低生活保障，439万人享受农村特困人员救助供养，全年临时救助918万人次。全年资助7782万人参加基本医疗保险，实施门诊和住院救助6180万人次。全年国家抚恤、补助退役军人和其他优抚对象861万人。①

2019年末全国共有各类提供住宿的社会服务机构3.7万个，其中养老机构3.4万个，儿童服务机构663个。社会服务床位790.1万张，其中养老服务床位761.4万张，儿童服务床位9.7万张。年末共有社区服务中心2.6万个，社区服务站16.7万个。②

2018年城乡居民各级财政人均补助标准在2017年基础上新增40元，达到每人每年不低于490元，2019年达到520元。城乡居民医保人均个人缴费标准同步新增40元，达到每人每年220元，2019年达到250元。近年来，各级政府持续提高居民医保人均财政补助标准，从2007年人均补助40元，到2019年增至520元，对减轻参保群众缴费负担起到了重要作用。2019年底，实现城镇医保与新农合两项制度并轨运行向统一的居民医保制度过渡，全面建立统一的城乡居民医保制度。

---

①中华人民共和国国家统计局.中华人民共和国2019年国民经济和社会发展统计公报[EB/OL].中华人民共和国国家统计局官网.http://www.stats.gov.cn

②同①

4. 科技教育事业迅速发展[①]

2019全年研究生教育招生91.7万人，在学研究生286.4万人，毕业生64.0万人。普通本专科招生914.9万人，在校生3031.5万人，毕业生758.5万人。中等职业教育招生600.4万人，在校生1576.5万人，毕业生493.4万人。普通高中招生839.5万人，在校生2414.3万人，毕业生789.2万人。初中招生1638.8万人，在校生4827.1万人，毕业生1454.1万人。普通小学招生1869.0万人，在校生10 561.2万人，毕业生1647.9万人。特殊教育招生14.4万人，在校生79.5万人，毕业生9.8万人。学前教育在园幼儿4713.9万人。九年义务教育巩固率为94.8%，高中阶段毛入学率为89.5%。与20多年前相比，1996年全国招收研究生5.9万人，在学研究生16.2万人。我国普通高校招生96.6万人，在校生302万人。成人高校招生94.5万人（含电大普通专科班8万人），比上年增加3.2万人，在校生265.6万人（含电大普通专科班18.7万人）。各类高级中等职业学校在校生1010万人（含技工学校学生192万人），初中在校生5048万人，初中入学率达82.4%。小学在校生13 615万人，小学学龄儿童入学率达98.8%。

2019全年研究与试验发展（R&D）经费支出21 737亿元，比上年增长10.5%，与国内生产总值之比为2.19%，其中基础研究经费1209亿元。国家科技重大专项共安排234个课题，国家自然科学基金共资助45 192个项目。截至年底，正在运行的国家重点实验室515个，累计建设国家工程研究中心133个，国家工程实验室217个，国家企业技术中心1540家。国家科技成果转化引导基金累计设立21支子基金，资金总规模313亿元。国家级科技企业孵化器1177家，国家备案众创空间1888家。全年境内外专利申请438.0万件，比上年增长1.3%；授予专利权259.2万件，增长5.9%；PCT专利申请受理量为6.1万件。截至年底，有效专利972.2万件，其中境内有效发明专利186.2万件，每万人口发明专利拥有量13.3件。全年商标申请783.7万件，比上年增长6.3%；商标注册640.6万件，增长27.9%。全年共签订技术合同48.4万项，技术合同成交金额22 398亿元，比上年增长26.6%。全年研究与试验发展（R&D）经费支出15 500亿元（1996年研究与发展经费支出327亿元），比上年增长9.4%，与国内生产总值之比为2.08%，其中基础研究经费798亿元。全年国家重点研发计划共安排42个重点专项1163个科技项目，国家科技重大专项共安排224个课题，国家自然科学基金共资助41 184个项目。截至年

①中华人民共和国国家统计局. 中华人民共和国2019年国民经济和社会发展统计公报[EB/OL]. 中华人民共和国国家统计局官网. http://www.stats.gov.cn

底，累计建设国家重点实验室488个，国家工程研究中心131个，国家工程实验室194个，国家企业技术中心1276家。国家科技成果转化引导基金累计设立9支子基金，资金总规模173.5亿元。全年受理境内外专利申请346.5万件，授予专利权175.4万件。截至年底，有效专利628.5万件，（1996年有效专利4.4万件），其中境内有效发明专利110.3万件，每万人口发明专利拥有量8.0件。全年共签订技术合同32.0万项，技术合同成交金额11 407亿元，比上年增长16.0%。1996年全国共签订技术合同22.6万份，成交金额300亿元。

2019全年成功完成32次宇航发射。长征五号遥三运载火箭和高分七号卫星成功发射，长征系列运载火箭发射突破300次大关。嫦娥四号探测器世界上首次实现月球背面软着陆和巡视探测。固体运载火箭海上发射圆满完成。北斗三号全球系统核心星座完成部署，雪龙2号首航南极，首艘国产航母正式列装。

2019年末全国共有国家质检中心835家。全国现有产品质量、体系和服务认证机构596个，累计完成对72万家企业的认证。全年制定、修订国家标准2021项，其中新制定1448项。全年制造业产品质量合格率为93.86%。

5. 医疗事业稳步发展，人口预期寿命提高

2019年末全国共有医疗卫生机构101.4万个，其中医院3.4万个，在医院中有公立医院1.2万个，民营医院2.2万个；基层医疗卫生机构96.0万个，其中乡镇卫生院3.6万个，社区卫生服务中心（站）3.5万个，门诊部（所）26.7万个，村卫生室62.1万个；专业公共卫生机构1.7万个，其中疾病预防控制中心3456个，卫生监督所（中心）3106个。年末卫生技术人员1010万人，其中执业医师和执业助理医师382万人，注册护士443万人。医疗卫生机构床位892万张，其中医院697万张，乡镇卫生院138万张。全年总诊疗人85.2亿人次，出院人数2.7亿人。与20多年前相比，1996年年末全国共有卫生机构18.9万个，床位310万张，卫生技术人员431万人，其中：医院、卫生院医生（含中西结合医生）138万人；护师、护士102万人。年末全国共有卫生防疫、防治机构5887个。[①] 我国人口预期寿命1949年为35岁左右，1957年为57岁，1981年为67.77岁，到2015年增加到76.34岁，2018年达到的77岁。

6. 老百姓出行更加便捷迅速

改革开放以来，我国的道路基础设施建设全面提速，民航运输飞速发展，从铁路

①中华人民共和国国家统计局. 中华人民共和国2019年国民经济和社会发展统计公报[EB/OL]. 中华人民共和国国家统计局官网. http://www.stats.gov.cn

和民航的数据可以看出，不但百姓出行可以选择的形式便捷，而且更加迅速安全（见表7–4）。

表 7–4 各种运输方式完成旅客运输周转量对比

年份（年）	1996	2016	2018
旅客运输周转量（亿人公里）	9337	31 305.7	35 349
铁路（亿人公里）	3357	12 579.3	34 218.15
公路（亿人公里）	5060	10 294.8	9779.68
水运（亿人公里）	168	72.0	79.57
民航（亿人公里）	752	8359.5	10 712.32

注：表中数据来自中华人民共和国国家统计局中国统计年鉴 2019。

2019全年国内游客60.1亿人次，比上年增长8.4%；国内旅游收入57 251亿元，增长11.7%。入境游客14 531万人次，增长2.9%。其中，外国人3188万人次，增长4.4%；香港、澳门和台湾同胞11 342万人次，增长2.5%。在入境游客中，过夜游客6573万人次，增长4.5%。国际旅游收入1313亿美元，增长3.3%。国内居民出境16 921万人次，增长4.5%。其中因私出境16 211万人次，增长4.6%；赴港澳台出境10 237万人次，增长3.2%。①

7. 百姓住房状况得到明显改善

住房问题是百姓面临的最直接、最现实的问题之一，住房问题成为中国百姓安居乐业、社会和谐的充分条件。改革开放以来，中国百姓住房条件明显改善，城乡居民的居住环境也日趋美化（见表7–5）。

表 7–5 城乡居民历年居住面积

年份	1978 年	2007 年	2012 年	2018 年
城镇人均住房面积（M^2）	6.7	22.6	32.9	39
农村人均住房面积（M^2）	8.1	31.6	37.1	47.3

注：表中数据来自中华人民共和国国家统计局中国统计年鉴 2019。

总之，新中国70年的社会发展历程，成绩斐然。在中国共产党的领导下，亿万人民团结一心、发奋图强、艰苦奋斗，实现了社会全面进步，让一个积贫积弱的旧中国实现浴火重生，在中国的社会生产力、综合国力实现历史性跨越的同时，人民生活也

①中华人民共和国国家统计局．中华人民共和国2019年国民经济和社会发展统计公报[EB/OL]．中华人民共和国国家统计局官网．http://www.stats.gov.cn

实现了从贫困到温饱再到总体小康的历史性跨越。人们的收入水平、营养状况、教育水平、健康水平及平均寿命都大大提高，在“幼有所育、学有所教、劳有所得、病有所医、老有所养、住有所居、弱有所托”上取得了新进展，显示中国快速经济增长在促进人文社会进步上具有优越性，同时为人类战胜贫困、为发展中国家寻找发展道路提供了成功的案例。

二、目前社会建设中面临的挑战

虽然我国在社会建设方面取得了重要成就，但是改革开放以来，随着从计划经济体制向社会主义市场经济体制转变，从单一公有制形式向公有制为主体、多种所有制经济共同发展转变，从单一的按劳分配制度向按劳分配为主体、多种分配方式并存的分配制度转变等，我国社会利益关系呈现出一些新矛盾和特点，必须直面问题，挑战问题的解决。

1. 利益主体多元化

改革开放后，中国社会阶级、阶层和内部结构不断变化，不但原有的工人、农民和知识分子群体内部发生了变化，而且涌现出一些新的利益阶层，如民营科技企业的创业人员和技术人员、个体户、私营企业主、中介组织的从业人员、自由职业人员等。利益主体的分化，导致利益需求呈现出多样化的特点。

20世纪50年代到70年代，执政的中国共产党领导层选择了超越阶段的发展模式和政策。反映在对社会结构、社会分化、社会矛盾的处理方法上，就是确立了“以阶级斗争为纲”的路线、思想在整个社会生活中的指导地位。事实上人为地扩大了社会对立、抑制了必要的社会分化。国家、政府高度集中的管理，抑制了公民社会的形成和发展。这样的路线和政策及其实践，具体表现为：经过社会主义改造，社会结构“简单化”。当时社会结构中出现“身份圈”按身份高低划分为“干部圈”“工人圈”“城市居民圈”和“农民圈”；社会阶级结构中，在政治上严格区分“敌”“我”，接连不断的政治运动伤害了很多人；在经济上淡化社会利益差别，回避利益矛盾，突出强调的是“人民”内部的利益“高度一致”，对必要的社会分化和正常的阶层矛盾采取抑制的政策和处理方法，形成了多种形式的“大锅饭”；实行计划经济体制和封闭式的社会管理模式，逐步引发了严重的“单位人”“准身份”现象。

1978年中国改革开放以来的发展，为当代中国社会阶层分化和社会流动提供了历史契机。经济体制改革及其所带来的巨大变化使阶层分化成为可能。当前中国的社会阶层线程分化，是在经济不断发展、人民收入处于上升的情况下推进的。政治体制改革的初步成果使阶层分化成为现实。在国家民主化、法制化的进程不断推进的情况下，执政党和政府对“新阶层”的认同，对私营企业主阶层的“社会主义建设者”社会属性的肯定，使阶层分化逐步成为现实。目前社会出现了五大社会等级，十大社会阶层。五大社会等级，上等、中上等、中等、中下等、下等；十大社会阶层：国家与社会管理者阶层，经理人员阶层，专业技术人员阶层，办事人员阶层，个体工商户阶层，商业服务业员工阶层，产业工人阶层，农业劳动者阶层和城乡无业、失业和半失业者阶层。

从国外收入差距差别来看，美国比法国大很多，巴西比日本大很多，但这几个国家都是有60%人认为自己是中层。但是在中国，2003年的时候根据调查结果，出现了一种认同偏下，认同自己属于下层的人过多，到2008年这个偏差偏下得太离谱了，大概只有40%人认为是中层，认为下层和中下层的达到55%。

中国老百姓社会阶层认同率低，因此迫切需要调整收入分配问题，不是一个简单的仅仅是缩小差距，这个和失业率一样，发展的速度、改革的力度和人民群众的承受能力三者要结合起来。不仅仅是一个调整结果的问题，而是要建立一个公平合理的制度，即便收入有差距，也是社会主义初级阶段按劳分配为主体与多同分配方式并存的分配制度的结果，形成制度的认同。所以调整收入分配，迅速建立起一个公平合理的制度。确实像小平同志说的，这个问题如果不解决好，也是后患无穷的。

2. 利益差距扩大化

随着利益主体的不断分化，不同主体之间利益差距也呈现出扩大的趋势，突出表现在不同社会成员收入差距呈逐步拉大的趋势。其中最为典型的是个人收入、城乡收入、行业就业人员平均工资、地区间收入差距明显。

（1）居民收入差距拉大。

近年来中国不同群体居民收入差距急剧扩大，高收入群体与低收入群体的收入差距悬殊，已由2000年的0.220降低到近些年的仅仅9%出头，差距巨大（见表7–6）。

表 7–6　低收入群体（20%）与高收入群体（20%）的收入比

年份（年）	2000	2013	2014	2015	2016	2017	2018
低收入户（元）	2515	4402	4747	5221	5529	5958	6441
高收入户（元）	11 438	47 457	50 968	54 544	59 260	64 934	70 640
比例（%）	0.220	0.0928	0.0931	0.0957	0.0933	0.0919	0.0912

注：表中数据来自中华人民共和国国家统计局中国统计年鉴。

城镇低收入与高收入群体的收入比不断拉大，已由2000年的0.277降低到2018年的

0.169左右（见表7–7），农村低收入与高收入群体的收入比下降更是明显，已由2000年的0.155降低到近年来的0.11以下（见表7–8）。

表 7–7　城镇低收入群体（20%）与高收入群体（20%）的收入比

年份（年）	2000	2004	2006	2010	2013	2014	2015	2016	2017	2018
低收入户（元）	3132	3642	4567	7605	9896	11 219	12 231	13 004	13 723	14 387
高收入户（元）	11 299	20 102	25 411	41 158	57 762	61 615	65 082	70 348	77 097	84 907
比例（%）	0.277	0.181	0.180	0.185	0.184	0.182	0.188	0.185	0.178	0.169

注：表中数据来自中华人民共和国国家统计局中国统计年鉴。

表 7–8　农村低收入群体（20%）与高收入群体（20%）的收入比

年份（年）	2000	2004	2006	2010	2013	2014	2015	2016	2017	2018
低收入户（元）	802	1007	1183	1870	2878	2768	3086	3007	3302	3666
高收入户（元）	5190	6931	8475	14 050	21 324	23 947	26 014	28 448	31 299	34 043
比例（%）	0.155	0.145	0.140	0.133	0.122	0.116	0.119	0.106	0.106	0.108

注：表中数据来自中华人民共和国国家统计局中国统计年鉴2019。

城乡收入差距拉大。1978年城乡居民人均收入之间比例为2.57倍，2010年大幅扩大到3.23倍。近年来，随着国家对城乡收入拉大的重视，不断提高乡村居民特别是低收入群体的收入，这一差距有所收窄（见表7–9）。

表 7–9　城乡居民收入状况

年份（年）	1978	1990	1995	2000	2010	2013	2015	2017	2018
城镇人均可支配收入（元）	343.4	1510	4283	6280	19 109	26 995	31 195	36 396	39 251
农村人均收入（元）	133.6	686.3	1578	2253	5919	9249	11 422	13 432	14 617
比例（%）	2.57	2.20	2.71	2.79	3.23	2.92	2.73	2.71	2.69

注：表中数据来自中华人民共和国国家统计局中国统计年鉴2019。

（2）行业就业人员平均工资差距显著扩大。

1978年，全国工资最高的地质普查和勘探业和工资最低的农林牧渔水利业的就业人员年平均工资分别为809元和486元，两者年平均工资差距为1.66倍。2014年和2015年人均收入最高的金融业年平均工资分别为108 273元和123 640元，人均收入最少的行业为农、林、牧、渔业，年平均工资分别为28 356元和38 153元，两者年平均工资差距分别为3.82倍和3.24倍，差距显著扩大。而发达国家年最高和最低行业工资差距一般在3倍之内，2006—2007年最高和最低行业工资差距，日本、英国、法国约为1.6-2倍左右，德国、加拿大、美国、韩国是在2.3—3倍之间。

（3）地区间收入差距明显。

中国东部、中部、西部、东北四地区虽然相对收入比例降低，但是绝对差距不断拉大，城镇居民人均可支配收入从2005年的其他三地区比东部少4500元左右，到2018年西部已比东部少13 034元，最低的中部地区也比东部少12 630元（见表7-10）。而农村地区从2000年的绝对差距最大的西部少收入1710元拉大到6455元，差距更为明显（表7-11）。

表7-10　不同地区城镇居民人均可支配收入

年份（年）	2005	2006	2010	2012	2014	2015	2018
东部（元）	13 375	14 967	23 273	29 622	33 905	36 691	46 433
中部（元）	8809	9902	15 962	20 697	24 733	26 810	33 803
西部（元）	8783	9729	15 807	20 600	24 391	26 473	33 389
东北（元）	8730	9830	15 941	20 759	25 579	27 400	32 994
中-东绝对差（元）	−4566	−5065	−7311	−8924	−9172	−9881	−12 630
西-东绝对差（元）	−4592	−5238	−7466	−9022	−9514	−10 218	−13 034
东北-东绝对差（元）	−4645	−5137	−7322	−8863	−8326	−9291	−13 439

注：表中数据来自中华人民共和国国家统计局中国统计年鉴2019。

表7-11　不同地区农村居民人均可支配收入

年份（年）	2000	2005	2006	2010	2012	2014	2015	2018
东部（元）	3371	4720	5188	8143	10 818	13 145	14 297	18 286
中部（元）	2078	2957	3283	5510	7435	10 011	10 919	13 954
西部（元）	1661	2379	2588	4418	6027	8295	9093	11 831
东北（元）	2177	3397	3745	6435	8847	10 802	11 490	14 080
中-东绝对差（元）	−1293	−1763	−1905	−2633	−3383	−3134	−3378	−4332
西-东绝对差（元）	−1710	−2341	−2600	−3725	−4791	−4850	−5204	−6455
东北-东绝对差（元）	−1194	−1323	−1443	−1708	−1971	−2343	−2807	−4206

注：表中数据来自中华人民共和国国家统计局中国统计年鉴2019。

《中国民生发展报告2015》显示，中国目前的收入和财产不平等状况正在日趋严重。近30年来，中国居民收入基尼系数从80年代初的0.3左右上升到现在的0.45以上。而据北京大学中国家庭追踪调查CFPS（China Family Panel Studies）2012资料估算，2012年，全国居民收入基尼系数约为0.49，大大超出0.4的警戒线。财产不平等的程度更加严重。估算结果显示，中国家庭财产基尼系数从1995年的0.45扩大到2012年的0.73。顶端1%的家庭占有全国约三分之一的财产，底端25%的家庭拥有的财产总量仅在1%左右。

知识链接7-2

基尼系数[①]

基尼系数，是根据劳伦茨曲线所定义的判断收入分配公平程度的指标，是在0和1之间的比例数值，国际上一般用来综合考察居民内部收入分配差异状况的一个重要分析指标。通常把0.4作为贫富差距的警戒线，大于这一数值容易出现社会动荡。按照联合国有关组织规定：基尼系数值小于等于0.2，表明收入绝对平均；介于0.2−0.3之间，表明收入比较平均；介于0.3−0.4之间，表明收入相对合理；介于0.4−0.5之间，表明收入差距较大；大于等于 0.5，表明收入差距悬殊。

改革开放的30多年，中国的贫富差距是在拉大。国家统计局资料显示，全国的基尼系数从改革开放后的0.3的水平，到20世纪90年代开始突破0.4，2008年达到0.491后开始逐步回落，2019年估计0.47左右（见表7−11）。我国基尼系数现已达到国际公认的警戒区，而且也大大高于国际平均水平。接近0.5的基尼系数可以说是一个比较高的水平，世界上超过0.5的国家只有10%左右；主要发达国家的基尼系数一般都在0.24到0.36之间。

表 7–12　中国历年基尼系数

年份	1978	1979	1988	1994	2002	2003	2005	2006	2007	2008
基尼系数	0.317	0.33	0.383	0.434	0.454	0.479	0.485	0.487	0.484	0.491
年份	2009	2010	2011	2012	2013	2014	2015	2016	2017	2018
基尼系数	0.490	0.481	0.477	0.474	0.473	0.469	0.462	0.465	0.467	0.474

世界银行的测算，我国2009年的基尼系数是0.47，在所有公布的135个国家中名列第36位；贫富差距逐步拉大。统计显示，总人口中20%的最低收入人口占收入的份额仅为4.7%，而总人口中20%的最高收入人口占总收入的份额高达50%。2006年，城镇居民中20%最高收入组（25 410.8元）是20%最低收入组（4567.1元）的5.6倍；农村居民中

①资料来源：历年中国统计年鉴及相关资料。

20%最高收入组（8474.8元）是20%最低收入组（1182.5元）的7.2倍。2014年扩大到10.1倍。

亚洲开发银行发表了《减少不平等，中国需要具有包容性的增长》的新闻稿并公布了《亚洲的分配不均》的研究报告，在22个纳入亚行研究范围的国家中，中国排在第一位，在衡量分配不平等的两个常见指标中，收入最高的20%人口的平均收入与收入最低的20%人口的平均收入的比率，中国是11倍，高出其他国家一大截；基尼系数，2004年中国的数值是0.4725，仅比尼泊尔的0.4730微低，远远高于印度、韩国、中国台湾地区。

3. 社会矛盾及群体性事件不断增多，对抗程度增强

市场化、工业化、城市化导致大量人口频繁迁移。这些流动人口管理难度很大，社会融合度降低，剥离感增强，还带来了家庭的不稳定，家庭成员生活品质降低。社会成员“现实性的烦躁”和“预期性的焦虑”相叠加，于是关涉群众利益的群体性事件与宣泄社会不满情绪的无直接利益群体性事件时有发生。随着中低收入家庭生活压力不断加大，社会上的仇富情绪进一步蔓延和滋长，群众中淤积已久的不满情绪不断膨胀，作为宣泄途径之一的群体性事件将持续增多。但是，这些矛盾多为人民内部矛盾，当前这些矛盾呈现出了许多新特点：一是利益矛盾日益凸显；二是矛盾的复杂性增强；三是矛盾朝着对抗性演变的可能性有所增强。

案例导入7-1

全国典型群体性事件特点

近年来，我国因各种社会矛盾引发的群体性事件增长速度呈显著上升趋势，妥善处理群体性事件已成为当前面临的重要社会问题。

关于群体性事件的定义，目前学术界和实践中没有统一说明。一般情况下，群体性事件是指具有某种共同利益的群体为了达到某种诉求和目的，所进行的没有合法依据的大规模活动，比如通过集会、游行、示威、罢工、罢课、请愿、上访、占领交通路线或公共场所等形式对社会秩序产生负面影响的事件。学界研究认为，群体性事件大致可以分为三个级别：维权、泄愤及骚乱。

法制网舆情监测中心对2012年度全国范围内出现的典型群体性事件进行分析，归纳出以下共同特征：

①陈锐，付萌．2012年群体性事件研究报告[R/OL]．法制网．http：//www.legaldaily.com.cn/The_analysis_of_public_opinion/content/2012-12-27/content_4092138.htm）

（1）事件持续时间总体较短。

群体性事件的持续时间一般较短，大部分事件在1天内就能够得到处理和平息（75.6%），而在一周（7天）内得以解决的比例高达95.6%。

（2）南部地区群体性事件高发。

从地域上看，我们监测到的群体性事件共分布于全国17个省、自治区、直辖市。其中南部地区（黄河以南）发生较多。据统计，2012年度发生4起及4起以上群体性事件的省、自治区、直辖市基本上都位于黄河以南地区。我国东南沿海的广东省、西南部的四川省以及中部的河南省分别为2012年度全国典型群体性事件发生率高的前3名。

（3）事发诱因主题更加多样化。

首先，因社会纠纷导致的群体性事件数量最多，占到总体的24.4%。随着社会经济的发展，社会利益的复杂性进一步体现，各方利益在自我调控中如果不能达到平衡，就容易引发利益纠葛，并由此爆发群体性事件。

其次，因征地强拆和警民冲突所引发的群体性事件分别占到总体的22.2%，其中征地强拆已成为导致各地社会秩序不稳定，诱发舆情事件的重要因素。另外，值得关注的是警民冲突导致群体性事件的比例也占到了22.2%，发现警察目前很容易成为社会矛盾的引发者。

最后，官民冲突、环境维权和族群冲突所占比例较少，分别为13.3%、8.9%和8.9%。

（4）公共利益受损是事件主因。

群体性事件所涉引发原因主要可以分为公共利益受损和个人利益受损。

其中：公共利益受损（征地强拆、环境维权、官民冲突的诱发因素）为主要原因，占到总体的57.8%；个人利益受损（族群冲突、社会纠纷和警民冲突的诱发因素）引发的群体性事件比例为42.2%。

（5）社会矛盾由农村向城镇转移。

在2012年群体性事件中，主要参与者是城镇居民和农民。其中城镇居民参与的超过一半（51.1%），农民参与的有46.7%。

（6）流动人口和学生参与度高。

2012年度群体性事件的参与主体中，外来流动人口和学生的参与度较高。

其中，外来流动人口的参与比例为17.8%。特别值得关注的是，2012年的群体性事件中有11.1%的事件有学生参与。

（7）社会化媒体力量不容忽视。

在群体性事件中，参与人群主要的组织方式是人际交流95.6%。同时，随着互联网的发展呈现出新特点，即群体性事件的组织方式多元化，13.3%的群体性事件把微博作为人员组织工具，他们把彼此不认识的人组成利益群体，推动群体性事件爆发。

（8）事件结果令人担忧。

在2012年群体性事件中，73.3%的事件造成财产损失，71.1%的事件中有人员受伤，引起人员死亡的恶性群体性事件占到总体的8.9%，只有11.1%的群体事件可以得到和平解决或者基本不造成损失。

案例思考：

政府解决群体性事件的出发点应是什么？

利益冲突加强化的主要表现是经济利益矛盾突出，围绕土地征收征用、城市建设拆迁、环境保护、企业重组改制和破产等问题，冲突事件不断增多，对抗程度增强，处置难度加大。经济利益冲突引发的矛盾，已成为影响当前社会稳定的重要因素。

4. 社会保障与社会福利覆盖率低且城乡差距明显

社会保障是政府保障人民生活水平的主要手段，影响整个社会的安定和发展。然而，我国的社会保障支出总量一直相对不足，且增长缓慢（见表7-13）。

表 7-13　我国社会保障支出情况

年份	GDP（亿元）	社会保障支出（亿元）	社会保障支出占 GDP 比重	财政支出（亿元）	财政性社会保障支出（亿元）	财政性社会保障支出占财政支出比重
1998	84 402	2225	2.6%	10 798	589	5.5%
2000	99 215	3890	3.9%	15 156	1511	10.0%
2003	135 823	6574	4.6%	23 686	2557	10.8%
2005	183 084	8939	4.9%	32 894	3638	10.8%
2007	257 305	13 661	5.4%	49 751	5972	12.0%
2009	335 353	21 960	6.6%	76 235	9566	12.6%

注：表中数据来自中华人民共和国国家统计局《中国统计年鉴2010》。

西方发达国家由于进入现代化时间较早，而且经过长期资金积累，大多是高福利制国家，社会保障水平一般较高（见表7-14）。

表 7-14　部分国家 2005—2006 财年社会保障支出水平比较

国家	社保占 GDP 比重	国家	社保占 GDP 比重	国家	社保占 GDP 比重
瑞典	23.9%	英国	18.2%	日本	12.3%
法国	21.2%	波兰	17.8%	美国	8.9%
德国	20.8%	挪威	17.2%	俄罗斯	8.75%

注：表中数据来自IMF、OECD、欧盟统计局统计数据，其中欧洲国家为2005年资料，其他国家为2006年资料。美国数据只包含养老金和福利支出，不包含医疗保障支出等。

我国有限的社会保障支出结构还不合理、地区差异显著。我国的经济发展存在着严重的“二元经济结构”，在社会保障支出方面，也同样存在着二元结构问题，我国的社会保障制度，基本上是偏向城市的社会保障制度。十八届三中全会提出要“推进城乡最低生活保障制度统筹发展”，2015年开始，上海、北京、南京、广州多地实现城乡低保标准的统一，是社会救助实现城乡统筹的具体体现，有助于打破城乡二元壁垒，保障民生底线公平，让更多困难群众享受到经济发展成果。逐步建立起了全面覆盖城乡的居民最低生活保障制度，各级财政支出也大幅度提高，基本解决了城乡居民的生活困难（见表7-15）。

表 7-15　2010 年以来全国城乡居民最低生活保障人数

年份（年）	2010	2011	2012	2013	2014	2015	2016	2017	2018	2019
城市（万人）	2311	2277	2144	2064	1877	1701	1480	1261	1008	861
农村（万人）	5214	5306	5345	5388	5207	4904	4586	4045	3520	3456

注：表中数据来自中华人民共和国国家统计局《中华人民共和国 2010—2019 年国民经济和社会发展统计公报》。

新中国成立后不久，国家建立的社会保险制度，形成了一套涵盖养老、医疗、失业、生育等方面的保障体系，但是只面向城市企业劳动者。虽然近些年我们不断地建立和完善社会保障制度，但仍存在城乡社会保障两种模式。城市社会保障模式中养老保险采用社会统筹和个人账户相结合的方式，其资金来源是国家、企业、个人共同承担，医疗保险采用社会统筹和个人账户相结合的方式，失业保险的保险费由企业按职工工资总额一定比例筹交，普遍建立了工伤保险和生育保险。农村社会保障模式则采用以家庭保障为主，与社区扶持相结合的保障方式，目前有条件的地区实行养老保险，资金来源采用个人缴纳为主、集体补助为辅、国家予以政策扶持，医疗保险采用合作健康保险或合作医疗的方式，生育保险和工伤保险覆盖率较低。城乡地区社会福利也有差异。城镇社会福利包含福利设施、福利补贴、休假与补贴等职工福利和社区服务、福利院、敬老院、干休所等公办福利；农村社会福利只有五保户供养、养老院、农村社区服务等公办福利。由于我国社会福利的支出主要取决于地方政府的财政财力，因此各省市居民之间的社会福利水平存在较大的差异。东部地区支出普遍高，而中、西部地区相对比较低，人均福利支出最高的省份与最低的省份之间差距达到过10倍。

养老问题主要是基于少子高龄化时代的来临而产生的“养老难、养老贵”问题。在老龄群体越来越庞大的同时，作为劳动力主要来源的青少年群体却在迅速萎缩。可以断言，未来我们国家的养老，资金问题不会很大，养老服务因为劳动力短缺会有较大问题。同时，养老保障的水平体现在行业之间、地区之间、城乡之间也会有一定差距，需要通过收入分配制度改革等措施尽快加以改变。随着城镇化进程的加快，原来基于制度成本、便于管理、城乡分治而设立的社会保障体系早已不能适应当前城乡融合的迅猛发展之势，必须加快建立城乡一体化的社会保障体系，尽量缩小彼此之间的保障水平差异。医疗关乎人民群众的生命健康安全。通过几十年的改革，人民群众的“看病难、看病贵”问题没有得到较好解决。医疗资源配置不公的问题仍然普遍存在，许多优质的医疗卫生资源仍然过度集中于大城市、大医院，在一些边远山区、乡村，医疗资源仍然相当匮乏。调查显示，人民群众对当前医疗卫生制度的满意度是不高的。尤其是新农合，受基本药物目录所限，许多在报销范围内的药物疗效一般，而疗效相对较好的新特药又不在报销范围。而且，药房药品加成、大处方、滥检查、过度治疗等问题仍然存在。凡此种种，都影响着普通居民健康梦的实现。

最近几年调查当中，“看病难、看病贵”，是被老百姓排在第一位的社会问题。在我们整个消费当中，现在的医疗消费支出在城乡居民家庭消费支出结构中排在第三，除了食品和教育以后，大概占11%。但是医疗消费和其他消费不一样的，平均11%，但有病人的家庭支出就要高得多。而且现在这个比例比发达国家高很多，英国医疗在消费中大概占7%左右。

近几年，我们在各种社会保障体制改革方面，医疗是发展最快的，现在我们基本上已经形成一个覆盖全民的医疗保障体系。当然这个体系是由四种制度构成的，是一个差别化的，公务员是公费医疗，包括一部分事业单位也是这样，企业职工是城镇职工的医疗保险，然后是城镇居民的，最后是新型农村合作医疗。这四种制度覆盖了几乎全国每一个人，但层次是不一样的，存在城乡差距和地区差异。一方面我们看到，情况已经迅速地改善，2016年与2008年相比，完全自己花钱的人数在大大下降，能报销的在快速的增加，报销比例一半的在增加，报销比例70%的也在增加。但是就全国来讲，还是有相当大的一部分家庭，看病是需要自己花钱的。但是医疗价格现在又在不断的攀升，医疗价格的攀升速度比食品等其他的价格要快得多。

在医疗保障上，本应起到减小收入差距作用的社保体系反而起到逆向调节的作用。《中国民生发展报告2015》主要负责人、北京大学教授李建新的研究表明，健康状况更差的个体往往更加缺乏医疗保障资源，面临更大的就医压力。从收入上看，高收入人群享有更多的医疗补贴，不成比例的补贴给了富裕人群而不是穷人。

5. 教育投入不足，且资源分布不平衡

首先，我国教育投入不足，与世界水平相比差距较大。教育为经济发展和转变经济发展方式提供必要的人才基础和智力支持。一个国家经济要实现又好又快的发展，必须依赖于高素质的劳动者，他们是提高劳动生产率和推动经济发展方式转变的主体力量。教育投资是人力资本形成和积累的主要途径。联合国教育、科学及文化组织的研究结果表明，生产率与劳动者的受教育程度呈现高度的正相关关系。与文盲相比，小学毕业生可以提高生产率43%，初中生可以提高108%，大学生可以提高300%。目前，我国对教育和科技人才培养的投入偏低，严重影响了科技水平及劳动力素质的提高，从而制约了经济增长方式的转变和国际竞争力的提高。到2014年，我国的公共教育经费支出占GDP的比重仍达不到2003年世界平均水平，与发达国家的人才竞争中势必处于劣势（见表7–16）。

表 7–16　世界及部分国家公共教育经费支出占 GDP 的比重

年份（年）	1991	2000	2003
世界（%）	4.01	4.04	4.7
中国（%）	2.03	2.28①	3.64②
印度（%）	3.65	4.12	3.26
以色列（%）	6.48	7.01	7.31
日本（%）	–	3.6	3.65
韩国（%）	3.78	3.44	4.62
加拿大（%）	6.49	5.65	5.24③
美国（%）	5.09	5.75	5.86
巴西（%）	–	4.3	4.15③
法国（%）	5.63	5.75	6.02
德国（%）	–	4.53	4.77③
俄罗斯（%）	3.57	2.94	3.68
英国（%）	4.79	4.64	5.48
澳大利亚（%）	4.87	4.80	4.80

注：表中数据来自资料来自世界银行统计数据、中华人民共和国国家统计局《中国统计年鉴》。

①为 1999 年数据。

②为 2014 年数据，根据《中国统计年鉴》数据计算所得。

③为 2002 年数据。

其次，教育机会不均等。教育存在巨大的城乡差距、东中西区域差距和性别差距，城乡差距尤其显著。《中国民生发展报告2015》显示，60年代出生的人群教育不平等程度最低，此后不平等程度不断上升，80年代出生的人群教育不平等程度达到历史最高。户口、父母的教育水平、党员身份、出生所在省份等一系列并非通过个体努力可以改变的因素对教育资源获得的影响份额在过去三十年有所上升。这表明未来相关公共政策应该着力于减少劣势境况对人力资本发展的负面影响，使社会成员获得平等的教育机会。城乡教育发展差距大。我国长期以来城乡教育事业发展投入经费存在差异，在教育方面生均经费、生均事业费、生均公共用经费和生均基建经费城乡之间都有明显的差异。就全国范围而言，城市小学、初中生的人均经费为农村小学、初中生的人均经费的3倍左右；个别省市，城乡小学、初中生的人均经费差距能达到10倍以上。

前几年中央党校吴忠民教授的一项研究表明，我国社会保障、公共教育、公共卫生三项基本民生指标支出占国内生产总值比重约分别为3%、2.9%、2%。除了柬埔寨、津巴布韦等国比我国低之外，绝大部分国家都高于我国。

6. 就业结构性矛盾突出

就业是人的最基本权力，它不仅是一个人谋生的手段，同时也是籍以融入社会大家庭的基本方式。古人云：有恒业者有恒产，有恒产者有恒心，即是说当一个人有了稳定的职业才会有稳定的收入，有了稳定的收入才会有平和的心态。就业的结构性矛盾是指求职者能力和意愿与就业岗位需求不一致，表现为短缺与过剩并存。一方面有的工作单位招不到特定的高技术人才或熟练技术工人，另一方面有的岗位大家趋之若鹜，但岗位数量寥寥。在我国比较突出地反映在大学毕业生就业压力较大、部分企业“招工难”，熟练技术工人严重短缺、公务员招录比例失调等多方面。近年来报考公务员考试人数仍居高不下（见表7-17），最热职位报录比2017年9837：1；2018年2666：1；2019年4040：1，2020年公务员最热职位报录比是中央档案馆国家档案局中国历史第一历史档案馆计划招录1人，目前通过资格审查的人数已达2300人，2300人竞争同一个职位，竞争激烈程度可想而知，同前几年相比今年的最热职位报录比还是有所下降的。[①]

①公考资讯网. 2020年国考143万人报名成功，95个职位无人问津[EB/OL]. 公考资讯网，2019-10-30. http：//www.gjgwy.org/201910/435753.html.

表 7-17　2003—2020 年国家公务员招录情况表①

年份	职位数（人）	招录人数（人）	审核通过（万人）	参考人数（万人）	参考人/招录数
2003	5400	5475	12.5	8.8	16.07：1
2004	4036	7572	18.2	12.0	15.84：1
2005	5456	8271	31.0	29.0	35.06：1
2006	6053	10 282	54.0	50.0	48.60：1
2007	6361	12 724	74.0	53.5	42.05：1
2008	6691	13 787	80.0	64.0	46.42：1
2009	7556	13 566	105.2	77.5	57.13：1
2010	9275	15 526	144.3	92.7	59.71：1
2011	9763	15 290	141.5	90.2	58.99：1
2012	10 486	17 941	130.0	96.0	53.51:1
2013	12 927	20 879	150.0	111.7	53.50:1
2014	11 729	19 538	152.0	111.9	57.27:1
2015	13 474	22 248	140.9	90.2	40.54:1
2016	15 659	27 016	128.0	93.0	34.42:1
2017	15 589	27 061	133.8	98.4	36.36:1
2018	16 144	28 533	165.97	113.4	39.74:1
2019	9657	14 537	138.0	92.0	63.29:1
2020	13 849	24 128	143.7	—	—

除了上面提及的问题以外，其他诸如环境、食品安全等问题也都是群众反映强烈、需要认真解决的民生问题。

三、产生社会矛盾和民生问题的原因

1. 二元经济结构造成的城乡差距

中国城乡二元经济结构主要表现为：城市经济以现代化的大工业生产为主，而农村经济以典型的小农经济为主；城市的道路、通信、卫生和教育等基础设施发达，而农村的基础设施落后；城市的人均消费水平远远高于农村；相对于城市，农村人口众

①根据公考资讯网相关资料整理。

多等。这种状态导致经济结构存在的突出矛盾，城乡差距突出，特别是城乡教育、医疗卫生、就业、社会保障等差距，是当前社会矛盾和民生问题存在的重要因素。

2. 传统理念的制约

长期以来，中国传统理念在经济建设与社会发展的关系上，往往注重经济建设，忽视社会建设，使社会建设相对滞后，这突出地表现在民生问题没有得到应有的改善。改革开放以来，中国民众越来越重视现实的生活问题，以人为本的理念迅速被各个阶层广泛接受、认同。习近平指出："我们的人民热爱生活，期盼有更好的教育、更稳定的工作、更满意的收入、更可靠的社会保障、更高水平的医疗卫生服务、更舒适的居住条件、更优美的环境，期盼孩子们能成长得更好、工作得更好、生活得更好。"①中国民众对于现实生活的这种重视，其程度恐怕是中国几千年以来前所未有的，而且中国民众对于生活的期望值往往要高于已有的生活水准，已不限于温饱型的生活。正如胡锦涛在党的十八大报告中所指出的那样："教育、就业、社会保障、医疗、住房、生态环境、食品药品安全、安全生产、社会治安、执法司法等关系群众切身利益的问题较多，部分群众生活比较困难。"②现在，"买不起房、看不起病、上不起学"等重要民生问题困扰着不少的社会成员。正因为如此，民生问题成为中国现阶段社会矛盾的基本根源。

3. 政策机制不完善

社会建设的政策机制与市场经济的要求不相符合，难以适应经济社会发展的需要等等。如民众的诉求表达机制不健全、利益协调机制不完备、矛盾调处机制衔接沟通不够、权益保障机制城乡和地区差异化较大等等。

4. 几种心态的影响

首先，世俗化的影响。世俗化的含义，指随着现代化进程的推进，人们的生活态度越来越现实化和理性化，人们对现实生活的看重程度越来越高，越来越希望在当下就能过上好的生活，这是现代生活一个很重要的特征。其次，平等独立意识的增强。人们普遍认为，过上好生活不是哪一个特定群体的特权，每个人都有权利通过自己的努力过上比较好的生活。中国改革开放以后，出现了对以往贫困生活的一种强烈的反

---

①习近平. 在十八届中央政治局常委同中外记者见面时的讲话（2012年11月15日）[N/OL]. 人民日报，2012-11-16（01）.

②胡锦涛. 坚定不移沿着中国特色社会主义道路前进，为全面建成小康社会而奋斗：在中国共产党第十八次全国代表大会上的报告[M]. 北京：人民出版社，2012：5.

弹，人们对于美好生活的追求产生了比较强烈的情绪和渴望的心理。第三，社会焦虑的情绪。中国社会正处在急剧转型时期，社会的变化幅度特别大，社会的整体利益结构在迅速地大洗牌，这就形成了种种反差很大的示范效应。一夜暴富和一夜之间失业下岗现象同时存在，这就容易使人们产生一种急切的心理，唯恐一步赶不上就步步赶不上，这样一来，对未来生活的预期就更加强烈了。普遍的焦虑状态，助长了人们对现实民生生活状态的一种渴望。

以上几种心态加剧了社会矛盾的产生和扩大。

第三节　中国特色社会主义社会建设的发展方向

一、在发展中保障和改善民生

随着中国特色社会主义进入新时代，我国主要矛盾已经转化为人民日益增长的美好生活需要和不平衡不充分的发展之间的矛盾，对保障和改善民生工作提出了挑战。在发展中保障好改善民生，带领人民创造美好生活，是党始终不渝的奋斗目标，是改革开放和社会主义现代化建设的根本目的，也是加强社会建设的基本着力点。

1. 增进民生福祉是发展的根本目的

所谓民生，就是人民的基本生存和生活状态，以及人民的基本发展机会、基本发展能力和基本权益保护的状况等，具体涉及劳动就业、社会福利、义务教育、基本住房、最低生活保障、社会救助等方面的内容。就业是民生之本，教育是民生之基，分配是民生之源，社保是民生之依，稳定是民生之盾。当前要重点解决就业难、上学难、看病难、购房难以及物价上涨、食品安全等群众反映突出的问题。

增进民生福祉是坚持立党为公、执政为民的本质要求。民生是人民幸福之基、社会和谐之本。中国共产党是全心全意为人民服务的政党，党的建立、发展都是为了维护和实现好人民的根本利益，都是为了让人民过上幸福美好的生活。因此，人民对美好生活的向往，就是党的奋斗目标，让人民群众过上幸福美好的生活是党的一切工作的出发点和落脚点。检验党工作成效的最终标准，就是看广大人民群众是否得到真实惠，社会民生是否得到真改善。

增进民生福祉是推动发展的根本目的。我们的发展是以人为本的发展，我们一切的奋斗和工作归根到底就是要顺应各族人民过上更好生活的新期待，着力解决人民群众最关心、最直接、最现实的利益问题，不断满足人民群众日益增长的物质文化需要，提高人民群众的生活质量和水平。如果我们的发展只是为发展而发展，只是为了追求GDP的增长，而忽视民生问题的改善，忽视人民群众的期盼，不能真正实现好、维护好、发展好人民群众的根本利益，这样的发展是没有意义的，也是难以持续的。

正确处理好经济发展与改善民生的关系。经济发展是改善民生的前提和基础，只有经济发展了，“蛋糕”做大了，改善民生才有物质基础。改善民生既是经济发展的目的，又是经济发展的推动力，只有在发展经济中改善民生，才能更好地发挥人民群众的积极性和创造性，更好地促进经济发展，把“蛋糕”做大，为民生改善奠定厚实基础。

2. 保障和改善民生的主要内容

当前，在全面建成小康社会的历史条件下，保障和改善民生的主要内容包括：

（1）努力办好人民满意的教育。

教育是民族振兴和社会进步的基石。坚持教育优先发展，明确教育在国家战略中的优先发展地位；全面贯彻党的教育方针，坚持教育为社会主义现代化建设服务、为人民服务，把立德树人作为教育的根本任务，加强社会主义核心价值观教育，完善中华优秀传统文化教育，形成爱学习、爱劳动、爱祖国的有效形式和长效机制，增强学生社会责任感、创新精神、实践能力，培养德智体美全面发展的社会主义建设者和接班人；大力促进教育公平，合理配置教育资源，统筹城乡义务教育资源均衡配置，实行公办学校标准化建设和校长教师交流轮岗，打破重点和非重点学校壁垒，破解择校难题，标本兼治减轻学生课业负担；加快现代职业教育体系建设，培养高素质劳动者和技能型人才；推进考试招生制度改革，探索招生和考试相对分离机制，从根本上解决一考定终身的弊端；深入推进管办评分离，扩大省级政府教育统筹权和学校办学自主权；强化国家教育督导，委托社会组织开展教育评估监测；鼓励引导社会力量兴办教育；加强教师队伍建设，努力提高教师的师德水平和业务能力，增强教师教书育人的荣誉感和责任感。

（2）推动实现更高质量的就业，增加居民收入。

就业是民生之本。实施就业优先战略和更加积极的就业政策，贯彻劳动者自主就业、市场调节就业、政府促进就业和鼓励创业的方针，建立经济发展和扩大就业的联动机制，健全政府促进就业责任制度；完善扶持就业的优惠政策，形成政府激励创业、社会支持创业、劳动者勇于创业新机制，鼓励大众创业、万众创新；完善城乡均等的公共就业创业服务体系，创新劳动关系协调机制，加强劳动保障监察和争议调解仲裁，构建和谐劳动关系；促进以高校毕业生为重点的青年就业和农村转移劳动力、城镇困难人员、退役军人就业；加强职业技能培训，提升劳动者就业创业能力，增强就业稳定性；健全人力资源市场，完善就业服务体系。

深化收入分配制度改革，着重保护劳动所得，努力实现居民收入增长与经济发展同步、劳动报酬增长和劳动生产率提高同步，提高劳动报酬在初次分配中的比重，实现发展成果由人民共享。规范收入分配秩序，完善收入分配调控机制和政策体系，逐步形成合理的分配格局。

（3）完善覆盖全民的社会保障体系。

社会保障制度是保障人民生活、调节社会分配的一项基本制度。完善覆盖全民的社会保障体系，贯彻全覆盖、保基本、多层次、可持续方针，以增强公平性、适应流动性、保持可持续性为重点；坚持应保尽保原则，巩固全民参保计划的实施效果，健全统筹城乡、可持续基本养老保险制度、基本医疗保险制度，稳步提高保障水平；全面深化养老保险制度改革，加快建立基本养老保险全国统筹制度，重点是推进养老保险省级统筹等政策；同时，按照完善统一的城乡居民基本医疗保险制度和大病保险制度的要求，还要抓紧完善异地就医结算制度。

（4）提高人民健康水平，实施健康中国战略。

人民健康是民族昌盛和国家富强的重要标志，是促进人的全面发展的必然要求。坚持为人民健康服务的方向，完善国民健康政策，为群众提供安全有效、方便、价廉的公共卫生和基本医疗服务；统筹推进医疗保障、医疗服务、公共卫生、药品供应、监管体制综合改革；完善合理分级诊疗模式，建立社区医生和居民契约服务关系；充分利用信息化手段，促进优质医疗资源纵向流动；改革医保支付方式，健全全民医保体系；加快健全重特大疾病医疗保险和救助机制；完善中医药事业发展政策和机制；鼓励社会办医，优先支持举办非营利医疗机构；允许医师多点执业，允许民办医疗机构纳入医保定点范围；完善全面放开二胎政策，促进人口长期均衡发展。

3. 坚决打赢脱贫攻坚战

打赢脱贫攻坚战，是保障和改善民生的头等大事，是第一民生工程。实现全面建成小康社会的第一个百年奋斗目标，必须消除贫困。我国是14亿人口的大国，占全球人口的五分之一。新中国成立后，尤其是改革开放后，我国在消除贫困方面取得举世公认的巨大成就。党的十八大以来，以习近平同志为核心的党中央实施精准扶贫、精准脱贫，加大扶贫投入，创新扶贫方式，脱贫攻坚战取得决定性进展，9000多万贫困人口稳定脱贫，越来越多的贫困地区、偏远地区人民的生活状况得到改善，人民的吃饭穿衣问题基本解决。同时，也应当清醒地看到，我国脱贫攻坚形势依然严峻。全国贫困人口中相当一部分居住在艰苦边远地区，处于极度贫困状态，属于脱贫攻坚“最重的担子”“最硬的骨头”。实现到2020年我国现行标准下农村贫困人口脱贫的目标，必须以更大的决心、更明确的思路、更精准的举措，推进脱贫攻坚工作向纵深发展。

（1）坚持精准扶贫、精准脱贫。

精准扶贫精准脱贫基本方略，源于扶贫开发的具体实践。20世纪90年代，习近平同志在福建宁德地区担任地委书记时，经过深入调研和思考，提出摆脱贫困首先要摆脱“意识贫困”“思路贫困”，推行“四下基层”作风，强调“弱鸟先飞”意识，提倡“滴水穿石”精神。2013年，习近平总书记在湖南省花垣县十八洞村考察时首次提出“精准扶贫”，逐渐形成精准扶贫精准脱贫基本方略，使我国的减贫脱贫不断取得新成效。进入新时代，我国脱贫攻坚力度之大、规模之广、影响之深前所未有，取得了决定性进展。

扶贫工作要因地制宜探索多渠道、多样化的精准扶贫、精准脱贫路径，扎实做好产业扶贫、易地扶贫搬迁、就业扶贫、危房改造、教育扶贫、健康扶贫、生态扶贫等重点工作。实施发展生产脱贫，支持贫困群众立足各地资源条件，发展适宜特色产业，宜农则农、宜林则林、宜商则商、宜游则游。开展医疗保险和医疗救助脱贫，实施好健康扶贫工程，保障贫困人口享有基本医疗服务，切实减轻建档立卡贫困人口个人医疗费用负担，努力防止因病致贫、因病返贫。同时，注重扶贫同扶志、扶智相结合，要注重调动贫困群众的积极性、主动性、创造性，注重激发贫困地区贫困群众脱贫致富的内在动力，注重培育贫困群众发展生产和务工经商的基本技能，注重提高贫困地区和贫困群众自我发展能力，重视思想上拔穷根，引导他们形成艰苦奋斗、自强自立、苦干实干的精神状态，消除精神贫困。

案例导入7-2

旅游扶贫[①]

河北省涞水县拥有世界地质公园、国家5A级旅游区、国家森林公园等丰富旅游资源。几年来，该县发挥这一优势，大力发展旅游业，许多群众脱贫致富。但景区周边仍有部分贫困人口，并没有分享到旅游发展带来的好处。

为带动这些群众脱贫，2016年涞水县采取了专门办法。一是精准分类。将野三坡景区33个贫困村按区位分成三类：景区核心村1个，景区周边村18个，景区辐射村14个。33个村的贫困人口分为三种类型：没有劳动能力的（1328人）、具备劳动能力但缺乏就业技能的（835人）、有就业技能且有意回乡创业的。二是精准施策。对没有劳

①本刊编辑部. 旅游扶贫[J]. 中国扶贫，2017（05）：92.

动能力的贫困人口，县政府从旅游扶贫资金中列支1000万元，投入景区建设。旅游公司每年从收入中提取1000万元作为资产收益，对扶贫对象进行帮扶。对具备劳动能力的贫困人口，各村成立旅游合作社，政府统筹使用扶贫和美丽乡村建设资金，帮助每个村统一规划建设扶贫农业观光园、扶贫生态停车场、扶贫经营一条街，安排贫困村民就近就业，每人收入2000元左右。对回乡创业的贫困人口加大扶持力度，吸引其回乡发展乡村旅游。目前已有159名贫困人员回乡创业，也带动了其他贫困群众增收。

野三坡旅游扶贫，建立了把贫困人口“带起来”的外力机制和让贫困人口“动起来”的内力机制。2016年，33个试点村60%以上的贫困人口已实现脱贫。

“十三五”期间，国务院扶贫办和国家旅游局将在全国2.26万个贫困村开展乡村旅游扶贫，做到景区带动贫困村、能人带动贫困户，推广涞水县旅游扶贫把老百姓组织起来、把贫困户带动起来、把利益联结机制建立起来、把文化特色弘扬起来“两带四起来”经验，让旅游发展惠及更多的贫困群众。

案例思考：

精准脱贫应该如何结合当地的基本情况？

具体措施：一是从供给侧入手，深刻认识发展产业是实现脱贫的根本之策，牢牢抓住产业扶贫，精确选准特色项目，避免盲目追求短期效益，着力提升产品质量，夯实产业扶贫基础，形成由产业推动的长效而高质量的扶贫发展态势。二是从需求侧发力，积极探索消费扶贫的新模式，精准解决制约消费扶贫的“卡脖子”难题，通过市场机制推动贫困地区产品和服务进入全国市场，形成依靠市场促进贫困人口稳定脱贫的良好局面。三是更好发挥政府作用，不断创新扶贫体制机制。要以“三权”分置推动“三变”改革（资源变资产、资金变股金、农民变股东）为突破口，深入推进农村集体产权制度改革，激活农村各类要素，赋予农民更多财产权。四是主攻深度贫困地区，精准施策、精准推进，着力解决突出问题。特别要瞄准“看不见的贫困”，通过贫困地区职业教育和技能培训，加强开发式扶贫与保障性扶贫统筹衔接。五是从影响农村发展的基础性和战略性问题入手，统筹实施脱贫攻坚与乡村振兴战略，在产业、人才、文化、生态、组织等方面持续用力、久久为功，防止贫困人口在脱贫后返贫，以乡村振兴巩固和扩大脱贫成果。

（2）坚持新时代大扶贫格局，建立解决相对贫困的长效机制。

习近平总书记指出，“坚持社会动员，凝聚各方力量。脱贫攻坚，各方参与是合力。必须坚持充分发挥政府和社会两方面力量作用，构建专项扶贫、行业扶贫、社会扶贫互为补充的大扶贫格局，调动各方面积极性，引领市场、社会协同发力，形成全社会广泛参与脱贫攻坚格局。”[①]坚持专项扶贫、行业扶贫、社会扶贫的“三位一体”大扶贫格局，牢固搭建多层次民生兜底保障体系，努力让农村贫困人口、城市困难群众等所有需要帮助的人们的生活都能得到保障。

2020年脱贫攻坚目标如期实现，意味着我国要比世界银行确定的在全球消除绝对贫困现象的时间提前十年，面对我国即将消除绝对贫困现象的新形势，建立解决相对贫困的长效机制，要求同消除绝对贫困现象的脱贫攻坚系列政策相链接，通过健全低保制度与精准脱贫政策的有效衔接机制，对符合条件的建档立卡贫困人口实现应保尽保，及时纳入助供养，对其中重病重残人员实行特殊保障政策，确保全国所有县（市、区）农村低保标准动态达到或高于国家扶贫标准，并完善相应调整机制。同时，将继续坚持普惠政策与特惠政策相结合、开发式扶贫与保障式扶贫相结合，更加精准聚焦相对贫困特殊群体，根据城乡特困人员、低保家庭、低收入家庭等不同群体救助需求，推进社会救助综合改革，引导社会组织和慈善力量积极发挥补充作用，提供多元化针对性救助服务。

二、协调利益关系，不断促进社会公平正义

1. 统筹协调各种利益关系，妥善处理各种利益矛盾

利益矛盾、利益冲突、利益博弈是利益时代中的正常现象；在现代社会生活中，社会矛盾和冲突将成为我们日常生活的一部分。当前社会利益关系出现的新特点，既反映了改革开放以来，广大人民群众在生活水平不断提高的基础上对自身利益的进一步追求，也使得协调兼顾各方面利益的难度增大。

基于利益的冲突是理性的，演变成足以造成大规模社会动荡的因素是很少的（与由政治、意识形态、宗教、民族等问题引起的社会矛盾的差别）。因而要防止将一般的社会矛盾与威胁稳定的政治社会危机混为一谈，但仍然需要高度重视。同时，本着正确处理人民内部矛盾的基础出发，要着眼于最大限度增加和谐因素、减少不和谐因素。维护社会公平正义，使社会各方面的利益关系得到妥善协调，人民内部矛盾和其他社会矛盾得到正确处理。因此应该建立起统筹协调各种利益关系的体制机制，妥善处理好各种利益矛盾。

①习近平. 在打好精准脱贫攻坚战座谈会上的讲话（2018年2月12日）[N]. 人民日报，2018-02-15（01）.

（1）健全诉求表达机制。

拓宽社情民意表达渠道，完善党政领导干部和党代会代表、人大代表、政协委员联系群众制度，建立全国信访信息系统，搭建各种形式的沟通平台，积极发挥各类媒体的作用，重视各种社会组织在反映诉求、规范行为等方面的作用，使群众表达利益诉求逐步走上制度化、规范化、法制化的轨道。

（2）健全利益协调机制。

健全利益引导机制，教育和引导人们正确看待当前社会利益分化的现象；健全利益约束机制，通过法律和道德对人们获取利益的行为进行约束；健全利益调节机制，通过税收政策等调控措施，调整利益分配格局，减少不同利益群体之间的不公平感；健全利益补偿机制，着力解决群众反映强烈的利益问题，坚决纠正损害群众利益的行为。

（3）完善矛盾调处机制。

健全社会舆情汇集和分析机制，完善矛盾纠纷排查调处工作制度，实现人民调解、行政调解、司法调解有机结合和相互衔接，最大限度地缓解社会冲突，减少社会对立，把矛盾化解在基层、解决在萌芽状态。通过完善收入分配制度、规范收入分配秩序，科学有效地调整各种利益关系，努力缩小不同阶层、不同群体的利益差距，减少由此产生的利益矛盾。

（4）加强权益保障机制建设。

研究制定更多有利于保障公民权益的法律法规和政策制度，建立健全社会保障体系，形成基本覆盖城乡居民的社会保障体系。解决利益冲突、正确处理人民内部矛盾要着眼于最大限度增加和谐因素、最大限度减少不和谐因素，创造良好社会环境。解决群体事件的关键在于准确判断和定位社会矛盾和冲突。因为征地、拆迁、农民工工资拖欠、劳工权益等导致利益矛盾属于人民内部矛盾，而不是敌我矛盾。做到注重从源头上减少矛盾，主动为群众排忧解难；注重维护群众权益，注重维护社会公平正义；注重做好群众工作，及时了解群众心声和需求；注重加强和创新社会管理，提高基层群众自治组织自我管理、自我服务、自我教育、自我监督能力。

2. 不断促进社会公平正义

公平正义是中国特色社会主义的内在要求，实现公平正义是党的一贯主张。改革开放以来，我国经济社会发展取得巨大成就，为促进社会公平正义提供了坚实物质基础和有利条件。同时，我国现有发展水平上，社会还存在大量有违公平正义的现象。特别是随着我国经济发展水平和人民生活水平不断提高，人民群众的公平意识、民主意识、权利意识不断增强，对社会不公问题反应越来越强烈。因此，全面深化改革必须把促进社会公平正义、增进人民福祉作为一个重要内容，通过调节分配收入机制、完善公共服务体系、健全法律体系、改革司法体制等，更好体现社会主义公平正义原则。

（1）加大收入分配调节力度。

合理的收入分配制度是社会公平的重要体现，涉及最广大人民群众的根本利益。加大收入分配调节力度，合理调整收入分配关系，优化收入分配结构，缩小收入分配差距，关系经济发展、政治稳定、社会和谐，是社会建设的紧迫任务。

加大收入分配调节力度，促进社会公平的措施主要有：一是坚持和完善按劳分配为主体、多种分配方式并存的分配制度；二是初次分配和再分配都要处理好效率和公平的关系，再分配更加注重公平；三是努力提高居民收入在国民收入分配中的比重；四是逐步提高最低工资标准，保障职工工资正常增长和支付；五是规范分配秩序，加强税收对收入分配的调节作用，有效调节过高收入，努力扭转城乡、区域、行业和社会成员之间收入差距扩大的趋势。

（2）促进基本公共服务均等化。

基本公共服务均等化，就是要确保国家和社会制定的基本公共服务政策、确立的基本公共服务制度、提供的基本公共服务机会，对全体公民是均等的。促进基本公共服务均等化，就是要缩小民生差距、发展差距和贫富差距，减少社会矛盾而增进社会和谐，根治复杂的经济社会复合问题，为改革发展创造良好的政策环境。

案例导入7-3

铜陵市撤销街道办事处①

街道办是我国特色的一级行政机构，1954年12月31日，全国人大常委会审议通过《城市街道办事处组织条例》，规定十万人以上的市辖区和不设区的市，应当设立街道办事处。

2010年7月底，铜陵市铜官山区率先启动社区综合体制改革，将6个街道办全部撤销，49个社区合并成18个大社区，原有街道办干部派到各个社区任职。对这场改革的意义，部分官员或学者拿来和当年小岗村发起的家庭联产承包责任制相提并论。作为城市基层管理体制改革的一个样本，“铜陵模式”被民政部官员称为：“这是城市管理中革命性的一种变革”。

①陈荞. 铜陵试水撤销街道办被认可，安徽开始推广铜陵模式[N/OL]. 人民网–京华时报，2011–09–05. http://politics.people.com.cn/GB/14562/15586441.html.

改革后，街道原有的经济发展、城管执法等主体职能收归区级职能部门，而社会管理、服务事务等职能全部下放到了社区，居民在社区就可直接办理民政社保、计划生育、综合治理等事务。整合后的新社区，设置社区党工委、社区居委会、社区服务中心，前者主要承担社区范围内总揽全局、协调各方的职责，社区服务中心负责对居民的事项实行“一厅式”审批和“一站式”集中办理。居委会则还原自治功能，组织居民开展各类活动。更重要的是，街道办取消后，经费也得以向社区倾斜。在改革前，铜官山区每个小社区工作经费只有3万元左右，改革后每个社区工作经费在30—65万元不等。“居委会有了为民服务的手段和措施，有资金、有人员可以直接支配，而这在过去仅靠居委会是很难执行的。”

2011年1月，铜陵市在总结铜官山区的经验后，开始推广铜官山区经验，在全市大规模撤销街道办，至8月底，改革工作已基本完成，街道办彻底退出了铜陵市民的生活。

按照民政部基层政权和社区建设司司长詹成付的说法，“铜陵模式”除了要进一步深化居民自治外，还有待进一步理顺市与城区之间的权责，避免因压力型体制使社区承受重负。

案例思考：

“铜陵模式”的创新体现在哪些方面？

基本公共服务均等化涉及优化政府职能结构、公共财政体制改革、建立健全考核体系等方面，主要内容包括：义务教育和基本医疗卫生均等化，劳动就业服务和基本社会保障服务均等化，公共性基础设施和生态环境保护服务均等化，生产、消费以及安全服务均等化等。主要途径包括以下方面：

一是转变政府职能，创新基本公共服务体制机制。必须转变政府职能，切实履行经济调节、市场监管、社会治理和公共服务四项基本职能，加快推进政企分开、政资分开、政事分开、政府与市场中介组织分开，坚决纠正和防止政府越位、错位和缺位。建立健全规范的基本公共服务需求表达、信息反馈和民主决策机制，建立以政府为主导、市场主体和社会主体有序参与供给的“一主多元”的公共服务供给模式。

二是加大财政投入。实现基本公共服务均等化，资金保障是关键。必须调整和优化公共财政支出结构，把更多财政资金投向公共服务领域，加大财政在教育、卫生、文化、就业再就业服务、社会保障、生态环境、公共基础设施建设、社会治安等方面的投入，不断增强公共产品和公共服务供给能力，逐步缩小城乡间、区域间的基本公共服务差距，真正实现人人享有基本公共服务的目标。

三是建立基本公共服务监测评价体系。制定科学的基本公共服务综合评价指标体系，加强政府基本公共服务监测评价，把基本公共服务数量和质量指标纳入政府绩效考核体系；建立与之相应的技术支持体系、统计指标体系、数据采集和监测体系，便于监督检查基本公共服务均等化的进展情况；积极引入外部评估机制，建立多元化的绩效评估体系。

（3）坚持社会政策托底，保证公平正义。

党的十八大以来，党就更好保障和改善民生，提出“守住底线、突出重点、完善制度、引导舆论”的工作思路，强调社会政策要托底，要从现有国力财力出发，形成以保障基本生活为主的社会公平保障体系，织牢民生安全网的“网底”，发挥好保基本、兜底线作用。

习近平总书记明确要求：“保障改善民生，要更加注重对特定人群特殊困难的精准帮扶。要在经济发展基础上持续改善民生，特别是要提高教育、医疗等基本公共服务数量和质量，推进教育公平。要实施精准帮扶，把钱花在对特定人群特殊困难的针对性帮扶上，使他们有现实获得感，使他们及其后代发展能力得到有效提升。”①围绕形成“弱有所扶”方面国家基本公共服务制度体系、克服困难群体生存障碍、维护社会底线公平，要求更加强化政策衔接，着力推进包括以下5个方面的制度整合。一是统筹完善社会救助、社会福利、慈善事业、优抚安置等制度，重点是统筹城乡社会救助体系，完善最低生活保障制度；二是健全退役军人工作体系和保障制度，重点是完善退役军人管理保障机构；三是坚持和完善促进男女平等、妇女全面发展的制度机制；四是健全残疾人帮扶指导，重点是完善残疾人基本福利制度；五是坚决打赢脱贫攻坚战。

三、加强和创新社会治理

加强和创新社会治理，是完善和发展中国特色社会主义制度、推进国家治理体系和治理能力现代化的重要内容。加强和创新社会治理，对于实现全面建设小康社会宏伟目标、实现党和国家长治久安具有重大战略意义。

①习近平. 围绕贯彻党的十八届五中全会精神做好当前经济工作（2015年12月18日）[N/OL]. 超星发现系统. http://ss.zhizhen.com/detail_38502727e7500f26ea13e7173682699738e1422a94f592991921b0a3ea255101120bdd20dcbbaef7826772ffaff37a78e397f170a4e38e99987ce344008c77160f800ba2fd0d91501cebc2b23325cda3?.

1. 推进社会治理现代化

党的十九届四中全会专题研究坚持和完善中国特色社会主义制度，对推进国家治理体系和治理能力现代化问题做出了重要决定。推进国家治理体系和治理能力现代化是当前全党一项重大战略任务，是制度建设和治理建设的方向。国家治理体系和治理能力现代化应该具备“六化”：民主化、法治化、科学化、规范化、高效化、普惠化。

推进社会治理现代化应着重推动以下四方面工作。一是加快推进社会治理基础制度建设。重点包括建立多元共治体制、全面推进依法治国、完善多方监督机制。二是继续推进政府自身治理水平与能力的提升。打造符合社会治理现代化需求的政府，建立充分发挥社会力量作用的有效机制，提高政府透明度、理清政府职能与明确职责分工。三是坚持在发展中促进治理，及早预防与应对治理风险。正确处理改革、发展与稳定的关系，在经济发展中保障与改善民生并推动治理创新是我国实践探索出的成功经验。今后依然需要继续坚持在经济发展过程中满足基本民生需求、优化收入分配、提升公民素质、增强社会创新活力，推进契约化现代诚信社会建设。同时，针对人口向中心城市过度集中、人口老龄化、收入与财富两极分化等风险要及早进行干预，为社会长期和谐有序奠定基础。四是及时总结各地创新实践并不断转化为制度。我国社会治理实践各地发展水平差异巨大，一些地方相对较早进行了有益的实践探索，大数据+社会治理、政社互动和三社联动、乡贤民约再造等实践创新被认为具有普遍意义，可以进行适度总结推广，将实践创新转化为制度创新。

2. 打造共建共治共享的社会治理制度，完善社会治理共同体

十九届四中全会提出要“坚持和完善共建共治共享的社会治理制度，保持社会稳定，维护国家安全”[①]，是推进国家治理体系和治理能力现代化的重要制度。强调“社会治理是国家治理的重要方面。必须加强和创新社会治理，完善党委领导、政府负责、民主协商、社会协同、公众参与、法治保障、科技支撑的社会治理体系，建设人人有责、人人尽责、人人享有的社会治理共同体，确保人民安居乐业、社会安定有序，建设更高水平的平安中国。”[②]

①中国共产党中央委员会. 中共中央关于坚持和完善中国特色社会主义制度、推进国家治理体系和治理能力现代化若干重大问题的决定：中国共产党第十九届中央委员会第四次全体会议文件汇编[M]. 北京：人民出版社，2019：49.

②同①

案例导入7-4

枫桥经验[1]

20世纪60年代初，浙江省绍兴市诸暨县枫桥镇干部群众创造了“发动和依靠群众，坚持矛盾不上交，就地解决。实现捕人少，治安好”的“枫桥经验”，为此，1963年毛泽东同志就曾亲笔批示“要各地仿效，经过试点，推广去做”。“枫桥经验”由此成为全国政法战线一个脍炙人口的典型。之后，“枫桥经验”得到不断发展，形成了具有鲜明时代特色的“党政动手，依靠群众，预防纠纷，化解矛盾，维护稳定，促进发展”的枫桥新经验，成为新时期把党的群众路线坚持好，贯彻好的典范。

习近平同志高度重视坚持和发展“枫桥经验”，2003年在浙江工作时，明确提出要充分珍惜“枫桥经验”，大力推广“枫桥经验”，不断创新“枫桥经验”。党的十八大以来，习近平总书记提出了一系列社会治理的新理念新思想新战略，特别是对坚持发展“枫桥经验”作出重要指示，要求把“枫桥经验”坚持好、发展好，把党的群众路线坚持好、贯彻好。

新时代“枫桥经验”主要内容是在开展社会治理中实行“五个坚持”，即坚持党建引领，坚持人民主体，坚持“三治融合”，坚持“四防并举”，坚持共建共享。

案例思考：

新时代“枫桥经验”创新体现在哪些方面？

进行社会治理创新，应重点解决“阶段性特征”，随着我国社会主要矛盾已经转化为人民日益增长的美好生活需要和不平衡不充分的发展之间的矛盾，我国社会出现的“阶段性特征”表现在社会结构发生变化，阶层群体冲突增加；社会状态活跃，开放性、流动性问题增多；社会诉求不断提升，维权意识更加强烈；转型社会价值真空，社会失范引发风险等。

进行社会治理创新，应重点解决“阶段性特征”，其措施主要包含以下几个方面。

一是推进流动人口服务管理创新。要公平对待和保护流动人口的合法权益，从就业、居住、就医、子女教育等方面入手，创新管理机制，结合城镇化建设，稳妥推进

①马卫光. 坚持和发展新时代“枫桥经验”[J]. 求是，2018（23）. 32-33.

户籍管理制度的改革，实现城乡一体化和服务全覆盖的人口管理模式，疏堵有机结合，使流动人口能够全面参与并真正融入当地社会生活，从根本上解决流动人口不稳定与不和谐的问题。

二是推进特殊人群帮教管理创新。要健全对服刑在教人员、刑满释放解教人员、社会闲散人员、吸毒人员及青少年的常态化帮教管控机制，充分发挥基层组织和社会组织的作用。对特殊人群的帮教管理，应在有利于解决实际困难、促进他们进步上下功夫，应致力于建构帮助其更好地融入社会的机制。

三是推进社会治安重点地区综合治理的创新。要将城中村、城乡接合部等地区的治理和城乡规划、地区改造相结合，在完善基础设施、改善生活环境的基础上，健全基层组织、延伸公共服务，切实处理好整治、服务、管理和发展的关系；要对小旅馆、娱乐、洗浴场所实行耐心指导、重点防控、过程监管，完善长效机制，突出指导服务理念。

四是推进虚拟社会建设管理创新。要注重研究互联网的内在规律和规则，充分运用法律、行政、经济等手段，加强管理，特别要依法保证互联网健康有序发展。既要把网络舆情作为听民声、察民意的渠道，又要重视和评估舆情影响，主动回应社会关切，有效制定互联网管理政策，正确引导网上舆论，维护网上秩序，营造有利于社会稳定的舆论环境。

五是推进社会组织管理服务创新。社会组织是创新社会治理的重要载体和中坚力量。要致力于对社会组织的研究，承认社会组织在国家发展与建设中的功能，尤其是在社会管理创新中的重要地位和积极作用，并按照社会组织发展规律进行有效监管，健全和完善相关法规范。政府要勇于放权，将社会服务、帮残助弱、环境保护、公民教育等事项，交由社会组织承担，为其发展提供广阔的空间；有效监督社会组织规范运行，强化民政等部门的日常监管，加强新闻媒体和社会公众的有效监管，引导社会组织依法开展活动。

四、坚持总体国家安全观

统筹发展和安全，增强忧患意识，做到居安思危，是党治国理政的一个重大原则。党的十八大以来，以习近平同志为核心的党中央审时度势、与时俱进，创造性提出总体国家安全观的系统思想，为维护国家安全提供了行动纲领和科学指南，形成了一条中国特色国家安全道路。

1. 坚持总体国家安全观的丰富内涵

进入新时代，我国面临日益复杂多变的安全形势，发展维护国家安全的任务更加繁重艰巨。

坚持总体国家安全观的提出，标志着党对国家安全基本规律的认识达到了新高度，适应了进行具有许多新的历史特点的伟大斗争的新要求，回应了人民对国家安全的新期待，顺应了世界发展变化的新趋势。

我们必须从总体国家安全观的高度理解国家安全，而总体国家安全观意味着丰富的内涵。国家安全观的五大要素包括以人民安全为宗旨，以政治安全为根本，以经济安全为基础，以军事、文化、社会安全为保障，以促进国际安全为依托，走出一条中国特色国家安全道路。

在总体国家安全观的统领下，国家安全涵盖多个领域，是一个集政治安全、国土安全、军事安全、经济安全、文化安全、社会安全、科技安全、信息安全、生态安全、资源安全、核安全等于一体的国家安全体系。

知识链接7-3

中华人民共和国国家安全法[①]

中华人民共和国国家安全法，是为了维护国家安全，保卫人民民主专政的政权和中国特色社会主义制度，保护人民的根本利益，保障改革开放和社会主义现代化建设的顺利进行，实现中华民族伟大复兴，根据《中华人民共和国宪法》制定的法规。2015年7月1日，第十二届全国人民代表大会常务委员会第十五次会议通过新的国家安全法。国家主席习近平签署第29号主席令予以公布。《中华人民共和国国家安全法》对政治安全、国土安全、军事安全、文化安全、科技安全等11个领域的国家安全任务进行了明确，共7章84条，自2015年7月1日起施行。

《中华人民共和国国家安全法》是为了应对国家面临的安全挑战，随着国家安全形势的发展变化需要而制定的一部综合性、全局性、基础性的法律，涵盖了国家安全各个领域的内容，很多都是原则性规定，重点解决国家安全各领域带有普遍性的问题和亟待立法填补空白的问题，同时为今后制定相关配套法律法规预留了空间。

2. 维护重点领域国家安全

全面贯彻落实总体国家安全，着力推进新时代国家安全事业全面发展进步，维护重点领域国家安全是主阵地、主战场。要把确保政治安全作为首要任务，从维护政治安全

①360百科. 中华人民共和国国家安全法[J/0L]. https://baike.so.com/doc/6744572-6959115.html

高度谋划和推进各重点领域国家安全工作；以防控风险为主线，既要防控本领域主要安全风险，又要防范不同领域安全风险叠加共振；落实国家安全政策，织密国家安全网。

（1）维护政治安全。

政治安全攸关党和国家安危，是国家安全的根本。坚持中国共产党的领导，坚持社会主义制度，确保党执政安全，是维护政治安全的根本任务。各种敌对势力从来没有停止对我国实施西化分化战略，从来没有停止对中国共产党领导和我国社会主义制度进行颠覆破坏活动。要切实加强意识形态工作，牢牢掌握意识形态领域的领导权和话语权。要保持头脑清醒，坚决防范和抵御“颜色革命”，坚决遏制西方敌对势力渗透颠覆破坏活动。

案例导入7-5

“颜色革命”的新趋势新特征①

“颜色革命”（Color Revolution），又称花朵革命，是指20世纪末期开始的美国对其他国家民主输出、更迭政权、实现战略目标的重要手段。从独联体国家和中亚地区蔓延开来的“颜色革命”，在多国造成了社会动荡、国家分裂乃至冲突不断、战争频发的严重后果，威胁地区稳定和世界和平。

近几年，特朗普政府和美国右翼势力大力推动“颜色革命”，干涉他国内政、实行霸权主义，增加了我国外部环境复杂严峻的程度。除了屡试不爽的“老套路”外，美国助推的“颜色革命”又发明了一些“新花样”，进一步升级换代为“颜色革命”2.0版，呈现出值得关注的新趋势新特征。主要表现：从借助“街头政治”力量转向破坏宪法程序，直接扶植反对派上台；从利用内部矛盾转向加大政治经济制裁力度，刻意制造社会混乱；从美国积极推动“颜色革命”转向“群狼战术”，联合多国集体施压促变；从网络动员转向网络功能“深度挖掘”，最大限度利用网络煽动“颜色革命”。“颜色革命”并没有美国宣传的那般“美丽”“和平”“非暴力”，其本质是赤裸裸的颠覆渗透行为和“和平演变”翻版，在多国引发了政治灾难、社会灾难、人道主义灾难。“颜色革命”实质是意在颠覆其他国家政治制度，实现西方化、美国化；“颜色革命”导致政治动荡、社会动乱、人民流离失所；“颜色革命”严重阻碍经济社会发展和现代化进程。

伴随着中国日益走近世界舞台中央，世界大变局加速深刻演变，全球动荡源和风险点增多，“颜色革命”的新动向新特点进一步增加了我国面临的政治安全和意识形

①阚道远.“颜色革命”的新趋势新特征[J].世界社会主义研究，2019（09）：90.

态风险，对国家安全和政权安全带来严峻考验和重大挑战。因此，我们要坚持底线思维，增强忧患意识，提高防控能力，着力防范化解重大风险。

案例思考：

我们应该如何化解“颜色革命”带来的挑战？

（2）维护国土安全。

国土安全是立国之基。要提升维护国土安全能力，加强边防、海防、空防建设，周密组织边境管控和海上维权行动，坚决捍卫领土主权和海洋权益。坚决反对一切分裂祖国的活动，深入打击宗教极端势力、民族分裂势力、暴力恐怖势力“三股势力”，坚决防范“藏独” “疆独”，坚决挫败任何形式的“台独”分裂阴谋，全力维护香港、澳门繁荣稳定。

案例导入7-6

美国国家民主基金会——反华乱港的帮凶①

2019年12月2日，中国外交部发言人华春莹在例行记者会上宣布，针对美方不顾中方坚决反对，执意将所谓“香港人权与民主法案”签署成法的严重违反国际法和国际关系基本准则、严重干涉中国内政的行为，中国政府决定自即日起暂停审批美军舰机赴港休整的申请，同时对“美国国家民主基金会”等5家在香港“修例风波”中表现恶劣的非政府组织实施制裁。

列在首位的美国国家民主捐赠基金会（The National Endowment for Democracy，或译美国国家民主基金会，缩写为NED，简称民主基金会），成立于1982年，该基金会大半资金由美国政府提供，是美国非政府组织中的"龙头老大"，属于具有政府背景的非政府组织，也称“第二中情局”，进行类似前中情局秘密的非法活动，如干涉他国内政、策动政变、推翻合法民选政府。一般来说，该机构并不直接搞破坏，只负责提供信息搜集、人员培训、联络专家和提供经费上的资助，利用目标国非政府组织的优势和群众基础达成不可告人的目标。它主要依靠召开学术研讨会、国际交流会等形式，笼络世界各国各领域的高端人才，宣传所谓的“民主”意识，抨击其他国家政府和制度，利用广告、广播、电视、新闻电影、音乐等形式向目标国进行大众传播，可谓无孔不入。

①瞭望智库.搞乱多国！这个给“港独”“疆独”势力当“金主爸爸”的美国基金会到底是个什么东西？[J/OL].澎湃新闻，2019-12-05. www.thepaper.cn /newsdetail_forward_5148845

近年来，该机构每年用于中国活动项目的预算都在600万美元以上，并频频资助境内外的“民运”“藏独”“疆独”等势力，直接干涉中国内政。2016年5月，据日本《朝日新闻》披露，美国“国家民主基金会”迄今为止向至少103个反华团体提供了约9652万美元的资金援助，其中包括“藏青会”“世维会”等被中方明确定性为恐怖组织的团体。香港也是其关注的重点地区。几乎每次暴力乱港现场都有不法分子挥舞着美国的星条旗，美国国家民主基金会充当了乱港“带头大哥”的角色——通过“美国国际劳工团结中心”拉拢香港工人，通过“国际民主研究所”扶植“本地政治组织”，通过“香港人权监察”盯住香港警方动态。同时，为“恐怖分子”买单，如为参与暴乱的普通学生发放500至5000港元的酬劳，《反蒙面法》出台以后，大幅提高至每天1.5万。培养“港独”骨干，如李柱铭、黄之锋等等。

案例思考：

①我们应该如何防范“藏独”“疆独”“台独”的分裂阴谋？

②如何全力维护香港、澳门繁荣稳定？

（3）维护经济安全。

经济安全是国家安全的基础。要坚持中国特色社会主义基本经济制度不动摇，不断完善社会主义市场经济体制，建设现代化经济体系。打好防范化解金融风险攻坚战，坚决守住不发生系统性金融风险的底线。把发展实体经济作为重中之重，切实解决核心技术受制于人的问题，增强资源安全保障能力。

（4）维护社会安全。

社会安全是人民群众安全感的晴雨表，是社会安定的风向标。要大力推进平安中国建设，完善立体化社会治安防控体系，提高社会治理整体水平，注意从源头上排查化解矛盾纠纷。坚决打击恐怖主义，建立健全反恐工作格局，完善反恐工作体系，加强反恐力量建设。要加强公共安全工作，妥善应对重大自然灾害和突发事件，加强安全生产管理，坚决遏制重特大安全事故发生，确保人民生命财产安全。

案例导入7-7

2020“防疫抗疫”①

2020年一场突如其来的新冠肺炎疫情肆虐武汉湖北、蔓延华夏大地，中华民族面

①同心.疫情防控是对我国治理体系和治理能力的一次大考[J].求是，2020（05）：41-49.

临着新中国成立以来在中国发生的传播速度最快、感染范围最广、防控难度最大的一次重大突发公共卫生事件。在以习近平同志为核心的党中央率领下，中国人民团结奋起，坚决打赢这场疫情防控的人民战争、总体战、阻击战。

党的十八大以来，更好地坚持了党的集中统一领导，极大地坚持和完善了共建共治共享的社会治理制度，加强和创新社会治理，完善党委领导、政府负责、民主协商、社会协同、公众参与、法治保障、科技支撑的社会治理体系，是当前举国抗击疫情的可靠根基。全国基层社区构建的网格化治理机制，在疫情防控中发挥着不可替代的重要作用。疫情发生以来，全国各地快速建立健全区县、街道、城乡社区等防护网络，推动防控资源和力量下沉，调动社会力量共同参与疫情防控，全面落实早发现、早报告、早隔离、早治疗。在武汉，超过3万名干部职工下沉社区，对1100多个社区开展多轮拉网式、地毯式、网格式排查，挨家挨户叩门询问，查漏补缺，做到“不漏一户、不漏一人”。北京利用党员“双报到”机制，9.4万名机关、企事业在职党员向社区报到，充实基层力量，筑起了一道道群防群控的严密防线。大数据、人工智能、云计算等现代前沿科技，与社会治理深度融合所打造的智能化治理新模式，在疫情防控中大放异彩。疫情数据分析、春运人流监测、物资智能调配等广泛采用高科技，先进手段成为极重要的防控工具，在联防联控、精准施策上发挥了独特的支撑作用。依法防控、依法治理，有力保证了制度优势更好地转化为治理效能。各级政府面对严峻复杂的疫情形势，全力维护社会稳定，依法严惩扰乱医疗秩序、防疫秩序、市场秩序、社会秩序等违法犯罪行为，及时化解疫情防控中出现的苗头性、趋势性问题。对散播谣言、捏造诋毁的，对哄抬物价、扰乱市场的，对拒不服从管理、甚至大打出手的，对故意隐瞒病情和行程造成严重后果的，严格依法予以惩处。

2020年2月23日的防疫工作部署会议上，习近平总书记要求，总结经验、吸取教训，深入研究如何强化公共卫生法治保障、改革完善疾病预防控制体系、改革完善重大疫情防控救治体系、健全重大疾病医疗保险和救助制度、健全统一的应急物资保障体系等重大问题，提高应对突发重大公共卫生事件的能力和水平。

案例思考：

如何提高应对突发重大公共卫生事件的能力和水平？

（5）维护网络安全。

网络安全已经成为我国面临的最复杂、最现实、最严峻的非传统安全之一。没有网络安全就没有国家安全，就没有经济社会稳定运行。要坚持自力更生、自主创新，加速推动信息领域核心技术突破。加强关键信息基础设施网络安全防护，加强网络安全信息统筹机制、手段、平台建设，加强网络安全事件应急指挥能力建设，制定网络安全标准，不断增强网络安全防御能力和威慑能力。加强网络安全预警监测，确保大数据安全，实现全天候全方位感知和有效防控。切实维护国家网络空间主权安全，共同构建网络空间命运共同体。

知识链接7-4

《网络信息内容生态治理规定》

2019年12月，国家互联网信息办公室发布《网络信息内容生态治理规定》（以下简称《规定》），共8章42条，自2020年3月1日起施行。《规定》的出台旨在营造良好网络生态，保障公民、法人和其他组织的合法权益，维护国家安全和公共利益。

《规定》对标党的十九大报告及全国网信工作会议对互联网内容治理的总体要求，针对目前互联网内容建设过程中的实际需求，从一系列新技术、新应用对网络内容建设提出的新挑战入手，瞄准更高层面建设清朗网络空间的目标，即全面提升网络内容治理效果，全面优化并重构网络内容生态结构，以系统化思维和网络生态治理的全新理念，为当前的网络信息内容治理提供了更综合、更系统也更有针对性的方案。

（6）维护外部安全。

和平稳定的国际环境和国际秩序是国家安全的重要保障。要切实维护我国海外利益安全，保护海外中国公民、组织和机构的安全和正当权益，不断提高保障能力和水平，努力形成强有力的海外利益安全保障体系。加强安全领域国际合作，坚决支持国际反恐怖斗争，为全球安全治理不断贡献智慧和力量。

思考与讨论

1. 怎样理解和把握中国特色社会主义社会建设理论？
2. 如何在全面推进社会建设中维护社会公平正义？
3. 如何在全面推进社会建设中统筹协调社会利益关系？
4. 保障和改善民生的主要内容有哪些？
5. 创新社会治理的原则和措施有哪些？
6. 怎样认识我国社会建设中面临的主要问题？
7. 如何理解总体国家安全观的丰富内涵？国家安全工作包括哪些重点领域？

第八章

中国特色社会主义生态文明建设

生态文明建设是中国特色社会主义事业的重要内容，生态文明建设理论是中国特色社会主义理论体系的重要成果，习近平总书记在党的十九大报告中指出："我们要建设的现代化是人与自然和谐共生的现代化，既要创造更多物质财富和精神财富以满足人民日益增长的美好生活需要，也要提更多优质生态产品以满足人民日益增长的优美生态环境需要。" 这是从中国特色社会主义进入新时代，我国社会主要矛盾发生变化的现实出发提出的新理念新要求，必须充分认识和深刻理解。

第一节　中国特色社会主义生态文明建设理论和制度

生态文明建设是中国特色社会主义建设的重要内容，党和国家高度重视生态文明建设，先后出台了一系列重大决策部署，推动生态文明建设取得了重大进展和积极成效。在这个过程中，逐步形成了中国特色社会主义生态文明建设理论和制度。这些理论和制度将随着社会主义现代化建设的深入推进不断丰富和发展。党的十八大以来，以习近平同志为核心的党中央进一步提出了关于生态文明建设的一系列新理念新思想新战略，形成了习近平生态文明思想。

一、生态文明与可持续发展

1. 生态文明

生态是指生物之间以及生物与非生物环境之间的相互关系和存在状态，生态文明

①本书编写组. 党的十九大报告学习辅导百问[M]. 北京：党建读物出版社，学习出版社，2017：40.

是人与自然和谐共生、全面协调、持续发展的社会和自然状态，是人类社会即将步入的新的文明阶段。

知识链接8-1

人类社会文明阶段①

人类至今已经历了原始文明、农业文明、工业文明三个阶段，在对自身发展与自然关系深刻反思的基础上，人类即将迈入生态文明阶段。

第一阶段是原始文明。约在石器时代，人们必须依赖集体的力量才能生存，物质生产活动主要靠简单的采集渔猎，为时上百万年。

第二阶段是农业文明。铁器的出现使人改变自然的能力产生了质的飞跃，历时一万年。农业文明是“黄色文明”。

第三阶段是工业文明。18世纪英国工业革命开启了人类现代化生活，为时三百年。工业文明是“黑色文明”。

第四个阶段就应该是生态文明。三百年的工业文明以人类征服自然为主要特征。世界工业化的发展使征服自然的文化达到极致，一系列全球性生态危机说明地球再没能力支持工业文明的继续发展，需要开创一个新的文明形态来延续人类的生存，这就是生态文明。生态文明就是“绿色文明”。

生态文明是社会主义的本质属性，生态问题实质是社会公平问题，受环境灾害影响的群体是更大的社会问题，社会主义国家必须自觉承担起改善与保护全球生态环境的责任。工业的发展，产生了众多的环境问题，诸如资源短缺、耕地减少、生物多样性丧失、臭氧层损耗、全球气候变化、持久性有机物污染、水污染、大气污染、土地污染、固体废弃物污染、酸雨、荒漠化、森林锐减等等。日益恶化的环境问题，促使人类重新思考人与自然的关系，思考人们行为的准则。

知识链接8-2

人类对环境的思考与国际社会的努力①

（1）《寂静的春天》。美国学者蕾切尔·卡逊所著，开创了绿色环保运动之先

---

①杨伟民. 大力推进生态文明建设：十八大报告辅导读本[M]. 人民出版社，2012：317.

②郭春梅，赵朝成，陈进富，等. 环境工程概论[M].东营：中国石油大学出版社，2018：13-15.

声。该书于1962年出版，主要介绍了化学药物、农药、特别是杀虫剂和除草剂对环境的污染，对潜伏在人类周围的危险发出警告。作者认为在人对环境的所有袭击中，最令人震惊的是空气、土地、河流以及大海受到各种致命化学物质的污染。这种污染是难以恢复的。因为它们不仅进入了生命赖以生存的世界，而且进入生物组织内。书中描写了这样一种场景：一个奇怪的阴影遮盖了某个地区，一种神秘莫测的疾病袭击了这个地区，成群的小鸟、牛羊病倒和死亡；成人和孩子们也突然病倒、继而不可解释的死亡；最后，一种奇怪的寂静笼罩了这个地方，这儿的清晨曾经荡漾着鸟鸣的声浪，而现在只有一片寂静覆盖着田野、树木和沼泽。作者想告诉我们长期以来行驶的道路，容易被人误认为是一条可以高速前进的平坦、舒适的超级公路，但实际上，这条路的终点却潜伏着灾难，而另外的道路则为我们提供了保护地球的最后唯一的机会。

（2）《增长的极限》。1972年，罗马俱乐部发表的第一份研究报告。罗马俱乐部成立于1968年，由10个国家30位科学家、教育家、经济学家和实业家参加，关注、探讨与研究人类面临的共同问题，成立了以美国麻省理工学院（MIT）D. L.Meadows 教授为首的研究小组。该报告认为地球的支撑力将会由于人口增长、粮食短缺、资源消耗和环境污染等因素在某个时期达到极限，使经济发生不可控制的衰退；为了避免超越地球资源极限而导致的世界崩溃，最好的方法是限制增长。报告对人类前途的忧虑促使人们密切关注人口、资源和环境问题；为孕育可持续发展的观点提供了土壤，作好了准备。

（3）《人类环境宣言》。1972年，联合国人类环境大会在瑞典斯德哥尔摩召开，113个国家或地区参加，中国也出席了大会。大会发表的该宣言认为：人类已经到了这样的历史时刻，在决定世界各地的行动时，必须更加审慎地考虑它们对环境产生的后果。

（4）《我们共同的未来》。1987年，世界环境与资源委员会发表报告认为环境危机、能源危机和发展危机不能分割，地球的资源和能源远不能满足人类发展的需要，必须为当代人和下代人的利益改变发展模式。我们需要有一条新的发展道路，这条道路不是仅能在若干年内、在若干地方支持人类进步的道路，而是一直到遥远的未来都能支持全球人类进步的道路。报告最早提出了可持续发展的概念，是人类对环境与发展认识的重大飞跃。

（5）《环境与发展宣言》和《 21世纪议程》。1992年，联合国环境与发展大会在巴西里约热内卢召开，183个国家和 70个国际组织参加、102位国家元首出席了大会。大会通过了这两个文件，向各国政府和全人类发出了总动员 ，是人类迈出了跨向新的文明时代的关键性一步，是人类发展史上的一座重要的里程碑。

（6）《约翰内斯堡可持续发展承诺》。2002年，联合国可持续发展高峰会议在南非约翰内斯堡举行，通过了该政治宣言，宣言承认1992年里约会议所确定的目标没有实现；全球环境继续恶化，生物多样性不断丧失，鱼类资源不断减少，荒漠化在吞噬越来越多的良田，气候变化的不利影响已显而易见，自然灾害日趋频繁，其危害日趋严重，发展中国家越来越脆弱，空气污染、水污染和海洋污染继续夺去数百万的无辜生命。会议通过的《执行计划》强调人类应将计划转化为行动。

（7）《我们憧憬的未来》。2012年，联合国可持续发展大会在巴西里约热内卢召开，共188个国家参加、近130位国家元首和政府首脑出席了大会，大会通过了该宣言，世界各国“再次承诺实现可持续发展，确保为我们的地球及今世后代，促进创造经济、社会、环境可持续的未来”。

2.可持续发展

可持续发展是既符合当代人类的需求，又不致损害后代人满足其需求能力的发展。其基本思想是在鼓励经济增长时，不仅要重视经济增长的数量，更要追求经济增长的质量。可持续发展的标志是资源的永续利用和良好的生态环境。可持续发展谋求的是社会的全面进步。

可持续发展理论与传统发展理论的区别，是从单纯以经济增长为目标转向经济、社会、资源和环境的综合发展；是将以物为本的发展转向以人为本的发展；从注重眼前利益和局部利益的发展转向注重长远利益和整体利益的发展；从资源推动型的发展转向知识推动型的发展。

二、中国特色社会主义生态文明建设理论

我国继物质文明、精神文明、政治文明之后，又提出生态文明，并且把它写入党的十七大政治报告之中，将人与自然的关系纳入社会发展目标中统筹考虑，成为中国共产党对子孙后代和世界负责的庄重承诺，体现了马克思主义生态文明思想的当代意蕴。

1. 马克思、恩格斯的生态文明思想

马克思、恩格斯早在一百多年前就深入思考和揭露了资本主义生产方式的弊端，并指出生态问题的核心是人与自然的关系问题，即人与自然和谐共生、良性循环、辩证统一。

（1）人是自然界长期进化的产物，是自然界的一部分。

马克思、恩格斯阐明了人与自然的关系，明确指出：“人直接是自然存在物”

"人本身是自然界的产物，是在自己所处的环境中并和这个环境一起发展起来的。"[①]

马克思还把自然界比作人类的无机身体，"自然界就它本身不是人的身体而言，是人的无机的身体。人靠自然界来生活。这就是说，自然界是人为了不致死亡而必须与之不断交往的、人的身体。"[②]

（2）必须尊重自然规律。

作为自然界长期发展结果的人类，在自身由低级到高级、由简单到复杂的长期发展过程中，人类自身的体力和智力都在不断地增强和发展，并在处理与自然界的关系中表现出越来越大的自主能力。然而，不论人类的自主能力有多么强大，也不管人类自身的理性有多么深邃，精神境界有多高，置身于自然中的人却始终不能摆脱受其他自然物的制约。马克思主义认为，物质资料的生产和再生产以及人类自身的生产和再生产，都要以自然界的存在与发展为前提条件。

恩格斯反对将自然界看作敌人的态度，认为"我们统治自然界，决不像征服者统治异民族一样. 决不像站在自然界以外的人一样，——相反地，我们连同我们的肉、血和头脑都是属于自然界，存在于自然界的；我们对自然界的整个统治，是在于我们比其他一切动物强，能够认识和正确运用自然规律"。[③]因此，要树立人与自然休戚相关、生死相依的生态意识，与自然和谐相处。

（3）人与自然的相互协调是人类生存与发展的重要保证。

恩格斯在《自然辩证法》中指出："美索不达米亚、希腊、小亚细亚以及其他各地的居民，为了得到耕地，毁灭了森林，但是他们做梦也想不到，这些地方今天竟因此而成为不毛之地，因为他们使这些地方失去了森林，也失去了水分的积聚中心和贮藏库。阿尔卑斯山的意大利人，在山南坡砍光了在北坡被十分细心地保护的松林，他们没有料到，这样一来，他们把他们区域里的高山畜牧业的基础给毁了；他们更没有料到他们这样做，竟使山泉在一年中的大部分时期内枯竭了，而在雨季又使更加凶猛的洪水倾泻到平原上。"[④]

鉴于人与自然交往中的众多历史教训，恩格斯告诫人们："我们不要过分陶醉于

①中国社会科学院马克思主义研究院. 马克思 恩格斯 列宁论意识形态[M]. 北京：人民出版社，2009：122.

②中国人民大学. 马克思 恩格斯论人性、人道主义和异化[M]. 北京：人民出版社，1984：101.

③马克思，恩格斯. 马克思恩格斯全集：第20卷[M]. 北京：人民出版社，1979：576.

④同③577.

我们对自然界的胜利。对于每一次这样的胜利，自然界都对我们进行报复。每一次胜利，起初确实取得了我们预期的结果，但是往后和再往后却发生完全不同的、出乎意料的影响，常常把最初的结果又消除了。”[①]

破坏自然招致人自身毁灭的历史事实，说明人对自然的不恰当干预行为会引起自然界的强大反作用，从而招致严重后果。尊重自然，顺应自然，保护自然，学会与自然和谐相处，才能实现“人类同自然的和解”。

（4）资本主义生产方式必然导致生态危机。

资本主义的生产方式是以物的生产形式为目的，以追求剩余价值为最终目的，而不是以人的需要为目的，异化了人生产的最终目的，造成了人对自然资源的无节制开发与利用。由于生产关系的物化，人的生产与物的生产之间的关系就完全被倒置过来了：不是物的生产服从于人的生产，而是人的生产受物的生产的支配。这种以物的生产为目的的生产方式，创造了巨大的物质财富，但也导致了自然生态环境承载力的超载，以致陷入了环境恶化和不可持续发展的困境。所以生态危机是资本主义生产方式的必然结果。

恩格斯进一步揭示了由于资本主义私有制基础上的经济高速发展所引起不可预料的生态危机进而演变为有规律的经济危机。“当西班牙的种植场主在古巴焚烧山坡上的森林，认为木灰作为能获得最高利润的咖啡树的肥料足够用一个世代时，他们怎么会关心到，以后热带的大雨会冲掉毫无掩护的沃土而只留下赤裸裸的岩石呢？在今天的生产方式中，对自然界和社会，主要只注意到最初的最显著的结果，然后人们又感到惊奇的是：为达到上述结果而采取的行为所产生的比较远的影响，却完全是另外一回事，在大多数情形下甚至是完全相反的；需要和供给之间的协调，变成二者的绝对对立，每十年一次的工业循环的过程展示了这种对立，德国在“崩溃”中也体验到了这种对立的小小的前奏；建立在劳动者本人的劳动之上的私有制，必然发展为劳动者的丧失一切财产，而同时一切财富却愈来愈集中到不劳动者的手中”。[②]

在揭示生态危机成因的基础上，马克思恩格斯指出共产主义制度是人类解决生态危机的最终出路。只有彻底变革资本主义制度，用社会主义生产方式取代资本主义生产方式，才能根除人与自然的紧张关系，消灭产生生态危机的根源，真正实现生态文明。

①马克思，恩格斯. 马克思恩格斯全集：第20卷[M]. 北京：人民出版社，1979：576.

②同①579.

案例导入8-1

20世纪30—60年代“八大环境公害事件”[①]

马斯河谷烟雾事件。1930年12月，比利时马斯河谷重工业排放的二氧化硫使数千人中毒，60余人死亡。

多诺拉烟雾事件。1948年10月26—31日，美国宾夕法尼亚州多诺拉镇冶炼厂排放的二氧化硫和烟尘，使5911人发病，17人丧生。

美国洛杉矶化学烟雾事件。1943年5—10月，由于汽车漏油、排气，汽油挥发、不完全燃烧，每天向城市上空排放大量石油烃废气、一氧化碳、氮氧化物和铅烟。这些排放物，经太阳光能的作用发生光化学反应，生成过氧乙酰基硝酸酯等组成的一种浅蓝色的光化学烟雾，加之洛杉矶三面环山的地形，光化学烟雾扩散不开，停滞在城市上空，形成污染。造成400余人死亡。

伦敦烟雾事件。1952年12月5—8日，直接原因是燃煤产生的二氧化硫和粉尘污染，间接原因是开始于12月4日的逆温层所造成的大气污染物蓄积。几天内中毒死亡4000多人。

日本四日市哮喘事件。1955年以来日本四日市石油提炼和工业燃油产生的废气严重污染城市大气，哮喘病患者达817人，死亡36人。

日本水俣病事件。1953—1956年，日本熊本县水俣市，居民食用含有甲基汞的鱼，导致水俣湾和新县阿贺野川下游有机汞中毒者283人，其中66人死亡。

骨痛病事件。1955—1972年，日本富山县内的锌、铅冶炼厂等排放的含镉废水污染神通水体，两岸居民利用河水灌溉农田，使稻米含镉，居民食用含镉米和饮用含镉水而中毒，患者超过258人，死亡数207人。

米糠油事件。1968年3月，日本北九州市，爱知县一带生产米糠油时，混入多氯联苯，造成13000人中毒，死亡16人。

案例思考：

环境公害可引起我们哪些反思?

2. 中国特色社会主义生态文明建设理论的主要内容

中国特色社会主义生态文明建设理论，是对马克思主义关于生态文明思想的继承

①郭春梅，赵朝成，陈进富，等. 环境工程概论[M]. 东营：中国石油大学出版社，2018：11.

②本书编写组. 中国特色社会主义理论与实践研究（2018年版）[M]. 北京：高等教育出版社，2018：169.

和发展，是中国特色社会主义理论体系的重要组成部分。其主要内容有以下几方面[②]：

（1）建设美丽中国的理论。

生态文明是人类社会进步的重大成果，是实现人与自然和谐发展的新要求。历史地看，生态兴则文明兴，生态衰则文明衰。建设生态文明是中华民族永续发展的千年大计，事关“两个一百年”奋斗目标和中华民族伟大复兴中国梦的实现。建设中国特色社会主义，要把生态文明建设放在突出的战略位置，将其融入经济建设、政治建设、文化建设、社会建设各方面和全过程，坚定地走生产发展、生活富裕、生态良好的文明发展道路，形成人与自然和谐发展现代化建设新格局。

生态文明建设涉及方方面面，是一项复杂而庞大的系统工程，需要政府、社会、公众共同参与。要通过全面推动国土空间开发格局优化、加快技术创新和结构调整、促进资源节约循环高效利用、加大自然生态系统和环境保护力度、健全生态文明制度体系、加强生态文明建设统计监测和执法监督、加快形成推进生态文明建设的良好社会风尚、切实加强组织领导等多措并举，统筹发力，加快建设美丽中国，使蓝天常在、青山常在、绿水常在，实现中华民族永续发展。

（2）推进绿色发展的理论。

绿色发展是生态文明建设的必然要求，是发展观的一场深刻革命，是世界经济发展的主旋律。绿水青山就是金山银山，要坚决摒弃损害甚至破坏生态环境的发展模式，坚决摒弃以牺牲生态环境换取一时一地经济增长的做法，调整经济和能源结构，优化国土空间开发布局，调整区域流域产业布局，培育壮大大节能环保产业、清洁生产产业、清洁能源产业，推进资源全面节约和循环利用，倡导简约适度、绿色低碳的生活方式，反对奢侈浪费和不合理消费。

（3）加快构建生态文明体系的理论。

加快建立健全以生态价值观念为准则的生态文化体系，以产业生态化和生态产业化为主体的生态经济体系，以改善生态环境质量为核心的目标责任体系，以治理体系和治理能力代化为保障的生态文明制度体系，以生态系统良性循环和环境风险有效防控为重点的生态安全体系。通过加快构建生态文明体系，努力实现生态环境质量根本好转。

（4）建设资源节约型、环境友好型社会的理论。

必须处理好经济建设、人口增长与资源利用、生态环境保护的关系，坚决禁止掠夺自然、破坏自然的做法，坚决摒弃先污染后治理、先破坏后恢复的做法。树立节约集约循环利用的资源观，推动资源利用方式根本转变，加强全过程节约管理，改变过多依赖增加物质资源消耗、过多依赖规模粗放扩张、过多依赖高能耗高排放产业的发展模式，大幅提高资源利用综合效益。要创新环境治理理念和方式，强化排污者主体责任，形成政府、企业、公众共治的环境治理体系，实现环境质量总体改善，切实解决损害群众健康问题。

（5）以系统工程思路建设生态文明的理论。

生态系统是各种自然要素相互依存而实现循环的自然链条，山水林田湖草是生命共同体。推进生态文明建设，要树立大局观、长远观、整体观，统筹兼顾、整体施策，通过优化国土空间开发格局、加快技术创新和结构调整、促进资源节约循环高效利用、加大自然生态系统和环境保护力度、健全生态文明制度体系、加强生态文明建设统计监测和执法监督、加快推进生态文明建设的良好社会风尚、切实加强组织领导等多措并举，全方位、全地域、全过程地展开。

（6）统筹人与自然和谐发展的理论。

自然界是包括人类在内的一切生物的摇篮，是人类赖以生存和发展的基本条件。保护自然环境就是保护人类，建设生态文明就是造福人类。面对我国资源约束趋紧、环境污染严重、生态系统退化的严峻形势，要重新审视人与自然的关系，牢固树立尊重自然、顺应自然、保护自然的生态文明理念，像保护眼睛一样保护生态环境，像对待生命一样对待生态环境，不断促进人与自然和谐发展。

（7）实施可持续发展战略的理论。

经济社会发展要有长远的战略眼光，既要考虑当前经济社会发展的需要，又要考虑子孙后代的发展需要；既要遵循经济规律，又要遵循自然规律；既要讲究经济社会效益，又要讲究生态环境效益。要正确处理好经济发展同生态环境保护的关系，牢固树立保护生态环境就是保护生产力、改善生态环境就是发展生产力的理念。绿水青山就是金山银山，良好的生态环境就是GDP，决不以牺牲环境为代价去换取一时的经济增长。

（8）全球生态文明建设的理论。

保护生态环境、应对气候变化、维护能源资源安全，是全球面临的共同挑战。国际社会应该携手同行，构筑尊崇自然、绿色发展的全球生态体系，共谋全球生态文明建设之路。中国是负责任的发展中大国，积极承担应尽的国际义务，同世界各国深入开展生态文明领域的交流合作，推进绿色“一带一路”建设，成为全球生态文明建设的重要参与者、贡献者、引领者。

三、中国特色社会主义生态文明制度建设

建设生态文明是一场涉及生产方式、生活方式、思维方式和价值观念的革命性变

革。推进生态文明建设，不仅要牢固树立保护生态环境的理念，更重要的是把理念落实在行动上，落实到制度上。只有实行最严格的制度、最严密的法治，建立系统完整的制度体系，才能为生态文明建设提供可靠保障。中国共产党第十八次全国代表大会报告突出强调制度建设的极端重要性，十九届四中全会重申“生态文明建设是关系中华民族永续发展的千年大计。必须践行绿水青山就是金山银山的理念，坚持节约资源和保护环境的基本国策，坚持节约优先、保护优先、自然恢复为主的方针，坚定走生产发展、生活富裕、生态良好的文明发展道路，建设美丽中国”。[①]

目前，我国已经建立了不少生态环境保护方面的制度，环境保护的立法和执法取得明显进展。但同时，生态文明制度仍不系统、不完整。必须深化生态文明体制改革，积极构建生态文明制度体系。

1. 实现最严格的生态环境保护制度

坚持人与自然和谐共生，坚守尊重自然、顺应自然、保护自然，健全源头预防、过程控制、损害赔偿、责任追究的生态环境保护体系。加快建立健全国土空间规划和用途统筹协调管控制度，统筹划定落实生态保护红线、永久基本农田、城镇开发边界等空间以及各类海域保护线，完善主功能区制度。完善绿色生产和消费的法律制度和政策导向，推动绿色循环低碳发展。构建以排污许可制为核心的固定污染源监管制度体系，完善污染防治区域联动机制和陆海统筹的生态环境治理体系。加强农业农村环境污染防治。完善生态环境保护法律体系和执法司制度。[②]

2. 全面建立资源高效利用制度

推进自然资源统一确权登记法治化、规范化、标准化、信息化，健全自然资产权制度，落实资源有偿使用制度，实行资源总量管理面节约制度。健全资源节约集约循环利用政策体系。普遍实行垃圾分类和资源化利用制度。推进能源革命，健全海洋资源开发保护制度。加快建立自然资源统一调查、评价、监测制度，健全自然资源监管体制。[③]

3. 健全生态保护和修复制度

统筹山水林田湖草一体化保护和修复，加强森林、草原、河流、湖泊、湿地、海洋等自然生态保护。加强对重要生态系统的保护和永续利用，构建以国家公园为主体

①中国共产党中央委员会. 中国共产党第十九届中央委员会第四次全体会议文件汇编[M]. 北京：人民出版社，2019：52.

②同①52−53.

③同①53−54.

的自然保护地体系，健全国家公园保护制度。加强长江、黄河等大江大河生态保护和系统治理。开展大规模国土绿化行动，加快水土流失和荒漠化、石漠化综合治理，保护生物多样性，筑牢生态安全屏障。除国家重大项目外，全面禁止围填海。①

4. 严明生态环境保护责任制度

建立生态文明建设目标评价考核制度，强化环境保护、自然资源管控、节能减排等约束性指标管理，严格落实企业主体责任和政府监管责任。开展领导干部自然资源资产离任审计。推进生态环境保护综合行政执法，落实中央生态环境保护督察制度。健全生态环境监测和评价制度，完善生态环境公益诉讼制度。落实生态补偿和生态环境损害赔偿制度，实行生态环境损害责任终身追究制。②

四、中国加强生态文明建设的重大意义

1. 生态文明建设是我国特殊国情的必然抉择

我国是一个拥有14亿人口的发展中国家，在全面建设小康社会的过程中，面临着全面发展经济和保护生态环境的双重任务。从20世纪90年代以来，伴随着我国经济的快速发展，资源浪费和环境污染速度也加快了，自然资源的消耗量和污染物的产生量大幅度上升，这就使我国本来已经短缺的资源和脆弱的生态环境面临更大的压力，因而必须走可持续发展道路，建设生态文明.

2. 生态文明建设是传承中华民族传统思想文化的迫切需要

源远流长的中华民族传统思想文化中不乏保护环境、人与自然和谐统一、建设美好社会的思想。儒家所追求的人与自然统一的“天人合一”思想，在中国传统文化中占主导地位，主张天道与人道、自然与人为的相通、相类和统一，倡导人与自然的和谐。道家极力主张人要节欲知足，要感恩大自然，认为人与人的和谐比不上人与自然的和谐。佛家不但主张万物都是“佛性”的休现，还主张众生平等，万物皆有生存的权利。

3. 生态文明建设是健全我国社会主义文明体系的内在要求

生态文明指的是人类在处理与自然关系时所达到的文明程度。生态文明是社会主义文明体系不可或缺的组成部分，是与物质文明、精神文明、政治文明及社会文明相

①中国共产党中央委员会. 中国共产党第十九届中央委员会第四次全体会议文件汇编[M]. 北京：人民出版社，2019：54.

②同①54-55.

并列的人类文明形式之一。假如没有生态文明持续地提供资源、能源和良好的生态环境，就没有我国人民丰厚的物质享受、崇高的政治信仰、高尚的精神追求、良好的社会环境，物质文明、政治文明、精神文明和社会文明的前提和基础是生态文明。

4. 生态文明建设是构建社会主义和谐社会的基本要求

社会主义和谐社会中的“和谐”，包括人与人、人与自然、人与社会的和谐，其中，人与自然的和谐是构建和谐社会的基础。胡锦涛指出，我们所要构建的社会主义和谐社会，应该是民主法治、公平正义、诚信友好、充满活力、安定有序、人与自然和谐相处的社会。他还指出，人与自然和谐相处就是生产发展、生活富裕、生态良好。没有生态和谐，就没有人与自然的和谐，更谈不上社会的和谐。目前，我国生态环境面临的严峻形势是：人与自然不能和谐相处，造成人与自然关系紧张。我国经济的快速发展造成严重的环境污染，环境污染又造成了自然生态的严重破坏。这些环环相扣的矛盾，已开始不断侵蚀着我们国家社会和谐的基础，阻碍了我国构建和谐社会的进程。

5. 生态文明建设是我国树立社会主义国家良好形象的客观需要

生态环境问题成为西方国家争夺选民支持的重要筹码，事实表明生态运动已登上世界政治舞台。当今世界，决定一种社会经济制度发展形式和前途的重要因素之一是生态问题，这也为社会主义国家在世界范围的传播提供了极好的机会。在当前社会主义处于低潮时期，加强我国生态文明建设，既能树立起我国作为社会主义国家的良好形象，也能逐渐改变西方国家对社会主义制度的某些误解，促进社会主义因素在全球范围的传播。

案例导入8-2

20世纪70—80年代“新八大公害事件”①

20世纪70—80年代，人类又发生了意大利塞维索化学污染事件、美国三里岛核电站泄漏事件、墨西哥液化气爆炸事件、印度博帕尔农药泄漏事件、切尔诺贝利核电站泄漏事件、瑞士巴塞尔赞多兹化学公司莱茵河污染事件、全球大气污染和非洲大灾荒，构成了“新八大公害事件”。

塞维索化学污染事件：1976年7月10日，意大利北部塞维索地区的一家农药厂爆

①郭春梅，赵朝成，陈进富，等.环境工程概论[M].东营：中国石油大学出版社，2018：12.

炸，导致剧毒化学药品二噁英的污染，多人中毒，几年内当地畸形儿的出生率大为增加，附近居民被迫迁走。美国三里岛核电站泄漏事件：1979年3月28日，美国三里岛核电站泄漏，直接经济损失达10多亿美元。墨西哥液化气爆炸事故：1984年11月19日，墨西哥国家石油公司所属的液化气供应中心发生爆炸，死亡1000多人，伤4000人，3万多人无家可归。印度博帕尔农药泄漏事件：1984年12月3日，美国联合碳化物公司设在印度博帕尔市的农药厂的剧毒化学品异氰酸甲酯罐爆裂外泄，受害人数20万，死亡3000人以上。切尔诺贝利核电站泄漏事件：1986年4月26日，位于苏联基辅地区的切尔诺贝利核电站4号反应堆爆炸，造成重大放射性污染，周围十多万居民被疏散，伤数百人，死亡31人。莱茵河污染事故：1986年11月1日，瑞士巴塞尔赞多兹化学公司的仓库起火，使大量有毒化学品随着灭火用水流进莱茵河，造成西欧10年来最大的污染事故。还有全球大气污染和非洲大灾荒，都给人类带来了重大损失。

案例思考：

环境问题给我们带来哪些危害？

第二节 中国特色社会主义生态文明建设的实践

一、中国特色社会主义生态文明建设

1. 中国特色社会主义生态文明建设理论的发展

新中国伊始，以毛泽东为核心的党的第一代领导集体，针对由于长期战争造成的严重生态破坏，高瞻远瞩，纵观全局，注重调查，提出“绿化祖国”的环境保护任务和目标，使生态环境保护成为生产建设中一项综合性的日常工作。在体现党的第一代领导集体经济建设战略思想的《中华人民共和国发展国民经济的第一个五年计划》，就提出“注意兴修水利，植树造林，广泛地开展关于保持水土的工作”。1955年，毛泽东向全国发出了12年内绿化祖国的号召。1958年，毛泽东主席就利用长江水电资源的重要性讲道：我们用水来发电，应尽量少用煤，把煤留给我们的子孙们。中央在1961年发布了《关于确立林权、保护山林和发展林业的若干政策规定（试行草案）》（简称《林业十八条》），试图通过明确林权归属调动基层群众的植树热情。同时，针对面临着人口增长过快与资源环境承载力有限的难题，1970年代，中国果断采取了计划生育政策，将其确定为一项基本国策。1971审议通过了我国第一部环境保护的法规性文件《关于保护和改善环境的若干规定》，我国真正意义上的环境保护工作正式

起步。1973年，召开第一次全国环境保护会议，将环境保护工作提到国家议事日程，确立了“全面规划、化害为利、依靠群众、大家动手、保护环境、造福人民”的环境保护工作方针。

改革开放以来，以邓小平为核心的党的第二代领导集体，确立了自然环境保护和建设的长远规划，积极推动自然环境保护的法制化和生态环境建设的健康发展。1979年9月，《中华人民共和国环境保护法（试行）》正式颁布生效。1981年召开五届人大四次会议，从人口再生产的角度进一步完善为“限制人口数量，提高人口质量”，并根据这一政策提出“晚婚、晚育、少生、优生”的要求。1983年，邓小平在第二次环境保护会议上提出：“环境保护是我国的一项基本国策。”党的十三大，首次在大会政治报告中指出：“人口控制、环境保护和生态平衡是关系经济和社会发展全局的重要问题。在推进经济建设的同时，要大力保护和合理利用各种自然资源，努力开展对环境污染的综合治理，加强生态环境的保护，把经济效益、社会效益和环境效益很好地结合起来。”①1989年，第三次环境保护会议通过了八项管理制度，提出“努力开拓有中国特色的环境保护道路”，使环境保护的基本国策在经济社会发展中发挥了重要作用。

1990年代，以江泽民为核心的第三代领导集体立足国情，吸收人类文明的最新成果，阐述了可持续发展就是既要考虑当前发展的需要，又要考虑未来发展的需要，不要牺牲后代人的利益为代价来满足当代人的利益。给中国社会主义现代化建设提出了科学合理的指标和要求，使中国避免走西方国家先污染后治理的老路。1992年6月，在联合国环境与发展峰会上中国向世界承诺走可持续发展道路。这一时期我国环境保护出现以下新特点：一是可持续发展确立为国家发展战略，可持续发展战略于1997年首次写入党的十五大报告。二是加大环境保护力度，环境污染防治取得阶段性进展。其中，1998年长江全流域洪水后，国家启动退耕还草、退耕还林等一系列重大生态建设工程，成为生态环境政策转向的标志。三是环境管理制度化和法制化。

进入新世纪，生态环境的重要性更加突出。在中共十六大至十八大的十年间，生态文明建设理论与实践不断取得创新突破。十六大提出中国要走新型工业化的道路，其战略之一就是实施可持续发展，在基本国策中增加了保护资源的内容。党的十七大

①赵紫阳. 沿着有中国特色的社会主义道路前进：在中国共产党第十三次全国代表大会上的报告[GB/OL]. 中华人民共和国中央人民政府网. http://www.gov.cn/test/2007-08/29/content_730445.htm

首次在党的全国代表大会上提出建设“生态文明”的新理念，不仅创新和发展了中国特色社会主义理论体系，而且显示出中国共产党人对历史负责和对子孙后代繁衍生息着想的态度，为中国特色社会主义生态文明建设指明了方向。2009年发布《循环经济促进法》，注重从资源效率角度保护生态环境，随后资源节约和环境保护国策在社会经济发展中的地位得到强化，我国绿色发展新空间不断拓展。

党的十八大政治报告专辟“大力推进生态文明建设”一章，“从优化国土空间开发格局、全面促进资源节约、加大自然生态系统和环境保护力度、加强生态文明制度建设”四个方面做了专题阐述。党的十八大以后，生态文明建设深化推进，生态文明建设相关制度的出台频度之密、污染治理力度之大、监管执法尺度之严前所未有，环境质量得到明显改善。《关于加快推进生态文明建设的意见》和《生态文明体制改革总体方案》的出台，确立生态文明“四梁八柱”制度。自然资源资产产权制度改革积极展开，国土空间开发保护制度日益加强，资源总量管理和全面节约制度不断强化，资源有偿使用和生态补偿制度持续推进，生态文明绩效评价考核和责任追究制度基本建立。制定实施大气、水、土壤污染防治三个“十条”。建立了国家环境保护督察制度，对重点区域、重点领域、重点行业进行专项督察，强化追责问责，严肃查处违法案件。与此同时，随着生态文明观念在全社会树立，循环经济形成较大规模，可再生能源比重显著上升，绿色消费拉动生产过程的绿色化，主要污染物排放得到有效控制，生态环境质量明显改善，基本形成节约能源资源和保护生态环境的产业结构、增长方式、消费模式。

习近平总书记在党的十九大报告中指出：“加强生态文明体制改革，建设美丽中国”，走向生态文明新时代，实现中华民族伟大复兴中国梦。

2. 中国特色社会主义生态文明建设成就

（1）生态环境治理成效。

新中国成立初期，“依靠两只手”“豪情壮志，人定胜天”的理念盛行，到了70年代，生态破坏引致生态退化恶化，人们开始认识到生态平衡的重要性。

森林覆盖率作为生态治理的一个主要指标，1949年的森林覆盖率为8.6%，根据第八次全国森林资源清查（2009—2013年）结果，全国森林面积2.1亿公顷，森林覆盖率21.6%，森林蓄积151.4亿立方米。与第一次全国森林资源清查（1973—1976年）相比，森林面积增加0.9亿公顷，森林覆盖率提高8.9个百分点，森林蓄积增加64.8亿立方米。2019年2月英国《自然·可持续发展》杂志上发表的一篇论文指出，从2000年到2017年全球新增的绿化面积中，约四分之一来自中国，居全球首位，其中的贡献主要来自中国巨大的人工造林面积。[①]

生态治理的手段，改革开放前多是防御型的，主要是治水和绿化荒山，风沙源治理、水土保持治理；改革开放后尤其是20世纪90年代后期以修复型为主，退耕还林、退田还湖、退田还草。从20世纪50年代治理淮河、海河、黄河、长江洪水之患，到工程水利农田灌溉，从黄河小浪底调水调沙到长江三峡控洪兴利，顺应自然而不是放纵自然，使得季风性、年际波动剧烈的中国水热资源得到生态维护。

案例导入8-3

治理黄河[②]

新中国成立后，党和政府对治理黄河极为重视，变害为利，造福于人民。千年泛滥的黄河，经过新中国70年的不断治理，不仅洪泛绝迹，而且河水变清。

根据黄河潼关2000—2015年的实测数据，年均入黄泥沙2.64亿吨，较天然来沙均值15.92亿吨减少83.6%；径流量较天然时期年均值减少46%，含沙量大幅下降71%至10.8千克/米^3。显然，这些成效不仅仅是工程措施，更多的是黄土高原生态治理的结果。1999—2015年，延安累计退耕还林1070万亩（约71.3万公顷），覆盖了当地19.4%的国土面积，植被覆盖度达67.7%。坡面治理，径流不下沟，沟壑地的径流、泥沙分别减少58%和78%。由于淤地坝建设，榆林减少了三分之一的水土流失量。据2017年5月潼关实测数据显示，黄河含沙量不超过0.8千克/米^3。

案例思考：

习近平总书记强调，“治理黄河，重在保护，要在治理。”“要坚持山水林田湖草综合治理、系统治理、源头治理，统筹推进各项工作，加强协同配合，共同抓好大保护，协同推进大治理。”

①历史上黄河不断泛滥，中下游大量出现黄泛区，引起我们哪些反思？

②习近平总书记治理黄河的讲话有何意义？

---

①中华人民共和国国家统计局. 环境保护效果持续显现　生态文明建设日益加强：新中国成立70周年经济社会发展成就系列报告之五[OL]. 中华人民共和国国家统计局官网，2019-07-18. http://www.stats.gov.cn/tjsj/zxfb/201907/t20190718_1677012.html

②潘家华. 新中国70年生态环境建设发展的艰难历程与辉煌成就（二）[J/OL]. 2020-04-17. 超星发现系统. http://ss.zhizhen.com/detail_38502727e7500f2678e838e4530d44c67372d0a1be5879171921b0a3ea255101120bdd20dcbbaef7774aee9364f97d4966aa4e630bdf8bfa4af09a4eb9f92c3d74c887c4c0066f314118f46d531559d0?

改革开放后大幅启动的各类自然保护地建设，涉及森林公园、湿地公园、遗址公园、地质公园、自然保护区、水源保护区、国家公园，遍布全国。全国超过90%的陆地自然生态系统都建有代表性的自然保护区，89%的国家重点保护野生动植物种类以及大多数重要自然遗迹在自然保护区内得到保护。截至2017年，全国自然保护区达2750个，比2000年增加1523个；自然保护区面积14 717万公顷，比2000年增长49.9%。[①]各类陆域自然保护地总面积约占陆地国土面积的14.86%左右，超过世界14%的平均水平。其中，80%的面积为自然保护属性较强的自然保护区；20%为生态保护属性较弱的风景名胜区和森林公园。

（2）污染防治攻坚拔寨。

新中国的污染防治攻坚，经历了一个从"宁愿呛死不愿守穷"到"绿水青山就是金山银山"的认知过程。

大气环境治理，经历了从20世纪80年代的沙尘暴（粉尘）、工业烟囱除尘，90年代的脱硫治理酸雨，21世纪初的脱硝治理氮氧化合物污染，到2010年后的攻坚治霾、PM2.5大幅锐减的发展历程。实现了从2008年的"奥运蓝"、2015年的"阅兵蓝"，到目前的"日常蓝"，天清云白，民生普惠。

水环境治理，也经历了一个从防止水土流失生态治理到污染控制水质治理的过程。在20世纪80年代城市规划和产业布局中，沿江城市的化工企业多布局在城市的下游或城市自来水厂取水口的下游，而这些企业几乎没有污水处理设施，政府也没有相应的治污预算，是典型的"只管自家门前雪，不顾他人瓦上霜"。改革开放后日本等发达国家和世界银行对中国低息贷款援建的污水处理厂，也因管网不配套、运行费用无着落而"晒太阳"。90年代我国开始配套管网；2000年后推行污染者付费，税费中列收污水处理费，严格排放标准；到2010年后，城镇污水处理率已达95%以上。

2016年1月，习近平总书记在重庆提出长江"共抓大保护，不搞大开发"。从长江流域水质监测数据看，2016年以前长江水质整体上呈现恶化态势；2017—2018年，长江流域干支流沿岸铁腕治江，大力关停并转迁化工企业，长江国控断面水质迅速改善，水质良好。2018年长江监测的510个水质断面中，Ⅰ类占5.7%，Ⅱ类占54.7%，Ⅲ类占 27.1%，Ⅳ类占9.0%，Ⅴ类占1.8%，劣Ⅴ类占 1.8%。与2017年相比，Ⅰ类水质断

①中华人民共和国国家统计局. 环境保护效果持续显现 生态文明建设日益加强：新中国成立70周年经济社会发展成就系列报告之五[OL]. 中华人民共和国国家统计局官网，2019-07-18. http://www.stats.gov.cn/tjsj/zxfb/201907/t20190718_1677012.html

面比例上升 3.5个百分点，Ⅱ类上升10.4个百分点，Ⅲ类下降10.9个百分点，Ⅳ类下降1.2个百分点，Ⅴ类下降1.3个百分点，劣Ⅴ类下降0.4个百分点。干流水质为优，主要支流水质良好。[①]2019年12月24日，《中华人民共和国长江保护法（草案）》首次提请十三届全国人大常委会第十五次会议审议，长江流域生态环境将进一步得到全面保护。

案例导入8-4

治理淮河污染[②]

淮河流域水污染始于20世纪70年代后期。进入80年代，水污染事故频发，水质恶化加剧，给沿淮人民身体健康和经济社会发展带来了严重危害。“五十年代淘米洗菜，六十年代洗衣灌溉，七十年代水质变坏，八十年代鱼虾绝代，九十年代身心受害”，这首歌谣是淮河流域水质变化过程的真实写照。

1994年5月，国务院环境保护委员会在安徽省蚌埠市召开了第一次淮河流域环保执法检查现场会，拉开了淮河治污的序幕。随后，相继制定和实施了《淮河流域水污染防治规划》及“九五”“十五”计划。2000年以后，淮河流域排污总量有所削减，但从排污量来看，淮河流域排污总量居高不下。2005年，淮河流域废水排放量41.7亿t，COD（化学需氧量）排放量104.2万t，是“九五”目标的2.8倍，“十五”目标的1.6倍，“十一五”目标的1.2倍；氨氮排放量14.0万t，是“十五”目标的1.2倍，“十一五”目标的1.3倍。从水质来看，污染仍然十分严重。2007年上半年，淮河干流14个监测断面Ⅱ、Ⅲ类水质比例仅占14%，Ⅳ类水质比例占29%，Ⅴ类、劣Ⅴ类水质所占的比例高达57%。2010年之后的污染攻坚，淮河流域整体上污染大幅减轻，减至轻度污染。2018年，监测的180个水质断面中，Ⅰ、Ⅱ、Ⅲ类水质占比提升至57.2%，Ⅴ类、劣Ⅴ类占比降至12.2%。

案例思考：

淮河污染引起我们哪些反思？治理淮河有何启示？

---

①生态环境部. 2018年全国环境状况公报[GB/OL]. 生态环境部官网，2019-05-29. http://www.mee.gov.cn

②潘家华. 新中国70年生态环境建设发展的艰难历程与辉煌成就（二）[J/OL]. 2020-04-17. 超星发现系统. http://ss.zhizhen.com/detail_38502727e7500f2678e838e4530d44c67372d0a1be5879171921b0a3ea255101120bdd20dcbbaef7774aee9364f97d4966aa4e630bdf8bfa4af09a4eb9f92c3d74c887c4c0066f314118f46d531559d0?

固体废弃物的治理，尤其是城市生活垃圾的治理，也是经历了改革开放前的随意堆放、80年代的直接填埋、90年代的卫生填埋、2000年之后的垃圾焚烧、2010年之后的循环再生强制分类的发展历程。

知识链接8-3

生活垃圾分类[①]

2017年3月底，国家发展改革委、住建部共同发布了《生活垃圾分类制度实施方案》，为生活垃圾分类制度实施制定了路线图。《生活垃圾分类制度实施方案》要求，到2020年底，基本建立垃圾分类相关法律法规和标准体系，实施生活垃圾强制分类的城市，生活垃圾回收利用率达到35%以上。

随后，部分省市出台了相应的垃圾分类指导意见或实施方案。北京市提出，到2020年底，全市垃圾分类制度覆盖范围达到90%以上，进入垃圾焚烧和填埋处理设施的生活垃圾增速控制在4%左右。重庆市提出，到2020年底，实施居民生活垃圾分类示范试点的街道比例达到50%，生活垃圾回收利用率超过35%。宁夏银川、贵州贵阳等西部地区也出台了相应的实施方案，但没有强制实施。

2019年7月1日，《上海市生活垃圾管理条例》正式实施，垃圾强制分类进入日常状态。实施当天，上海执法部门开出623张整改单。对不规范分类强化监管和处罚，不只是落实在文件上，而是在具体施行。这也意味着城市生活垃圾的治理、管控追溯到了源头。

（3）资源节约成就斐然。

我国资源节约的成效，尽管与世界先进水平仍有差距，但依然是成就斐然。“十一五”以来，在各项节能降耗政策措施的大力推动下，经过全社会的共同努力，我国单位GDP能耗整体呈现下降态势，2005—2018年累计降低41.5%，年均下降4.0%，比1952—2005年年均降幅扩大3.9个百分点，节能降耗取得巨大成效。“十一五”时期，单位GDP能耗2010年比2005年降低目标为20%左右，实际下降19.3%；“十二五”时期，单位GDP能耗2015年比2010年降低目标为16%以上，实际下降18.4%；“十三五”

---

①潘家华. 新中国70年生态环境建设发展的艰难历程与辉煌成就（二）[J/OL]. 2020-04-17. 超星发现系统. http://ss.zhizhen.com/detail_38502727e7500f2678e838e4530d44c67372d0a1be5879171921b0a3ea255101120bdd20dcbbaef7774aee9364f97d4966aa4e630bdf8bfa4af09a4eb9f92c3d74c887c4c0066f314118f46d531559d0?

时期，单位GDP能耗2020年比2015年降低目标为15%，2018年比2015年已下降11.4%。从单位GDP能耗指标值（GDP按2018年价格计算）来看，由1953年的0.91吨标准煤/万元逐步上升到1960年最高的2.84吨标准煤/万元后逐步下降，70年代开始又逐步上升后，目前基本呈现稳步下降态势，2018年下降到最低的0.52吨标准煤/万元；从单位GDP能耗降低率来看，在改革开放之前波动较大，多数年份为上升，改革开放之后基本保持下降态势。①

二、生态文明建设面临的挑战

生态治理、污染攻坚、资源节约，70年成绩傲然，但未来挑战依然严峻。

1. 资源约束强化

（1）我国人均资源拥有量较低。

过去，我们提起中国经常强调“地大物博”，资源总量较大，但与世界人均值比较，我国资源的人均占有量相对不足。我国资源的人均占有量与世界平均水平相比，土地面积只及世界平均数1/3，耕地也为1/3，林地为1/6，草地为1/2，耕地面积已接近18亿亩红线。人均矿产资源居世界第53位，仅为世界平均水平的58%，是俄罗斯的1/5，美国的1/8。中国国务院新闻办2007年12月发表的《中国的能源状况与政策》白皮书指出，“我国煤炭和水力资源人均拥有量相当于世界平均水平的50%，石油、天然气人均资源量仅为世界平均水平的1/15左右。”2018年，中国石油对外依存度达72%，为近五十年来最高；天然气对外依存度为43%。铁矿石、铜等重要矿产资源对外依存度也在不断上升。我国人均水资源居世界第109位，被列为世界人均水资源的13个贫水国家之一，中国北方地区共有11个省、市、区的人均水资源拥有量低于缺水紧张线，成为世界上最缺水的地区之一。中国600个城市中缺水的近400个，严重缺水的为108个，我国年均缺水量达536亿立方米。严重的资源的供需矛盾，已成为制约经济和社会发展的重要因素。②

（2）资源结构不理想，质量相差悬殊。

我国资源虽然体量较大，但是结构较差。中国土地资源中难以利用的流动沙丘、戈壁、高山占国土面积的30.68%，耕地资源中质量好的一等耕地约占40%。在可利用

①中华人民共和国国家统计局. 能源发展实现历史巨变 节能降耗唱响时代旋律：新中国成立70周年经济社会发展成就系列报告之四[GB/OL]. 中华人民共和国国家统计局官网. 2019-07-18 http://www.stats.gov.cn/tjsj/zxfb/201907/t20190718_1677011.html

②生态环境部. 2018年全国环境状况公报[GB/OL]. 生态环境部官网，2019-05-29. http://www.mee.gov.cn

的草原中，多数草原资源质量不高，其中大多数处于干旱地区，缺水的近30%，86%以上的草原分布在西北干旱和半干旱地区；在草地总面积中，丰蕴的资源仅为1/4；存在的问题主要是草场沙化、碱化、退化严重，生产能力差，商品率低。

我国已勘察到的矿产资源中贫矿多富矿少，共生伴生矿多，单一矿少，中小型矿多，大型超大型矿少，不利于进行开采。

（3）中国能源使用效率低下。

按汇率计算的单位产值能耗，中国是世界上最高的国家之一，仅次于俄罗斯和东欧国家。2000年，中国每百万美元GDP能耗为日本的9.7倍，世界平均值的3.4倍。我国目前的能源效率约为33%，比世界先进水平低10个百分点左右。

（4）森林生态系统仍较脆弱。

2018年，我国的森林面积排世界第五，蓄积排世界第六。全世界森林覆盖率是30.7%，我们国家森林覆盖率是22.96%；人均的森林面积是0.16公顷，不足世界人均水平的三分之一；人均森林蓄积12.35米^3，仅为世界的六分之一。我们国家森林平均每公顷的蓄积是94.83米^3，只列世界第102位，德国的公顷蓄积300多米^3，世界平均水平是每公顷131米^3。

我国的森林资源具有树种和森林类型繁多，乔灌木树种约有8000种，其中乔木约2800多种。我国是世界上珍贵树种最多的国家，松香、桐油、生漆、樟脑等林产品的产量居世界首位。我国拥有各类针叶林、针阔混交林、落叶阔叶林、热带雨林以及它们的各种次生类型。

但是森林面积小、覆盖率低。地区分布不均衡。黑龙江、吉林、四川、云南以及西藏东部，土地面积只占全国的20%左右，森林面积却占全国的50%，森林蓄积量占75%；而人口稠密、经济较发达的华北、中原和长江、黄河下游地区，森林资源分布却很稀少，只占全国林地面积的4%；西北干旱半干旱地区，包括新疆、青海、宁夏、甘肃以及内蒙古和西藏的中、西部，土地面积约占全国的1/2，森林面积只占全国的6.2%。

森林结构不够合理。防护林的面积太少，不利于保护生态环境；有林面积增加但用材林面积减少，森林蓄积量持续下降；用材林成熟林蓄积量锐减，林龄结构向低龄化转变。主要原因是砍伐过度，毁林开荒严重，森林更新严重滞后；森林火灾频繁，病虫害严重；综合利用较差，资源利用率低。由于病虫害、干旱、洪涝、地震等自然灾害，尤其是人为的破坏因素，我国大片的森林遭到破坏，现有森林大都呈片状或孤岛状分布。我国除在西南、东北及天山山脉等地还保存有少数的原始森林外，其他地区的森林几乎都受到人类活动的严重破坏。

（5）生物多样性锐减。

中国是世界动植物资源最丰富的国家之一，但按人均资源情况，中国是资源贫乏国家。新中国成立以来，由于对自然资源的过度开发利用和环境污染，以及疯狂的盗猎走私潮，加上外来物种的入侵，我国宝贵的生物物种资源正在急剧减少，生物多样性受到严重破坏。中国为了进一步加强野生动植物保护和濒危物种拯救繁育工作，已经建立700多个自然保护区和植物园、动物驯养繁殖中心等，这些保护区的建立保护了大量野生动植物，如峨眉山国家公园保护。20世纪末，全国已建立14个野生动物救护繁育中心、20余种濒危物种人工繁育种群、400多处珍稀植物迁地保护繁育基地和种质资源库、100多处植物园和树木园，1000多种珍稀植物得到保护繁育。

2018年，约44%的野生动物种群数量呈下降趋势，野生动植物种类受威胁比例达15%—20%，生物多样性降低；列入国家重点保护野生动物名录的珍稀濒危陆生野生动物406种，大熊猫、金丝猴、藏羚羊、褐马鸡、扬子鳄等数百种动物为中国所特有。列入国家重点保护野生植物名录的珍贵濒危植物246种8 类，已查明大型真菌种类9302种。全国已发现560多种外来入侵物种，且呈逐年上升趋势，其中213种已入侵国家级自然保护区。71种危害性较高的外来入侵物种先后被列入《中国外来入侵物种名单》，52种外来入侵物种被列入《国家重点管理外来入侵物种名录（第一批）》。①

（6）自然生态不甚理想。

2016年，2591个县域中，生态环境质量为“优”“良”“一般”“较差”和“差”的县域分别有534个、924个、766个、341个和26个。“优”和“良”的县域面积占国土面积的42.0%，主要分布在秦岭—淮河以南及东北的大小兴安岭和长白山地区；“一般”的县域占24.5%，主要分布在华北平原、黄淮海平原、东北平原中西部和内蒙古中部；“较差”和“差”的县域占33.5%，主要分布在内蒙古西部、甘肃中西部、西藏西部和新疆大部。②2018年，全国生态环境质量优和良的县域面积占国土面积的44.7%，主要分布在青藏高原以东、秦岭—淮河以南及东北的大小兴安岭地区和长白山地区；一般的县域面积占23.8%，主要分布在华北平原、黄淮海平原、东北平原 中西部和内蒙古中部；较差和差的县域面积占 31.6%，主要分布在内蒙古西部、甘肃中西部、西藏西部和新疆大部。818个国家重点生态功能区县域中，2018 年与2016年相

①生态环境部. 2018年全国环境状况公报[GB/OL]. 生态环境部官网，2019-05-29. http://www.mee.gov.cn

②同①

比，生态环境质量变好的县域占 9.5%，基本稳定的占79.1%，变差的占11.4%。①

2. 生态环境污染严重

（1）大气污染。

我国大气污染总体呈现复合性、压缩性、区域性特征。当前，我国大气污染状况十分严重。根据生态环境部监测数据，2018年全国338个地级及以上城市中，仍有64.2%的城市环境空气质量超标。338个城市PM2.5和PM10平均浓度分别为41微克/米^{3}和78微克/米^3，不仅远超出世界卫生组织10微克/米^{3}的标准，而且也高于国家35微克/米^{3}的标准。京津冀及周边地区PM2.5浓度更是高达60微克/米^3，城市密集度高的长三角地区也达到44微克/米^3。②需要说明的是，2018年京津冀和长三角的PM2.5和PM10浓度水平已比2017年分别下降了11.8%和10.2%。随着能源结构和产业结构调整难度的加大，未来下降的幅度也将趋减，且难度也增加。我国化石能源燃烧的二氧化碳排放量在1971年为人均0.9吨，只有世界平均的1/4；到2017年人均排放量已经达到7.5吨，高于欧盟排放水平。《巴黎协定》要求在2050年后实现碳的净零排放，而我国的非化石能源占比在2018年仅为14.3%，在2050年完全去煤，也几乎是不可能的事情。2019年1—12月，全国337个地级及以上城市PM2.5浓度为36微克/米^3，同比持平，其中，未达标城市PM2.5年均浓度为40微克/米^3，同比下降2.4%；PM10浓度为63微克/米^3，同比下降1.6%；O_3浓度为148微克/米^3，同比上升6.5%；SO_2浓度为11微克/米^3，同比下降15.4%；NO_2浓度为27微克/米^3，同比持平；CO浓度为1.4毫克/米^3，同比持平；优良天数比例为82.0%，157个城市环境空气质量达标。③

交通运输工具污染日趋严重：随着我国机动车等交通运输工具数量的快速增长，石油消耗量和氮氧化物排放量也相应增加，流动空气污染源排放的有害物质不仅对环境造成直接的排放总量迅速增加；氮氧化物污染呈加重趋势。酸雨长期影响我国南方地区：我国青藏高原以东、长江干流以南已经成为继欧洲、北美之后的世界第三大酸雨区，全国形成华中、西南、华东、华南多个酸雨区，以华中酸雨区为重；有关部门研究结果表明，我国每年因酸雨污染造成的损失超过1100亿元。2018年，酸雨区面积

---

①生态环境部. 2018年全国环境状况公报[GB/OL]. 生态环境部官网，2019-05-29. http://www.mee.gov.cn

②同①

③生态环境部. 2019 年全国地表水、环境空气质量状况[GB/OL]. 生态环境部官网，2020-02-20. http://www.mee.gov.cn

约53万m^2，占国土面积的5.5%，比2017年下降0.9个百分点；其中，较重酸雨区面积占国土面积的0.6%。酸雨污染主要分布在长江以南—云贵高原以东地区，主要包括浙江、上海的大部分地区、福建北部、江西中部、湖南中东部、广东中部和重庆南部。酸雨频率471个监测降水的城市（区、县）中，酸雨频率平均为10.5%，比2017年下降0.3个百分点。出现酸雨的城市比例为37.6%，比2017年上升1.5个百分点；酸雨频率在25%及以上、50%及以上和75%及以上的城市比例分别为16.3%、8.3%和3.0%。[①]

（2）水体污染。

案例导入8-5

江苏镇江水污染事件[②]

2012年2月3日中午开始，镇江市自来水出现异味，在其后两天里，镇江发生了抢购饮用水的风波。而有关部门却没有及时公布实情，以种种借口搪塞掩盖。直至2月7日下午，镇江市政府应急办才发布通告：水源水苯酚污染是此次异味的主要原因。

真相：2月2日，从泰国出发的“格洛里亚”号满载苯酚等化学物品，逆长江而上到达镇江市，在将苯酚加温成液态后通过管道加压输送至岸上的储存罐的过程中，由于货轮其中的2个阀门没有关闭，从而造成苯酚通过向岸上输送的同时，通过没有关闭的阀门向江中泄露。

案例思考：

政府应该如何加强应急防护机制建设？

我国污水排放量不断上升，近年来年污水排放量突破700亿吨，2016年、2017年、2018年分别为711亿吨、700亿吨、750亿吨，而2018年污水回用率仅为10%。[③]截至2018年底，全国97.4%的省级及以上工业集聚区建成污水集中处理设施并安装自动在线监控装置。全国城镇建成运行污水处理厂4332座，污水处理能力1.95亿m^3/d。开展农村

①生态环境部. 2018年全国环境状况公报[GB/OL]. 生态环境部官网，2019-05-29. http://www.mee.gov.cn

②宋阳标. 镇江水污染揭秘[J].大经贸，2012（03）：50-53.

③中华人民共和国国家统计局. 中国统计年鉴[M/OL]. 中华人民共和国国家统计局官网. http://www.stats.gov.cn

环境综合整治的村庄累计达到16.3万个。[①]而2015年底我国只有1943座城市污水处理厂，处理能力为1.41亿m^3/d。根据《“十三五”全国城镇污水处理及再生利用设施建设规划》，我国“十三五”的城镇污水处理能力将从2.17亿m^3/d提升至2.68亿m^3/d。现在看仍有很大差距。化肥、农药等农业方面污染和大型养殖场的禽畜粪便污染也日益严重，严重的水污染使许多河段、湖泊和水库的水质恶化，失去了饮用水源的功能，加剧缺水危机，对工业、农业、渔业等部门造成重大损失，还严重恶化了城乡人民的居住环境。据统计，在全国78条主要河流中，有54条已受到污染，其中14条受到严重污染，辽河、海河、淮河等污染特别严重。湖库富营养化问题严重，据调查全国75%的湖泊出现了不同程度的富营养化，尤以太湖、巢湖、滇池等为重。不少湖泊出现藻类暴发，如2007年5—6月爆发的“太湖蓝藻”事件。我国地下水污染范围日益扩大，污染程度和深度也在不断增加。全国有25%的地下水体遭到污染，35%的地下水源不合格。我国东海和渤海污染严重，近岸海域劣质海水占30%，80%的入海排污口邻近海域生态环境污染严重，严重超标的污染物氮和磷等导致我国近年赤潮灾害急剧发展。海洋赤潮不仅造成鱼类大量死亡，而且已经出现因赤潮引起的人体中毒及死亡事件。

近年经过治理，我国水域污染大面积好转。2019年，西北诸河和西南诸河水质为优，长江、珠江流域和浙闽片河流水质良好，黄河、松花江和淮河流域为轻度污染，海河和辽河流域为中度污染。长江、黄河、珠江、松花江、淮河、海河、辽河等七大流域及西北诸河、西南诸河和浙闽片河流Ⅰ-Ⅲ类水质断面比例为79.1%，同比上升4.8个百分点；劣Ⅴ类为3.0%，同比下降3.9个百分点。主要污染指标为化学需氧量、高锰酸盐指数和氨氮。其中，西北诸河、浙闽片河流、西南诸河和长江流域水质为优，珠江流域水质良好，黄河、松花江、淮河、辽河和海河流域为轻度污染。监测的110个重点湖（库）中，Ⅰ-Ⅲ类水质湖库个数占比为69.1%，同比上升2.4个百分点；劣Ⅴ类水质湖库个数占比为7.3%，同比下降0.8个百分点。主要污染指标为总磷、化学需氧量和高锰酸盐指数。监测富营养化状况的107个重点湖（库）中，6个湖（库）呈中度富营养状态，占5.6%；24个湖（库）呈轻度富营养状态，占22.4%；其余湖（库）未呈现富营养化。其中，太湖、巢湖为轻度污染、轻度富营养，主要污染指标为总磷；滇池为轻度污染、轻度富营养，主要污染指标为化学需氧量和总磷；洱海水质良好、中营养；丹江口水库水质为优、中营养；白洋淀为轻度污染、轻度富营养，主要污染

①生态环境部. 生态环境部公布2018年度《水污染防治行动计划》重点任务实施情况[OL]. 生态环境部官网，2019-07-25. http://www.mee.gov.cn/xxgk2018/xxgk/xxgk15/201907/t20190723_712133.html

指标为总磷、化学需氧量和高锰酸盐指数。与去年同期相比，巢湖水质有所好转，洱海水质有所下降，营养状态均无变化；太湖、滇池、丹江口水库和白洋淀水质和营养状态均无明显变化。2018年夏季，一类水质海域面积占管辖海域面积的96.3%，劣四类水质海域面积占管辖海域面积的1.1%。①

（3）土壤污染。

我国农田遭受工业“三废”污染的土壤已有1亿多亩，因此而引起的粮食减产每年在100亿公斤以上。因使用污水灌溉，被重金属物污染的耕地有20余万亩，涉及11个省25个地区。受污染的土壤很难治理，其危害长期存在。污染严重的耕地已被迫弃耕。相关统计显示，当前我国范围内土壤污染情况较为严重的耕地已经占据全国范围内耕地面积的20%，尤其是部分经济较为发达的地区其耕地重度污染情况非常严重，部分地区耕地重度污染比例显示达到该地区范围内耕地面积的10%，轻度污染的比例则达到该地区范围内耕地面积的70%，对该地区范围内的土壤质量造成非常严重的破坏。同时伴随当前我国经济发展态势以及行业发展规模，我国范围内土壤污染的类型相较以往也变得更多，表现出无机污染、有机污染、生物复合污染的后续发展态势。此外，我国范围内土壤污染的途径进一步扩大，土壤污染的原因相较以往更加复杂且控制难度更高。

2016 年，我国土壤总的点位超标率为6.1%。污染类型以无机污染为主，有机污染次之，复合型污染比重较小。在不同土地利用类型中，耕地、林地、草地、未利用地土壤点位超标率分别为19.4%、10.0%、10.4%、11.4%。长江三角洲、珠江三角洲、东北老工业基地等部分区域土壤污染问题较为突出，西南、中南地区土壤重金属超标范围较大。镉、汞、砷、铅4种无机污染物量分布呈现从西北到东南、从东北到西南方向逐渐升高的态势。工矿企业及其周边土壤环境问题突出，抽样显示，污染企业及其周边点位超标率为36.3%、工业废弃地为34.9%、工业园区为29.4%。②

（4）固体废弃物污染。

2017年，我国工业固体废弃物产生量33.2亿吨，综合利用18.2亿吨，倾倒丢弃量达79万吨，其中危险废物6937万吨。据统计，城市垃圾的年排放量为2.28亿吨，③且每年

①生态环境部. 2019年全国地表水、环境空气质量状况[GB/OL]. 生态环境部官网，2020-02-20. http://www.mee.gov.cn

②荣启涵，吴晶. 坚决守住土壤环境质量底线：环境保护部有关负责人解读“土十条” [OL]. 中央人民政府网站，2016-06-01. http://www.gov.cn/zhengce/2016-06/01/content_5078554.htm

③中华人民共和国国家统计局. 中国统计年鉴（2019）[M/OL]. 中华人民共和国国家统计局官网. http://www.stats.gov.cn

以7%-9%的速度在增长。没有得到处理利用的工业废渣和城市垃圾，大都堆积在城市的郊区和河流荒滩上，成为严重的二次污染源。

（5）生物污染、产品污染、食物污染。

我国农药行业起步较晚，但发展迅速，产量从1983年的33万吨上升至2014—2016年的370万吨以上，成为全球第一大农药生产国。截至2018年底，我国处于有效登记状态的农药有效成分达689个，产品41 514个，其中大田用农药38 920个，卫生用农药2594个。2017年以来，受环保督察、企业限产等影响，我国农药产量呈下滑态势。2018年农药原药产量208.3万吨，同比-29.3%。[①]

农药已成为我国农产品污染的重要来源之一。2018年，工信部核准有效期内的农药企业1870家，其中原药488家，制剂1175家，卫生用药207家。在农业部有有效农药登记证的企业2213家，期中有原药755家、制剂1464家、卫生制剂250家。[②]我国生产企业生产70%的农药为高毒性品种，由于使用不当，就会渗入到粮食、蔬菜、水果、各类动物肉类、奶制品、茶叶、中药材以及被加工的食品中，产生严重的食品安全问题。近些年来，我国市场上已频繁出现了农药残留过量的蔬菜，用化学药剂催熟的反季节水果，加了甲醛的海鲜和水发食品，含有苏丹红的酱油，残留恩若沙星等禁用药的多宝鱼等。

案例导入8-6

安徽阜阳劣质奶粉事件[③]

2004年4月22日，安徽阜阳劣质奶粉事件发生后，国务院调查组基本查清了阜阳劣质奶粉的致病原因，不法分子用淀粉、蔗糖等价格低廉的食品原料全部或部分替代乳粉，再用奶香精等添加剂进行调香调味，制造出劣质奶粉。婴儿生长发育所必需的蛋白质、脂肪以及维生素和矿物质的含量远低于国家相关标准，长期食用这种劣质奶粉会导致婴幼儿营养不良、生长停滞、免疫力下降，进而并发多种疾病甚至死亡。据统计，自去年5月以来，阜阳地区因食用劣质奶粉出现营养不良综合症的住院儿童达到

①生态环境部．2018年全国环境状况公报[GB/OL]．生态环境部官网，2019-05-29．http://www.mee.gov.cn

②中国农药工业协会．2019年我国农药行业产量呈下滑态势　产品研发仍以仿制为主[J/OL]．中国报告网．2019-08-30．http://free.chinabaogao.com/nonglinmuyu/201908/0S0444R92019.html

③央视国际．国务院调查组通报阜阳“劣质奶粉”调查结果[J/OL]．2004-04-22．http://www.people.com.cn/GB/shizheng/1026/2462973.html

171名，其中有13名儿童由于营养不良并发症死亡。截至今天，当地政府已对阜阳市场上销售的205个奶粉品种全部进行了检测，共查出46个不合格生产厂家的55种奶粉。除两家没有生产单位以外，其他生产厂家分布在8个省、自治区和直辖市。不合格原因大部分是蛋白质含量不达标，其中蛋白质含量低于5%的有31种，最少的含量仅为0.37%，现已立案4起，刑事拘留5人。

案例导入8-7

三聚氰胺事件①

2008年9月中国质检总局抽查奶粉，抽查了109家奶制品企业，查出22家企业奶粉中69个批次存在三聚氰胺，其中，品牌企业伊利、蒙牛，河北生产的三鹿最严重。含三聚氰胺奶粉婴幼儿吃后会导致肾结石甚至死亡。河北省石家庄市副市长被免职，三鹿集团董事长被拘留，石家庄市委书记被免职。国家质检总局局长引咎辞职。

案例思考：

你认为国家应该采取哪些措施来规范市场主体的义务？

（6）环境噪声污染。

噪声污染主要来源于交通运输、建筑施工等。2018年，在100余个环保重点城市道路交通噪声测监情况中，仍有6个城市的等效声级平均超过70dB（A），其他城市绝大多数接近70dB（A）；区域环境噪声测监情况中，仍有1个城市的等效声级平均超过60dB（A），2个城市的等效声级不到50dB（A），其他城市均在50—60dB（A）。全国有2/3的城市人口仍在较高的噪声污染环境下生活和工作。②

三、生态环境恶化带来的危害

生态环境恶化不但阻碍了我国经济发展，而且严重威胁了人民的健康和生命，还影响了我国的对外关系。

1. 我国生态环境恶化损害了人民的健康和生命

生态恶化、环境污染往往具有使人或哺乳动物致癌、致突变和致畸性的作用，统称“三致作用”，其危害一般需要经过较长的时间才能显露出来，有些危害甚至影响后代。

---

①吴聚生. 三聚氰胺事件周年祭—原奶流通体系发展问题与潜在危机[J]. 北方牧业. 2009（17）：6.

②生态环境部. 2018年全国环境状况公报[GB/OL]. 生态环境部官网，2019-05-29. http://www.mee.gov.cn

（1）大气污染引发呼吸道疾病。

烟尘、二氧化硫、氮氧化物、一氧化碳等是我国大气污染的主要污染物。这些污染物通过呼吸道进入人体内，不经过肝脏的解毒作用，直接由血液运输到全身。科学实验证明，我国大气污染是慢性支气管炎、肺气肿和支气管哮喘等疾病的重要诱因。我国的呼吸道疾病发病率很高。慢性障碍性呼吸道疾病，包括肺气肿和慢性气管炎，是最主要的致死原因，其疾病负担是发展中国家平均水平的两倍多。疾病调查已发现暴露于一定浓度污染物（如空气中所含颗粒物和二氧化硫）所导致的健康后果，诸如呼吸道功能衰退、慢性呼吸疾病、早亡以及医院门诊率和收诊率的增加等。

（2）水污染诱发中毒、传染病和癌症。

饮用被污染的水和食用污水中的生物，能使人中毒，甚至死亡。近10年来，我国水体污染中毒事件频发。人体粪便和生活垃圾污染了的水体，能够引起病毒性肝炎、细菌性痢疾等传染病，以及血吸虫等寄生虫疾病。一些具有致癌作用的化学物质砷、铬、苯胺等污染水体后容易诱发癌症。水产品重金属污染严重。

（3）固体废弃物和噪声污染导致多种疾病。

长期堆放固体废弃物会产生有害气体和有害渗滤液。有害气体成为大气污染的组成部分，有害渗滤液渗入地下水或地表水就成为水污染的组成部分，之后被污染的大气和水还会对人体健康造成各种危害。农田土壤汞、镉通过农作物被人体吸收后，不易排出，产生慢性毒害，引发汞中毒、镉中毒，直接损害人体脏器及视觉、感觉等神经系统。

（4）噪声污染。

噪声污染对我国人民的身体健康造成多方面的危害，首先，人在较强的噪声环境下暴露一定时间会损伤听力。其次，噪声对人的神经系统及心血管系统等方面有明显的影响，比如容易诱发头疼、多梦、嗜睡、心慌、内分泌系统紊乱、记忆力减退和全身乏力等多种疾病。

2. 我国生态环境恶化阻碍了经济发展

严重的生态破坏造成我国经济损失巨大，已对经济发展产生一定的阻碍作用。据世界银行统计，仅中国每年空气和水污染造成的经济损失就高达540亿美元，相当于中国国内生产总值的3%-8%。受污染的淮河要恢复到20世纪60—70年代水体环境质量，治理投入至少要150亿至200亿元。显然，污染生态环境获得的经济利益不到经济损失的1/5，实在是得不偿失。

生态恶化和环境污染在很大程度上破坏了自然生态系统的多样性和稳定性，加重甚至直接导致自然灾难的发生。一些重点流域水污染严重，部分城市灰霾现象凸显，环境群体性事件增多；生态系统退化，全国水土流失面积占国土面积37%、沙化土地面积占国土面积18%，90%以上的草原不同程度退化，地面沉陷面积扩大，生态系统破坏带来的自然灾害频发。我国每年用于防灾减灾的财政花费巨大，严重影响了经济社会发展和人民生活水平。

3. 我国生态环境恶化危及了社会稳定

我国自然资源的紧缺性和资源分布的差异性，导致了国内流域的上下游之间以及地区之间存在着各种各样复杂的矛盾，由生态环境问题引发的纠纷成为影响我国社会稳定的主要因素之一，“环境不公平”也正在加剧“社会不公平”。

4. “中国环境威胁论”影响了我国产品国际竞争力和对外形象

生态环境污染、气候变暖成为一些不怀好意的国家鼓噪“中国环境威胁论”的新内容。某些发达国家要求我国削减二氧化碳排放量，甚至拒绝从我国进口商品的理由有时竟然是生态环境问题。

我们自身确实也有值得反思的地方：我国许多环境标准与发达国家相比处于较低的水平，许多出口产品在生产、包装、使用等各个环节缺乏环境标准，即使有的产品有环境标准，往往由于环境标准要求偏低，容易受制于发达国家，从而严重影响了我国产品的国际竞争力。

四、中国陷入生态困境的成因分析

我国陷入生态困境的成因是多方面的，有历史形成的，也有现实造成的，既有客观原因，也有主观因素。

1. 生态环保意识水平低

在欧美发达国家，公众的积极参与是生态环境保护的重要推动力量，而我国的生态环境保护事业主要依赖于政府和一些民间环境保护组织。存在这种差距的原因是由于我国公民环境保护意识水平的参差不齐，主要表现为：由于愚昧无知而导致生态环境污染和破坏的事例时有发生，我国人民对生态环境恶化问题的认识还不够，只重视自己周围的生活环境，参与全国生态环境保护的积极性不高，呈现严重的“自我保护型”。

2. 人口基数大

中国人口由新中国成立初期的5.4亿人增加到现如今的14亿人，净增8亿多人，我国不得不以9%的世界耕地、6%的可更新水资源、4%的森林资源养活18.4%的世界人口。庞大的人口基数不仅严重制约着我国社会经济的发展，也影响到我国资源能源的有效利用和生态环境的良性循环。

3. 大力发展重工业战略带来环境有所恶化

新中国成立后，我国曾一度选择了优先发展重工业的战略，并在短时间内让我国摘掉了贫穷落后的农业国帽子、拥有较完整的工业体系。同时，这一模式使生态环境代价高的传统产业在低水平上发展，能源结构以效率不高、污染严重的煤炭为主，第二产业中的一些企业一味追求高产值，其结果，我国环境污染、生态破坏日趋严重。据世界资源研究所研究结果，改革开放前期，我国国内生产总值仅为日本的22%，但每年排放的废水量是日本的40倍；我国每一千美元GDP对应的二氧化硫排放是日本的60倍，是德国的26倍，是美国的8倍。

4. 改革开放后环境污染日趋严重的原因

（1）发展方式粗放是环境污染的根源。

经济增长是以粗放程度过高为基数的。从单位产品实物量能耗、物耗的绝对水平来看，与世界先进水平甚至平均水平相比，我国经济增长方式的粗放特征依然十分突出。我国矿产资源总回收率仅为30%，比世界先进水平低20个百分点。2003—2005年，国内生产总值年均增长10%，但全社会固定资产投资年均增长26.8%，能源消费总量年均增长13.6%，二氧化硫、化学需氧量等主要污染物也呈增长之势。①

（2）经济利益驱动。

治理污染企业可能影响GDP的增长，进而可能影响政绩考核，加之和污染企业有着千丝万缕利益关系等原因，一些地方官员宁要经济“畸形繁荣”，不要健康发展，造成环境监管失控，国家相关政策、规定在基层实施严重受阻。

在地方保护主义的作用下，一些地方排污手段更加隐蔽，查处难度加大。河南濮阳市曾经连续三年派调查组调查黄河取水口污染状况，发现排污情况一次比一次严重，排污手段更加隐蔽。封丘县化肥厂以前通过一条明沟排污，现在排污沟被改成地下暗道，出口隐藏在一个农户的猪圈中。而新乡县新亚纸业集团则有一明一暗两个排污口，“明口”排放的废水比较干净，而另一个排污口的污水呈红褐色，流量十分大。②

---

①中华人民共和国国家统计局. 中国统计年鉴（2004-2006）[M/OL]. 中华人民共和国国家统计局官网. http://www.stats.gov.cn

②李江，偶正涛，蔡玉高. 经济利益驱动地方保护作祟 环保冲突事件频发[J]. 新浪网. http://news. sina.com.cn/o/2005-09-09/12506903993s.shtml

（3）执法问责不严。

虽然近年来环境法制建设得到加强，环境监管力度加大，但是环境保护中有法不依、执法不严、违法不究的现象时有发生，对环境违法处罚力度不够，导致企业违法成本低，助长了环境污染行为的发生。

（4）体制机制弊病。

长期以来中国生态环保领域体制机制有两个突出问题：一是职责交叉重复，“叠床架屋、九龙治水、多头治理，出了事责任不清楚”，行政机构的“条块化”职权分割严重；二是监管者和所有者没有很好区分，“既是运动员又是裁判员，有些裁判员虽然独立出来，其权威性、有效性也不是很强”。以2018年生态环境部成立前污水防治为例，地下水归国土部；河流湖泊水归环保部；排污口设置由水利部管；农业面源污染归农业部治理；海里的水则由国家海洋局负责。因此环境保护的统筹协调、统一监督职能亟需加强。

习近平总书记指出现行以地方为主的环境管理体制存在“四个突出问题”：一是难以落实对地方政府及其相关部门的监督责任；二是难以解决地方保护主义对环境监测监察执法的干预；三是难以适应统筹解决跨区域、跨流域环境问题的新要求；四是难以规范和加强地方环保机构队伍建设。[①]过去很长时期，我国地方环保部门实行双重领导、以地方为主的管理体制，不利于地方环保部门独立执法。地方政府的环保责任只限于本行政区，转嫁污染屡禁不止，跨界跨区域流域污染加剧。

（5）环保技术落后。

广东潮阳贵屿镇处理电子垃圾始于1995年，雇用了十几万来自安徽、湖南等地的民工，每年处理逾百万吨来自美国、日本、韩国等地的电子垃圾。处理手段极为原始，只能通过焚烧、破碎、倾倒、浓酸（王水）提取贵重金属、废液直接排放等方法处理，造成了非同寻常的生态恶果。来自中国环境科学研究院的一份调研报告指出，贵屿新乡、联堤、北林、新厝、后望、湄洲、凤新、凤港等村已经成为土壤重污染区；北港河东西向贵屿镇境内河段、北港河靠近贵屿镇边界河段中上游、练江内溪冲沟出口处河段以及练江下游水渠出口处河段，均因为“酸洗”等因素而导致水体和底泥中重金属含量较高，成为重污染河段。[②]

在法国，电信公司是回收主力军，他们在营业厅开设手机回收点，用户出售旧手

①习近平. 关于《中共中央关于制定国民经济和社会发展第十三个五年规划的建议》的说明（2015年10月26日）：十八大以来重要文献选编（中）[M]. 中央文献出版社，2016：783-784.

②本刊编辑部. 欧洲环保企业将电子垃圾变贵金属[J]. 中国资源综合利用，2012（11）：12-13.

机时既可收现金，也可以拿抵价券。同时，电信公司也在其官网上开通对应的服务：网站自动提供报价，接下来只需用户将手机寄到指定地点，运费也由电信一方承担。法国还有不少专业的手机回收公司，他们在大型的连锁超市和网上进行回收。在捷克的布拉格，市政府在电子垃圾回收上更是别出心裁：他们将回收站设在动物园，鼓励孩子把父母的旧手机带到回收站。动物园把卖废品换来的钱，一部分投资新设备，一部分拿来资助非洲的野生动物保护事业。

案例导入8-8

优美科（Umicore）的“炼金术[①]

位于比利时安特卫普霍博肯（Hoboken）的优美科（Umicore）是一家贵金属精炼工厂，这个看起来如废旧电子垃圾仓库般的工厂将运输出去超过100吨黄金，它们中的相当部分直接被送往银行交易。中国黄金协会统计数据显示，2011年中国黄金产量为361吨，居世界第一，紧随其后的是澳大利亚259吨，美国233吨，南非214吨。

来自全球各大洲的废旧手机、电子线路板甚至汽车源源不断运到优美科的工厂，经过粉碎、精炼、分解成不同种类的贵重金属，除了传统的金、银、铜之外，优美科还年产铂金25吨，钯25吨，铑5吨，这些比黄金更贵重的金属纯度均在99.95%以上。这组数据能说明炼金术的神奇。

2011年，优美科这家欧洲最大的黄金生产商和全世界最大的贵金属精炼厂的财报显示，其收入超过100亿美元。

案例思考：

为什么中国企业难以复制优美科这一环保模式？

总之，这些问题的产生，一方面是因为我国人口众多、资源短缺、环境容量有限、生态脆弱，加之我国发展速度快，发达国家几百年发展进程中逐步显露的问题在我国被压缩到几十年集中显现；另一方面是经济发展方式还没有根本转变，生态文明体制不够健全，生态文明理念没有牢固树立，不讲生态文明的做法还很普遍。

第三节 中国特色社会主义生态文明建设的方向

一、坚持人与自然和谐共生

坚持人与自然和谐共生，是新时代坚持和发展中国特色社会主义的基本方略，充

①本刊编辑部. 欧洲环保企业将电子垃圾变贵金属[J]. 中国资源综合利用，2012（11）：12-13.

分体现了党对新时代经济社会与自然生态和谐发展规律的深刻认识和准确把握。坚持人与自然和谐共生，要求明晰人与自然休戚与共的生命共同体关系，尊重自然、顺应自然、保护自然，建设人与自然和谐共生的现代化；要求树立和践行绿水青山就是金山银山的理念，努力实现经济社会发展和生态环境保护协同共进。

1. 尊重自然、顺应自然、保护自然

纵观人类文明发展史，人与自然的关系经历了人类依赖自然、畏惧自然再到征服自然的变化。在原始文明时期，人类本身是自然长期进化的结果，始终依存于自然。在农业文明时期，人们敬畏自然，主张顺天应时。到了工业文明时期，人们在改造自然的能力迅速增强的同时，走向了自然的对立面，宣称要战胜和征服自然。这种观念导致对自然无穷无尽的掠夺，可利用资源日益枯竭，生态环境日趋恶化。建设生态文明，则为实现人与自然和谐发展指明了路径，从根本上扭转生态环境恶化的趋势，还自然以宁静、和谐、美丽，要求树立人与自然是生命共同体的理念，敬畏自然、尊重自然、顺应自然、保护自然。

自然规律具有客观必然性，我们日常生活、工作都应该遵循自然规律。要尊重自然规律，按自然规律和经济规律办事。经济建设则立足实际，根据自身的区位、资源等特点，选择合适的产业战略。推进产业生态化，培育天蓝、地绿、水清、景美的生态景观，实现人与自然的和谐共处。在按自然规律办事的前提下充分发挥我们人类的能动性和创造性，合理有效地利用自然。

尊重自然、顺应自然、保护自然，是生态文明理念的新思想，也是现阶段生态文明建设必须奉行的原则。面对资源约束趋紧、环境污染形势尚未得到根本性扭转、生态系统退化的严峻形势，我们必须重新审视和协调人与自然的关系，把生态文明建设放在全局的战略地位。只有树立起尊重自然、顺应自然、保护自然的生态文明新理念，才能实现人与自然和谐相处，实现人的全面发展，实现人与自然和谐的现代化。

2. 建设人与自然和谐共生的现代化

党的十九大提出我们要建设的现代化是人与自然和谐共生的现代化，到 2035 年要实现生态环境根本好转，美丽中国目标基本实现，到21世纪中叶要把我国建成富强民主文明和谐美丽的社会主义现代化强国，这些目标、任务，体现着党对社会主义现代化发展规律的深刻把握。

建设人与自然和谐共生的现代化，要求走出一条区别于传统现代化的新道路，将绿色理念贯彻落实于现代化的各领域、全过程，决不走“先污染后治理”的老路。

（1）以绿色理念引领新型工业化。

工业生产是物质财富的主要来源，工业化是现代国家不可逾越的发展阶段。面临新一轮全球竞争的挑战，要突破中国工业由大转强的资源环境约束，要求以传统工业绿色化改造为重点，以绿色科技创新为支撑，以法规标准制度建设为保障，加快构建绿色制造体系，大力发展绿色制造产业，推动绿色产品、绿色工厂、绿色园区和绿色供应链全面发展，建立健全工业绿色发展长效机制，提高绿色国际竞争力，走高效、清洁、低碳、循环的绿色发展道路，推动工业文明与生态文明和谐共融，实现人与自然和谐发展。

（2）让绿色化贯穿农业现代化发展始终。

要以绿色生态为导向，以改革创新为动力，以降低利用强度、改善产地环境、发展绿色产品为目标，突出加强重要资源保护，强化重点区域环境治理，促进农业废弃物资源化利用，发展资源节约型、环境友好型、生态保育型农业。同时，坚持保护优先、节约优先，突出重点、分类施策，明确权责、合力推进，改革创新、完善机制的基本原则，提升农业资源永续利用水平，治理农业环境突出问题，改善恢复农业生态功能，推动农业绿色化发展。

（3）让城市融入大自然。

解决当前城镇化进程中出现的"大城市病""空城"等问题，要求切实把资源消耗、环境损害、生态效益纳入城镇化发展评价体系，建立绿色城镇化根本性机制保障；生态智慧规划先行，科学选择城镇化发展道路；全面推进绿色建筑和公共交通的发展；综合整治城镇生态环境，建设和谐新城；有效推进企业节能减排，打造淘汰落后产能的全社会导向机制。

3. 树立和践行绿水青山就是金山银山的理念

改革开放以来，我国经济社会发展成效显著，但也付出了巨大的资源环境代价。面对资源环境瓶颈制约的日益突出，建设美丽中国，为人民创造良好生产生活环境，为全球生态安全作出贡献，必须树立和践行绿水青山就是金山银山的理念，将生态优势转化为发展优势。

绿水青山就是金山银山体现着人与自然和谐共生的理念。人与自然是生命共同体，人来自自然、从属于自然。绿水青山是大自然赐予的财富，是人的无机的身体的重要组成部分。以绿水青山为代价一味去追求金山银山，不仅难以持续，而且最终会伤及人类自身。坚持自然价值与人类价值的共融共生，守护好绿水青山，也就拥有了金山银山。

案例导入8-9

塞罕坝林场[1]

塞罕坝林场位于中国河北省北部，占地9.3万公顷。由于历史上的过度采伐，土地日渐贫瘠，北方沙漠的风沙可以肆无忌惮地刮入北京。1962年，数百名务林人开始在这一地区种植树木，经过三代人努力将森林覆盖率从11.4%提高到80%，成功培育出世界上面积最大的人工林，创造了荒原变林海的人间奇迹。目前，这片人造林每年向北京和天津供应1.37亿米^{3}的清洁水，同时释放约54.5万吨氧气。50多年间，塞罕坝从"黄沙遮天日，飞鸟无栖树"变成"花的世界、林的海洋"。

2017年，习近平总书记对河北塞罕坝林场建设者感人事迹作出重要指示指出，55年来，河北塞罕坝林场的建设者们听从党的召唤，在"黄沙遮天日，飞鸟无栖树"的荒漠沙地上艰苦奋斗、甘于奉献，创造了荒原变林海的人间奇迹，用实际行动诠释了绿水青山就是金山银山的理念，铸就了牢记使命、艰苦创业、绿色发展的塞罕坝精神。他们的事迹感人至深，是推进生态文明建设的一个生动范例。习近平强调，全党全社会要坚持绿色发展理念，弘扬塞罕坝精神，持之以恒推进生态文明建设，一代接着一代干，驰而不息，久久为功，努力形成人与自然和谐发展新格局，把我们伟大的祖国建设得更加美丽，为子孙后代留下天更蓝、山更绿、水更清的优美环境。

2014年4月，中宣部授予塞罕坝机械林场"时代楷模"荣誉称号。2017年12月5日，获得联合国环境规划署颁发的地球卫士奖。2018年3月1日，塞罕坝林场建设者获得感动中国2017年度人物团体。

案例思考：

习近平总书记为什么要提出塞罕坝精神？

二、建设美丽中国

生态环境保护任重道远。当前，我国生态文明建设正处于压力叠加、负重前行的关键期，已进入提供更多优质生态产品以满足人民日益增长的优美生态环境需要的攻坚期，也到了有条件有能力解决生态环境突出问题的窗口期。建设美丽中国，要求坚持人与自然和谐共生、绿水青山就是金山银山、良好生态环境是最普惠的民生福祉、山水林田湖草是生命共同体、用最严格制度最严密法治保护生态环境、共谋生态文明

①资料来自360百科。

建设六项原则，加快绿色发展步伐，着力解决突出环境问题，加大生态系统保护力度，不断开创生态文明建设新局面。

1. 推进绿色发展[①]

绿色是生命的象征、大自然的底色。面对生态破坏严重、生态灾害频繁、生态压力巨大等突出问题，应坚持走生态优先、绿色发展之路，成为推进美丽中国建设，实现中华民族永续发展的必然选择。

（1）加快建立绿色生产和消费的法律制度和政策导向。

实现绿色发展，离不开相关的法律制度和政策。法律制度和政策不仅为绿色发展提供了依据和保障，也为绿色发展指明了方向。环境保护法、水污染防治法、大气污染防治法、森林法、草原法、矿产资源法等一系列法律法规的实施，关于优化空间布局、强力推进节能减排、加快发展循环经济等一系列政策的出台，有力推进了绿色发展。但随着经济社会快速发展，这些法律制度和政策在可操作性和可执行性方面需要进一步调整和完善。继续推进绿色发展，要进一步推进水、大气、土壤污染防治以及节水、节约能源、循环经济促进等法律法规的修订；建立统一的绿色产品标准、认证、标识体系；推行绿色信贷、绿色税收；实行保基本、促节约的居民用水、用气等阶梯价格制度，推进生活方式绿色化。

（2）建立健全绿色低碳循环发展的经济体系。

推动绿色增长、实施绿色新政是全球主要经济体的共同选择。发达国家纷纷出台促进绿色产业发展的战略，谋划经济结构深度调整。近年来，发展中国家也加大科技投入，将绿色发展作为经济转型升级的必由之路。推进绿色发展也是我国经济转型升级的必由之路。一方面，要运用绿色低碳技术改造提升传统优势产业，尤其是能源消耗、资源消耗等突出的钢铁、煤炭、造纸、纺织、印染等传统行业，加快构建高效节能低碳循环的绿色制造体系，促进传统产业向绿色产业转型升级。另一方面，以绿色低碳技术创新和应用为重点，引导绿色消费，推广绿色产品，大幅提升新能源汽车和新能源的应用比例，全面推进高效节能、先进环保和资源循环利用产业体系建设，推动新能源汽车、新能源和节能环保等绿色低碳产业成为支柱产业。

①本书编写组. 中国特色社会主义理论与实践研究（2018年版）[M]. 北京：高等教育出版社，2018：184.

知识链接8-4

环保纪念日

2月2日：国际湿地日

3月12日：中国植树节　21日：世界森林日　22日：世界水日　23日：世界气象日

4月22日：世界地球日

5月22日：国际生物多样性日　31日：世界无烟日

6月5日：世界环境日　8日：世界海洋日　17日：世界防治荒漠化和干旱日　25日：中国土地日

7月11日：世界人口日

9月14日：世界清洁地球日　16日：国际保护臭氧层日　27日：世界旅游日

10月4日：世界动物日　12日：国际减轻自然灾害日　16日：世界粮食日

（3）推进能源生产和消费革命，构建清洁低碳、安全高效的能源体系。

能源安全是关系国家经济社会发展的全局性、战略性问题。经过长期发展，我国已成为世界上最大的能源生产国和消费国，形成了煤炭、电力、石油、天然气、新能源、可再生能源全面发展的能源供给体系，技术装备水平明显提高，生产生活用能条件显著改善，但同时我国也面临着能源需求压力巨大、能源供给制约较多、能源生产和消费对生态环境损害严重、能源技术水平总体落后等挑战。面对能源供需格局新变化、国际能源发展新趋势，为保障国家能源安全，必须推动能源生产和消费革命。一是推动能源消费革命，抑制不合理能源消费，加快形成能源节约型社会。二是推动能源供给革命，形成多轮驱动的能源供应体系，同步加强能源输配网络和储备设施建设。三是推动能源技术革命，以绿色低碳为方向，分类推动技术创新、产业创新、商业模式创新，并同其他领域高新技术紧密结合，把能源技术及其关联产业培育成带动我国产业升级的新增长点。四是推动能源体制革命，形成主要由市场决定能源价格的机制，建立健全能源法治体系。五是全位加强国际合作，有效利用国际资源，实现开放条件下的能源安全。

（4）推进资源全面节约和循环利用，实现生产系统和生活系统循环链接。

资源是经济发展之本。我国资源总量大、人均少、质量不高，主要资源人均占有量与世界平均水平相比普遍偏低。全面节约和循环利用资源，才能有效破解我国发面临的资源难题，实现绿色发展的目标。一是要树立节约优先的理念。要时时处处把节约放在前面，培育节约意识，养成行为自觉，形成有利于资源节约和高效利用的空间格局、产业结构、生产方式、消费模式。二是加强耕地、水、矿产等资源保护。坚持最严格的耕地保护制度和最严格的节约用地制度，像保护大熊猫一样保护耕地，着力加强耕地数量、质量、生态“三位一体”保护，着力加强耕地管控、建设、激励多措并举保护，依法加强耕地占补平衡规范管理。。落实最严格的水资源管理制度，实施全民节水行动计划，加快非常规水资源利用，实施雨洪资源利用、再生水利用等工程。强化矿产资源规划管控，大力推进绿色矿山和绿色矿业发展示范区建设，完善优势矿产限产保值机制，建立矿产资源国家权益金制度，健全矿产资源税费制度。三是实施循环发展引领计划，推进生产和生活系统循环链接，加快废弃物资源化利用。按照物质流和关联度统筹产业布局，推进园区循环化改造，建设工农复合型循环经济示范区。推进城市矿山开发利用，做好工业固废等大宗废弃物资源化利用，加快建设城市餐厨废弃物、建筑垃圾和废旧纺织品等资源化利用和无害化处理系统，规范发展再制造。实行生产者责任延伸制度。健全再生资源回收利用网络，加强生活垃圾分类回收与再生资源回收的衔接。

（5）倡导简约适度、绿色低碳的生活方式。

绿色生活方式是绿色发展重要的实践途径。推动形成绿色生活方式，一是强化生活方式绿色化理念，推动全民在衣、食、住、行、游等方面加快向勤俭节约、绿色低碳、文明健康的方式转变。二是倡导勤俭节约的消费观，积极引导费者购买节能环保低碳产品，倡导绿色生活和休闲模式，严格限制高耗能服务业，坚决抵制和反对各种形式的奢侈浪费、不合理消费，使绿色生活、勤俭节约成为全社会的自觉习惯。三是强化相关政府机制创新，增强绿色供给，推进绿色包装，促进绿色采购，开展绿色回收，引导绿色饮食，推广绿色服装，倡导绿色居住，鼓励绿色出行。四是全面构建推动生活方式绿色化全民行动体系，开展创建节约型机关、绿色家庭、绿色学校、绿色社区和绿色出行等行动；不断创新和丰富活动载体，积极打造推动生活方式绿色化的品牌活动和亮点工程。五是广泛宣传典型经验、典型人物，提高公众节约意识、环境意识、生态意识，形成生态文明建设人人有责、生态文明规定人人遵守的新局面。

知识链接8-5

公民环保行为规范

（1）节水为荣——随时关上水龙头，别让水空流

（2）监护水源——保护水源就是爱护生命

（3）一水多用——让水重复使用

（4）慎用清洁剂——尽量用肥皂，减少水污染

（5）节用电器——省一度电，少一份污染

（6）做“公交族”——以乘坐公共交通车为荣

（7）珍惜纸张——就是珍惜森林与河流

（8）替代贺年卡——减轻地球负担

（9）维护安宁环境——让我们从自己做起

（10）认"环境标志"——选购绿色食品

（11）选绿色包装——减少垃圾灾难

（12）少用一次性制品——节约地球资源

（13）自备购物袋——少用塑料袋

（14）旧物巧利用——让有限的资源延长寿命

（15）交流捐赠多余物品——闲置浪费，捐赠光荣

（16）推动垃圾分类回收——举手之劳战胜垃圾公害

（17）做动物的朋友——善待生命，与万物共存

（18）植树护林——与荒漠化抗争

（19）无污染旅游——除了脚印，什么也别留下

（20）做环保志愿者——拯救地球，匹夫有责

---

2. 着力解决突出环境问题

改革开放以来，环境治理力度不断加强，环境状况得到一定改善。但从总体上看，改革开放40年来快速发展中累积的资源环境约束日益趋紧，环境保护仍然处于补短板的关键阶段，环境污染重、环境风险高。这些问题的存在，不仅制约着经济社会的可持续发展，而且影响到人民群众的生活质量和身体健康。着力解决突出环境问题，成为满足人民群众日益增长的优美生态环境需要的内在要求。近年来，我国社会生产力水平明显提高，我国社会主要矛盾已经发生转化，严重的生态环境问题成为民生之患、民心之痛。让良好生态环境成为人民群众获得感的增长点，要求着力解决突出环境问题，提供更多优质生态产品。

聚焦环境保护的重点领域、关键问题和薄弱环节，推进大气、水和土壤的污染治理，打赢环境治理攻坚战，是当前着力解决突出环境问题的重点任务。①

①本书编写组. 中国特色社会主义理论与实践研究（2018年版）[M]. 北京：高等教育出版社，2018：189.

（1）坚持全民共治、源头防治，持续实施大气污染防治行动，打赢蓝天保卫战。

蓝天白云是人们对美丽中国最朴素的理解，治理大气污染、改善空气质量，一是要优化产业结构和布局。产业结构、能源结构、交通结构和生活方式等方面的问题是造成大气污染的主要原因，要扎实推进供给侧结构性改革，严格执行环保等标准，着力推动“散乱污”企业整治、重点行业污染源治理，加快不达标产能依法关停退出，加强机动车尾气治理，提高铁路货运量，降低公路货运量。二是要积极推进区域协调治理。大气污染的特殊性决定了依靠个别地方进行污染防治难以有效改善空气质量，要深化重点区域大气污防联控，推动社会公众参与大气污染防治，树立全社会“同呼吸、共奋斗”的行为准则。三是强化科技支撑。促进科技成果转化，支持大气污染防治的科学技术研究，推动科技信息资源的开放共享，建立重污染天气监测预警体系，完善重污染天气应急预案。

（2）加快水污染防治。

水是生存之本、文明之源、生态之要。推进水污染治理，保护水环境，一是要系统推进水环境治理、水生态修复、水资源管理和水灾防治，抓好重点流域、近岸海域污染防治，大力整治不达标水体、黑臭水体和纳污坑塘，严格保护良好水体和饮用水水源，加强地下水污染综合防治。二是实施流域环境综合治理和管理，将流域作为管理单元，统筹上下游、左右岸、陆地水域，推进按流域设置环境监管和行政执法机构试点，增强流域环境监管和行政法的独立性、统一性、有效性和权威性。三是要加强近岸海域污染，按照“从山顶到海洋”“海陆一盘棋”的理念，统筹陆域和海域污染防治工作，推动生态保护区域联动，增强近岸海域污染防治和生态保护的系统性、协同性。

（3）强化土壤污染管控和修复。

土壤是一切生物繁衍生息的根基，是人类社会可持续发展的基础性资源。解决严峻的土壤环境问题，改善土壤质量，一是要以农用地和重点行业企业用地为重点，开展土壤污染状况详查。二是要加强固体废弃物和垃圾处置，加快建立生活垃圾分类处理系统，提高危险废弃物处置水平，夯实化学品风险防控基础，防止污染土壤和地下水。三是要实施农用地土壤环境分类管理和建设用地准入管理，开展土壤污染治理与修复。四是开展农村人居环境整治行动，建设美丽乡村；推进农业清洁生产，深入开展化肥、农药零增长行动，加大畜禽养殖废弃物和农作物秸秆综合利用力度。

3. 加大生态系统保护力度①

山水林田湖草是个生命共同体。建设美丽中国，加大生态环境保护力度，要按照

①本书编写组. 中国特色社会主义理论与实践研究（2018年版）[M]. 北京：高等教育出版社，2018：190.

自然生态的整体性、系统性及其内在规律，坚持保护优先、自然恢复为主，实施重要生态系统保护和修复工程，优化生态安全屏障体系，构建生态廊道和生物多样性保护网络，全面提升生态系统质量和稳定性。

（1）树立底线思维。

完成生态保护红线、永久基本农田、城市开发边界三条控制线划定工作，优化生产空间、生活空间、生态空间。

一是完成生态保护红线划定工作。生态保护红线是保障和维护国家生态安全的底线和生命线，是全国“一张图”管好生态环境的基础。实现2020年年底前全面完成全国生态保护红线划定任务的目标，要求加强部门间沟通协调，上下联动、形成合力，确保划得实、守得住。

二是完成永久基本农田划定工作。永久基本农田是耕地中的精华，不仅关系着国家粮食安全和农民权益，而且是自然生态特别是农业生态系统的重要组成部分，发挥着湿地、绿地、景观等多种生态功能。永久基本农田划分，要落实15.46亿亩永久基本农田划定任务，划准、管住、建好、守牢永久基本农田。

三是完成城市开发边界划定工作。城市开发边界是一定时期内可以进行城市开发和集中建设的地域空间边界。对特大城市、超大城市和资源环境超载的城市，要加快划定永久性开发边界，形成空间硬约束，其他城市可以分期划定，促进集约发展。

（2）推进重点区域生态修复。

实施大规模生态保护和修复工程，是世界许多国家改善生态的成功经验，它使受到破坏的生态系统得以朝着良性方向恢复，由失衡走向平衡。我国的京津风沙源治理工程、三江源生态保护和建设工程、三北防护林体系建设工程等生态保护和修复工程使不堪重负的森林、湿地、草地等生态系统得到了休养生息，取得了显著的生态、经济和社会效益。继续实施重要生态系统保护和修复工程，已经成为维护国家生态安全的战略支撑，其主要任务有：修复长江生态环境摆在压倒性位置，共抓大保护，不搞大开发，实施好长江防护林体系建设、水土流失及岩溶地区石漠化治理、退耕还林还草、水土保持、河湖和湿地生态保护修复等工程，增强水源涵养、水土保持等生态功能；继续实施京津风沙源治理二期工程；强化三江源等江河源头和水源涵养区生态保护；加大南水北调水源地及沿线生态走廊、三峡库区等区域生态保护力度，推进沿黄生态经济带建设；支持甘肃生态安全屏障综合示范区建设；完善国家地下水监测系统，开展地下水超采区综合治理；建立沙化土地封禁保护制度；有步骤对居住在自然保护区核心区与缓冲区的居民实施生态移民。

（3）优化生态安全屏障体系。

生态安全是国家安全的重要组成部分，关系国家长治久安和经济社会的可持续发展。全国主体功能区规划明确了我国以“两屏三带”为主体的生态安全战略格局，即以青藏高原生态屏障、黄土高原川滇生态屏障、东北森林带、北方防沙带和南方丘陵山地带以及大江大河重要水系为骨架，以其他国家重点生态功能为重要支撑，以点状分布的国家禁止开发区域为重要组成部分的生安全战略格局。优化生态安全屏障体系，要求青藏高原生态屏障重点保护好多样独特的生态系统，黄土高原川滇生态屏障重点加强水土流失防治和天然植被保护，东北森林带重点保护好森林资源和生态多样性，北方防沙带重点加强防护林建设、草原保护和防风固沙，南方丘陵山地带重点加强植被修复和水土流失防治。

（4）构建生态廊道和生物多样性保护网络。

划定生态保护红线要求统筹考虑自然生态整体性和系统性，注重山脉、河流、地貌单元、植被等自然边界以及生态廊道的连通性，加强跨区域间生态保护红线的有序衔接。区域间彼此隔离、缺乏连接，不可避免地会破坏生态系统，减弱调蓄涵养等生态功能。实现保障国家生态安全的根本目标，要求加强重点生态功能区保护与管理，以主要的山脉、江河、海岸带等防护林体系为脉络，构建形成大尺度国家生态廊道，提高生态保护区域的连通性；强化生态质量及生物多样性提升体系，通过实施生物多样性保护重大工程、加强生物遗传资源保护与生物安全管理、推进生物多样性国际合作与履约、研究建立生态系统和生物多样性预警体系等措施，使生态空间得到保障，生态质量有所提升，生态功能有所增强，生物多样性卜降速度得到遏制，提升生态系统稳定性和生态服务功能。

思考与讨论

1. 为什么必须把生态文明建设融入经济建设、政治建设、文化建设、社会建设各方面和全过程?

2. 为什么生态文明建设必须依靠制度?

3. 在现代化进程中为什么会出现先污染、后治理的现象?你认为这些现象产生的根本原因是什么?

4. 如何认识绿水青山就是金山银山?

5. 如何理解建设美丽中国的主要任务?

第九章

中国特色社会主义的国际战略

当今世界正处于复杂多变的发展时期，但是和平与发展仍然是时代主题。改革开放以来，我国的综合国力、国际地位和影响力大幅度提升。进入新时代，以习近平同志为核心的党中央推进中国特色大国外交，坚定维护国家核心利益，坚持走和平发展道路，推动构建人类命运共同体，使得中国发展的外部环境进一步改善，中国也正日益走近世界舞台中央。

第一节　当代中国与世界关系的历史性变化

一、世界正处于大发展大变革大调整时期

进入21世纪，国际形势发生了自冷战结束以来最为深刻的、最为复杂的变化。2007年，党的十七大作出了“当今世界正处在大变革大调整之中”的重要判断。2009年，党的十七届四中全会明确提出：“当今世界正处在大发展大变革大调整时期。”党的十九大报告也强调指出：世界正处于大发展大变革大调整时期。

目前，世界正在经历新一轮大发展大变革大调整。大发展大变革大调整仍是当今世界形势深刻变化的突出特点，国际力量对比深刻变化并朝着有利于和平与发展方向变化。世界多极化、经济全球化、社会信息化、文化多样化深入发展。新一轮科技革命和产业革命正在孕育成长，新兴市场国家和广大的发展中国家快速发展，全球治理体系和国际秩序变革加速推进。这些变化深刻影响和改变着世界格局，给各国发展和国际关系带来深远影响。

第一，世界多极化趋势进一步加强。超级大国的霸权主义图谋与世界范围主张多

极化的力量继续激烈碰撞。国际力量对比发生新的此消彼长，多极化趋势有了新的发展。新兴大国继续保持崛起势头，联合自强的意识增强，“金砖国家”等合作机制进入新的发展阶段，日益成为全球需求和消费增长的重要引擎、解决全球性问题的利益攸关方。新兴大国崛起作为当今世界最重要的发展趋势之一，有利于推动国际力量对比朝着相对均衡的方向发展。从总体上看，西方发达国家在经济科技上占优势，在国际体系中仍处于主导地位，这一格局短期内还难以根本改变。但是，西方发达国家分化趋势明显，新兴市场国家和广大发展中国家的国际影响力正在提高，世界多极化向前推进的态势进一步加强。

第二，经济全球化深入发展。经济全球化是社会生产力发展的客观要求，也是科技进步的必然结果。世界经济的持续增长、投资贸易的繁荣便利、新科技革命和全球经济创新、社会发展水平的提高、国际合作与相互依赖的深化、国际文化交流的深入以及千年发展目标和2030年可持续发展议程的制定实施，都充分展现了经济全球化的积极影响。经济全球化已经深入世界各国人心，符合绝大多数国家的根本利益，成为国际社会的普遍共识和客观现实。当前，世界经济处于深度调整期，世界经济结构深刻调整，复苏动力不足，主要经济体走势和政策取向继续分化，经济环境的不确定性依然突出。尽管全球范围保护主义和内顾倾向有所上升，随着中国、印度等新兴市场经济体在全球经济体系中的作用日益凸显，经济全球化的规模正在空前扩大。全球范围配置生产要素以空前的速度和规模持续发展，各经济体相互依赖、相互联系的程度日益加深。全球化趋势不可逆转，但未来发展过程中面临的挑战仍然十分严峻。

第三，社会信息化持续推进。当今世界，信息技术革命日新月异，对政治、经济文化、社会、军事等领域的发展产生了深刻影响。信息化是经济社会发展的重要支撑和引擎。互联网日益成为创新驱动发展的先导力量，深刻改变着人们的生产生活方式，有力推动着社会发展。社会信息化与经济全球化所带来的商品流、信息流、技术流、人才流、文化流汹涌而来，势不可挡。同时，互联网发展对国家主权、安全、发展利益提出了新挑战，提高信息网络的安全监控与安全保障能力，迫切需要国际社会协作应对，实现共治共赢。

第四，文化多样化及其交融交锋呈现新特点。思想文化是一个国家、一个民族的灵魂。各国、各民族的思想文化都应得到承认和尊重。当今世界，文化与经济、政治的联系日益紧密，越来越多的国家把提高国家文化软实力作为重要发展战略。世界范围内各种思想文化交流交融交锋更加频繁，国际思想文化领域斗争依然深刻而复杂。

第五，新一轮科技革命和产业革命正在孕育成长。科学技术的新突破不仅给世界生产力的发展带来了巨大推动，而且也对人类的生产方式和生活方式产生了深刻影响。科学技术越来越成为推动经济社会发展的主要力量，创新驱动是大势所趋。在新的科技革命和产业变革中，信息技术、生物技术、新材料技术、新能源技术广泛渗透，带动许多领域发生了以绿色、智能、泛在为特征的群体性技术革命。科技创新链条更加灵巧，技术更新和成果转化更加快捷，产业更新换代不断加快。科技传信活动不断突破地域、组织、技术的界限演化为创新体系的竞争，创新战略在综合国力竞争中的地位越来越重要。

第六，全球治理体系变革加速推进。2008年国际金融危机发生以来，新兴市场国家和一大批发展中国家快速发展，国际影响力不断增强。国际格局不断演变和重构，以西方国家主导国际格局、国际关系理念以西方价值观为主要取向的“西方中心论”已经难以为继，西方的治理理念、体系和模式已难以适应新的时代潮流、新的国际格局，各种弊端日益凸显。和平赤字、发展赤字、智力赤字的严峻挑战，以及国际力量对比的变化，推动全球治理体系加速变革。如何更好地参与全球治理体系变革，对各国的国家治理体系和治理能力也提出了更高要求。

世界经济、政治、科技、文化、社会、治理体系等方面的新变化，必将推动世界范围内生产方式以及人们生活方式进一步发生深刻变革，进而引发全球经济政治格局的深刻变化和利益格局的重大调整。随着国际力量对比出现新态势，西方发达国家越来越难以垄断国际事务，在解决全球性问题上越来越离不开新兴大国的参与，推动形成更加公正合理的国际经济政治秩序成为不可阻挡的时代潮流。

二、和平、发展、合作、共赢成为时代潮流

党的十九大报告指出：世界正处于大发展大变革大调整时期，和平与发展仍然是时代主题。这是在对时代趋势和世界形势进行了全面深刻分析基础上得出的科学论断。世界处于和平与发展为主题的时代，为中国和平发展提供了根本的前提条件和现实可能性，是中国特色社会主义进入新时代的根本外部条件。

正确认识和把握时代主题，是一个十分重大的问题，是各国政府制定国内外各种政策的基本依据，攸关一国的战略全局和国计民生。同样，顺应时代潮流，认清时代主题，是我国制定国内发展战略以及外交战略方针和外交政策的一个基本出发点，也是当代中国发展的重要经验之一。

改革开放之初，邓小平根据当时国际局势的变化和人类社会发展的要求，作出了“和平与发展是时代主题”的科学论断，为我们党制定正确的战略策略提供了理论依据，扭转了战争不可避免且迫在眉睫的固有观念，使全党能集中精力搞经济建设，实现了工作重心的转移。对和平与发展时代主题的科学判断，是改革开放以来我国经济社会快速发展、赶上世界发展潮流的重要前提。今天，我们党再次强调“和平与发展仍然是时代主题”，并发掘其新的内涵，明确提出中国特色社会主义进入了新时代，并将习近平新时代中国特色社会主义思想确立为我们党必须长期坚持的指导思想，为我国发展标定了新的历史方位，注入了新的前进动力。

回顾党的十八以来，习近平同志在各个场合对世界发展大势和国际格局演变趋势的深刻分析，可以看出，我们党充分分析了国际格局发展演变的复杂性，更看到世界多极化趋势不断发展，一大批新兴市场国家和发展中国家加速走向现代化，多个发展中心在世界各地区逐渐形成，爱好和平、推进发展的力量持续增长，国际力量对比继续朝着有利于世界和平与发展的方向发展，和平、发展、合作、共赢的时代潮流更加强劲；充分分析了世界经济调整的曲折性，更看到经济全球化进程不会改变，各个国家、各个民族相互联系和依存日益加深；充分分析了国际矛盾和斗争的尖锐性，更看到发展已经成为解决各国内部以及国际社会矛盾和问题的主要途径；充分分析了国际秩序之争的长期性，更看到国际体系变革方向不会改变；充分分析了我国周边环境中的不确定性，更看到亚太地区总体繁荣稳定的态势不会改变。这些科学论断闪耀着历史唯物主义和辩证唯物主义的时代光芒，为我国在国际乱象中认清形势、在世界变局中把握方向提供了准星和依据。

放眼世界，从利益分野来说，世界已是一个“利益共同体”“命运共同体”。大国之间越来越通过利益融合而非发动战争来形成“利益制衡”，冲突的代价越来越高。从力量对比来说，以中国为代表的一大批发展中国家和新兴市场国家走上发展快车道，形成一种集体崛起，对全球化、多极化、信息化进程产生前所未有的影响，国际格局为之转变。从大航海时代大西洋文明对东方文明产生冲击并主导全球化讲，当前我们处于500年来未有的大变局，大西洋文明主导国际关系的局面正在发生扭转。这种世界格局大趋势的转变，是人类历史上第一次不是通过大规模战争实现的。这总体上是以和平与发展为主题的时代进步的结果，并反过来更加突出了和平与发展的时代主题。

环顾世界，从根本上说，和平与发展的时代主题没变，但其内涵及实现方式还是有所变化，对此我们党的认识和把握是不断丰富和完善的。

“和平”与“发展”的内涵变得更加多样。和平已不仅仅指没有世界范围的大战，威胁世界和平的因素囊括了国际恐怖主义、民族分裂势力、网络安全等非传统安全领域；地区冲突和战争此起彼伏，已成为影响世界和平的最主要因素之一，维护世界和平的任务更加繁重。发展的内涵也是更加丰富，各国的发展更加紧密地联系在一起，更加重视公平发展、开放发展、全面发展、创新发展，要实现包括经济发展在内的各领域、各要素的全面均衡发展，各国在发展进程中共谋发展与繁荣。这与我国"五位一体"全面布局以及建设"持久和平、普遍安全、共同繁荣、开放包容、清洁美丽的世界"外交目标中所体现的发展理念是一致的。

为和平与发展的时代主题增添了"合作"与"共赢"的色彩，对时代特征的概括更加丰富。中共十八大以来，我国高举和平、发展、合作、共赢的旗帜，坚定不移致力于维护世界和平、促进共同发展。习近平同志鲜明地提出，"我们所处的是一个风云变幻的时代，面对的是一个日新月异的世界。这个世界，和平、发展、合作、共赢成为时代潮流。"①合作、共赢是实现和平发展的重要途径。这个世界，越来越多的国家认识到，冲突和对抗不是解决问题的办法，不符合各方的利益，必须走相互尊重、合作共赢的道路。

各国应该共同推动建立以合作共赢为核心的新型国际关系，各国人民应该一起来维护世界和平、促进共同发展。各国和各国人民应该共同享受尊严、共同享受发展成果、共同享受安全保障。要坚持国家不分大小、强弱、贫富一律平等，尊重各国人民自主选择的社会制度和发展道路的权利，尊重彼此核心利益和重大关切，客观理性看待别国发展壮大和政策理念，努力求同存异、聚同化异。反对干涉别国内政，维护国际公平正义。各国要共同维护世界和平，以和平促进发展，以发展巩固和平。每个国家在谋求自身发展的同时，要积极促进其他各国共同发展。要摈弃零和游戏、你输我赢的旧思维，树立双赢、共赢的新理念。各国要同心协力，妥善应对各种问题和挑战，共同变压力为动力、化危机为生机，谋求合作安全、集体安全、共同安全，以合作取代对抗，以共赢取代独占。努力走出一条共建、共享、共赢的安全之路。

中国是维护世界和平、促进共同发展的重要力量，是国际社会可以信赖的伙伴和朋友。中国将高举和平、发展、合作、共赢的旗帜，牢牢把握坚持和平发展、促进民族复兴这条主线，维护国家主权、安全、发展利益，为和平发展营造良好的国际环境。中国将加强同各国人民友好往来，扩大同世界各国利益交汇点，为促进人类和平与发展的崇高事业作出积极贡献。

中国与时代主题的关系更加密切，相互影响日益增加。我国综合实力不断提升，正日益走近世界舞台中央，在国际上的影响力、感召力、塑造力愈加显现，同时随着

①习近平. 顺应时代前进潮流　促进世界和平发展[N]. 光明日报，2013-03-24（02）.

我国发展同外部世界的交融性、关联性、互动性不断增强，受到外部影响也会加大。此外，俗话说，“树大招风”。我国正处于从站起来、富起来向强起来过渡的关键时期，外部环境更加复杂，一些国家和国际势力对我们的疑惧、牵制、阻遏、施压也会有所增大。对此，我们要有清醒的认识。

三、中国的国际地位国际影响力空前提升

改革开放40年多来，我国经济社会发生了翻天覆地的历史性变化，综合国力不断增强，主要经济社会指标占世界的比重大幅提高，居世界的位次不断前移，国际地位和国际影响力显著提升，日益走进世界舞台中央。

中国经济增长明显高于世界平均水平，成为拉动世界经济增长的第一引擎。国家统计局发布的报告《国际地位显著提高 国际影响力持续增强》显示，1979–2018年年均增长9.4%，远高于同期世界经济2.9%左右的年均增速。中国是世界第二大经济体、第一大工业国、第一大货物贸易国、第一大外汇储备国。1961年至1978年，中国对世界经济增长的年均贡献率仅为1.1%。改革开放以来，中国对世界经济的贡献作用明显加强，1979年至2012年，中国对世界经济增长的年均贡献率达到15.9%，仅次于美国，位居世界第二位。2013年至2018年，中国对世界经济增长的年均贡献率更是达到28.1%，居世界第一位。中国已经连续13年成为世界经济增长的第一引擎，对推动世界经济发展的贡献不容小视。主要经济社会总量指标占世界的比重和国际地位进一步提升，国际影响力持续增强。①近年来，中国经济持续保持中高速增长，成为全球经济复苏和可持续发展不可或缺的发动机。

根据国家统计局的数据显示，我国是在2010年超越日本成为世界第二大经济体的，此后一直稳居世界第二位。虽然位次一直没变，但在这期间我国占世界经济总量的比重却是在持续提升的：2012年，我国GDP占世界总量的11.4%；到2018年，我国GDP已经占世界总量的15.9%，比2012年又提高了4.5个百分点。②

2018年，中国国内生产总值比上年增长了6.6%，经济增速继续位居世界前五大经济体之首，对世界经济增长的贡献率接近30%，依然是拉动世界经济增长的主要力量。③据国家统计局初步核算，2019年我国国内生产总值990865亿元，比上年增长

①国家统计局. 国际地位显著提高　国际影响力持续增强——新中国成立70周年经济社会发展成就系列报告之二十三[OL]. 国家统计局网，2019-08-29. http://www.stats.gov.cn/tjsj/zxfb/201908/t20190829_1694202.html

②同①

③同①

6.1%。①

经济发展的红利直接带来了中国百姓收入水平的提高。随着我国经济总量的大幅提高，中国人均国民总收入（GNI）水平也大幅提升，不断迈上新台阶。在世界银行公布的人均GNI排名中，2018年中国排名第71位（共计192个经济体），比1978年（共计188个经济体）提高了104位。②

中国作为全球具有重要影响的最大新兴经济体，给国际社会带来了更多发展机遇，成为世界经济增长的重要推动力量。特别是在有效应对国际金融危机方面，中国发挥了积极作用，为世界经济稳定、复苏作出了重要贡献。中国经济与世界经济的联系和相互影响正在加深，可利用的外部机遇更多，发展空间更大。各国普遍看好中国的发展前景，发展对华关系、加强对华经济合作的意愿日益强烈，各国和国际组织期望我国在促进区域经济合作和多边贸易体系中发挥积极作用。"一带一路"倡议的提出，亚洲基础设施投资银行（简称亚投行）的设立，人民币国际化步伐正在加快。网上汇率交易逐步放开。我国对外经济合作领域将继续扩大和深化，国际话语权在增强，中国进一步提高在经济全球化中的竞争能力和影响力。我国也是最早实现联合国千年发展目标中减贫目标的发展中国家，为世界减贫事业做出了巨大贡献。联合国2015年《千年发展目标报告》显示，中国对全球减贫事业的贡献率达70%。

同时，我国同国际社会的互联互动变得空前紧密，我国对国际事务的参与不断加深，世界对我国的影响也在不断加深。参与并推动全球治理体系变革，是实现我国经济可持续发展的必然要求，也是国际社会对中国的热切期待。在全球治理体系变革这样关乎人类前途命运的重大课题上，中国给出的答案是继续做全球治理变革进程的参与者、推动者、引领者，推动国际秩序朝着更加公正合理的方向发展。我国高举构建人类命运共同体旗帜，秉持共商共建共享的全球治理观，倡导多边主义和国际关系民主化，推动全球经济治理机制变革。推动在共同但有区别的责任、公平、各自能力等原则基础上开展应对气候变化国际合作。维护联合国在全球治理中的核心地位，支持上海合作组织、金砖国家、二十国集团等平台机制化建设，推动构建更加公正合理的

---

①国家统计局. 中华人民共和国2019年国民经济和社会发展统计公报[OL]. 国家统计局网，2020-02-28. http://www.stats.gov.cn/tjsj/zxfb/202002/t20200228_1728913.html

②国家统计局. 国际地位显著提高　国际影响力持续增强—新中国成立70周年经济社会发展成就系列报告之二十三[OL]. 国家统计局网，2019-08-29. http://www.stats.gov.cn/tjsj/zxfb/201908/t20190829_1694202.html

国际治理体系。正如习近平主席日前在博鳌亚洲论坛2018年年会开幕式上所强调的：中国人民将继续与世界同行、为人类作出更大贡献，坚定不移走和平发展道路，积极发展全球伙伴关系，坚定支持多边主义，积极参与推动全球治理体系变革，构建新型国际关系，推动构建人类命运共同体。

在全球治理变革的进程中，积极参与全球治理体系改革和建设是中国担当大国责任的应有之义。理念是行动的先导。全球治理体系变革离不开理念的引领，全球治理规则体现更加公正合理的要求离不开对人类各种优秀文明成果的吸收。一方面，我国作为一个拥有五千年文明史的大国，有能力也有责任为全球治理的变革贡献中国理念与中国智慧。中国的全球治理观植根于中华传统文化，继承发展了新中国成立以来的外交思想和理念，反映了人类共同价值追求和当代国际关系现实，符合联合国宪章所确定的国际关系基本准则，极大地丰富和发展了国际关系理论。另一方面，当前全球治理体系变革正处在新的历史转折点上。国际力量对比发生深刻变化，新兴市场国家和一大批发展中国家快速发展，国际影响力不断增强；世界上的事情越来越需要各国共同商量着办，建立国际机制、遵守国际规则、追求国际正义成为多数国家的共识。在这样的大背景下，我国不仅要善于利用既有国际秩序和体制来维护国家利益，而且要积极参与全球经济治理和公共产品供给，提高我国在全球经济治理中的制度性话语权。我国提出建立以合作共赢为核心的新型国际关系，坚持正确义利观、构建人类命运共同体等理念和举措，顺应了时代潮流，符合各国利益，增加了我国同各国利益汇合点。

党的十八大以来，我国积极倡导新型大国关系，发展友好睦邻的周边关系，务实推进“一带一路”建设，因而成为举世公认的“世界和平的建设者、全球发展的贡献者、国际秩序的维护者”。党的十九大报告指出：“中国秉持共商共建共享的全球治理观，倡导国际关系民主化，坚持国家不分大小、强弱、贫富一律平等，支持联合国发挥积极作用，支持扩大发展中国家在国际事务中的代表性和发言权。中国将继续发挥负责任大国作用，积极参与全球治理体系改革和建设，不断贡献中国智慧和力量。”[①]展望未来，中国将为全球治理体系改革和建设作出重要贡献。

作为负责任的大国，近年中国越来越多地承担国际责任、履行国际义务。在重大国际和地区热点问题上，中国坚持劝和促谈发挥了建设性作用。中国积极参与国际维

①本书编写组.党的十九大报告学习辅导百问[M].北京：党建读物出版社，学习出版社，2017：48.

和行动，是派出维和人员最多的联合国安理会常任理事国，是第二大维和出资国。1990年，中国派出首批维和人员，赴联合国停战监督组织参加维和行动。截至2019年2月，中国派出维和人员3.9万余人次，参与维和任务区道路修建工程1.3万余公里，运输总里程1300万公里，接诊病人17万多人次，完成武装护卫巡逻等任务300余次。中国海军医院船已访问43国，惠及当地民众23万余人次。[①]

第二节 坚持和平发展道路与构建新型国际关系

改革开放以来，中国始终坚持走和平发展道路，坚持互利共赢的开放战略，秉持正确义利观，积极推动建立以合作共赢为核心的新型国际关系，始终做维护世界和平、促进共同发展的坚定力量。

一、坚持独立自主的和平发展道路

1. 中国坚持走和平发展道路

中国走和平发展道路，反映了历史的规律和时代的潮流，是中国特色社会主义的必然要求，是时代主题的必然反映。

在和平与发展仍然是时代主题、世界多极化曲折发展和全球化加深的背景下，中国综合国力的稳步增强，导致国际地位的持续上升和外部环境的逐渐变化，从而呼唤着中国更新对外战略思维。面对新的世界战略格局，中国政府制订了新的国际战略——和平发展的国际战略。

中国的和平发展道路归结起来就是：既通过维护世界和平发展自己，又通过自身发展维护世界和平；在强调依靠自身力量和改革创新实现发展的同时，坚持对外开放，学习借鉴别国长处；顺应经济全球化发展潮流，与各国互利共赢和共同发展；同国际社会一道努力，推动建设持久和平、共同繁荣的和谐世界。

中国的和平发展道路最鲜明的特征，就是坚持科学发展、自主发展、开放发展、和平发展、合作发展、共同发展。中国和平发展的不懈追求是对内求发展、求和谐，对外求合作、求和平。具体而言，就是通过中国人民的艰苦奋斗和改革创新，通过同世界各国长期友好相处、平等互利合作，让中国人民过上美好生活，并为全人类发展进步作出应有贡献。

---

①郭嫒丹. 中国晒维和成绩单 迄今已派出近4万名维和人员[OL]. 搜狐网，2019-02-19. https://www.sohu.com/a/29564314_162522

和平发展是中国特色社会主义的必然选择，和平、发展、合作、共赢是中国高高举起的旗帜。相对于发展而言，和平有两种含义。一是中国以积极防御的和平方式发展。二是中国发展的同时维护世界的和平。作为一个负责任的大国，中国除了要追求自身发展，也应促进世界的共同繁荣，维护世界的和平与稳定。要稳定就必须使力量平衡，要使世界各地区和平与稳定，中国就应当设法使世界各地区的力量达到平衡。而由于霸权主义的存在，许多地区的力量出现严重失衡，对此中国应该扩大自己在这些地区的影响力，使力量达到平衡，维护这些地区的稳定。因此，中国的和平发展战略最终目标就是发展，而发展也不仅是经济的发展，它还将包括政治与军事上的，中国不仅要发展成为经济强国，更将发展为政治与军事强国，这是为了民族生存与发展的需要，也是为了维护世界的和平与稳定。中国有实力应对和处理好与世界各地区及国家的关系，平衡各地区的力量，更好地促进各地区的和平与稳定。对于发展中国家和落后国家中国主要采取援助与树立地位的方式，获得更多的政治支持，同时促进共同发展。对于发达国家采取加深经济联系和促进交流与理解的方式。

中国走和平发展道路，是从历史、现实和未来的客观判断中得出的结论，是思想自信和实践自觉的有机统一。中国走和平发展道路的自信和自觉，来源于中华文明的深厚历史文化底蕴，来源于对实现中国发展目标条件的认知，来源于对历史规律和世界发展大趋势的把握。有着5000多年历史的中华文明，始终崇尚和平。和平、和睦、和谐的追求根植于中华民族的精神世界之中，深深融化在中国人民的血脉里。“和”是中国文化的核心，中国“和”文化源远流长，蕴涵着天人合一的宇宙观、协和万邦的国际观、和而不同的社会观、人心和善的道德观。人类历史正反两方面的经验表明，和平稳定是发展的前提和基础，没有和平就没有中国和世界的顺利发展。和平发展大势不可逆转，全世界维护和平的力量不断增长。实现中华民族伟大复兴的中国梦，需要相对和平安宁的国际环境，中国坚持走和平发展道路，同世界各国共同维护世界和平，才能实现我国的发展目标，并且为世界的发展作出更大贡献。

中国人民坚持走和平发展道路，既享受世界和平的红利，又为世界和平作出贡献。中国40多年的改革开放取得巨大成就，得益于总体和平的世界和周边环境，同时也为维护世界和本地区的和平提供了机遇。走和平发展道路，是中国对国际社会关注中国发展走向的回应，更是中国人民对实现自身发展目标的自信和自觉。在中国与世界的关系发生很大变化的时代，中国走出了一条既符合世界发展潮流又符合本国国情的路子来。中国的和平发展，打破了“国强必霸”的大国崛起传统模式，为国际社会提供了一个全新的发展模式，具有巨大的启迪意义。

始终不渝走和平发展道路，这是中国的战略选择和奋斗目标。和平发展道路能不能走得通，很大程度上要看我们能不能把世界的机遇转变为中国的机遇，把中国的机遇转变为世界的机遇，在中国与世界各国良性互动、互利共赢中开拓前进。

我们希望各国都走和平发展道路。而要做到各国都走和平发展道路，首先要解决认识问题，强调和平发展的共同性与合作性。目前看，世界仍很不太平，妨碍发展的因素还很多，各种全球性问题十分突出。任何国家，哪怕是再强大的国家，靠单打独斗也做不到独善其身，做不到“风景这边独好”。发生在一个国家内部的事情，其影响很容易外溢，波及其他国家。那些不顾联合国宪章的宗旨和原则、奉行霸权主义和强权政治、动辄干涉别国内政、挑起军备竞赛、对“三股势力”（民族分裂势力、宗教极端势力和暴力恐怖势力）采取“双重标准”的行为，都会对世界和平发展产生严重消极影响。面对传统安全威胁和非传统安全威胁相互交织的局面，维护世界和平、促进共同发展依然任重道远。各国风雨同舟、利益共享、责任共担，才最符合自己和国际社会的利益。

其次，要管控分歧，多找共同点，实现发展战略对接。中国坚持寻找和扩大与其他国家的利益汇合点。中国与世界各国的利益汇合点多种多样，但最具有战略性、长期性、亲和力的是寻求中国与有关国家和地区的发展战略对接。这已成为中国合作共赢外交理念付诸实践特别有效的途径。发展战略对接，可以照顾到各自的国情和需要，假以时日将有助于培养各国合作共赢的习惯，让各国民众看到和平发展、合作共赢的红利，增强追求各国共同发展、共同安全的能动性。习近平同志强调，面对国际形势的深刻变化和世界各国同舟共济的客观要求，各国应共同推动建立以合作共赢为核心的新型国际关系，各国人民应一起来维护世界和平、促进共同发展。

2. 奉行独立自主的和平外交政策

独立自主的和平外交政策是新中国成立以来我国一贯倡导的政策原则。1949年9月中国人民政治协商会议通过的《共同纲领》规定：“中华人民共和国外交政策的原则，为保障本国独立、自由和领土主权的完整，拥护国际的持久和平和各国人民间的友好合作，反对帝国主义的侵略政策和战争政策。”这一规定确立了新中国外交政策“独立自主”和“维护和平”的主基调。新中国成立初期，我国外交坚持“另起炉灶”“打扫干净屋子再请客”，废除了帝国主义强加在中国人民头上的一切特权和不平等条约。1953年12月，周恩来在会见印度代表团时第一次提出和平共处五项原则，后得到印度、缅甸政府共同倡导，成为国际社会公认的规范国际关系的重要原则。虽然我国外交在20世纪50年代、60年代、70年代先后经历过“一边倒”“两线作战”

“一条线、一大片”等特点和变化，但我国外交独立自主和维护和平的主基调和根本追求从来没有改变。以党的十一届三中全会为标志，我们党对时代主题的判断发生重大变化，在总结正反两方面经验的基础上，党的十二大明确提出“坚持独立自主的对外政策”，正如邓小平指出的，中国的对外政策是独立自主的，是真正的不结盟。在1986年六届全国人大四次会议上，正式提出“独立自主的和平外交政策”这一概念。此后30多年来，我们根据形势变化和任务要求，先后提出和实践全方位外交布局、走和平发展道路、推进中国特色大国外交、推动构建人类命运共同体等理念、政策、主张，实现独立自主的和平外交政策与时俱进。独立自主的和平外交政策，这一承载着近代以来中华民族梦想的政治术语，从最初的基本立场到概念形成再到发展完善，经历了中华民族从站起来到富起来的历史进程，也必将见证和贡献中华民族强起来的伟大使命。

中国奉行独立自主的和平外交政策的基本目标是维护中国的独立、主权和领土完整，为改革开放和现代化建设创造一个良好的国际环境，维护世界和平，促进共同发展。其主要内容包括：始终奉行独立自主的原则；反对霸权主义，维护世界和平；主张顺应世界多极化和经济全球化的历史潮流，积极推动建立公正合理的国际政治经济新秩序；愿意在互相尊重主权和领土完整、互不侵犯、互不干涉内政、平等互利、和平共处五项原则的基础上，同所有国家建立和发展友好合作关系；实行全方位的对外开放政策，愿在平等互利原则的基础上，同世界各国和地区广泛开展贸易往来、经济技术合作和科学文化交流，促进共同繁荣；积极参与多边外交活动，做维护世界和平和地区稳定的坚定力量。

奉行独立自主和平外交政策，这是国际关系史上的重大创举，为推动建立公正合理的新型国际关系作出了历史性贡献。和平共处五项原则生动反映了联合国宪章宗旨和原则并赋予可见、可行、可依循的内涵，体现了各国权利、义务、责任相统一的国际法治精神。60多年来，和平共处五项原则走向亚洲、走向世界，历经国际风云变幻的考验，具有强大生命力。和平共处五项原则作为一个开放包容的国际法原则，集中体现了主权、正义、民主、法治的价值观，已经成为国际关系基本准则和国际法基本原则，有力维护了广大发展中国家权益，为推动建立更加公正合理的国际政治经济秩序发挥了积极作用。

独立自主的和平外交政策是中国走和平发展道路的体现，符合和平、发展、合作、共赢的时代潮流，符合各国人民的利益和愿望，有利于我们广交朋友、开放发展，维护延长用好我国发展的重要战略机遇期。当今世界正经历百年未有之大变局，推动变局的基本动力是生产力发展和世界力量对比的变化，基本趋势是世界多极化、经济全球化、社会信息化、文化多样化。尽管存在保护主义、单边主义、霸权主义和反全球化等各种逆流，存在极端主义、恐怖主义、分裂主义等各种乱象，存在战乱、传染病、自然灾害、网络攻击等各种威胁，和平与发展的时代主题没有变，和平、发展、合作、共赢的时代潮流没有变。我们坚持独立自主的和平外交政策，顺应时代潮流和各国人民期待，站在历史正义的一方，承担引领人类文明走向的历史责任，已经并将继续为我们赢得世界上最广大人民的衷心拥护，推动国际力量对比朝着更加均衡的方向发展，为我国发展创造更有利外部条件。

独立自主的和平外交政策符合中国特色社会主义本质要求及中国和中国人民根本利益，符合中华文化基因，是立足实现"两个一百年"奋斗目标、实现中华民族伟大复兴中国梦全局和长远的战略选择。中国特色社会主义既是独立自主的社会主义，也是追求和平的社会主义。中华民族向来具有独立自主的性格和和合共生的传统，中华文明之所以能够成为人类历史上唯一一个绵延5000多年而未曾中断、历久弥新的伟大文明，与这种内在的独特的文化基因息息相关。近70年的历史充分证明，独立自主的和平外交政策维护和发展了中国和中国人民的根本利益。今天，面临伟大复兴光明前景的中华民族，必将循着自身文明密码、本国制度性质、国家和人民根本利益，坚持和完善独立自主的和平外交政策。

《中共中央关于坚持和完善中国特色社会主义制度、推进国家治理体系和治理能力现代化若干重大问题的决定》强调：坚持和完善独立自主的和平外交政策，推动构建人类命运共同体。新形势下，中国同世界的联系空前紧密，同世界的相互影响日益加深，推动党和国家事业发展需要和平国际环境和良好外部条件。与此同时，我国作为世界第二大经济体和最大的发展中国家，日益走近世界舞台中央，对维护国际秩序、推动世界发展、完善全球治理发挥着日益重要的作用，影响和塑造国际局势的能力日益上升。

坚持和完善独立自主的和平外交政策，必须统筹国内国际两个大局，以宽广的国际视野和长远的战略眼光，以对中国人民和世界人民高度负责的精神，统筹做到独立自主、和平发展、开放合作、互利共赢。

（1）独立自主。就是要坚定不移维护国家主权、安全、发展利益，牢牢把握坚持和平发展、促进民族复兴这条主线，为和平发展营造更加有利的国际环境，维护和延长我国发展的重要战略机遇期，为实现"两个一百年"奋斗目标、实现中华民族伟大复兴的中国梦提供有力保障。习近平总书记反复强调，做好外交工作，胸中要装着国内国际两个大局。国内大局就是“两个一百年”奋斗目标，实现中华民族伟大复兴的中国梦；国际大局就是为我国改革发展稳定争取良好外部条件，维护国家主权、安全、发展利益。外交工作必须始终把国家独立、主权、安全、尊严放在首位，任何情况下绝不拿原则做交易，绝不能在任何压力下吞下损害我国利益的苦果。对国际事务，坚持从中国人民根本利益和各国人民共同利益出发，根据事情本身的是非曲直，独立自主地决定自己的立场和政策，绝不屈从于任何外来压力。坚持多边主义和国际关系民主化，坚持各国的事情由本国政府和人民自主决定，世界上的事情由各国政府和人民平等协商，维护国际公平正义，反对侵略扩张和干涉别国内政。倡导相互尊重、平等协商，坚决摒弃冷战思维和强权政治，走对话而不对抗、结伴而不结盟的国与国交往新路。

（2）和平发展。就是坚定不移走和平发展道路，不走“国强必霸”的老路，不入“修昔底德陷阱”的圈套。我们坚持国家不分大小、强弱、贫富一律平等，坚持在和平共处五项原则基础上发展同各国友好合作，努力建设覆盖全球的伙伴关系网络，坚持通过对话协商、以和平手段解决一切国际争端和热点难点问题，反对动辄使用武力或以武力相威胁，推动建设相互尊重、公平正义、合作共赢的新型国际关系，反对恃强凌弱、背信弃义，反对一切形式的霸权霸凌霸道行为。和平发展是中国人民的美好愿望和根本利益所在。但是，和平发展不是一厢情愿的事情。中国要和平发展，各国都要和平发展。中国坚持奉行防御性国防政策，根据自身经济社会发展水平和维护和平发展的基本要求，建设必要的国防力量，维护全球战略平衡。中国不对任何国家构成威胁，不参加任何军备竞赛和军事集团，永远不称霸，永远不搞扩张，永远做维护世界和平的坚定力量。

（3）开放合作。就是坚定不移奉行互利共赢的开放战略，贯彻对外开放的基本国策，在开放合作中谋求自身发展，以自身发展推动建设开放型世界经济，恪守维护世界和平、促进共同发展的外交政策宗旨。当今世界，各国之间的相互联系、相互依赖日益紧密，开放是源头活水，合作是成事之基，任何一个国家要把自己关进封闭孤立的黑屋子，要同全球产业链、价值链、利益链完全脱钩，都无异于自残。我国发展成就得益于对外开放和同各国的互利合作，今后要实现更大发展，必须立足于对世界更高水平的开放、同各国更深层次的合作。面对保护主义、单边主义和反全球化等逆流，必须顺历史潮流而动，高举经济全球化、贸易和投资自由化便利化的旗帜，积极建设更高水平的开放型经济，坚定不移维护多边贸易体制，推动全球经济治理变革和完善，推动经济全球化朝着更加开放、包容、普惠、平衡、共赢的方向发展。

（4）互利共赢。就是要推动构建人类命运共同体，建设持久和平、普遍安全、共同繁荣、开放包容、清洁美丽的世界。为此，就要摒弃零和博弈、丛林法则、唯我独尊、党同伐异等不合时宜的旧思维，树立相互尊重、平等协商、合作安全、开放发展、包容互鉴、珍爱地球、同舟共济、互利共赢的新理念。人类社会发展不可能永久停留在一部分人富得流油而另一部分人食不果腹的失衡状态，当今世界面临的发展赤字、公平赤字、治理赤字必须得到正视和解决。人类命运共同体主张为解决这三大赤字提供了方向和路径。我们要从加强国际合作、促进共同发展入手，从帮助广大发展中国家增强自主发展能力、尽可能消弭数字鸿沟着力，推动人类朝着建设利益共同体、价值共同体、责任共同体、命运共同体的正确方向不懈努力。

3. 坚定捍卫国家核心利益

国家核心利益是特定国家最根本、最重要的利益，是主权国家生存和发展的前提和基础。不同国家不同历史时期的国家核心利益包含不同的具体内容。中国的国家核心利益包括：国家主权、国家安全、领土完整、国家统一、中国宪法确立的国家政治制度和社会大局稳定、经济社会可持续发展的基本保障等内容。我国是人民当家做主的社会主义国家，国家和人民的根本利益是一致的，维护我国的国家核心利益就是维护最广大人民群众的根本利益，是完全正当的，正义的。维护国家核心利益的意义在于维护构成我们国家的基本要素，为我国社会主义建设创造和平稳定的国际国内环境。

中国坚定不移走和平发展道路，始终不渝倡导合作共赢理念，这是中国外交的神圣使命。中国决不会以牺牲别国利益为代价来发展自己，也决不放弃自己的正当权益，任何势力不要指望我们会拿自己的核心利益做交易，不要指望我们会吞下损害我国主权、安全、发展利益的苦果。明确了中国走和平发展道路、倡导合作共赢的“底线”和“红线”，这就是坚决维护国家核心利益，有助于国际社会全面深刻地理解中国的和平发展道路，避免对中国的意图和原则产生误判。新中国成立70年以来，中国在维护国家主权、捍卫民族尊严上的立场是一致的。

中国特色大国外交始终把坚决维护国家核心利益作为外交工作的基本出发点和落脚点。坚持独立自主的和平外交政策，坚持把国家和民族的发展放在自己力量的基点上。坚决维护国家利益，捍卫世界和平，是中国的坚定意志和决心，也是中国外交一以贯之的使命和追求。有些国家片面理解中国的和平发展道路，片面理解我国倡导的合作共赢理念，以为中国为了发展会轻视这一底线。中国在一穷二白的时候敢于维护国家利益，反对世界强权，从未在外来压力下弯过腰、低过头，那么现在中国发展强大了，更不会屈服于任何外来压力。一些人把中国维护合理合法的国家权益说成是

"咄咄逼人""傲慢""强硬"，鼓吹"中国威胁"等论调，都是站不住脚的。

在涉及领土主权和海洋权益的原则问题上，我国政府捍卫国家利益的决心和意志是坚定的，同时也秉承和平共赢理念，推进合作与对话，为最终解决争议创造条件。经过多年努力，中国通过和平谈判先后与14个邻国中的12个划定并勘定了边界。在钓鱼岛问题上坚持原则，捍卫国家领土主权。坚决回击所谓南海仲裁案，维护了南海局势总体稳定。坚决在国际上遏制"台独""藏独""东突"等分裂势力的破坏活动，防范国际暴力恐怖活动向境内渗透，维护国家主权和安全。践行外交为民宗旨，从也门、尼泊尔、南苏丹、新西兰、日本等国成功撤回受困同胞。

当今世界，和平、发展、合作、共赢仍是主流，但在某些领域国际政治斗争的严酷性丝毫未减，个别国家和政治势力企图损害中国核心利益的可能性依然存在，这种状况是不会因为我们和平发展的良好愿望而消失的。和平发展是一条理想之路，但路上还有许多坎儿。在追求和平发展的过程中，我们必然要动用合作与斗争的两手，两手都要硬。中国以有理有利有节为原则，使外界更加清晰地认识中国的外交目标和底线。我们要向外界坚定不移地传递一个明确信息：中国寻求和平发展，不损害他国正当利益，不威胁任何别人，也不容忍别人威胁。要让国际社会一方面乐于同中国开展交流与合作，同时又不要对中国坚定捍卫自身核心利益感到"意外"和"惊讶"。

新时代中国特色大国外交将是一项长期的、复杂的、艰巨的斗争。中国不回避矛盾和问题，妥善处理同有关国家的分歧和摩擦，同时推动各领域交流合作，通过合作扩大共同利益汇合点，维护同周边国家关系以及地区和平稳定大局。在涉及我国核心利益的问题上，我们要敢于划出红线，亮明底线。我们相信，不管前进的路上还有多少坎儿，我们都将利用好、维护好、促进好和平与发展的时代主题，而且随着我国和平发展进程的不断深入，我们维护国家核心利益的资源和手段将会越来越多，维护国家核心利益也会越来越主动。

4.中国不认同"国强必霸论"

党的十九大报告指出："中国奉行防御性的国防政策。中国发展不对任何国家构成威胁。中国无论发展到什么程度，永远不称霸，永远不搞扩张。"[①]这是新时代迈向中国特色社会主义强国之路的中国共产党人向全世界的庄严宣示。

改革开放以来，中国取得举世瞩目的经济发展成就，综合国力持续快速提升，成

---

①本书编写组.党的十九大报告学习辅导百问[M].北京：党建读物出版社，学习出版社，2017：47.

为影响国际格局演变的重要因素。在此过程中，一些国际舆论，特别是西方舆论，时常炒作不同版本的“中国威胁论”。实际上这是把基于西方经验的“国强必霸论”嫁接到中国身上。的确，在地理大发现以后将近500年的历史长河里，“国强必霸”似乎成了西方列强崛起的历史逻辑。但用西方经验剪裁中国的历史和现实，把“国强必霸”的逻辑套用于中国，得出的结论必然偏离实际。中华民族历来爱好和平，没有称王称霸、穷兵黩武的基因。历史上，中国在相当长时期里是世界上最强大的国家之一，但没有对外扩张、称霸的文化传统，没有对外殖民、侵略的记录。两千多年前，中国人就深明“国虽大，好战必亡”的道理。纵观世界历史，依靠武力对外侵略扩张最终都是要失败的，这是历史规律。此外，近代中国经历了一段积贫积弱，长达百年的战祸离乱又让中国人坚信“己所不欲，勿施于人”。中国坚持不干涉别国内政的原则，不会把自己的意志强加于人，中国即使发展强大起来，也不会称霸，不能让历史悲剧重演。中国真诚希望其他国家都走和平发展道路，大家携手把这条路走稳走好。

判断一个国家发展起来以后会不会恃强称霸，单凭这个国家的力量大小就下结论，是十分武断的。实际上，力量大小并不能与威胁大小直接画等号。关键要看这个国家的战略意图和政策选择。几十年来，中国始终坚持独立自主的和平外交政策，不干涉别国内政，反对任何形式的霸权主义和强权政治。只管自己不顾别人，以武力降服别人，强行谋取发展空间和资源，以意识形态划线拉帮结伙，这种做法在国际上不得人心，也越来越行不通。中国不走那些传统大国越走越窄的老路。中国将坚定不移沿着和平发展道路走下去，这对中国有利，对亚洲有利，对世界也有利，任何力量都不能动摇中国和平发展的信念。中国坚定维护自身的主权、安全、发展利益，也支持其他国家特别是广大发展中国家维护自身的主权、安全、发展利益。

知识链接9-1

称霸与否和国力并无必然联系①

一些西方政治学者认为，一旦某些国家走在前面并脱颖而出后，就会产生利用其政治、军事或经济实力，向相对落后地区施加影响并从中牟利，或者与其他强国争夺主导权的冲动，这一链条的延伸自然而然，概莫能外。

---

①刘卫东，范梦.“国强必霸”不是中国的选择[OL].求是网，2019-05-10. http://www.qstheory.cn/dukan/hqwg/2019-05/10/c_1124471915.htm?spm=zm5062-001.0.0.1.4jwwb6.

从西方历史经验来看，英国、法国等老牌资本主义国家都曾通过殖民掠夺积累原始资本，走的都是“国强必霸”的路子。葡萄牙、西班牙、荷兰、法国等先后依靠其实力增长和财富积累踏上了争夺霸权的道路；随后英国用武力占领并统治了地球表面约1/5的土地；在第二次世界大战后，美国依靠史无前例、绝尘于世的工业实力、金融实力和军事实力，将自己的触角伸到了全球各个角落，组建同盟、渗透入侵、颠覆异己、封锁遏制、干涉内政、扶植傀儡，不断以各类违背国际公约和道义规范的单边主义行动来干涉他国内政，扩张自己的势力。在少数西方国家尤其是奉行霸权主义的国家眼里，这一切的发生是自然而然的，因此他们也会想当然地认为，其他国家强大之后，必然也会像其一样选择争霸。所以，他们千方百计试图阻止其他国家的发展对其带来的冲击，甚至连正常的公平竞争都难以接受。他们不断利用自己掌握的国际话语权，制造各种以己度人、似是而非的论调，对这些快速发展的国家发起舆论攻势，大肆渲染、描绘甚至想象其可能带来的各种挑战及可怕后果，其根本目的是试图激发起国际社会对这些国家的警觉和担心，从而与之一道共同对这些国家施加压力，进而维护自己的霸主地位。

但是，从理论上说，称霸与否和国力并无必然联系，而是取决于很多诸如文化传统、社会形态、政府追求、民间思潮、国际格局之类的个性化因素。相对而言，如果一个国家崇尚武力，热衷于通过对外征讨占领土地；或激化的国内冲突难以通过内部改革而化解，转而诉诸对外动武来转移矛盾；或某届政府“攘外”信念坚定、执着于对外扩张；或国内狂热的民族主义情绪失去制约从而转化为对外干涉的动力；或国际体系松散缺乏约束力；或某些国家的邻国羸弱动荡从而刺激这些国家出手取利，等等，这些因素容易成为某些国家选择对外称霸的促进力量。相反，如果一个国家很强大，确实具备了称霸的硬件条件，但如上述的软件条件不具备，这个国家也不一定会称霸。当然，国家实力始终是称霸最基本的制约因素。

从一些国家的历史看，称霸与否和国力的强弱同样没有相关性。例如，在中国历史上，明代以前，中国长时间都是世界上最强大的国家，但中国历代王朝几乎都未表现出对追求霸权的兴趣。但是，第二次世界大战时，当时国力水平只及美国1/10的日本，却选择去攻击以美国为首的同盟国阵营，占领了半个中国后，又偷袭珍珠港，进占东南亚，摧毁了英国的太平洋舰队和法国的殖民地，一时间还几乎控制了整个西太平洋，气焰极其嚣张，但最终难免覆灭的命运。

人类社会的发展始终是复杂的、曲折的、多变的，并不存在一个统一的发展道路模式，一个国家的选择并不一定会为其他国家所沿袭，这已经为诸多事例所证实。只有坚持学习历史经验、积极汲取历史教训，才能不再重犯历史错误，也才能变得更为理性包容。身为霸权主义的主要受害者，中国深知称霸将是一条死路，将会坚定不移地走和平发展的道路，努力维护公平正义的国际环境，诚如习近平总书记所言：中华民族的血液中没有侵略他人、称霸世界的基因，中国人民不接受“国强必霸”的逻辑，愿意同世界各国人民和睦相处、和谐发展，共谋和平、共护和平、共享和平。中国“国强必霸”论可以休矣。

二、推动构建新型国际关系

中国高举和平、发展、合作、共赢的旗帜，完善全方位多层次立体化的国际关系布局，积极打造国际合作新平台，致力于构建以合作共赢为核心的新型国际关系，为推动和平与发展事业做出了新贡献。

1. 推动构建新型大国关系

大国是影响世界和平的决定性力量，保持与大国关系的总体稳定，对于我国深化全方位对外合作，维护良好的外部环境至关重要。党的十八大以来，以习近平同志为核心的党中央通过主动战略谋划，积极调动大国关系。一个重要思想是主动出牌、布局。另一个重要思想是积极进取和开拓创新，主动提出要跟美国建立新型大国关系，力争摆脱新兴大国与守成大国走向冲突对抗的老路。党的十八大以来，我国通过积极运筹中俄、中美、中欧关系，取得了明显成效。

（1）以中俄为新型大国关系的典范。

推动中俄全面战略协作伙伴关系不断迈向更高水平。俄罗斯是我国周边最大邻国和世界大国。高水平、强有力的中俄关系，不仅符合中俄双方利益，也是维护国际战略平衡和世界稳定的重要保障。当前，中俄都处在民族复兴的重要时期，两国关系已进入互相提供重要发展机遇、互为主要优先合作伙伴的新阶段。发展新形势下的中俄关系，必须坚定不移地发展面向未来、合作共赢、人民友好的关系。

中俄互为最主要、最重要的战略协作伙伴，深化中俄全面战略协作伙伴关系，在两国外交全局和对外关系中都占据优先的战略地位。两国重点加大相互政治支持，坚定支持对方维护国家主权、安全、发展利益的努力，走符合本国国情的发展道路；全面扩大务实合作，把两国高水平的政治关系优势转化为实际成果；密切在国际和地区事务中协调配合，维护联合国宪章宗旨和原则及国际关系基本准则，维护二战成果和战后国际秩序，维护国际公平正义，促进世界和平、稳定、繁荣。

中俄关系已达到前所未有的高水平，为大国间和谐共处树立了典范，在当今国际关系中为促进地区乃至世界和平与安全发挥着重要的稳定作用。

案例导入9-1

2019年中俄两国在经贸领域取得了丰硕成果[①]

俄罗斯既是中国的周边大国，也是国际社会中的重要一极。中俄关系开创了新型大国关系的一种特殊方式，建立在平等、互利、互惠、双赢、互相尊重、互不干涉内政的基础之上，在国际政治、地区安全、贸易、能源等方面有着广泛、深入的合作，民间也有着深厚的交流。中俄关系的发展将深远地影响21世纪国际格局。

2019年，中俄高层交往日益密切，务实合作稳步推进，人文交流方兴未艾，两国关系的大发展为俄中经济发展补充了新动能。

一是双边贸易有望再创新高。目前，中国稳居俄罗斯第一大贸易伙伴国的地位，俄罗斯是中国第十大贸易伙伴。根据中方的统计，2019年前11个月中俄双边贸易额再次突破1000亿美元，达到1003.2亿美元，同比增长了3.1%。如果保持这一增速，全年双边贸易额有望突破1100亿美元，再创历史新高。同时，双边贸易结构持续优化。今年前10个月，中方自俄罗斯进口农产品同比增长了12.4%、对俄罗斯出口汽车增长了66.4%。农业、服务贸易、高新技术产品等新的贸易增长点不断涌现。双方正在编制《至2024年货物贸易和服务贸易高质量发展的路线图》，确保实现2000亿美元贸易目标。

二是对俄“走出去”和战略性大项目合作成效显著。2019年1—10月，中国对俄直接投资同比增长了10.7%，新签工程承包合同153.8亿美元，是去年的5倍多，一批汽车、制造、电子商务领域的中资企业在俄罗斯投资的项目顺利投产落地。战略性大项目方面，中俄东线天然气管道投产通气，中方企业成功参股“北极液化气-2”项目，同江铁路桥、黑河公路桥年内相继合龙，配套口岸建设目前正在积极推进，双方正在组建联合科技创新基金，在核能、航空、航天、卫星导航、信息技术等领域的合作也在顺利推进。

三是地方合作走深走实。2019年是“中俄地方合作交流年”的收官之年，双方积极落实《中俄远东合作发展规划》和《“东北-远东”农业合作规划》，充分利用第二届进博会、第六届中俄博览会、俄罗斯东方经济论坛、圣彼得堡经济论坛等重点展会平台，推动两国地方和企业深度合作。双方合作的需求和潜力正在不断得到释放。目前，中国稳居俄罗斯远东地区主要贸易伙伴和最大的外资来源国地位。

四是制度协调持续推进。《中国与欧亚经济联盟经贸合作协议》于2019年10月份

---

①祁培育. 商务部就2019年中俄经贸合作成果等答问[OL]. 中华人民共和国中央人民政府网，2019-12-12. http://www.gov.cn/xinwen/2019-12/12/content_5460690.htm

正式生效，两国经贸、海关、质检等部门密切协作，不断提升双边贸易投资便利化的水平，中俄经贸合作向“项目带动+制度推动”的双轮驱动模式转变。双方在世贸组织、金砖国家、上合组织等多边框架内保持密切的沟通协调，支持和维护多边贸易体制，推动构建开放型世界经济。

2020—2021年是两国元首确定的“中俄科技创新年”。我们将以此为契机，以实现2000亿美元贸易目标为主线，持续推动中俄各领域务实合作，打造更高水平、更加紧密的中俄经贸关系，不断丰富新时代中俄全面战略协作伙伴关系的内涵。

案例思考：

中俄经贸领域为什么能够取得丰硕成果？有何重要意义？

（2）推动中美建立新型大国关系。

推动新时期中美关系持续健康稳定向前发展。中美关系是当今世界最重要的双边关系之一。两国关系改善可以为世界稳定提供“压舱石”、为世界和平提供“助推器”。中美在维护世界和平稳定、促进人类共同发展进步方面肩负共同责任，加强对话是两国唯一正确选择。中美可以也应该走出一条不同于历史上大国冲突对抗的新路。双方需要增进互信，把握两国关系的正确方向；相互尊重，尊重彼此核心利益和重大关切，妥善处理敏感问题和分歧；平等互利，积极拓展务实合作。

中美要努力构建不对抗不冲突、相互尊重、合作共赢的新型大国关系，这是双方在总结历史经验基础上，从两国国情和世界形势出发，共同作出的重大战略抉择，符合两国人民和各国人民根本利益，也体现了双方决心打破大国冲突对抗的传统规律、开创大国关系发展新模式的政治担当。

（3）推动中欧建立四个伙伴关系。

中欧要共同建设和平、增长、改革、文明四大伙伴关系。欧洲是多极化世界的重要一极，同我国经济的互补性很强，是中国的全面战略伙伴。充分挖掘中欧合作潜力，有利于中国和平发展和世界的繁荣稳定。因此，加强与发展中欧关系是中国推动建立长期稳定健康发展的新型大国关系的重要组成部分，是中国外交政策的优先方向之一。

中国和欧盟要做和平伙伴，带头走和平发展道路。中国和欧盟要做增长伙伴，相互提供发展机遇。中国和欧盟要做改革的伙伴，相互借鉴、相互支持。中国和欧盟要做文明伙伴，为彼此进步提供更多营养。

中国与欧盟及其许多成员国建立了全面战略伙伴关系，各领域合作不断发展。中欧经贸合作不断发展，高层交往频繁，机制性对话卓有成效。2013年11月，中欧共同发表《中欧合作战略规划》，涵盖近百个合作领域。2014年4月，中国政府发表《深化互利共赢的中欧全面战略伙伴关系——中国对欧盟政策文件》，进一步规划了今后5年至10年合作蓝图，推动中欧关系实现更大发展。

2. 按照“亲、诚、惠、容”理念推进周边外交

无论从地理方位、自然环境，还是相互关系看，周边对我国都具有极为重要的战略意义。中国始终把发展与周边关系放在对外关系的首要位置，积极营造更加和平稳定、发展繁荣的周边环境。视促进周边和平、稳定、发展为己任，深化同周边国家的互利合作和互联互通，共同打造周边命运共同体。

中国同14个陆地邻国接壤，与8个国家海上相邻或相向，是世界上邻国最多的国家之一。中国周边环境总体上是稳定的，睦邻友好、互利合作是周边国家对华关系的主流。这些周边国家差异性和多样性较为突出，一些国家经济发展水平不平衡，历史文化、民族和宗教信仰各异，存在一些历史遗留问题和热点问题。

我国周边外交的战略目标，就是服从和服务于实现“两个一百年”奋斗目标，实现中华民族伟大复兴，全面发展同周边国家的关系，巩固睦邻友好，深化互利合作，维护和用好我国发展的重要战略机遇期，维护国家主权、安全、发展利益，努力使周边同我国政治关系更加友好、经济纽带更加牢固、安全合作更加深化、人文联系更加密切。

中国周边外交的基本方针是，坚持与邻为善、以邻为伴，坚持睦邻、安邻、富邻，突出体现亲、诚、惠、容的理念。“亲”是指巩固地缘相近、人缘相亲的友好情谊，要坚持睦邻友好、守望相助，讲平等、重感情，常见面、多走动，多做得人心、暖人心的事，使周边国家对我们更友善、更亲近、更认同、更支持，增强亲和力、感召力、影响力。“诚”是指坚持以诚待人、以信取人的相处之道，要诚心诚意对待周边国家，争取更多朋友和伙伴。“惠”是指履行惠及周边、互利共赢的合作理念，要本着互惠互利的原则同周边国家开展合作，编织更加紧密的共同利益网络，把双方利益融合提升到更高水平，让周边国家得益于我国发展，使我国也从周边国家共同发展中获得裨益和助力。“容”是指展示开放包容、求同存异的大国胸怀，要倡导包容的思想，强调亚太之大容得下大家共同发展，以更加开放的胸襟和更加积极的态度促进地区合作。

“亲、诚、惠、容”周边外交新理念具有丰富的传统文化内涵.“亲”强调的是亲缘纽带关系，体现了中国与周边国家在地缘、人缘、文缘方面的相通和亲近感；

“诚”既有真诚无妄的一面，也包含诚实守信、不欺侮的意味，体现了中国对待周边国家真诚有信之态度；“惠”强调的是互惠互利，坚持正确的义利观；“容”在承认周边国家和地区文化差异性的同时，追求实现差异中的和谐共存，这四字箴言反映了中国传统文化的关联性思维和交互性伦理，体现了中华民族追求实现和谐共存、和平发展的梦想

我们要坚持睦邻友好，守望相助；讲平等、重感情；常见面，多走动；多做得人心、暖人心的事，使周边国家对我们更友善、更亲近、更认同、更支持，增强亲和力、感召力、影响力。要诚心诚意对待周边国家，争取更多朋友和伙伴。要本着互惠互利的原则同周边国家开展合作，编织更加紧密的共同利益网络，把双方利益融合提升到更高水平，让周边国家得益于我国发展，使我国也从周边国家共同发展中获得裨益和助力。更积极主动回应周边国家的期待，共享机遇，共迎挑战，共创繁荣。这些理念，首先我们要身体力行，使之成为地区国家遵循和秉持的共同理念和行为准则。

做好新形势下周边外交工作，要从战略高度分析和处理问题，提高驾驭全局、统筹谋划、操作实施能力，全面推进周边外交。要着力维护周边和平稳定大局。走和平发展道路，是我们党根据时代发展潮流和我国根本利益作出的战略抉择，维护周边和平稳定是周边外交的重要目标。

要着力推进区域安全合作。我国同周边国家毗邻而居，开展安全合作是共同需要。要坚持互信、互利、平等、协作的新安全观，倡导全面安全、共同安全、合作安全理念，推进同周边国家的安全合作，主动参与区域和次区域安全合作，深化有关合作机制，增进战略互信。

对周边和发展中国家，要找到利益的共同点和交汇点，坚持正确义利观，有原则、讲信义、重情谊、扬正义、树道义，多向发展中国家提供力所能及的帮助。对那些长期对中国友好而自身发展任务艰巨的周边和发展中国家，要多考虑对方利益，不损人利己、以邻为壑。

要着力深化互利共赢格局。统筹经济、贸易、科技、金融等方面资源，利用好比较优势，找准深化同周边国家互利合作的战略契合点，积极参与区域经济合作。要同有关国家共同努力，加快基础设施互联互通，建设好丝绸之路经济带、21世纪海上丝绸之路。建设“一带一路”有利于深化中国同周边国家经贸、人文等领域的交流与合作。“一带一路”建设秉持的是共商、共建、共享原则。共商，就是集思广益，好事大家商量着办，使“一带一路”建设兼顾各方利益和关切，体现各方智慧和创意。共建，就是各施所长，各尽所能，把各方优势和潜能充分发挥出来，聚沙成塔，积水成

渊，持之以恒加以推进。共享，就是让建设成果更多更公平惠及中国及沿线各国人民，打造利益共同体和命运共同体。“一带一路”是互利共赢之路，将带动各国经济更加紧密结合起来，推动各国基础设施建设和体制机制创新，创造新的经济和就业增长点，增强各国经济内生动力和抗风险能力。要以周边为基础加快实施自由贸易区战略，扩大贸易及投资合作空间，构建区域经济一体化新格局。要不断深化区域金融合作。要加快沿边地区开放，深化沿边省区同周边国家的互利合作。在各方共同努力下，“一带一路”建设的愿景与行动文件已经制定，亚洲基础设施投资银行正式成立，丝路基金已经顺利启动，一批基础设施互联互通项目已经在稳步推进。今后将进一步完善区域金融安全网络，加快协商和推进合作项目，争取成熟一项实现一项。“一带一路”建设越早取得实实在在的成果，就越能调动各方面积极性，发挥引领和示范效应。

要着力加强对周边国家的宣传工作、公共外交、民间外交、人文交流，巩固和扩大我国同周边国家关系长远发展的社会和民意基础。关系亲不亲，关键在民心。要全方位推进人文交流，深入开展旅游、科教、地方合作等友好交往，广交朋友，广结善缘。要对外介绍好我国的内外方针政策，讲好中国故事，传播好中国声音，把中国梦同周边各国人民过上美好生活的愿望、同地区发展前景对接起来，让命运共同体意识在周边国家落地生根。

中国提出通过五个坚持和“2+7”合作框架发展与东盟的关系，打造更加紧密的中国——东盟命运共同体。五个坚持：坚持讲信修睦，坚持合作共赢，坚持守望相助，坚持心心相印，坚持开放包容。“2+7合作框架”中，“2”为两点政治共识，即推进合作的根本在深化战略互信，拓展睦邻友好；深化合作的关键是聚焦经济发展，扩大互利共赢。“7”为七个领域的合作：积极探讨签署中国—东盟国家睦邻友好合作条约；启动中国—东盟自贸区升级版谈判；加快互联互通基础设施建设；加强本地区金融合作和风险防范；稳步推进海上合作；加强安全领域交流与合作；密切人文、科技、环保等交流。

在朝鲜半岛，以处理推进半岛无核化、维持半岛稳定和维护中朝友好关系三个目标之间的关系为关键，将半岛无核化置于首位，推动中朝睦邻友好合作关系向前发展。顺势加强中韩关系，提出中韩成为实现共同发展的伙伴、致力地区和平的伙伴、携手振兴亚洲的伙伴、促进世界繁荣的伙伴。

中国坚决反对日本背信弃义、损害中国领土主权的行为。中方强烈敦促日本正视当前中日关系的严峻局面，承认钓鱼岛主权争议，纠正侵犯中国主权的错误做法，回到谈判解决钓鱼岛问题的轨道上来。

中国坚决反对日本歪曲历史和破坏战后国际秩序的图谋。中国将坚定不移捍卫用鲜血和生命写下的历史。国际社会应共同维护二战胜利成果和战后国际秩序。

处理南海问题，中方赞成并倡导“双轨思路”，即有关争议由直接当事国通过友好协商谈判寻求和平解决，而南海的和平与稳定则由中国与东盟国家共同维护。

3. 加强与发展中国家的团结合作

加强与发展中国家的团结合作是中国外交政策的基石。发展中国家是反对霸权主义、维护世界和平、推动建立国际政治经济新秩序的中坚力量，始终是中国在国际政治舞台上可以依靠的战略力量，是我国走和平发展道路的同路人。对发展中国家，中国践行正确利益观，义利相兼、义重于利，把我国发展与广大发展中国家的共同发展紧密联系起来。政治上秉持公道正义，坚持平等相待，遵守国际关系基本原则，反对霸权主义和强权政治，反对为一己之私损害他人利益、破坏地区和平稳定。经济上要坚持互利共赢、共同发展。对那些长期对华友好而自身发展任务艰巨的发展中国家，更多考虑对方利益，不损人利己。当前，发展中国家有所分化，但它们仍然是反对霸权主义、维护世界和平、推动国际政治经济秩序变革的中坚力量。中国努力同广大发展中国家加强合作，深化传统友谊，扩大务实合作，提供力所能及的援助，维护发展中国家的正当要求和共同利益。

一是继续加强中非团结合作。加强同非洲国家的团结合作是我国长期坚持的战略选择。中国对非政策讲求“真、实、亲、诚”，“真”字是指中国要做非洲国家的真朋友。“实”指中国要把对非承诺落到实处。“亲”是指中国人民对非洲人民保持友好亲近。“诚”是指坦诚相待，妥善解决中非关系中出现的问题与挑战。以全面战略合作伙伴为引领，继承真诚友好的传统，把互助合作精神发扬光大，坚持互利共赢的平等合作、开放包容的多方合作、能力导向的务实合作、绿色低碳的可持续发展、基础优先的重点合作。

中方提出“461”合作框架，打造中非合作升级版。“4”是要牢牢把握四项原则：真诚平等相待、增进团结互信、共谋包容发展、创新务实合作。“6”是积极推进六大工程：产业合作工程、金融合作工程、减贫合作工程、生态环保合作工程、人文交流合作工程、和平安全合作工程。“1”是用好中非合作论坛这一个重要平台。

二是深化中阿合作伙伴关系。中国愿意同阿拉伯国家共同做中东和平稳定的维护者、公平正义的捍卫者、共同发展的推动着、互学互鉴的好朋友，增进战略互信、实现复兴梦想、实现互利共赢、促进包容互鉴，努力打造中阿命运共同体。 中国同阿拉伯国家因为丝绸之路相知相交，是共建“一带一路”的天然合作伙伴。要做好顶层设计，规划好方向和目标，构建中阿“1+2+3”合作格局。“1”是以能源合作为主轴。“2”是以基础设施建设、贸易和投资便利化为两翼。“3”是以核能、航天卫星、新能源三大高新领域为突破口，努力提升中阿务实合作层次。

三是构建中拉关系五位一体新格局。中国与拉美和加勒比地区国家友好关系源远流长。中国主张双方共同致力于构建政治上真诚互信、经济上合作共赢、人文上互学互鉴、国际事务中密切协作、整体合作和双边关系相互促进的中拉关系五位一体新格局，打造中拉携手共进的命运共同体。

构建中拉关系新格局要做到“五个坚持”。一是坚持平等相待，始终真诚相助。二是坚持互利合作，促进共同发展。三是坚持交流互鉴，巩固世代友好。四是坚持国际协作，维护共同权益。五是坚持整体合作，促进双边关系。中方倡议双方共同构建“1+3+6”合作新框架。“1”是“一个规划”，即以实现包容性增长和可持续发展为目标，制定《中国与拉美和加勒比国家合作规划（2015－2019）》，实现各自发展战略对接。“3”是“三大引擎”，即以贸易、投资、金融合作为动力，推动中拉务实合作全面发展。“6”为“六大领域”，即以能源资源、基础设施建设、农业、制造业、科技创新、信息技术为合作重点。

4. 积极参与多边多层次国际事务

中国是亚太经合组织和二十国集团的重要成员，积极参与多边事务，承担相应国际义务，推动重大热点问题和全球性问题的妥善解决，推动国际秩序和国际体系朝着更加公正合理的方向发展，积极树立负责任的大国形象。

（1）中国与亚太经合组织（APEC）合作由来已久。早在1991年11月，中国以主权国家身份，中国台北和香港（1997年7月1日起改为“中国香港”）以地区经济名义正式加入亚太经合组织。

自加入亚太经合组织以来，中国始终本着积极参与，求同存异，推动合作的精神，全面参与该组织各项活动。与此同时，亚太经合组织成为中国与亚太地区其他经济体开展互利合作、开展多边外交、展示中国国家形象的重要舞台。中国借此促进了自身发展，也为本地区乃至世界经济发展做出了重要贡献。

作为亚太大家庭的重要成员，中国一贯重视并积极参与亚太经合组织各领域合作，中国国家主席出席了历次亚太经合组织领导人非正式会议，提出了许多积极、平衡、合理的政策主张和倡议。中国致力于推动亚太经济实现平衡、包容、创新、安全增长，推进贸易和投资自由化便利化，加强经济技术合作，加快区域经济一体化。面向未来，中国力主亚太经济合作组织共同构建互信、包容、合作、共赢的亚太伙伴关系，共同规划发展愿景，共同应对全球性挑战，共同打造合作平台，共同谋求联动发展。

长期以来，中国在亚太经合组织内发挥着极具建设性的作用。中国通过参加亚太经合组织的一系列活动，推动国际秩序朝着更加公正合理的方向发展。

亚太地区是中国对外经济贸易的重要依托。中国对外贸易总额和吸引外资的大部分均来自亚太经合组织成员，中国的发展很大程度上受益于区域经济，是区域合作的受益者。与此同时，中国的发展也为亚太经合组织注入了独有的活力和动力。

近年来，为应对国际金融危机，中国政府除及时调整宏观经济政策，果断实施扩大内需、促进经济增长等一揽子计划外，还积极与包括亚太经合组织在内的国际社会携手合作。中国通过双边、多边和地区性合作等各种渠道，为助推世界经济的复苏贡献了力量。中国已成为区域合作的积极倡导者和推进者。

在2013年的亚太经合组织巴厘岛会议上，中国提出构建“亚太命运共同体”路线图，主张亚太地区应谋求共同发展、坚持开放发展、推动创新发展、寻求联动发展。在2014年的亚太经合组织北京会议上，中国主张打造发展创新、增长联动、利益融合的开放型亚太经济格局，并首次提出实现共同发展、繁荣、进步的亚太梦想。这次会议上还历史性地启动了亚太自贸区进程。在2016年亚太经合组织利马会议上，中国呼吁发挥亚太引擎作用，推动发展创新、活力、联动、包容的世界经济。2017年在越南岘港举行的亚太经合组织第25次领导人非正式会议上，中国阐述了对推动创新发展、构建开放型经济、践行包容性发展、深化伙伴关系等亚太合作重大议题的看法和主张。在2018年亚太经合组织莫尔兹比港会议上，中国结合单边主义、保护主义、逆全球化思潮抬头的世界形势和亚太发展大势，深入阐述中方立场主张，提出把握合作方向，巩固伙伴关系，深化务实合作，应对共同挑战，推动亚太合作健康、稳定发展。

中国的一系列倡议和举措真正履行了大国责任，展现了大国担当，为推动实现地区共赢发展发挥重要作用。据国际货币基金组织测算，中国对亚洲经济增长的贡献率已超过50%，中国经济每增长1个百分点，就将拉动亚洲经济增长0.3个百分点。中国与亚太，已经成了一荣俱荣、一损俱损的命运共同体。

（2）二十国集团（G20）成员汇聚主要发达经济体和新兴市场经济体，经济总量已占世界近90%，是全球经济治理的重要平台。作为二十国集团重要成员，长期以来，中国本着积极和建设性态度参与二十国集团机制建设，致力于推动二十国集团建立更加密切的伙伴关系，加强宏观经济政策协调，共同开创世界经济更加美好的未来。中国主张二十国集团共同采取负责任的宏观经济政策，共同应对当前世界经济金融领域重大风险和挑战。主张维护和发展更加开放的世界经济，推动各国经济加深融合，实现互利共赢。主张完善全球经济治理，一贯支持二十国集团在全球经济治理中发挥更大作用，并致力于提高新兴市场国家和发展中国家代表性和发言权；主张二十国集团做发展中国家的发展伙伴，建设更加有效的全球发展伙伴关系，调动更多经济资源，破解更多发展难题。同时积极提供建设性方案，为二十国集团建设与发展发挥了重要作用。

中国是二十国集团创始成员。中国参加了历次二十国集团财长和央行行长会议和峰会。2005年，中国成为二十国集团主席国，成功举办了第七届二十国集团财长和央行行长会议、两次副手级会议以及研讨会等活动。

2008年金融危机爆发后，二十国集团升格为领导人会议。在2008年华盛顿首次二十国集团峰会上，中国首次以塑造者、创始国和核心参与方身份参与全球经济治理机制。

此后，中国国家主席不仅出席了历次峰会，而且在会上发表了一系列重要讲话，宣介中国政府采取的相关举措，阐明中国对全球经济治理的立场，并提出一系列应对金融危机的重要主张。在华盛顿、伦敦、匹兹堡、多伦多和首尔二十国集团峰会，围绕国际金融体系改革等问题，中国提出了一系列建议与措施。在戛纳、洛斯卡沃斯二十国集团峰会，中国为促增长和保稳定献计献策，先后提出10点建议。在圣彼得堡二十国集团峰会，中国提出发展创新、增长联动、利益融合等一系列新理念，坚定维护和发展开放型世界经济。在布里斯班二十国集团峰会，中国提出了“创新发展方式”“建设开放型世界经济”“完善全球经济治理”三点建议。峰会通过的“全面增长战略”中，“中国智慧”占据15%。2016年中国成功举办二十国集团杭州峰会，习近平主席在致辞中强调二十国集团在引领和推动国际经济合作方面具有举足轻重的影响，理应谋大势、做实事，推动解决世界经济的突出问题，为实现强劲、可持续、平衡增长目标而努力。应该致力于构建创新、活力、联动、包容的世界经济，通过创新驱动发展和结构性改革，为各国增长注入动力，使世界经济焕发活力。要树立人类命运共同体意识，推进各国经济全方位互联互通和良性互动，完善全球经济金融治理，减少全球发展不平等、不平衡现象，使各国人民公平享有世界经济增长带来的利益。2017年二十国集团汉堡峰会，中国提出坚持建设开放型世界经济大方向，为世界经济增长发掘新动力，使世界经济增长更加包容，完善全球经济治理，推动联动增长，促进共同繁荣，向着构建人类命运共同体的目标迈进。2018年二十国集团阿根廷布宜诺斯艾利斯峰会，中国强调二十国集团要坚持开放合作、伙伴精神、创新引领、普惠共赢，以负责任态度把握世界经济大方向。提出坚持开放合作，维护多边贸易体制；坚持伙伴精神，加强宏观政策协调；坚持创新引领，挖掘经济增长动力；坚持普惠共赢，促进全球包容发展。2019年二十国集团大阪峰会，中国阐释了推动G20发展的中国方案："三个要"，即我们要尊重客观规律，要把握发展大势，要胸怀共同未来。"四点坚持"，即G20伙伴要坚持改革创新，挖掘增长动力；坚持与时俱进，完善全球治理；坚持迎难而上，破解发展瓶颈；坚持伙伴精神，妥善处理分歧。"五大举措"，即中国将进一步开放市场；主动扩大进口；持续改善营商环境；全面实施平等待遇；大力推动经贸谈判。"三个要"是对G20发展的顶层设计，"四个坚持"是G20向前发展的路径，"五大举措"是中国主动对外扩大开放的具体举措。根据国际组织测算，中国已成为二十国集团全面增长战略的最大贡献者。

中国是二十国集团的建设者和贡献者。早在1997年亚洲金融危机中，中国就已承担起"负责任地区大国"的责任，以自身负责任的行动使得那场危机没有演变为全球性危机。

2008年金融危机过后，中国成为全球经济增长的领航者。中国以自身增长为全球经济作出了重要贡献。数据显示，从2008年至2013年的五年间，中国一国贡献了全球总GDP增长量的37.6%。2014年，中国对全球经济增长的贡献是27.8%。2015年以来，中国经济增长有所放缓，但中国对世界经济增长贡献率依然达到30%。[①]2019年，中国对世界经济增长贡献率达30%左右，持续成为推动世界经济增长的主要动力源。[②]

中国的贡献，不仅首先源自中国自身稳增长、调结构、促改革、惠民生的政策措施，更是来自增长路径的设计和互利共赢的实际行动。

（3）作为金砖国家的重要成员，中国努力推动金砖国家形成更紧密、更全面、更牢固的伙伴关系。珍视与金砖国家的合作，将其列为外交优先领域，坚持同金砖国家做好朋友、好兄弟、好伙伴。

坚持开放、包容、合作、共赢。协调经济发展、社会发展、环境保护，拓展更大

①王龙琴. 二十国集团：中国作用和贡献[OL]. 新华网，2015-11-15. http://www.xinhuanet.com/world/2015-11/15/c_1117146473.htm

②王恩博. 2019年中国对世界经济增长贡献率达30%左右[OL]. 中国新闻网，2020-02-28. http://www.chinanews.com/cj/2020/02-28/9107603.shtml

经济发展空间，开展全方位经济合作。扎实推动经贸、金融、基础设施建设、人员往来等领域的务实合作，朝着一体化大市场、多层次大流通、陆海空大连通、文化大交流的目标前进。塑造有利外部发展环境，推动金砖国家在经济总量、对外贸易、国际投资等方面占全球比重继续上升，完善全球经济治理，把增加发展中国家代表性和发言权的有关共识和决定落到实处，加强全球宏观经济政策协调，防范主要经济体经济政策变动给金砖国家带来负面外溢效应。

金砖国家不断增强政治互信和人民友谊，加强治国理政经验交流，共同推进工业化、信息化、城镇化、农业现代化进程，把握发展规律，创新发展理念，破解发展难题。坚持把自身发展同世界和平稳定结合起来，做世界和平的维护者、全球安全的促进者、国际安全秩序的建设者，将共同打击恐怖主义和维护网络安全作为重点合作领域，倡导新的安全观，共同维护以联合国为核心的国际安全合作体系。

（4）作为亚非国家的重要成员，中国主张进一步提高亚非合作水平，继续做休戚与共、同甘共苦的好朋友、好伙伴、好兄弟。不断拓展南南合作，积极开展各领域合作，实现各自的发展蓝图。积极推进以相互尊重、平等相待为政治基础的南北合作，倡导共同、综合、合作、可持续安全的新理念，坚持通过对话协商解决分歧争端，共同应对全球性问题，共同维护地区和世界和平稳定。

知识链接9-2

二十国集团（G20）①

二十国集团是1999年9月25日由八国集团（美国、英国、德国、法国、日本、意大利、加拿大及俄罗斯）的财长在华盛顿宣布成立的，创始会议于当年12月16日在德国柏林举行。作为一个国际论坛，二十国集团成员包括美国、日本、德国、法国、英国、意大利、加拿大、俄罗斯、中国、阿根廷、澳大利亚、巴西、印度、印度尼西亚、墨西哥、沙特阿拉伯、南非、韩国、土耳其以及欧盟和布雷顿森林机构。这些国家的国民生产总值目前约占全球国民生产总值的90%，人口数量将近占世界总人口的2/3。为了确保二十国集团与布雷顿森林机构的紧密联系，国际货币基金组织总裁、世界银行行长以及国际货币金融委员会和发展委员会主席作为特邀代表也参与该论坛的活动。二十国集团是布雷顿森林体系框架内非正式对话的一种新机制，旨在推动发达

①360百科[OL]. https://baike.so.com/doc/7371469-7639195.html

国家和新兴市场国家之间就实质性问题进行讨论和研究，以寻求合作并促进国际金融稳定和经济持续发展。二十国集团以非正式的部长级会议形式运行，不设常设秘书处。该集团的财长和央行行长会议每年举行一次。2008年金融危机爆发后，二十国集团升格为领导人会议。

在2008年华盛顿首次二十国集团峰会上，中国首次以塑造者、创始国和核心参与方身份参与全球经济治理机制。此后，中国国家主席不仅出席了历次峰会，而且在会上发表了一系列重要讲话，宣介中国政府采取的相关举措，阐明中国对全球经济治理的立场，并提出一系列应对金融危机的重要主张。

亚太经合组织（APEC）

亚洲太平洋经济合作组织（Asia-Pacific Economic Cooperation），简称亚太经合组织（APEC），成立于1989年，是亚洲一太平洋地区级别最高、影响最大的区域性经济组织。经过多年的发展，形成了领导人非正式会议、部长级会议、高官会议及其下属委员会和工作组、秘书处等工作机制。APEC主要讨论与全球及区域经济有关的议题，如促进全球多边贸易体制，实施亚太地区贸易投资自由化和便利化，推动金融稳定和改革，开展经济技术合作和能力建设等。APEC也开始介入一些与经济相关的其他议题，如人类安全（包括反恐、卫生和能源）、反腐败、备灾和文化合作等。1989年11月5日至7日，举行亚太经济合作会议首届部长级会议。1993年6月改名为亚太经济合作组织。1991年11月中国以主权国家身份，中国台北和中国香港以地区经济体名义正式加入亚太经合组织。亚太经合组织共有21个成员，3个观察员。21个成员，分别是澳大利亚、文莱、加拿大、智利、中国、中国香港、印度尼西亚、日本、韩国、马来西亚、墨西哥、新西兰、巴布亚新几内亚、秘鲁、菲律宾、俄罗斯、新加坡、中国台北、泰国、美国、越南，3个观察员为东盟秘书处、太平洋经济合作理事会和太平洋岛国论坛。

2001年10月，APEC会议在中国上海举办。这是APEC会议首次在中国举行。2014年，APEC会议时隔13年再次来到中国。

金砖国家（BRICS）

金砖国家（BRICS），引用了巴西（Brazil）、俄罗斯（Russia）、印度（India）、中国（China）、和南非（South Africa）的英文首字母。由于该词与英语单词的砖（Brick）类似，因此被称为“金砖国家”。2001年，美国高盛公司首席经济师吉姆·奥尼尔首次提出“金砖四国”这一概念，特指世界新兴市场。2010年南非（South Africa）加入后，其英文单词变为“BRICS”，并改称为“金砖国家”。金砖国家不是政治同盟，而是发展伙伴；是南北对话与合作的桥梁，是国际政治和经济变革的重要力量。

2009年，金砖国家领导人在俄罗斯叶卡捷琳堡举行首次会晤，之后每年举行一次。金砖国家领导人会晤机制的建立，为金砖国家之间的合作与发展提供了政治指引和强大动力。多年来，金砖国家在重大国际和地区问题上共同发声，积极推进全球经济治理改革进程，大大提升了新兴市场国家和发展中国家的代表性和发言权。

亚非国家

亚非国家指亚非第三世界国家的总称。这些国家是在第二次世界大战前后，挣脱了帝国主义殖民枷锁，取得了政治上的独立，大多执行和平中立政策，在国际事务中起着重要的作用。1955年，在印度尼西亚万隆召开的首次亚非会议，倡导团结、友谊、合作的万隆精神，推动了亚非国家联合自强。2015年4月在印度尼西亚首都雅加达举行的亚非领导人会议，就促进亚非国家繁荣、安全与稳定达成广泛共识，强调加强和推动建立更加公正、和平的国际秩序，促进双边互利合作，消除发展鸿沟。将通过合作确保亚非新型战略伙伴关系得以落实。

中华人民共和国成立后，就从和平共处的原则出发，十分重视发展同亚非民族主义国家的关系。1955年中国政府在万隆举办的亚非会议上就曾表示，将帮助发展中国家获得进一步发展。60多年来，中国始终奉行这一精神和原则，成为亚非合作的践行者。中国努力推动亚非国家拓展合作领域，打造互利共赢的局面。中国对亚非发展中国家的无私援助和务实合作也赢得了广泛赞许。

（5）推进与其他国家和地区政治组织的交流合作。中国共产党的对外交往工作是党的一条重要战线，是国家总体外交的一个重要组成部分。中国共产党是中国的执政党，党的利益与国家利益完全统一。十八大以来，按照“独立自主、完全平等、互相尊重、互不干涉内部事务”的原则，不断深化与外国各类政党和政治组织的交流，探索在新型国家关系的基础上建立求同存异、互相尊重、互学互鉴的新型政党关系，搭建多种形式、多层次的国际正当交流网络。目前，中国共产党已经同世界上160多个国家的600多个政党或政治组织建立了各种形式的交流与合作，党的对外交往形势处于历史上最好的时期，这种非常广泛的交流交往有助于让外界更好地了解中国，有利于我们和周边国家关系的发展，也为促进区域合作、妥善处理历史遗留问题做出了贡献，有利于世界的和平发展、互利共赢。

全国人大对外交往是国家总体外交的重要组成部分。我们坚持服从服务于国家外交大局，充分发挥人大对外交往的特点和优势，加强同外国议会和国际议会组织的交流与合作，为维护和用好我国发展的重要战略机遇期，维护国家主权、安全、发展利益作出新的贡献。人大对外交往是国家总体外交的组成部分。全国人大常委会认真贯彻党中央外交方针，巩固和深化与主要国家议会交往，保持同俄罗斯、美国、法国、日本等国议会和欧洲议会的交往。加强同周边国家、非洲国家议会的交往，举办面向发展中国家的议员研讨班，增进同“一带一路”沿线国家议会友好合作。积极参加多边议会组织会议，务实引导上海合作组织议长会晤、金砖国家议会论坛等新兴多边机制发展，在各国议会联盟、二十国集团议长会议中发挥建设性作用，中方提出的构建人类命运共同体、共建“一带一路”、维护多边主义等主张得到普遍认同。对个别国家议会涉我消极议案、错误言行，阐明原则立场，发出人大声音。坚守中国特色社会主义政治发展道路，宣介人民代表大会制度优势和特点，增进国际社会对中国发展道路、发展模式、治国理念的理解和认同。

人民政协的对外交往，是国家总体外交的重要组成部分，也是我国公共外交的重要平台。要按照国家外交总体部署开展互访，深化传统友谊，增强与有关国家的政治互信，推动经贸、文化等重点领域的务实合作。加强同外国议会、重要智库、主流媒体、知名人士的交往，不断深化人民政协公共外交研究与实践。加强对外宣传工作，增进国际社会对我国政治制度、政党制度和人民政协的了解，争取国际社会对我国的理解和支持，为改革开放和现代化建设营造良好的外部环境。

为了不断适应国际形势的发展变化，近年来，中国加强与世界各国军队的友好交往，进一步加强了与外军的相互了解和相互信任，发展了友谊，促进了国家关系的发展。围绕中国梦强军梦，军事外交转型升级实现新发展。指导思想与时俱进，工作布局不断优化，交流合作逐步深化，更加聚焦军队建设和军事斗争准备需要。从总体看，日益活跃、务实、进取的军事外交，已成为实施国家安全战略的独特手段、对外战略的有力支撑、军事战略的重要途径。我军是新安全理念的忠实践行者，致力于发展同以合作共赢为核心的新型国际关系相适应的新型军事关系。我军与大国军事关系稳中求进，与周边国家军事关系不断深化，与发展中国家军事关系进一步巩固。我军在积极参与全球治理进程中，通过深化国际军事交流合作着力提升我制度性权力，增强我国际话语权影响力。包括做大做强上海合作组织防务安全合作，推动香山论坛转轨升级，建立四国军队反恐合作协调机制，广泛参与其他多边机制，等等。我军有效履行国际义务，为维护世界和平发展作出新贡献。主要贡献有：在联合国维和行动中体现大国责任担当；在海外护航行动中深化国际安全合作；在国际灾难救援行动中彰显人道主义精神。

此外，我国也不断扩大地方、人民团体等的对外交往。支持同世界各国人民加强人文往来和民间友好关系。

案例导入9-2

中国共产党与世界政党高层对话会的三个小故事①

2017年11月30日–12月3日，中国共产党与世界政党高层对话会（简称“高层对话会”）在北京成功召开。这是中国共产党首次与全球各类政党举行高层对话，也是出席人数最多的全球政党领导人对话会，来自世界上120多个国家近300个政党和政治组织的领导人共600多名中外代表应邀出席高层对话会。习近平总书记在开幕式上发表主旨讲话，全面阐述了中国共产党关于构建人类命运共同体、建设更加美好世界的主张。会议盛况空前，下面我们通过三个小故事来看一看这次世界政党的历史性盛会。

一本书：《习近平谈治国理政》

高层对话会开幕式刚一结束，法国前总理拉法兰从座位上站起身，拿出一本书，邀请习近平总书记现场签名留念。这本书就是《习近平谈治国理政》第二卷。2015年，《习近平谈治国理政》刚出版不久，拉法兰也曾邀请总书记在书上签名。他说：“这本书谈中国、论世界，为国际社会更加全面了解中国、更加客观地看待中国、更加理性地读懂中国，开启了一扇重要窗口。”据统计，《习近平谈治国理政》第一卷、第二卷已经出版28个语种32个版本，发行覆盖全球160多个国家和地区，可以说它已经收获了国际化的“粉丝群”。

一张海报：《共饮一泓水》

在高层对话会开幕前夕，会议主办方——中共中央对外联络部专门制作了一幅别具特色的海报。海报名为《共饮一泓水》，海报中“茶”为主要创意元素，巧借以茶会友、品茶论道的中国传统文化。青花瓷茶杯中盛着清茶，杯内茶水清澈，呈现出世界地图的映像，寓指各国人民共饮一泓水，也寓意中国共产党邀请世界政党共议构建人类命运共同体的政党责任，描绘共同建设美好世界的宏伟蓝图。

一幅国画：《构建人类命运共同体　携手建设美好世界》

在高层对话会期间，挂在人民大会堂东大厅的一幅题为《构建人类命运共同体 携手建设美好世界》的中国画引起了参会代表的关注。此幅集合花鸟与山水的中国写意画长11.2米，高2.06米，由中国当代著名美术家张立辰、郭怡孮等11位画家共同完成。

---

①王珂园，常雪梅. 中国共产党与世界政党高层对话会的三个小故事[OL]. 人民网：中国共产党新闻，2019-09-27. http://cpc.people.com.cn/n1/2019/0927/c429805-31377471.html

这幅作品的具体表现题材由各国国花构成，选用泰山作为远山做配景，在画面的右上侧再配以冉冉的旭日东升，象征中国共产党十九大之后的欣欣向荣与旭日下世界大家庭的蓬勃生机。参会的几百名外国政党领导人在这幅画上签下了自己的名字，赋予这幅画更加厚重的历史感。

通过高层对话会的召开，中国共产党进一步凝结了世界政党的智慧，也为各国政党增进信任、交流与合作开辟了良好的开端。

案例思考：

中国共产党与世界各国政党开展高层交流活动有什么重要意义？

第三节　全球治理面临的主要问题及其根源

全球治理是经济全球化发展的产物。20世纪末，该理论的提出是为了顺应世界多极化趋势，加强对全球政治事务的共同管理。随着时代的发展、社会的进步、国际交往的丰富，全球治理不再局限于政治领域，而是扩展到经济、社会、人文、国际关系等各个方面，成为克服经济全球化固有矛盾和现实困境的突破口与重要力量。虽然全球治理的理论还不十分成熟，尤其是在一些重大问题上还存在着很大的争议，但这一理论无论在实践上还是在理论上都具有十分积极的意义。就实践而言，随着全球化进程的日益深入，各国的国家主权事实上已经受到不同程度的削弱，而人类所面临的经济、政治、生态等问题则越来越具有全球性，需要国际社会的共同努力。全球治理顺应了这一世界历史发展的内在要求，有利于在全球化时代确立新的国际政治秩序。然而，目前全球治理也面临不少需要解决的问题，深入分析这些问题及其成因，有助于全球治理的变革。

一、全球治理方面存在的主要问题

全球治理，顾名思义是全球所有国家、地区、人民参与其中，共商共建共享，绝不是也不可能由哪一个国家独控独占独享、单独制定规则。全球治理的实质是以全球治理机制为基础，全球治理的方式是参与、谈判和协调。

全球治理的主体，即制定和实施全球规制的组织机构，主要有三类：①各国政府、政府部门及亚国家的政府当局；②正式的国际组织，如联合国、世界银行、世界贸易组织、国际货币基金组织等；③非正式的全球公民社会组织。全球治理的客体指已经影响或者将要影响全人类的、很难依靠单个国家得以解决的跨国性问题，主要包括全球安全、生态环境、国际经济、跨国犯罪、基本人权等。

在各治理主体参与全球治理的过程中，由于其自身特色以及在国际体系中的不同地位，体现出三种不同的治理模式：一是国家中心治理模式。即以主权国家为主要治理主体的治理模式。具体地说，就是主权国家在彼此关注的领域，出于对共同利益的考虑，通过协商、谈判而相互合作，共同处理问题，进而产生一系列国际协议或规制。二是有限领域治理模式。即以国际组织为主要治理主体的治理模式。具体地说，就是国际组织针对特定的领域（如经济、环境等领域）开展活动，使相关成员国之间实现对话与合作，谋求实现共同利益。三是网络治理模式。即以非政府组织为主要治理主体的治理模式。具体地说，就是指在现存的跨组织关系网络中，针对特定问题，在信任和互利的基础上，协调目标与偏好各异的行动者的策略而展开的合作管理。

当前的全球治理也面临着诸多制约因素，这主要体现在：一是各民族国家在全球治理体系中极不平等的地位严重制约着全球治理目标的实现。富国与穷国、发达国家与发展中国家不仅在经济发展程度和综合国力上存在着巨大的差距，在国际政治舞台上的作用也极不相同，它们在全球治理的价值目标上存在着很大的分歧。二是美国是目前世界上唯一的超级大国，冷战结束后它加紧奉行单边主义的国际战略，对公正而有效的全球治理造成了直接的影响。三是目前已有的国际治理规制一方面还远远不尽完善，另一方面也缺乏必要的权威性。四是全球治理的三类主体都没有足够的普遍性权威，用以调节和约束各种国际性行为。五是各主权国家、全球公民社会和国际组织各有自己极不相同的利益和价值，很难在一些重大的全球性问题上达成共识。六是全球治理机制自身也存在着许多不足，如管理的不足、合理性的不足、协调性的不足、服从性的不足和民主性不足等。

现行全球治理体系的很多方面已经不符合时代发展和现实需要。这一治理体系是建立于第二次世界大战之后，曾经对世界的稳定和发展发挥了一定积极作用。但是，随着世界各国相互联系和依存日益加深，现行全球治理体系的很多方面已经不符合时代发展和现实需要。在全球金融危机和反全球化运动的冲击下，已经显现出了落后于时代发展、与现实需要不匹配的问题，治理赤字也积重难返。保护主义、排外主义、极端民族主义和民粹主义思潮抬头，国际社会要求变革全球治理体系的呼声越来越高。推动全球治理体系朝着更加公正合理有效的方向发展，已经成为世界各国的普遍要求。

当前，全球治理方面存在的主要问题具体表现在以下几个方面：

第一，在政治领域不平等。现行全球治理体系下以西方发达国家为中心的全球治理，有一个需要批判的前提，即西方的模式和价值观最优越并具有普世性。在全球治理实践中，一些西方大国按西方标准把世界各国分成三六九等，将非西方的模式、道路和价值观视为落后和反动的，俨然以高高在上的警察自居，动辄以保护人权为由干涉他国内政，甚至发动战争。西方发达资本主义国家恃强凌弱，推行霸权主义，不但没能有效缓和局势、解决问题，反而加剧了对抗和冲突。

第二，不能有效维护世界和平。当今时代，传统安全问题和非传统安全问题相互交织。恐怖主义、网络安全、民族分裂势力的活动等一些非传统安全问题未能有效治理。西方发达国家利用自己政治和军事上的优势，对影响本国经济和政治利益的国家横加干涉，甚至军事打击。正是这种霸权主义、强权政治的行径，引发了极端主义和恐怖主义的泛滥，严重危害世界安全。而现有全球治理体系无力有效制约这些发达国家，保障世界和平。

第三，无法弥合南北差距。在当前的全球治理体系下，更有利于垄断资本在全球配置并获得超额利润，财富和收入的不平等更为明显，表现在全球范围内的收入差距拉大。虽然西方发达国家所提倡的自由主义强调“自由竞争”，但在不公正、不合理的国际秩序下，发展中国家在“自由竞争”中总是处于劣势，无论是国际分工、发展机会，还是利益分配、成果共享方面，发展中国家都更多承担了成本、风险和代价，远远没有得到与之相匹配的机会和收益。某些国家利用西方发达国家主导的国际机构迫使发展中国家做出符合西方发达国家利益导向的调整和让步。发展中国家的发展权，甚至人民的基本生存权得不到保障，这对世界各国发展差距缩小造成严重障碍。

第四，没有真正包容文化差异。一些西方发达国家向世界输出其价值观，对许多非西方的文明模式和价值体系加以污名化，甚至通过各种方式试图解构和颠覆其他非西方国家，导致了各种隔阂、误解与冲突。

第五，难以消除人类社会与自然界的不和谐关系。各国往往从自身利益出发，无节制向自然索取，引发的环境污染、全球变暖、资源枯竭等问题层出不穷。发达国家利用其在全球分工体系中的优势地位，将污染严重、能源消耗量大的一些产业转移到发展中国家，加剧了发展中国家的生态危机。各国人民和全人类的环境权也得不到保障。美国是人均资源消耗量较多的国家，但在应对气候变暖方面采取消极态度，甚至退出全球应对气候变化的《巴黎协定》，使世界各国保护人类生存环境的共同努力遭受严重挫折。

二、产生全球治理问题的原因

产生全球治理问题的表面原因是西方主导制定的治理规则和控制的国际组织没能有效发挥作用，对成员缺乏约束力，本质上是西方强调争权夺利的国际政治思维与强调协商共赢的全球治理理念不相融。

第一，治理规则不合理不公正，西方大国控制的国际组织没能有效发挥作用，对成员缺乏约束力。任何政治行为，尤其是全球治理，必须有其道德原则，必须体现公平正义，方具有正当性、合法性。但是，当前全球治理既不合理也不公正，缺乏约束力。首先，治理规则不合理，现有规则以维护西方国家利益为目的，没有充分考虑广大发展中国家和非西方国家利益。比如，国际货币基金组织、世界银行的投票权被西方大国牢牢掌控，改革进展缓慢而不充分。其次，治理位势不平等，现有全球治理体系呈现“中心—外围”结构，发达国家是“中心”的“治理者”，而发展中国家则是“外围”的“被治理者”。[①]非西方发展中国家的参与权、话语权严重不足，在全球治理中的地位和作用与其人口、国土、实力、文明等不相称。在国际政治和全球治理实践中，西方国家枉顾道义责任，利用规则制定权限制发展中国家发展。比如，在国际贸易领域，发达国家以绿色壁垒、知识产权惩罚等方式限制新兴经济体发展。西方大国控制的国际组织未能有效发挥作用，某些西方大国霸权行为影响了国际组织在全球治理中发挥有效作用。这些国际组织对其成员缺乏约束力。不论是当前对国际经贸关系进行规范的世界贸易组织还是对国际政治、生态等进行协调的国际组织与协定，对成员来说都缺乏明确的约束力。部分成员在觉得规则对自己不利时随意退出，有的甚至无视国际组织或绕开国际组织而利用自己的权力对他国进行经济制裁、武力攻击等，而国际组织对此却难以进行有效约束。

第二，根本原因是西方强调争权夺利的国际政治思维与强调协商共赢的全球治理理念不相融。

（1）二元对立思维。西方思想传统中有着强烈的二元论思想和二元对立思维方式。在哲学上，从柏拉图、笛卡尔至黑格尔的西方哲学传统都强调“主客二分”，认为主客体相互对立，冲突是世界的本质。在西方国际关系理论传统中，这种二元对立思想同样是主流，从古典现实主义的权力理论到新现实主义的“文明冲突论”，以及新近提出的所谓“修昔底德陷阱”，都认为冲突是国际关系的本质，是不可避免的。

在国际政治实践中，美国等西方国家建立等级制联盟体系，冷战时以社会主义国家阵营为对手，冷战后在全世界寻求新的对手，坚持“非我西方其心必异”，宣称“非我模式其制必败”，认定“国强必争霸”，冷战思维阴魂不散，对中国等新兴国

---

①卢静. 当前全球治理的制度困境及其改革[J]. 外交评论，2014（01）：109.

家时时防范、处处遏制，不利于各国之间的友好合作，更是推进全球有效治理的思想障碍。

（2）经济理性思维。西方思想传统尤其是经济自由主义传统，充分肯定个体谋求自身利益最大化的“理性”，并认为自利的个体“追求自己的利益，常常能促成社会的利益”。[①]这种思想深深影响了西方经济、政治思想和政策实践。西方国际政治理论多肯定行为体的理性和利己主义、商业自由主义，因此乐观地认为经济相互依赖自然带来和平与发展；流行的新自由主义理论更是认为各个理性的利己主义者为获得自身利益，势必自愿维持和遵守规则，因为规则能给合作双方带来绝对收益。

基于利己主义的规则治理理论有其价值，但过分强调利己主义也存在明显问题。若各国都极力追求自身安全和发展利益最大化，势必导致高度竞争和激烈博弈，规则管控冲突的有效性值得怀疑。而且，不合理的规则可能使守规者利益受损，实力强大者可能因违规而获利更大，各行为体很可能不遵守规则。此外，行为体是否理性？能否准确认识到自身的绝对收益？问题的答案并非显而易见。当前全球经济治理、环境治理等领域谈判进展不大，就与这种只求自身收益最大化的经济理性思维有关。比如，美国特朗普政府搞贸易保护、退出《巴黎协定》等行为，就是追求短期个体利益而不顾长期整体收益、不遵守国际规则和承诺的负面典型。

（3）强权至上思维。二元论思想还衍生出了强权思维，因为二元对立论强调主客二分、强弱相别，并且主体必然征服客体、强者必然统治弱者。在西方政治思想中，普遍认为国际社会处于无政府状态，只能奉行“丛林法则”，推崇弱肉强食、胜者为王，所谓“强权即公理”。在西方国际政治理论中，同样崇尚“霸权治理”，现实主义认为霸权国建立并维持了国际秩序，自由主义认为霸权国推动了国际制度的建立，都强调霸权国是国际治理必不可少的要素。在近现代西方人的观念中，西方是强者、“善”的代表、人类发展的典范，非西方、发展中国家则是弱者，是需要被征服和开化的蒙昧之地，各国应该充满感激地幸福生活在“西方治下的和平”之中。

历史上，西方以坚船利炮、烧杀抢掠征服了亚非拉的广袤地区，建立了遍布世界的殖民地。今天，西方依然奉行干涉主义、霸权主义，动用新闻媒体、跨国企业、情报机构甚至战斗机和巡航导弹，强制推行所谓西式民主人权和自由市场经济制度，对非西方国家不仅动用“批判的武器”，而且实行“武器的批判”。全球治理强调多种

①亚当·斯密. 国富论（下）[M]. 杨敬年，译. 3版. 西安：陕西人民出版社，2011：382.

文明共存、多种治理理念互补、多方力量平等协商，与奉行文明优越论、干涉有理论和一元治理观的强权思维格格不入。

当然，我们批判西方治理理念的负面影响并非简单否定西方智慧。一方面，西方思想有力推动了世界的发展进步，西方治理理念和治理规则在实践中具有较强的可操作性。另一方面，西方二元对立的冲突思维、利益至上的“理性”思维和唯我独尊的强权思维不利于全球治理的推进，是出现治理赤字的思想根源。

总之，在由西方发达国家主导的世界经济秩序和全球治理体制中，资本主义国家利用领导权、制定规则权、话语权等多方面优势，主导世界秩序，实现在世界范围内资本、技术乃至生产方式的扩张，实现自身矛盾、冲突和危机的转嫁，达到全面掌控世界市场、世界秩序和体系的目的。在当前由发达国家所主导的全球化下，发展中国家尽管在一定程度上获得了发展所需的资金、技术等，但也出现了许多问题，如西方国家的民主输出和武力干预所造成的难民危机、发达国家传统产业转移所导致的发展中国家生态环境恶化等。这些问题的产生从根源上来说是资本主义制度本身所造成的，因而在发达国家所主导的全球治理体系下根本不可能提出有效的解决方案。西方国家不仅不会承担相应的责任，反而将问题的根源归咎于发展中国家。与之相应，强势发达国家在世界范围内转移、复制和激化固有矛盾的过程，也是其在全世界范围制造、积累和扩大风险危机的过程，更培育了一批反控制、反掠夺、反剥削，追求公平正义、均衡发展国际体系的新兴力量的集结。冷战的终结开启了一个新的时代。在联合国之外，全球体制的多样化发展、新的种族和民族主义运动的高涨以及中国、俄罗斯、东欧等新兴市场国家参与世界市场都要求重构全球治理体制。然而，以美国为代表的西方国家并没有通过全球治理体制的民主化接纳新兴市场的利益和声音，这种冲突对国际和平与安全构成了威胁。

全球所有国家、地区、人民都应积极参与全球治理，共商共建共享。中国作为世界上最大的发展中国家，始终是现行国际体系的参与者、建设者、贡献者，也有必要为全球治理变革贡献中国方案，为推动全球治理体制机制调整改革作出贡献。正如习近平主席指出的，加强全球治理、推进全球治理体制变革不仅事关应对各种全球性挑战，而且事关给国际秩序和国际体系“定规则、定方向”；不仅事关对“发展制高点”的争夺，而且事关各国在国际秩序和国际体系“长远制度性安排”中的地位和作用。作为新兴经济体的代表和最大的发展中国家，中国不仅要参与全球治理体系的治理，更要积极地倡导、构建、创新全球治理体系。

迈向人类命运共同体，这是中国领导人基于对历史和现实的深入思考给出的“中国答案”。

第四节　推动构建人类命运共同体

习近平主席多次指出，世界那么大，问题那么多，国际社会期待听到中国声音、看到中国方案，因此，中国在创新全球治理体系的重大问题上，不能缺席、不能失语，必须有所作为，有所贡献。这不仅是维护中国自身发展和安全利益的需要，也是中国作为负责任大国的应有担当。中国声音和方案的核心理念是习近平人类命运共同体思想。“人类命运共同体”理念自提出以来，在世界范围内深入人心，得到广泛的拥护，蕴含着符合全人类发展利益的共同价值。全球治理的价值理念是全球治理的基础，是制定全球治理规则体系的依据。这些核心价值包括：尊重生命、自由、正义与公平、相互尊重、关怀以及诚实。

2013年3月23日，习近平在莫斯科国际关系学院发表演讲时首次系统阐释了人类命运共同体概念。中国方案的核心是坚持对话协商，建设一个持久和平的世界；坚持共建共享，建设一个普遍安全的世界；坚持合作共赢，建设一个共同繁荣的世界；坚持交流互鉴，建设一个开放包容的世界；坚持绿色低碳，建设一个清洁美丽的世界。

自2013年首次提出构建“人类命运共同体”倡议以后，习近平在不同场合多次深刻阐释这一理念。首先，在二十国集团领导人汉堡峰会上，习近平强调，二十国集团要坚持建设开放型世界经济大方向，为世界经济增长发掘新动力，使世界经济增长更加包容，完善全球经济治理，推动联动增长，促进共同繁荣，向着构建“人类命运共同体”的目标迈进。其次，在越南岘港举行的亚太经合组织工商领导人峰会中，习近平提出果敢应对世界经济深刻转变的四点主张——继续坚持建设开放型经济，努力实现互利共赢；继续谋求创新增长，挖掘发展新动能；继续加强互联互通，实现联动发展；继续增强经济发展包容性，让民众共享发展成果。再次，习近平在中国共产党与世界政党高层对话会上提出，构建“人类命运共同体”是一个历史过程，不可能一蹴而就，也不可能一帆风顺，需要付出长期艰苦的努力。为了构建“人类命运共同体”，我们应该锲而不舍、驰而不息进行努力，不能因现实复杂而放弃梦想，也不能因理想遥远而放弃追求。另外，在金砖国家工商论坛开幕式上，习近平呼吁，各国人民同心协力，构建“人类命运共同体”，建设持久和平、普遍安全、共同繁荣、开放包容、清洁美丽的世界。

构建人类命运共同体的中国方案提出后在国际上得到了高度赞赏和广泛认同。2017年2月10日，联合国社会发展委员会第55届会议，首次将“构建人类命运共同体”

理念写入联合国决议。同年3月17日，联合国安理会通过关于阿富汗问题的第2344号决议，构建“人类命运共同体”理念首次载入安理会决议。同年3月23日，联合国人权理事会第34次会议通过关于“经济、社会、文化权利”和“粮食权”两个决议，构建“人类命运共同体”理念首次载入联合国人权理事会决议。同年11月2日，“构建人类命运共同体”理念写入联合国安全决议。从中国的提倡到世界的相和，凸显了“人类命运共同体”理念的智慧闪光，对顺应、完善、形成新的全球治理体系产生了重要的影响。

一、构建人类命运共同体思想的丰富内涵

构建人类命运共同体思想，是一个科学完整、内涵丰富、意义深远的思想体系。

构建人类命运共同体思想，提倡创新、协调、绿色、开放、共享的发展观，践行共同、综合、合作、可持续的安全观，秉持开放、融通、互利、共赢的合作观，树立平等、互鉴、对话、包容的文明观，坚持共商共建共享的全球治理观。构建人类命运共同体思想有着深厚的思想渊源。它源自中华文明历经沧桑始终不变的“天下”情怀。从“天人合一”“和而不同”“以和为贵”“协和万邦”的“和合”理念，到“己所不欲，勿施于人”“四海之内皆兄弟”的处世之道，再到“计利当计天下利”“穷则独善其身，达则兼济天下”的价值判断，还有同外界其他行为体命运与共的和谐理念，可以说是中华文化的重要基因，薪火相传，绵延不绝。这种“和同天下”的思想，不是抹平一切差异，而是在尊重差异的前提下，实现关系和谐。同时不断合理有序地解决矛盾，实现功能互补，推动整体的发展演进。“尚和合、求大同”的中华文化既是中国外交厚积薄发的力量之源，也蕴含了人类命运共同体的思想基因。新时期，中国人民致力于实现中华民族伟大复兴的中国梦，追求的不仅是中国人民的福祉，也是各国人民共同的福祉，关于命运共同体的传统理念得到进一步发扬光大。在马克思主义指导下，构建人类命运共同体思想是中华优秀传统文化基因和马克思主义的先进内涵相结合，同时批判吸收了人类世界历史发展进程中形成的基本价值共识。

构建人类命运共同体思想有着丰富深刻的内涵，它囊括经济、政治、文化、社会、生态全领域，不仅推动不同国家和平相处、合作共赢，而且推动人与自然和谐相处、共生共荣，努力建设一个持久和平、普遍安全、共同繁荣、开放包容、清洁美丽的世界。

坚持对话协商，建设持久和平的世界。要相互尊重、平等协商，坚决摒弃冷战思维、集团对抗。坚持和平共处五项原则，尊重各国自主选择的社会制度和发展道路，尊重彼此核心利益和重大关切，走对话而不是对抗、结伴而不结盟的国与国交往新路，不搞你输我赢的零和游戏。人类命运共同体是一个持久和平的世界。根本要义在于国家之间构建平等相待、互商互谅的伙伴关系。大国需要相互尊重彼此核心利益和重大关切，管控矛盾分歧，努力构建不冲突、相互尊重、合作共赢的新型关系。大国对小国要平等相待，消除唯我独尊、恃强凌弱、强买强卖的霸道行径。任何国家都不能随意发动战争和破坏国际法治。通过平等协商处理国家间的矛盾分歧，共同发展、和平相处。

坚持共建共享，建设普遍安全的世界。要坚持以对话解决争端、以协商化解分歧，反对以牺牲别国安全换取自身绝对安全的做法。统筹应对传统和非传统安全威胁，反对一切形式的恐怖主义，实现普遍安全。国家不论大小、强弱、贫富以及历史文化传统、社会制度存在多大差异，都要尊重其合理安全关切。恪守尊重主权、独立和领土完整、互不干涉内政等国际关系基本准则，深化双边和多边协作，促进不同安全机制间协调包容、互补合作。各国都有参与地区安全事务的权利，也都有维护地区安全的责任，应以对话协商、互利合作的方式解决安全难题。加强协调、共担责任，建立全球反恐统一战线，为各国人民撑起安全伞。

坚持合作共赢，建设共同繁荣的世界。要实现各国经济社会协同进步，解决发展不平衡带来的问题，缩小发展差距，促进共同繁荣；拒绝自私自利、短视封闭的狭隘政策，维护世界贸易组织规则，支持维护开放、透明、包容、非歧视的多边贸易体制，构建开放型经济。人类命运共同体是一个远离贫困、共同繁荣的世界。应坚持走开放融通、互利共赢之路，加强多边框架内合作，推动经济全球化朝着更加开放、包容、普惠、平衡、共赢的方向发展。各国特别是主要经济体需要加强宏观政策协调，兼顾当前和长远，着力解决深层次问题。抓住新一轮科技革命和产业变革的历史性机遇，转变经济发展方式，坚持创新驱动，共同打造新技术、新产业、新业态、新模式，进一步发展社会生产力、释放社会创造力。人类命运共同体追求的是共同发展，需要引导经济全球化健康发展，既做大蛋糕，又分好蛋糕，着力解决公平公正问题。加强全球经济治理，健全发展协调机制，为世界经济增长提供新动力，让发展成果更多惠及世界各国人民。

坚持交流互鉴，建设开放包容的世界。要尊重世界文明多样性，以文明交流超越文明隔阂，以文明互鉴超越文明冲突，以文明共存超越文明优越。人类文明的多样性既是世界的基本特征也是人类进步的源泉。文明没有高下、优劣之分，只有特色、地域之别。文明差异不应该成为世界冲突的根源，而应该成为人类文明进步的动力。多样带来交流，交流孕育融合，融合产生进步。要促进和而不同、兼收并蓄的文明交流对话，加强双边和多边框架内文化、教育、旅游、青年、媒体、卫生、减贫等领域合作，在竞争比较中取长补短，在交流互鉴中共同发展，使文明交流互鉴成为增进各国人民友谊的桥梁、推动人类社会进步的动力、维护世界和平的纽带。

坚持绿色低碳，建设清洁美丽的世界。要坚持环境友好，合作应对气候变化，保护好人类赖以生存的地球家园。人与自然共生共存，伤害自然最终将伤及人类，建设生态文明关乎人类未来。以人与自然的和谐相处为目标，牢固树立尊重自然、顺应自然、保护自然的意识，解决好工业文明带来的矛盾，实现世界的可持续发展和人的全面发展。敬畏自然、珍爱地球。加强气候变化、环境保护、节能减排等领域交流合作，共享经验、共迎挑战，坚持走绿色、低碳、循环、可持续发展之路，平衡推进联合国2030年可持续发展议程，采取行动应对气候变化等挑战，不断开拓生产发展、生活富裕、生态良好的文明发展道路，构筑尊崇自然、绿色发展的全球生态体系。

以上五个方面描绘了世界发展的美好前景，揭示了构建人类命运共同体的总体布局和实践路径。回答了全球治理的难题，为新时代中国特色大国外交指明了方向。

案例导入9-3

各国政党对构建人类命运共同体方案的热烈反响①

中国共产党与世界政党高层对话会于2017年11月30日至12月3日在北京举行。来自120多个国家的近300个政党和政治组织领导人共600多名中外方代表参加，这是出席人数最多的全球政党领导人对话会。习近平总书记在开幕式上发表主旨讲话，全面阐述了中国共产党关于构建人类命运共同体、建设更加美好世界的主张。对话会上，有关构建人类命运共同体的话题引发热烈反响。

伊利亚斯·奥马里（摩洛哥真实性与现代党总书记）：

构建人类命运共同体的思想体现了中国的榜样力量。中国共产党不仅要造福中国人民、实现中华民族伟大复兴，也要造福世界各国人民，中国已在全球最佳政治、经济制度排行榜上名列前茅。习近平总书记的倡议作为一个梦想出现在世人面前，它超越了唯我独尊、迷信武力的现行单极国际格局。这正是人类命运共同体的重要性和价值所在。

①朱东君. 构建人类命运共同体，听听外国友人是如何点赞的[OL]. 网易：全国党媒公共信息平台， 2017-12-17. http://dy.163.com/v2/article/detail/D5S4VO420530MKMJ.html

吉拉特（古巴共产党中央政治局委员）：

中国共产党与世界政党高层对话会的召开表明了中国共产党构建人类命运共同体、建设新型国际关系的美好意愿。我们认为，习近平总书记提出的构建人类命运共同体倡议，是保障全球持续和平与安全，保障各国开放、繁荣、稳定的源泉。

叶皮凡诺娃（俄罗斯公正俄罗斯党中央委员会成员）：

我们高度评价、完全认同习近平总书记的主旨讲话传达的理念，有智慧的人总是向往建立一个公平公正、人民普遍幸福的美好世界。我们呼吁国际社会联合起来，通过友善的、富有建设性的对话来解决问题。开展世界政党高层对话，有助于我们共同构建人类命运共同体。

迪利普·巴鲁阿（孟加拉国共产党（马列）总书记）：

习近平总书记提出要坚持你好我好大家好的理念，这生动诠释了人类命运共同体的核心要义，使世界各国政党开展交流互鉴、推动构建人类命运共同体找到了"最大公约数"。

凯特莫诺夫（乌兹别克斯坦人民民主党主席）：

当今世界充满深刻复杂变化和多种威胁挑战，世界命运何去何从值得每个国家、每个政党深入思考。正是在这一背景下，习近平总书记站在一位真正有担当的世界级领导人的高度俯瞰全球，提出了构建人类命运共同体这一具有英明智慧和远见卓识的伟大倡议。我们对此高度赞赏，并愿在构建人类命运共同体、共同建设美好世界方面同世界各国政党开展建设性对话与合作，积极贡献自己的力量。

施里瓦斯塔瓦（印度共产党全国理事会成员）：

习近平总书记的主旨讲话，表达了为人类建设一个更加美好未来的期许，没有其他人能讲得这样切中实际、真诚动人而又脚踏实地。世界上几乎没有几个领导人有足够的勇气和智慧跳出自己的时代看问题，习近平总书记却做到了。世界上所有政党，无论秉持什么样的意识形态，都应当坐在一起，为构建人类命运共同体而进行对话，共同致力于实现人类的更大发展。

为人类共同发展和繁荣提供中国方案①

俄中友协副主席萨纳科耶夫对本报记者表示，长期以来，西方国家在各领域强行推行自己制定的规则，发展中国家努力适应、遵守这些规则之后，西方国家又强行改变规则，试图保证自己的利益最大化，"这种单边主义是对其他国家、其他文明的不

①曲颂，曲翔宇，任彦，等. 为人类共同发展和繁荣提供中国方案[OL]. 中华网，2018-06-25. https://news.china.com/zw/news/13000776/20180625/32577586_3.htm

尊重，也是对其他国家人民利益的侵害”。他认为，中国特色大国外交以发展的眼光倡导相互尊重、共同发展，构建人类命运共同体是对人类共同利益的维护。

埃及《金字塔报》副主编萨米·卡姆哈维说，“构建人类命运共同体理念为人类共同发展和繁荣提供了中国方案。”

“过去5年来，中国的国际地位显著提升，中国特色大国外交取得了历史性成就。”法国尼斯欧洲研究所学者乔治·佐戈普鲁斯对本报记者说，中国在国际事务中的能见度和影响力日益增强，一方面得益于中国的“硬实力”，另一方面也得益于中国的“软实力”，其中，中国的外交理念引发国际社会广泛共鸣，“人们逐渐认识到，在当今这个充满变数的世界里，只有共同构建人类命运共同体，才能迎来更加美好的明天。”

“习近平主席提出的构建人类命运共同体理念让人们看到，国与国之间除了竞争、博弈，还可以和谐相处、共同繁荣。”哈萨克斯坦—德国大学国际问题专家伊戈里·伊万诺夫对本报记者表示，“构建人类命运共同体理念被多次写入联合国文件，得到国际社会的广泛认可，充分表明这一理念反映了全人类的普遍愿望和共同心声。”

哈萨克斯坦首任总统基金会世界经济与政治研究所专家安同·布加延科表示，中国积极推动经济全球化，努力为发展中国家谋求发展空间，担当起代表众多发展中国家与西方发达国家对话的角色。中国负责任、有担当，绝不以牺牲别国利益为代价发展自己，注重维护他国权益，追求互利共赢，真诚希望同各国人民一道推动人类命运共同体建设，共同创造人类美好未来，符合大多数国家的利益。

巴基斯坦国立科技大学中国研究中心副主任泽米尔·阿万说，在国际社会面临贸易保护主义、逆全球化思潮抬头时，中国挺身而出维护国际公平正义，积极参与引领全球治理体系改革。“习近平主席的重要讲话给众多发展中国家以信心，也坚定了各国维护国际公平正义的信念”。

案例思考：

构建人类命运共同体方案为什么能够引起世界各国的广泛关注和赞同？

二、构建人类命运共同体的国际合作新平台

为了推动构建人类命运共同体，中国开展了一系列行之有效的系统安排：推动二十国集团、中非合作论坛等具有国际巨大影响的组织、活动向长效治理机制转型；深化上海合作组织、加强亚信、东亚峰会、东盟地区论坛等机制的建设；推动督促国际货币基金组织、世界银行等切实反映国际格局的变化，强调“增加新兴市场国家和发

展中国家的代表性和发言权”，使全球治理体制更加平衡地反映“大多数国家”意愿和利益；进一步优化和落实创新亚洲基础设施投资银行和金砖国家新开发银行等多边机构的治理常态化；积极参与对国际经济金融领域、新兴领域（网络、深海、外层空间、极地等“全球公域”）、周边区域合作的规则制定；加大对教育交流、文明对话、生态建设等领域的合作机制和项目支持力度，发挥中国的公益作用；自觉承担力所能及的国际责任，加强国际社会应对资源能源安全、粮食安全、网络信息安全、应对气候变化、打击恐怖主义、防范重大传染性疾病等全球性挑战的能力。

打造高起点、高水平的国际合作新平台，是推动构建人类命运共同体的重要任务。在中国等国家推动之下，一些既有的平台，在构建人类命运共同体思想的指导下被赋予了全新的内涵和功能。新搭建的平台中，“一带一路”倡议国际合作平台具有十分重要的特殊地位，是构建人类命运共同体规模最大、最有特色的国际合作新平台。

自2013年习近平提出共建丝绸之路经济带和21世纪海上丝绸之路重大倡议后，我国积极促进“一带一路”国际合作，为完善全球治理体系变革作出了新贡献。从坚持以和平合作、开放包容、互学互鉴、互利共赢为核心的丝路精神，到聚焦政策沟通、设施联通、贸易畅通、资金融通、民心相通，再到携手打造绿色丝绸之路、健康丝绸之路、智力丝绸之路、和平丝绸之路，“一带一路”建设跨越不同地域、不同发展阶段、不同文明，是一个开放包容的合作平台，是各方共同打造的全球公共产品。实践充分证明，共建“一带一路”顺应了全球治理体系变革的内在要求，彰显了同舟共济、权责共担的命运共同体意识，为完善全球治理体系变革提供了新思路新方案。

第一，“一带一路”成为破解人类发展难题的新平台。国际金融危机后，世界经济深度调整、贫富分化加剧，反全球化、民粹主义等思潮抬头。其深层次根源，仍然是发展不平衡问题。如何实现发展？是在弱肉强食、以邻为壑中掠夺，还是在求同存异、共生共荣中实现？历史告诉我们，人类可以作出完全不同的选择。正是基于这样的历史纵深视野和大国责任担当，习近平总书记提出“一带一路”重大合作倡议，紧紧抓住发展这个最大公约数，着眼于世界各国人民追求和平与发展的共同梦想，致力于推动经济全球化朝着更加开放、包容、普惠、平衡、共赢的方向发展，成为有关各国共同发展的巨大合作平台。围绕“一带一路”建设，中国成功举办首届“一带一路”国际合作高峰论坛，推动成立亚洲基础设施投资银行、丝路基金等国际机构，实施了一大批互联互通规划，为推动相关地区繁荣发展搭建了重要平台。“一带一路”重大合作倡议，为全球发展合作提供了创新思路，为破解全球发展难题贡献了中国智慧、中国方案，体现了中国将自身发展同世界发展相统一的全球视野、世界胸怀和大国担当。

第二，“一带一路”成为深化中国同周边国家经贸、人文等领域交流合作的新平台。“一带一路”贯穿欧亚大陆，东边连接亚太经济圈，西边进入欧洲经济圈。无论是发展经济、改善民生，还是应对危机、加快调整，许多沿线国家都同中国有着共同利益。“一带一路”倡议，就是要加强传统陆海丝绸之路沿线国家基础设施互联互通，深化贸易投资合作，加强创新能力开放合作，构筑多层次人文交流平台，推动沿线国家和地区实现经济共荣、贸易互补、民心相通。

“一带一路”沿线国家间经贸往来是合作的基础，经贸繁荣才能撑起“一带一路”沿线国家更好的发展。中国是孟加拉国经济领域最重要的合作伙伴之一，中国在基础设施建设、贸易、投资、能源和电力、信息通信技术、电信和农业等领域的支持与合作，对南亚、中亚等丝路沿线国家社会经济进步产生了积极影响，促进了双边贸易保持快速增长。另外，作为“一带一路”的明信片，中欧班列的快速发展，也推动了中国与亚欧各国的贸易往来。

“一带一路”倡议不仅推动了经贸领域的长足发展，也促进了沿线国家的文化交流与合作。我们赞赏中国政府用文化的力量助推“一带一路”。建设“一带一路”，涉及中国和60多个国家的长期合作。在合作过程中，各国的语言不同、宗教不同、民俗不同，但是互利合作的愿景是相通的。在“一带一路”倡议下，中国与沿线国家能够开展更广泛的文化交流、学术往来、人才合作、媒体互动等活动。中国政府设立一带一路奖学金机制，每年向沿线国家提供1万个政府奖学金名额，重点支持沿线国家高端人才、高端技术技能人才来华学习。伴随文化“一带一路”的逐步推进，中国与各沿线国家在人文和合作领域的交流不断扩大，世界范围内的汉语热持续升温。开办孔子学院、孔子课堂，每年都会举办汉语桥比赛、中文歌曲大赛等活动，吸引了广大当地汉语爱好者参与其中。中国正吸引着“一带一路”沿线国家的有志青年来华工作和学习。“一带一路”倡议，为沿线国家经贸、文化等各领域的进步发展起到了助推器作用。

第三，“一带一路”成为探索和创新全球治理新模式的重要平台。推动建立公正合理的国际秩序，实现持久和平与繁荣稳定，一直是人类社会努力的方向。为此，国际社会不断探索，既有成功经验，也不乏失败教训。当今世界，国际格局深度调整，全球治理体系变革处在历史转折点上。在这一时代背景下，习近平总书记多次强调，“一带一路”建设秉持共商共建共享原则，它不是封闭的，而是开放包容的；不是中国一家的独奏，而是沿线和世界各国的合唱。这一重大合作倡议，坚持继承创新、主动作为，强调求同存异、兼容并蓄，致力于打造不同文明和谐共融的利益共同体、责任共同体、命运共同体，推动现有国际秩序、国际规则增量改革，为完善全球治理体系提供了新思路新方案，成为有关各国实现共同发展的巨大合作平台。“一带一路”建设过程中，中国主动参与和引领全球经济议程，参与全球治理和公共产品供给，推动增强新型经济体和发展中国家在国际事务中的代表权和发言权。

共建“一带一路”为世界经济发展注入新动能。根据我国商务部公布的数据，截至2019年10月底，137个国家和30个国际组织同中国签署197份共建“一带一路”合作文件，共建“一带一路”合作伙伴遍及五大洲，各国人民都能够从共建“一带一路”中受益。共建“一带一路”大幅提升了我国贸易投资自由化便利化水平，推动我国开放空间从沿海、沿江向内陆、沿边延伸，形成陆海内外联动、东西双向互济的开放新格局。截至2019年12月，我国与“一带一路”沿线国家货物贸易额累计超过7.5万亿美元，成为25个沿线国家最大贸易伙伴。在双向投资方面，我国企业对沿线国家投资累计约1100亿美元，对外承包工程新签合同额累计超过7500亿美元，为当地创造了大量就业岗位。同时，沿线国家对华直接投资累计近500亿美元，设立外资企业超过2.1万家。①我国对外投资成为拉动全球对外直接投资增长的重要引擎。2019年，我国对“一带一路”沿线国家进出口总额92 690亿元，比上年增长10.8%。其中，出口52 585亿元，增长13.2%；进口40 105亿元，增长7.9%。②“一带一路”倡议不仅对发展中国家具有重要意义，对整个世界的经济发展、经济合作都意义重大。

今天，“一带一路”建设把参与各国人民紧密联系在一起，致力于合作共赢、共同发展，让各国人民更好共享发展成果，为推动经济全球化朝着更加开放、包容、普惠、平衡、共赢的方向发展注入了强劲动力。共建“一带一路”正在成为我国参与全球开放合作、改善全球经济治理体系、促进全球共同发展繁荣、推动构建人类命运共同体的中国方案。作为实践人类命运共同体理念的重大倡议，共建“一带一路”已成为有关各国实现共同发展的巨大合作平台，成为推动构建人类命运共同体的重要实践平台。

---

①冯其予. 今年前10月我国与“一带一路”沿线国家货物贸易增4.1%[OL]. 中国经济网，2019-12-07. http://www.ce.cn/xwzx/gnsz/gdxw/201912/07/t20191207_33799723.shtml

②国家统计局. 中华人民共和国2019年国民经济和社会发展统计公报[OL]. 中华人民共和国国家统计局网，2020-02-28. http://www.stats.gov.cn/tjsj/zxfb/202002/t20200228_1728913.html

推动构建人类命运共同体，携手建设更加美好的世界，是世界各国人民的美好愿望。以共建“一带一路”为实践平台，与各国人民并肩同行、共同奋斗，共建“一带一路”就一定能更好造福各国人民，构建人类命运共同体的目标就一定能够实现。

三、构建人类命运共同体思想的重要意义

构建人类命运共同体思想顺应了历史潮流，紧扣和平与发展时代主题，回应了时代要求，凝聚了各国共识，为人类社会实现共同发展、持续繁荣、长治久安绘制了蓝图，对中国的和平发展、世界的繁荣进步都有着重大和深远的新时代意义。这是习近平新时代中国特色社会主义思想的重要组成部分，是当代中国对世界的重要思想和理论贡献，已经成为中国引领时代潮流和人类文明进步方向的鲜明旗帜。

第一，构建人类命运共同体思想继承和发展了新中国不同时期重大外交思想和主张。新中国成立后特别是改革开放以来，中国共产党人高度重视推动构建和平稳定、公正合理的国际关系和国际秩序，先后提出和平共处五项原则、建立国际政治经济新秩序、和平发展道路、构建和谐世界等重要外交理念。党的十八大以来，以习近平同志为核心的党中央在继承和发展新中国不同时期重要外交思想的基础上，积极推进外交理论和实践创新，提出了“一带一路”、全球治理观、安全观、发展观、正确义利观、全球化观等一系列新理念新主张，在开创中国特色大国外交新局面的伟大实践中形成了习近平新时代中国特色社会主义外交思想。构建人类命运共同体思想作为这一外交思想的核心和精髓，已成为新时代坚持和发展中国特色社会主义的外交方略，充分展现了中国特色社会主义道路自信、理论自信、制度自信、文化自信，体现了中国将自身发展同世界发展相统一的全球视野、世界胸怀和大国担当。在习近平总书记外交思想的指导下，中国正日益走近世界舞台中央，发挥负责任大国作用，积极推动构建人类命运共同体，不断为人类作出应有贡献。

第二，构建人类命运共同体思想反映了中外优秀文化和全人类共同价值追求。和平、发展、公平、正义、民主、自由，是全人类共同的价值追求。近代以来，建立公正合理的国际秩序，维护世界和平，实现共同繁荣，是人类孜孜以求的目标。世界反法西斯战争胜利后，在国际正义力量的推动下，《联合国宪章》等重要文件确立了主权平等、不干涉内政、和平解决国际争端等国际关系基本准则，集中反映了国际社会谋求持久和平、维护公平正义的崇高理想。随着经济全球化深入发展，特别是各种全球性挑战日益突出，世界各国利益交融、安危与共，命运共同体意识日益增强，成为推动国际协调合作的强大正能量。中国传统文化强调和合理念，主张天下为公，推崇不同国家、不同文化“美美与共，天下大同”，蕴含着丰厚的人类命运共同体基因。

在新的历史条件下，中国提出的构建人类命运共同体思想，既反映了当代国际关系现实，又将人类共同价值和中华优秀文化在新高度上弘扬光大。构建人类命运共同体思想反映了全人类的普遍愿望和共同心声，日益产生广泛而强烈的国际共鸣。

第三，构建人类命运共同体思想适应了新时代中国与世界关系的历史性变化，彰显了中国的大国责任。中国与世界的关系正站在新的历史起点上。首先，中国越来越离不开世界，世界也越来越离不开中国。事实证明，只有世界好，中国才能发展好，反过来只有中国发展好，世界才能变得更好。实现中华民族伟大复兴的中国梦，同持久和平、共同繁荣的世界梦密不可分。作为对当今世界具有重要影响力的大国，中国维护世界和平的决心不会改变、中国促进共同发展的决心不会改变、中国打造伙伴关系的决心不会改变。中国的改革开放取得重大成就离不开世界的支持合作，而日益崛起的中国有责任也有能力同各国分享发展机遇。中国发展得越来越好就越有能力塑造和影响世界，为国际社会作出更大贡献。构建人类命运共同体思想就是我们为全球治理贡献的中国智慧、中国方案。

中国作为一个负责任的大国，在兼顾世界各国正当利益的前提下，用不同于西方传统国强必霸、殖民扩张的思想，构想了具有中国特色、中国气派的新型世界秩序，彰显了中国的大国责任。大国之所以为大，在于国际影响力之大，而这种国际影响力来源于一个国家的国际威信，这种威信源自一个国家为世界所作的贡献和其所积极履行的责任。中国以世界和人类的和平发展为己任，通过推动当代世界政治、经济新秩序及新型国际关系的构建，履行了促进世界繁荣稳定、和平发展的责任。2013年习近平总书记分别倡导建立了“21世纪丝绸之路经济带”和“21世纪海上丝绸之路”，提出打造“一带一路”命运共同体，中国投资400亿美元成立丝绸之路基金，出资近300亿美元发起成立亚洲基础设施投资银行，推动互联互通建设，支持沿线国家互利合作。这些举措印证了中国构建“人类命运共同体”的决心，彰显了中国推动人类发展的大国责任。

第四，构建人类命运共同体思想指明了世界发展和人类未来的前进方向。当前，世界发展面临各种问题和挑战，经济全球化遭遇逆风，世界经济长期低迷，发展鸿沟日益突出，地区冲突频繁发生，恐怖主义、难民潮等全球性挑战此起彼伏，各种社会政治思潮交锋激荡。国际社会对未来发展方向感到迷茫彷徨。在此背景下，中国回应国际社会的共同诉求，准确把握中国与世界关系的历史性变化，提出了中国的全球化观、全球治理观，全面阐述了构建人类命运共同体重要思想，其核心归结起来就是要和平不要战争，要发展不要贫穷，要合作不要对抗，要共赢不要单赢。构建人类命运共同体思想追求国际公平正义，揭示了共商共建共享的新国际政治伦理准则。倡导多边主义，主张推进国际关系民主化，支持扩大人口占世界80%以上的发展中国家在国际事务中的代表性和发言权，为完善全球治理体系指明了新的探索方向。构建人类命运共同体思想具有时代性、全局性和系统性，“五个坚持”所揭示的总体布局和实践路径，为促进全球治理提供了新的路径。可以说，构建人类命运共同体思想直面当今世界最重要的问题，解决了人们心中最大的困惑，拨云见日，为世界的发展和人类的未来指明了正确方向。

总之，国家和，则世界安，国家斗，则世界乱。构建“人类命运共同体”理念是中国智慧的结晶，承载着中国对建设美好世界的崇高理想和不懈追求，更是中国送给全人类的一份厚礼，也是全人类共同的目标，只要牢固树立习近平“人类命运共同体”思想意识，携手努力，共同担当，同舟共济、共渡难关，就一定能够让世界更美好、让人民更幸福。

习近平总书记指出，“大道至简，实干为要。构建人类命运共同体，关键在行动”。[①]深刻理解人类命运共同体思想的重要内涵，并以共商共建共享原则指导合作行动，将逐步深化世界各国的共识并将进一步促进共商、共建、共享、合作、共赢的新治理机制发挥作用；同时，也将进一步保障世界各国共享合作治理利益，有效推动我国同世界各国共同建设一个“持久和平、普遍安全、共同繁荣、开放包容、清洁美丽的世界”，最终促进全球合作治理模式和全球合作治理文明的形成。

思考与讨论

1. 如何认识2008年国际金融危机以来世界形势发生的巨大变化？
2. 如何理解中国坚持走和平发展道路的重要意义？
3. 如何认识新时代中国特色大国外交对构建新型国际关系的作用？
4. 目前全球治理面临的主要问题及其根源是什么？
5. 如何理解构建人类命运共同体思想的内涵和意义？

①习近平主席在联合国日内瓦总部的演讲（全文）[OL]. 中国网新闻中心，2017-01-19. http://www.china.com.cn/news/2017-01/19/content_40133917.htm

第十章

维护党中央权威和集中统一领导

新中国成立70年取得的历史性成就充分证明，中国特色社会主义制度是当代中国发展进步的根本保障，中国共产党是中国特色社会主义事业的领导核心，是社会主义现代化建设的根本保证。从党和国家事业发展的全局和长远出发，2019年10月31日，中国共产党的十九届四中全会审议通过了《中共中央关于坚持和完善中国特色社会主义制度、推进国家治理体系和治理能力现代化若干重大问题的决定》，把完善坚定维护党中央权威和集中统一领导的各项制度作为坚持和完善党的领导制度体系的重要内容加以强调，这对于进一步加强党对一切工作的领导，具有重要意义。

第一节　坚持党对一切工作的领导必须坚定维护党中央权威和集中统一领导

一、坚持党对一切工作领导

1. 中国共产党的性质和宗旨决定了党对一切工作领导

无产阶级政党必须坚持党对国家政权的最高领导权，这是马克思主义政党学说的基本原则。《中国共产党章程》明确规定：中国共产党是中国工人阶级的先锋队，同时是中国人民和中华民族的先锋队，是中国特色社会事业的领导核心，代表中国先进生产力的发展要求，代表中国先进文化的前进方向，代表中国最广大人民的根本利益。党的最高理想和最终目标是实现共产主义。

中国共产党从成立之日起，就是中国工人阶级的政党，始终坚持工人阶级先锋队的性质。其一，中国共产党是以中国工人阶级为其阶级基础的，是马克思列宁主义与中国工人运动相结合的产物。工人阶级的产生和发展是建党的根本条件。中国工人阶级是近代以来我国社会发展特别是社会化大生产发展的产物，代表先进生力和先进生产关系，具有大公无私、严格的组织纪律性和革命的坚定性、彻底性等优秀品格。党集中体现了中国工人阶级的特点和优秀品质。其二，中国共产党党员是中国工人阶级的有共产主义觉悟的先锋战士。党的阶级基础是工人阶级，但这并不意味着其他阶级出身的人不能入党，更不能说吸收这些人当中符合入党条件的人加入党组织会改变党的工人阶级先锋队性质，因为其他阶级的人只有成为工人阶级先锋战士才能入党。判断一个政党是什么性质的党，主要看它的理论、纲领和行动究竟代表哪个阶级的利益。党的理论、纲领和行动是代表工人阶级利益的，也是代表最广大人民的根本利益的。其三，中国共产党是以马克思主义为理论基础和行动指南的，代表了中国社会发展的正确方向。党高度重视在思想上建党，坚持用马克思主义理论教育和武装全体党员，不仅要求党员在组织上入党，而且要求党员首先在思想上入党，指导他们为实现党的纲领和任务而奋斗。党及其领导的事业之所以能够不断发展壮大，与党始终注意巩固自己的阶级，始终保持工人阶级先锋队的性质是分不开的。

中国共产党是中国工人阶级的先锋队，同时又是中国人民和中华民族的先锋队。中国工人阶级的根本利益同中国人民和中华民族的根本利益是一致的，只有工人阶级才能代表人民和民族的利益；成为中华民族的先锋队，是马克思主义执政党的内在要求，是党以实现民族振兴为己任的必然选择。

中国共产党的性质决定了党的宗旨是全心全意为人民服务，以人为本、执政为民是检验党的一切执政活动的最高标准。中国共产党在任何时候都要把人民利益放在第一位，始终与人民心连心、同呼吸、共命运，始终依靠人民推动历史前进。因而只有中国共产党才能领导中国人民实现从站起来、富起来到强起来的中华民族伟大复兴的中国梦，到21世纪中叶实现社会主义现代化。

2. 中国共产党的领导是中国特色社会主义最本质的特征

中国共产党的领导是中国特色社会主义最本质的特征这一论断，坚持了科学社会主义基本原则，是对中国特色社会主义实践经验的总结，反映了中国社会主义建设的客观规律。

从科学社会主义基本原则来看，坚持无产阶级政党的领导是无产阶级革命和社会主义建设取得胜利的保证。社会主义代替资本主义，必须通过无产阶级的革命运动来实现。无产阶级只有建立代表自己阶级利益的先进政党，才能最终完成其阶级解放和人类解放的重大历史任务。中国特色社会主义是植根于当代中国的科学社会主义。坚持和发展中国特色社会主义，必须坚持中国共产党的领导。离开党的领导，中国特色社会主义就没有了政治保证，就会失去正确方向，必然走向失败。

从中国特色社会主义的形成发展来看，中国共产党是中国特色社会主义事业的开创者、推动者、引领者。改革开放以来，中国共产党坚持解放思想，实事求是，一切从实际出发，认真吸取其他国家社会主义建设的经验教训，科学总结我国社会主义建设的历史经验，既不走封闭僵化的老路，也不走改旗易帜的邪路，积极探索和正确选择了适合中国国情的发展道路。经过30多年的努力，中国共产党带领全国各族人民开辟了中国特色社会主义道路，形成了中国特色社会主义理论体系，确立了中国特色社会主义制度，取得了改革开放和社会主义现代化建设的伟大成就。历史和现实证明：没有中国共产党的领导，就没有中国特色社会主义的产生与发展。

从当代中国的历史任务来看，中国共产党的领导是实现“两个一百年”的奋斗目标、实现中华民族伟大复兴的中国梦的根本保证。在现阶段，要把14亿多人口凝聚成中国力量，焕发出中国精神，实现中华民族伟大复兴，国家和民族必须有一个坚强的领导核心，这个领导核心就是中国共产党。当前在协调推进“四个全面”战略布局的进程中，中国共产党处在总揽全局、协调各方的地位。坚持党的领导不动摇，就能为协调推进“四个全面”战略布局提供方向指引，凝聚共识和力量，提供最坚强的政治保证。

3. 中国共产党领导是近代中国历史和人民的必然选择

知识链接10-1

历史和人民为什么选择中国共产党①

——学习习近平总书记“七一”重要讲话精神

2016年7月1日，习近平总书记在庆祝中国共产党成立95周年大会上的重要讲话中，科学总结了中国共产党为中华民族做出的三个伟大历史贡献及其意义，深刻回答了历史和人民为什么选择中国共产党这一重大问题。

第一，完成新民主主义革命，建立中华人民共和国

习近平总书记指出：“就是我们党团结带领中国人民进行28年浴血奋战，打败日本帝国主义，推翻国民党反动统治，完成新民主主义革命，建立了中华人民共和国。这一伟大历史贡献的意义在于，彻底结束了旧中国半殖民地半封建社会的历史，彻底

①中央党校中国特色社会主义理论体系研究中心.历史和人民为什么选择中国共产党：学习习近平总书记“七一”重要讲话精神[N].人民日报，2016-7-6（9）.

结束了旧中国一盘散沙的局面，彻底废除了列强强加给中国的不平等条约和帝国主义在中国的一切特权，实现了中国从几千年封建专制政治向人民民主的伟大飞跃。”

中国共产党成立28年来，坚定地捍卫国家民族利益；真诚地解决人民、特别是农民的民生问题；努力地实现人民的民主权利；党、政府和军队高度廉洁。毛泽东曾经说：陕甘宁边区是全国最进步的地方。这里一没有贪官污吏，二没有土豪劣绅，三没有赌博，四没有娼妓，五没有小老婆，六没有叫花子，七没有结党营私，八没有萎靡不振之气，九没有人吃摩擦饭，十没有人发国难财。这十个方面的“没有”，明显是针对国民党统治区讲的。国民政府中央研究院选出的第一届院士81人中，1949年随国民党到台湾者仅有9人，滞留国外者12人，逝世1人，其余59人都选择留在大陆。著名学者季羡林晚年回忆说：“我同当时留下没有出国或到台湾去的中老年知识分子一样，对共产党并不了解；对共产主义也不见得那么向往；但是对国民党我们是了解的。因此，解放军进城我们是欢迎的，我们内心是兴奋的，希望而且也觉得从此换了人间，觉得从此河清有日，幸福来到了人间。”

第二，完成社会主义革命，确立社会主义基本制度

习近平总书记指出：“就是我们党团结带领中国人民完成社会主义革命，确立社会主义基本制度，消灭一切剥削制度，推进了社会主义建设。这一伟大历史贡献的意义在于，完成了中华民族有史以来最为广泛而深刻的社会变革，为当代中国一切发展进步奠定了根本政治前提和制度基础，为中国发展富强、中国人民生活富裕奠定了坚实基础，实现了中华民族由不断衰落到根本扭转命运、持续走向繁荣富强的伟大飞跃。”

新中国成立之初，中国共产党取得了多方面的执政成就：政治上，建立了各级人民民主政权。经济上，恢复了被多年战乱破坏的国民经济。外交上，荡涤了帝国主义的污泥浊水。国防上，打赢了抗美援朝战争。从1953年到1956年，中国共产党又领导人民实现对个体农业、手工业和资本主义工商业的社会主义改造，建立了社会主义的基本制度，为中国的进步和发展奠定了制度基础。

从新中国成立，到改革开放前，中国共产党还领导人民为建设国家做出巨大努力，建立了独立、比较完整的工业体系和国民经济体系，打下了国家工业化和现代化的基础；实现了“两弹一星”等尖端科技的突破，奠定了中国真正的大国地位；中美关系接近导致整个西方世界同新中国关系改善，为后来的对外开放创造了前提条件；还培养了人才，积累了经验，至今还在发挥重要作用。

第三，进行改革开放新的伟大革命，极大解放和发展社会生产力

习近平总书记指出：“就是我们党团结带领中国人民进行改革开放新的伟大革命，极大激发广大人民群众的创造性，极大解放和发展社会生产力，极大增强社会发

展活力，人民生活显著改善，综合国力显著增强，国际地位显著提高。这一伟大历史贡献的意义在于，开辟了中国特色社会主义道路，形成了中国特色社会主义理论体系，确立了中国特色社会主义制度，使中国赶上了时代，实现了中国人民从站起来到富起来、强起来的伟大飞跃。”

改革开放以来，中国经济得到快速发展；民主法治建设取得长足进步；文化影响力显著扩大；人民生活水平大幅度提高；国家统一大业稳步推进；国防实力得到很大提升。

习近平总书记指出了中国共产党领导中国人民取得的伟大胜利对于中华民族、社会主义和新中国的巨大影响。“使具有5000多年文明历史的中华民族全面迈向现代化，让中华文明在现代化进程中焕发出新的蓬勃生机；使具有500年历史的社会主义主张在世界上人口最多的国家成功开辟出具有高度现实性和可行性的正确道路，让科学社会主义在21世纪焕发出新的蓬勃生机；使具有60多年历史的新中国建设取得举世瞩目的成就，中国这个世界上最大的发展中国家在短短30多年里摆脱贫困并跃升为世界第二大经济体，彻底摆脱被开除球籍的危险，创造了人类社会发展史上惊天动地的发展奇迹，使中华民族焕发出新的蓬勃生机。”

中国共产党的领导地位是历史和人民的选择，是在长期的中国革命、建设和改革实践中逐步形成并巩固起来的，是中国特色社会主义进入新时代、在以习近平同志为核心的党中央领导下得到进一步的巩固和发展。

4. 中国共产党领导是推进伟大事业的根本保证

党的建设和党领导的中国特色社会主义伟大事业是相统一的，习近平总书记指出，实现伟大梦想必须进行伟大斗争、必须建设伟大工程、必须推进伟大事业。“伟大斗争，伟大工程，伟大事业，伟大梦想，紧密联系、相互贯通、相互作用，其中起决定性作用的是党的建设新的伟大工程。推进伟大工程，要结合伟大斗争、伟大事业、伟大梦想的实践来进行，确保党在世界形势深刻变化的历史进程中始终走在时代前列，在应对国内外各种风险和考验的历史进程中始终成为全国人民的主心骨，坚持和发展中国特色社会主义的历史进程中始终成为坚强领导核心。”[①]从而保证党对一切工作的领导，在更高水平上实现全党全社会思想上的统一、政治上的团结、行动上的

①本书编写组. 党的十九大报告学习辅导百问[M]. 北京：党建读物出版社，2017：14.

一致，不断增强党的创造力、凝聚力、战斗力，为决胜全面建成小康社会、夺取新时代中国特色社会主义伟大胜利提供根本的政治保证。

二、中国共产党执政党建设理论的形成发展和主要内容

1.中国共产党执政党建设理论的形成发展

马克思主义政党夺取政权不容易，执掌好政权尤其是长期执掌好政权更不容易。1949 年初，在中共七届二中全会上，毛泽东已经开始探索在执政条件下如何建设党的问题，明确要求全党要坚持“两个务必”，务必继续地保持谦虚谨慎，不骄不躁的作风，务必继续地保持艰苦奋斗的作风，并向全党提出了加强学习、学会建设本领，以便善于建设一个新世界的任务。

新中国成立后，中国共产党成为在全国执政的党。执政党的地位给中国共产党的建设提出了许多新的要求。中共八大前后，中国共产党明确提出并反复使用了“执政党”这一科学概念，提出了执政党建设的一些重要思想，如要坚持群众路线，要坚持民主集中制和集体领导制度，执政党应该受来自党内和党外的双重监督等。

1978 年中共十一届三中全会之后，随着党的工作重心向社会主义现代化建设的转移和实行改革开放，对加强执政党的建设提出了新要求。以邓小平为核心的党的第二代中央，逐渐形成了包括党的思想路线、历史使命、根本任务、党的领导、制度建设、反腐倡廉和党际关系等在内的执政党建设理论，初步回答了在改革开放条件下如何加强和改进党的建设的一系列重大问题，构成了中国共产党的执政党建设理论的基本框架和主要内容。

中共十三届四中全会以后，由于党所处的环境和任务有了新的变化，党在思想、组织、作风建设方面出现了一些突出问题。以江泽民为核心的第三代中央领导集体，明确提出中国共产党要始终成为中国工人阶级的先锋队，同时成为中国人民和中华民族的先锋队，始终代表中国先进生产力的发展要求、中国先进文化的前进方向和中国最广大人民的根本利益；强调在新的历史条件下加强党的建设。

中共十六大以来，国际国内形势发生了广泛而深刻的变化，党领导的改革开放既给党的自身注入了巨大活力，也使党面临许多前所未有的新课题新考验，党的建设任务比过去任何时候都更为艰巨繁重。胡锦涛为总书记的党中央明确提出党的先进性建设是关系到马克思主义政党的根本性建设，保持和发展党的先进性是党的建设的永恒课题，必须把党的执政能力建设和先进性建设作为主线，以改革创新精神全面推进党的建设新的伟大工程。

十八大以来，以习近平同志为核心的党中央坚持治国必先治党、治党务必从严，坚持以思想建设作为执政党基础、以从严治吏为重点、以改进作风为突破、以反腐肃贪为要务、以制度治党为保障，坚定推进全面从严治党。十九大以来，提出把党的政治建设放在首位，开展“不忘初心、牢记使命”主题教育，在党的建设上取得显著的成效。

2.中国共产党执政党建设理论的主要内容

新中国成立以来特别是改革开放以来，中国共产党在执政和肩负新的历史任务的情况下，围绕建设什么样的党、怎样建设党这个重大课题，逐渐形成和发展了中国化马克思主义执政党建设理论。这一理论主要包括以下内容：

（1）推进伟大事业与伟大工程的理论。

坚持把推进党领导的伟大事业同推进党的建设伟大工程紧密结合起来，保证党始终成为中国特色社会主义事业的坚强领导核心。紧紧围绕和服务党领导的伟大事业，密切联系党的政治路线来进行，围绕党的中心任务来展开，朝着党的建设总目标来加强，始终抓住提高党的领导水平和执政能力、增强党拒腐防变和抵御风险这两大历史性课题，为抓好发展这个党执政兴国的第一要务、建设富强民主文明和谐的社会主义现代化国家、坚持和发展中国特色社会主义提供根本保证。

（2）政治建设摆在首位的理论。

“旗帜鲜明讲政治是我们党作为马克思主义政党的根本要求。党的政治建设是党的根本性建设，决定党的建设方向和效果。保证全党服从中央，坚持党中央权威和集中统一领导，是党的政治建设的首要任务。要坚定执行党的政治路线，严格遵守政治纪律和政治规矩，在政治立场、政治方向、政治原则、政治道路上同党中央保持高度一致。要尊崇党章，严格执行新形势下党内政治生活若干准则，增强党内政治生活的政治性、时代性、原则性、战斗性，自觉抵制商品交换原则对党内生活的侵蚀，营造风清气正的良好政治生态。完善和落实民主集中制的各项制度，坚持民主基础上的集中和集中指导下的民主相结合，既充分发扬民主，又善于集中统一。弘扬忠诚老实、公道正派、实事求是、清正廉洁等价值观，坚决防止和反对个人主义、分散主义、自由主义、本位主义、好人主义，坚决防止和反对宗派主义、圈子文化、码头文化，坚决反对搞两面派、做两面人。全党同志特别是高级干部要加强党性锻炼，不断提高政治觉悟和政治能力，把对党忠诚、为党分忧、为党尽职、为民造福作为根本政治担

①本书编写组.党的十九大报告学习辅导百问[M].北京：党建读物出版社，学习出版社，2017：49.

当，永葆共产党人政治本色。”①

（3）思想建设是党的基础性建设理论。

坚持党的思想路线，坚持真理、修正错误，不断推进马克思主义中国化时代化大众化，用新时代中国特色社会主义思想武装全党、教育人民，建设马克思主义学习型政党，提高全党的马克思主义水平，提高运用科学理论改造主观世界和客观世界的能力，用党的创新理论武装头脑，推动全党更加自觉地为新时代党的历史使命不懈奋斗。

（4）加强党的执政能力建设和先进性、纯洁性建设的理论。

以党的执政能力建设、先进性和纯洁性建设为主线，坚持科学执政、民主执政、依法执政，着力提高党总揽全局、协调各方的能力和水平，建设高素质干部队伍，凝聚各方面人才和力量，充分发挥党委领导核心作用、基层党组织战斗堡垒作用、共产党员先锋模范作用，使党始终代表中国先进生产力发展要求、中国先进文化前进方向、中国最广大人民根本利益。

（5）立党为公、执政为民的理论。

坚持全心全意为人民服务的根本宗旨，坚持以人为本的核心立场，贯彻马克思主义群众观点和党的群众路线，保持党同人民群众的血肉联系，实现好维护好发展好最广大人民的根本利益，做到权为民所用、情为民所系、利为民所谋，不断增强党的阶级基础、扩大党的群众基础，使党始终得到人民群众的支持和拥护。

（6）以改革创新精神加强党的建设的理论。

坚持继承和创新相结合，坚持用时代发展要求审视自己，坚持解放思想、改革创新，全面推进党的建设新的伟大工程，全面提高党的建设科学化水平。建立健全以党章为根本、以民主集中制为核心的制度体系，推进党的建设科学化、制度化、规范化。积极发展党内民主，保障党的团结统一，增强党的创造活力。

（7）全面从严治党的理论。

治国必先治党、治党务必全面从严。要从关系人心向背和党的生死存亡的战略高度，坚持对各级党组织和全体党员干部严格要求、严格教育、严格管理、严格监督，严明党的政治纪律和政治规矩，推进党的思想建设、组织建设、作风建设、反腐倡廉建设和制度建设，增强自我净化、自我完善、自我革新、自我提高能力，建设学习型、服务型、创新型的马克思主义执政党，确保党始终成为中国特色社会主义事业的坚强领导核心。

中国共产党的执政党建设理论，坚持和发展了马克思主义关于无产阶级政党建设的思想，体现和深化了对共产党执政规律和党的自身建设规律的认识，是加强和改进新形势下党的建设的重要指导思想，必须在实践中长期坚持和不断发展。

三、坚持和完善党的领导制度体系

党的十九届四中全会提出要坚持和完善党的领导制度体系，提高党科学执政、民主执政、依法执政水平。[①]

1. 建立不忘初心、牢记使命的制度

确保全党遵守党章，恪守党的性质和宗旨，坚持用共产主义远大理想和中国特色社会主义共同理想凝聚全党、团结人民，用习近平新时代中国特色社会主义思想武装全党、教育人民、指导工作，夯实党执政的思想基础。把不忘初心、牢记使命作为加强党的建设的永恒课题和全体党员、干部的终身课题，形成长效机制，坚持不懈锤炼党员、干部忠诚干净担当的政治品格。全面贯彻党的基本理论、基本路线、基本方略，持续推进党的理论创新、实践创新、制度创新，使一切工作顺应时代潮流、符合发展规律、体现人民愿望，确保党始终走在时代前列、得到人民衷心拥护。

2. 完善坚定维护党中央权威和集中统一领导的各项制度

推动全党增强“四个意识”、坚定“四个自信”、做到“两个维护”，自觉在思想上政治上行动上同以习近平同志为核心的党中央保持高度一致，坚决把维护习近平总书记党中央的核心、全党的核心地位落到实处。健全党中央对重大工作的领导体制，强化党中央决策议事协调机构职能作用，完善推动党中央重大决策落实机制，严格执行向党中央请示报告制度，确保令行禁止。健全维护党的集中统一的组织制度，形成党的中央组织、地方组织、基层组织上下贯通、执行有力的严密体系，实现党的组织和党的工作全覆盖

3. 健全党的全面领导制度

完善党领导人大、政府、政协、监察机关、审判机关、检察机关、武装力量、人民团体、企事业单位、基层群众自治组织、社会组织等制度，健全各级党委（党组）工作制度，确保党在各种组织中发挥领导作用。完善党领导各项事业的具体制度，把党的领导落实到统筹推进“五位一体”总体布局、协调推进“四个全面”战略布局各

---

①中国共产党中央委员会. 中共中央关于坚持和完善中国特色社会主义制度、推进国家治理体系和治理能力现代化若干重大问题的决定：中国共产党第十九届中央委员会第四次全体会议文件汇编[M]. 北京：人民出版社，2019：23-27.

方面。完善党和国家机构职能体系，把党的领导贯彻到党和国家所有机构履行职责全过程，推动各方面协调行动、增强合力。

4. 健全为人民执政、靠人民执政各项制度

坚持立党为公、执政为民，保持党同人民群众的血肉联系，把尊重民意、汇集民智、凝聚民力、改善民生贯穿党治国理政全部工作之中，巩固党执政的阶级基础，厚植党执政的群众基础，通过完善制度保证人民在国家治理中的主体地位，着力防范脱离群众的危险。贯彻党的群众路线，完善党员、干部联系群众制度，创新互联网时代群众工作机制，始终做到为了群众、相信群众、依靠群众、引领群众，深入群众、深入基层。健全联系广泛、服务群众的群团工作体系，推动人民团体增强政治性、先进性、群众性，把各自联系的群众紧紧团结在党的周围。

5. 健全提高党的执政能力和领导水平制度

坚持民主集中制，完善发展党内民主和实行正确集中的相关制度，提高党把方向、谋大局、定政策、促改革的能力。健全决策机制，加强重大决策的调查研究、科学论证、风险评估，强化决策执行、评估、监督。改进党的领导方式和执政方式，增强各级党组织政治功能和组织力。完善担当作为的激励机制，促进各级领导干部增强学习本领、政治领导本领、改革创新本领、科学发展本领、依法执政本领、群众工作本领、狠抓落实本领、驾驭风险本领，发扬斗争精神，增强斗争本领。

6. 完善全面从严治党制度

坚持党要管党、全面从严治党，增强忧患意识，不断推进党的自我革命，永葆党的先进性和纯洁性。贯彻新时代党的建设总要求，深化党的建设制度改革，坚持依规治党，建立健全以党的政治建设为统领，全面推进党的各方面建设的体制机制。坚持新时代党的组织路线，健全党管干部、选贤任能制度。规范党内政治生活，严明政治纪律和政治规矩，发展积极健康的党内政治文化，全面净化党内政治生态。完善和落实全面从严治党责任制度。坚决同一切影响党的先进性、弱化党的纯洁性的问题作斗争，大力纠治形式主义、官僚主义，不断增强党的创造力、凝聚力、战斗力，确保党始终成为中国特色社会主义事业的坚强领导核心。

四、坚定维护党中央权威和集中统一领导的各项制度

完善坚定维护党中央权威和集中统一领导的各项制度，才能更好坚持和加强党的全面领导，更好发挥党的领导这一最大优势。

1. “两个维护”的制度

“两个维护”是党的十八大以来的重大政治成果和宝贵经验，是全党在革命性锻

造中形成的共同意志，是最重要的政治纪律和政治规矩。

知识链接10-2

“两个维护”[①]

2019年1月31日，中共中央办公厅印发实施《中共中央关于加强党的政治建设的意见》，明确规定：坚持和加强党的全面领导，最重要的是坚决维护党中央权威和集中统一领导；坚决维护党中央权威和集中统一领导，最关键的是坚决维护习近平总书记党中央的核心、全党的核心地位。要教育引导党员干部从历史和现实、理论和实践、国内和国际的结合上深刻认识、强化认同，不断增强拥护核心、跟随核心、捍卫核心的思想自觉政治自觉行动自觉，始终同以习近平同志为核心的党中央保持高度一致，做到党中央提倡的坚决响应、党中央决定的坚决执行、党中央禁止的坚决不做。要以党章为根本依据，不断完善保障“两个维护”的制度机制，严格执行《关于新形势下党内政治生活的若干准则》《中国共产党重大事项请示报告条例》《中共中央政治局关于加强和维护党中央集中统一领导的若干规定》等党内法规，加强对贯彻执行党的路线方针政策和决议情况的督促检查，完善党中央重大决策部署和习近平总书记重要指示批示贯彻落实的督查问责机制。要以正确的认识、正确的行动坚决做到“两个维护”，坚决防止和纠正一切偏离“两个维护”的错误言行，不得搞任何形式的“低级红”“高级黑”，决不允许对党中央阳奉阴违做两面人、搞两面派、搞“伪忠诚”。

2. 党中央对重大工作的领导体制

党的十八大以来，党中央加强中央财经领导小组工作机制，成立全面深化改革、国家安全、网络安全和信息化、军民融合发展等重要领域的决策议事协调机构，在中央政治局及其常委会领导下，加强顶层设计、统筹协调、整体推进、督促落实，对于加强党中央对重大工作的领导发挥了重要作用。党的十九大后，党中央在深化党和国家机构改革中，着力从制度安排上发挥党的领导这个最大的体制优势，适当归并党中央决策议事协调机构，统一各委员会名称，进一步完善了党中央对重大工作的领导体制。组建中央全面依法治国委员会、中央审计委员会、中央教育工作领导小组，将中央全面深化改革领导小组、中央网络安全和信息化领导小组、中央财经领导小组、中

①中共中央办公厅. 中共中央关于加强党的政治建设的意见[EB/OL]. 中华人民共和国中央人民政府网，2019-2-27. http://www.gov.cn/zhengce/2019-02/27/content_5369070.htm

央外事工作领导小组分别改为委员会，负责相关领域重大工作的全面领导。

3. 党中央重大决策落实机制

党中央制定的路线方针政策、作出的决策部署，是全党全国各族人民统一思想、统一意志、统一行动的依据，所有党组织都要不折不扣贯彻落实。党的十八大以来，习近平总书记反复强调“一分部署，九分落实”，要以钉钉子精神推动党中央决策部署贯彻落实。中央有关部门建立完善贯彻落实党中央决策部署的任务分工、督促检查、情况通报、监督问责等制度机制，推动各地区各部门深入学习贯彻习近平新时代中国特色社会主义思想，抓好习近平总书记重要指示批示和党中央决策部署落实见效。要优化完善推动党中央重大决策落实机制，制定责任清单，化解部门分歧，消除条块梗阻，力戒形式主义、官僚主义。要建立定期就习近平总书记重要指示批示和党中央决策部署贯彻落实情况“回头看”和报告、通报制度，切实解决贯彻落实中的困难和问题，确保党中央政令畅通、令行禁止。

案例导入10-1

秦岭北麓西安境内违建别墅问题①

秦岭是重要的生态安全屏障，有着“国家中央公园”和“中国绿肺”之称。为保护秦岭，2003年陕西省政府下发的《关于开展秦岭北麓生态环境保护专项整治工作的通知》明确规定，“禁止任何单位和个人在秦岭北麓区域内从事房地产开发，修建商品住宅和私人别墅。”多年来，陕西省和西安市曾相继出台《陕西省秦岭生态保护条例》《西安市秦岭生态环境保护条例》《西安市秦岭生态环境保护管理办法》等多项政策法规，并对部分违建别墅进行过拆除，但仍有一些人盯上了秦岭的“好山好水”，违规建成的别墅导致大量耕地、林地被圈占，违规建设的别墅大量出现，成为秦岭青山绿水中的一块块补丁式的疤痕，极大的危害着秦岭的生态环境。

2014年5月13日，习近平总书记就秦岭北麓西安段圈地建别墅问题作出重要批示，要求陕西省委省政府主要负责同志关注此事。10月13日，习近平总书记又作出重要批示，要求“务必高度重视，以坚决的态度予以整治，以实际行动遏止此类破坏生态文明的问题蔓延扩散”。从2015年2月到2018年4月，习近平总书记又作过三次重要批示指示。其中，2016年2月，在对祁连山自然保护区和木里矿区生态环境综合整治作重要

①央视新闻. 秦岭违建别墅整治始末：一抓到底正风纪[J/OL]. 新华网，2019-01-09，http://www.xinhuanet.com/legal/2019-01/09/c_1123968682.htm

批示中，就专门提到秦岭北麓西安境内圈地建别墅问题，并且强调“对此类问题，就要扭住不放、一抓到底，不彻底解决绝不放手”。

2018年7月31日开始的陕西省秦岭北麓西安境内违规建别墅问题专项整治行动，重点整治长安区和鄠邑区。70余天时间，长安区共拆除违建别墅280栋、面积17.5万平方米；鄠邑区共拆除违建355栋、面积12.7万平方米。同时，此次“环保风暴”还向宝鸡、渭南、汉中、安康、商洛等5市延伸，这些市对秦岭区域违法建筑和破坏生态环境问题进行拉网式排查，对违建别墅、违法采矿、采伐毁林等行为坚决予以打击，还青山绿水于百姓。

2019年1月27日，陕西省省长刘国中代表陕西省人民政府做政府工作报告，通报全面彻底整治秦岭北麓违建别墅问题，共拆除违建别墅1185栋，没收9栋，收回国有土地4557亩，退还集体土地3257亩，拆除各类违建162万平方米。实现了从全面拆除到全面复绿；一些党员干部因违纪违法被立案调查。

案例思考：

对于这样反面典型，如何引以为戒？

4. 严格执行向党中央请示报告制度

针对一些地方和部门请示报告意识不强、内容把握不准、程序方式不规范，在请示报告上打折扣、搞变通、不实事求是等突出问题，《中国共产党重大事项请示报告条例》确立了请示报告的工作体制，对请示报告什么、怎么请示报告等基本问题作出全面规定。涉及党和国家工作全局的重大方针政策，经济、政治、文化、社会、生态文明建设和党的建设中的重大原则和问题，国家安全、港澳台侨、外交、国防、军队等党中央集中统一管理的事项，以及其他只能由党中央领导和决策的重大事项，必须向党中央请示报告。超出自身职权范围的事项必须请示报告，在自身职权范围内关乎全局、影响广泛的重要事情和重要情况也应当请示报告。

5. 健全维护党的集中统一的组织制度

党的力量来自组织。我们党是拥有9000多万党员、460多万个基层党组织的世界第一大执政党，形成了包括党的中央组织、地方组织、基层组织在内的严密组织体系。健全维护党的集中统一的组织制度，才能更好凝聚全党智慧、强基固本，不断增强党的政治领导力、思想引领力、群众组织力、社会号召力。要进一步明确各级党组织、党员领导干部的职责定位。党中央是大脑和中枢，对党和国家事业发展重大工作实行集中统一领导，必须有定于一尊的权威。党的地方组织的根本任务是确保党中央决策部署贯彻落实，要牢固树立一盘棋意识，有令即行、有禁即止。党组要贯彻落实党中央以及上级党组织决策部署，发挥好把方向、管大局、保落实的重要作用。每个党员特别是党员领导干部要强化党的意识和组织观念，相信组织、依靠组织、服从组织，自觉做到忠诚干净担当。要更加注重党的组织体系建设，扎实做好抓基层、打基础的工作，以提升组织力为重点，突出政治功能，扩大基层党的组织覆盖和工作覆盖，切实把党的领导落实到基层，确保全党团结统一、行动一致。

第二节 新时代党的建设总要求

中国共产党能够带领人民进行伟大的社会革命，也能够进行伟大的自我革命。在科学把握新时代党的建设面临新形势的基础上，以习近平同志为核心的党中央提出了新时代党的建设的总要求，为新时代推进党的建设新的伟大工程指明了努力方向和前进路径。

一、党的建设面临的新形势

中国共产党是一个有着9000多万名党员、460多万个基层党组织的党，是一个在14亿人口的大国长期执政的党，是中国特色社会主义事业的坚强领导核心，党的自身建设历来关系重大、决定全局。

当今世界正经历百年未有之大变局，我国正处于实现中华民族伟大复兴关键时期，我们党正带领人民进行具有许多新的历史特点的伟大斗争，形势环境变化之快、改革发展稳定任务之重、矛盾风险挑战之多、对我们党治国理政考验之大前所未有。我们党作为百年大党，要始终得到人民拥护和支持，书写中华民族千秋伟业，必须始终牢记初心和使命，坚决清除一切弱化党的先进性、损害党的纯洁性的因素，坚决割除一切滋生在党的肌体上的毒瘤，坚决防范一切违背初心和使命、动摇党的根基的危险。

1. 勇于进行自我革命是中国共产党鲜明的政治品格

案例导入10-2

“人心向背”①

习近平总书记用“人心向背”回答了“中国共产党为什么要坚定不移反对腐败”

①中央纪委宣传部，中央电视台. 永远在路上：第一集《人心向背》[OL]. 中央电视台综合频道，2016-10-17. http://tv.cctv.com/2016/10/17/VIDEAfR8Pxzb47Ez3MbI8zzG161017.shtml

这个大问题。就像70多年前，毛泽东回答如何跳出“历史周期律”的问题一样，答案里核心的道理，同样是“人心向背”四个字。1945年7月，民主人士黄炎培访问延安，看到的延安街头“无一人游手好闲”，意见箱在大街上随处可见，“人人可上书于主席毛泽东”。他坦言：“延安五日中间所看到的，当然是距离我理想相当近的。”然而饱经世事的黄炎培有一个疑问，那就是：将来会怎么样？一次谈话中，他向毛泽东直接提出了历史周期律这个问题。一些封建王朝刚建立的时候，励精图治一片新气象，但是时间不长人亡政息，可以说中国古代的很多王朝，基本上都是限于这个所谓历史周期律。黄炎培先生问毛泽东，共产党有没有办法跳出这个历史周期律。毛泽东很自信说能跳出，靠什么呢，靠人民起来监督政府，那就不会发生人亡政息的问题。

这段发生在窑洞里的对话，被后人称为“窑洞对”。70多年过去了，社会生活发生了巨大的变化。当年“窑洞对”发生的地方，如今已是游客们观光的胜地。延安这座城市，也和整个中国一样，在不断发展变迁之中。然而，这段发生在70多年前的对话，在今天并不过时，仍然是对中国共产党有力的鞭策和警示。

2015年，国家统计局在22个省区市开展了全国党风廉政建设民意调查，结果显示，91.5%的群众对党风廉政建设和反腐败工作成效表示满意，而2012年这个数字是75%。三年时间提高了16.5个百分点，这个直观而又积极的变化，说明人们对反腐败的信心有了大幅度的提升。

案例思考：

为什么人民群众对中央反腐信心大幅度提高？试举例说明。

“中国共产党要担负起领导人民进行伟大社会革命的历史责任，必须勇于进行自我革命”。新时代党的自我革命必须直面解决党内存在的突出问题。党的十八大以来，以习近平同志为核心的党中央坚持发扬党的历史上行之有效的好经验好做法，深化对管党治党规律的认识，创造新的经验，坚定不移地推动全面从严治党，进行了刀刃向内的自我革命。经受了深刻洗礼和革命性锻造，中国共产党理想信念更加坚定、党性更加坚强，党内政治生活气象更新，党内政治生态明显好转，党自我净化、自我完善、自我革新、自我提高能力显著增强，不敢腐的目标初步实现，不能腐的笼子越扎越牢，不想腐的堤坝正在构筑，反腐败斗争压倒性态势已经形成并巩固发展，党的执政基础和群众基础更加巩固。

知识链接10-3

中国共产党的“自我革命”建设[①]

早在新民主主义革命时期，我们党就在党纲党章和党内文件中制定了一系列推动自我革命的规章制度。1926年8月，中共中央扩大会议发布的《坚决清理贪污腐化分子》通告要求各地党组织坚决清洗贪污腐化分子，制止党内产生腐败问题。这是我们党历史上第一个惩治贪污腐化分子的重要文件。1927年5月，党的五大选举产生了第一个党的纪律检查机构——中央监察委员会，作为维护和执行党纪的专门机关，纯洁和净化党员和干部队伍。

1941年5月至1945年4月，通过延安整风运动纠正主观主义、宗派主义、教条主义错误，确立了实事求是的思想路线，实现了思想理论的革命化，推动马克思主义中国化的新发展，为党领导取得新民主主义革命胜利奠定坚实的基础。

1949年新中国成立后，我们党在全国范围内取得了执政地位，在领导国家建设的进程中继续发扬自我革命精神。毛泽东同志在七届二中全会上指出，“夺权全国胜利，这只是万里长征走完了第一步。”全党要牢记并践行毛泽东同志提出的“两个务必”要求，继续发扬党在过去革命时期的革命热情、拼命精神，把革命工作做到底。在社会主义建设和改革时期，我们党努力净化党的思想、政治和组织队伍，以勇于自我革命精神纠正“文化大革命”的错误；我们党不断改进和创新自我革命的方式方法，采取以学习教育活动和依规治党方式推动党的自我革命，以正视问题的自觉和刀刃向内的勇气，加强党的领导和党的建设，坚定不移推进从严治党。

党的十八大以来，以习近平同志为核心的党中央坚持和弘扬自我革命的优良传统，在全面从严治党的实践中校正了党和国家事业前进的航向，使党在革命性锻造中更加强大。

2.中国共产党面临的新挑战

在充分肯定全面从严治党取得显著成效的同时，也要清醒认识到决胜全面建成小康社会任务艰巨、实现中华民族伟大复兴的历史使命，对党提出的前所未有的新挑战新要求。中国共产党要团结带领人民在新时代的历史起点上坚持、完善和发展中国特色社会主义，必须经受“四个考验”，克服“四个危险”，增强“四种意识”。

①赵绪生.勇于自我革命：中国共产党的鲜明品格[N/OL].求是网，2019-9-10. http://www.qstheory.cn/wp/2019-09/10/c_1124979158.htm

（1）党的建设面临的“四个考验”。

中国共产党历经革命、建设和改革中国特色社会主义新时代，已经从领导人民为夺取全国政权而奋斗的党，成为领导人民掌握全国政权并长期执政的党；已经从受到外部封锁和实行计划经济条件下领导国家建设的党，成为对外开放和发展社会主义市场经济条件下领导国家建设的党。在世情国情党情发生深刻变化的情况下，提高党的领导水平和执政水平、提高拒腐防变和抵御风险能力，面临一系列长期、复杂和严峻的考验。

第一，长期执政考验。无产阶级政党夺取政权不易，执掌好政权，尤其是长期执掌好政权更为不易。党的执政地位不是与生俱来的，也不是一劳永逸的。习近平告诫全党：“功成名就时做到居安思危、保持创业初期那种励精图治的精神状态不容易，执掌政权后做到节俭内敛、敬终如始不容易，承平时期严以治吏、防腐戒奢不容易，重大变革关头顺乎潮流、顺应民心不容易。”①明确表明了中国共产党长期执政面临的考验是长期的、复杂的。

案例导入10-3

三面历史镜子②

对于我们党来说，有三面真实的历史镜子需要随时照一照，不断提醒自己认清执政考验的长期性和复杂性。

第一面镜子就是毛泽东同志讲“进京赶考”时提到的李自成农民军。370多年前的甲申年间，历经艰难困苦才建立的大顺农民政权，仅仅40多天就灰飞烟灭。为什么李自成农民军亡得这么快？一个重要原因就是腐败。尽管李自成本人还不那么花天酒地，但他的大多数将领却已开始贪图享乐，再也无心打仗。

第二面镜子就是蒋介石领导的国民党。抗战胜利后，蒋介石的威望一度如日中天。但是，他的那些去上海等大城市的“接收大员”们，大搞“三阳（洋）开泰”（捧西洋、爱东洋、要现洋）、“五子登科”（位子、金子、房子、车子、女子），竞相抢掠、劫收横财，充分暴露其腐败面目，人心丧尽，结果短短几年时间国民党政权迅即崩溃。

第三面镜子就是苏联东欧易帜剧变：“亡党亡国”——亡执政之党、亡社会主义之国。苏联作为世界上第一个社会主义国家，艰苦奋斗几十年，在第二次世界大战中

①习近平. 牢记初心使命，推进自我革命[J]. 求是，2019（15）：6.

②石仲泉. 直面执政考验要以史为鉴，[N/OL]. 人民网，2018-5-16. http://theory.people.com.cn/n1/2018/0325/c40531-29887328.html

没有被希特勒打垮，并且为第二次世界大战胜利立下大功；在二十世纪六七十年代还发展成为能与美国抗衡的超级大国。谁能想到，这个超级大国在没有硝烟的和平环境中竟然土崩瓦解了。建设了半个世纪社会主义的东欧各国也相继改换门庭，姓“资”不姓“社”了。这些国家剧变的情况虽各不相同，但执政党没有认清执政考验是长期的、复杂的，没有根据执政环境变化及时加强自身建设，无疑是重要原因。

案例思考：

“以史为鉴，可以知兴替”，试举例说明中国共产党面临的长期执政考验。

第二，改革开放考验。在新的历史时期，中国共产党肩负着领导全国人民进行改革开放和实现社会主义现代化的伟大任务。避免改革开放发生方向性、颠覆性错误，是新时代中国共产党面临的重大考验。党要确保改革开放始终沿着中国特色社会主义道路前进，既不走封闭僵化的老路，也不走改旗易帜的邪路。改革进入攻坚期和深水区，如何化解各种利益矛盾、突破利益固化藩篱、协调复杂利益关系，使改革开放平稳深入推进，考验着党领导改革开放的能力。改革开放只有进行时，没有完成时。既有的矛盾和问题解决了，新的矛盾和问题又会产生。解决我国社会主要矛盾的长期性，决定我们党必然要长期面对改革开放的考验。

案例导入10-4

隐瞒境外存款且数额巨大①

内蒙古自治区国防科学技术工业办公室原主任、自治区经济和信息化委员会原党组成员、副主任文民违反政治纪律，对抗组织审查，参加迷信活动，对党不忠诚，搞两面派、做两面人；违反中央八项规定精神，使用超标准公车、公车私用；违反组织纪律，不如实申报个人事项，在干部职务调整晋升过程中收受他人财物；违反廉洁纪律，违规收受礼金，违规从事营利活动，利用职权为亲属的经营活动谋取利益；违反工作纪律，履职不力；违反生活纪律，贪图享乐、生活腐化，长期与他人保持不正当关系。文民利用职务上的便利，非法占有公共财物，涉嫌贪污罪；为他人谋取利益并收受财物，涉嫌受贿罪；家庭财产和支出明显超过其合法收入，且数额特别巨大，不能说明来源，涉嫌巨额财产来源不明罪；违反国家规定，故意隐瞒不报在境外的存款，且数额巨大，涉嫌隐瞒境外存款罪；违反规定、超越职权处理公务，造成国家经

①中央纪委国家监委. 内蒙古自治区国防科学技术工业办公室原主任文民被开除党籍和公职[EB/OL]. 中央纪委国家监委网，2018-9-30. http://www.ccdi.gov.cn/scdc/sggb/djcf/201809/t20180930_180853.html

济损失，涉嫌滥用职权罪。

文民理想信念丧失，毫无党性原则，追求低级趣味，生活腐化堕落，贪婪成性，聚敛无厌，严重违反党的纪律，构成职务违法并涉嫌犯罪，且在党的十八大之后不收敛、不收手，给党的事业和形象造成严重损害，性质恶劣，情节严重，应予严肃处理。依据《中国共产党纪律处分条例》《行政机关公务员处分条例》《公职人员政务处分暂行规定》《中华人民共和国监察法》等有关规定，经内蒙古自治区纪委常委会、监委委员会会议审议并报内蒙古自治区党委批准，决定给予文民开除党籍处分，撤销其纪委委员职务，待召开自治区纪委全体会议时予以追认；由自治区监委给予其开除公职处分；收缴其违纪违法所得；将其涉嫌犯罪问题移送检察机关依法审查起诉，所涉财物随案移送。

案例思考：

从文民一案说明中国共产党面临哪些改革开放中的考验？

第三，市场经济考验。中国的社会主义市场经济体制是一种新型市场经济体制，没有现成的经验可以借鉴，也必然会遇到各种突出矛盾和问题。如何使市场在资源配置中起决定性作用和更好发挥政府作用，进一步完善社会主义市场经济体制，充分体现社会主义制度的优越性，是党需要不断探索和回答的重大课题。在新时代，党面临的市场经济考验主要是经济波动和金融运行风险的考验，收入分配差距扩大的考验，产生消极腐败的考验。如何既能领导好社会主义市场经济，又能始终保持党的先进性和纯洁性，也是摆在党面前的一个重大考验。

案例导入10-5

刘青山、张子善案①

1951年11月，中共河北省第三次代表会议揭露了刘青山、张子善的罪行。同年12月4日，中共河北省委做出决议，经中央华北局批准，将刘青山、张子善开除出党。随后河北省人民法院报请最高人民法院批准，判处刘青山、张子善死刑。1952年2月10日，河北省人民政府举行公审大会，刘、张二人被执行死刑。

刘青山，时任中共石家庄市委副书记。张子善，时任中共天津地委书记。他们过去在党的培养教育下，为党为人民做过很多有益的工作，无论是在抗日战争还是在解放战争中，都曾进行过英勇的斗争，建立过功绩。但在和平环境中，经不起资产阶级

①王少军，张福兴.反腐风暴：开国肃贪第一战[M/OL].中共党史出版社，2009.人民网.http://dangshi.people.com.cn/GB/146570/163312/index.html

的腐朽思想和生活方式的侵蚀，逐渐腐化堕落，成为人民的罪人。据调查，刘青山、张子善分别贪污达1.84亿元和1.94亿元（旧币与新币人民币比例为10000：1）。

据不完全统计，到1952年1月，全国县以上党政机关参加"三反"运动中的总人数为383万多人（未包括军队数字），全国共查出贪污旧币1000万元以上的贪污犯10万余人，贪污的总金额达6万亿元，对有严重贪污行为的罪犯，判处有期徒刑的9942人，判处无期徒刑的67人，判处死刑的42人，判处死缓的9人。而这其中，影响最大的就是刘青山、张子善的被处决。"三反"运动的胜利，纯洁了国家机关，对广大干部进行了一次廉洁奉公的教育，对防止干部的贪污腐败、保持干部队伍的清正廉洁有着深远的历史意义。同时，它也保证了我们党的干部十几年的清正廉洁，即使在"文化大革命"十年的无政府状态中，虽然缺少监察和监督，领导干部的贪污腐败现象也极为少见。毫不夸张地说，这个案件教育了整整一代共产党人。

案例思考：

开国初期，毛泽东为什么力主将刘、张二人判处极刑？

最后，外部环境考验。中国的前途命运日益紧密地同世界的前途命运联系在一起。党要领导好国内建设，一刻也不能忽视外部环境的影响，一刻也离不开对世界形势发展变化的准确判断。当今世界正面临百年未有之大变局，对我国而言，这个世界既充满机遇，也存在挑战。世界正经历新一轮大发展大变革大调整，大国战略博弈全面加剧，国际体系和国际秩序深度调整，人类文明发展面临的新机遇新挑战层出不穷，不确定不稳定因素明显增多。我国发展面临的外部环境更加复杂严峻。习近平主席指出，我们要不畏浮云遮望眼，善于拨云见日，把握历史规律，认清世界大势。面对复杂变化的世界，中国将不惧风雨勇向前，积极迎接各种考验，坚定维护国际公平正义，坚持和平发展道路，坚决捍卫国家利益。

（2）党的建设面临的"四个危险"。

习近平指出："当前，我国正处于一个大有可为的历史机遇期，发展形势总的是好的，但前进道路不可能一帆风顺，越是取得成绩的时候，越是要有如履薄冰的谨慎，越是要有居安思危的忧患，绝不能犯战略性、颠覆性错误。"[①]实现中华民族伟大复兴的中国梦，必然会面临一系列风险与考验，重要的是要认清和克服以精神懈怠的危险、能力不足的危险、脱离群众的危险、消极腐败的危险为代表的四个危险，有效

①习近平. 在新进中央委员会的委员、候补委员和省部级主要领导干部学习贯彻习近平新时代中国特色社会主义思想和党的十九大精神研讨班上的讲话[N]. 人民日报，2018-01-09（04）.

应对党面临的各种考验。

第一，精神懈怠的危险。革命精神是非常宝贵的，没有革命精神就没有革命行动。精神懈怠是一个政权、一个政党面临的系统性风险。当前，有些党员干部理想信念动摇，精神萎靡不振，“平平安安占位子，忙忙碌碌装样子，疲疲沓沓混日子”。有的躺在功劳簿上当“太平官”，患得患失不敢改革；有的面对风险难题当“葫芦官”，畏首畏尾不愿改革。为官不为已经成为当前的严重危险之一。在长期执政和改革发展取得巨大成就的情况下，如何避免精神懈怠、坚定理想信念、始终保持积极进取的精神状态，是一个重大而紧迫的问题。

第二，能力不足的危险。在国际国内复杂形势下，中国特色社会主义事业发展呈现出许多前所未有的新趋势新特点，面临着许多前所未有的新情况新问题，做好工作的艰巨性、复杂性、挑战性更加突出，对领导者素质、能力的要求越来越高。能力不足有迷失方向、成事不足败事有余的危险。能力不足、本领不强，就难以胜任领导改革开放和社会主义现代化建设的繁重任务，就不可能团结带领人民实现民族复兴伟业。克服一些党员干部素质不高、能力不强、本领恐慌、工作主动性和创造性不够等问题，不断提高领导改革开放和现代化建设的能力和本领，更加突出地摆在全党的面前。习近平指出：“很多同志有做好工作的真诚愿望，也有干劲，但缺乏新形势下做好工作的本领，面对新情况新问题，由于不懂规律、不懂门道、缺乏知识、缺乏本领，还是习惯于用老思路老套路来应对，蛮干盲干，结果是虽然做了工作，有时做得还很辛苦，但不是不对路子，就是事与愿违，甚至搞出一些南辕北辙的事情来。这就叫新办法不会用，老办法不管用，硬办法不敢用，软办法不顶用。我看这种状态，在党内相当一个范围、相当一个时期都是存在的。”①

第三，脱离群众的危险。党的根基在人民、血脉在人民、力量在人民。密切联系群众是中国共产党的最大政治优势，脱离群众是党执政后的最大危险。现在，有些党员干部严重脱离群众、脱离实际，不能深入基层，了解群众疾苦，把为人民服务的宗旨当成空洞的口号，官僚主义、形式主义严重。有些干部在讲台上高喊为群众服务，但在其内心里却始终把自己当作领导、高层次的人上人，把普通百姓当作低档次或低层次人，他们始终把自己当作群众的官老爷，高高在上，作威作福；他们严重损害党的威信、政府的威信，不断加深党和政府与普通百姓的矛盾。脱离群众不仅仅会使党无法做出正确的决策，不能形成科学有效的领导，甚至会与人民对立、被群众抛弃，

---

①习近平. 在中央党校建校80周年庆祝大会暨2013年春季学期开学典礼上的讲话（2013年3月1日）[N]. 人民日报，2013-03-03（02）.

丧失执政党地位。

案例导入10-6

省部级官员腐败案的特点分析[①]

省部级官员腐败案共收录了曝光于2002年11月至2014年4月间的104个案例，案例均源于人民网等权威媒体，最高人民法院、最高人民检察院的年度工作报告及中纪委的纪检通报（见表10-1）。在这104个案例中，从罪名来看，受贿罪居多，共55例，涉及中央政治局原委员2名，分别是上海市原市委书记陈良宇和重庆市原市委书记薄熙来。

表 10-1 腐败官员情况统计

腐败官员级别	政治局委员	正部级	副部级	中将	少将
人数（人）	2	22	77	2	1
比例（%）	1.92	21.15	74.04	1.92	0.96

省部级官员的腐败影响大、危害大，其腐败特点在很大程度上也反映了我国腐败官员的一个共同的趋势。通过对样本数据的分析，总结归纳出以下七个特点及趋势：能力强、潜伏期长、贪腐金额大；“边腐边升”现象不容忽视；窝案、串案频发；生活作风问题凸显；雅贿（指接受行贿人所送名人字画、珍奇古玩等物品）所占比重增大；家庭关、友情关、秘书关过不去；涉拆迁、涉房产腐败比重较大。对省部级官员的处罚，无期以上的占40%以上，表明了中国共产党反腐的决心（见表10-2）。

表 10-2 刑罚种类和处分

刑罚种类	死刑	死缓	无期	有期徒刑	党政处分
人数（人）	4	24	14	17	19
比例（%）	3.85	23.08	13.46	16.35	18.27

案例思考：

应该如何加强对高级领导干部的监督？

最后，消极腐败的危险。消极腐败是党面临的最大威胁。坚决反对腐败，是中国共产党必须始终抓好的重大政治任务。消极腐败不仅包含形式主义、官僚主义、享乐主义、奢靡之风等作风问题，表现为漠视群众利益、庸政懒政怠政、追求个人享受等现象；还涵盖腐化变质、滥用公权力谋取私人利益等违法犯罪行为。消极腐败对行政效率和机关风气造成了严重的消极影响，极大损害了执政党和政府的公信力和公共形

①斯阳. 反腐倡廉新思考[M]. 北京：法律出版社，2014：26-46.

象。党的十九大报告指出，人民群众最痛恨腐败现象，腐败是我们党面临的最大威胁。

（3）增强“四种意识”。

面对新形势新任务，面对考验和危险，推动全党尊崇党章，增强政治意识、大局意识、核心意识、看齐意识“四种意识”。

第一，增强政治意识。习近平总书记指出，“作为党的干部，不论在什么地方、在哪个岗位上工作，都要增强党性立场和政治意识，经得起风浪考验”。①增强政治意识，是马克思主义政党的性质决定的，是我们党对党员、干部的一贯要求。党员、干部只有自觉增强政治意识，才能坚持坚定正确的政治方向，善于从政治上观察、分析、解决问题，对党绝对忠诚，自觉在思想上政治上行动上同以习近平同志为总书记的党中央保持高度一致，自觉为党的事业和人民幸福奉献终身。奋力推进全面从严治党，必须把增强政治意识摆在首位。全体党员必须强化政治意识，把稳政治方向，站稳政治立场，保持政治清醒，严守政治纪律。

案例导入10-7

长征是一次理想信念的伟大远征②

坚定的理想信念，激励着红军将士不怕流血牺牲，夺取长征的胜利。长征路上，一批批战友倒下了，后面的红军指战员掩埋好战友的尸体，揩干身上的血迹，又义无反顾地冲上去。是什么力量在激励、推动他们？是理想与信念的神奇力量在激励他们奋斗、前进，他们凭着永远跟共产党走、甘愿把自己的一切献给革命事业的赤胆忠心，英勇奋战，直至长征的胜利。

据统计，长征中牺牲的营以上干部430多名，其中军以上干部就有方志敏、刘畴西、寻淮洲、邓萍、吴焕先、曾中生、钱壮飞、罗南辉等10多名。“在红一方面军二万五千里的征途上，平均每300米就有一名红军牺牲。长征这条红飘带，是无数红军的鲜血染成的”。坚定的理想信念，激励着红军将士不畏艰难困苦，征服无数艰难险阻。在漫漫征途中，广大红军将士不仅要突破国民党重兵的围追堵截，还要克服大自然的各种艰难险阻，经受饥寒伤病的种种磨难，跨越近百条江河，攀越40余座高山险峰，其中海拔4000米以上的雪山就有20余座，穿越了被称为“死亡陷阱”的茫茫草地。红军指战员以革命理想高于天的坚定信念和不畏艰难困苦的革命精神，以常人不

①习近平. 在中央党校县委书记研修班学员座谈会上的讲话（2015年1月12日）[N]. 人民日报，2015-01-13（01）.

②姜廷玉. 长征是一次理想信念的伟大远征：理论热点问题党员干部学习辅导[M]. 东方出版社，2016：145-146.

可想象的勇气和毅力，与大自然进行了一次次较量，凭借顽强意志闯过了人类生存极限的挑战。红军将士上演了世界军事史上威武雄壮的战争活剧，创造了气吞山河的人间奇迹。

案例思考：

为什么长征中红军官兵能够不怕牺牲、克服重重困难去夺取胜利？

第二，增强大局意识。习近平同志强调，必须牢固树立高度自觉的大局意识，自觉从大局看问题，把工作放到大局中思考、定位、摆布，做到正确认识大局、自觉服从大局、坚决维护大局。回首中国共产党近百年奋斗历程，讲大局、顾大局，从全局出发制定战略、运用策略，是我们党的优良传统和制胜之道。党的十八大以来，党中央坚定不移推进全面从严治党，党员、干部的"四个意识"明显增强，大都能够讲政治、顾大局、守纪律，坚决贯彻落实中央决策部署，善于在大局下开展工作。增强大局意识，自觉服从大局是重点，坚决维护大局是关键，只有这样中国共产党才能在习近平同志为总书记的党中央坚强领导下，迸发强大的凝聚力、向心力、战斗力，团结带领14亿人民共筑小康梦想、共襄复兴伟业。

第三，增强核心意识。《中共中央关于加强党的政治建设的意见》强调坚持和加强党的全面领导，最重要的是坚决维护党中央权威和集中统一领导；坚决维护党中央权威和集中统一领导，最关键的是坚决维护习近平总书记党中央的核心、全党的核心地位。全体党员干部要不断增强拥护核心、跟随核心、捍卫核心的思想自觉政治自觉行动自觉，始终同以习近平同志为核心的党中央保持高度一致。

最后，增强看齐意识。增强"四个意识"，关键是要增强核心意识，最终要落实在看齐上。习近平总书记指出，"我们党是高度集中统一的马克思主义政党，思想上的统一、政治上的团结、行动上的一致是党的事业不断发展壮大的根本所在。"[①]党员干部要切实增强看齐意识，自觉在思想、政治、行动、作风等方面，始终做到向党中央看齐，向党的理论和路线方针政策看齐，向党中央决策部署看齐。增强看齐意识，思想上看齐，始终坚定理想信念；政治上看齐，坚决维护党中央权威和集中统一领导；行动上看齐，坚决贯彻落实党中央决策部署；作风上看齐，始终把人民放在心中最高位置。

中国共产党自诞生之日起，就担当起带领中国人民实现中华民族伟大复兴的中国梦的历史使命。经过近百年的奋斗，我们比历史上任何时期都更加接近这个目标，但

①习近平. 在全国党校工作会议上的讲话（2015年12月11日）[M]. 北京：人民出版社，2015：9.

实现这个目标仍然任重道远。新时代中国共产党要把中国特色社会主义这场伟大革命进行到底，必须勇于自我革命，消除一切损害党的先进性和纯洁性的因素，清除一切侵蚀党的健康肌体的病毒，不断增强党的政治领导力、思想引领力、群众组织力、社会号召力，确保党永葆旺盛生命力和强大战斗力。

二、党的建设总要求的基本内涵

习近平总书记在十九大报告中提出："新时代党的建设总要求是：坚持和加强党的全面领导，坚持党要管党、全面从严治党，以加强党的长期执政能力建设、先进性和纯洁性建设为主线，以党的政治建设为统领，以坚定理想信念宗旨为根基，以调动全党积极性、主动性、创造性为着力点，全面推进党的政治建设、思想建设、组织建设、作风建设、纪律建设，把制度建设贯穿其中，深入推进反腐败斗争，不断提高党的建设质量，把党建设成为始终走在时代前列、人民衷心拥护、勇于自我革命、经得起各种风浪考验、朝气蓬勃的马克思主义执政党。"①这一总要求的基本内涵应该包含以下几个方面。

第一，坚持和加强党的全面领导是新时代党的建设根本原则，是党的建设的根本出发点和落脚点，也是全面从严治党的核心。坚持和加强党的全面领导，党的政治建设是党的根本性建设，必须把党的政治建设摆在首位；在开创和发展中国特色社会主义事业的整个历史进程中，党始终发挥着总揽全局、协调各方的作用；制度管根本、管全局、管长远，不断完善坚持和加强党的全面领导的体制机制，为坚持和加强党的全面领导提供制度保证。

第二，坚持党要管党，全面从严治党，是新时代党的建设的指导方针。围绕加强党的领导这个根本，把党建设成为始终走在时代前列、人民衷心拥护、勇于自我革命、经得起各种风浪考验、朝气蓬勃的马克思主义执政党，使中国特色社会主义展现出更加强大、更有说服力的真理力量，在历史性"赶考"中交出优异答卷。

第三，加强党的长期执政能力建设、先进性和纯洁性建设，是新时代党的建设的一条主线。加强长期执政能力建设，要继续坚定政治自信，只有坚定政治自信，才能保持政治定力；要继续强化使命担当，自觉将使命放在心上、把责任扛在肩上；要牢牢把握新时代历史方位，勇于直面自身存在的问题、勇于推进自我革命。加强党的长期执政能力建设，意味着我们必须始终保持不忘初心、牢记使命，保持先进性和纯洁性。

第四，以党的政治建设为统领，全面推进党的政治建设、思想建设、组织建设、作风建设、纪律建设，把制度建设贯穿其中，深入推进反腐败斗争，是新时代党的建

①本书编写组.党的十九大报告学习辅导百问[M].北京：党建读物出版社，2017：49.

设总体布局，表明中国共产党更加注重党的建设的整体性和系统性。

最后，总要求提出了新时代党的建设的总目标是始终走在时代前列，反映了党的先进性基因和时代性特质；人民衷心拥护，是党长期执政的力量源泉；勇于自我革命，是党的鲜明品格和重要优势；经得起各种风浪考验，是党必须具备的政治智慧和战略定力；朝气蓬勃，是党应当永远保持的进取状态和精神风貌。十九大对新时代党的建设目标的探索主要包括三个方面：一是把党建设得更加坚强有力，二是不断提高党的建设质量，三是把党建设成为始终走在时代前列、人民衷心拥护、勇于自我革命、经得起各种风浪考验、朝气蓬勃的马克思主义执政党。这三个方面的党建目标具有鲜明的问题导向，体现了继承性与创新性的统一，对党的建设具有重要意义。

新时代党的建设总要求，坚持以习近平新时代中国特色社会主义思想为指导，反映了党以自我革命引领社会革命的责任担当，突出了马克思主义执政党的政治属性，明确了新时代全面从严治党的思路和方略，对推进党的建设新的伟大工程作出了顶层设计和战略部署，进一步丰富发展了马克思主义建党学说，标志着党对执政党建设规律的认识达到新的高度，为新时代推进党的建设新的伟大工程，继续推进党的自我革命指明了努力方向和前进路径。

第三节　推动全面从严治党向纵深发展

新时代党的建设伟大工程，要结合伟大斗争、伟大事业、伟大梦想的实践来进行，以政治建设为统领，全面推进党的政治建设、思想建设、组织建设、作风建设、纪律建设，把制度建设贯穿其中，深入推进反腐败斗争，推动全面从严治党向纵深发展。

一、新时代全面从严治党

1. 全面从严治党成效卓著

中国特色社会主义进入新时代，全面从严治党成效卓著，中国共产党的十九大报告指出，全面加强党的领导和党的建设坚决改变了管党治党宽松软状况；增强了“四个意识”，坚决维护党中央权威和集中统一领导，严明党的政治纪律和政治规矩，层层落实管党治党政治责任，党的政治纪律和政治规矩挺起来了；持续开展党的群众路线教育实践活动和“三严三实”专题教育，推进“两学一做”学习教育常态化制度化，全党理想信念更加坚定、党性更加坚强；贯彻新时期好干部标准，选人用人状况和风气明显好转；党的建设制度改革深入推进，党内法规制度体系不断完善；把纪律挺在前面，着力解决人民群众反映最强烈、对党的执政基础威胁最大的突出问题；出台中央八项规定，严厉整治形式主义、官僚主义、享乐主义和奢靡之风，坚决反对特权；巡视利剑作用彰显，实现了中央和省级党委巡视全覆盖；坚持反腐败无禁区、全覆盖、零容忍。我们以前往往强调抓大案要案，现在不一样了，反腐败是零容忍，坚定不移“打虎”“拍蝇”“猎狐”，反腐败斗争压倒性态势已经形成并巩固发展。[①]

案例导入10-8

“反腐重器”——《中华人民共和国监察法》与国家监察委员会[②]

2018年3月，十三届全国人大一次会议表决通过《中华人民共和国宪法修正案》《中华人民共和国监察法》。2018年3月23日，国家监察委员会揭牌，补齐了国家层面的监察机构，完善了中国特色监察体系。深化国家监察体制改革是贯彻党的十九大精神、健全党和国家监督体系的重要部署，是推进国家治理体系和治理能力现代化的一项重要改革。

《监察法》的通过正标志着监察体制拥有了法律“名分”，监察工作变得有法可依。《监察法》规定的监察对象是所有行使公权力的公职人员。这个变化将监督对象从党员、干部扩展到所有公职人员，填补了过去党规党纪和行政监察之间的空白地带。《监察法》明确了六类监察对象，既包括公务员以及参公管理人员、受委托管理公共事务组织中从事公务的人员，还涵盖国有企业管理人员、公办教科文卫体等单位和基层群众性自治组织中从事管理的人员等，只要依法履行公职，行使公权力，都被纳入监察范围。2019年1至11月，全国纪检监察机关共立案审查违反政治纪律案件1.6万件，处分1.7万人。全年共有19个省部级官员落马。

《监察法》中提出，要加强对所有行使公权力的公职人员的监督，实现国家监察全面覆盖。谁来监督监督者，监察机关一是接受人大监督；二是规定监察机关应当依法公开监察工作信息，接受民主监督、社会监督、舆论监督；三是设立内部专门的监督机构，强化自我监督；四是明确了对监察机关及其工作人员不当行为的申诉和责任追究制度。此外，监察机关与司法机关还形成了相互制约的关系。2019年，全国共谈话函询纪检监察干部9800余人，组织处理1.3万人，处分3500余人，涉嫌犯罪移送检察机关150人。真正把所有公权力都关进制度的“笼子”。毫无疑问，任何权力都要受到监督，监察权自然也不可能例外。

案例思考：

①中国共产党为什么对反腐败要零容忍？

②对监察权应该如何加强监督？

---

①本书编写组.党的十九大报告学习辅导百问[M].北京：党建读物出版社，学习出版社，2017：7.

②王博雅.2019年19名省部级官员落马：专题片《国家监察》[OL].国际在线，2020-1-18. http://news.cri.cn/20200118/bb5918ab-65c1-f245-2814-c8a69dfcca88.html

2. 全面从严治党的意义

新时代全面从严治党取得的成就，对党和国家事业发展具有重大而深远的影响。

首先，过去几年取得历史性成就、发生历史性变革，归根到底在于有以习近平同志为核心的党中央坚强领导，推动全面从严治党向纵深发展。习近平同志反复强调，“办好中国的事情，关键在党”。

其次，全面从严治党揭开了新时代序幕，为实现中华民族伟大复兴奠定了良好基础。要实现中华民族伟大复兴，没有一个伟大的党肯定是不行的。全面从严治党重新锻造了我们党，使我们党更加坚强有力，可以有效应对重大挑战、抵御重大风险、克服重大阻力、解决重大矛盾。

第三，我们能够取得改革开放和社会主义现代化建设的历史性成就，还在于有习近平同志这个新时代的领路人，进行顶层设计，推动党和国家事业发生历史性变革。

3. 全面从严治党永远在路上

“全面从严治党永远在路上”这一论断反映了我们党对党的建设面临形势和任务的清醒认识、对坚定不移推进全面从严治党的坚强决心，为新时代推进党的建设新的伟大工程确立了鲜明的主基调。当前，中国特色社会主义进入新时代，党要团结带领人民进行伟大斗争、推进伟大事业、实现伟大梦想，必须毫不动摇坚持和完善党的领导，毫不动摇把党建设得更加坚强有力。表明全面从严治党在党和国家事业发展中的根本性作用。

中国特色社会主义进入新时代，以习近平同志为核心的党中央以前所未有的力度推进全面从严治党，着力解决人民群众反映最强烈、对党的执政基础威胁最大的突出问题，取得历史性成就。但是，问题依然不少，全面从严治党任重道远，必须始终坚持问题导向，保持战略定力，推动全面从严治党向纵深发展，不断从思想上、政治上、组织上、作风上、制度上防范和解决党内存在的各种矛盾和问题。

中国特色社会主义进入新时代，党面临的国际环境和社会环境发生重大而深刻的变化，党员队伍的状况和结构也发生很大的变化，这既给党的发展带来新活力新机遇，也带来新风险新挑战。我们要有效应对“四大考验”和“四种危险”，不断提高自我净化、自我完善、自我革新、自我提高的能力，就必须坚持不懈抓好党的建设，不断把全面从严治党引向深入。

二、各方面推动全面从严治党向纵深发展

1. 把党的政治建设摆在首位

习近平总书记指出，党的政治建设是党的根本性建设。要把准政治方向，坚持党的政治领导，夯实政治根基，涵养政治生态，防范政治风险，永葆政治本色，提高政

治能力，为我们党不断发展壮大、从胜利走向胜利提供重要保证。

党的政治建设旨在通过正确的政治纲领、政治路线、政治立场、政治目标，以及严明的政治纪律，保证全体党员具有高度的政治觉悟，坚持正确政治方向，维护党的团结统一，实现党肩负的政治使命。在党的建设总体布局中，政治建设是“灵魂”和“根基”，是管总、管根本的，对党的其他建设具有统领提携、纲举目张的作用。

加强党的政治建设的首要任务是保证全党服从中央，坚持党中央权威和集中统一领导。其次，加强党的政治建设的基本途径是尊崇党章，严格执行新形势下党内政治生活若干准则，增强党内政治生活的政治性、时代性、原则性、战斗性。第三，加强党的政治建设的基础工程是加强党内政治文化建设，营造风清气正的良好政治生态。最后，加强党的政治建设的重要内容是加强党性锻炼，提高全党同志特别是高级干部的政治觉悟和政治能力。

2. 思想建党和制度治党同向发力

党的思想建设和制度建设紧密结合，在全面从严治党中具有基础性、综合性的地位和作用。要思想建党和制度治党同向发力，统筹推进党的各项建设。

党的思想建设，是指党为保持创造力、凝聚力和战斗力而在思想理论方面所进行的一系列工作。思想建设是党的基础性建设，主要任务就是强化马克思主义理论武装，对党员进行党的基本理论、基本路线、基本方略的教育，保持全党在思想上政治上行动上的高度一致，保持党的先进性、纯洁性。坚定的理想信念，是保持党的团结统一的思想基础。思想建党，从根本上说就是牢固树立共产主义理想信念，牢固树立全心全意为人民服务根本宗旨。理论强党，从根本上说就是真正把马克思主义这个看家本领学精悟透用好，用新时代中国特色社会主义思想武装头脑、指导实践、推动工作。

制度治党，实质就是要用法治思维和法治方式管党治党。抓制度的贯彻执行，注重运用制度法规的执行力和约束力来调解党内矛盾、解决党内问题、规范党员行为。制度治党在目标指向上，重在规范外在言行举止；在方式方法上，采取刚性约束手段；在功能作用上，发挥着规范引导功效。

从严治党靠教育，也靠制度。前者侧重于培养内在的自觉动力，后者着力于外部的刚性制约。二者一柔一刚，要同向发力、同时发力。将思想建党和制度治党紧密结合，是中国共产党自身建设的显著特点和特有优势。思想建党打造的是从严治党的思想防线，制度治党打造的是从严治党的制度防线。思想教育要结合落实制度规定来进行。要使加强制度治党的过程成为加强思想建党的过程，也要使加强思想建党的过程成为加强制度治党的过程，二者不可偏废，相得益彰，相互促进。

知识链接10-4

抗日战争时期敌后抗日根据地制度建设①

制度问题是带有根本性、长期性和全局性的问题。抗战初期，为有效地防止腐败现象的滋生，陕甘宁边区制定和颁布了许多关于提高行政效率、反对贪污腐化的法规规章。如《陕甘宁边区惩治贪污条例》（1939年1月）、《晋西北惩治贪污暂行条例》（1941年9月）、《晋冀鲁豫边区惩治贪污暂行办法》（1942年2月）、《晋察冀边区惩治贪污条例》（1942年10月）等。制定和颁布了一系列文件，如《陕甘宁边区施政纲领》《政纪总原则草案》《政务人员公约》，明确规定各级政府及其工作人员必须遵守的原则、纪律和行动准则。这些法律、法规、规章的颁布，为边区政府及抗日根据地政府的廉政法制建设奠定了基础，及时遏制了陕甘宁边区腐败之风迅速蔓延的态势，腐败案件明显减少。如在陕甘宁边区，1940年查处贪污案644件，1941年上半年下降为153件；在太行区，1943年查处贪污案606件，1945年下降到238件。因此，在极为困难的抗日战争时期，坚决有力地依法惩治腐败，是保证清正廉洁的关键所在。依法反腐不仅要做到有法可依，更重要的是要做到有法必依、执法必严。中国共产党始终坚持法律面前人人平等的原则，坚定地反对一切腐败行为，确保政治廉洁，赢得了人民群众的拥护和信赖。

3. 加强干部队伍建设和组织建设

党的干部是党和国家事业的中坚力量，党的基层组织是确保党的路线方针政策和决策部署贯彻落实的基础。适应新时代中国特色社会主义发展要求，进行具有许多新的历史特点的伟大斗争，要求加强干部队伍建设，提升基层党组织战斗力。

建设高素质专业化干部队伍，是推进新时代中国特色社会主义事业的关键。考察好干部标准的历史演变可以发现，德才兼备是贯穿其中的一条主线。习近平总书记提出了新形势下“好干部”的五条标准：“信念坚定、为民服务、勤政务实、敢于担当、清正廉洁”，赋予好干部以新的时代内涵。其中，信念坚定是好干部第一位的标准，敢于担当是好干部必须具备的基本素质。

基层党组织是党全部工作和战斗力的基础，要扎实做好抓基层、打基础的工作。建立严密的基层党组织工作制度，推动服务群众、做群众工作制度化、常态化、长效

①高委. 利剑高悬——建党以来十大腐败案件剖析[M/OL]. 中国方正出版社，2013. 人民网. http://dangshi.people.com.cn/n/2013/1217/c85037-23866826-4.html

化，使基层党组织领导方式、工作方式、活动方式更加符合服务群众的需要。要重视基层、关心基层、支持基层，加大投入力度，加强带头人队伍建设，充分理解、充分信任，格外关心和爱护广大基层干部，多为他们办一些雪中送炭的事情，确保基层党组织有资源、有能力为群众服务，使每个基层党组织都成为坚强战斗堡垒。

案例导入10-9

“四有书记”谷文昌[1]

福建东山县的原县委书记谷文昌之所以一直受到广大干部群众的敬仰，是因为他在任时不追求轰轰烈烈的“显绩”，而是默默无闻地奉献，带领当地干部群众通过十几年的努力，在沿海建成了一道惠及子孙后代的防护林，在老百姓心中树起了一座不朽的丰碑。这种“潜绩”，是最大的“显绩”。我们常讲的金杯银杯不如老百姓的口碑，金奖银奖不如老百姓的夸奖，说的就是这个道理。

他已经去世34年，却仍为当地民众深深怀念；他带领群众植下的满岛木麻黄，如今已长成防风固沙的茂密森林；习近平总书记撰文称赞他“在老百姓心中树起了一座不朽的丰碑”；老百姓尊他为“谷公”，“先祭谷公，后祭祖宗”，成为当地多年的习俗。他就是谷文昌，福建省东山县原县委书记，“心中有党、心中有民、心中有责、心中有戒”的“四有”干部的楷模。

案例思考：

“四有书记”给我们的什么启示?

4. 正风肃纪和反腐败斗争

始终保持蓬勃朝气、昂扬锐气，始终保持谦虚谨慎、不骄不躁的优良作风，始终保持艰苦奋斗的优良作风，正是中国共产党作为马克思主义执政党的强大人格力量的集中体现，直接关系到党的形象和威望，因此，党的作风建设始终是摆在我们面前的一项重大而紧迫的任务。习近平总书记指出，“党的作风是党的形象，是观察党群干群关系、人心向背的晴雨表。党的作风正，人民的心气顺，党和人民就能同甘共苦。实践证明，只要真管真严、敢管敢严，党风建设就没有什么解决不了的问题。作风建设永远在路上”。[2]党的十八大以来，以习近平同志为核心的党中央从落实中央八项规定精神破题，雷厉风行抓作风，锲而不舍纠“四风”，作风建设成效凸显，党内正气

①本书编写组. 学党章党规学系列讲话做合格党员[M]. 台海出版社，2016：158-160.

②习近平. 在庆祝中国共产党成立九十五周年大会上的讲话[M]. 北京：人民出版社，2016：23.

上升，良好社会风气上扬，赢得人民群众称赞。

正风必先肃纪。作风背后反映的是纪律问题。党的纪律是党的各级组织和全体党员必须遵守的行为规范和规则，是党的生命线。纪律建设是全面从严治党的治本之策，为其他各项建设提供规范和保障。党的纪律主要可以分为六类，即政治纪律、组织纪律、廉洁纪律、群众纪律、工作纪律、生活纪律。在党的所有纪律和规矩中，第一位的是政治纪律和政治规矩，它是全党在政治方向、政治立场、政治言论、政治行动方面必须遵守的刚性约束，也是最重要、最根本、最关键的纪律和规矩。要重点强化政治纪律和组织纪律，带动廉洁纪律、群众纪律、工作纪律、生活纪律严起来。

在驰而不息地正风肃纪的同时，也要旗帜鲜明、坚定不移地开展反腐败斗争。腐败是社会毒瘤，是影响经济社会发展、国家长治久安的致命风险。反对腐败，建设廉洁政治，保持党的肌体健康，始终是中国共产党一贯坚持的鲜明政治立场。党的十八大以来，中国共产党以强烈的历史责任感、深沉的使命忧患感、顽强的意志品质推进党风廉政建设和反腐败斗争，坚持无禁区、全覆盖、零容忍，以坚决的态度重拳反腐败，着力营造不敢腐败、不能腐败、不想腐败的政治氛围，取得了反腐败斗争的明显成效。但是反腐败斗争形势依然严峻复杂，减少腐败存量、遏制腐败增量、重构政治生态的工作艰巨繁重。因此，必须以猛药去疴、重典治乱的决心，以刮骨疗毒、壮士断腕的勇气，坚决把党风廉政建设和反腐败斗争进行到底。

党在我国的全面领导和长期执政地位，决定了党内监督在党和国家各种监督形式中是最基本的、第一位的。党内监督缺失，其他监督必然失效。以习近平同志为核心的党中央作出深化监察体制改革的重大决策，要求加强党对反腐败工作的统一领导，整合分散的反腐败力量，组建国家、省、市、县监察委员会，同党的纪律检察机关合署办公，实现对所有行使公权力的公职人员监察全覆盖，这既可以完善党的自我监督，又可以加强对国家机关的监督，从而有力助推国家治理体系和治理能力现代化。

知识链接10-5

党内监督的发展历程[①]

早在马克思、恩格斯创立世界上第一个共产党组织共产主义者同盟时，实行党内监督的思想便被提出来了。随着俄国十月革命胜利和社会主义国家建立，党内监督成为一项重要的制度设计并得到广泛、有效的贯彻执行。

①许耀桐. 加大改革力度 加强党内监督[J]. 前线，2016（11）：8-10.

中国共产党夺取政权在全国执政后，也加大了党内监督的制度建设。1949 年11月，中共中央做出《关于成立中央及各级党的纪律检查委员会的决定》，在全国范围内建立了党的纪律检查机构和制度。1955年3月，党的全国代表会议通过了《中国共产党全国代表会议关于成立党的中央和地方监察委员会的决议》，决定将纪律检查委员会改为监察委员会，并选举产生了中央监察委员会。不幸的是，“文化大革命”使中国共产党的党内监督制度遭到严重破坏。

进入改革开放新时期后，党内监督制度得以逐步建立和不断改革完善。1977年8月，党的十一大通过的党章决定恢复建立党的各级纪委。1978年12月，党的十一届三中全会选举产生了中央纪律检查委员会，为党内监督工作奠定了重要的理论和组织基础。1982年，党的十二大党章重新恢复了关于“党的纪律检察机关”的规定，对各级纪律检查委员会的产生办法、设置、职权、任务等都做出了新的规定。2003年12月，党中央制定和颁布了《中国共产党党内监督条例（试行）》。2016年10月，党的十八届六中全会通过了《中国共产党党内监督条例》，为一党长期执政条件下实现有效的自我监督提供了制度利器。

中国特色社会主义已经进入了新时代，中国共产党领导全国各族人民踏上了新征程。按照新时代党的建设总要求，坚持和加强党的全面领导，坚持党要管党、全面从严治党，始终做到打铁要靠自身硬，中国共产党就一定能够具有坚如磐石的意志和坚不可摧的力量，就一定能够始终保持同人民群众的血肉联系，不断开创新时代中国特色社会主义事业新局面，引领承载着中国人民伟大梦想的航船破浪前进、胜利驶向光辉的未来。

思考与讨论

1. 在“中国模式”“中国道路”“中国经验”等成为热门词汇的同时，世界上一些有识之士也在思考，为什么中国共产党能取得如此辉煌的执政成就？为什么中国共产党在成立近百年、执政70多年的今天依然能够充满生机和活力？请谈谈你的看法。

2. 如何认识党对一切工作的领导的依据和制度安排？

3. 请结合党的建设面临的新课题新考验，谈谈加强党的执政能力建设、先进性和纯洁性建设的重要性和紧迫性的认识。

4. 为什么要全面从严治党?如何推进全面从严治党向纵深发展?

5. 如何认识新时代党的建设总要求?

参考文献

[1]马克思　恩格斯. 马克思恩格斯文集[M]. 北京：人民出版社，2009.

[2]马克思　恩格斯. 马克思恩格斯选集：第4卷[M]. 北京：人民出版社，1972.

[3]马克思 恩格斯. 马克思恩格斯全集：第20卷[M]. 北京：人民出版社，1971.

[4]毛泽东. 毛泽东选集：第1卷[M]. 北京：人民出版社，1991.

[5]毛泽东. 毛泽东选集：第4卷[M]. 北京：人民出版社，1991.

[6]毛泽东. 毛泽东文集：第6卷[M]. 北京：人民出版社，1999.

[7]毛泽东. 毛泽东文集：第7卷[M]. 北京：人民出版社，1999.

[8]毛泽东. 毛泽东文集：第8卷[M]. 北京：人民出版社，1999.

[9]邓小平. 邓小平文选：第2卷[M]. 北京：人民出版社，1994.

[10]邓小平. 邓小平文选：第3卷[M]. 北京：人民出版社，1992.

[11]江泽民. 江泽民文选：第3卷[M]. 北京：人民出版社，2006.

[12]中国共产党中央委员会. 中国共产党第八次全国代表大会关于政治报告的决议[M]. 北京：人民出版社，1956.

[13]中共中央文献研究室. 三中全会以来重要文献选编：下[G]. 北京：人民出版社，1982.

[14]江泽民. 十六大以来重要文献汇编（上）[M]. 北京：中央文献出版社，2011.

[15]胡锦涛. 在纪念十一届三中全会召开30周年大会上的讲话[M]. 北京：人民出版社，2008.

[16]胡锦涛. 在庆祝中国共产党成立90周年大会上的讲话[M]. 北京：人民出版社，2011.

[17]胡锦涛. 坚定不移沿着中国特色社会主义道路前进 为全面建成小康社会而奋斗：在中国共产党第十八次全国代表大会上的报告[M]. 人民出版社，2012.

[18]本书编写组. 十八大报告辅导读本[M]. 北京：人民出版社，2012.

[19]习近平. 决胜全面建成小康社会 夺取新时代中国特色社会主义伟大胜利：在中国共产党第十九次全国代表大会上的报告[M]. 北京：人民出版社，2017.

[20]中共中央宣传部. 中国特色社会主义学习读本[M]. 北京：学习出版社，2013.

[21] 本书编写组. 党的十九大报告学习辅导百问[M]. 北京：党建读物出版社，学习出版社，2017.

[22] 中共中央宣传部. 习近平新时代中国特色社会主义思想三十讲[M]. 北京：学习出版社，2018.

[23] 中共中央宣传部，中央文献研究室，中国外文出版发行事业局. 习近平谈治国理政：第1卷[M]. 北京：外文出版社，2018.

[24] 中共中央宣传部，中央文献研究室,中国外文出版发行事业局. 习近平谈治国理政：第2卷[M]. 北京：外文出版社，2017.

[25] 中共中央文献研究室. 习近平关于实现中华民族伟大复兴的中国梦论述摘编[M]. 北京：中央文献出版社，2013.

[26] 中共中央文献研究室. 习近平关于全面深化改革论述摘编[M]. 北京：中央文献出版社，2014.

[27] 中共中央文献研究室. 十七大以来重要文献选编（上、下）[M]. 北京：中央文献出版社，2009.

[28] 中共中央文献研究室. 十八大以来重要文献选编（上）[M]. 中央文献出版社，2014.

[29] 中共中央文献研究室. 十八大以来重要文献选编（中）[M]. 中央文献出版社，2016.

[30] 中共中央党史和文献研究院. 十八大以来重要文献选编（下）[M]. 中央文献出版社，2018.

[31] 中共中央党史和文献研究院. 十九大以来重要文献选编（上）[M]. 中央文献出版社，2019.

[32] 中共中央编写组. 中国共产党第十八届中央委员会第五次全体会议文件汇编[M]. 北京：人民出版社，2015.

[33] 国务院法制办公室. 中华人民共和国宪法[M]. 北京：人民出版社，2018.

[34] 中共中央编写组. 中国共产党章程[M]. 北京：人民出版社，2017.

[35] 中共中央编写组. 中华人民共和国国民经济和社会发展第十三个五年规划纲要[M]. 北京：人民出版社，2015.

[36] 中共中央编写组. 中共中央关于全面深化改革若干重大问题的决定[M]. 北京：人民出版社，2013.

[37] 中共中央编写组. 中共中央关于坚持和完善中国特色社会主义制度 推进国家治理体系和治理能力现代化若干重大问题的决定[M]. 北京：人民出版社，2019.

[38] 中共中央编写组. 中共中央关于深化党和国家机构改革的决定[M]. 北京：人民出版社，2018.

[39]本书编写组. 党的十八届三中全会《决定》学习辅导百问[M]. 北京：党建读物出版社、学习出版社，2013.

[40]中共中央编写组. 中共中央关于完善社会主义市场经济体制若干问题的决定[M]. 北京：人民出版社，2003.

[41]中华人民共和国国务院新闻办公室. 中国的民主政治建设[M]. 北京：人民出版社，2005.

[42]中共中央编写组. 中共中央关于全面推进依法治国若干重大问题的决定[M]. 北京：人民出版社，2014.

[43]中共中央编写组. 中国共产党第十八届中央委员会第六次全体会议文件汇编[M]. 北京：人民出版社，2016.

[44]中共中央编写组. 中共中央关于深化文化体制改革推动社会主义文化大发展大繁荣若干重大问题的决定[M]. 北京：人民出版社，2011.

[45]本书编写组. 习近平新闻思想讲义（2018年版）[M]. 北京：人民出版社，学习出版社，2018.

[46]中共中央编写组. 中共中央关于构建社会主义和谐社会若干重大问题决定[M]. 北京：人民出版社，2006.

[47]中华人民共和国国务院新闻办公室. 发展权：中国的理念、实践与贡献白皮书[N]. 人民日报，2016-12-02（10、11）.

[48]中共中央宣传部. 习近平总书记系列重要讲话读本（十五）[M]. 人民出版社，2016.

[49]中共中央宣传部. 习近平新时代中国特色社会主义思想学习纲要[M]. 人民出版社，2019.

[50]《中国特色社会主义理论与实践研究》编写组. 中国特色社会主义理论与实践研究[M]. 北京：高等教育出版社，2018.

[51]顾海良. 中国特色社会主义理论与实践研究[M]. 北京：高等教育出版社，2014.

[52]余非，孙红湘. 社会主义经济理论与实践[M]. 徐州：中国矿业大学出版社，2016.

[53]周静. 中国特色社会主义理论与实践研究专题研究[M]. 西安：陕西师范大学出版总社，2017.

[54]中华人民共和国国家统计局. 中国统计年鉴[M/OL]. 中华人民共和国国家统计局官网. http://www. stats. gov. cn

[55]逄锦聚. 经济发展新常态中的主要矛盾和供给侧结构性改革[J]. 政治经济学评论，2016，07（01）：49-58.

[56]祝宝良. 2016年宏观调控思路和政策取向[J]. 前线，2016，248（03）：35-38.

[57]汪红驹."十三五"时期宏观调控思路的转变[J].财贸经济，2015，37（12）：19-21.

[58]王怀超.中国改革开放的历史进程与基本经验[J].科学社会主义，2009，132（06）：32-37.

[59]孙玉梅.改革开放以来党对转变经济增长方式的认识与实践[J].经济研究导刊，2009，45（07）：5-6.

[60]刘世锦，杨建龙.我国所有制结构的变化、特点和发展趋势[J].管理世界，1998，10（04）：29-36.

[61]杨志平.中国市场经济体制变革的理论与实践[D].大连：东北财经大学，2012.

[62]杨瑞龙.中国特色社会主义经济理论的方法论与基本逻辑[J].政治经济学评论，2019，10（06）：20-41.

[63]李怡.中国特色社会主义经济理论的产生和发展[J].办公论坛，2019，327（12）：191-192.

[64]宋宇，任保平.中国特色社会主义政治经济学重大理论问题新进展评述[J].政治经济学评论，2018，9（02）：31-52.

[65]曹新.中国特色社会主义经济建设的理论与实践[J].行政管理改革，2018(09)：32-39.

[66]邱海平.新发展理念的重大理论和实践价值：习近平新时代中国特色社会主义经济思想研究[J].政治经济学评论，2019，10（06）：42-55.

[67]孔祥利，赵娜.习近平新时代中国特色社会主义经济思想的实践基础与理论框架[J].吉林大学社会科学学报，2018，58（04）：5-14.

[68]韩喜平，张霜.习近平新时代中国特色社会主义经济思想研究综述[J].高校马克思主义理论研究，2019（03）：87-95.

[69]李楠，李源峰.论习近平新时代中国特色社会主义经济思想的理论基础和科学内涵[J].思想理论教育，2018（09）.

[70]胡鞍钢，周绍杰.习近平新时代中国特色社会主义经济思想的发展背景、理论体系与重点领域[J].新疆师范大学学报，2019（02）：9-13.

[71]杨晶晶.习近平新时代中国特色社会主义经济思想的内涵及重大意义[J].学习月刊，2018（02）：10-12.

[72]郭代模.科学认识和运用习近平新时代中国特色社会主义经济思想[J].黑龙江社会科学，2018（05）：1-6.

[73]方凤玲,白暴力.习近平新时代中国特色社会主义经济思想体系探索（上）[J].上海经济研究，2018（06）：18-19.

[74]孔祥利.习近平新时代中国特色社会主义经济思想的学理逻辑与体系框架[J].

陕西师范大学学报，2018（04）：36.

[75]赵凌云，杨晶晶. 扣时代之弦，发强国之音：习近平新时代中国特色社会主义经济思想论析[J]. 湖北大学学报，2018（03）：1-7.

[76]张雷声. 论习近平新时代中国特色社会主义经济思想的理论创新[J]. 马克思主义理论学科研究，2018（02）：25-36.

[77]郭冠清. 论习近平新时代中国特色社会主义经济思想的理论创新[J]. 社会科学辑刊，2018（05）：44-54.

[78]杜黎明. 习近平新时代中国特色社会主义经济思想对邓小平社会主义本质论的继承和创新[J]. 江西社会科学，2018（04）：53-60.

[79]张怡恬. 习近平新时代中国特色社会主义经济思想的原创性贡献[J]. 文化软实力，2018（04）：26-28.

[80]张志元. 习近平新时代中国特色社会主义经济思想的逻辑意蕴及实践要求[J]. 社会科学家，2018（9）：22-23.

[81]吴筱筠. 新世纪以来美国关于中国特色社会主义经济的研究[D]. 武汉大学，2014.

[82]NAUGHTON B. After the third plenum: economic reform revival moves toward implementation[J]. China Leadership Monitor, 2014, 43: 1-14.

[83]MICHAEL, COX. Modern disturbances to a long-lasting community-based resource management system: the Taos Valley acequias[J]. Global Environmental Change, 2014, 24: 213-222.

[84]KIM S. The rise of china and power transition scenarios in East Asia[J]. Korean Journal of Defense Analysis, 2015, 27（3）: 313-329.

[85]KYNGE J. "One Belt, One Road" set to turbocharge renminbi usage[N]. Financial Times, 2015-11-30.

[86]SANDBU M. The geostrategic economics of One Belt, One Road[N]. Financial Times, 2017-05-22.

[87]KHATTAK A K, KHALID I. China's One Belt One Road initiative: towards mutual peace & development[J]. Journal of Research Society of Pakistan, 2017, 54:1-20.

[88]HANCOCK T. China encircles the world with One belt, One Road strategy[N]. Financial Times, 2017-05-03.

[89]阿里夫德里克. 中国发展道路的反思:不应抛弃社会主义革命的历史遗产[J]. 当代世界与社会主义. 2005（05）：4-8.

[90]阿里夫·德里克. 重访后社会主义:反思中国特色社会主义的过去、现在和未来[J]. 马克思主义与现实，2009（05）：24-35.

[91]迈克尔·斯宾塞.中国可以渡过中等收入转折期[J].中国发展观察（中国高层发展论坛2013专号），2013（04）：14-17.

[92]国家统计局国际统计信息中心.国际权威机构观点综述[J].全球化，2018（07）：119-124.

[93]段妍.海外关于新时代中国特色社会主义相关理论与实践问题的研究[J].晋阳学刊，2019（06）：22-27.

[94]范文.新时代中国特色社会主义政治建设的理论分析[J].中国特色社会主义研究，2019（06）：5-9.

[95]熊立胜.坚持走中国特色的政治发展道路 积极稳妥地推进政治体制改革[J].求实，2013（S1）：8-11.

[96]沈春耀.坚持走中国特色社会主义政治发展道路和积极稳妥推进政治体制改革[J].求是，2012（24）：13-17.

[97]宋俭，叶丹.论中国特色社会主义政治发展道路的历史逻辑、理论逻辑、实践逻辑[J].马克思主义理论学科研究，2019，20（03）：52-61.

[98]张树华，王强.中国特色社会主义政治发展道路越走越宽广[J].红旗文稿，2019（04）：19-23.

[99]张士海，孙道壮.中国特色社会主义政治发展道路的生成逻辑[J].当代世界社会主义问题，2018，137（03）：14-22.

[100]徐奉臻.中国特色社会主义政治发展道路的生成逻辑[J].当代世界与社会主义，2018（02）：96-103.

[101]李婧，田克勤.改革开放以来中国特色社会主义政治建设的持续推进与创新[J].马克思主义研究，2018（11）：50-60.

[102]信春鹰.健全人民当家作主制度体系 发展社会主义民主政治[J].求是，2018（05）：24-26.

[103]侯惠勤.中国特色社会主义民主政治建设的理论思考[J].唯实，2016（01）：37-41.

[104]覃辉银，符妹.协商民主：中国特色社会主义政治建设的必然选择[J].华南师范大学学报（社会科学版），2014（01）：104-109.

[105]姜希伦.论协商民主与中国特色社会主义政治建设[J].内蒙古社会科学（汉文版），2013（05）：11-14.

[106]周少来.全面现代化亟需大力推进政治体制改革[J].人民论坛，2018（28）：32-33.

[107]李正华.积极稳妥推进政治体制改革[J].当代中国史研究，2014，21（01）：6-10.

[108]聂月岩. 必须继续积极稳妥推进政治体制改革[J]. 新视野，2013（02）：44-47.

[109]李君如. 积极稳妥地推进政治体制改革[J]. 毛泽东邓小平理论研究，2013（08）：1-11.

[110]亨利·保尔森. 与中国打交道：亲历一个经济大国的崛起[M]. 王宇光，等译. 香港：香港中文大学出版社，2014.

[111]贝淡宁. 中国政治模式：贤能还是民主[J]. 中央社会主义学院学报，2018（04）：46-51.

[112]KELIHER M, Wu H. Corruption, anti-corruption, and the transformation of political culture in contemporary China[J]. The Journal of Asian Studies, 2016, 75(01): 5-18.

[113]MANION M. Taking China's anticorruption campaign seriously[J]. Economic and Political Studies, 2016, 4: 3-18.

[114]ECONOMY E. Next chapter in China's rise: reforming a corrupt system[EB/OL][2012- 11-14]. https://www. thenational. ae/next-chapter-in-china-s-rise-reforming-a-corrupt-system-1. 394075#full.

[115]LEI X, SHEN Y, SMITH J P. Sibling gender composition's effect on education: evidence from China[J]. Journal of Population Economics, 2017, 30(2): 569-590.

[116]SHAMBAUGH D. China's future[M]. Cambridge: Polity Press, 2016: 65.

[117]MORRISON R. Ecological democracy[M]. Boston: South End Press, 1995: 281.

[118]胡淳，方贤绪. 习近平文化自信思想的理论内涵和价值要义[J]. 学理论，2019（04）：4-7.

[119]傅才武，齐千里. 坚定文化自信，是对当代中国文化现代化道路问题的科学回应[J]. 华中师范大学学报（人文社会科学版）：2020，59（01）：62-72.

[120]代金平,秦锐. 新时代坚定文化自信应正确处理五对关系[J]. 重庆大学学报（社会科学版），2020（03）：4-13.

[121]孙良瑛. 中国特色社会主义文化自信研究[D]. 中共中央党校，2018.

[122]范晓峰. 中国特色社会主义文化自信研究[D]. 东北师范大学，2018.

[123]张生凤. 习近平新时代文化自信思想研究[D]. 延安大学，2019.

[124]韩宁. 论文化自信渊源：中国特色社会主义文化理论[J]. 改革与开放：2017（20）：141-142.

[125]何汉斌，吴东华，武彦斌. 中国特色社会主义文化自信的历史源流及其当代价值[J]. 中学政治教学参考：2017（27）：23-26.

[126]袁伟达. 中国特色社会主义文化自信思想的生成依据和当代价值[J]. 广西教育学院学报：2019，160（02）：93-95.

[127]杨柳青，王建新. 新时代中国特色社会主义文化自信的价值要义[J]. 河南师范大学学报（哲学社会科学版）：2019，46（06）：65-70.

[128]种海峰. 中国特色社会主义文化理论的命题意涵与时代呈现[J]. 陕西师范大学学报（哲学社会科学版）：2014，（02）：50-57.

[129]周菲菲. 十八大以来我国文化建设的理论与实践研究[D]. 江西师范大学，2015.

[130]李琼鹏. 中国特色社会主义文化建设理论与实践研究[D]. 湖北省社会科学院，2016.

[131]欧阳雪梅. 新时代中国特色社会主义文化建设的理论与实践创新. 党的文献：2019（01）：13-20.

[132]鲁小艳. 文化创意产业如何优化创新[J]. 人民论坛，2020(03）：138-139.

[133]成中英. 全球化中的东西方文化差异与交融[J]. 中国海洋大学学报（社会科学版）. 2004（06）：43-48.

[134]熊玠. 习近平时代[M]. 北京：中共中央党校出版社，2018.

[135]范海龙，李玉敏. 中国共产党社会建设思想的理论渊源及现实依据[J]. 重庆社会科学，2014，238（09）：97-101.

[136]李奇. 马克思社会有机体理论与当代社会建设[D]. 曲阜师范大学，2018.

[137]常胜，吴寒月，闫婉荣. 党的劳资理论在社会主义社会建设中的创新与发展[J]. 广西社会科学，2014，225（03）：9-13.

[138]陆学艺. 当代中国社会建设[M]. 北京：社会科学文献出版社，2013：23-27.

[139]袁琳. 关于当代中国社会建设理论与实践的思考[J]. 哲学文史研究，2018，188（07）：63-64.

[140]苑芳江. 对社会建设总体战略的理论认识[J]. 学术交流，2013，237（12）：127-132.

[141]张严，班高杰. 转型期社会建设视域中的西方社会学理论[J]. 理论建设，2014，151（03）：94-97.

[142]袁雷. 社会建设理想实现的三个维度[J]. 实事求是，2016（01）：54-57.

[143]宋友文. 我国社会建设的理论与实践及其发展愿景[J]. 马克思主义理论学科研究，2017，9（04）：57-64.

[144]刘飏，王泽辰. 鲍德里亚符号消费社会理论及其对我国和谐社会建设的启示[J]. 广西社会科学，2016，253（07）：60-63.

[145]黄蓉芳. 马克思人的全面发展理论视阈下的社会建设研究[J]. 前沿，2016，396（10）：10-14.

[146]中共中央文献研究室“中国特色社会主义社会建设道路”课题组. 十八大以

来习近平关于民生建设的新思想新举措[J]. 党的文献，2015（03）：20－28.

[147]代山庆. 论习近平社会治理思想[J]. 学术探索，2015（03）：63－69.

[148]康晓强. 习近平关于社会建设的重要论述：逻辑结构、理论特质及其当代意义[J]. 经济社会体制比较，2019，205（05）：1−9.

[149]张晋龙. 习近平总书记关于社会建设重要论述的理论逻辑[J]. 福州党校学报，2019，179（04）：14−18.

[150]王可侠，彭玉婷. 安徽"十二五"区域经济协调发展研究[J]. 学术界，2010，15（03）：135−141.

[151]卢风，曹小竹. 论伊林·费切尔的生态文明观念：纪念提出"生态文明"观念40周年[J]. 自然辩证法通讯，2020，42（02）：1−9.

[152]周光迅，李家祥. 习近平生态文明思想的价值引领与当代意义[J]. 自然辩证法研究，2018年，34（09）：122−127.

[153]王帆宇. 新时期中国社会转型进程中的生态文明建设研究[D]. 苏州大学，2016.

[154]高红贵，王如琦. 我国省域生态文明建设与经济建设融合发展水平评价研究[J]. 生态经济，2017，33（09）：204−209，223.

[155]吴明红，陈天楠. 我国西部生态文明建设进展与面临的挑战[J]. 学术交流，2018（07）：116−124.

[156]孙洪坤，俞翰沁. 论生态文明建设与美丽中国梦的实现[J]. 学习论坛，2015（06）：55−58.

[157]龚克. 生态文明：发展历程与青年责任：做具有生态文明素质的一代新人[OL]. 南开大学滨海学院新闻网. http://binhai. nankai. edu. cn/info/1083/4580. htm

[158]张方方，刘伟，吴乐. 基于生态文明建设的城市可持续发展评价：以广西北海市为例[J]. 福建农林大学学报（哲学社会科学版），2020，23（01）：65−72.

[159]龙睿赟. 中国特色社会主义生态文明思想研究[M]. 北京：中国社会科学出版社，2017：64.

[160]张云飞，李娜. 开创社会主义生态文明新时代[M]. 北京：中国人民大学出版社，2017.

[161]燕芳敏. 中国现代化进程中的生态文明建设研究[D]. 北京：中共中央党校，2015.

[162]MOL P J. China's transition to sustainability. Which direction to take? [C]. International handbook of sustainable development. London: Routledge, 2015: 351−363.

[163]SCHROEDER P. Assessing effectiveness of governance approaches forsustainable consumption and production in China[J]. Journal of Cleaner Production, 2014, 63(2): 64−73.

[164]FRITZ M, KOCH M. Economic development and prosperity patterns around the world: Structural challenges for a global steady-state economy[J]. Global Environmental Change, 2016, 38: 41-48.

[165]BAILEY I, CAPROTTI F. The green economy: functional domains and theoretical directions of enquiry[J]. Environment and Planning A, 2014, 46(8): 1797-1813.

[166]MESSNER D. A social contract for low carbon and sustainable development: reflections on non-linear dynamics of social realignments and technological innovationsin transformation processes[J]. Technological Forecasting and Social Change, 2015, 98: 260-270.

[167]BRUCE J, DICKSON, RUBLEE M R. Membership has its privileges: the socioeconomic characteristics of communist party members in urban China[J]. Communist Party Studies, 2000, 33(1): 87-112.

[168]凌胜利. 中国特色大国外交的战略体系构建. 国际展望[J]. 2020（02）：19-38.

[169]张方慧. 新时代中国特色大国外交中的儒家文化内涵：以孔子思想为中心的考察[J]. 西南民族大学学报（人文社科版），2019年12期：194-199.

[170]粟锋论. 习近平外交思想的逻辑建构：基于新中国70年来党领导外交事业的发展历程[J]. 理论界，2019，554（12）：1-7.

[171]王毅. 为推进中国特色大国外交接续奋斗. 时事报告（党委中心组学习）[J]. 2019年06期：31-35.

[172]阮宗泽. 深刻领会习近平外交思想的理论与实践意义[J]. 国际问题研究，2020年01期：12-30.

[173]殷文贵. 人类命运共同体的国内研究述评. 社会科学动态[J]. 2019年12期：63-70.

[174]张维为. 中国崛起一定要伴随自己话语的崛起：走访百国后对中国的思考[N]. 文汇报2014-08-19（10）.

[175]殷陆君. 讲好中国故事，共塑中国形象[0L]. 求是网，2018-0-28. http://www.qstheory. cn/llwx/2018-05/28/c_1122896008. htm

[176]张鹭，李桂花. “人类命运共同体”视域下全球治理的挑战与中国方案选择[J]. 社会主义研究，2020，249（01）：103-110.

[177]赵可金，马钰. 全球意识形态大变局中的人类命运共同体[J]. 国际论坛，2020（02）：3-17.

[178]马立志. 马克思公共性思想及其对构建人类命运共同体的启示[J]. 社会主义研究，2020，249（06）：111-119.

[179]耿步健. 生态集体主义：构建人类命运共同体的重要价值观基础[J]. 江苏社

会科学，2020（02）：1-9.

[180]侍舒玮，董德福.人类命运共同体文化维度及实际认同探析[J].大众文艺，2020（06）：262-263.

[181]罗云，胡尉尉，严双伍.西方学者对人类命运共同体的认知和评介[J].社会主义研究，2020，249（01）：154-159.

[182]孟凡礼.关于中华优秀传统文化与构建人类命运共同体的思考[J].文化软实力，2018（04）：71-78.

[183]谭汪洋.以中华优秀传统文化推动构建人类命运共同体[J].黑龙江社会科学，2019，173（02）：44-48.

[184]蒯正明.习近平关于全面从严治党思想研究[J].中国特色社会主义研究，2015（02）：19-25.

[185]齐卫平.全面从严治党的基本思想和主要特点[J].新疆大学学报（哲学社会科学版），2015，36（05）：13-18.

[186]冯书泉，郇雷.全面从严治党的理论内涵与实践要求[J].科学社会主义，2015（03）：19-22.

[187]郭钥.全面从严治党与新形势下党的建设[J].理论与改革，2015（03）：46-49.

[188]刘建武.深化全面从严治党的意义和影响[N].中国社会科学报：2017-01-10.

[189]齐卫平.70年党加强长期执政能力建设的理论成果[J].人民论坛，2019（27）：27-29.

[190]林丽拉.论新时代加强党的长期执政能力建设[J].泉州师范学院学报，2019（05）：1-5.

[191]齐卫平.把党的执政与治国两种能力建设相贯通：党的十九届四中全会精神的一个研究视角[J].理论与改革，2020（02）：1-9.

[192]袁峰，龙雪岗.党的政治建设的历史经验与基本内容[J].政治论坛，2017（11）：7-8.

[193]欧阳化.我们党为什么总能战胜风险力挽狂澜[N].人民日报，2016-06-14（07）.

[194]郭亚丁.党员学党建（十九大报告学习版）[M].北京：社会科学文献出版社，2018.

[195]刘中连.严肃党内政治生活应从我做起[J].唯实，2017（05）：63-64.

[196]冯国权，刘军民.作风建设在路上[M].北京：东方出版社，2015.

[197]刘先春.全面从严治党[M].北京：人民出版社，2017.

[198]陈志刚.把党的政治建设摆在首位[N].中国社会科学报，2017-11-28（001）.

[199]张士义，刘志新. 新时代党的作风与纪律建设[M]. 北京：中共党史出版社，2018.

[200]BIAN Y, SHU X, LOGAN J. Communist party membership and rigime dynamics in China[J]. Social Forces, 2001, 79(3): 805–842.

[201]HEIMER M. Remarking the party–state: the cadre responsibility system at the local level in China[J]. An International Journal, 2003, 1(1): 1–15.

[202]刘世华. 中国民主政治模式研究[M]. 北京：人民出版社，2014.

[203]约瑟夫·奈. 软实力[M]. 马娟娟，译. 北京：中信出版社，2013.

[204]史云贵. 中国现代国家构建进程中的社会治理研究[M]. 上海：上海人民出版社，2009.

[205]李永忠，陈杰. 中共十六大以后的社会建设成就与困境[J]. 社科纵横，2012，193（03）：15–16.

[206]洪大用. 中国社会建设三十年：成就与问题[J]. 学习与实践，2008，294（08）：5–15.

[207]《学党章党规学系列讲话做合格党员》编写组. 学党章党规学系列讲话做合格党员[M]. 北京：台海出版社，2016.

[208]中共中央宣传部理论局. 理论热点面对面2009[M]. 北京：学习出版社，2009：6–8.

[209]周青梅. 理论热点问题党员干部学习辅导[M]. 北京：东方出版社，2016.

[210]高委. 利剑高悬：建党以来十大腐败案件剖析[M]. 北京：中国方正出版社，2013.

[211]李永忠，董瑛. 苏共亡党之谜[M]. 北京：商务印书馆，2012.

[212]国家统计局. 中华人民共和国2019年国民经济和社会发展统计公报[EB/OL]. 中华人民共和国国家统计局官网，2020–2–28. http://www. stats. gov. cn

[213]毛泽东邓小平江泽民论党的建设[M]. 北京：中央文献出版社 中共中央党校出版社，1998.

[214]中共中央文献研究室. 毛泽东江泽民邓小平论世界观人生观价值观[M]. 北京：人民出版社，1997.